Amerikanisierung und Sowjetisierung in Deutschland 1945–1970

Konrad Jarausch, Hannes Siegrist (Hg.)

Amerikanisierung und Sowjetisierung in Deutschland 1945–1970

Campus Verlag
Frankfurt/New York

Die Deutsche Bibliothek – CIP-Einheitsaufnahme

Amerikanisierung und Sowjetisierung in Deutschland 1945–1970 /
Konrad Jarausch; Hannes Siegrist (Hg.) –
Frankfurt/Main; New York: Campus Verlag, 1997
 ISBN 3-593-35761-5
NE: Jarausch, Konrad H. [Hrsg.]

Das Werk einschließlich aller seiner Teile ist urheberrechtlich geschützt. Jede Verwertung ist ohne Zustimmung des Verlags unzulässig. Das gilt insbesondere für Vervielfältigungen, Übersetzungen, Mikroverfilmungen und die Einspeicherung und Verarbeitung in elektronischen Systemen.
Copyright © 1997 Campus Verlag GmbH, Frankfurt/Main
Umschlaggestaltung: Atelier Warminski, Büdingen
Druck und Bindung: KM-Druck, Groß-Umstadt
Gedruckt auf säurefreiem und chlorfrei gebleichtem Papier.
Printed in Germany

Inhalt

Vorwort 9

Einleitung

Konrad H. Jarausch und Hannes Siegrist
Amerikanisierung und Sowjetisierung. Eine vergleichende Fragestellung zur deutsch-deutschen Nachkriegsgeschichte 11

I. Politik und Verwaltung

Hermann-Josef Rupieper
Amerikanisierung in Politik und Verwaltung Westdeutschlands. Ein problematisches Konzept 49

Jürgen Danyel
Politische Rituale als Sowjetimporte 67

Michael Lemke
Deutschlandpolitik zwischen Sowjetisierung und Verwestlichung 1949-1963 87

Monika Kaiser
Sowjetischer Einfluß auf die ostdeutsche Politik und Verwaltung 1945-1970 111

II. Wirtschaft, Betriebe und Konsum

Paul Erker
»Amerikanisierung« der westdeutschen Wirtschaft? Stand und Perspektiven der Forschung 137

Harm G. Schröter
Zur Übertragbarkeit sozialhistorischer Konzepte in die
Wirtschaftsgeschichte. Amerikanisierung und Sowjetisierung in
deutschen Betrieben 1945-1975 147

Stephan Merl
Sowjetisierung in der Welt des Konsums 167

Arnd Bauerkämper
Amerikanisierung und Sowjetisierung in der Landwirtschaft.
Zum Einfluß der Hegemonialmächte auf die deutsche Agrarpolitik von
1945 bis zu den frühen sechziger Jahren 195

III. Gesellschaft, Generation und Geschlecht

Kaspar Maase
›Amerikanisierung der Gesellschaft‹. Nationalisierende Deutung von
Globalisierungsprozessen? 219

Gunilla-Friederike Budde
»Tüchtige Traktoristinnen« und »schicke Stenotypistinnen«.
Frauenbilder in den deutschen Nachkriegsgesellschaften —
Tendenzen der »Sowjetisierung« und »Amerikanisierung«? 243

Uta G. Poiger
Rock 'n' Roll, Kalter Krieg und deutsche Identität 275

Evemarie Badstübner-Peters
Ostdeutsche Sowjetunionerfahrungen. Ansichten
über Eigenes und Fremdes in der Alltagsgeschichte der DDR 291

IV. Kultur

Michael Ermarth
›Amerikanisierung‹ und deutsche Kulturkritik 1945-1965.
Metastasen der Moderne und hermeneutische Hybris 315

Simone Barck
Die fremden Freunde. Historische Wahrnehmungsweisen deutsch-
sowjetischer Kulturbeziehungen in der SBZ in den Jahren
1948 und 1949 335

Siegfried Lokatis
Sowjetisierung und Literaturpolitik. Von der Förderung
zur Verstümmelung sowjetischer Literatur in der frühen DDR 361

Daniel Haufler
Amerika, hast du es besser? Zur deutschen Buchkultur nach 1945 387

Autorinnen und Autoren des Bandes 409

Vorwort

Die Vereinigung von 1990 hat die Entwicklungen der beiden deutschen Staaten zu einer doppelten Nachkriegsgeschichte verbunden. Da sich das westliche Modell durchgesetzt hat, bestimmt die westdeutsche Erinnerung gewollt oder ungewollt weitgehend die Konstruktion des Geschichtsbildes für die Periode 1945-1989/90. Diese Perspektive wird den ambivalenten Erinnerungen der Ostdeutschen jedoch nur unvollkommen gerecht und läßt die westdeutsche Entwicklung als zu glatt erscheinen. Voraussetzung einer wirklichen Integration beider Erfahrungen ist ein Ansatz, der Vergleiche ermöglicht, ohne das Resultat von vornherein festzulegen. Dafür bietet die vergleichende Betrachtung von Amerikanisierung und Sowjetisierung einen Einstieg.

Ein halbes Jahrzehnt nach dem Zusammenbruch der DDR scheinen sich die Spuren des sowjetischen Einflusses weitgehend verflüchtigt zu haben, so daß man fast glauben könnte, die Sowjetisierung sei nur eine Illusion gewesen. Dagegen ist die Amerikanisierung von Lebensstil, Unterhaltungskultur, Wirtschaft und Technik so allgegenwärtig, daß man sich wundern sollte, wie diese Prägung überhaupt zustandekommen konnte. Diese paradoxen Tatbestände thematisieren fundamentale Wandlungsprozesse der Nachkriegszeit, die den Betroffenen selbst oft nur ungenügend bewußt sind. Der Kontrast der von der jeweiligen Hegemonialmacht in Gang gesetzten Veränderungen wirft ähnliche Fragen auf, erlaubt jedoch durchaus unterschiedliche Antworten. Das hat eine im Sommer 1995 durchgeführte Tagung über »Amerikanisierung und Sowjetisierung in Deutschland 1945-1970« gezeigt, die von der Arbeitsstelle für Vergleichende Gesellschaftsgeschichte der Freien Universität Berlin zusammen mit dem Zentrum für Zeithistorische Forschung Potsdam organisiert wurde. Historiker und Historikerinnen sowie Kultur-, Wirtschafts- und Literaturwissenschaftler/innen aus Ost- und Westdeutschland, den Vereinigten Staaten und Rußland stellten Forschungsüberblicke und Ergebnisse der Quellenforschung vor und sorgten damit für spannende Diskussionen, die über die engeren Fachgrenzen der Geschichtswissenschaft hinauswiesen.

Der vorliegende Band stellt eine Auswahl der Referate vor, um zur Klärung der zentralen Begriffe wie zur Aufhellung wichtiger Detailfragen beizutragen. Ziel des Bandes ist es, die Diskussion und Forschung über Sowjetisierung und Amerikanisierung in komparativer Perspektive anzuregen und die Bedeutung dieser Prozesse für die doppelte deutsche Nachkriegsgeschichte neu zu beleuchten. Die Untersuchungen über die sowjetischen Einflüsse eröffnen ein Forschungsfeld jenseits der Debatten über die Brauchbarkeit eines neo-totalitaristischen Ansatzes. Bei der Aufarbeitung der amerikanischen Prägungen geht es um die Wiederaufnahme älterer Diskussionen und die präzisere Erfassung dieser bisweilen in allgemeinen Prozessen wie Verwestlichung und Globalisierung verschwimmenden Veränderungen.

Wir danken Christoph Kleßmann (Zentrum für Zeithistorische Forschung Potsdam) und Jürgen Kocka (Arbeitsstelle für Vergleichende Gesellschaftsgeschichte, Freie Universität Berlin) für die freundliche Unterstützung unseres Vorhabens. Für Kommentare vor, während und nach der Tagung sind wir zahlreichen Kolleginnen und Kollegen zu Dank verpflichtet: Mitchell Ash, Burghard Ciesla, Ralph Jessen, Christoph Kleßmann, Dietrich Mühlberg, Norman Naimark, Hartmut Kaelble, Rainer Karlsch, Elke Scherstjanoi, Raymond Stokes, Natalia Timofejewa und Peter Walther. Kevin McAleer hat durch die Erstellung einer kommentierten Dokumentation die Tagungsvorbereitung unterstützt. Waltraud Peters, Pamela Wolf, Pipo Bùi und Sebastian Simsch danken wir für die engagierte und sorgfältige Mitarbeit bei der Herstellung der Druckvorlagen.

Berlin, im Juli 1996   Konrad H. Jarausch, Hannes Siegrist

Konrad H. Jarausch und Hannes Siegrist

Amerikanisierung und Sowjetisierung
Eine vergleichende Fragestellung zur deutsch-deutschen Nachkriegsgeschichte

Die Faszination des amerikanischen und sowjetischen Modells hat eine lange Vorgeschichte, die bis ins 18. Jahrhundert respektive zur Oktoberrevolution zurückreicht.[1] Nach dem verlorenen Zweiten Weltkrieg wurden jedoch die Vereinigten Staaten von Nordamerika und die Sowjetunion zu zentralen Referenzpunkten in der Verwandlung deutscher Identitäten. Prozesse, die sich mit den Begriffen Amerikanisierung und Sowjetisierung umschreiben lassen, gewannen eine neue Qualität und entwickelten eine stärkere Breitenwirkung und Intensität. Die militärische Niederlage, der Zusammenbruch des Dritten Reichs und die Offenlegung der Nazi-Verbrechen diskreditierten den völkisch-rassistischen Nationalismus und manches andere, was sich mit ihm arrangiert hatte, so stark, daß viele Deutsche sich nach alternativen Identifikationsangeboten umsahen, um das entstandene Orientierungsvakuum auszufüllen. Zum einen wurde die Akzeptanz amerikanischer oder sowjetischer

---

1 Zum Amerika-Bild in Deutschland vor 1945 und in Westdeutschland: *A. Schmidt*, Die Wilhelminer in Amerika. Ein Beitrag zur gesellschaftlichen Fremd- und Selbstwahrnehmung des deutschen Bürgertums im internationalen Vergleich 1890-1914, unv. Diss., Fachbereich Geschichtswissenschaften, Freie Universität Berlin 1994; F. Trommler u. J. McVeigh (Hg.), America and the Germans. An Assessment of a Three-Hundred Year History, Bd. 2: The Relationship in the Twentieth Century, Philadelphia 1985; *E.-P. Müller*, Antiamerikanismus in Deutschland. Zwischen Care-Paket und Cruise Missile, Köln 1986; *E. A. Beck*, Germany Rediscovers America, Talahasssee 1968, bes. S. 230-254 (Kapitel über ›Americanism and the Americanisation of Germany‹ in der Weimarer Republik) — Exemplarisch zur Wahrnehmung der Sowjetunion: *E. Schütz*, Kritik der literarischen Reportage. Reportagen und Reiseberichte aus der Weimarer Republik über die USA und die Sowjetunion, München 1977; *V. Hertling*, Quer durch: Von Dwinger bis Kisch. Berichte und Reportagen über die Sowjetunion aus der Epoche der Weimarer Republik, Königstein/Ts. 1982. Zum ambivalenten, meist aber polemisch-kritischen Amerikabild in der DDR: *D. Wessel*, Bild und Gegenbild. Die USA in der Belletristik der SBZ und der DDR bis 1987, Opladen 1989.

Einflüsse von den Besatzungsmächten durch Entnazifizierung, Umerziehung und mannigfaltige institutionelle, politische, wirtschaftliche und kulturelle Maßnahmen erzwungen; zum anderen beruhte sie darauf, daß schuldbeladene Deutsche vor ihrer eigenen unerträglich gewordenen Vergangenheit fliehen wollten und sich selbst amerikanisierten bzw. sowjetisierten. Bei der Übernahme neuer Leitbilder vermengten sich opportunistische Einschmeichelung bei den Siegern und idealistische Suche nach neuen Werten zu einem unentwirrbaren Gemisch.

In der Nachkriegszeit standen Amerikanisierung und Sowjetisierung als Chiffren für einen Neubeginn unter ideologisch entgegengesetzten Vorzeichen. Diese und ähnliche Schlagworte verwiesen nicht nur auf nationale Traditionen und Eigenarten der beiden stärksten Besatzungsmächte, sondern auch auf die um die Weltherrschaft ringenden feindlichen Entwürfe kapitalistischer Demokratie und kommunistischer Diktatur. Durch die Ausrichtung auf die antagonistischen Leitbilder gerieten die Deutschen in den Ost-West-Konflikt und konnten ihre Handlungsfähigkeit nur in zwei rivalisierenden Staaten und Gesellschaften wiedergewinnen. Wegen der wirklichen und vermeintlichen Anpassung ihrer Strukturen und Praktiken, Ideologien und kulturellen Stile an die jeweilige Besatzungsmacht (bzw. Vormacht) sind die Bundesrepublik und die DDR immer wieder als deren Schöpfungen bezeichnet worden. Nach dem formellen Ende der Zweistaatlichkeit durch die Vereinigung im Jahre 1990 und vor dem Hintergrund der anhaltenden wirtschaftlichen, sozialen, politischen und kulturellen Probleme der gesellschaftlichen Integration drängt es sich auf, die deutsche Geschichte von einem neuen Standort aus daraufhin zu befragen, wie weit Prozesse der Amerikanisierung und Sowjetisierung Strukturen und Prozesse, Erfahrungen, Mentalitäten und Erinnerungen der Deutschen geprägt haben.[2]

Durch die gemeinsame Betrachtung von Amerikanisierung und Sowjetisierung in Deutschland sollen neue Erkenntnisse über die deutsche Gesellschaftsgeschichte gewonnen werden. Damit lassen sich die in der deutschen

---

2 Diese Fragen wurden im Sommer 1995 an einer gemeinsamen Tagung der Arbeitsstelle für Vergleichende Gesellschaftsgeschichte der Freien Universität Berlin und des Zentrums für Zeithistorische Studien Potsdam diskutiert. Siehe dazu den Tagungsbericht: *J. Danyel*, Amerikanisierung und Sowjetisierung in Deutschland 1945-1970, in: Potsdamer Bulletin für Zeithistorische Studien, Nr. 4, 1995, S. 46-54. Die Tagung gab die Anregung für eine Sendereihe des Senders »DeutschlandRadio« unter der Leitung von German Werth, die im April und Mai 1996 ausgestrahlt wurde.

Nachkriegsgeschichte dominierenden Richtungen der »deutschen Nationalgeschichte«, der »Geschichte der Bundesrepublik« und der »Geschichte der DDR«,[3] die in gewisser Weise in ihrer jeweiligen Selbstreferentialität blokkiert sind, ergänzen und verbinden. Die deutsche Gesellschaftsgeschichte der Nachkriegszeit soll aus einem vergleichenden Blickwinkel betrachtet werden, und die Bezüge zum europäischen und globalen Kontext sind in spezifischer Weise mitzureflektieren. Das Besondere des vorliegenden Bandes besteht darin, daß in vergleichender und beziehungsgeschichtlicher Perspektive 1) die Absichten, Maßnahmen, Strategien und Ziele der Amerikaner und der Sowjetunion untersucht werden, und daß 2) vor allem die politische, soziale und kulturelle Praxis der Deutschen im Umgang mit Amerika und dem ›Amerikanischen‹ einerseits, der Sowjetunion und dem ›Sowjetischen‹ andererseits studiert wird. Welche Maßnahmen betrieben die Vormächte? Wie reagierten die Deutschen auf Befehle, Wünsche, formelle und informelle Einflüsse? Was wurde aus deutscher Perspektive als amerikanisch und als Amerikanisierung, was als russisch/sowjetisch und Sowjetisierung wahrgenommen und gedeutet? Was bedeuteten die Gegenbewegungen des Antiamerikanismus und Anti-Bolschwismus? Wie eigneten sich Deutsche aus verschiedenen Staaten, Klassen, Schichten, kulturellen Milieus, Generationen und Geschlechtern ›Amerikanisches‹ und ›Sowjetisches‹ an?

Amerikanisierung und Sowjetisierung sind entgegengesetzte Begriffe, die aber auch in einem Interdependenz- und Ergänzungsverhältnis stehen. Sie bieten als heuristische Konzepte den Zugang zu einer vergleichenden Gesellschafts- und Kulturgeschichte der beiden deutschen Staaten im Kontext des Ost-West-Gegensatzes, hier insbesondere für die Zeit von 1945 bis um 1970. Und sie beleuchten, im Sinne einer Geschichte der wechselseitigen Beziehungen und des Kulturtransfers, jenes Verhältnis von Abgrenzung und Verflech-

---

3 Zur Historiographie: *A. Doering-Manteuffel*, Deutsche Zeitgeschichte nach 1945. Entwicklung und Problemlagen der historischen Forschung zur Nachkriegszeit, in: Vierteljahrshefte für Zeitgeschichte 41, 1993, S. 1-29; *Chr. Kleßmann*, Verflechtung und Abgrenzung. Aspekte der geteilten und zusammengehörigen deutschen Nachkriegsgeschichte, in: Aus Politik und Zeitgeschichte B29/30, 1993, S. 30-41; *P. Erker*, Zeitgeschichte als Sozialgeschichte. Forschungsstand und Forschungsdefizite, in: Geschichte und Gesellschaft 41, 1993, S. 1-29; *E. François*, Von der wiedererlangten Nation zur ›Nation wider Willen‹. Kann man eine Geschichte der deutschen Erinnerungsorte schreiben?, in: ders., H. Siegrist u. J. Vogel (Hg.), Nation und Emotion, Göttingen 1995, S. 93-110.

tung, das die deutsch-deutsche Geschichte zwar in besonders intensiver Weise geprägt hat,[4] jedoch die europäische und die Weltgeschichte von 1945 bis 1989/90 ganz allgemein charakterisiert.[5] Mit dieser Akzentsetzung blenden wir — aus praktischen Gründen — andere Transferbeziehungen aus: Im westdeutschen Fall gingen wichtige Impulse von Frankreich und England aus,[6] im Zuge der »Europäisierung« zunehmend auch von europäischen supranationalen Institutionen und Denk- und Lebensmustern, die zumindest teilweise ebenfalls durch die Abgrenzung zu Amerika und zur Sowjetunion bestimmt waren.[7]

Der gegenwärtige Forschungsstand zu den Schlüsselbegriffen Amerikanisierung und Sowjetisierung ist durch eine deutliche Asymmetrie gekennzeichnet: einer reichen Literatur über Amerikanisierung steht ein begrenzter Bestand an Werken über Sowjetisierung gegenüber. Das Konzept »Amerikanisierung« ist in Untersuchungen über die Bundesrepublik relativ häufig verwendet worden. Zahlreiche Studien untersuchen amerikanische Einflüsse auf die westdeutsche Nachkriegsentwicklung, insbesondere die Umerziehungs- und Demokratisierungsversuche in der militärischen Besatzungszeit von 1945 bis 1949 sowie unter den alliierten Hochkommissaren von 1949 bis 1955.[8]

---

4 *Chr. Kleßmann*, Die doppelte Staatsgründung. Deutsche Geschichte 1945-1955, Göttingen 1991^2; *ders.* Zwei Staaten, eine Nation. Deutsche Geschichte 1955-1970, Göttingen 1988; *ders. u. G. Wagner* (Hg.), Das gespaltene Land. Leben in Deutschland 1945-1990. Texte und Dokumente, München 1993; *A. M. Birke*, Nation ohne Haus. Deutschland 1945-1961, Berlin 1989; *P. Bender*, Episode oder Epoche? Zur Geschichte des geteilten Deutschland, München 1996.
5 *P. Duignan u. L.H. Gann*, The Rebirth of the West. The Americanization of the Democratic World 1945-1958, Cambridge/Mass. 1992; *H. Lemberg* (Hg.), Sowjetisches Modell und nationale Prägung. Kontinuität und Wandel in Ostmitteleuropa nach dem Zweiten Weltkrieg, Marburg 1991; *S. R. Lieberman u.a.* (Hg.), The Soviet Empire Reconsidered. Essays in Honor of Adam B. Ulam, Boulder 1994.
6 *G. Clemens* (Hg.), Kulturpolitik im besetzten Deutschland, 1945-1949, Stuttgart 1994.
7 *H. Kaelble*, Europabewußtsein, Gesellschaft und Geschichte. Forschungsstand und Forschungschancen, in: R. Hudemann, H. Kaelble u. K. Schwabe (Hg.), Europa im Blick der Historiker, München 1995, S. 1-29 (der Band enthält zahlreiche weitere interessante Aufsätze); *A. Schildt*, Sozialkulturelle Aspekte der westeuropäischen Integration in den ersten beiden Nachkriegsjahrzehnten, in: Jahrbuch des Wissenschaftszentrum Nordrhein-Westfalen. Kulturwissenschaftliches Institut, 1994, S. 131-144.
8 Siehe den Beitrag von H.-J. Rupieper in diesem Band. Sowie *R. Willet*, The Americanization of Germany 1945-1949, London 1989; *M. Ermarth* (Hg.), America and the Shaping of German Society, 1945-1955, Providence 1993; *J. M. Diefendorf, A. Frohn u. H.-J. Rupieper* (Hg.), American Policy and the Reconstruction of West Germany,

Hinzu kommen Studien über die Rolle der Amerikanisierung im politischen, wirtschaftlichen, sozialen und kulturellen Wandel der fünfziger und sechziger Jahre.[9] Während die älteren Arbeiten den Blick stärker auf offensichtliche amerikanische Einflüsse und die (eher abwehrenden) Reaktionen der Deutschen richten, so fragen die jüngeren Studien vermehrt danach, wie bestimmte Schichten, Gruppen und Generationen sich Amerikanisches (und was dafür gehalten wurde) umdeutend aneigneten und zum Bestandteil einer eigenen, nach Kohärenz strebenden Kultur machten.[10] Trotz linker und rechter Ameri-

---

1945-1955, Cambridge 1993; *H.-J. Rupieper*, Die Wurzeln der westdeutschen Nachkriegsdemokratie. Der amerikanische Beitrag, 1945-1952, Opladen 1993; *K.-D. Henke*, Die amerikanische Besetzung Deutschlands, München 1995; *J. Gimbel*, A German Community under American Occupation. Marburg 1945-52, Stanford 1961; ders., The American Occupation of Germany. Politics and the Military 1945-1949, Stanford 1968; *N. Pronay u. K. Wilson* (Hg.), The Political Reeducation of Germany and her Allies after World War II, London 1985; *J. F. Tent*, Mission on the Rhine. Re-education and Denazification in American-Occupied Germany, Chicago 1982; *H. Woller*, Gesellschaft und Politik in der amerikanischen Besatzungszone. Die Region Ansbach und Fürth, München 1986; *L. Niethammer*, Entnazifizierung in Bayern, Frankfurt am Main 1972; *L. Herbst*, Westdeutschland 1945-1955. Unterwerfung, Kontrolle, Integration, München 1986; *W. Benz*, Zwischen Hitler und Adenauer. Studien zur Nachkriegsgesellschaft, Frankfurt am Main 1991, S. 203-213 (Kap. Erzwungenes Ideal oder zweitbeste Lösung? Die Prägung der Bundesrepublik durch die Alliierten); *M. Heinemann* (Hg.) Umerziehung und Wiederaufbau. Die Bildungspolitik der Besatzungsmächte in Deutschland und Österreich, Stuttgart 1981; *V. Berghahn*, The Americanization of West German Industry 1945-1973, Oxford 1986; *K. E. Bungenstab*, Umerziehung zur Demokratie? Re-education-Politik im Bildungswesen der US-Zone 1945-1949, Düsseldorf 1970; ders., Entstehung, Bedeutungs. und Funktionswandel der Amerika-Häuser. Ein Beitrag zur Geschichte der amerikanischen Auslandsinformation nach dem 2. Weltkrieg, in: Jahrbuch für Amerikastudien 16, 1971, S. 189-203; *J. B. Lange-Quassowski*, Neuordnung oder Restauration? Das Demokratiekonzept der amerikanischen Besatzungsmacht und die politische Sozialisation der Westdeutschen, Opladen 1979; *H. Gehring*, Amerikanische Literaturpolitik in Deutschland 1945-1953. Ein Aspekt des Reeducation-Programms, Stuttgart 1976; *K.-H. Füssl*, Die Umerziehung der Deutschen. Jugend und Schule unter den Siegermächten des Zweiten Weltkriegs 1945-1955, Paderborn 1994; *B. Mettler*, Demokratisierung und Kalter Krieg. Zur amerikanischen Informations- und Rundfunkpolitik in Westdeutschland 1945-1949, Berlin 1975; *H.-J. Rupieper*, Bringing Democracy to the Frauleins. Frauen als Zielgruppe der amerikanischen Demokratisierungspolitik in Deutschland 1945-1952, in: Geschichte und Gesellschaft (GG) 17, 1991, S. 61-91.

9 Eine gute Zusammenfassung für die fünfziger Jahre gibt jetzt: *A. Schildt*, Moderne Zeiten. Freizeit, Massenmedien und ›Zeitgeist‹ in der Bundesrepublik der 50er Jahre, Hamburg 1995, S. 398-423.

10 Diese Perspektive findet sich auch in einigen der in Anm. 8 genannten Werken, besonders verbreitet ist sie in den Forschungen über Jugend, Generationen, Alltag, Literatur

kakritik in der Form der »deutschen Kulturkritik«[11] und der Bedenken gegen eine globale »Coca-Colonisation«[12] durch die kapitalistische Vormacht, begrüßte schließlich die große Mehrheit der Historiker, Gesellschaftswissenschaftler und Publizisten die durch die Vereinigen Staaten ausgelösten Veränderungen der deutschen politischen Kultur.

So selbstverständlich der Begriff »Amerikanisierung« im Falle der Bundesrepublik verwendet wird, so unüblich ist der Begriff »Sowjetisierung« in der wissenschaftlichen Literatur über die SBZ und die DDR. Westdeutsche Historiker haben ihn selten gebraucht, am ehesten noch in Forschungen über Ostmittel- und Südosteuropa in der Zeit von 1944/45-1953 »zur Bezeichnung des Versuchs, die gesellschaftspolitische und sozioökonomische Ordnung sowjetischer Prägung ... aufzubauen«.[13] Eine Ausnahme stellen die im

---

und Film: *K. Maase*, BRAVO Amerika. Erkundungen zur Jugendkultur der Bundesrepublik in den fünfziger Jahren, Hamburg 1992; *ders.*, ›Antiamerikanismus ist lächerlich, vor allem aber dumm‹. Über Amerikanisierung von unten, Arbeiterjugendkultur und kulturelle Hegemonie in der Bundesrepublik der fünfziger Jahre, in: Mitteilungen aus der kulturwissenschaftlichen Forschung (MKF) 16, Heft 33, 1993, S. 132-152; *H.-H. Krüger* (Hg.), ›Die Elvis-Tolle, die hatte ich mir unauffällig wachsen lassen‹. Lebensgeschichte und jugendliche Alltagskultur in den fünfziger Jahren, Opladen 1985; *W. E. Kvam*, Hemingway in Germany, Athens/Ohio 1973; *P. Fussel*, Thornton Wilder and the German Psyche, in: The Nation 186, Nr. 3, 1958, S. 394f.; *I. Schneider* (Hg.), Amerikanisierung Einstellung: deutsches Fernsehen und US-amerikanische Produktion, Heidelberg 1992. Zusammenfassend: *Schildt*, Zeiten, S. 398-423.
11 Siehe den Beitrag von M. Ermarth im vorliegenden Band.
12 *R. Wagnleitner*, Coca-Colonisation und Kalter Krieg. Die Kulturmission der USA in Österreich nach dem Zweiten Weltkrieg, Wien 1991; *R. Winter*, Little America. Die Amerikanisierung der Bundesrepublik, Hamburg 1995.
13 *M. Reimann*, ›Sowjetisierung‹ und nationale Eigenart in Ostmittel- und Südosteuropa. Zu Problem und Forschungsstand, in: H. Lemberg (Hg.), Sowjetisches Modell und nationale Prägung. Kontinuität und Wandel in Ostmitteleuropa nach dem Zweiten Weltkrieg, Marburg 1991, S. 3-9, bes. S. 3; *H. Lemberg*, Sowjetisches Modell und nationale Prägung: Resümee einer Diskussion, in: ebd., S. 357-366. Lemberg diskutiert Varianten des Begriffs wie »nachholende Sowjetisierung« (zeitlich »zusammengedrängter Nachvollzug« dessen, was in der bisherigen Geschichte der Sowjetunion entwickelt und praktiziert worden war); »selbstgewollte Sowjetisierung« (wie in Jugoslawien); Sowjetisierung in Staaten, die eine starke eigene Widerstandsbewegung hatten und in solchen, die befreit wurden; »sowjetkommunistische Überlagerung« (im Anschluß an Oskar Anweiler) in Gebieten, wo die Sowjetisierung sich nicht voll durchsetzen konnte. Der von H. Lemberg herausgegebene Band stellt sich ausdrücklich in die Tradition eines 1959 erschienenen Werks von *E. Birke u. R. Neumann* (Hg.), Die Sowjetisierung Ost-Mitteleuropas. Untersuchungen zu ihrem Ablauf in einzelnen Ländern, hg. im Auftrag des Johann Gottfried-Herder-Forschungsrates, Frankfurt am Main 1959. Fer-

Kalten Krieg unternommenen Versuche dar, die Entwicklungen in Ostdeutschland als Sowjetisierungsprozesse zu begreifen: In den fünfziger Jahren wurden Begriffe wie »Sowjetisierung«, »Bolschewisierung« und »Stalinisierung« wiederholt in regierungsnahen Berichten und antikommunistischen Streitschriften gebraucht.[14] In dem 1952 im Berliner Verlag »Der Augenzeuge« publizierten »Kulturspiegel der DDR« hieß es: »Die Bolschewisierung der Sowjetzone verläuft planmäßig. Sie verschont kein Gebiet des öffentlichen und privaten Lebens, auch nicht die Kunst. ... Diese gleichmäßige und gründliche Angleichung des kulturellen Lebens der Sowjetzone konnte natürlich nicht ohne Folgen bleiben. Die Auswirkungen dieser geistigen Sowjetisierung sind heute vor allem auf zwei verschiedenen Gebieten spürbar: einmal bei den ausübenden Künstlern, zum anderen beim aufnehmenden Publikum. Hier wie dort haben sich Umschichtungen vollzogen, die von den Kommunisten teils absichtlich provoziert, teils unabsichtlich hervorgerufen wurden. Letztendes führten sie aber — so oder so — nur näher an das unverrückbare Ziel der sowjetischen Okkupanten heran, an die Auflösung der europäisch-abendländischen Tradition.«[15] Eine vom Bundesministerium für gesamtdeutsche Fragen herausgegebene Schriftenreihe über Mittel- und Ostdeutschland verfolgte derweil das Ziel, »über die fortschreitende Sowjetisierung in den mitteldeutschen Ländern« zu berichten, »um Wissen über die gei-

---

ner zur Bedeutung von »Sowjetisierung« in den Ländern Osteuropas nach dem Zweiten Weltkrieg: G. *von Rauch*, Sowjetrußland von der Oktoberrevolution bis zum Sturz Chruschtschows 1917-1964, in: Handbuch der europäischen Geschichte, hg. v. Th. Schieder, Bd. 7, Stuttgart 1992², S. 481-521, bes. S. 514. »In der Methodik der Sowjetisierung bediente man sich der verschiedensten Mittel: die militärische Besatzung gab die Grundlage ab für diplomatisch-konspirative Eingriffe, wirtschaftliche Verflechtung und parteipolitische Subordination. Durch Ansprechen geschickt manipulierter nationaler und sozialer Instinkte und durch propagandistische Ausnutzung kirchlicher Verbindungen und pazifistischer Parolen wurde bis 1948 eine Gleichschaltung Ost- und Südosteuropas erreicht, die den Herrschaftsraum der Sowjetunion über ihre inneren Grenzen hinaus gewaltig erweiterte.«
14 Exemplarisch: o.V., Kulturspiegel der DDR. Sowjetisierung des Kulturlebens in der DDR, Berlin 1952; *L. von Balluseck*, Zur Lage der bildenden Kunst in der sowjetischen Besatzungszone, Bonn 1952 (Reihe Bonner Berichte aus Mittel- und Ostdeutschland, hg. v. Bundesministerium für gesamtdeutsche Fragen); *M. Kramer*, Die Bolschewisierung der Landwirtschaft in Sowjetrußland, in den Satellitenstaaten, in der Sowjetzone, Köln 1951; *Bundesministerium für gesamtdeutsche Fragen* (Hg.), Bibliotheken als Werkzeug der Sowjetisierung, Bonn 1952; *H. König*, Rote Sterne glühen. Lieder im Dienste der Sowjetisierung, Frankfurt am Main 1955.
15 Kulturspiegel, S. 3 u. 13.

stige und seelische Lage der Deutschen in der sowjetischen Zone zu verbreiten und damit zur Erhaltung des deutschen Einheitsbewußtseins beizutragen.«[16] »Sowjetisierung«, die den einen als Bedrohung des Abendlandes erschien, und den anderen als Kraft, die das deutsche Einheits- und Nationalbewußtsein zerstörte, wurde auch von den westdeutschen Sprachwissenschaftlern konstatiert, die alarmiert darauf hinwiesen, daß die Entstehung eines »Sowjetdeutsch« zeige, daß die Sprache Opfer und Werkzeug der Sowjetisierung sei.[17] Das Präfix »Sowjet« verliere die ältere Konnotation mit »Räte« und gelte in der DDR als Prägezeichen einer ›neuen Welt ohne Ausbeutung‹. Es erscheine in affirmativen und verherrlichenden Wortkombinationen wie »Sowjetarmee«, »Sowjetvolk«, »Sowjetmensch« (im Sinne von neuer, besserer Mensch), »Sowjetkultur« (im Gegensatz zur dekadenten bürgerlichen Kultur), »Freundschaft mit der Sowjetunion«, »mit der Sowjetunion an der Spitze«. »Sowjetismen«, d.h. aus der sowjetrussischen Terminologie entlehnte Begriffe wie Kader usw., würden die Sprache und das Leben immer stärker durchdringen,[18] und Begriffe wie »sowjetfeindlich« und »Antisowjetismus« im Sinne von »von den Imperialisten betriebene Hetze gegen die Sowjetunion« seien verbreitet.[19]

Nach dem Mauerbau und angesichts der Stabilisierung der DDR und der internationalen Lage trat der Begriff »Sowjetisierung« im Westen dann allerdings in den Hintergrund.[20] Der Schwerpunkt der sozialwissenschaftlichen Forschung verlagerte sich nach und nach auf die systematische Analyse der DDR-Gesellschaft und auf den analytischen »Systemvergleich« vor dem Hintergrund der Modernisierungstheorie und allgemeiner Fortschrittsvorstellun-

---

16 Klappentext des Bundesministeriums für gesamtdeutsche Fragen, in: von Balluseck, Lage.
17 *F. Koepp*, Sowjetdeutsch, die Sprache als Opfer und Werkzeug der Sowjetisierung, in: Akademische Blätter 57, Heft 3, 1955, S. 41-46.
18 *H. H. Reich*, Sprache und Politik. Untersuchungen zu Wortschatz und Wortwahl des offiziellen Sprachgebrauchs in der DDR, München 1968, S. 198-200; Das Aueler Protokoll. Deutsche Sprache im Spannungsfeld zwischen West und Ost, Düsseldorf 1964 (Reihe: Sprache im geteilten Deutschland, hg. v. H. Moser, Bd. 1). Wir danken Ralph Jessen für den freundlichen Hinweis.
19 *Reich*, Sprache, S. 27.
20 Eine genauere Erforschung der einzelnen Wissenschaften steht noch aus. So scheint es, daß Sprachwissenschaftler noch länger daran festhielten.

gen.²¹ Sie gewann damit eine objektivierende Perspektive, die solange auf beiden Seiten für einigermaßen gültig gehalten wurde, als die Sowjetunion und die DDR noch damit rechneten, die Bundesrepublik und den Westen einzuholen und zu überholen. Die historische, politische und wirtschaftswissenschaftliche Literatur fragte derweil nach dem Grad von Abhängigkeit und Selbständigkeit der DDR und der mittelosteuropäischen Staaten gegenüber Moskau und im Rahmen des sozialistischen Systems.²²

Im Gegensatz zum Konzept »Amerikanisierung« ist das Konzept der »Sowjetisierung« in der westdeutschen Historiographie wenig elaboriert und in der Forschung noch weniger fruchtbar gemacht worden als in der Literatur über ostmittel- und südosteuropäische Länder. In der DDR konnte sich eine wissenschaftlich-kritische Richtung der Sowjetisierungsforschung aus politischen Gründen nicht entwickeln. Trotz ihrer jeweiligen Vorbelastung bieten diese beiden Schlüsselbegriffe jedoch für die jetzt einsetzende ›Neukonstruktion‹ der doppelten deutschen Nachkriegsgeschichte wichtige Denkanstöße; allerdings nur dann, wenn sie nicht zu polemischen, sondern zu analytischen Zwecken und in heuristischer Absicht verwendet werden, d.h. als Frageraster und Ordnungs- und Orientierungshilfen. Die Beiträge unseres Bandes zeigen,

---

21 Klassisch: *P. C. Ludz*, Studien und Materialien zur Soziologie der DDR, Opladen 1971². Diese Forschungsrichtung hat zahlreiche wichtige Studien und Dokumentationen hervorgebracht, von denen wir nur einzelne neuere erwähnen können: *W. Weidenfeld u. H. Zimmermann* (Hg.), Deutschland-Handbuch. Eine doppelte Bilanz 1949-1989, München 1989; *W. R. Langenbucher, R. Rytlewski u. B. Weyergraf* (Hg.), Kulturpolitisches Wörterbuch. Bundesrepublik Deutschland/DDR im Vergleich, Stuttgart 1983; *R. Geißler*, Die Sozialstruktur Deutschlands. Ein Studienbuch zur gesellschaftlichen Entwicklung im geteilten und vereinten Deutschland, Opladen 1992. Einen kritischen Rückblick auf die Erträge und Defizite dieser Gesellschafts- und Systemvergleichsforschung gibt, *H. Zimmermann*, Deutschland 1989. Probleme und Tendenzen nach vierzig Jahren Zweistaatlichkeit, in: Weidenfeld u. Zimmermann (Hg.), Deutschland-Handbuch, S. 699-718.
22 Exemplarisch dazu: *K. C. Thalheim*, Die Wirtschaftspolitik der DDR im Schatten Moskaus, Hannover 1979; *S. Mampel u. K. C. Thalheim* (Hg.), Die DDR-Partner oder Satellit der Sowjetunion?, Berlin 1979; *R. Rytlewski*, Die DDR — eine planwirtschaftliche ›Mittelstandsgesellschaft‹ zwischen Blockintegration und Nationalstaatlichkeit, Berlin 1986. Auch in den USA wurde dazu intensiv geforscht und publiziert: *M. Croan*, East Germany. The Soviet Connection, Beverly Hills 1976; *D. Childs*, The GDR. Moscow's German Ally, London 1983; *D. Childs*, East Germany to the 1990s. Can it Resist Glasnost?, London 1987; *Lieberman u.a.* (Hg.), Empire; *B. Mieczkowski*, Personal and Social Consumption in Eastern Europe. Poland, Czechoslovakia, Hungary and East Germany, New York 1975.

daß die vergleichende Frage nach Sowjetisierung und Amerikanisierung zu Paralleluntersuchungen und Beziehungsstudien anregt und zu interessanten und differenzierten Ergebnissen über die deutsche Nachkriegsgeschichte führt. Dabei werden die schillernden Begriffe, die sowohl sozio-politische Verwandlungsprozesse als auch kulturelle Deutungsmuster bezeichnen, selbst zum Gegenstand theoretischer und historischer Reflexion. Ein solcher Ansatz bezweckt nicht eine Gleichsetzung von DDR und Bundesrepublik, vielmehr dient der systematische Kontrast der Aufhellung der Eigenart ihrer Nachkriegsschicksale, die ein sehr unterschiedliches Erbe an Werten und Erfahrungen in das vereinigte Deutschland eingebracht haben.

1. Konzepte und Leitfragen

Dieser Band versucht erstmals, die Prozesse der Amerikanisierung und Sowjetisierung gemeinsam zu behandeln. Im Gegensatz zu der in der Historiographie üblichen isolierenden Betrachtungsweise, kann eine gleichzeitige Beschäftigung mit beiden Prozessen ihre Parallelen wie Unterschiede und die wechselseitigen Beziehungen und Konflikte herausarbeiten. Es geht nicht um eine Forschung im Stile einer »Kolonialgeschichte«. Der Ansatz zum Studium der Veränderungen deutscher Identität wird vor allem dann produktiv, wenn man nicht bloß die Intentionen und Maßnahmen der Sieger- und Vormächte untersucht, sondern auch von der Sicht der Verlierer (von 1945) ausgeht und ihre Wahrnehmung der eigenen Situation und die Reaktion auf die Angebote von außen analysiert. So läßt sich die Frage nach der Tiefe und Dauer des jeweiligen Einflusses aufwerfen und diskutieren, welche Widerstände sich dagegen regten und welche Einwirkungen Spuren hinterlassen haben.

Das Kernproblem eines solchen Unterfangens ist, wie schon angedeutet, die Definition der zentralen Begriffe. Jede Analyse muß berücksichtigen, daß Termini wie Amerikanisierung, Sowjetisierung, Bolschewisierung usw. aus der politischen Auseinandersetzung stammen und daher stark emotional vorbelastet sind. Zunächst waren sie — wie ursprünglich die meisten wissenschaftlichen Begriffe — Schlagwörter und Kampfbegriffe, die vor allem vom jeweiligen Gegner im Rahmen der Propagandaschlachten des Kalten Krieges eingesetzt und über die Zonen-, Staats- und Systemgrenzen hinweg von Vertretern der »deutschen Kulturkritik« verwendet wurden. Wenn man sie trotzdem als analytische wissenschaftliche Begriffe verwenden möchte, muß man sie historisch und systematisch bestimmen und im Forschungsprozeß und in der Darstellung die Spannung zwischen der jeweiligen zeitgenössischen Bedeutung und Verwendung und einer abstrahierenden wissenschaftlichen Begrifflichkeit im Auge behalten.[23] Man sollte bedenken, daß die ›Belastungen‹ der Begriffe Amerikanisierung und Sowjetisierung selbst zu ihrer Wirkungsgeschichte gehören und dadurch wichtige Aufschlüsse für die dahinterstehenden Entwicklungen bieten. Ein Hauptzweck des Bandes ist es, die Frage des Gebrauchs dieser Begriffe und Konzepte überhaupt aufzuwerfen und Beispiele für die Vor- und Nachteile ihrer Verwendung in der historischen Analyse vorzulegen.

Ein Teil ihrer Mehrdeutigkeit ist in den Schlüsselbegriffen selbst angelegt. So definiert das amerikanische Standardlexikon *Websters Third New International Dictionary* »Amerikanisierung« zunächst als die Verwandlung fremder Einwanderer in Amerikaner und weist auf die Veränderung englischer Rechtschreibung in amerikanische Formen hin. Der Vergleich der weiteren Ausführungen dazu mit dem Stichwort »Sowjetisierung« weist auf eine strukturelle Konvergenz der Bedeutungen hin. Im Falle der von den USA ausgehenden Amerikanisierung handelt es sich darum, »ein Gebiet unter den politischen, kulturellen oder wirtschaftlichen Einfluß« zu bringen, im Falle der Sowjetisierung durch die UdSSR, ein Gebiet dem »eigenen Machtbereich einzuverleiben«. Beim ersten geht es darum, ein Land »amerikanisch zu machen«, es zu veranlassen, den »American way of life« zu adoptieren, beim zweiten, es »mit sowjetischen Ideen zu erfüllen oder unter die Kontrolle sowjetischer Politik zu bringen«.[24]

---

23 Zu dieser grundsätzlichen Problematik beim Vergleich: *H.-G. Haupt u. J. Kocka*, Historischer Vergleich: Methoden, Aufgaben, Probleme. Eine Einleitung, in: dies. (Hg.), Geschichte und Vergleich. Ansätze und Ergebnisse international vergleichender Geschichtsschreibung, Fankfurt am Main 1996, S. 9-46, bes. S. 9, 35; *R. Koselleck, U. Spree u. W. Steinmetz*, Drei bürgerliche Welten? Zur vergleichenden Semantik der bürgerlichen Gesellschaft in Deutschland, England und Frankreich, in: H.-J. Puhle (Hg.), Bürger in der Gesellschaft der Neuzeit. Wirtschaft, Politik, Kultur, Göttingen 1991, S. 14-58; *R. Koselleck*, Vergangene Zukunft. Zur Semantik geschichtlicher Zeiten, Frankfurt am Main 1979, bes. S. 211-259.
24 Webster's Third New International Dictionary of the English Language, Unabridged, Chicago 1981, Bd. 1, S. 69, Bd. 3, S. 2179.

In der DDR, in der eine wissenschaftliche Auseinandersetzung mit Sowjetisierung praktisch unmöglich war, hielt man sich hinsichtlich der Definition von Amerikanisierung an ältere kommunistische Vorbilder und sowjetische Vorgaben. »Amerikanisieren« bedeutete »Sitten und Gebräuche der USA einführen; andere Länder in Abhängigkeit von den USA bringen«. Das »Neue Deutschland« gab dem einen besonderen Akzent: »Unter Amerikanisierung eines Landes verstehen wir seinen wirtschaftlichen und politischen Umbau im Interesse des amerikanischen Monopolkapitals und die Entwicklung einer Ideologie, die die Interessen des amerikanischen Monopolkapitals in die Sprache des betreffenden Landes übersetzt ... Unter Amerikanismus verstehen wir das Streben des reaktionärsten Teils des amerikanischen Monopolkapitals nach Weltherrschaft; die diesem Streben entspringenden Untaten; und die Ideologie, die im Auftrag des amerikanischen Monopolkapitals entwickelt wird, um dieses Weltherrschaftsstreben zu rechtfertigen und zu propagieren.«[25]

Bei aller Verschiedenheit weisen solche Definitionen auf strukturelle Gleichförmigkeiten hin: Einfluß oder Macht sind keine Alternativen, sondern wesentliche Voraussetzungen einer tiefergehenden Verwandlung durch Übernahme oder Übertragung des jeweiligen fremden Modells. Die historische Verwendung dieser Begriffe wird allerdings erschwert, indem Amerikanisierung und Sowjetisierung oft unbewußt mit anderen Begriffen und Prozessen gleichgesetzt werden. So steht »Amerikanisierung« in der populären wie wissenschaftlichen Literatur für »Modernisierung«, »Industrialisierung«, »Technisierung«, »Kapitalismus«, »Marktliberalismus«, »Konsumgesellschaft«, »Massenkultur«, und »moderne Unterhaltung«; schließlich auch für »Demokratisierung« und »Westintegration« der Bundesrepublik. In der DDR meinte man mit Amerikanisierung teilweise dasselbe, auf jeden Fall aber dekadente Tendenzen der »Verwestlichung« im allgemeinen Sinn. Vielfach wurde hier wie dort nicht wirklich gefragt, ob und wie die Vereinigten Staaten diese Prozesse verursacht und gestaltet haben. Oft beruhten Etikettierungen wie Amerikanismus und Amerikanisierung eher darauf, daß man allgemeine Phänomene und Ideen — z.B. Demokratie und Aufklärung, rationelle Wirtschaftsweise, Kapitalismus und Massenkonsum — die durchaus europäische Wurzeln und Entsprechungen hatten, symbolisch an ›Amerika‹ festmachte,

---

25 ND, 29.10. 1948, S. 4. Zit. n. *Reich*, Sprache, S. 25. Die DDR-Sprache schloß an die ähnlich lautenden russischen Begriffe an.

wo sie sich besonders früh oder deutlich entfalteten.[26] Ähnlich breit gestreut, aber mit noch mehr negativen Vorzeichen versehen, sind die möglichen Konnotationen von »Sowjetisierung«. Je nach Kontext kann dieser Begriff unter anderem Sozialisierung und Aufbau einer repressiven Parteidiktatur und Komandowirtschaft, Bolschewisierung, Stalinisierung oder kulturelle Russifizierung bedeuten.[27] Die Frage nach der Selbstbeschreibung in Begriffen von Sowjetisierung (und informeller Amerikanisierung) ist indessen noch kaum analysiert worden;[28] die Sowjetische Militäradministration (SMAD), die SED-Führung und die Bevölkerung (wenigstens in der Öffentlichkeit) haben den spezifischen sowjetischen Anteil am allgemeinen Umstrukturierungsprozeß in der SBZ mit zahlreichen anderen Begriffen bezeichnet, von denen sich manche im nachhinein unter den Begriff Sowjetisierung subsumieren lassen.

In Westdeutschland wie in anderen westeuropäischen Ländern hatte der zeitgenössische Terminus Amerikanisierung oft eine kulturkritische Bedeutung im Sinne von »nicht-europäisch«, »von der eigenen nationalen Kultur abweichend und dieser unterlegen«, »Vermassung«, »Seelenlosigkeit« und »Oberflächlichkeit«, »kalter Materialismus« und »reines Profitdenken«. Er bezeichnete eher das Individuum betreffende gesellschaftliche und kulturelle Prozesse. Der Kampfbegriff Sowjetisierung dagegen scheint sich eher auf kollektive, ideologische, und wirtschaftliche Dimensionen bezogen zu haben.

---

26 Siehe Dazu: *Dahrendorf*, Aufklärung, S. 204. Dies wurde bereits 1952 in mehreren Beiträgen im Spezialheft über »Europa und Amerika« der Zeitschrift »Der Monat« diskutiert. E. Franzen zitierte darin Hendrik de Mans Formulierung: »Die amerikanische Zivilisation ist im Grunde nichts anderes als die modern-europäische in chemisch reiner Form, und sie würde auf dem alten Kontinent nur geringe Wirkung ausüben, wenn die Entwicklung hier nicht sowieso in der gleichen Richtung verlaufen würde.« *E. Franzen*, Europa blickt auf Amerika, in: Der Monat 10, 1952, S. 129-141.
27 In der alten Bundesrepublik schwang dabei oft ein undefinierbarer Vorwurf von ›Verostung‹ mit. Das Wort, das sich erst 1989/90 verbreitete, gab es damals allerdings noch nicht.
28 *N. Naimark*, The Russians in Germany. A History of the Soviet Zone of Occupation, 1945-1949, Cambridge/Mass. 1995; *ders.*, Die Sowjetische Militäradministration in Deutschland und die Frage des Stalinismus. Veränderte Sichtweisen auf der Grundlage neuer Quellen aus russischen Archiven, in: Zeitschrift für Geschichtswissenschaft 43, 1995, S. 293-307; *ders.*, Was the SBZ/GDR in the Soviet Bloc, in: Potsdamer Bulletin für Zeithistorische Studien 4, 1995, S. 6-18. Weitere Aufschlüsse sind von einer Studie und Dokumentation von E. Scherstjanoi (Institut für Zeitgeschichte, Außenstelle Potsdam/Berlin) über das Statut der Sowjetischen Kontrollkommission in Deutschland 1949-1953 zu erwarten, die demnächst publiziert werden soll. — Zur Sprache: *Reich, Sprache; Aueler Gespräche*.

Außer in der ersten Nachkriegsphase der erzwungenen Entnazifizierung suggerierte Amerikanisierung mehr informelle, nicht zentral geplante Einflüsse, die auf vielfältigen Mechanismen des Markts und der Öffentlichkeit sowie gesellschaftlichen Impulsen und Bedürfnissen beruhten. Demgegenüber wurde Sowjetisierung in der Literatur stärker mit intentionalem, geplanten, partei-gesteuertem oder von sowjetischen Instanzen kommandiertem Handeln assoziiert. Beide Schlagworte beschrieben eher vage Stile als klar definierte Inhalte, wobei polemische Mißverständnisse der Befürworter oder Gegner beabsichtigt waren, die sich im nachhinein für die historische Forschung als besonders aufschlußreich erweisen. Die häufige Vermischung von Realität und Perzeption hat in den zeitgenössischen Diskussionen um Amerikanisierung und Sowjetisierung immer auch ungewollte Verwirrung gestiftet. Beim wissenschaftlichen Gebrauch der Begriffe wird dies ständig zu bedenken sein. Das Problem kompliziert sich für den Historiker überdies aufgrund von spiegelverkehrten Ironien: Teile der westlichen Linken (von den Stalinisten der vierziger und fünfziger Jahre bis zu den K-Gruppen der siebziger Jahre) betrieben eine freiwillige Selbst-Sowjetisierung; und in Ostdeutschland kam es in Oppositionskreisen und im jugendlichen Protestmilieu zu kulturellen Amerikanisierungsprozessen. Diese unautorisierten Importe illustrieren die Ausstrahlung der beiden Modelle über die jeweiligen ›Klientenstaaten‹ hinaus; mit ihnen wurden Tabus gebrochen und die herrschende Ordnung in Zweifel gezogen.

Amerikanisierung und Sowjetisierung weisen einerseits auf konkrete Einflüsse und die sich daraus ergebenden materiellen, strukturellen und symbolischen Veränderungen hin, sei es in der Politik, Wirtschaft, Gesellschaft oder Kultur. Andererseits bezeichnen diese Begriffe Kategorien der Wahrnehmung und Deutung; gewisse Interessengruppen und sozio-kulturelle Milieus filterten dadurch ›Wirklichkeiten‹ und deuteten bestimmte Phänomene als amerikanisch oder sowjetisch. ›Das Amerikanische‹ und ›das Sowjetische‹ wurden — genauso wie ›das DDR-Spezifische‹, ›das Westdeutsche‹ und ›das Deutsche überhaupt‹ — in komplexen Aushandlungsprozessen konstruiert. Derartige Identitäten verfestigten sich in Institutionen, materiellen und symbolischen Strukturen. Amerikanisierung und Sowjetisierung prägten soziale Praktiken, Mythen, Diskurse, Sprachregelungen und Emotionsregeln. Im Prinzip lassen sie sich mit denselben sozial- und kulturgeschichtlichen Ansätzen und Methoden bearbeiten, wie z.B. die Nation und ›das Nationale‹.[29] Dies gilt insbesondere auch für die entgegengesetzten Stereotype des Anti-Amerikanismus[30] und des Antikommunismus, Anti-Sowjetismus oder Antibolschewismus. In beiden Fällen handelt es sich um Feindbilder, in denen Emotionen, Vorurteile, Erfahrungen und Interessen mit genauen Beobachtungen über Institutionen und Politik, Interessen und sozio-kulturelle Praktiken zusammenfließen. Akzentuiert werden dabei Elemente, die der eigenen blockspezifischen, nationalen oder gruppenspezifischen Mentalität und Weltanschauung zuwiderlaufen. Als Propagandakonstrukte der Staaten-, Nationen- und Systemkonkurrenz sollten sie die Identifikation mit dem eigenen Vorbild stärken, indem sie ein Zerrbild der Verwandlung des gegnerischen Teils von Deutschland und der Welt herstellten. Durch die Überzeichnung des Feindbildes liefern diese kulturkritischen und weltanschaulichen Reaktionen wichtige Hinweise auf die zentralen Werte, Prozesse und Trägergruppen und die Akzeptanz oder Ablehnung kulturellen Wandels.

Die USA und die UdSSR exportierten Problemlösungsmuster, die zuhause mehr oder weniger bewußt entwickelt worden waren und als erprobt galten. Die Ostdeutschen und die Westdeutschen importierten einiges davon — mehr oder wenig freiwillig. Die zeitgenössischen Schlagworte »Amerikanisierung«, »Sowjetisierung« und »Bolschewisierung« und die darum kreisenden Diskurse dienten der Etikettierung umstrittener Entwicklungen, um sie

---

29 *E. François, H. Siegrist u. Jakob Vogel*, Die Nation. Vorstellungen, Inszenierungen, Emotionen, in: dies. (Hg.), Nation und Emotion. Deutschland und Frankreich im Vergleich. 19. und 20. Jahrhundert, Göttingen 1995, S. 13-35. Zur Verbindung von kultur- und diskursgeschichtlichen mit sozial- und politikgeschichtlichen Ansätzen in der DDR-Forschung: *T. Lindenberger u.a.*, Projektvorstellung: Herrschaft und Eigen-Sinn in der Diktatur. Studien zur Gesellschaftsgeschichte in Berlin-Brandenburg 1945-1990, in: Potsdamer Bulletin für Zeithistorische Studien, 1995, Nr. 5, S. 37-52.
30 Exemplarisch zum vieldeutigen Begriffspaar Antiamerikanismus und Amerikanismus im Wandel der Zeiten: *Müller*, Antiamerikanismus; *Schildt*, Zeiten, S. 398-423; *R. Dahrendorf*, Die angewandte Aufklärung, Frankfurt am Main 1968 (Kapitel »Amerika kommt nach Europa«); *K. Sontheimer*, How Real is German Anti-Americanism? An Assessment, in: Trommler u. McVeigh (Hg.), America, S. 117-123; *F. Trommler*, The Rise and Fall of Americanism in Germany, in: ebd., S. 332-342; *H. Speier*, From the Ashes of Disgrace. A Journal from Germany, 1945-1955, Amherst 1981; *H.-U. Wehler*, Preußen ist wieder chic. Politik und Polemik in zwanzig Essays, Frankfurt am Main 1983, S. 37-46 (zum dritten Mal: Deutscher Antiamerikanismus); *D. Diner*, Verkehrte Welten. Deutscher Antiamerikanismus — die Geschichte eines Ressentiments, Frankfurt am Main 1993.

durch die Assoziation mit der jeweiligen Besatzungsmacht zu unterstützen oder zu bekämpfen.[31] Generell gilt: Sowohl Amerikanisierung als auch Sowjetisierung erfolgte während der Besatzungszeit oft in der Form direkter Eingriffe. In den fünfziger Jahren gewannen die Deutschen in Ost und West mehr Eigengewicht und eine stärkere Aushandlungsposition. Danach schwächte sich die Fremdbestimmung weiter ab und wurde der Einfluß diffuser, informeller und differenzierter zugleich. Seit den späten sechziger Jahren kam es zu Distanzierungs- und Absetzungsbewegungen, die zu einem neuen Selbst- und Autonomiebewußtsein führten. Diese grobe Periodisierung gilt jedoch nicht für alle Bereiche und Phänomene in gleicher Weise. Aufgrund der bisherigen Literatur würde man annehmen, daß anfangs politische und wirtschaftliche Grundprägungen dominierten, während in den späteren Jahren gesellschaftliche und kulturelle Ausstrahlungen stärker wurden. Einige Beiträge dieses Bandes argumentieren dagegen, daß die Amerikanisierung der westdeutschen Politik und Wirtschaft in den Gründungsjahren der Bundesrepublik von den Historikern eher überschätzt worden sei.[32] In den Beiträgen über die SBZ/DDR wird das Bild von der Sowjetisierung differenziert, indem neben den Absichtserklärungen, Macht- und Herrschaftsbeziehungen auch die Aushandlungsprozesse und die Praxis untersucht werden.[33]

Festzuhalten bleibt, daß sich die Inhalte und Formen von Amerikanisierung und Sowjetisierung im Verlauf der Zeit dramatisch veränderten, aber auch, daß es sich um multivalente und geschichtsmächtige Schlagworte gehandelt hat. Wer sie als historisch-systematische Begriffe verwenden möchte, muß sich der wechselnden Bedeutungen in Raum und Zeit bewußt sein. Dies ist ein zentrales Anliegen der hier abgedruckten Beiträge, die beweisen, daß die Fragestellung »Amerikanisierung und Sowjetisierung« den Zugang zur Vergangenheit nicht versperrt und irreführt, sondern einen Schlüssel zum Verständnis der Wandlungsfähigkeit von Diskursen und Begriffen und eine

---

31 Sie lassen sich mit der von der Nationsgeschichte entwickelten Methode des Stereotypenvergleichs untersuchen. *M. Jeismann*, Das Vaterland der Feinde. Studien zum nationalen Feindbegriff und Selbstverständnis in Deutschland und Frankreich 1792-1918, Stuttgart 1992.
32 So die Beiträge von Rupieper, Schröter und Erker.
33 Die hier abgedruckten, auf neuen Forschungen beruhenden Beiträge über die DDR weisen auf die komplexen Interaktionen und Aushandlungsprozesse hin und vermitteln ein realistischeres Bild von der Sowjetisierung.

Chance für ein besseres Verständnis deutscher Nachkriegsentwicklungen liefert.

2. Herausforderungen des Vergleichs

Eine Besonderheit des vorliegenden Bandes ist der Vergleich von Amerikanisierung und Sowjetisierung, der den Zugang für eine vergleichende deutsch-deutsche Gesellschafts- und Kulturgeschichte im internationalen Kontext bildet. Beim historischen Gesellschaftsvergleich handelt es sich um eine methodisch und empirisch gut entwickelte Forschungsrichtung,[34] in der Historiographie über die deutsche Nachkriegsgeschichte hat indessen bisher erst wenig Beachtung gefunden:[35] Noch konzentrieren sich die meisten Historiker auf das Individuelle und Besondere und lehnen den Vergleich aus methodischen und wissenschaftstheoretischen Gründen ab. Im Falle der deutsch-deutschen Nachkriegsgeschichte monieren sie, daß die Bundesrepublik und DDR zu verschieden gewesen seien, als daß sie verglichen werden könnten.

Vergleichen heißt nun allerdings nicht gleichsetzen. Der »historische Gesellschaftsvergleich« operiert einerseits mit abstrakteren Begriffen und Typen und interessiert sich für das Allgemeine und Varianten davon (diesbezüglich folgt er den modernen Sozialwissenschaften); andererseits fragt er nach dem Besonderen und der Bedeutung eines Phänomens im spezifischen Kontext der jeweiligen Gesellschaft und ihrer Geschichte (diesbezüglich schließt er an den Historismus an). Amerikanisierung war ein allgemeiner Prozeß, der sich in vielen Ländern beobachten läßt; das Spezifische der Amerikanisierung in Westdeutschland kann man allerdings nur erkennen, verstehen und erklären, wenn man die besonderen Verhältnisse und Bedingungen der frühen Bundesrepublik berücksichtigt. Entsprechend gilt dies auch für die Betrachtung der Sowjetisierung in Ostdeutschland.

---

34 Zum historischen Gesellschaftsvergleich: *Haupt u. Kocka*, Geschichte; *H. Siegrist*, Advokat, Bürger und Staat, Sozialgeschichte der Rechtsanwälte in Deutschland, Italien und der Schweiz (18.-20. Jh.), Frankfurt am Main 1996, S. 24-32; *H. Kaelble*, Nachbarn am Rhein. Entfremdung und Annäherung der französischen und deutschen Gesellschaft seit 1880, München 1991.

35 Ansätze dazu bei: *Kleßmann*, Staatsgründung; *ders.*, Staaten; *Birke*, Nation; *M. Fulbrook*, The Two Germanies 1945-1990. Problems of Interpretation, Basingstoke 1992.

Obwohl die Transformationsprozesse in der BRD und DDR in gewisser Weise einmalig waren, ist ihr systematischer Vergleich nicht nur möglich, sondern auch unerläßlich. Der wichtigste Grund dafür ist die in den Entwicklungen selbst angelegte Konkurrenz zwischen Ost und West: In Schlüsselentscheidungen schauten die historischen Akteure selbst immer wieder aufeinander und verglichen die Verhältnisse im anderen Lager mit den eigenen Zuständen. Aus einer gemeinsamen Vergangenheit hervorgehend, bezogen sie sich dabei auf abstrakte wie konkrete Referenzpunkte: auf die gegensätzlichen Gesellschafts-, Wirtschafts-, Politik-, oder Kulturtheorien der beiden Systeme sowie ihre aktuellen Manifestationen in den Vereinigten Staaten und der Sowjetunion. Bei der Erwägung, wo und wie sie eigentlich leben wollten, verglichen auch einfache Bürger in Ost und West die Leistungen der Gesellschaften im täglichen Leben. Der analytische Vergleich des Historikers versucht diesbezüglich nur, die implizite Perspektive des Systemwettbewerbs und der deutsch-deutschen Aufeinanderbezogenheit explizit zu machen und zu systematisieren. Gleichzeitig orientiert er sich aber auch an abstrakten Referenzpunkten und Theorien.

Historische Komparatistik ist nicht dasselbe wie jener seit den sechziger Jahren vielfach praktizierte sozial-, wirtschafts- und politikwissenschaftliche »Systemvergleich«, der zweifellos zu wichtigen Erkenntnissen geführt hat, dem von Kritikern aber auch politische Blauäugigkeit gegenüber Diktaturen, Oberflächlichkeit und mangelnder Sinn für die Bedeutung des verglichenen »Indikators« in seinem besonderen Kontext vorgeworfen wurde. Sie monierten, daß damit Strukturen, Institutionen und Prozesse nur äußerlich — mit Bezug auf ein abstraktes Modell oder eine Theorie — verglichen würden, daß überdies die Daten unterschiedlich erhoben und strukturiert und deshalb nicht wirklich vergleichbar wären. Hartmut Zimmermann hat 1989 noch einmal nachdrücklich darauf hingewiesen, daß diese Art von Systemvergleich bei dem sich aufdrängenden Vorhaben, eine deutsche Nachkriegsgeschichte zu schreiben, auch hinderlich sein könne, solange ein beiderseits anerkannter theoretischer Referenzpunkt fehle, mit dem sich beide Gesellschaften und Systeme angemessen begreifen und interpretieren lassen. Die Modernisierungstheorie sei dafür weniger geeignet, da sie einen Bewertungsmaßstab impliziere, der die westliche Entwicklung bevorzuge.[36]

---

36 *Zimmermann*, Deutschland 1989, S. 703f. Die Verwendung von Modernisierungstheorien zur Interpretation der DDR-Geschichte diskutieren: *J. Kocka*, Die Geschichte der

Die explizit oder implizit vergleichenden Beiträge des vorliegenden Bandes zeigen, daß man historisch vergleichen kann, ohne in diese und andere Fallen zu gehen. Die Autorinnen und Autoren verfeinern und historisieren die Leitbegriffe. Die einen schlagen ergänzende und partiell deckungsgleiche Begriffe und Typen vor, wie »Verwestlichung« und »Verostung«, »Modernisierung« und »moderne Fortschrittsorientierung«, »Demokratisierung« oder »Bürokratisierung«. Oder sie beziehen sich auf den Gesellschaftsvergleich leitende und strukturierende historisch-systematische Konstrukte wie »Not- und Zusammenbruchsgesellschaft«, »Stunde Null«, »Industriegesellschaft«, »Konsumgesellschaft« oder »Kreolisierung der Kulturen«. Dabei werden die Chancen und Grenzen der Arbeitsbegriffe und Konstrukte »Amerikanisierung« und »Sowjetisierung« deutlich. Der heuristische Nutzen der Leitbegriffe dieses Bandes wird auch durch Negativbefunde nicht in Frage gestellt, und die meisten der vorgeschlagenen Alternativbegriffe lassen sich empirisch und theoretisch mit Amerikanisierung und Sowjetisierung verbinden. Die beiden Schlüsselbegriffe lenken den Blick auf strukturell ähnliche, aber inhaltlich durchaus unterschiedliche Prozesse, die zunächst eher an Ursprung, Richtung und Ausmaß der durch sie ausgelösten Veränderungen festgemacht werden.

Das Ergebnis des Vergleichs von Gesellschaften und historischen Prozessen wie Amerikanisierung und Sowjetisierung hängt von der Bestimmung der jeweiligen Vergleichseinheiten ab. Im deutschen Fall ist die räumlich-gesellschaftliche Definition des Gegenstandes besonders schwierig, da durch die Zerschlagung des Großdeutschen Reiches die Grenzen dessen, was nach 1945 noch als »Deutschland« bezeichnet werden konnte, durchaus strittig waren. Zunächst muß also geklärt werden, welche gesellschaftlichen, politischen, wirtschaftlichen und kulturellen Einheiten verglichen werden sollen.

DDR als Forschungsproblem. Einleitung, in: ders., (Hg.), S. 25f. und *D. Mühlberg*, Die DDR als Gegenstand kulturhistorischer Forschung, in: MKF 16, Heft 33, 1993, S. 7-85, bes. S. 16-25. Vertreter des Totalitarismusansatzes wenden sich polemisch gegen den Systemvergleich und den Vergleich DDR-BRD überhaupt: *J. Hacker*, Deutsche Irrtümer. Schönfärber und Helfershelfer der SED-Diktatur im Westen, Berlin 1992, S. 15 (»Nicht nur die Medien, sondern auch die DDR- und vergleichende Deutschland-Forschung müssen sich fragen lassen, ob und inwieweit sie ein unzureichendes und zu positives Bild von der DDR gezeichnet haben. Eine kritische Prüfung der westlichen DDR-Literatur zeigt, daß nicht erst ab Herbst 1969, sondern bereits zuvor die innere Situation des ›ersten Arbeiter- und Bauern-Staates auf deutschem Boden‹ falsch beurteilt worden ist.«).

Die Begriffe Amerikanisierung und Sowjetisierung suggerieren erstens, daß es Einflußsphären oder Blöcke gab, welche die Entwicklungen in ihrem Bannkreis prägten und deshalb von den Zeitgenossen als »westliche Gesellschaft« respektive »sozialistisches Gesellschaftssystem« bezeichnet wurden. In diesen Bereichen dominierten bestimmte Kräfte und galten spezifische Regeln, Mechanismen und Werte, wodurch der Spielraum von Wahrnehmung, Deutung und Handeln bestimmt wurde. Das jeweilige Muster wurde durch die nationale Manifestation eines bestimmten ideologischen Modells, sei es Kapitalismus oder Kommunismus, vorgegeben, in dem sich die Geschichte eines großen Landes mit den Ansprüchen einer übergreifenden Ideologie auf eigentümliche Weise vermischte. Amerikanisierung und Sowjetisierung können als Universalisierungsstrategien interpretiert werden, die auf eine gewisse Homogenisierung der Verhältnisse im eigenen Block und auf Destabilisierung im anderen abzielten. Demnach wären die Blöcke oder Einflußsphären des Westens und des Ostens die eigentlich relevanten gesellschaftlich-räumlichen Einheiten für den Vergleich einzelner Phänomene.

Auf einer zweiten Ebene sind die Länder, Staaten oder Nationen die relevanten Vergleichseinheiten. Im Rahmen der Blöcke beanspruchten die einzelnen Nationen einen eigenen Handlungsspielraum und die Respektierung dessen, was sie als legitimes, historisch gewachsenes Eigenes deklarierten. Vor diesem Hintergrund erhielt die Amerikanisierung respektive Sowjetisierung ihre besondere Einfärbung und Bedeutung. In vielen Fällen wurde die nationale Identität durch die Dominanz der Vormacht herausgefordert — im Falle der deutschen Gesellschaften aus historischen Gründen in besonderer Weise, denn hier handelte es sich um eine besiegte und besetzte Nation, deren Großmachtpolitik und ideologische Universalierungsstrategie gescheitert und völlig diskreditiert war. Bei der Umgestaltung durch Amerikanisierung und Sowjetisierung spielten einheimische Eliten eine wichtige Rolle, indem sie die äußeren Einwirkungen selektiv in ihre eigene Kultur übersetzten oder ihnen widerstanden. Im Rahmen der Blöcke können also Hegemonial- und Satellitenstaaten, Senior- und Juniorpartner sowie gleich ›starke‹ oder gleich ›schwache‹ Gesellschaften miteinander verglichen werden. Diese Ebene des Vergleichs wird im vorliegenden Band vor allem anhand des ostdeutsch-sowjetischen und des westdeutsch-amerikanischen Verhältnisses angesprochen.[37]

Eine dritte Ebene ist der Vergleich zwischen den beiden deutschen Staaten. Die deutsch-deutsche Grenze war gleichzeitig die Blockgrenze, aber die beiden deutschen Gesellschaften schwankten aufgrund ihrer gemeinsamen Geschichte zwischen radikaler Abgrenzung und enger Verflechtung. Das Verhältnis zwischen ihnen war asymmetrisch und hierachisch, indem die Bundesrepublik ein gewisses Übergewicht hatte, und sie unterschieden sich von national autonomeren Ländern, die ebenfalls Amerikanisierungs- und Sowjetisierungseinflüssen ausgesetzt waren.[38]

Viertens sind die gesellschaftlichen Gruppen in den beiden deutschen Gesellschaften zu vergleichen. Parteien, Klassen, Schichten, Konfessionen, kulturelle Milieus, Berufs- und Statusgruppen, Geschlechter und Generationen reagierten durchaus nicht einförmig auf die Herausforderungen der Amerikanisierung und Sowjetisierung. Bisweilen solidarisierten sie sich über staatliche und nationale Grenzen hinweg mit vergleichbaren Gruppen in anderen Ländern und bildeten sich gesellschaftsübergreifende Muster der Annahme oder Ablehnung solcher Einflüsse heraus.[39] In jedem Staat gab es Gruppierungen, die sich affirmativ und unkritisch an den Mustern der Hegemonialmacht orientierten, aber auch solche, die alles, was von der Vormacht kam oder zu kommen schien, radikal ablehnten. Ein Großteil der Bevölkerung schwankte zwischen diesen Extremen.

Die Beiträge des Bandes argumentieren in der Regel auf mehreren dieser Vergleichsebenen. Sie behandeln gleichzeitig mehrere Felder, nämlich Politik und Herrschaft, Wirtschaft, Gesellschaft und Kultur, und zeigen, wie jedes Phänomen im Prozeß und Diskurs von Amerikanisierung und Sowjetisierung seine spezifische politische, soziale und kulturelle Bedeutung bekam. Amerikanisierung und Sowjetisierung werden nicht bloß anhand von Strukturen und äußeren Abläufen diskutiert, sondern auch mit kulturantropologischen und diskursgeschichtlichen Fragestellungen bearbeitet. Das Thema fordert

---

37 Siehe z.B. die Beiträge von M. Lemke, A. Kaiser und H.-J. Rupieper in diesem Band. Auf Vergleiche mit weiteren Ländern konnten wir uns aus praktischen Gründen leider nicht einlassen. Wichtige Ergebnisse über die ostmittel- und südosteuropäischen Länder finden sich z.B. in *Lemberg* (Hg.). Modell.
38 Ebd.
39 Siehe z.B. den Beitrag von Uta G. Poiger in diesem Band.

den Kulturvergleich und die Analyse von Kulturtransfers geradezu heraus.[40] Die Übertragung und Übernahme amerikanischer oder sowjetischer Institutionen und Regeln ging mit einer Veränderung der Symbole und kulturellen Praktiken einher. Wahrnehmungen, Emotionen und Mentalitäten spielten dabei eine erhebliche Rolle. Diese Vorgänge auf der kognitiven und emotionalen Ebenen sind nicht ein zu vernachlässigendes Beiwerk, sondern betreffen den eigentlichen Kern der zu untersuchenden Veränderungen. Hier eröffnet sich ein spannendes Forschungsfeld für einen kulturgeschichtlichen Vergleich.[41]

Zunächst boten Amerikanisierung und Sowjetisierung kontrastierende gesellschaftliche Modelle, Geschichtsbilder, Zukunftsentwürfe und politische Ideologien. Aus der Perspektive der Deutschen in der ersten Nachkriegszeit ist daher zu fragen, was von diesen Angeboten überhaupt in den jeweiligen Zonen und Satellitenstaaten bekannt war. Dazu gehört auch die Geschichte der Rezeption dieser Muster vor 1945, welche die darauf folgenden Reaktionen beeinflußte. Es waren allerdings weniger die zeitlosen Ideale und Mythen dieser Systeme als ihre spezifischen Ausprägungen in den späten 1940er und frühen 1950er Jahren, welche auf Deutschland ausstrahlten. Die Perzeption der Besiegten wurde entscheidend beeinflußt durch die Praxis der Besatzer, welche manchmal mit den proklamierten hehren Zielen und Idealen übereinstimmte, oft aber auch fundamental oder graduell von ihnen abwich.[42] Die Aufschlüsselung dieses Komplexes verlangt daher eine doppelte Forschungsperspektive: die Analyse des Angebots von seiten der Hegemonialmacht und die Untersuchung der jeweiligen deutschen Wahrnehmung und Praxis.

Gleich nach dem Krieg wollten die Amerikaner und die Sowjetunion durch die symbolische Darstellung ihres Systems die Gefühle der geschlage-

---

40 Zum Vergleich kultureller Phänomene: *Haupt u. Kocka*, Historischer Vergleich, S. 34-39; *C. Tacke*, Nationale Symbole in Deutschland und Frankreich, in: H.-G. Haupt u. J. Kocka (Hg.), Geschichte und Vergleich, S. 131-154. Zur Kulturtransfer-Forschung: *M. Espagne u. M. Werner*, Deutsch-französischer Kulturtransfer als Forschungsgegenstand. Eine Problemskizze, in: dies. (Hg.) Transferts. Les relations interculturelles dans l'espace franco-allemand (XVIIIe et XIXe siècle), Paris 1988, S. 11-34.
41 Überlegungen und Vorarbeiten dazu in: *Langenbucher, Rytlewski u. Weyergraf* (Hg.), Kulturpolitisches Wörterbuch; *Mühlberg*, DDR; *V. Gransow*, Zwei Kulturalisierungen in der Politik, in: MKF 19, Heft 37, 1996, S. 47-53; ferner MKF 19, Heft 37, 1996 (›Vorwärts und nicht vergessen. Nach dem Ende der Gewißheit‹. 56 Beiträge für Dietrich Mühlberg zum Sechzigsten).
42 Zur Literatur siehe die Anm. 8ff.

nen Deutschen ansprechen, also eine Identifizierung mit den jeweiligen Vorbildern hervorrufen, die weniger auf rationaler Entscheidung als auf tieferer Zu- oder Abneigung beruhte und über Interessenkalküle hinaus belastbar bleiben sollte. Durch die Inszenierung der neuen Angebote sollten die Symbole, Mythen, Rituale sowie Sprach- und Emotionsregeln des NS-Regimes ersetzt und den Deutschen geholfen werden, mit ihren verwirrten Lebens- und Schuldgefühlen fertig zu werden. Die Anlehnung an ein stärkeres Vorbild ermöglichte die Flucht vor der schwierigen Vergangenheit, kompensierte die eigene Schwäche und vermittelte die Gewißheit, nun endlich auf der siegreichen oder richtigen Seite zu stehen. Mit dem wachsenden Abstand zu 1945 verblaßten die Erinnerungen an das »Dritte Reich« und bildeten sich neue Identifikationsangebote und symbolische Inszenierungen im Rahmen der jeweiligen Gesellschaften und Blöcke heraus.[43]

Weiterhin besonders spannend bleibt die Untersuchung der Diskurse über wirkliche oder vermeintliche Amerikanisierung und Sowjetisierung. Amerikanisierung und Sowjetisierung wurden von endlosen politischen, wirtschaftlichen, gesellschaftlichen und kulturellen Debatten begleitet, die um die Anpassung oder Verteidigung der eigenen Verhältnisse kreisten.[44] Durch Wiederholung von Schlagworten und den Appell an Symbole verfestigten sich die positiven und negativen Argumente zu regelrechten Diskursen des Pro- oder Anti-Amerikanismus sowie des Pro- oder Anti-Kommunismus.

Indem nach dem Krieg die Einheit der deutschen Nation und Tradition aufgebrochen wurde, wurden auch die individuellen und kollektiven Erinnerungen sowie die nationalen Geschichtsbilder in Frage gestellt. Der Wert von nationaler Erinnerung und Geschichte, der in vielen anderen europäischen Staaten aufgrund der Befreiung stieg und das Selbstbewußtsein stärkte, war in Deutschland besonders prekär. Als Gebiete des früheren Deutschen Reichs und einer deutschen Staats- und Kulturnation gehörten die Besatzungszonen, bzw. später die Bundesrepublik und die DDR, zunächst dem selben geschichtlichen Raum und Erinnerungszusammenhang an. Im Zuge der sich immer stärker abzeichnenden Teilung und Einbindung in die Blöcke differen-

---

43 Siehe den Beitrag von J. Danyel in diesem Band sowie z.B. V. *Ackermann*, Nationale Totenfeiern in Deutschland. Von Wilhelm I. bis Franz Josef Strauß. Eine Studie zur politischen Semiotik, Stuttgart 1990.
44 Siehe dazu etwa die Beiträge von Michael Ermarth, Evemarie Badstübner-Peters, Siegfried Lokatis, Simone Barck, Daniel Haufler und Uta G. Poiger in diesem Band.

zierten sich indessen Erfahrungen, Geschichtsbilder und Erinnerungen einerseits, Vorstellungen über den Standort in der Geschichte und den Weg in die Zukunft andererseits. Bestimmte Elemente der historischen Identität verblaßten, andere gewannen an Konturen und Farbe, und neue traten hinzu.[45]

3. Fragen, Analysen und Ergebnisse

Der vorliegende Band präsentiert Überblicke und Beispiele zu vier zentralen Bereichen der Amerikanisierung und Sowjetisierung in der Bundesrepublik und der DDR in der Periode 1945-1970. Wegen der asymmetrischen Forschungslage gerät die Forschung über Amerikanisierung unvermeidlich in die Rolle eines konzeptuellen Vorbildes für die Untersuchung der Sowjetisierung. Die Beiträge über Sowjetisierung machen aufgrund der Auseinandersetzung mit dem historischen Material indessen deutlich, wie ein Konzept oder ein Typus von Sowjetisierung zu entwickeln und in der empirischen Forschung fruchtbar zu machen ist. Damit eröffnen sie ein neues Forschungsfeld. Aus der Beschäftigung mit Sowjetisierungsprozessen ergeben sich zugleich neue Fragen für die Untersuchung der Amerikanisierung.

Da ein einzelner Band nicht alle Lebensbereiche abdecken kann, muß sich dieses Buch auf ausgewählte Aspekte aus Politik, Wirtschaft, Gesellschaft und Kultur beschränken. Der erste Teil behandelt das grundlegende Gebiet von Politik und Verwaltung, in der Annahme, daß dort die institutionellen Schlüsselentscheidungen fielen. Hermann-Josef Rupieper plädiert in seinem durch eigene Forschungsergebnisse angereicherten kritischen Literatur- und Forschungsüberblick zur Amerikanisierung in (West-)Deutschland für eine Unterscheidung zwischen Demokratisierung und Amerikanisierung. Wichtige amerikanische Entscheidungsträger lehnten die einfache Übertragung des eigenen Systems ab und propagierten eine Verwandlung der politischen Kultur in Richtung Demokratie. Durch den Rückgriff auf deutsche Ressourcen und Träger und den gezielten Einsatz von Austauschprogrammen sollte das de-

---

45 *W. Weidenfeld* (Hg.), Deutschland: Eine Nation — doppelte Geschichte. Materialien zum deutschen Selbstverständnis, Köln 1993; *J. Danyel*, Die geteilte Vergangenheit. Zum Umgang mit Nationalsozialismus und Widerstand in beiden deutschen Staaten, Berlin 1995.

mokratische Bewußtsein gestärkt und dem kulturkritischem Anti-Amerikanismus der Wind aus den Segeln genommen werden. Auf die Dauer erwies sich diese indirekte Strategie der »Verwestlichung« als weitgehend erfolgreich.

Die Beiträge von Jürgen Danyel, Monika Kaiser und Michael Lemke handeln von parallelen politischen Sowjetisierungsversuchen und -prozessen in der SBZ und DDR. Jürgen Danyel zeichnet ein differenziertes Bild von der Übernahme sowjetischer Vorbilder, Rituale und Symbole, welche den politischen Stil und die symbolische Inszenierung von Partei, Staat und gesellschaftlichen Gruppen in der DDR prägten. Er weist auf die Spannung zwischen Symbioseeffekten und Resistenz hin und spricht die Ironien einer »verdeckten Amerikanisierung« an. Michael Lemke analysiert die Probleme und Widersprüche des Begriffs Sowjetisierung im Feld der ostdeutschen Außenpolitik, indem er stärker auf die Beziehungsgeschichte während des Kalten Kriegs abhebt. Er betont die Notwendigkeit einer genauen Periodisierung und plädiert für die Erforschung der Sowjetisierungsproblematik anhand der Analyse deutschlandpolitischer Schnittstellen und Handlungsspielräume. Monika Kaiser untersucht den permanenten Prozeß aktiven und passiven Einwirkens auf die ostdeutsche Politik und Verwaltung und zeichnet die Vielfalt der Formen von deutsch-sowjetischer Abstimmung nach. Im Vergleich mit der Amerikanisierung in Westdeutschland zeichnete sich die Sowjetisierung in Ostdeutschland insgesamt durch stärkere Eingriffe der Besatzungs- und Vormacht aus.

Die Aufsätze des zweiten Teils über Wirtschaft, Betrieb und Konsum weisen auf deutliche Systemunterschiede hinsichtlich der Institutionen, Praktiken, Legitimationsmuster und Identifikationsangebote hin. Ähnlich waren jedoch die Probleme in den ersten Nachkriegsjahren und die Einstellungen zu Modernisierung und Fortschritt. Arnd Bauerkämper zeigt in seinem Vergleich der ost- und westdeutschen Landwirtschaft, daß es den amerikanischen und sowjetischen Militärbehörden anfangs gleichermaßen darum ging, die landwirtschaftliche Produktion wieder in Gang zu bringen, um die Versorgung der Bevölkerung zu sichern. Obwohl die Landwirtschaft in Ost- und Westdeutschland in den fünfziger und sechziger Jahren einen grundsätzlich ähnlichen Prozeß der Technisierung, Verwissenschaftlichung und betrieblichen Reorganisation durchlief, entwickelten sich die Formen, Begründungen und Legitimationsmuster immer mehr auseinander. Während Westdeutschland am revitalisierten Leitbild des Familienbetriebs festhielt, führte in der DDR das sowjetische Modell dazu, die Produktionsprobleme durch Neubauern, Kollektivierung und Technisierung zu lösen.

Stephan Merl stellt in seinem Artikel über die Sowjetisierung des Konsums gewisse Ähnlichkeiten hinsichtlich der Probleme und politischen Lösungsvorschläge in den ersten Nachkriegsjahren fest und führt dann aus, worin sich das in der Chruschtschow-Ulbricht-Ära entwickelte sowjetische Konsummodell vom westlichen unterschied. Im Sozialismus sollte die Bedürfnisbefriedigung aus der Abhängigkeit von der Arbeitsleistung gelöst werden, indem die Preise für Grundbedürfnisse subventioniert, dafür aber die Kosten der höherwertigen Güter angehoben wurden, um Kaufkraft abzuschöpfen. Durch wissenschaftliche Verbrauchsnormen, Standardisierung der Produkte und den Dirigismus der Planbürokratie wurde der Konsum politisch überformt, so daß für individuellen Geschmack und vieles von dem, was in der westlichen Konsumgesellschaft mit Konsumieren assoziiert wurde, wenig Raum blieb. In Westdeutschland erfolgte der Durchbruch zur Konsumgesellschaft zwar nur wenig früher; der Massenkonsum konnte hier aber an ältere deutsche Entwicklungen anschließen, er bekam durch die Amerikanisierung eine neue Einfärbung und Legitimation und strahlte auch auf die DDR aus.

Harm Schröter untersucht die Amerikanisierung und Sowjetisierung anhand der institutionellen und rechtlichen Ordnung der Wirtschaft und hinsichtlich der Formen und Medien der Betriebsführung. In der DDR etablierten sich institutionelle Muster aus der Sowjetwirtschaft relativ früh — wenngleich oft in abgewandelter Weise. Die Zusammensetzung und Mentalität des Leitungspersonals wandelten sich im Verlauf der 1950er Jahre. In Westdeutschland erzwangen die Amerikaner anfänglich vor allem die Dekartellierung und Konzernentflechtung in strategischen Wirtschaftsbereichen, in anderen Feldern hielten sie sich indessen zurück; hier verfolgten deutsche Unternehmen eigene Modernisierungsstrategien, wobei einzelne sich auf amerikanische Muster bezogen. Hinsichtlich der Direktinvestitionen, der Managementmethoden, der operativen Konzepte und Begriffe, der Sprache und der Unternehmenskultur zeichnete sich eine Amerikanisierung erst wirklich seit den 1970er Jahren ab. Daß eine analytische Trennung von deutschen Traditionen und Neuentwicklungen und amerikanischen Einflüssen nicht leicht fällt, zeigt der Beitrag von Paul Erker. Der Autor argumentiert in seinem kritischen Überblick über die neueste wirtschafts- und unternehmensgeschichtliche Forschung, daß die Amerikanisierung der westdeutschen Wirtschaft längst nicht so früh und radikal erfolgte, wie Volker Berghahn in seinen klassischen Studien suggeriert hat.[46]

Der dritte Teil des Bandes geht den Veränderungen in Lebensweise und Alltagskultur sowie dem Wandel der Frauen- und Männerbilder nach und thematisiert die Rolle der Generationen für den sozio-kulturellen Wandel. Kaspar Maase zeigt, wie kulturelle Stile, Praktiken und Moden, die aus Amerika kamen oder als amerikanisch galten, von deutschen Jugendgruppen der Unter- und Mittelschicht ausgewählt und in eine kohärente Selbstinszenierung eingebaut wurden. Aus solcher Selbstamerikanisierung sei keine homogene ›deutsche Kultur‹ entstanden, sondern ein westdeutscher Kulturpluralismus, gekennzeichnet durch Ein- und Umschmelzen, Kreuzen und Zitieren, Synkretismus und Mehrdeutigkeit. Aufgrund grundsätzlicher Überlegungen zur »Kreolisierung« von Elementen aus verschiedenen Kontexten und zur Globalisierung folgert Maase, daß es sich auch bei den Ergebnissen der Amerikanisierung weitgehend nur um »regionale Varietäten weltweit verbreiteter Typen und Formen« handle.

Uta G. Poiger vertieft diese Problematik am Beispiel des Rock 'n' Roll in der west- und ostdeutschen Jugendkultur um 1960 und führt aus, wie Einflüsse in der Populärkultur im Rahmen von Generationskonflikten zum Gegenstand der Auseinandersetzung über deutsche Identität und Identität der Geschlechter gemacht wurden. Zunächst überwog in beiden Deutschland eine ablehnende Haltung von seiten der Eltern und Eliten. Ende der fünfziger Jahre setzte sich in Westdeutschland jedoch ein »Kalter-Krieg-Liberalismus« durch, der die Jugend-Musikkultur zu einem psychologischen Phänomen umdeutete und amerikanische Populärkultur sogar in staatliche Freizeitangebote aufnahm. Die Verantwortlichen der DDR dagegen diskriminierten die neue Musik- und Tanzkultur weiterhin als Ausdruck des kapitalistischen Sittenzerfalls, konnten jedoch nicht verhindern, daß neben der offiziellen eine illegitime amerikanisierte Jugendkultur fortbestand.

Gunilla Budde analysiert in ihrem Artikel über »tüchtige Traktoristinnen« und »schicke Stenotypistinnen« Frauenbilder in west- und ostdeutschen Frauenzeitschriften und Filmen und die Ausstrahlung amerikanischer respektive sowjetischer Leitbilder. In Westdeutschland trat das Stereotyp der gepflegten

---

46 *Berghahn*, Americanization.

Hausfrau und Gattin in den Vordergrund und wurden bestimmte lebensalterstypische Berufstätigkeiten vor allem im Dienstleistungsbereich popularisiert — so die Stenopytistin und Sekretärin. In der DDR konzentrierte sich der Diskurs auf den Zusammenhang von Frau und Beruf, wobei zunächst Arbeiterberufe, später qualifizierte Berufe angesprochen wurden. Aufgrund der gegenseitigen Abgrenzungen und Rivalitäten bildete sich in Westdeutschland eine modernisierte Variante eines traditionellen Patriarchalismus heraus, in Ostdeutschland eine staatlich transformierte Geschlechterhierarchie.

Evemarie Badstübner-Peters diskutiert den alltäglichen Umgang der Ostdeutschen mit Russen, russischer Kultur und Rußlandstereotypen und fragt, wie Intellektuelle und kleine Leute eigene Erfahrungen, Anschauungen und normative Bilder von der Sowjetunion verarbeiteten oder verdrängten. Sie weist auf die vielfältigen und vielschichtigen Spannungen hin, die die Alltagskultur prägten, aber in der Regel nicht offen geäußert oder diskutiert wurden. Um mit ihrer zwiespältigen Situation fertig zu werden, hätten sich die DDR-Bürger sowohl zum Osten als auch zum Westen hin orientiert.

Der vierte, abschließende Teil widmet sich den widersprüchlichen Einflüssen auf die deutsche Hoch- und Buchkultur. In provozierenden Überlegungen legt Michael Ermarth eine Anti-Kritik der linken wie rechten »deutschen Kulturkritik« an der Amerikanisierung vor. Zur Verteidigung ihrer eigenen hermeneutischen Tradition des »Besserverstehens« interpretierten bildungsbürgerliche Denker und Publizisten seit dem Kaiserreich den »Amerikanismus« sozusagen als »Metastase« der zivilisatorischen Moderne. Ermarth zeigt vor diesem Hintergrund, welch große kulturelle Ressentiments amerikanische Einflüsse überwinden mußten, um in Westdeutschland das gebildete Publikum zu erreichen.[47] Daniel Haufler diskutiert die »verordnete Demokratisierung« anhand der amerikanischen Literatur- und Buchpolitik und kommt zum Schluß, daß sich das Informationsangebot der Amerikahäuser und die Verbreitung von Übersetzungen amerikanischer Literatur insgesamt als erfolgreich erwies, die Wirkung aber auch nicht überschätzt werden sollte. Bei der Organisation des Buchhandels setzten sich deutsche Traditionen durch. Wie die Argumente der Gegner und Anhänger Amerikas zeigen, kreisen die kulturellen Diskussionen mehr um Mythen als um die eigentlichen Realitäten von Amerika.

---

47 Laut *Schildt*, Zeiten, S. 398-423 waren Elemente solcher Kulturkritik in der Bevölkerung allgemein verbreitet.

Die Aufsätze von Simone Barck und Siegfried Lokatis zur Sowjetisierung am Beispiel der Bilder von Rußland und der Sowjetunion respektive der Buchkultur und Literaturpolitik verweisen auf die Grenzen eines mehr auf Kontrolle und Verordnung gestützten Versuchs der Beeinflussung. Zwar belegen die Ausführungen von Simone Barck die Anziehungskraft des sowjetischen Vorbilds für linksgerichtete deutsche Intellektuelle, die sich eine gerechtere Gesellschaft erhofften. Ihre Analyse der Reiseberichte macht aber auch deutlich, wie schwer es für die Literaten war, gegen die alten und neuen Negativstereotype in der Bevölkerung anzukommen. Siegfried Lokatis zeigt die partielle Umgestaltung der Struktur des ostdeutschen Verlagswesens und Buchhandels und untersucht die Probleme bei der Veröffentlichung von Literatur aus der Sowjetunion. Im administrativen Chaos des SED-Staats konnte sich ein gewisser Handlungsspielraum erhalten, doch komplizierte die Intervention der Zensur immer wieder die Schaffung eines literarischen Bildes von der Sowjetunion.

Die abgedruckten Artikel können nur einen Teil der Problematik abdecken, doch regen die Ergebnisse zu einer Hinterfragung verfestigter Klischees und verkrusteter Interpretationsmuster an, die bis heute die öffentliche und wissenschaftliche Diskussion prägen. Auf neuen Quellen basierende Detailuntersuchungen für Ostdeutschland differenzieren das oft nur negativ gezeichnete Bild von der Sowjetisierung; manche Zeitgenossen interpretierten diese nicht nur als militärische und politische Unterdrückung, sondern auch als Weg in eine bessere Zukunft.[48] Tiefere Einblicke in die ostdeutsche Geschichte werfen überdies neue Fragen zur westdeutschen Vergangenheit auf und rufen z.B. die erheblichen westdeutschen Widerstände gegen die Amerikanisierung ins Gedächtnis zurück.

Die Beiträge demonstrieren die Fruchtbarkeit des Vergleichs bei der Erforschung des deutschen Identitätswandels in der Nachkriegszeit. Aufgrund der systematischen Gegenüberstellung werden Gemeinsamkeiten und Unterschiede, Differenzen der Wahrnehmung und Ungleichzeitigkeiten deutlich. Ein solcher Vergleich arbeitet auch die Phasen der Verwandlung klarer heraus und erklärt, warum Freiwilligkeit auf die Dauer mehr Erfolg hatte als Zwang. In den Feldern, in denen der Übergang von Zwang zu Freiwilligkeit schneller und ungezwungener erfolgte, reagierten die Deutschen positiver.

---

48 Exemplarisch: *S. Heym*, Nachruf, Berlin 1990.

Gleichzeitig macht der Kontrast ungeplante und unvorhergesehene Konsequenzen von Einflüssen deutlicher, wie z.B. Phänomene verdeckter oder informeller Amerikanisierung in der DDR.

Schließlich werfen die Aufsätze neues Licht auf die umstrittenen Leitbegriffe. Aus der Perspektive der Forschungen über Sowjetisierung erhalten manche bereits bekannte Entwicklungen der Amerikanisierung eine etwas andere Bedeutung. So regt diese Sicht unter anderem eine schärfere Unterscheidung zwischen der auch aus deutschen Traditionen und historischen Lernprozessen hervorgehenden Demokratisierung der Bundesrepublik und der Amerikanisierung der Populärkultur und des Lebensstils an. Im Bereich der stilistischen Prägung in Konsumverhalten und Unterhaltungsformen ist der spezifisch amerikanische Anteil unübersehbar, aber nur schwer von allgemeinen Modernisierungserscheinungen und einer »kreolisierten« europäischen und globalen Mischkultur zu trennen. Aus vergleichender Sicht wird man mit der Formel »Amerika ist an allem schuld«[49] genauso skeptisch umgehen wollen wie mit dem DDR-Motto »Von der Sowjetunion lernen, heißt siegen lernen«. Wenn man — mit gebotener Vorsicht — die Sowjetisierung als Parallelprozeß zur Amerikanisierung interpretiert, kann die Übertragung und Übernahme des sowjetischen Vorbilds im Osten als offene Frage untersucht werden. Die in diesem Band präsentierten quellengestützten Untersuchungen weisen auf die Wichtigkeit der Unterscheidung zwischen Moskauer Einflüssen auf SED-Entscheidungen und ›sowjetischer‹ Prägung der Grundstrukturen durch die einheimische Parteielite hin. Auch belegen sie ein komplexes Beziehungsgeflecht russischer und deutscher Interessen, deren jeweilige Prioritäten empirisch noch weiter zu prüfen sind.[50]

Die Doppelfrage nach Amerikanisierung und Sowjetisierung stellt eine Reihe von Fragen mit neuer Eindringlichkeit. Ein erstes Problem ist die Charakterisierung des amerikanischen und sowjetischen Handelns: Welche Mischung von missionarischen und imperialen Zielen motivierte die Großmächte, wie sah das Verhältnis von Zwang und Werbung aus, wieviel Pla-

---

49 Das Zitat bezieht sich auf den Titel eines populärwissenschaftlichen Bändchens von G. Herm, das 1980 im Wilhelm Heyne Verlag erschien. *G. Herm*, Amerika ist an allem schuld. Die Amerikanisierung der Alten Welt, München 1980.
50 *M. Lemke*, Die Berlinkrise 1958-1963. Interessen und Handlungsspielräume im Ost-West-Konflikt, Berlin 1996; *A. Kaiser*, Machtwechsel von Ulbricht zu Honecker (im Druck).

nung oder Kontingenz gab es, und inwieweit diktierte die Rivalität des Kalten Kriegs ihre Maßnahmen? Eine zweiter Komplex betrifft die deutsche Rolle in diesen Umwälzungen: Wie reagierten die verschiedenen politischen und sozialen Gruppen, und wie benutzten sie äußere Eingriffe und Einflüsse, um innere Machtkämpfe zu entscheiden und bestimmte Problemlösungen zu rechtfertigen? Welche Gegenbewegungen riefen ihre Umstrukturierungsversuche hervor? Eine dritte Frage betrifft die Art und Intensität der jeweiligen Einwirkung: Wie stark waren die Prägungen in Ost und West, wie unterschieden sich diesbezüglich einzelne Bereiche, z.B. die Ideologie oder das tägliche Leben, und wie dauerhaft waren die jeweiligen Einflüsse?

Schließlich unterstreichen die Beiträge die Notwendigkeit, die Nachkriegssituation vom offenen Anfang statt vom bekannten Ende her anzugehen.[51] Nach dem Untergang des Dritten Reichs gaben die deutschen Eliten nur widerwillig ihren Führungsanspruch auf und lebten Vorstellungen von einem »dritten Weg« zwischen den Systemen weiter. Trotz bürgerlicher Revolutionsängste hatte das sowjetische Modell anfangs durchaus gewisse Erfolgschancen; nicht zuletzt, da kommunistischer Kollektivismus unter umgekehrtem Vorzeichen an manche Dispositionen und Praktiken der NS-Volksgemeinschaft anknüpfte. Unter den Intellektuellen wie in der breiten Bevölkerung gab es viel kulturkritische Ablehnung der sogenannten amerikanischen Vermassung, die die Bereitschaft, auf westliche Demokratievorstellungen einzugehen, hemmte. Erst eine Analyse der vielfältigen kontingenten Veränderungen im Wechsel der Generationen wird die Ursachen der dauerhaften Hinwendung zum Westen ergründen und zeigen können, wie nach einer tiefgreifenden Umstellung die Skepsis gegenüber dem Sowjetmodell wuchs und schließlich die Entscheidung zugunsten des westlichen Vorbildes gefällt wurde.

---

51 *K. H. Jarausch*, Die DDR Denken. Narrative Strukturen und analytische Strategien, in: Berliner Debatte Initial, 1995, Nr. 4/5, S. 9-15; Dagegen: *A. Mitter u. S. Wolle*, Untergang auf Raten. Unbekannte Kapitel der DDR-Geschichte, München 1993.

4. Zur Rekonstruktion der doppelten Nachkriegsgeschichte

Mit dem demokratischen Aufbruch im Osten und der anschließenden Vereinigung mit dem Westen hat sich auch die überholt geglaubte Nationalgeschichte fortgesetzt. Die unerwartete Wiederherstellung des Nationalstaats wirft nicht nur Probleme in der Gestaltung von Gegenwart und Zukunft auf, sondern kompliziert auch die Bewältigung und Bearbeitung der Vergangenheit. Seit 1990 steht neu zur Debatte, welche Form die historische »Meistererzählung« der Nachkriegsjahrzehnte annehmen soll. Die alte Bundesrepublik hat sie vorgeprägt, doch wird sie auch die unterlegene DDR berücksichtigen müssen. Bestand nach 1945 die Nation einfach als »Nation ohne Haus« (Adolf Birke) weiter, hatten sich zwei völlig separate Staaten entwickelt, oder gab es komplexe Mischformen, wofür etwa Christoph Kleßmann die Formel »zwei Staaten, eine Nation« gewählt hat? War die DDR ein Irrweg der Geschichte, eine fortschrittliche Alternative oder ein widersprüchliches Zwitterding? Viele Bürger haben diese Jahrzehnte selbst miterlebt und werden beanspruchen, daß ihre Erfahrungen und Erinnerungen in diese neu zu schreibende Erzählung eingehen.

Die Beendigung der Trennung offenbart die Unzulänglichkeit einer hauptsächlich auf Rechtfertigung der Zweistaatlichkeit ausgerichteten Geschichtsschreibung — so berechtigt diese bis 1980/90 in mancher Beziehung gewesen sein mag und in einigen Punkten bleiben wird. Ein Geschichtsbild, das sich von dem von den Nationalsozialisten diskreditierten Nationsbegriff verabschieden wollte und die deutsche Teilung als historische Strafe betrachtete, wird selbst wieder zum Gegenstand historischer Reflexion. In der Bundesrepublik liefen die Argumente der Vertreter des »Verfassungspatriotismus« wie die der Gestalter des »Hauses der Geschichte« in Bonn in unterschiedlicher Weise auf die Legitimierung westdeutscher Selbständigkeit hinaus. Die jeweiligen Aussparungen und Verkürzungen des Sachverhalts wurden erst durch die Wiedervereinigung vollends deutlich, die jedoch die ostdeutsche Version stärker als die westdeutsche Variante in Zweifel zog.[52] Völlig diskreditiert ist das DDR-Geschichtsbild, das in der Erfindung einer »sozia-

---

52 J. Kocka, Vereinigungskrise. Zur Geschichte der Gegenwart, Göttingen 1995; H. Kaelble, J. Kocka u. H. Zwahr (Hg.), Sozialgeschichte der DDR, Stuttgart 1994; K. H. Jarausch, Normalisierung oder Re-Nationalisierung? Zur Umdeutung der deutschen Vergangenheit, in: Geschichte und Gesellschaft 21, 1995, S. 571-584.

listischen Nation« gipfelte, die den ostdeutschen Staat als progressive Alternative historisch zu untermauern suchte.

Obwohl sie nicht alle Bereiche und Phänomene gleich gut erhellen kann, bietet die vergleichende Fragestellung nach Amerikanisierung und Sowjetisierung interessante Perspektiven für eine Rekonzeptualisierung der deutschen Nachkriegsentwicklung. In mancher Hinsicht erscheint die deutsche Nachkriegsgeschichte weniger als Einzelentwicklung verschiedener Staaten denn als eigenartige Parallelgeschichte: Vom gleichen kulturellen und politischen Hintergrund ausgehend, standen die Deutschen im Jahre 1945 einer gemeinsamen Besatzung gegenüber und hatten ähnliche Startprobleme zu überwinden. Daraus ergaben sich erhebliche Gemeinsamkeiten in den Interaktionen und Prozessen. Unter äußerer Einwirkung bildeten sich aber zwei unterschiedliche Modelle und neue Eliten heraus, welche eine erhebliche Eigendynamik entwickelten. Mit dem Erfolg der jeweiligen Amerikanisierungs- und Sowjetisierungsprozesse überwog das Neu- und Andersartige, so daß sich die beiden Gesellschaften immer weiter voneinander entfernten.

Ein Vergleich der Transformation der politischen Kultur nach dem jeweiligen Vorbild akzentuiert auch die asymmetrische Beziehungsgeschichte zwischen beiden deutschen Staaten stärker. Einerseits blieben Bonn und Ostberlin durch die ihnen gemeinsame Last der deutschen Vergangenheit und den nie ganz aufgegebenen Anspruch auf eine Wiedervereinigung aufeinander fixiert. Andererseits waren die DDR und die Bundesrepublik durch ihre geographische Nähe und ihre Bündnismitgliedschaft während des Kalten Krieges gezwungen, im großen Systemwettbewerb zwischen kapitalistischer Demokratie und kommunistischer Diktatur mitzuspielen. So gesehen waren Amerikanisierung und Sowjetisierung Versuche, den jeweiligen Staat stärker im eigenen Block zu verankern und das Ausbrechen auf die andere Seite oder in Richtung Neutralismus zu verhindern. Viele Maßnahmen, die scheinbar die eigene Bevölkerung betrafen, waren daher eigentlich auf die Deutschen im anderen Staate gerichtet.

Erfahrungen und Erinnerungen leben fort und komplizieren die Neukonstruktion der Nachkriegsgeschichte. Neben der durch politischen oder wissenschaftlichen Mehrheitskonsens sanktionierten Version der Vergangenheit, existiert eine Fülle von Assoziationen, Bildern und Beurteilungen, welche das persönliche Gedächtnis prägen und die individuellen Lebensgeschichten mit der allgemeinen Vergangenheit verbinden.[53] Diese vielfältigen individuellen Erfahrungen bilden ein Spektrum, das erst durch Mitteilen und gemeinsame Verarbeitung der Erlebnisse verallgemeinert, bestätigt oder korrigiert wird. Politiker und Historiker kommunizieren daher mit einem stark vorgeprägten Publikum, das — in einer offenen und pluralistischen Gesellschaft — ihrem Urteil und Geschichtsbild eine private, generations-, schicht-, milieu- und regionsspezifische Erinnerung entgegensetzen kann. Der Vergleich von Amerikanisierung und Sowjetisierung kann bei dieser Annäherung von persönlicher Erinnerung und kollektiver Verarbeitung hilfreich sein.

Schon in der Endphase des Zweiten Weltkriegs emanzipierten sich Teile der Bevölkerung von NS-Propagandavorstellungen der Feinde und machten eigene Erfahrungen mit den Befreiern der US-Army oder der Roten Armee. Trotz gelegentlicher Racheakte der GIs setzten deutsche Soldaten alles daran, in westliche Gefangenschaft zu geraten, nahmen also in der Niederlegung ihrer Waffen schon die spätere politische Wahl vorweg. Auch wenn zahlreiche Beispiele sowjetischer Hilfsbereitschaft überliefert sind, fanden große Teile der Bevölkerung aufgrund der Plünderungen und Vergewaltigungen der russischen Besatzer ihre antikommunistischen und antislawischen Vorurteile bestätigt. Diese Prägung der ersten Stunde beeinflußte das ganze darauffolgende Interaktionsgeflecht in solcher Weise, daß der Westen und Amerika eher positiv, der Osten und die Sowjetunion dagegen von vielen negativ oder skeptisch betrachtet wurde. Sowohl bei den West- als auch bei den Ostdeutschen bestand indessen noch lange das Gefühl einer im weitesten Sinne kulturellen Überlegenheit fort.[54] Der Kontrast von Amerikanisierung und Sowjetisierung trägt erheblich dazu bei, die Ursachen solcher und später neu hinzukommender affektiver Grundmuster der Nachkriegsentwicklung, die sich in den Mentalitäten verfestigt haben, zu erhellen.

Die verschiedenen Vor-Geschichten des vereinigten Deutschlands können nicht durch einfaches Fortschreiben, sondern nur durch kritische Selbstreflexion und Austausch einander angenähert werden. Die Überstülpung eines nur

---

53 Die Literatur dazu ist kaum mehr zu überblicken. Exemplarisch: *L. Niethammer, A. von Plato u. D. Wierling*, Die volkseigene Erfahrung. Eine Archäologie des Lebens in der Industrieprovinz der DDR, 30 biographische Veröffentlichungen, Berlin 1991; W. Fischer-Rosenthal, P. Alheit u. E. M. Hoerning (Hg.), Biographien in Deutschland. Soziologische Rekonstruktionen gelebter Gesellschaftsgeschichte, Opladen 1995.
54 Siehe den Beitrag von Evemarie Badstübner-Peters in diesem Band sowie *Schildt*, Zeiten.

wenig veränderten westlichen Geschichtsbildes auf die neuen Bundesländer würde dortige Ressentiments gegen eine intellektuelle ›Kolonialisierung‹ verstärken. Das von der SED propagierte ostdeutsche Geschichtsbild ist durch die Ereignisse zu stark widerlegt, um als Grundlage für die Neufassung einer gemeinsamen Nachkriegsgeschichte in Frage zu kommen. Einen möglichen Ausweg aus diesem Dilemma bietet der systematische Vergleich von Amerikanisierung und Sowjetisierung, weil er durch den Kontrast mit der Entwicklung der anderen Seite die Grundannahmen der eigenen Entwicklung neu zum Bewußtsein bringt und sie dadurch der historischen Aufarbeitung zugänglich macht. Erst eine analytische Gegenüberstellung der dominanten Alternativen der Nachkriegszeit ermöglicht tiefergehende Antworten auf die Frage, warum das westliche Vorbild letztlich stärkere Anziehungskraft bewiesen hat als das östliche Modell.

Fünf Jahrzehnte nach dem Ende des Zweiten Weltkriegs werden die eklatanten Veränderungen der deutschen Identität langsam allgemein bewußt. An dieser fundamentalen Umorientierung hatten die Prozesse der Amerikanisierung und Sowjetisierung einen unterschiedlichen, fast möchte man sagen entgegengesetzten Anteil. Obwohl die beiden Flügelmächte im Kampf gegen Hitler zusammenarbeiteten, boten sie als Besatzungsmächte stark kontrastierende Modelle des Wiederaufbaus an, die einen eine kapitalistische Demokratie, die anderen eine sozialistische Parteidiktatur. Durch den Kollaps des Kommunismus im Ostblock hat sich erstere — in vielfältig modifizierter Form — weitgehend als normativ durchgesetzt und dient letztere nunmehr als zu vermeidendes Gegenbeispiel. In ihren unterschiedlichen Konnotationen tragen die amerikanischen und sowjetischen Kontrastfolien zur Legitimierung eines antitotalitären Konsenses der erweiterten Bundesrepublik bei.

Der bleibende Einfluß dieser unterschiedlichen Prägungen auf das vereinigte Deutschland ist noch schwer einzuschätzen. Trotz Anknüpfung an eigene Traditionen sind Verfassung, Wirtschaftsstruktur, Sozialsystem und kulturelle Ausrichtung der vergrößerten Bundesrepublik so westlich geworden, daß an dem Weiterwirken der Westbindung in der Zukunft kaum zu zweifeln ist. Elemente eines selektiven Pro- und Antiamerikanismus respektive entsprechender Einstellungen zu Rußland bestehen auf der kognitiven und emotionalen Ebene und in den Diskursen fort, wenngleich sich ihre Bedeutung geändert haben mag. Die Sowjetisierung hat offensichtlich weniger sichtbare Spuren hinterlassen, unter der Oberfläche wirken indessen intellektuelle und habituelle Prägungen nach. Aus diesen Gründen stellt das Doppelthema der Amerikanisierung und Sowjetisierung nicht nur interessante Fragen an die geteilte Vergangenheit, sondern auch an die gemeinsame Zukunft.

I.
Politik und Verwaltung

Hermann-Josef Rupieper

Amerikanisierung in Politik und Verwaltung Westdeutschlands
Ein problematisches Konzept

I.

Als der amerikanische Hohe Kommissar John J. McCloy sich 1952, am Ende seiner dreijährigen Tätigkeit, aus Bonn verabschiedete, sprach er in einem Telegramm an das Außenministerium in Washington ein Problem an, das ihn seit Beginn seiner Amtszeit beschäftigt hatte und das bereits 1945 eine Rolle in inneramerikanischen Überlegungen gespielt hatte. Deutschland, und als dies mit Beginn des Kalten Krieges nicht mehr länger möglich war, die Westzonen bzw. die Bundesrepublik sollten nicht nur durch eine amerikanische Reformpolitik rehabilitiert werden, sondern Deutschland sollte einen angemessenen Platz in einem neuen friedfertigen Europa finden. McCloy glaubte, daß die Ausrichtung der amerikanischen Politik auf Europa erfolgreich gewesen sei, wenn er schrieb: »They [die Deutschen] sense that we are aiming our program at broad democratization and *not at narrow Americanization*«.[1] Dieser Hinweis auf das grundsätzliche Ziel der amerikanischen Besatzungspolitik ist nicht nur notwendig, um die europäische Dimension der Besatzungspolitik deutlich zu machen, sondern er soll auch betonen, daß, wie immer die Orientierung der westdeutschen Politik an der späteren Schutzmacht interpretiert werden mag, es nicht zu den Zielen dieser Politik gehörte, »Little America's« in Westdeutschland zu schaffen. Andererseits läßt diese Argumentation auch erkennen, daß sich McCloy wie andere Repräsentanten der US-Politik der Problematik der politischen und wirtschaftlichen Dominanz der USA und ihrer Auswirkungen auf die Nachkriegsgesellschaft durchaus bewußt waren. So wurde Jugendlichen, die nach ihren Erfahrungen in den USA im Rahmen von Austauschprogrammen begeistert in die Heimat zu-

---

1 National Archives (NA) RG 59, 511. 62A3/1-2652, Tel. HICOG 4766-SoS.

rückkehrten, empfohlen, nicht zu »amerikanisiert« aufzutreten, da man ihnen dies vielleicht übelnehmen könnte. Dies hätte das teilweise negative Amerika-Bild konservativer Kräfte nur noch verstärkt.[2]

Der Begriff »Amerikanisierung«[3] ist jedoch, wie anhand einiger Beispiele gezeigt werden soll, kaum oder nur bedingt geeignet, die Einwirkung und Einflußnahme der Besatzungspolitik auf *Politik und Verwaltung*, die hier behandelt werden soll, nach 1945 zu analysieren.[4] Andererseits kann nicht verkannt werden, daß während eine »kulturelle Amerikanisierung«[5] einsetzte, die gesellschaftspolitische Reformpolitik der Alliierten bei einem Teil der Bevölkerung auf scharfe Ablehnung stieß, die in der Verballhornung des Begriffs »Reeducation« — »Rückwärtserziehung« ihren ironischen Ausdruck fand.[6] Selbst wohlmeinende Kritiker der US-Politik, wie der evangelische Bischof Dibelius argumentierten: »Die Demokratie wird in Deutschland keine Wurzeln schlagen, weil es sich um eine ausländische Ideologie handelt.«[7]

Wesentlich wichtiger als die Übertragung amerikanischer Politikerfahrungen war, wie es im Programm der amerikanischen Hohen Kommission zur stärkeren Beteiligung der Bevölkerung an Regierung, Politik und Verwaltung vom 15. Januar 1951 hieß, eine andere Zielvorstellung: Die Entwicklung der Besatzungszonen in eine föderalistische, demokratische Gesellschaft »in close cooperation with the free peoples of Western Europe, has from the beginning been one of the basic objectives of the occupation«. Ob dieses gesellschaftspolitische Reformprogramm Erfolg haben würde, hing selbstverständ-

---

2 *H. J. Kellermann*, Cultural Relations as an Instrument of U.S. Foreign Policy. The Educational Exchange Program between the United States and Germany 1945-1955, Washington, D.C. 1982.
3 Zur »Amerikanisierungsliteratur«: *R. Willett*, The Americanisation of Germany. Post-War Culture 1945-1949, London 1989; *H. James*, A German Identity, New York 1989; *V. Berghahn*, The Americanisation of West German Industry 1945-1973, New York 1986; *M. Ermarth* (Hg.), America and the Shaping of German Society, 1945-1955, Providence 1993.
4 Zum vorsichtigen Umgang mit dem Begriff »Amerikanisierung«: *A. Sywottek*, Wege in die 50er Jahre, in: A. Schildt u. A. Sywottek (Hg.), Modernisierung im Wiederaufbau. Die westdeutsche Gesellschaft in den 50er Jahren, Bonn 1993, S. 38.
5 *H.-P. Schwarz*, Geschichte der Bundesrepublik Deutschland. Die Ära Adenauer 1949-1957, Stuttgart 1981, S. 427.
6 Als Beispiel konservativer, literarischer Kritik: *E. von Salomon*, Der Fragebogen, Reinbek 1961.
7 *H. Speier*, From the Ashes of Disgrace. A Journal from Germany 1945-1949, Amherst 1981, S. 22.

lich von der Kooperationsbereitschaft der Bevölkerung ab, denn die Demokratie konnte nicht verordnet werden.[8] Daß es sich bei der amerikanischen und westlichen Besatzungspolitik zur Veränderung der politischen und gesellschaftlichen Strukturen nicht um den Export eines alliierten Konzepts nach Deutschland handeln sollte, wurde nicht nur immer wieder betont, was verständlich ist, wollte man doch Kritik an der Besatzungspolitik reduzieren, sondern zeigt auch die selbstgewählten Grenzen der Politik. Nach den Erfahrungen mit dem Nationalsozialismus und den bei Kriegsende verbreiteten Stereotypen und Klischees der deutschen Gesellschaft ging es der amerikanischen Besatzungspolitik darum, Freiräume für die demokratische Mehrheit der Bevölkerung gegen die totalitäre Minderheit zu schaffen[9] und »gewisse deutsche Einzelpersonen und Gruppen zu unterstützen und zu ermutigen, um auf diese Weise Ideen und Entwicklungen zu fördern«, die den Amerikanern »selbst zusagten«.[10]

Andererseits bedeutete die vorhandene Hoffnung auf die Durchsetzung demokratischer Strukturen keineswegs, daß nicht eine große Skepsis hinsichtlich der Demokratiefähigkeit der Bevölkerung vorhanden gewesen wäre. So argumentierte z.B. George Kennan als Direktor des Politischen Planungsstabes des US-Außenministeriums noch im Januar 1950: »We must remember that the German people are still politically immature and lacking in any realistic understanding of themselves and their past mistakes«.[11] Unter diesen Umständen war es von grundlegender Bedeutung, besondere Bemühungen um die Jugend zu unternehmen, die nach Jahren der Indoktrination durch den Nationalsozialismus als wichtige Zielgruppe in den alliierten Bemühungen einen besonderen Stellenwert in der Politik der amerikanischen Besatzungsmacht besaß und für die pluralistische Demokratie westlicher Provenienz gewonnen werden mußte. »Our whole purpose in our dealing with young Germany is to provide it with the right conditions for developing

---

8 Office of the United States High Commissioner in Germany, Program to Foster Citizen Participation in Government and Politics in Germany, January 15, 1951, S. 5.
9 C. J. Friedrich, Military Government and Dictatorship, in: The Annals of the American Academy of Political and Social Science 267, January 1950, S. 1ff.
10 J. Gimbel, Amerikanische Besatzungspolitik und deutsche Tradition, in: L. Herbst, Westdeutschland 1945-1955. Unterwerfung, Kontrolle, Integration, München 1986, S. 149.
11 FRUS 1950, Bd. I, S. 129. Memo Kennan an Außenminister Dean Acheson. Für weitere Beispiele: F. A. Ninkovich, Germany and the United States: The Transformation of the German Question since 1945, Boston 1988, S. 46.

indepedence of thought and judgement. In other words, the Western occupation authorities are not seeking to make young Americans, Britons, or Frenchmen of young Germans.«[12] Neben der Jugend gehörten Frauen, die demographische Mehrheit der Gesellschaft, zu den wichtigsten Multiplikatoren zur Veränderung des politischen und gesellschaftlichen Lebens,[13] während Gewerkschaften[14] und Kirchen, wenn auch aus unterschiedlichen Gründen, als wichtige Multiplikatoren bei der Umsetzung der Ziele der Demokratisierungspolitik galten.[15] Es gilt jedoch zu betonen, daß alle zeitgenössischen Demokratiekonzepte relativ allgemein blieben und sich an liberal-demokratischen Vorgaben orientierten, die teilweise auf Alexis de Tocqueville zurückgingen.[16]

In dem Kontext der allgemeinen Auseinandersetzung mit tradierten Normen der deutschen Gesellschaft wird von amerikanischen Beobachtern zumeist darauf verwiesen, daß die parlamentarische Demokratie vor ihrem Scheitern am Ende der Weimarer Republik wegen sozialer und ökonomischer Probleme durchaus eine beachtenswerte Tradition in Deutschland besaß. Dieses Konzept wird besonders deutlich in einer von der Militärregierung organisierten Vorlesungsreihe von Prof. A. E. Zucker von der University of Maryland, der im Frühjahr 1946 Vorträge in Berlin, Karlsruhe, Stuttgart, Mün-

---

12 HICOG, Young Germany. Apprentice to Democracy 1951, S. VI. Mit einer Zusammenfassung der neuesten Forschungsergebnisse: *K.-H. Füssl*, Die Umerziehung der Deutschen. Jugend und Schule unter den Siegermächten des Zweiten Weltkrieges 1945-1955, Paderborn 1994.
13 *H.-J. Rupieper*, Bringing Democracy to the Frauleins: Frauen als Zielgruppe der amerikanischen Demokratisierungspolitik im Nachkriegsdeutschland 1945-1952, in: Geschichte und Gesellschaft 17, 1991, S. 61-91.
14 NA RG 59, 862.42/1-2248, Henry J. Kellermann-Robert Berkov, Proposals for a Program of Labor Education in Germany; *W. Link*, Deutsche und amerikanische Gewerkschaften und Geschäftsleute 1945-1975. Eine Studie über transnationale Beziehungen, Düsseldorf 1978. Zu den Problemen zwischen Gewerkschaften und Militärregierung: *M. Fichter*, Besatzungsmacht und Gewerkschaften. Zur Entwicklung und Anwendung der US-Gewerkschaftspolitik in Deutschland 1944-1948, Opladen 1982. Selbst General Clay sah in den Gewerkschaften einen Pfeiler der Demokratie, auch wenn er nicht immer mit ihrer Politik übereinstimmte. »... we fully recognize that the growth of democracy in Germany is dependent in large parts on the establishment of strong democratic trade unions.« NA RG 59, 862.5043/2-23-49, Clay-Matthew Woll, January 5, 1949.
15 NA RG 260, ECR, Box 158, Religious Affairs Programm, September 23, 1947.
16 *H. Finer*, The Theory and Practice of Modern Government, New York 1949; *Th. K. Finletter*, Can Representative Government do the Job? New York 1945; *H. D. Lasswell u. Abraham Kaplan*, Power and Society, New Haven 1950.

chen, Erlangen, Frankfurt, Wiesbaden und Bremen hielt, die auch im Rundfunk übertragen und publiziert wurden. Zucker, wie andere Mitarbeiter von OMGUS und HICOG, betonten die »splendid liberal tradition« in der deutschen Geschichte und stießen offenbar, wie ihre Berichte zeigen, auf großes Interesse ihrer Zuhörer, wenn sie anhand von Theodor Mommsen, Ludwig Uhland, Carl Schurz und Rudolf Virchow auf die Bedeutung der Revolution von 1848 und die Anfänge des Liberalismus in Deutschland verwiesen. Besonders Carl Schurz, nach seiner Flucht aus Deutschland in den USA zum Innenminister im Kabinett von Präsident Hayes aufgestiegen, galt als Bindeglied zwischen positiven deutschen und amerikanischen Traditionen.[17] Demgegenüber steht jedoch der »deutsche Sonderweg« als topos der Gesellschaftskritik, wie er von Angehörigen des Office of Strategic Service (OSS), der Erziehungsabteilungen und deutschen Emigranten immer wieder vorgetragen wurde.[18]

II.

Zu den entscheidenden amerikanischen Transmissionsriemen bei der Umsetzung der Konzeption zur Veränderung der politischen Kultur zählten 1945 die Erziehungs- und Universitätsoffiziere,[19] seit 1949 etwa 165 Kreisresidenzoffiziere, die untersten Verwaltungseinheiten der Hohen Kommission. Sie waren aus der Institution der Liaison & Security Officers der Militärregierung hervorgegangen und wurden nunmehr dem State Department unterstellt. Zu ihren Hauptaufgaben gehörte die Umsetzung öffentlichtkeitswirksamer Programme der Hohen Kommission auf lokaler Ebene möglichst unter Beteiligung der deutschen Verwaltungen und der Bürger. Auch wenn die Institution der L&S Offiziere bereits unter der Militärregierung geschaffen worden war und zentrale Funktionen bei der »Umerziehung« der Bevölke-

---

17 HICOG, A. E. Zucker, Lectures on Democracy, June 1947.
18 *C. E. Schorske*, Social and Cultural Aspects of the German Question; *H. E. Price u. C. E. Schorske*, The Problems of Germany, New York 1947; *Th. Koebner, G. Sautermeister u. S. Schneider* (Hg.), Deutschland nach Hitler. Zukunftspläne im Exil und aus der Besatzungszeit 1939-1945, Opladen 1987.
19 Mit der neuesten Literatur zur Entwicklung der politischen Kultur als Teil des Umerziehungskonzeptes vgl. *Füssl*, Umerziehung.

rung erfüllte, so führte erst die Gründung der Hohen Kommission 1949 zu einer Ausweitung und Neudefinition ihrer Tätigkeit.

Die wichtigste Aufgabe der Besatzungspolitik war es bei Kriegsende, zunächst Entmilitarisierung, Entnazifizierung und Entkartellisierung durchzuführen und die zerstörte Infrastruktur des Landes wiederaufzubauen. Auch wenn sofort mit der Demokratisierung von Politik und Verwaltung, verstanden als weitgehende Ausschaltung der NS-Organisationen und nationalsozialistischen Eliten aus dem öffentlichen Leben begonnen wurde, so existierte kein eindeutiges Konzept der Demokratisierung der Gesellschaft. Noch bei seinem Amtsantritt 1949 betonte der amerikanische Hohe Kommissar John J. McCloy vor den versammelten Kreisresidenzoffizieren, daß es ihre Aufgabe sei, »to imbue certain basic practices and principles in the Germans«,[20] ließ aber keinen Zweifel daran, daß eine Veränderung der politischen Kultur nach der NS-Zeit nur von der Bevölkerung selbst unter amerikanischer Beratung durchgeführt werden konnte. Ansonsten blieb er bei allgemeinen Formulierungen, die kein konkretes Konzept erkennen lassen. Sheppard Stone, der Direktor des Büros für öffentliche Angelegenheiten von HICOG, vertrat Ende 1949 gleichfalls die Auffassung, »... we Americans can't remake the individual German, and the minds of the German people; but we can, I think, do a great deal by example, by advice and assistance, and above all, I think *we can help out the liberal German*«.[21]

Auch wenn bis in die Anfangsjahre der Bundesrepublik die Schwäche der jungen parlamentarischen Demokratie immer wieder kritisiert wurde, so wurden die positiven Traditionen der westdeutschen Gesellschaft im Werben um die Veränderung der Gesellschaft ebenfalls betont. Entgegen Bildern vom unkorrigierbaren deutschen Nationalcharakter stand gleichermaßen fest, daß die große Mehrheit der Bevölkerung »wish[es] to live under a democratic governmental and social structure, to enjoy the individual rights and freedoms which we associate with democracy«. Die Zeit nach 1945 wurde daher in den amerikanischen Planungen auch nicht als Neubeginn oder Neuanfang, sondern als »revival«,[22] »remodeling«, »revision«, »reform«, »democratic re-

---

20 First HICOG Conference of US Resident Officers, held at Frankfurt am Main, December 12 and 13, 1949; Opening Address John J. McCloy, o.S.
21 Ebd., Remarks concerning the Office of Public Affairs delivered by Mr. Sheppard [sic!] Stone, o.S. Meine Hervorhebung.
22 Ebd. Zum Begriff »revival« auch: *J. F. J. Gillen*, State and Local Government in West Germany, 1945-1953, HICOG 1953, S. 3.

naissance«[23] oder als »reconstruction«, als Wiederbelebung des demokratischen Entwicklungsstrangs in der deutschen Gesellschaft interpretiert.[24]

Der Theologe Reinhold Niebuhr, sicherlich einer der profiliertesten Aktivisten in den deutsch-amerikanischen Beziehungen der Nachkriegszeit, verstand die amerikanische Politik als »reclaiming Germany«, als Aufbau einer transatlantischen Wertegemeinschaft.[25] Andere sprachen von einem »spirit of cooperation« und machten deutlich, daß die amerikanische Aufgabe in Deutschland eine »two way-street«[26] sein müsse. Natürlich konnte dabei auf typisch »deutsche« Konzepte und Erfahrungen nicht verzichtet werden. Im Gegenteil, so heißt es auch in einer britischen Stellungnahme zur Veränderung der politischen Kultur in Nachkriegsdeutschland, »... it was not Military Government's aim at all to build an entirely new German society but rather graft some isolated ideas of Western democracies on to the reestablished old Germany«.[27] Das Ziel war aber auch keineswegs eine »Restauration« der gesellschaftlichen und politischen Strukturen der Weimarer Republik.[28] Vielmehr sollten die positiven Traditionen der deutschen Gesellschaft erhalten bleiben. So heißt es in der grundlegenden Besatzungsdirektive SWNCC-269 vom Mai 1946 an General Clay »... make increasing use of those native resources of German civilization which offer promise of the peaceful development of new ideas and institutions«.[29]

Es ist bemerkenswert wie offen und schonungslos Vertreter von OMGUS und HICOG sich mit der jungen Nachkriegsdemokratie auseinandersetzten,

---

23 A Guide to Education and Cultural Relations, HICOG July 1950 Preface, o.S.
24 Ebd., NA RG 862.00/12-849, Prospect for Democratic Development of the German Federal Republic.
25 NA RG 59, 511.62A3/1-2460. Bericht über National Conference on the Occupied Countries.
26 NA RG 59, 511.62A3/8-2252.
27 NA RG 466, Baden, Box 7, Report by Walter Fliess on Democratization and Civil Reform in Western Germany.
28 Zur Restaurationsliteratur: u.a. *E. U. Huster u. G. Kraiker* u.a., Determinanten der westdeutschen Restauration 1945-1949,Frankfurt am Main 1980[7]; *K.-E. Bungenstab*, Umerziehung zur Demokratie? Re-education-Politik im Bildungswesen der US-Zone 1945-1949, Düsseldorf 1970; *J.-B. Lange-Quassowski*, Neuordnung oder Restauration? Das Demokratiekonzept der amerikanischen Besatzungsmacht und die politische Sozialisation der Westdeutschen: Wirtschaftsordnung-Schulstruktur-Politische Bildung, Opladen 1979. Einen Mittelweg beschreibt *I. Huelz*, Schulpolitik in Bayern. Zwischen Demokratisierung und Restauration in den Jahren 1945-1950, Hamburg 1970. Zur Auseinandersetzung mit der Restaurationsliteratur vgl. *Füssl*, Umerziehung, S. 76ff.
29 A Guide to Education and Cultural Relations, S. 7.

auch wenn letztlich das positive Element überwog.[30] Das bestehende Regierungs- und Verwaltungssystem wie Traditionen, so lautete die Kritik, blokkierten genau wie im 19. Jahrhundert die weitere Entwicklung: autoritäre Traditionen und Staatsgläubigkeit bestimmten weitgehendst die Einstellung der Bevölkerung, der politischen Parteien, des Handels und der Industrie, der Gewerkschaftshierarchie und des öffentlichen Lebens. Der Mehrheit der Bevölkerung fehlte noch das Bewußtsein der eigenen demokratischen Rechte.[31] Es war daher selbstverständlich, als ersten Schritt auf dem Weg zur Demokratisierung der Gesellschaft eine Entnazifizierung von Politik und Verwaltung durchzuführen.[32] Genauso wichtig war der zweite Schritt, der Aufbau einer demokratischen Gesellschaft von unten nach oben. Nachdem zunächst nach Möglichkeit Bürgermeister und Verwaltungsbeamte aus den alten Weimarer Eliten eingesetzt bzw. unbelastete Personen übernommen worden waren, begann die amerikanische Militärregierung damit, die Zulassung von Parteien und gesellschaftlichen Organisationen wie Gewerkschaften, Jugendverbänden und Vereinen bei genauer Kontrolle der Statuten und Mitgliedschaft auf lokaler Ebene zu gestatten, bevor überregionale Zusammenschlüsse erlaubt wurden.[33] In diesen Kontext gehört auch der Wiederaufbau der demokratischen Verwaltungen[34] und die Pressepolitik[35].

30 *H.-J. Schröder*, Die Anfangsjahre der Bundesrepublik Deutschland. Eine amerikanische Bilanz 1954, in: Vierteljahrshefte für Zeitgeschichte 37, 1989, S. 57-83, vermittelt ein einseitiges Bild, das die Sorgen, vorhandenen Ängste und Probleme der amerikanischen Repräsentanten in der Bundesrepublik mit dem deutschen Politik- und Demokratieverständnis zu wenig berücksichtigt.
31 A Guide to Education and Cultural Relations, S. 5; *H.-J. Rupieper,* Die Wurzeln der westdeutschen Nachkriegsdemokratie. Der amerikanische Beitrag, 1945-1952, Opladen 1993, S. 37ff.; *Füssl,* Umerziehung, S. 37ff.
32 Grundlegend für die inzwischen umfangreiche Literatur zur Entnazifizierungspolitik: *L. Niethammer,* Entnazifizierung in Bayern. Säuberung und Rehabilitierung unter amerikanischer Besatzung, Frankfurt am Main 1972. (Neuausgabe: Die Mitläuferfabrik. Die Entnazifizierung am Beispiel Bayern, Frankfurt am Main 1982.). Wichtig als Vergleich der Besatzungszonen *C. Vollnhals,* Entnazifizierung. Politische Säuberung und Rehabilitierung in den vier Besatzungszonen 1945-1949, München 1991.
33 *R. Stöss* (Hg.), Parteien-Handbuch. Die Parteien der Bundesrepublik Deutschland 1945-1980, Bd. 1, Opladen 1983. Zu den Gewerkschaften: *S. Mielke,* Die Neugründung der Gewerkschaften in den westlichen Besatzungszonen 1945-1949, in: H. O. Hemmer u. K. Th. Schmitz (Hg.), Geschichte der Gewerkschaften in der Bundesrepublik Deutschland. Von den Anfängen bis heute, Köln 1990, S. 19-34.
34 *K. Jeserich u.a.*, Deutsche Verwaltungsgeschichte, 5 Bde., München 1983-1988, Bd. 5.
35 *H. Hurwitz,* Die Stunde Null der deutschen Presse. Die amerikanische Pressepolitik in Deutschland 1945-1949, Köln 1972.

III.

Dieser Versuch einer Umorientierung der deutschen Traditionen am Modell der westlichen Demokratien bei Beibehaltung der »einheimischen Quellen der deutschen Zivilisation«[36] war auch bei Gründung der Bundesrepublik noch nicht abgeschlossen. Für die Mitarbeiter der Hohen Kommission, die die Reform der Nachkriegsgesellschaft anstrebten, war die folgende Darstellung der bisherigen Mängel der deutschen Gesellschaft und der Ziele der amerikanischen Besatzung, wie sie den jungen Kreisresidenzoffizieren bei Aufnahme ihrer Tätigkeit Ende 1949 erläutert wurden, durchaus repräsentativ: »We are trying to change the German cultural pattern, so as to remove the authoritarian and class system which gave rise to militarism and state domination of the rights of the individual, and to foster the essentials of democratic living. Among these essentials is, first, a recognition of the dignity of the individual, an individual who has respect for himself and who is aware of his own abilities and powers and, second, among these essentials, is a confidence in the free individuals working as a group to achieve a common destiny and a social structure that will serve the best interests of the individual as well as of society as a whole. Such individuals do not need strong leaders to direct their every activity. They do not need a rigid social structure and a caste system to find their place in society, and they do not need a flood of rules and regulations to govern every aspect of their daily life.«[37]

Das zentrale Ziel der US-Konzepte war die stärkere Beteiligung der Bürger am öffentlichen Leben, eine Abkehr von tradierten Normen und eine möglichst umfassende Liberalisierung des politischen und gesellschaftlichen Systems, also eine Veränderung der *politischen* Kultur.[38] Wie ernst die Durchsetzung eines neuen Politikverständnisses von den Vertretern der amerikanischen Besatzungsmacht genommen wurde, läßt sich beispielhaft in den Petersberger Protokollen zeigen. In Artikel V. der Petersberger Protokolle vom 22. November 1949 verpflichtete sich Bundeskanzler Konrad Adenauer, totalitäre und autoritäre Traditionen in der Gesellschaft zu eliminieren und

---

36 A Guide to Education and Cultural Relations, S. 7.
37 First HICOG Conference, Remarks concerning the Education and Cultural Relations Division of the Office of Public Affairs delivered by Mr. Philipp H. Mettger, o.S.
38 *Rupieper*, Wurzeln. Sehr kritisch zur amerikanischen Politik: *E. N. Peterson*, The American Occupation of Germany: Retreat to Victory, Detroit 1972.

die Struktur des Regierungssystems zu liberalisieren. Aufgrund dieser Selbstverpflichtung der jungen Bundesregierung machten die Alliierten signifikante Konzessionen bei der Reduzierung der Demontagelisten.[39] Grundsätzlich stand jedoch fest, daß die amerikanische Politik auch nach Gründung der Bundesrepublik auf die Mitarbeit und enge Kooperation der westdeutschen Eliten und Bevölkerung angewiesen war. »It was also American policy to persuade the Germans to democratize their own institutions and to avoid forcing ready-made American plans on them.«[40] Es handelte sich zudem nicht, wie McCloy feststellte, um ein »binationales« Programm, sondern um die »integration of our western world«.[41] Teilweise wurde auch als Ziel »a democratic Germany and Europe« genannt, ein Doppelbegriff, mit dem sich die westdeutsche Bevölkerung leicht identifizieren konnte, bot dieses Konzept doch die Möglichkeit, nach den Jahren der Hitler-Diktatur und dem deutschen Angriffskrieg wieder in die Gemeinschaft der europäischen Zivilisation aufgenommen zu werden.[42] Diese Rekonstruktion einer demokratischen deutschen Gesellschaft hatte bereits General Lucius D. Clay vorgeschwebt, als er im September 1945 hinsichtlich der baldigen Durchführung von freien Wahlen schrieb, der Bevölkerung sei wieder zu ermöglichen »getting experience in free election machinery, which has been out of existence in Germany so long«.[43] Der Übergang von der NS-Diktatur in ein parlamentarisches Regierungssystem war jedoch ein langfristiger Prozeß, der nicht unbedingt von der älteren Generation erwartet werden konnte, sondern vornehmlich durch die junge Generation erfolgen sollte.

Bei allen Unterschieden in der Besatzungspolitik und Differenzen, vornehmlich mit der französischen Politik, war es für die Vertreter der amerikanischen Militärregierung jedoch selbstverständlich, daß alle Maßnahmen nur in Kooperation mit den britischen und französischen Verbündeten durchgeführt werden konnten. Noch stärker trifft diese Aussage auf die Zeit der Hohen Kommission von 1949-1952 zu. Von einigen Vertretern des State Departments wurde ferner nicht ausgeschlossen, daß »certain aspects of scandinavian democracy would do better in German soil than the same aspects

---

39 HICOG, First Quarterly Report on Germany, 1949, S. 69ff.
40 *Gillen*, State, S. 3.
41 NA RG 59, 511.62A3/1-2652, McCloy-S0S. McCloy benutzt hier auch den Begriff »narrow Americanization«.
42 NA RG 59, 511.62A3/8-2252.
43 *Gillen*, State, S. 6.

transplanting from the United States«.[44] Diese Einstellung mag eine Ausnahme gewesen sein. Sie zeigt aber, daß auch auf der mittleren Ebene der Beamtenschaft des State Departments eine Offenheit gegenüber Demokratiekonzepten bestand, die sich in Politik, Verfassungsentwicklung und Verwaltung sehr stark von der amerikanischen Praxis unterschieden. Das Angebot demokratischer Vielfalt, das z.B. auf unterschiedliche Verfassungsentwicklungen in den USA, Großbritannien, Frankreich oder den skandinavischen Ländern zurückgriff sowie im Bereich des Personenaustausches den Aufenthalt in diesen Ländern förderte bzw. Expertengruppen aus diesen Staaten auf der Basis amerikanischer Finanzierung in die Besatzungszonen und die Bundesrepublik entsandte, sind ebenfalls Indizien für die Offenheit der US-Politik und betonen die europäische Dimension der Rekonstruktionspolitik.[45]

Die Einbindung Nachkriegsdeutschlands in eine westeuropäische Gemeinschaft unter führender Beteiligung der USA war allerdings unter den anderen westlichen Besatzungsmächten nicht unumstritten, kann man in den Berichten amerikanischer Berichterstatter in den Westzonen doch immer wieder feststellen, daß Briten und Franzosen, ähnlich wie ein Teil der westdeutschen Bevölkerung, der amerikanischen Politik nicht ohne Skepsis, ja mit Ablehnung gegenüberstanden.[46] Unausgesprochene Ängste, die Amerikanisierung Europas durch eine besonders von Intellektuellen abgelehnte Alltagskultur, das angebliche Fehlen einer Hochkultur, bestimmten nicht selten die Einstellungen gegenüber den USA und waren unter französischen Intellektuellen genauso verbreitet wie unter britischen Labourabgeordneten, skandinavischen Sozialdemokraten oder Gewerkschaftern. Nicht selten, so heißt es in einem Bericht aus dem Jahre 1950, mußten Vertreter der USA sich anhören, die Vereinigten Staaten sollten den ökonomischen Wiederaufbau Deutschlands durchführen. Andere Veränderungen, das heißt, gesellschaftspolitische und kulturelle Einflußnahme auf den deutschen Nationalcharakter, möge man lieber den Europäern überlassen, die die Deutschen besser verstünden.[47]

---

44 NA RG 59, 511.62A3/9-50, Office Memorandum, Oliver J. Caldwell-Walter Schwinn.
45 Aus der Fülle der Beispiele siehe die Projektbeschreibungen der Hohen Kommission in NA RG 466, OLC Baden, Box 11, HICOG Youth Programs. A Survey, March 1951; Henry P. Pilgert, The Exchange of Persons Program in Western Germany, HICOG 1951, S. 32. *H. J. Kellermann*, Relations.
46 NA RG 59, 511.62A3/9-150, Office Memorandum, Oliver J. Caldwell-Walter Schwinn.
47 Ebd.

Noch ein weiterer Aspekt der sogenannten Amerikanisierungs-Problematik muß beachtet werden. Auch in der sowjetischen Propaganda spielte der Begriff »Amerikanisierung«, als Ablehnung der amerikanischen Massenkultur eine wichtige Rolle, wie man unschwer bei einer Analyse sowjetischer Äußerungen feststellen konnte: »One of the principal weapons employed by Soviet propaganda against the United States is that America is a soulless country with no culture of its own.«[48] Von derartigen Klischees war es nicht weit bis zu den Berichten über das Auftreten sowjetischer Soldaten und Offiziere nach der ersten Phase von Greueltaten und Plünderungen als Normalität der Eroberung bis zu ihrer Darstellung als Personen, die das letzte Stück Brot mit Hungernden teilten, während amerikanische GI's ihren Überfluß an Lebensmitteln in den Straßengraben warfen und verhinderten, daß Hungernde ihn aufhoben. Gerade die Jugend schien für diese Art von Propaganda empfänglich zu sein, heißt es doch in einer Einschätzung der Jugendabteilung der Hohen Kommission: »Communists have been busily capitalizing upon the situation with their reiterated propaganda to the effect that American cultural life is low and degenerate.«[49]

Die Darstellung des »Amerikanismus« als rein technologisch ausgerichtete, gefühllose Massenkultur war nicht nur ein Phänomen der Nachkriegszeit, sondern geht weit in die Geschichte der deutschen Amerika-Perzeption zurück, auf die hier nicht näher eingegangen werden kann.[50] Auch Konrad Adenauer, dessen Ausrichtung an der amerikanischen Führungsmacht seit 1946 in neueren Untersuchungen herausgearbeitet worden ist und an dessen proamerikanischen Einstellung keine Zweifel bestehen können, sollte feststellen, daß er trotz enger politischer, ökonomischer und sicherheitspolitischer Bindungen an die USA ein amerikanisiertes Deutschland verhindern wollte.[51]

Es gilt jedoch zu betonen, daß sich unter dem Druck des Kalten Krieges, dem Gefühl der Bedrohung durch einen aggressiven Bolschewismus und der

---

48 Ebd.
49 German Youth Views the American Program, II. American Reorientation, Report No. 40, Series No. 2.
50 *F. Trommler* (Hg.), Amerika und die Deutschen. Bestandsaufnahme einer 300jährigen Geschichte, Opladen 1986.
51 *H.-J. Grabbe*, Das Amerikabild Konrad Adenauers, in: Amerikastudie 31, 1986, S. 319. Zu den Diskussionen nach 1945: *K. Waller*, Neubeginn — Nationalismus — Widerstand. Die Diskussion der Neuordnung in CDU und SPD 1945-1948, Bonn 1987.

politischen und wirtschaftlichen Möglichkeiten, die sich aus der Zusammenarbeit mit der amerikanischen Besatzungsmacht ergaben, sehr bald eine enge Kooperation zwischen den Funktionseliten der Länder der US-Zone und den Offizieren der Militärregierung entwickelte, »which one could not buy or command«.[52]

IV.

Neben den offiziellen Beziehungen zwischen OMGUS, HICOG und Länderregierungen, der Bundesregierung und den öffentlichen Verwaltungen, entwickelten sich seit 1947 auch enge Beziehungen zu privaten amerikanischen Organisationen, die einen Teil der Rekonstruktion einer demokratischen Gesellschaft in Kooperation mit ihren westdeutschen Partnerorganisationen unternahmen. 1949 existierten in der Bundesrepublik mehr als fünfzig derartige Organisationen. Sie reichten vom American Council on Education über die Gewerkschaften, die Kirchen, die Frauenverbände, die Quäker, die Ford- und Rockefeller-Foundation bis zu Wohltätigkeitsorganisationen oder Berufsverbänden. Offenbar wurde der Kontakt zwischen diesen Nichtregierungsorganisationen (NGOS) auch eingesetzt, um das Deutschland-Bild amerikanischer Gruppen zu verändern und einen inneramerikanischen Meinungsbildungsprozeß zu beeinflussen. So wurde das Umorientierungsprogramm des American Jewish Committee gleichfalls genutzt, »to reorient Jewish elements in the United States to the fact that not all Germans were anti-Jewish, thereby making an opening for the acceptance of the idea that the American Jewish Committee should lend its assistance to German elements which were interested in greater racial tolerance«.[53]

Wenn hier bezweifelt wird, daß ein Konzept der »Amerikanisierung« als bewußter Prozeß, als Transmission von amerikanischen Wertvorstellungen nach 1945 existierte, so ist jedoch damit nicht ausgeschlossen, daß es einen unbewußten Prozeß der langfristigen Amerikanisierung, verstanden als Anpassung an die westliche Führungsmacht, die sehr bald zur Schutzmacht im

---

52 *J. K. Pollock*, Besatzung und Staatsaufbau nach 1945. Occupation Diary and Private Correspondence 1945-1948, hg. v. *I. Krüger-Bulcke*, München 1994, S. 365.
53 NA RG 59, 511.62/6-2751, Offer of AJC Sponsorship of Reorientation Projects.

Kontext des Kalten Krieges wurde, gab. Daher dürfte es besser sein, von Beeinflussung der deutschen Nachkriegsgesellschaft oder Einwirkung auf die deutsche Politik zu reden, bzw. Begriffe wie »Demokratisierung«, »Westernization« oder »Verwestlichung« zu benutzen, entwickelte sich doch sehr bald nach 1945 in weiten Teilen der Bevölkerung eine durchaus »proamerikanische Einstellung«, die auch auf die deutsche Erfahrung mit den relativ »freundlichen Feinden«,[54] der großzügigen materiellen Hilfe der USA, der Solidarität während der Berliner Blockade, der Schutzfunktion der militärischen Präsenz gegen die Sowjetunion und einen Nachholbedarf im kulturellen Bereich zurückzuführen sein dürfte.[55]

Gleichzeitig muß betont werden, daß es sich bei der amerikanischen Politik um die Wiederherstellung demokratischer Traditionen handelte, die seit 1933 zunehmend von der NS-Diktatur eingeschränkt und schließlich ganz ausgeschaltet worden waren. Denn selbst in jenen Bereichen von Politik und Verwaltung, die zunächst der direkten Einflußnahme der amerikanischen Militärregierung unterlagen, wie Verfassungsentwicklung und Verwaltungsreform, greift der Begriff »Amerikanisierung« keineswegs. Selbstverständlich gehörte es zu den unverzichtbaren Zielen der Militärregierung, daß eine neue Verfassung, wie sie 1948 für die Bundesrepublik erarbeitet wurde, nach dem Erfahren der Hitlerdiktatur auf föderaler Grundlage erarbeitet werden müsse, was jedoch keineswegs als Anpassung an die amerikanische Verfassungswirklichkeit verstanden werden darf. Das deutsche Kaiserreich hatte bis 1918 eine extrem föderalistische Verfassung. Föderalistische Konzepte spielten sowohl in den Plänen des Widerstandes gegen Hitler[56] als auch in der süddeutschen Verfassungstradition eine große Rolle, so daß General Clay sogar zu der Auffassung gelangte, die süddeutschen Länder würden auf einem extremen Föderalismus beharren und die Bildung einer starken Zentralregierung erschweren.[57] James K. Pollock, Berater Clays und »unbestrittener

---

54 *K.-D. Henke*, Die amerikanische Besetzung Deutschlands, München 1995.
55 *F. Trommler*, Aufstieg und Fall des Amerikanismus in Deutschland, in: ders. (Hg.), Amerika und die Deutschen. Die Beziehungen im 20. Jahrhundert, Opladen 1986, S. 284; *H. Glaser*, Kultur und Gesellschaft in der Bundesrepublik. Eine Profilskizze, 1945-1990, in: Aus Politik und Zeitgeschichte 41, 1991, S. 6.
56 *W. Lipgens*, Ideas of the German Resistance on the Future of Europe, in: Documents on the History of European Integration, Bd. 1, Berlin 1985.
57 *J. E. Smith* (Hg.), The Papers of General Lucius D. Clay, Germany 1945-1949, 2 Bde., Bloomington, Indiana 1974, S. 557; *J. Seifert*, Die Verfassung, in: W. Benz (Hg.), Die

geistiger Vater des Länderrates«, beschreibt einen wichtigen Aspekt der deutsch-amerikanischen Beziehungen nach 1945: die große Kooperationsbereitschaft der deutschen Vertreter beim ersten Treffen der Ministerpräsidenten der amerikanischen Zone am 19. Oktober 1945 mit Clay, der in seiner abschließenden Bemerkung betonte, »they [die Ministerpräsidenten] now had complete freedom within the bounds of American policy to work out their own problems«.[58]

Auch bei der Schaffung der Verfassungen unter amerikanischer »tutelage« wird deutlich, daß die amerikanischen Besatzungsbehörden zwar einen gewissen Rahmen vorschrieben und klarstellten, daß ihrer Meinung nach undemokratische Verfassungselemente nicht akzeptiert werden würden und ein geeintes Deutschland mit einer Zentralregierung anzustreben sei. Die Selbstbestimmungsrechte der deutschen Verfassungsväter wurden jedoch gewahrt, auch wenn Clay Verfassungsartikel zur Sozialisierung vorübergehend außer Kraft setzte,[59] um der Entscheidung einer Zentralregierung nicht vorzugreifen. Diese Großzügigkeit galt jedoch nicht, wenn es darum ging, lebensfähige Verwaltungseinheiten zu schaffen. Separatistische Bewegungen oder die Schaffung von Zwergstaaten wurden abgelehnt.[60] Von Pollock wurden die Ministerpräsidenten als kompetente »Mitspieler« gesehen. Treffen zwischen dem Länderrat und der Militärregierung galten als »mutually beneficial«.[61]

Damit ist jedoch keineswegs die Behauptung aufgestellt worden, daß deutsche Repräsentanten in Politik und Verwaltung das Auftreten der Besatzungsoffiziere und der Vertreter der Hohen Kommission nicht als massive Beeinträchtigung ihrer verfassungsmäßigen Rechte empfunden hätten. Die Konflikte um das Grundgesetz, die Mitbestimmungsparagraphen oder die

---

Bundesrepublik Deutschland. Geschichte in drei Bänden, Frankfurt am Main 1984, Bd. 1, S. 36ff.

58 *Pollock*, Besatzung, S. 110. Weitere Beispiele ebd., S. 228, 264, 270, 352; *E. J. Hahn*, American Policy on a West German Constitution, 1947-1949, in: J. M. Diefendorf u.a. (Hg.) American Policy and the Reconstruction of West Germany, 1945-1955, Cambridge 1993, S. 21ff.

59 *B. Fait*, ›In einer Atmosphäre der Freiheit‹. Die Rolle der Amerikaner bei der Verfassungsgebung in den Ländern der US-Zone 1946, in: Vierteljahrshefte für Zeitgeschichte 33, 1985, S. 431ff; *B. Blank*, Die westdeutschen Länder und die Entstehung der Bundesrepublik. Zur Auseinandersetzung um die Frankfurter Dokumente vom Juli 1948, München 1995.

60 *Fait*, Atmosphäre, S. 114

61 Ebd., S. 119.

Differenzen über die Landsberg-Urteile sind bekannt.[62] Wie stürmisch diese Beziehungen teilweise sein konnten, wird im Frühjahr 1950 im Rahmen eines Konfliktes zwischen dem Ministerpräsidenten von Württemberg-Baden, Dr. Reinhold Maier und General Gross, dem HICOG-Landeskommissar deutlich, als sich Maier, der immer eng mit den amerikanischen Besatzungsbehörden zusammengearbeitet hatte, bitter gegenüber ihm ungerecht scheinender Kritik beklagte:

»The government, parliament and officials are today in an unusual position in Wuerttemberg-Baden. We have been told by the Americans from the beginning to feel free in expressing our opinions. We have been told that we have too much respect for officialdom. Today, however, if a policy of the Occupying Powers is objected to by the Occupied, I am criticized by the occupiers for not having the proper respect for persons representing the Occupying Powers. I am immediately criticized as anti-American«.[63]

Auch beim Neuaufbau der Verwaltungen knüpften die USA in ihrer Zone nicht an amerikanische Traditionen an, sondern man kehrte zu Formen der Kommunalverfassung zurück, wie sie vor 1933 bestanden hatten.[64] Selbst in der Frage der Reform des öffentlichen Dienstes, einem zentralen Reformvorhaben zur Demokratisierung der Gesellschaft und zur personellen Neubesetzung, gelang es der amerikanischen Besatzungsmacht nicht, die deutsche Tradition des Berufsbeamtentums trotz bis 1952 andauernden massiven Drucks zu verändern.[65] Alle Reformbemühungen scheiterten an der gemeinsamen Opposition der westdeutschen Beamtenverbände, der Landesregierungen bzw. der Bundesregierung.[66]

---

62 *W. Krieger*, General Lucius D. Clay und die amerikanische Deutschlandpolitik 1945-1949, Stuttgart 1987, S. 428ff; *Rupieper*, Wurzeln, S. 263; *Th. Schwartz*, Die Begnadigung deutscher Kriegsverbrecher. John J. McCloy und die Häftlinge von Landsberg, in: Vierteljahrshefte für Zeitgeschichte 38, 1990, S. 375ff.
63 NA RG 466, OLCW-B, Box 1, Conference with the Ministerpresident, 13 July 1950.
64 *Ch. von Unruh*, Die Lage der deutschen Verwaltung zwischen 1945 und 1949, in: Deutsche Verwaltungsgeschichte, hg. v. K. Jeserich u.a., Bd. 5, S. 70-86.
65 *W. Bleek*, Verwaltung und öffentlicher Dienst, in: W. Benz (Hg.), Die Geschichte der Bundesrepublik Deutschland, Frankfurt am Main 1989, S. 151-180. Siehe auch Kap. IV in *Rupieper*, Wurzeln.
66 *C. Garner*, Schlußfolgerungen aus der Vergangenheit? Die Auseinandersetzungen um die Zukunft des deutschen Berufsbeamtentums nach dem Ende des Zweiten Weltkrieges, in: Ende des Dritten Reiches — Ende des Zweiten Weltkrieges. Eine perspektivische Rückschau, hg. v. H.-E. Volkmann im Auftrag des Militärgeschichtlichen Forschungsamtes, München 1995, S. 607-674.

V.

Auch wenn das Ergebnis dieser knappen Analyse zur Amerikanisierung von Politik und Verwaltung negativ ist, so bedeutet dies keineswegs, daß die Anlehnung an die amerikanische Besatzungsmacht und die Ausrichtung der bundesdeutschen Politik, Gesellschaft und Wirtschaft an der Schutzmacht Amerika ohne Einfluß auf die bundesdeutsche Wirklichkeit geblieben wäre. Die Beibehaltung der Westorientierung der bundesdeutschen Politik, auch in Zeiten, in denen, wie während des Vietnamkrieges, eine massive Kritik an den USA verbreitet war, deutet darauf hin, daß die westdeutsche Bevölkerung nach 1945, wenn auch nicht in einem geradlinigen Prozeß, die aus der amerikanischen Präsenz entstandene Gesellschaftsordnung nicht als fremdes Implantat empfand.

Jürgen Danyel

Politische Rituale als Sowjetimporte

Die Frage nach dem Verhältnis von sowjetischen Einflüssen, nationaler Eigenständigkeit und den Beharrungskräften traditioneller Elemente in der politischen Kultur der DDR ist keineswegs neu. Insbesondere im Bereich der Politikwissenschaft und Osteuropaforschung wird sie seit längerem diskutiert. Gerade auch für die Untersuchung politischer Rituale als Elemente der Loyalitätsbeschaffung und Wertevermittlung in den realsozialistischen Gesellschaften — erinnert sei hier etwa an die Studie von Ralf Rytlewski und Detlev Kraa über »Politsche Rituale in der Sowjetunion und der DDR«[1] — waren der vergleichende Kontext und die Sowjetisierungsproblematik konstitutiv. Entsprechend konzentrierten sich die Untersuchungen zu öffentlichen Feiertagen wie dem 1. Mai oder der Jugendweihe als Ritual der politischen Sozialisation der Jugend u.a. auf die Frage, »inwieweit vorhandene Ritualisierungen die gegebene politische Hegemonie der UdSSR reflektieren und zu einer Durchdringung der politischen Kulturen beider Länder nach sowjetischem Muster geführt haben«.[2]

Die von Konrad H. Jarausch und Hannes Siegrist angemahnte Vorsicht beim Gebrauch der »emotional belasteten« Begriffe »Sowjetisierung« und »Amerikanisierung«[3] empfiehlt sich auch für den Bereich symbolischer Politik. Demnach erscheint es sinnvoll, verschiedene Ebenen der Implementierung und Penetration sowjetischer Einflüsse in die DDR und die anderen osteuropäischen realsozialistischen Gesellschaften festzuhalten.

---

1 R. *Rytlewski u. D. Kraa*, Politische Rituale in der Sowjetunion und der DDR, in: Aus Politik und Zeitgeschichte, Beilage zur Wochenzeitung ›Das Parlament‹, B3, 1987, S. 33-48.
2 Ebd., S. 38.
3 Vgl. die Einleitung der Herausgeber dieses Bandes.

1. Genetisch kodierte Sowjetisierung

Die erste Ebene sowjetischer Prägung ist gewissermaßen jene der ›*genetisch kodierten*‹ Sowjetisierung und bereits in der wirtschaftlichen, sozialen und politischen Konstruktion der genannten Gesellschaften verankert. Während die sozialistische Utopie der theoretischen Gründerväter Marx und Engels für sich reklamierte, das Geheimnis der inneren Konstruktion der bürgerlich-kapitalistischen Gesellschaft aufgedeckt zu haben, blieb sie hinsichtlich der Baupläne für die vorgedachte egalitäre Gesellschaft eher im vagen. Ähnliches gilt für das Ideenreservoir der europäischen Arbeiterbewegungen, das sich in erster Linie aus der Negativfolie kapitalistischer Ausbeutung und sozialer Benachteiligung speiste und damit viel über soziale und politische Rechte der Arbeitenden in der neuen Gesellschaft und relativ wenig darüber wußte, wie denn eine solches Gemeinwesen verwaltet, strukturiert und organisiert werden sollte. Insofern die gesamte Theorie des sozialistischen Aufbaus der einzigen relevanten sozialistischen Praxis in der UdSSR entlehnt war, wobei sie im Leninismus in einer ersten Systematisierung und durch Stalin und seine Adepten volkspädagogisch aufbereitet vorlag, mußten die Osteuropäer zwangsläufig zu Lizenznehmern der Sowjets werden. In diesem Sinne ergab sich der anhaltende Stellenwert politischer Rituale, der sich auch in der Phase limitierter Modernisierung dieser Gesellschaften in den siebziger und achtziger Jahren nicht verringern sollte, bereits aus der Architektur des praktisch gewordenen Sozialismus. Sowjetischer Einfluß war auf dieser Ebene kein Gegenstand nachträglichen Imports bzw. der Verwandlung deutscher Identität, sondern bereits in den Ursprüngen angelegt. Solcherart ›genetische Veranlagung‹ läßt sich etwa für die Bundesrepublik und das Parallelphänomen der Amerikanisierung nicht veranschlagen.

Die für alle realsozialistischen Gesellschaften weitestgehend ähnlichen Funktionen politischer Rituale[4] resultieren aus einer Form politischer Herr-

---

4 Zur Funktion von Ritualen in der politischen Kultur der DDR: *B. Sauer*, Rituel et mythe. Une contribution à l'analyse des jours fériés politiques en R.D.A., in: M. Abélès u. W. Rossade (Hg.), Politique Symbolique en Europe/Symbolische Politik in Europa, Berlin 1993, S. 79-100; *R. Rytlewski u.a.*, Politische und soziale Rituale in der DDR, in: D. Berg-Schlosser u. J. Schissler (Hg.), Politische Kultur in Deutschland. Bilanz und Perspektiven der Forschung, Politische Vierteljahresschrift, Sonderheft 18/1987, S. 246-257. Ferner: *W. Rossade*, Kulturelle Muster in der DDR, in: ebd., S. 228-237; *R. Rytlewski*, Soziale Kultur als politische Kultur: die DDR, in: ebd., S. 238-246.

schaft, die sich durch die Allmacht einer Avantgardepartei, bürokratische Strukturen, einen hohen Grad der Organisiertheit und der politischen Formierung sowie durch die stark limitierte Autonomie gesellschaftlicher Teilbereiche und der Individuen auszeichnet. Rituale als Element gesellschaftlicher Steuerung zielten im Realsozialismus in erster Linie auf die Sicherung von Massenloyalität und können in diesem Sinne als spezifische Herrschaftstechniken interpretiert werden. Große Massenfeiertage wie der 1. Mai, der in der DDR begangene Tag der Republik am 7. Oktober,[5] die Massentreffen gesellschaftlicher Gruppen, die Feier- und Ehrentage bestimmter Berufe u.a. inszenierten eine fiktive Gemeinschaft zwischen der politischen Herrschaftsklasse und der Bevölkerung. In der damit verbundenen öffentlichen Selbstdarstellung legitimierten die politischen Führungsgruppen ihren Machtanspruch bzw. inszenierten und verbreiteten Images der Führungskompetenz, Volksverbundenheit oder der Herkunft aus der arbeitenden Klasse, mit denen die Kluft zwischen Herrschenden und Beherrschten symbolisch überbrückt werden sollte. Die den Massen in den Ritualen zugedachte Funktion war die der Akklamation. Zugleich übernahmen politische Rituale eine sinnstiftende und integrierende Funktion, indem sie weniger auf die rationale Vermittlung ideologischer Gehalte, sondern eher auf emotionale Effekte abzielten. Neuere Untersuchungen wie die Studie von Birgit Sauer zum 1. Mai in der DDR[6] und die im Rahmen eines Projekts zur Propagandageschichte von Monika Gibas und Rainer Gries entwickelten »Überlegungen zur Geschichte der Tribüne in der DDR«[7] haben die Kommunikationsformen zwischen Regierung und Volk bei den großen Staatsfeiertagen als Ausdruck eines »sozialistischen Paternalismus« gedeutet. Im Ritual — hier dem Vorbeimarsch der »Werktätigen« an den auf der Tribüne versammelten Partei- und Staatsfunktionären — bestätigten beide Seiten ihre Zustimmung zu einer Art Gesellschaftsvertrag:

---

5 M. Gibas, ›Deckt alle mit den Tisch der Republik‹. Regie und Dramaturgie des DDR-Dezenniums am 7. Oktober 1959, in: Comparativ 4, Heft 3, 1994, S. 49-68.
6 B. Sauer, ›Es lebe der Erste Mai in der DDR!‹. Die politische Inszenierung eines Staatsfeiertags, in: H. D. Braun u.a. (Hg.), Vergangene Zukunft. Mutationen eines Feiertags, Berlin 1991, S. 115-128.
7 M. Gibas u. R. Gries, ›Vorschlag für den ersten Mai: die Führung zieht am Volk vorbei!‹ Überlegungen zur Geschichte der Tribüne in der DDR, in: Deutschlandarchiv, 1995, Heft 5, S. 481-494.

»Regelmäßig fand damit an der Tribüne ein symbolischer ›paternalistischer Tausch‹ statt. Die Werktätigen hatten mit der Erfüllung der vorgegebenen Pläne wie immer ihre Arbeitsdisziplin unter Beweis gestellt, sie hatten sich hinter die gerade gültigen Losungen geschart, demonstrierten die klassischen deutschen Sekundärtugenden wie Fleiß und Ordnung, Sauberkeit, Pünktlichkeit und Treue, ergänzt um DDR-spezifische Werte wie ›Friedensliebe‹, ›Fröhlichkeit‹ und ›Geschlossenheit‹. Partei- und Staatsführung brachten im Gegenzug huldvoll ihre Gaben ein: Ihr väterlich wohlwollender Blick versprach, auch künftig für Ruhe und Wohlstand, für soziale Sicherheit und für eine relative Ungestörtheit in geduldeten, privaten Nischen zu sorgen.«[8]

Beide Gesellschaften, die sowjetische wie die ostdeutsche, standen vor dem Problem, bei einem hohen Maß gewollter gesellschaftlicher Entdifferenzierung und Entindividualisierung zugleich Motivations- und Mobilisierungsstrategien zu entwickeln, mit denen die nicht vorhandenen Leistungsanreize durch Konkurrenz, Markterfolg, Professionalismus und berufliche Tradition kompensiert werden konnten. Gerade in der Arbeitswelt spielten daher Rituale, die dem einzelnen den Sinnzusammenhang und die gesellschaftliche Anerkennung seiner Arbeit vermitteln sollten, eine wichtige Rolle. Rituale des Brigadelebens, der sozialistischen Wettbewerbsführung, der Bestenbewegung und das damit verbundene umfassende System von Gratifikationen, Kollektivtiteln, Orden und Ehrenzeichen gehörten zu den Konstanten beruflicher Sozialisation.[9] Gleiches gilt für die Fülle der Feiertage, die wie etwa der »Tag des Bauarbeiters« oder der »Tag des Lehrers« einzelnen Berufsgruppen die gesellschaftliche Wertschätzung beruflicher Leistungsbereitschaft öffentlich demonstrierten. Gleichzeitig waren solche Formen der Leistungsstimulierung wegen ihrer inflationären Anwendung (Diplome und Ehrenabzeichen wurden in Massenauflagen hergestellt und oft nach dem Gießkannenprinzip verteilt) oder wegen fehlender Akzeptanz bzw. informeller Ächtung durch die Bevölkerung einem rasanten Verschleiß unterworfen.

Besonders in den fünfziger und sechziger Jahren wurden in der DDR zahlreiche dieser Rituale und Zeremonien aus der sowjetischen Praxis entlehnt,[10] was nicht zuletzt durch den Druck auf Polit- und Gewerkschaftskader ver-

---

8 Ebd., S. 488.
9 Rituale in der DDR-Arbeitswelt thematisierte anschaulich eine von Oktober 1994 bis Juni 1995 im Museum Berliner Arbeiterleben gezeigte Ausstellung mit dem Titel »›Manöver Schneeflocke‹-Brigadetagebücher 1960-1990«. Siehe dazu die Ausstellungskritik von *P. Hübner* in: WerkstattGeschichte 10, 1995, S. 73-76.
10 Zur Herausbildung der Produktionsbrigaden in der DDR nach sowjetischem Vorbild: *P. Hübner*, Konsens, Konflikt und Kompromiß. Soziale Arbeiterinteressen und Sozialpolitik in der SBZ/DDR 1945-1970, Berlin 1995, S. 212ff.

stärkt wurde, ständig neue Gratifikationen und Auszeichnungsrituale zu erfinden, so daß der Blick zum sogenannten ›großen Bruder‹ nahelag. In den siebziger und achtziger Jahren ebbten diese Nachahmungswellen deutlich ab und war eine gewisse Rückkehr zu traditionellen Formen des Berufsethos und einer an Professionalität orientierten Leistungsbereitschaft zu verzeichnen. Hinzu kam die pragmatische Hinwendung zu überwiegend materiellen Formen der Stimulierung, die der Orientierung der Bevölkerung auf eine höhere Lebensqualität und auf den Konsum Rechnung trugen.

Als Elemente der beschriebenen ›genetischen Sowjetisierung‹ lassen sich auch die zahlreichen Sozialisationsrituale bezeichnen, die — wie etwa die bereits genannte Jugendweihe oder das relativ stabile Arsenal der Rituale in den Kinder- und Jugendorganisationen[11] — die Aufgabe hatten, die junge Generation sozial und politisch in das Wertgefüge der sozialistischen Gesellschaft einzubinden. Auch hier läßt sich wie in der Arbeitssphäre der Übergang von einer zunächst vordergründigen zu einer nachlassenden Sowjetisierung der genannten Riten für die DDR feststellen.

2. Permanente Adaption des sowjetischen Vorbilds

Eine zweite Ebene der Sowjetisierung mit fließenden Grenzen zur erstgenannten ist die der permanenten Adaption des sowjetischen Vorbilds in allen gesellschaftlichen Bereichen. Die politische und soziale Praxis der Vormacht Sowjetunion wurde zu einem Reservoir von Praktiken gerade auch auf dem Gebiet symbolischer Politik, die in den Schüben wechselnder Kampagnen auch in der DDR übernommen wurden. In der Formel »Von der Sowjetunion lernen, heißt siegen lernen« fand dieser politische Nachahmungstrieb seinen konzentrierten Ausdruck. Gegenstand dieser Form sowjetischer Prägung waren nicht nur ähnliche gesellschaftliche Steuerungsprobleme, sondern hier wurden ganz konkrete Maßnahmen, Konzepte und Rituale ohne die Berück-

---

11 L. Ansorg, ›Für Frieden und Sozialismus — seid bereit!‹ Zur politischen Instrumentalisierung der Jungen Pioniere von Beginn ihrer Gründung bis Ende der 1950er Jahre, in: J. Kocka (Hg.), Historische DDR-Forschung. Aufsätze und Studien, Berlin 1993, S. 181ff.

sichtigung nationaler Besonderheiten mit den identischen Szenarien ihrer Legitimierung und praktischen Umsetzung übernommen.

Die Geschichte dieser unvermittelten Sowjetisierung in der DDR ist eine Art Geschichte von »Pleiten, Pech und Pannen« und war von beachtlichen Verlusten an gesellschaftlichen und ideologischen Ressourcen begleitet. Die berühmt-berüchtigten »Rinderoffenställe«, die von der DDR importierten übergewichtigen sowjetischen Traktoren, die als umgebaute Raketenschlepper die Bodenverdichtung landwirtschaftlicher Nutzflächen in den ertragskritischen Bereich trieben, sowjetische Dieselloks und Lastkraftwagen, deren Leistung und Verbrauch zu einem für die DDR problematischen exzessiven Treibstoffverbrauch führten, sind nur einige Beispiele solcher unproduktiven Adaptation. Für den Bereich der politischen Rituale und Masseninszenierungen hat Birgit Sauer eine symptomatische Episode gescheiterter Sowjetisierung überliefert: Mit der Balustrade des 1976 fertiggestellten Palastes der Republik wähnte sich die DDR-Führung zunächst im Besitz einer der Tribüne auf dem Moskauer Lenin-Mausoleum ebenbürtigen Plattform für öffentliche Kundgebungen. Die peinlich große Entfernung vom Volk, so daß die Funktionäre hinter all dem Marmor von diesem kaum auszumachen waren, führte dazu, daß die Demonstrationen sehr schnell wieder an ihren gewohnten Ort in der Karl-Marx-Allee verlagert wurden.[12]

Die Geschichten solch gescheiterter Übernahmen wurden in der Bevölkerung vielfältig kolportiert und als Belege für die Realitätsferne der Herrschenden zum Gegenstand des Spottes und verhaltener Kritik. Nicht zuletzt auf dem Hintergrund dieser negativen Erfahrungen mit direkten Übernahmen bestimmter Modelle, Praktiken und Herrschaftstechniken setzte sich eine mehr und mehr vermittelte Verarbeitung sowjetischer Erfahrung durch. Die Trotzreaktionen der DDR-Führung auf die Politik der Gorbatschow-Ära ging mit einer gänzlichen Abkopplung von sowjetischen Vorbildern einher, während nunmehr die Bevölkerung den einstigen Nachahmungstrieb im Sinne der Reformierung des Sozialismus einklagte und ins Kritische wendete.

Die ›adaptive Sowjetisierung‹ der politischen Kultur der DDR, die insbesondere auch das gesamte Spektrum der Rituale des politischen Organisationslebens in der SED und den Massenorganisationen berührte, realisierte sich in erster Linie über die Sowjetisierung des für politisch-propagandistische Belange zuständigen Funktionärskorps, also jener Schicht, die Rituale

---

12 *Sauer*, Erster Mai, S. 125.

als Instrumente von Herrschaft und Loyalitätsbeschaffung zu erfinden und in der politischen Praxis zu implementieren hatte. Das Studium in der Sowjetunion, Lehrgänge an sowjetischen Parteischulen, die Teilnahme an Studiendelegationen und anderen Formen des sogenannten Erfahrungsaustausches waren wichtiger Bestandteil der politischen Sozialisation der Funktionäre in der DDR, und dienten als maßgebliche Kriterien für die Kaderauslese und waren oft die entscheidende Bedingung für Karriereschübe.[13] Die Vertrautheit mit grundlegenden Elementen der politischen Kultur in der Sowjetunion gehörte somit zum Erfahrungshorizont vieler Funktionäre. Auch das gesamte Themenarsenal der regelmäßigen politischen Schulung von angehenden oder bereits etablierten Funktionsträgern in den Parteien und Massenorganisationen wies starke Anleihen aus der sowjetischen Praxis auf. Die Sowjetisierung der Köpfe war somit das stabile Rückgrat der genannten adaptiven politischen Praxis.

Im Gegensatz zu den Massenfeiertagen oder der Jugendweihe als Sozialisationsritual ist das gesamte Arsenal der Organisationsrituale innerhalb der SED, in den Blockparteien und Massenorganisationen bislang kaum eingehender untersucht worden. Zu nennen wären hier etwa die sich über die gesamte Existenzdauer der DDR kaum wandelnden Szenarien und ritualisierten Kommunikationsformen zwischen Führung und Delegierten auf den Parteitagen der SED, jenes aus den stalinistischen Säuberungen entlehnte Ritual der Abrechnung mit realen oder vermeintlichen Abweichlern sowie dessen abgemilderte Variante als »Kritik und Selbstkritik«. Darüber hinaus ist auf die Fülle von Ritualen der Prüfung und Bewährung für das einzelne Mitglied oder ganze Gruppen innerhalb der politischen Organisation zu verweisen. Bei der Übergabe von sogenannten Parteiaufträgen bzw. FDJ- und Pionieraufträgen und deren Abrechnung, für die Bewährung nach einer Parteistrafe oder für die Aufnahme als »Kandidat der SED« kamen jeweils spezifische ritualisierte Formen kollektiven Handelns zur Geltung. Die Blumen junger Pioniere, die zum Auftakt von Parteitagen an die Spitzenfunktionäre als symbolischer Ausdruck einer gewünschten Einheit der Generationen überreicht wurden, der unter den Generalsekretären der kommunistischen Parteien übliche heftige Bruderkuß als Freundschaftsritual, der von der Bevölkerung stets mit

---

13 Für die erste Führungsgeneration der DDR hatten die Emigrationsjahre in der Sowjetunion oder die sogenannten Antifa-Schulen für deutsche Kriegsgefangene eine vergleichbare Funktion.

einem Hauch von Befremden oder gar Ekel registriert wurde, dessen symbolischer Macht sich aber selbst ein aufgeklärter Gorbatschow nicht entziehen konnte — all dies gehört in jenes Feld symbolischer politischer Handlungen, die ohne den sowjetischen Einfluß kaum denkbar sind.

3. Formen und politischer Stil der öffentlichen Selbstdarstellung der DDR

Eine dritte Ebene der Sowjetisierung der politischen Kultur der DDR bezieht sich auf die Formen und den politischen Stil der öffentlichen Selbstdarstellung der DDR als wirtschaftlich leistungsfähiger, sozial dem Westen überlegener, militärisch potenter Staat. »Sowjetisierung« heißt hier, daß die DDR Symbole, Stilmittel und Inszenierungsformen übernommen hat, die dem politischen Habitus der sowjetischen Großmacht entlehnt sind. Es sind dies all jene Gesten der Stärke, die etwa in Gestalt von Militärparaden, dem Aufmarsch von paramilitärischen Verbänden der Betriebskampfgruppen und der Gesellschaft für Sport und Technik, der Erfolgs- und Überlegenheitsrhetorik, des alljährlich auf Plakaten und Schauwagen zelebrierten Guiness-Buchs der Rekorde auf dem Gebiet wirtschaftlicher Planerfüllung nach innen und außen Siegeszuversicht, politische Überlegenheit und Abschreckung gegenüber den ›Feinden des Sozialismus‹ suggerieren sollte. In ihren öffentlichen Ritualen inszenierte sich die kleine DDR besonders gegenüber der Bundesrepublik mit einer Gebärdensprache, die der Konfrontation der Supermächte UdSSR und USA entlehnt war. Erst mit dem Aufkommen der Entspannungspolitik und dem Versuch der DDR, eine eigenständige Friedens- und Abrüstungspolitik zu entwickeln, traten zumindest die martialischen militärischen Rituale etwas in den Hintergrund.

Zur sowjetischen Prägung politischer Stilmittel in der DDR gehört auch der große Stellenwert der Masse und der Uniformierung sowie der Kult der Zahlen, Mengen und Kennziffern im Erscheinungsbild öffentlicher politischer Rituale. Das Pendant dieser Fixierung auf die Präsenz von Menschenmassen im öffentlichen Raum bildete die bauliche Umgestaltung zahlreicher Stadtzentren. Lange und breite Alleen, die in großangelegte Plätze oder Stellflächen mündeten, tribünenartige Anbauten zentraler Gebäude, zentrale

Denkmalsanlagen, Fahnenstangen sowie Fahnenhalterungen an jeder Straßenlaterne und jedem Fenster gewährleisteten, daß städtische Räume jederzeit für Rituale aufrüstbar waren. Die permanente Mobilisierung von Massen hatte verschiedenen Funktionen. Zum einen wurde sie von den Herrschenden als Beleg der Akzeptanz des Systems und seiner Funktionsträger gewertet. Wie wichtig diese Sinnestäuschung im Selbstverständnis der politischen Führung der DDR war, zeigt einerseits die regelrechte Professionalisierung des Demonstrations- und Kundgebungsmanagements in den Apparaten, und anderseits die Entwicklung eines vielfältigen Reservoirs an Lock- und Drohmitteln, mit denen die Funktionäre an der Basis die zunehmend kundgebungsmüden Bürger für die Teilnahme an solchen Ritualen zu gewinnen suchten. Die Masse und ihre Uniformierung suggerierten dem einzelnen das Aufgehobensein und die Sicherheit in einer großen Gemeinschaft vermeintlich Gleichgesinnter. Zudem erzeugte die Dynamik der Massenveranstaltungen einen Konformitätsdruck, der für das Gelingen der in den Ablaufplänen vorgedachten Inszenierungselemente (Sprechchöre, szenische Darstellungen, Fahnen- und Transparentarrangements) unverzichtbar war und selbst widerwillige oder distanzierte Beteiligte ›mitriß‹.

Zugleich spiegelte die Masse bei den Großveranstaltungen das gesamte Subsystem der Gliederungen und Gemeinschaftsformen einer ›kollektivierten‹ Gesellschaft. Der einzelne nahm immer in der Gemeinschaft an den Ritualen teil: Man traf sich mit den Kollegen, Mitschülern, der Hausgemeinschaft, der Kampfgruppeneinheit etc., formierte sich im Demonstrationszug als Betrieb, Stadtbezirk, Berufsgruppe und diese wiederum gingen in den Fiktionen vom »Volk«, den »Werktätigen«, den »bewaffneten Organen«, den »sozialistischen Kulturschaffenden« auf. Die Gemeinschaft übte gegenüber dem einzelnen vor allem eine kontrollierende Funktion aus. Gleichzeitig waren die Massen- und Organisationsrituale, die einen beachtlichen Teil der freien Zeit großer Teile der Bevölkerung absorbierten, auch Orte informeller Kommunikation und ein Aktionsraum für soziale Beziehungen. Insofern trugen insbesondere politische Rituale zu jener Gemeinschaftsorientierung und -prägung der Ostdeutschen bei, die auch nach dem Untergang des Realsozialismus als Mentalität und sozialer Habitus fortexistieren und mit westlichen Lebensstilmustern kontrastieren.

Die in allen öffentlichen Ritualen so dominante propagandistische Inszenierung und Fetischisierung der produzierten Warenmengen, der wirtschaftlichen Wachstumsraten, der Planerfüllungsprozente, der landwirtschaftlichen Ertragszahlen und der Pro-Kopf-Ausstattung mit Gebrauchsgütern läßt sich historisch in der Frühphase der sowjetischen Planwirtschaft verorten. Als sogenannte Tonnenideologie einer Großwirtschaft mit unbegrenzten Menschen- und Materialressourcen sowie extensiven Bewirtschaftungsformen schwappten diese quantitativen Erfolgskriterien auch auf die kleinen osteuropäischen Länder über.

4. Geschichtspolitik, Gedenk- und Erinnerungsrituale

Ein weiterer Bereich, in dem sich deutliche Effekte sowjetischer Prägung in der DDR diagnostizieren lassen, ist der Bereich der Geschichtspolitik und hier besonders der gesamte Bereich der Gedenk- und Erinnerungsrituale, die die Auseinandersetzung mit der NS-Vergangenheit, dem Widerstand und der Geschichte der Arbeiterbewegung betreffen. Nicht zu übersehen sind diese sowjetischen Einflüsse an den zahlreichen, oft zentral gelegenen Denkmälern für Persönlichkeiten und Ereignisse aus der Geschichte des Sozialismus und der Arbeiterbewegung sowie an der für die DDR charakteristischen Gedenkstättenarchitektur. Sowjetisierung der Orte und Rituale des Gedenkens bedeutete dabei in erster Linie Monumentalität. Sie äußerte sich in den künstlerischen Stilmitteln, die mit ihrer Tendenz zu materialintensiver räumlicher Dominanz, moralischer Überhöhung und Gigantomanie deutliche Spuren der sowjetischen Kunst der Stalinzeit trugen. Solcherart ideologische Konstruktion der öffentlichen Erinnerungsräume fand ihr Pendant in einem entsprechenden Kanon politisch aufgeladener Gedenk- und Erinnerungsrituale. Nicht das fühlende, reflektierende Individuum war für dieses Denkmals- und Gedenkstättenkonzept das entscheidende Subjekt der Trauer- bzw. Erinnerungsarbeit, sondern wiederum die organisierte Masse. Der Zugang zur Geschichte vollzieht sich dabei in erster Linie über symbolisch vermittelte relativ abstrakte Botschaften und eine vordergründige politische Pädagogik. Die den an den Erinnerungsritualen Beteiligten zugedachten Handlungsmuster sind in erster Linie die inszenierte Geste, das feierliche Gelöbnis bzw. das politische Bekenntnis.

Wohl am deutlichsten sichtbar ist dieser Monumentalcharakter der Gedenkorte und deren funktionale Ausrichtung auf Massenveranstaltungen und kollektive Rezeption an solchen zentralen Erinnerungsorten der DDR wie dem Sowjetischen Ehrenmal im Ostberliner Stadtbezirk Treptow und den großen Denkmalsanlagen in den ehemaligen »Nationalen Mahn- und Gedenkstätten« der DDR in Buchenwald, Sachsenhausen und Ravensbrück. Bei den von sowjetischen Autoren entworfenen Ehrenfriedhöfen für die bei der Befreiung Deutschlands vom Faschismus gefallenen sowjetischen Soldaten handelte es sich noch um direkte Produkte des Stalinismus in der Kunst, mit denen sich die Siegermacht Sowjetunion politisch im Zentrum Europas in Szene setzte.[14] Deren Stil und Größe haben offenbar auch auf die in den fünfziger Jahren entstehenden Gedenkstättenanlagen abgestrahlt, mit denen sich die DDR als antifaschistischer Staat und auf der Seite der Sieger der Geschichte präsentierte.[15]

Sehr deutlich wird diese Wende zu großräumiger Monumentalität und politischer Außenwirkung auf dem Gebiet der Erinnerung an Nationalsozialismus und Widerstand im Kontrast zu den frühen Denkmalsinitiativen der Vereinigung der Verfolgten des NS-Regimes (VVN) in der unmittelbaren Nachkriegszeit. Mit ihren bescheidenen künstlerischen Mitteln — in der Regel handelte es sich um spartanische Gedenksteinlösungen, die das Motiv des roten Winkels variierten und von ihrer Gestaltung und Funktion eher an die vielerorts üblichen Kriegerdenkmäler aus der Zeit nach dem Ersten Weltkrieg erinnern — brachten diese in erster Linie die Gefühle der Opfer zum Ausdruck und befanden sich direkt an Orten der Verfolgung. Waren letztere noch als stille Orte der Totenehrung und Trauer konzipiert, zielten die »Nationalen Mahn- und Gedenkstätten«, mit ihren monumentalen Denkmalsanlagen im Verständnis der SED-Führung und des offiziellen Verfolgtenverbandes auf politische Repräsentationsfunktionen und die Selbstinsze-

---

14 *W. Gottschalk*, Ausländische Ehrenfriedhöfe und Ehrenmale in Berlin, hg. v. der Senatsverwaltung für Stadtentwicklung und Umweltschutz, Berlin 1992; *R. Koselleck u. M. Jeismann* (Hg.), Der politische Totenkult. Kriegsdenkmäler in der Moderne, München 1994.
15 *V. Frank*, Antifaschistische Mahnmale in der DDR. Ihre künstlerische und architektonische Gestaltung, Leipzig 1970; Gedenkstätten. Arbeiterbewegung, Antifaschistischer Widerstand, Aufbau des Sozialismus, hg. v. Institut für Denkmalspflege der DDR, Leipzig 1974.

nierung des Staates DDR.[16] Die reale Geschichte der Orte und die mit ihnen verbundenen Zeugnisse dienten fast nur noch als legitimatorische Folie, auf deren Hintergrund in antifaschistischen Ritualen und Inszenierungen vordergründige Lerneffekte und politische Loyalitätsbekundungen zelebriert wurden. Die Versuche der SED-Führung und des »Komitees der antifaschistischen Widerstandskämpfer«, die Pilgerfahrten ehemaliger ausländischer Häftlinge nach Buchenwald und Sachsenhausen in durchorganisierte Werbeveranstaltungen für die DDR umzugestalten, belegen diesen Trend ebenso wie die steigende Zahl von Massenveranstaltungen wie Großkundgebungen, Jugendweihen und militärischen Vereidigungen in den Gedenkstätten.

Neben der Monumentalisierung der Gedenkorte und deren Funktionalisierung als Kulisse für politische Rituale zeigen sich sowjetische Einflüsse darüber hinaus auch in der inhaltlichen Ausrichtung der Gedenkkultur in der DDR. Zum einen spiegelt sich dies im Rückgriff auf Personen und Ereignisse aus der sowjetischen Geschichte, die etwa in Gestalt der Oktoberrevolution, des sozialistischen Aufbaus und des Großen Vaterländischen Krieges die öffentliche Erinnerungsarbeit und deren Rituale bestimmten. Zum anderen zeigt sich dies darin, daß Personen und Ereignisse aus der deutschen Geschichte auf die sowjetische Dominante hin fokussiert werden, z.B. indem bei den durch die DDR verehrten KPD-Funktionären deren Verhältnis zur Sowjetunion im Mittelpunkt der Betrachtung stand. Gleiches gilt für die symbolische Präsenz der sozialistischen Vaterfiguren Marx, Engels, Lenin, Stalin (bis 1953), Thälmann u.a. in Gestalt von Porträtbüsten, Fahnenemblemen und Bildporträts in den für geschichtsbezogene politische Organisationsrituale und historische Jahrestage ausgestatteten Versammlungsräumen, Festsälen und Demonstrationszügen.[17] Auch nach dem XX. Parteitag der KPdSU und der seinerzeit von der sowjetischen Vormacht proklamierten Abkehr vom Personenkult der Stalinzeit, blieb letzterer, wenn auch in moderateren For-

---

16 G. *Morsch*, Von Denkmälern und Denkmalen. Von Gedenkstätten und Zeithistorischen Museen, in: J. Danyel (Hg.), Die geteilte Vergangenheit. Zum Umgang mit Nationalsozialismus und Widerstand in beiden deutschen Staaten, Berlin 1995, S. 181-186; Brandenburgische Gedenkstätten für die Verfolgten des NS-Regimes. Perspektiven, Kontroversen und internationale Vergleiche, hg. vom Ministerium für Wissenschaft, Forschung und Kultur des Landes Brandenburg in Zusammenarbeit mit der Landeszentrale für politische Bildung, Berlin 1992.

17 Zum Stalinbild in Film und Fotografie siehe die Aufsätze von *R. Sartori* u. *O. Bulgakowa*, in: M. Loiperdinger u.a. (Hg.), Führerbilder. Hitler, Mussolini, Roosevelt, Stalin in Fotografie und Film, München 1995.

men, eine unheilbare Kinderkrankheit des realen Sozialismus sowjetischer Prägung.

Insgesamt lassen sich auch auf dem Gebiet der geschichtspolitischen Rituale bei einer differenzierten Betrachtung beachtliche Veränderungen zwischen den fünfziger/sechziger und siebziger/achtziger Jahren in der DDR feststellen. Sie betreffen sowohl die Formen als auch die Inhalte von Gedenk- und Erinnerungsritualen. Während in der Frühzeit der DDR die Fixierung auf die sowjetische Geschichte als Stoff für politische Rituale immer wieder exzessive Formen wie in der allerorts verordneten Bibel-Lektüre des »Kurzen Lehrgangs der Geschichte der KPdSU (Bolschewiki)« annahm, bestimmten in den siebziger und dann besonders stark in den achtziger Jahren mehr und mehr nationale Geschichtstraditionen die Gedenk- und Erinnerungsrituale. Hinzu kommt eine gewisse Regionalisierung und Entpolitisierung der Feierkultur, die den veränderten Rezeptionsbedingungen und Erwartungshaltungen der Bevölkerung Rechnung trug. Im Bereich der künstlerischen Gestaltung öffentlicher Erinnerungsräume zeitigte die Eigenentwicklung der DDR-Kunst und die damit verbundene Aufweichung des dogmatischen Kunstkonzepts in zweierlei Hinsicht Folgen. Zum einen wuchs die Zahl der Denkmalslösungen, die eher auf eine individuelle Aneignung durch den Rezipienten zielten und nicht mehr so ohne weiteres als Orte für politische Rituale funktionalisiert werden konnten. Zum zweiten war ein großer Teil der Künstler nicht mehr bereit, die von der politischen Führung gewünschten monumentalen Auftragswerke in der traditionellen Form zu realisieren. Die Tatsache, daß die in den siebziger und achtziger Jahren entstandenen monumentalen Großdenkmäler für Karl Marx in Karl-Marx-Stadt, für Lenin und Ernst Thälmann in Berlin als politische Auftragskunst von sowjetischen Bildhauern ausgeführt wurden, ist insofern symptomatisch für diese Entwicklung.

Allerdings bedeuten diese Trends keine völlige Abkehr von den traditionellen Massenritualen. Bei den zentralen politischen Feiertagen wie dem 8. Mai, dem 7. Oktober oder den Jahrestagen der Oktoberrevolution dominierten nach wie vor die eingefahrenen Veranstaltungsstile. So begingen z.B. die SED- und FDJ-Führung den 40. Jahrestag der Befreiung am 8. Mai 1985 immer noch mit einem Massenaufgebot von 50.000 Jugendlichen, die auf dem Gelände des Sowjetischen Ehrenmals in Treptow im Schein von Fackelträgerformationen, begleitet von hymnischen Klängen, an den Gräbern der gefallenen Helden einen Treueschwur auf ihr sozialistisches Vaterland abgaben.[18]

5. Symbioseeffekte

Insgesamt muß jedoch auch im Bereich der politischen Rituale, der sicherlich stärker als andere Felder der DDR-Realität sowjetischen Einflüssen unterlag, die bisher suggerierte Annahme klarer sowjetischer Einflußlinien in gewisser Hinsicht relativiert werden. Neben den zweifelsohne nachweisbaren Fällen eindeutiger Implementierung sowjetischer Vorbilder, für die es auf der deutschen Seite kein Pendant gab, sind vor allem die Symbioseeffekte zwischen (ost)deutschen und sowjetischen Phänomenen in den Blick zu nehmen. Die gesellschaftlichen Räume, die in der DDR sowjetischen Einflüssen ausgesetzt waren bzw. auf die sich der politische Nachahmungstrieb der Politfunktionäre richtete, waren keine *tabula rasa*, die je nach Belieben mit kyrillischen Buchstaben beschrieben werden konnte. In der Regel haben wir es bei der »Sowjetisierung« also mit einer Konfrontation deutscher Traditionen, Kulturmuster, Werte und sozialer Verhaltensmuster mit sowjetischen Parallelphänomenen zu tun. Die Effekte dieser Symbiose konnten dabei höchst unterschiedlich sein: Zum einen wurden im Zuge der Prägung eigenständige deutsche Traditionen etwa der politischen Kultur ausgelöscht, überformt oder in gesellschaftliche Randbereiche abgedrängt. Zum anderen finden wir in der Geschichte der DDR viele Belege einer bloßen Oberflächenprägung durch sowjetische Vorbilder, bei der eigenständige deutsche Traditionslinien unbeschadet hinter der sowjetisierten Fassade fortexistieren konnten. In der Regel lassen sich Mischformen diagnostizieren, z.B. wenn bei den politischen Sozialisationsritualen wie der Jugendweihe oder bei den Organisationsritualen der SED, der FDJ und des FDGB Traditionen der deutschen Arbeiter- und Gewerkschaftsbewegung mit Elementen der sowjetischen politischen Kultur verschmolzen sind. Das Verhältnis zwischen Kontinuitäten und den durch sowjetische Einflüsse bewirkten Traditionsbrüchen ist somit von Fall zu Fall verschieden. Erscheint die Stalinisierung der politischen Kultur der

---

18 Siehe dazu den Artikel »50.000 FDJler und Thälmannpioniere. Im Schein Tausender Fackeln am sowjetischen Ehrenmal«, in: Neues Deutschland, 09.05.1985.

DDR in den fünfziger Jahren auf den ersten Blick als ein Moment des Bruchs und der Diskontinuität, so ermöglichte sie unter der Oberfläche die Fortexistenz spezifisch deutscher obrigkeitsstaatlicher Prägungen. Gleiches gilt für die bei der Mehrheit der deutschen Bevölkerung vorhandenen sozialen Verhaltensmuster der Anpassung und Unterordnung aus der Zeit des Nationalsozialismus, die durch die politischen Strukturen der DDR nicht demokratisch gebrochen, sondern unter den neuen Herrschaftsverhältnissen erfolgreich adaptiert werden konnten. Für den Bereich der politischen Rituale provoziert dies die Frage, inwieweit die Einübung der Deutschen in Massenrituale und politische Inszenierungen unter dem Nationalsozialismus,[19] die ungeachtet der Entnazifizierung ihrer ideologischen Inhalte nach 1945 als politisch-mentale Disposition weiterhin latent verfügbar war, die erfolgreiche Adaption stalinistischer politischer Rituale bei der ostdeutschen Bevölkerung befördert hat. Hinzu kommt, daß der politischen Führung der DDR trotz ihres vordergründigen antifaschistischen Habitus jegliche Sensibilität dafür fehlte, daß bestimmte Form- und Stilelemente politischer Rituale und öffentlicher Inszenierungen durch den Nationalsozialismus dauerhaft diskreditiert waren. Die durch die Fahnenappelle in den Schulen, die Formen des militärischen Zeremoniells der NVA oder die Fackelzüge der FDJ geweckten Assoziationen zu NS-Ritualen wurden im Ausland selbst durch politische Kräfte kritisiert, die der antifaschistischen DDR wohlgesonnen waren. Auch im Innern der DDR bildeten diese Beispiele politischer Geschmacklosigkeit einen wichtigen Ansatzpunkt für die Kritik des politischen Systems der DDR durch die sich formierende Opposition. Die politische Führung hielt an diesen umstrittenen Ritualen bis zum Ende der DDR fest und so gehörte auch einer der genannten Fackelzüge der Jugendorganisation anläßlich des 40. Jahrestages der DDR zum letzten Aufgebot der trotzigen alten Männer um Honecker.

---

19 Zur Rolle politischer Rituale, öffentlicher Iszenierungen und Symbole im Nationalsozialismus: *G. L. Mosse*, Die Nationalisierung der Massen. Von den Befreiungskriegen bis zum Dritten Reich, Frankfurt am Main 1993.

6. Adaptionsfähigkeit und Resistenz

Die Bedingungen für die Adaptationsfähigkeit bzw. Resistenz bestimmter Bereiche der DDR-Gesellschaft gegenüber sowjetischen Einflüssen bedürfen weiterer Untersuchungen. Offensichtlich ist jedoch, daß Sowjetisierungsbestrebungen, sei es auf sowjetischen Druck oder in ostdeutscher Eigenregie, immer wieder auf deutliche Grenzen stießen. So erwiesen sich bestimmte soziale und politische Milieus als relativ resistent gegenüber solcher Fremdbestimmung. Bezogen auf das Feld der politischen Rituale fällt beispielsweise auf, daß die in der sowjetischen politischen Kultur sehr dominante Komponente eines militanten Atheismus sich in der DDR trotz mancher Übernahmeversuche nicht durchsetzen konnte. Während in der Sowjetunion viele der sozialistischen Rituale als direkte Substitute religiöser Zeremonien und Bräuche entwickelt wurden,[20] kam dies in der DDR weit weniger zum Tragen.

Eine weitere Grenze für die Penetration sozialer, kultureller und politischer Praktiken ergab sich aus dem beachtlichen zivilisatorischen Gefälle zwischen beiden Staaten, das sich auch durch die vordergründige Propagierung sowjetischer Fortschrittlichkeit nicht wegwischen ließ und insbesondere von der Bevölkerung wahrgenommen wurde. Dieser Habitus der Überlegenheit speiste sich aus den durch die Plan- und Mißwirtschaft nicht völlig verschütteten Traditionen einer hochentwickelten Industriekultur und eines durch Leistung begründeten Selbstbewußtseins der (ost)deutschen Arbeiterschaft. Auf das Verhältnis zu sowjetischen Vorbildern wirkte sich auch aus, daß die DDR hinsichtlich des Lebensstandards der Bevölkerung und ihrer wirtschaftlichen Leistungsfähigkeit trotz aller Probleme eine führende Position unter den realsozialistischen Staaten einnahm. Galt das reformfreudige Ungarn in einem vielkolportierten Bonmot als die »fröhlichste Baracke im sozialistischen Lager«, so ließe sich die DDR auch vom Selbstverständnis ihrer Bürger her als die »fleißigste und am besten eingerichtete Baracke« des Sozialismus apostrophieren.

Auch auf seiten der politischen Führung gab es einen solchen Habitus der Überlegenheit, der sich aus der Geschichte der deutschen Arbeiterbewegung speiste. In den zwanziger und dreißiger Jahren nahm die KPD bereits eine gewisse Vorreiterposition in der von Moskau gelenkten internationalen

---

20 *Rytlewski u. Kraa*, Rituale, S. 35f.

kommunistischen Bewegung ein, die sich aus dem hohen Grad der Organisiertheit und ihrem beachtlichen politischen Einfluß ergab. Bei zahlreichen Spitzenfunktionären der SED, die in der Weimarer Republik politisch sozialisiert wurden, war dieses Gefühl politischer Überlegenheit immer noch vorhanden. Am deutlichsten läßt es sich sicherlich an den Ambitionen Walter Ulbrichts nachweisen, der den Sozialismus in der DDR zu einem Musterfall für die sozialistische Gemeinschaft und damit auch gegenüber der sowjetischen Vormacht zu profilieren suchte und letztlich daran scheiterte. Wiederholt bildeten diese Erscheinungen ›politischer Überheblichkeit‹ deutscher Kommunisten den Gegenstand innerparteilicher Auseinandersetzungen und Reglementierungen in der SED. Nach 1985 wurde diese Mentalität in der SED wiederbelebt und bewußt gefördert, um die Reformen unter Gorbatschow als für die DDR bedeutungslos zu deklarieren.

Obwohl die DDR eine geschlossene Gesellschaft war, die sich gegenüber westlichen Einflüssen abzuschotten versuchte, ergaben sich aus der spezifischen Lage der DDR an der Schnittstelle der politischen Blöcke und aus der ständigen, insbesondere medialen Präsenz der Bundesrepublik gleichfalls Grenzen für eine Sowjetisierung. Die wirschaftliche, soziale, kulturelle und politische Realität der bundesdeutschen Gesellschaft bildete einen permanenten Bezugspunkt für die politischen Entscheidungen der SED-Führung. Unter den Bedingungen der deutsch-deutschen Konkurrenz mußte die DDR, auch wenn sie sich zu den in der Bundesrepublik vorherrschenden westlich geprägten Strukturen, Institutionen, sozialen Verhaltens- und Kulturmustern negativ verhielt, entsprechende sozialistische Substitute entwickeln. Dies gilt besonders für solche Bereiche wie den Konsum, die Jugendkultur, den Freizeitbereich oder den Bereich kultureller Interessen und privater Lebensstile, in denen sich die DDR-Bevölkerung eher am Westen und an der Bundesrepublik orientierte. Ähnlich stark auf den Westen bezogen blieb auch die Orientierung bestimmter Berufsgruppen, z.B. hinsichtlich von Professionalitätskriterien und technischen Standards. Auch die Intellektuellen rezipierten auch westliche Trends, obwohl die vom Staat gesetzten Informationsbarrieren auf diesem Gebiet sehr groß waren. Die Übernahme sowjetischer Vorbilder war in diesen Bereichen kaum möglich bzw. wäre von vornherein zum Scheitern verurteilt gewesen.

Die Verwestlichung oder Amerikanisierung bestimmter gesellschaftlicher Bereiche ließ sich auch in der eingemauerten DDR nicht verhindern und zwang die SED-Führung immer wieder zu innenpolitischen Konzessionen, da die Versuche der Gegensteuerung in der Regel unwirksam blieben. Besonders in den achtziger Jahren werden diese Zugeständnisse an die bei der Bevölkerung vorhandenen westlich geprägten Kultur- und Konsumorientierungen auch in der Gestaltung politischer Rituale, öffentlicher Inszenierungen und Feiern sichtbar. Birgit Sauer etwa diagnostizierte in ihrer aufschlußreichen Studie über die politische Inszenierung des 1. Mai als Staatsfeiertag in der DDR für die achtziger Jahre eine deutliche Akzentverschiebung, in deren Ergebnis die offizielle Maifeier nunmehr eher nach den Mustern »westlicher Kulturspektakel« organisiert wurde:

»Das Traditionsfest sollte jenseits ideologischen Zwangs unterhalten. Die Volksfeste und Kulturveranstaltungen am Alexanderplatz und in den Berliner Stadtbezirken wurden reichhaltiger und bunter, neben den traditionellen Schriftsteller- und Komponistenbasaren werden Theater- und Musikveranstaltungen, Kinderprogramme, Sonderverkäufe seltener Konsumgüter, Rummel und vor allem viel zu essen und zu trinken geboten. Der Erste Mai war Freizeitvergnügen für die ganze Familie, Abwechslung und Ablenkung.«[21]

Konsum, Unterhaltung und Entspannung vom Arbeitsalltag gewinnen in den achtziger Jahren auch in dem breiten Spektrum an Ritualen in den Massenorganisationen sowie in den Gemeinschaftsritualen von Betrieben und Institutionen an Bedeutung. Von den politischen Führungs- und Kontrollinstanzen wird diese Entwicklung geduldet und sogar gezielt gefördert. Zu den Spielregeln dieser ›Liberalisierung‹ gehörte jedoch, daß sie nicht auf die politischen Inhalte ausgedehnt werden durfte.

Neben der Verschränkung von »Amerikanisierung« bzw. »Verwestlichung« und »Sowjetisierung« als konkurrierender Einflüsse, die sich in ihrer Wirkung gegenseitig ausschließen, paralysieren oder überlagern, ist ein weiterer Wechselwirkungseffekt beider Prägemuster zu benennen. Nicht nur die DDR war einer Gemengelage konkurrierender Einflüsse ausgesetzt, sondern auch die Sowjetunion und die USA als Quellgebiete der genannten Einflüsse befanden sich in einem historisch gewachsenen Geflecht von Wechselbeziehungen und -wirkungen. Bestandteil dieser Interdependenzen waren insofern auch Entlehnungen, Kopien oder Substitute, womit sich zwangsläufig die Frage nach den Vorbildern der Vorbilder ergibt. Bereits die Reiseberichte westlicher Beobachter aus den zwanziger Jahren wie z.B. Theodore Dreisers Buch »SSSR« von 1929 verweisen darauf, daß sich die Sowjetunion sehr

---

21 Sauer, Erster Mai, S. 125.

stark an den USA orientierte: »Noch nie stand ein Land in technischer oder materieller Hinsicht oder in beidem so sehr im Banne eines anderen, wie Rußland heute im Banne der Vereinigten Staaten steht.«[22] Etwa im Bereich der Technikstile oder in bestimmten industriellen und landwirtschaftlichen Produktionsmethoden ist diese Amerikanisierung der Sowjetunion offensichtlich. Berücksichtigt man dies, könnte sich auch manche Form der Sowjetisierung Osteuropas als eine ›*verdeckte Amerikanisierung*‹ beschreiben lassen. Diese und andere Wechselwirkungseffekte müssen berücksichtigt werden, wenn man die Wirkungsgeschichte amerikanischer und sowjetischer Vorbilder in bezug auf die deutsche Nachkriegsgeschichte differenziert untersuchen will.

7. Schluß

Nicht nur bezogen auf politische Rituale verspricht ein methodischer Ansatz, der nach der Reichweite und Intensität sowjetischer Einflüsse in der DDR-Gesellschaft fragt, interessante Ergebnisse. Zudem könnte ein solches Konzept eine sinnvolle Alternative zur Wiederbelebung totalitarismustheoretischer Konzepte darstellen. Im Vergleich zu letzteren läßt sich der Begriff der Sowjetisierung wie auch als Pendant dazu der Begriff der Amerikanisierung einfacher von den ideologischen Überfrachtungen seines Enstehungskontextes im Kalten Krieg befreien. Im Gegensatz zu den Apostrophierungen der DDR als »totalitäres System« bzw. als »zweite deutsche Diktatur« ist der Sowjetisierungsansatz offener (d.h. hinsichtlich der zugrundeliegenden Werturteile über die DDR nicht schon von vornherein festgelegt) und auf die prozessuale Dimension gerichtet, so daß weit stärker Wandlungen und Differenzierungen in der ostdeutschen Entwicklung in den Blick genommen werden können. Die mit ihm eröffneten Forschungsfelder gehen weit über das Herrschaftssystem und seine Strukturen hinaus, womit auch die gesamte Breite des Alltags in der DDR in den Blick genommen wird. Sichtbar wird, wie Individuen und Gruppen mit bestimmten Herrschaftsansprüchen, in diesem Fall sowjetischen Prägemustern, umgegangen sind. Während der Dikta-

---

22 Th. *Dreiser*, Sowjet-Russland, Berlin 1929, S. 77.

turansatz die Entwicklung der DDR von der Bundesrepublik weitestgehend abkoppelt (letztere gerät dabei sehr schnell zum idealisierten Positivum), können mit »Sowjetisierung« und »Amerikanisierung« beide Stränge deutscher Nachkriegsentwicklung in Beziehung zueinander gesetzt werden. Überdies besteht kein Zweifel, daß die erfahrungsgeschichtliche Dimension einer Verständigung über die Wandlungen deutscher Identität nach 1945 nicht nur von wissenschaftlichem Interesse sein könnte.

Michael Lemke

Deutschlandpolitik zwischen Sowjetisierung und Verwestlichung 1949-1963

Die Termini »Sowjetisierung« und »Amerikanisierung« bieten einen nicht unproblematischen Einstieg in die Analyse der Deutschlandpolitik. Zum einen sind sie als Kampfbegriffe des Kalten Krieges emotional belastet und wesentlich negativ besetzt und zum anderen werden sie immer noch synonym verwendet. »Sowjetisierung« u.a. für Bolschewisierung und Stalinisierung; »Amerikanisierung« z.B. für Modernisierung und Verwestlichung. Auch der Begriff Deutschlandpolitik, der im folgenden in einen Zusammenhang mit »Sowjetisierung« und »Amerikanisierung« gestellt wird, ist nicht eindeutig. Auf seine Vielschichtigkeit und auf den Wandel seiner Inhalte nach 1945 kann hier nicht näher eingegangen werden.[1]

Ausgangspunkt des folgenden Beitrages bilden Überlegungen über die deutschlandpolitischen Gestaltungsmöglichkeiten beider deutscher Staaten im Ost-West-Konflikt, insbesondere über die Frage, welchen sowjetisch-amerikanischen Einflüssen die deutschen politischen Eliten bei der Lösung des Problems der gesellschaftlichen und politischen Perspektiven Deutschlands — schlechthin der deutschen Frage — ausgesetzt und in welchem Maße sie Subjekt politischer Entscheidungen waren. Wenn dieser wichtige Aspekt der Deutschlandpolitik aller an ihr Beteiligten in eine Verbindung zu »Sowjetisierung« und »Amerikanisierung« gebracht wird, dann muß nach deutschlandpolitisch relevanten inneren und äußeren Faktoren gefragt werden, die diese Phänomene der Nachkriegsentwicklung voraussetzten, hervorriefen, begünstigten oder aber in ihrer Entwicklung hemmten. Dabei stehen Faktoren im Mittelpunkt der Betrachtung, die Einfluß auf die Sowjetisierung der SBZ/ DDR nahmen. Die deutsche Frage — wie gesagt, als Problem der gesellschaftlichen und politischen Perspektiven Deutschlands — stand nach 1945

---

1 M. *Lemke*, Die DDR und die deutsche Frage 1949-1955, in: W. Loth, Die deutsche Frage in der Nachkriegszeit, Berlin 1994, S. 136f.

in einem Schnittpunkt verschiedener gemeinsamer und gegensätzlicher Interessen; sie war national, bündnispolitisch und international determiniert.

Die einzelnen, auf eine Lösung dieser Frage zielenden nationalen »Deutschlandpolitiken« der Mächte müssen als Forschungsgegenstände zwar isoliert untersucht, differenziert bewertet und komparativ betrachtet werden; sie bildeten aber eine in sich widersprüchliche, in der Praxis kaum aufzulösende Einheit. Das wird im besonderen an der Verkettung und Kombination spezifischer alliierter und deutscher Interessen und Ziele auf deutschem Boden deutlich.

Konrad H. Jarausch und Hannes Siegrist gehen sicherlich nicht fehl, wenn sie Amerikanisierung und Sowjetisierung als »zwei Hauptrichtungen der Verwandlung deutscher Identität in der Nachkriegszeit« sehen und beide vergleichend und aus einer beziehungsgeschichtlichen Perspektive betrachtet wissen wollen.[2] Doch stellen sich die Fragen, in welchem Verhältnis beide zueinander stehen, ob es sich um gleiche, ähnliche oder unterschiedliche Nachkriegserscheinungen handelt und in welchen Perioden und Bereichen sie sichtbar und wirksam wurden, wo sie hervor- und wo zurücktraten. Zu fragen ist auch, ob die Sowjetisierung, die in allen europäischen Satellitenstaaten der UdSSR stattfand, für diese identitätsstiftend war. In welchem Maße und mit welchem Ergebnis wurde in den europäischen Demokratien nach 1945 »amerikanisiert«? Ob und inwiefern aus heutiger Sicht von einer Sowjetisierung bzw. Amerikanisierung speziell der Deutschlandpolitik der DDR und der Bundesrepublik gesprochen werden kann, ist unklar. Spezifische Forschungen, auf der Grundlage neuen Quellenmaterials, insbesondere über den Einfluß der UdSSR auf die Deutschlandpolitik der SED nach 1950, stecken noch in den Anfängen.[3] Spielte eine Amerikanisierung, wie eine Reihe von Forschern annimmt[4], nicht oder nicht so sehr in der Politik als vielmehr

---

2 *K. H. Jarausch* u. *H. Siegrist*, Einleitung dieses Bandes.
3 *W. Loth*, Stalins ungeliebtes Kind. Warum Moskau die DDR nicht wollte, Berlin 1994; *M. Lemke*, Die deutschlandpolitischen Handlungsspielräume der SED innerhalb der sowjetischen Deutschlandpolitik der Jahre 1949 bis 1955, in: G. Schmidt (Hg.), Ost-West-Beziehungen. Konfrontation und Détente 1945-1989, Bochum 1993, S. 305-332; *H. Harrison*, Ulbricht, Krushev, and the Berlin Wall, 1958-1961. New Archival Evidence from Moscow and Berlin, in: ebd., S. 333-348.
4 Vgl. die Einleitung von *K. H. Jarausch* u. *H. Siegrist* sowie den Beitrag von *H.-J. Rupieper* im vorliegenden Band.

in der Kultur, in der Wirtschaft und im Alltag der frühen Bundesrepublik eine Rolle?

Wenn man Sowjetisierung als Übertragung und Übernahme des sowjetischen Modells auf die ostdeutschen Verhältnisse versteht, so ist schon auf den ersten Blick zu bezweifeln, daß es sich bei der Amerikanisierung um das sachliche und logische Gegenstück zur Sowjetisierung handelt. Auch im ordnungspolitischen Bereich der Deutschlandpolitik steht — folgt man dieser Definition — einer umfassenden und tiefgreifenden Sowjetisierung offensichtlich kein amerikanisches Pendant gegenüber. Dennoch muß gefragt werden, inwiefern die politische Gestaltung Ostdeutschlands nach dem Bilde der UdSSR in dem Bemühen der USA, das westliche liberale Demokratie- und Staatsmodell in Westdeutschland durchzusetzen, eine Entsprechung fand. Grundlage und Ausgangspunkt von Sowjetisierungs- bzw. Amerikanisierungsprozessen war der Sieg der Alliierten über Deutschland. Unstrittig ist, daß die Sowjetisierung der SBZ/DDR ohne die Präsenz sowjetischer Truppen nicht denkbar gewesen ist. Doch in welchem Maße setzte eine Amerikanisierung tatsächlich noch Besatzung und militärische Präsenz voraus? Es ist eben nicht nur die Frage interessant, wo und warum eingewirkt wurde, sondern vor allem, wie das geschah. Die sowjetische deutschlandpolitische »Globalsteuerung« vollzog sich — so jedenfalls lautet die Hypothese — vorrangig dirigistisch, die amerikanische mehr »sanft«, kooperativ und über wirtschaftliche Mechanismen.[5] Das berührt eine ebenfalls systemübergreifende Frage: In welchem Umfang wurden den politischen Klassen in Ost- und Westdeutschland fremde Vorstellungen und politische Leitbilder oktroyiert und in welchem Maße übernahmen sie diese freiwillig? Das Problem setzte sich auch nach »unten« fort. Wie stark war die Bereitschaft der Bevölkerung in beiden deutschen Staaten, äußeren Druck zu tolerieren, wenn sich — zumindest in der ersten Hälfte der fünfziger Jahre — dadurch die Einheitschancen zu vergrößern schienen oder aber — später — die Wiedervereinigung hintanzustellen, wenn das eine Verbesserung ihrer Lebenssituation und ihrer Sicherheit versprach?

---

5 *L. Herbst*, Option für den Westen. Vom Marshallplan zum deutsch-französischen Vertrag, München 1989, S. 46f.

1. Deutschlandpolitische Handlungsspielräume und Optionen

Bei der Analyse der Politik der beiden deutschen Staaten nach 1949 steht die Frage im Mittelpunkt, welche inneren und außenpolitischen Handlungsspielräume diese deutschlandpolitisch, vor allem gegenüber der Sowjetunion und Amerika, besaßen. Handlungsspielräume bilden meines Erachtens eine zentrale Kategorie, die dynamischer Natur ist, weil sie sowohl zeit- und räumliche Veränderungen erfaßt als auch für eine Vielzahl von Faktoren offen ist, die Wandel hervorrufen. Bei der Untersuchung des Problems Sowjetisierung-Amerikanisierung stellt sie einen wichtigen Schlüssel und einen Indikator für Grad und Verlauf entsprechender Einflußprozesse dar. In welchem Maße wurden sie den Deutschen nach 1945/49 gewährt, wie wurden sie von ihnen genutzt oder nicht genutzt, in welchem Umfang ergaben sie sich aus dem historischen Prozeß? Die Ausleuchtung von Handlungsspielräumen trägt zur Bestimmung der spezifischen Interessen und Ziele aller beteiligten Kräfte, vor allem aber von deutschlandpolitischen Alternativen bei. Sie gibt im besonderen Aufschlüsse über die Strukturen einer sich im Ost-West-Konflikt entwickelnden deutschen »Eigenständigkeit«, die in hohem Maße das Produkt eines deutsch-sowjetischen bzw. deutsch-amerikanischen Interessenclearings, aber auch verschiedener bi- und multilateraler Interaktionen war. Deutsche Eigenständigkeit und Sowjetisierung bzw. Amerikanisierung bilden schon deshalb nur einen relativen Widerspruch.

Der Begriff Eigenständigkeit erhält erst dann Sinn, wenn man davon ausgeht, daß die Subjekte DDR und Bundesrepublik in einem politischen Unterordnungsverhältnis zu ihren jeweiligen Führungsmächten standen. Diese Subordination bedeutete jedoch keine einseitige Abhängigkeit der deutschen Staaten von der UdSSR bzw. von den USA. Abhängigkeit blieb im Untersuchungszeitraum zwar asymmetrisch, kennzeichnete aber auch das Verhältnis der beiden Supermächte zur DDR bzw. zur Bundesrepublik, die insbesondere bis 1955 auf verschiedene Art und Weise deutschlandpolitische Dienstleistungen erbrachten. So enthält der Begriff Eigenständigkeit sowohl den Aspekt der Unterordnung — wie freiwillig sie war, muß eben untersucht werden — als auch den Gesichtspunkt spezifisch deutscher Interessen und Ziele sowie den Willen beider deutscher politischer Eliten, diese durchzusetzen. »Eigenständigkeit«, aus der sich in einer näher zu bestimmenden Qualität auch Eigenverantwortung ergab, setzte Strukturen, Institutionen und politische Möglichkeiten voraus, eine an spezifischen Zielen orientierte Politik zu betreiben, deren Teilbereiche weitgehend selbständig zu gestalten und besondere Vorstellungen und Aufgaben gegenüber sowjetischen und amerikanischen Deutschlandinteressen zu artikulieren. Gerade hier wird die Einheit von Handlungsspielräumen und »Eigenständigkeit« deutlich. Deutschlandpolitische Handlungsspielräume definierten sich im allgemeinen durch die internationale Situation nach 1949, durch das Wesen und den Verlauf des Ost-West-Konfliktes und durch den Kalten Krieg, der als besonderes Stadium weltweiter Systemauseinandersetzung den Rahmen deutschlandpolitischen Handelns vorgab und es in hohem Maße konfrontativ ausprägte.

Bei der Untersuchung von äußeren Bestimmungsfaktoren der deutschen Frage im Ost-West-Konflikt spielt das dialektische »Viereck« von doppelt deutschen, von sowjetischen und amerikanischen Deutschlandinteressen eine wichtige Rolle. So befand sich z.B. die SED-geführte DDR von Anfang an in einem ihre Handlungsspielräume bestimmenden Spannungsfeld von sowjetischer Bestimmung und westlichem Einfluß. Dieses mehrdimensionale Wechselverhältnis tangierte die Frage der Sowjetisierung Ostdeutschlands maßgeblich. Aber auch der amerikanische Einfluß auf Westdeutschland wurde vor allem von Interdependenzen und Interaktionen innerhalb des magischen deutschlandpolitischen Vierecks bestimmt. Der Grad des sowjetischen bzw. amerikanischen Einflusses auf die Gestaltung Nachkriegsdeutschlands hing natürlich von der Frage ab, welchen Stellenwert das Land bzw. die jeweiligen Teilstaaten in den strategischen Konzeptionen von UdSSR und USA einnahmen. Gab es nach 1949 überhaupt ein durchgängiges deutschlandpolitisches Ziel der UdSSR und der USA? Zog es, beantwortet man die Frage positiv, Sowjetisierung bzw. Amerikanisierung zumindest als Tendenz zwingend nach sich?

Willy Brandt, damals Regierender Bürgermeister von Westberlin, war nicht schlecht erstaunt, als ihm der amerikanische Außenminister John Foster Dulles 1959 Folgendes anvertraute: »Die Russen und wir mögen uns über tausend Dinge uneinig sein. Doch über eines gibt es zwischen uns keine Meinungsverschiedenheiten: Wir werden es nicht zulassen, daß ein wiedervereinigtes bewaffnetes Deutschland im Niemandsland zwischen West und Ost umherirrt.«⁶ Dulles nannte damit ein durchgängiges Grundmotiv der amerikanischen Deutschlandpolitik. Die USA gingen nach 1945 von der Prämisse aus, »daß Deutschland seine Rolle als unabhängige Weltmacht verspielt hat« und, ob geteilt oder vereint, seinen legitimen Platz in der Welt nur noch finden kann als westliche Demokratie.⁷ In der Wiedervereinigungsfrage meinten die USA — die hier ausgeblendeten beiden anderen Westmächte folgten Washington dabei prinzipiell — daß freie Wahlen, unbestritten die Kernfrage des Problems, nur dann akzeptabel seien, wenn, wie Hermann-Josef Rupieper bündig feststellte, »damit die Bindung Gesamtdeutschlands an den Westen verbunden war, die deutsche Neutralität verhindert und die Sicherheit des Westens sowohl gegenüber der Sowjetunion als auch gegenüber Deutschland gewährleistet werden konnte«.⁸ Die deutschlandpolitischen Interessen der UdSSR waren — in Umkehrung der Vorzeichen — offensichtlich ähnlich gelagert, im einzelnen aber weniger eindeutig.

Zumindest bis 1955, möglicherweise darüber hinausgehend, ließ die UdSSR eine Option für deutsche Einheit oder für Zweistaatlichkeit offen. Verschaffte ein daraus resultierendes Schwanken der DDR gewisse Handlungsspielräume? Etwa bis Mitte 1951 schien die Moskauer Führung mit Möglichkeiten gerechnet zu haben, Deutschland nach dem Modell DDR wiederzuvereinigen. Als Mitte 1951 die Frage der militärischen Integration der Bundesrepublik vom latenten ins akute Stadium trat und Stalin sah, daß es die USA mit der militärischen Einbindung Westdeutschlands ernst meinten, mußte die sowjetische Führung nach neuen deutschland- und damit vor allem nach sicherheitspolitischen Wegen suchen und eine größere Flexibilität entwickeln. Die Diskussion der Frage, ob die UdSSR überhaupt oder zu einem bestimmten Zeitpunkt bereit gewesen war, die DDR gegen einen »angemessenen« Preis aufzugeben, bleibt meines Erachtens bestehen. Überstiegen die Kosten, die die innenpolitisch unsichere und nach außen isolierte DDR der UdSSR verursachte, nicht doch irgendwann ihren politischen und wirtschaftlichen Nutzen? Die Frage der Sowjetisierung der SBZ/DDR hing auch ab von der inneren Entwicklung der UdSSR, von verschiedenen Trends und von

---

6 Zit. n. *K. Schwabe*, Deutschlandpolitik als Integrationspolitik. Die USA und die Deutsche Frage 1945-1954, in: W. U. Friedrich (Hg.), Die USA und die Deutsche Frage 1945-1990, Frankfurt am Main 1991, S. 124.
7 Ebd.
8 *H.-J. Rupieper*, Der besetzte Verbündete. Die amerikanische Deutschlandpolitik 1945-1955, Opladen 1991, S. 227.

Kräftegruppierungen in der Führung der KPdSU. Welche deutschlandpolitischen Handlungsspielräume besaß sie insgesamt? Ein noch etwas unsicherer Vergleich zeigt, daß die USA deutschlandpolitisch viel weniger zu schwanken schien als die UdSSR, deren wirtschaftliche und politische Positionen, deren deutscher Bündnispartner vor allem, schwächer waren als die der USA. Trug diese relative Schwäche der Sowjetunion, der durch den Zweiten Weltkrieg ziemlich plötzlich der Rang einer Supermacht zugewiesen wurde, deren neues Image man verteidigen mußte, zu einer konsequenten Sowjetisierung der SBZ/DDR bei?

Eine starke Sowjetisierung spricht sowohl für als auch gegen eine mögliche Entscheidung der Sowjetunion für die Einheit Deutschlands. Wenngleich auch Stalin und seine Diadochen nicht davon ausgehen konnten, das Modell DDR einfach auf die Bundesrepublik zu übertragen, so bot ein sowjetisiertes Ostdeutschland doch die Möglichkeit, verschiedene nach sowjetischen Vorbildern umgestaltete Strukturen in ein Gesamtdeutschland einzubringen und sie unter bestimmten inneren Bedingungen — Volksfrontspekulationen spielten bis Mitte der fünfziger Jahre allemal eine Rolle — weiterzuentwickeln. Ein Deutschland, das gegenüber der UdSSR eine positive Neutralität einnahm — in gewisser Weise ein »reweimarisierter« Gesamtstaat — konnte von der KPdSU schon deshalb akzeptiert werden, weil es die Chance zu bieten schien, irgendwann — hier spielte revolutionäre Ideologie eine Rolle —, wenn der »Weltsozialismus« stark genug sei, in die Schwerkraft des sowjetischen Imperiums zu gelangen. Demgegenüber machte die Perspektive eines fortbestehenden deutschen Oststaates, welchen Platz er völker- und staatsrechtlich gegenüber der UdSSR auch immer einnehmen sollte, eine Sowjetisierung ebenfalls sinnvoll. Sie entsprach durchaus dem sowjetischen Nachkriegskonzept der Herrschafts- insbesondere territorialen Sicherung des ihr nach 1945 Zugefallenen. So kann eben auch gefragt werden, ob eine konsequente Sowjetisierung der SBZ/DDR nicht gleichbedeutend gewesen ist mit einem sowjetischen Verzicht auf Gesamtdeutschland.

Die eigentümliche deutschlandpolitische Unentschiedenheit der UdSSR fand ihren spezifisch ostdeutschen Ausdruck. Zumindest bis 1951 war die Führung der SED von der Möglichkeit einer Wiedervereinigung zu ihren Bedingungen ausgegangen. Danach, aus verschiedenen politischen, mehr noch ökonomischen Gründen, favorisierte die Führungsgruppe um Ulbricht insgeheim, wie es scheint, keineswegs immer in Übereinstimmung mit sowjetischen Ambitionen bzw. den Plänen einzelner Funktionäre der KPdSU-Führung, die Eigenstaatlichkeit der DDR. Eine andere Gruppierung im ZK der SED um Herrnstadt, Zaisser, wohl auch Grotewohl u.a. hielt offensichtlich länger am Ziel einer nationalstaatlichen Wiedervereinigung mit sozialistischer Perspektive fest. Die bereits 1949 zum allgemeinen Gesetz erhobene Losung von der Stärkung der DDR als der nationalen Hauptaufgabe ließ eben auch alles offen, gewährte Handlungsspielräume. Die einen sahen die »Stärke« der DDR als *conditio sine qua non* eigenstaatlicher Entwicklung, die anderen in ihr die eigentliche Voraussetzung für eine deutsche Wiedervereinigung und für einen gesamtdeutschen Sozialismus.

2. SED zwischen Eigenständigkeit und Sowjetisierung

In allen östlichen Schwankungen bei der Suche nach der optimalen Lösung des Deutschlandproblems zeigte sich jedoch eine mehrdimensionale Konstante: die prinzipielle Unterordnung der SED unter die sowjetischen Interessen, die vor allem in der Frage kommunistischer Selbstbehauptung auf deutschem Boden mit den Zielen der SED korrespondierten und der innerparteiliche SED-Konsens in der Frage der Machterhaltung in der DDR. Zu dieser Konstante gehörte das auch in der sowjetischen Führung vorhandene Bewußtsein, daß die DDR in hohem Maße ein Kunstprodukt, eine nach einem bestimmten Plan konstruierte Gesellschaft war, deren Schöpfer und leitenden Geister sich von Anfang an nicht nur mit dem Problem zu beschäftigen hatten, welche Freiräume sie der eigenen Bevölkerung, den einzelnen »Klassen« und »Schichten«, einräumen konnten, sondern umgekehrt auch mit der Frage konfrontiert waren, welche inneren und damit auch deutschlandpolitischen Handlungsspielräume diese der SED zubilligten.

So hing der Grad der Eigenständigkeit der SED eben nicht nur von der sowjetischen Fremdbestimmung, sondern in hohem Maße von der Haltung der Bevölkerung ab. Es existierte auch immer ein Zusammenhang zwischen deren Positionen und der Sowjetisierung, besser: der Art und Weise und der Intensität ihres Verlaufs. Die weitgehende Ablehnung kommunistischer Herrschaft und des sowjetischen Sozialismusmodells durch die Bevölkerung zeitigte eine zuweilen eskalierende Sowjetisierungs-Nachfrage der SED-Führung. Wann verstärkte sich das unterdrückende Element der Sowjetisierung, wann gewann das »liberale«, das auf eigentliche Identitätsveränderung abzielende Element der Sowjetisierung, sichtbar z.B. im »Neuen Kurs« und bei der Sympathiewerbung für sowjetische Kunst und Kultur an Bedeutung? In diesem Zusammenhang muß untersucht werden, in welchen Phasen der ostdeutschen Entwicklung welche Kräfte in SED und KPdSU welche Sowjetisierungsmethoden und warum bevorzugten.

Einer Sowjetisierung deutscher Identität in der SBZ/DDR stand ein weiterer Faktor entgegen: die Bundesrepublik. Während der Einfluß der DDR auf diese in den Bereichen von Politik, Wirtschaft und Sozialem marginal blieb und mehr indirekt und rückkoppelnd — vor allem durch politische Rücksichtnahmen auf die Lage der Menschen in der DDR und auf das Ziel der Wiedervereinigung — wirkte, gestaltete sich der Einfluß der Bundesrepublik auf die DDR massiv und umfassend. Kaum ein gesellschaftlicher Bereich in Ostdeutschland blieb unberührt, kaum eine Entscheidung von Politbüro und Regierung wurde ohne den Blick auf Bonn getroffen. Die Omnipräsenz der Bundesrepublik und der in politischen Entscheidungen der SED sichtbare »Magnetismus« der deutschen Nachbarrepublik stellten — zumindest bis zum Mauerbau von 1961 — eine existentielle Bedrohung für die Herrschaft der SED dar und begrenzten deren deutschlandpolitische Handlungsspielräume erheblich. Dabei ist eben zu berücksichtigen, daß der westliche Einfluß in erster Linie indirekt auf Politbüro und Regierung über den Mechanismus des Verhaltens der Bevölkerung der DDR wirkte. Der Westen lieferte, im großen wie im kleinen, nicht nur die jeweils aktuelle Vergleichsgröße; er geriet auch für viele zum Maßstab aller Dinge.

Analysiert und bewertet man den universellen Einfluß der Bundesrepublik und seine Wirkung, so kommt man — gerade was die sozial- und alltagsgeschichtliche Entwicklung der DDR angeht — nicht umhin, eine maßgeblich durch ihn verursachte Tendenz einer (relativen) »Verwestlichung« der DDR-Gesellschaft festzustellen. Diese »Verwestlichung von unten«, die Durchdringung von der Basis her, bildete als ein Entwicklungszug der DDR-Gesellschaft die wichtigste Gegentendenz zur Moskauer Penetrierung der DDR, zur »Sowjetisierung von oben«. Über das Medium Bundesrepublik vollzog die DDR-Bevölkerung, hier besonders die junge Generation der fünfziger Jahre, auch den amerikanischen Einfluß auf die westdeutsche Lebenswelt, auf Kultur, Lebensstil, Kunst und Mode, bedingt mit. Die Gesellschaft der Bundesrepublik gab auch ihre Erfahrung mit Amerika und der Amerikanisierung nach Osten indirekt — zumeist über Presse, Rundfunk und über den Besucherverkehr — weiter. Bis 1961 spielte dabei Westberlin — vor allem für die der Stadt nähergelegenen Regionen — eine wichtige Rolle.

Die Tendenz zur Verwestlichung von unten bremste das Tempo vor allem einer geistig-politischen Sowjetisierung ab. Dies schloß nicht aus, daß »Verwestlichung« zumindest zeitweilig die Sowjetisierung indirekt beschleunigte, wenn die SED als Reaktion darauf ihren Gegenkurs forcierte. So z.B. zogen Elvis-Kult und Rock 'n' Roll eine von vielen belächelte Offensive russischer Folklore und die neuesten Errungenschaften westlicher Elektronik eine systematische Sputnik-Propaganda nach sich. Die SED nahm in praxi den Kalten Krieg zu einem Gutteil als »Verwestlichung« versus Sowjetisierung wahr.

Der Widerspruch zwischen der von der ostdeutschen Bevölkerung getragenen Tendenz einer »Verwestlichung von unten« und der »Sowjetisierung von oben« geriet der SED zu dem vielleicht folgenreichsten geistigen Entwicklungsproblem der DDR zumindest bis zum Mauerbau. Ein großer Teil der Bevölkerung stand dem »fremden« Gesellschaftssystem reserviert gegenüber, viele wiesen es vor allem gefühlsmäßig zurück. Insofern erhielt das Konzept der SED nach 1949, die antifaschistisch-demokratische bzw. sozialistische Ordnung auf Westdeutschland zu übertragen, eine zusätzliche illusionäre Dimension. Eine »missionarische« Deutschlandpolitik, die weder genügend Rückhalt in der eigenen, noch nennenswerte Resonanz in der westdeutschen Bevölkerung fand, aber immer aufwendiger und teurer wurde, verkürzte die innerdeutschen Handlungsmöglichkeiten der SED. Dazu trugen auch hausgemachte Fehleinschätzungen der westdeutschen Entwicklung als »restaurativ« bei. Modernisierungsprozesse im Westen wurden nicht erkannt bzw. geleugnet oder tendenziös umgedeutet. Allerdings darf die Resistenz weiter ostdeutscher Bevölkerungskreise gegenüber einer Sowjetisierung ihres Alltagslebens mit ihrer Haltung zum SED-Regime, das von vielen zwar als kommunistisch, aber doch als deutsch gesehen wurde, nicht gleichgesetzt werden.

Viele Bürger der DDR sahen durchaus einen Unterschied zwischen den »Russen«, mit denen sie selbst oder andere in der Nachkriegszeit häufig schlechte Erfahrungen gemacht hatten, und der SED, der man zubilligte, unter sowjetischer Hegemonie nicht anders als in Moskau bestimmt handeln zu können. Im übrigen schloß die praktische Handhabung des Reise- und Besucherverkehrs zwischen der DDR und der Sowjetunion ein wirkliches gegenseitiges Kennenlernen von sowjetischen und ostdeutschen Bürgern weitgehend aus.

Die offenbar in einigen Bereichen problem- und reibungsarme Sowjetisierung führt auch zu der Frage, in welchen Bereichen des gesellschaftlichen und politischen Lebens aus historischen, politischen und ökonomischen Ursachen eine gewisse Prädisposition für die Sowjetisierung — im anderen Fall Amerikanisierung — vorhanden war? Inwiefern z.B. konnte die enge Verquickung von Wirtschaft und Staat im Nationalsozialismus, insbesondere der kriegsbedingte Wirtschaftsdirigismus der Nazis, für die kommunistische Planwirtschaft sowjetischer Prägung genutzt werden? Das besaß ebenso deutschlandpolitische Relevanz im Sinne der Gestaltung deutscher Zukunft wie die Frage, auf welche alten Eliten und neue Kader — wer hatte sie vor 1945 geprägt? — eine personalpolitische Sowjetisierung zurückgreifen konnte. Grundbedingung dafür war natürlich ein sowjetischer Zugriff auf personelle Entscheidungen, die Kontrolle des Elitenwechsels und nicht zuletzt eine Bürokratisierung der Kaderpolitik nach sowjetischem Vorbild (Kaderakte, Kaderabteilungen u.a.m.). Wer gelangte über welche Mechanismen in den deutschlandpolitischen bzw. westpolitischen Apparat und Entscheidungsprozeß?

Vor allem im geistig-kulturellen und im wirtschaftlichem Bereich scheinen unterschiedliche Interessen ostdeutscher und sowjetischer Politiker ein gewisses deutschlandpolitisch relevantes Konfliktpotential ergeben zu haben. So z.B. drängte die KPdSU Anfang der fünfziger Jahre auf eine Betonung des Nationalen in der innerdeutschen Auseinandersetzung, während sich die Führung der SED mehr »internationalistisch« orientierte, d. h. von der alten zu einer neuen sowjetisch geprägten deutschen Identität gelangen wollte. Lebte in der Führung der SED um Ulbricht die alte Perspektive eines Sowjetdeutschland aus der Zeit vor 1933 wieder auf? Die UdSSR benötigte jedoch ein patriotisch drapiertes »deutsch-nationales«, als progressiv ausgegebenes Kontrastbild zur amerikanischen »Überfremdung«. Sie zwang die SED zur »Rückbesinnung« auf deutsche Traditionen, die vor allem in der Zeit der Befreiungskriege gegen Napoleon I. wurzelten. Der sowjetische, freilich auch ostdeutsche Impetus, die DDR im Westen als den eigentlich deutschen, selbstbestimmten Staat darzustellen, hatte nicht nur Kurzzeitwirkungen; er stellte eine Ursache für das Empfinden vieler auch später dar, daß die DDR doch der »deutschere« Staat sei.[9] Widersprüche bei der Sowjetisierung der Wirtschaft z.B. ergaben sich nicht zuletzt aus der Tatsache einer weitgehenden Ausrichtung der ostdeutschen Industrieproduktion auf sowjetische Bedürfnisse. Zwar mußte die Behandlung der DDR faktisch als eine Sowjetrepublik hingenommen werden, weil nur Moskau das wirtschaftliche Überleben der DDR sichern konnte. Doch besaß die SED ein vitales Interesse am Handel mit dem Westen, speziell mit der Bundesrepublik. Dieser Warenverkehr bremste in gewissem Maße nicht nur spezifische Sowjetisierungsprozesse ab, sondern wirkte auch den Eigengesetzen einer isolationistischen wirtschaftlichen Ostintegration in gewissem Umfang entgegen.

Die Analyse wichtiger, die Sowjetisierung fördernder und hemmender Faktoren, die u.a. Einfluß auf die Gestaltung der SED-Deutschlandpolitik hatten, läßt vor allem für die Zeit nach 1955 die zunehmende Bedeutung der Innenpolitik erkennen. Doch natürlich spielte auch das Verhältnis von Sowjetisierung und Integrations- und Außenpolitik der DDR deutschlandpolitisch eine erhebliche Rolle. Welche Funktionen übten RGW und Warschauer Pakt bei der Übertragung sowjetischer Modelle auf die DDR aus? Welche deutschlandpolitischen Absichten verfolgte die UdSSR mit der Einbindung der DDR in ihr europäisches Bündnissystem, und welche Folgen hatte die Ostintegration für Staat und Gesellschaft der DDR, für Politik, Wirtschaft und Identität? Sah man in Ostberlin — so wie in Bonn — in einer möglichst engen Anbindung an die Führungsmacht, hier in einer weitestgehenden Sowjetisierung, die Chance, neue, insbesondere deutschlandpolitische Freiräume und mehr Flexibilität im Umgang mit der Bundesrepublik zu gewinnen? Ein besonderes Augenmerk kommt der Untersuchung des Wechselverhältnisses von sowjetischen Einflüssen und spezifischen Deutschlandinteressen der SED im Kontext ostdeutscher Außenpolitik zu. Nahm die DDR, die aus verschiedenen Gründen international weitgehend isoliert blieb, in den ersten Jahren ihrer Existenz vorrangig als »Trittbrettfahrer« der UdSSR am Weltgeschehen teil, so entwickelte sie — sichtbar nach 1955 — in der Öffentlichkeit zunehmend außenpolitische Vorstellungen, die als eigene Politik apostrophiert wurden. Es stellen sich wesentlich zwei Fragen: Kann man, und wenn ja ab wann, von einer eigenen Außenpolitik der DDR als Voraussetzung für

---

9 *M. Greifenhagen u. S. Greifenhagen*, Eine Nation: Zwei politische Kulturen, in: W. Weidenfeld (Hg.), Deutschland. Eine Nation — doppelte Geschichte. Materialien zum deutschen Selbstverständnis, Köln 1993, S. 32.

eine aktive Deutschlandpolitik sprechen, und auf welche Art und Weise wurde ostdeutsche Außenpolitik, ihre Strukturen und Institutionen, aber auch ihre Inhalte, sowjetisiert bzw. fremdbestimmt?

3. Bundesrepublik und Amerikanisierung

Deutschlandpolitisch befand sich aber auch die andere Seite in einem grundsätzlichen Konsens: Adenauer und die Bundesregierung stimmten den oben skizzierten Zielen der USA prinzipiell zu. Das gemeinsame Schlüsselwort für den Wiederaufstieg Deutschlands hieß Integration. Integration bedeutete zwar »Freiheit«, d.h. Systembewahrung vor »Einheit«, wurde aber von den USA und der konservativ-demokratischen Bundesregierung auch als die Grundvoraussetzung für die Wiedervereinigung betrachtet. Da sich nicht nur die politischen Eliten, sondern auch die Mehrheit der westdeutschen Bevölkerung von der neuen Demokratie, die vor allem Wohlstand und Sicherheit verhieß, überzeugen ließen, konnten die USA auf Zwang bei der Entwicklung der bundesdeutschen Nachkriegsgesellschaft nach dem Vorbild westlich-liberaler Staatswesen weitgehend verzichten. Einfluß übte sie überwiegend indirekt, zuvorderst über wirtschaftliche Mechanismen aus, die der UdSSR fehlten. Zwar setzten die USA westliche Demokratievorstellungen nicht ohne Nachdruck durch. So zeigten sich amerikanische Deutschlandinteressen und Ziele westdeutscher Politik respektive die der Regierung Adenauer in der Auseinandersetzung um föderalistische Modelle, um das Schulwesen, um die Gestaltung des Beamtentums, um Demontage-, Bewirtschaftungs- und andere ökonomische Fragen des öfteren konträr. Hier konnte sich die neue Bundesregierung partiell behaupten. Sie wehrte sich erfolgreich gegen die Übernahme englisch-amerikanischer Modellvorstellungen, vermochte aber z.B. die alliierten Entflechtungsgesetze nicht zu verhindern. Die Bundesrepublik übernahm auch das amerikanische Kartellrecht. Doch im Unterschied zur Sowjetunion, die eben — was wohl entscheidend ist — ein anderes, in Deutschland als fremd empfundenes Gesellschaftssystem repräsentierte, setzten die USA die Demokratisierung der Bundesrepublik vorrangig durch normative Kontrollen und — verkürzt gesagt — über den Marshallplan durch. Damit verbundene wirtschaftliche Prozesse, wie die Liberalisierung des bundesdeutschen Außenhandels, standen zwar unter amerikanischem Einfluß, wurden aber letztendlich nicht aufgezwungen. Sie entsprachen eigenen Einsichten.[10] Sowjetisierung in der DDR resultierte offensichtlich auch aus dem Umstand, daß im diktatorischen System politische und ökonomische Prozesse weitgehend in Übereinstimmung gebracht und unisono kontrolliert werden konnten. Das Primat der Politik über die Wirtschaft stand in der DDR niemals zur Disposition. In der Bundesrepublik hingegen, deren System sich selbst organisierte, folgten Wirtschaft und Herrschaft zunehmend eigenen Gesetzen. Nachdem sie ihn in Gang gesetzt hatten, zogen sich die USA aus Rationalitätsgründen allmählich aus einem Prozeß zurück, in den sie bis 1955 im Bedarfsfall — kraft Besatzungsstatut — jederzeit eingreifen konnten.

Insgesamt erreichten die USA, die bei der umfassenden Neugestaltung der Bundesrepublik — im Unterschied zur UdSSR — auf deutsche demokratische Traditionen, auf die »Lehren von Weimar« und aus der Naziherrschaft im Sinne von Diktaturverhütung zurückgriffen, das, was die UdSSR vorrangig durch Zwang und Gewaltan strebte: die effektive Kontrolle über Teildeutschland.

Eine Reihe von Fragen, die an Sowjetisierungsprozesse gestellt werden, kann offensichtlich auch für die Bestimmung von »Amerikanisierungen« Verwendung finden. Wann und auf welchen Gebieten spielten sich möglicherweise derartige Prozesse ab? Wer stand mit welchen Zielen, Absichten und Begründungen hinter ihnen, und auf welche deutschen Kräfte konnten sie sich stützen? Ebenfalls analog zum Gegenstand Sowjetisierung bleibt die Frage von Interesse, ob und inwiefern deutsche Parteien und Politiker im Westen zu Schrittmachern einer Amerikanisierung verschiedener politischer und wirtschaftlicher, vor allem aber kultureller Teilbereiche wurden. Hier spielt — stärker als in der SBZ/DDR — der Länderföderalismus eine Rolle. Geht man von der Frage aus, in welchem Maße Sowjetisierung und Amerikanisierung zu einem neuen Staatsbewußtsein der Deutschen in Ost und West geführt haben, so wird man an tiefgründigen Analysen der doppelt deutschen Sozial- und Alltagsgeschichte nicht vorbeikommen. Hier haben amerikanische Einflüsse nicht nur Streu-Spuren hinterlassen, sondern im

---

10 *W. Bührer*, Erzwungene oder freiwillige Liberalisierung? Die USA, die OEEC und die westdeutsche Außenhandelspolitik 1949-1952, in: L. Herbst u.a. (Hg.), Vom Marshallplan zur EWG, München 1990, S. 139-162.

Unterschied zum Versuch der Sowjetisierung des DDR-Alltags ganze gesellschaftliche Bereiche, u.a. Konsumverhalten, Jugendkultur, Mode und »alternative« Lebensstile nachhaltig geprägt. Amerikanische Idole wurden in gewisser Weise germanisiert.

All das hatte starke mittelbare Auswirkungen auf das Problem der politischen und gesellschaftlichen Perspektiven Deutschlands. Die SED fragte in den fünfziger Jahren rhetorisch, wem die Zukunft Deutschlands gehöre. Die Frage war richtig gestellt. Das Problem wurde in vielem eben »von unten« gelöst. Relativ unabhängig von den weltpolitischen Konstellationen entschied sich die überwiegende Mehrheit der westdeutschen Bevölkerung für die von Amerikanern und deutschen Politikern mit gehörigem Nachdruck angebotene freiheitlich-demokratische Grundordnung plus sozialer Marktwirtschaft als Generalperspektive, in der — wenn man so will — nicht nur Amerika und die liberale westliche Staats- und Gesellschaftskonzeption, sondern auch die neue westliche Lebensweise steckte. Damit akzeptierten sie den Primat der Systemerhaltung vor der Wiedervereinigung. Diese Akzeptanz »von unten« erweiterte die deutschlandpolitischen Handlungsspielräume der Bundesregierung immens.

4. Amerikanisierung und Sowjetisierung im Vergleich

In vielem erscheint das Phänomen »Amerikanisierung« noch vielschichtiger und komplizierter zu sein als der ebenfalls nicht einheitliche mehrdimensionale Prozeß der »Sowjetisierung«. Die erste Erscheinung erfaßte eine pluralistische Gesellschaft, zumindest deren Anfänge; die zweite verlief in einem diktatorisch prädestinierten, bald dirigistisch gelenkten Einparteienstaat. Die Sowjetisierung erfolgte über zentrale Stellen, sie war geplant, gelenkt und geleitet. Diese Eigenschaften wies die Amerikanisierung nicht auf. Stellten die deutschen »Sowjetisierer« weitgehend eine Einheit dar, so waren die auf die USA fixierten deutschen Eliten oft nicht nur in verschiedene Koalitionen, Parteien und Fraktionen, sondern häufig auch in sich selbst gespalten. So orientierte Konrad Adenauer z.B. politisch, insbesondere in der Sicherheitsfrage, auf ein festes Bündnis mit den USA, lehnte aber eine Amerikanisierung von Kultur und Alltag der Bundesrepublik ab. Dieses Votum wiederum war für ihn kein Hindernis, den Einfluß Amerikas, das er als Demokratie an sich empfand, als segensreich zu betrachten, weil dieser die neue Ordnung der Deutschen, deren demokratischen Willen der Kanzler in Frage stellte, zu stabilisieren versprach.

Zwiespältigkeit offenbarte auch die Westintegration. Amerika war ihr ein ungeduldiger *spiritus rector*. Der Kalte Krieg drängte Washington auf die Einbindung des deutschen Potentials in die Containment-Politik. Verliefen so manche sicherheits- und militärpolitische Prozesse, man denke an die Schaffung von Verteidigungsstrukturen, an die Bewaffnung und Ausrüstung, nicht nach amerikanischem Muster? Und doch bremste »Europa«, Frankreich insbesondere, die amerikanische Dynamik ab, schuf ein gewisses Gegengewicht zum überseeischen Element des Bündnisses, konkurrierte mit diesem und ergänzte es. Dieser innersystemische Ausgleichsmechanismus fehlte der Ostintegration, die einseitig sowjetisch dominiert war, fast völlig. Während »Europa« (in Umkehrung der Amerikanisierung?) auf die USA stark zurückwirkte, die politische westliche Führungsmacht in einem näher zu bestimmenden Maß »europäisierte«, war ein entsprechender Einfluß der ost- und südosteuropäischen Bündnisperipherie auf die Moskauer Zentrale nicht nennenswert. Dies konnte nicht ohne deutschlandpolitische Auswirkungen sein, denn die Ostintegration war in vielem offenbar eine Form der Sowjetisierung. Aber auch die Umkehrung scheint zuzutreffen. So funktionierte auch der RGW vor allem im ersten Jahrzehnt seines Bestehens mehr als politische Kontrollinstanz und Instrument der Block-Disziplinierung, denn als das einer wirtschaftlichen Integration. Diese scheiterte »auch an dem Willen der UdSSR, den Ostblock politisch um jeden Preis zusammenzuhalten.«[11] Das Fehlen supranationaler Strukturen und Organe, ein Festhalten am staatlichen Außenhandelsmonopol und an der nationalen Planungsautonomie sowie die fehlende Handelsintegration wirkten dem Entstehen einer neuen Identität der DDR als Teil einer möglichen Gemeinschaft gleichberechtigter Völker entgegen.

In den sechziger Jahren geriet der Ostblock unter erheblichen Reformdruck durch die Erfolge der Westintegration. Als Reformkräfte in verschiedenen Teilnehmerstaaten versuchten, »nun endlich die Handelsintegrati-

---

11 L. *Herbst*, Die DDR und die wirtschaftliche Integration des Ostblocks in den sechziger Jahren, in: Ch. Buchheim (Hg), Wirtschaftliche Folgelasten des Krieges in der SBZ/DDR, Berlin 1995, S. 379.

on nachzuholen, die Westeuropa Mitte der 50er Jahre erreicht hatte«, begriffen sowjetische und DDR-Führung,»daß dies bei erfolgreicher Durchsetzung letztlich zu einer Systemtransformation führen werde«.[12] Der Primat der Systembewahrung sicherte letztendlich die sowjetische politische Dominanz. Ostintegration reduzierte sich deutschlandpolitisch im wesentlichen auf eine auf Hegemonie und Interessenclearing beruhende Dauer-Bindung einer nationalstaatlich verfaßten DDR an ihre Führungsmacht. Der internationale bzw. supranationale Charakter der Westintegration, deren pluralistischen Strukturen, Interdependenzen und Interaktionen, vor allem die von ihr ausgehenden identitätsverändernden Impulse, führen hingegen wieder zu der schon gestellten Frage, ob die »Amerikanisierung« nicht nur eine Seite oder ein Element dessen ist, was treffender mit »Verwestlichung« bezeichnet werden sollte.

Eine weitere Möglichkeit der wissenschaftlichen Annäherung an das Problem Sowjetisierung-Amerikanisierung und Deutschlandpolitik bietet die Wahrnehmung dieser Phänomene durch die Deutschen in der Bundesrepublik und in der DDR. Auf die Ablehnung der Sowjetisierung, d.h. des Moskauer Sozialismusmodells durch die Mehrheit der DDR-Bevölkerung, ist im allgemeinen bereits eingegangen worden. In erheblichem Maße assoziierten »Stalin«, »Sowjetunion«, »Russen«, »sowjetische Befreier« mit Gewaltherrschaft, Verhaftungen, Verschleppungen, Lager, aber auch Rückständigkeit. Während viele Deutsche in Amerika das Moderne an sich, Freiheit und Wohlstand, schlicht etwas sahen, dem nachzueifern sei, wurde das von der SED propagierte Vorbild Sowjetunion nicht angenommen. Für viele war es das Gegenstück zu Amerika: unmodern, arm, »asiatisch«. Alte Feindbilder lebten auf. Dieser sehr emotionale Antisowjetismus ließ Differenzierungen kaum zu. Und wie verhielt es sich mit dem Antiamerikanismus? Auch in der SBZ/DDR bestanden vor allem in der älteren, aber auch in Teilen der FDJ-Generation, z.T. beträchtliche Vorbehalte gegenüber den Amerikanern, insbesondere ihrer Kultur und Lebensweise, die nicht selten als »entartet« empfunden wurde. Ein wiedervereinigtes Deutschland unter amerikanischen Kultur-Vorzeichen lehnten sie — differenziert — ab. Der westdeutsche Antiamerikanismus bildet ein Thema für sich. Antiamerikanische oppositionelle Strömungen in der Bundesrepublik, insbesondere die USA-feindliche Emphase der »Neuen Lin-

---

12 Ebd., S. 380.

ken« — Wilfried Loth wies jüngst auf die Vielschichtigkeit des Problems auch für die westliche Deutschlandpolitik hin[13] — besaßen aber meines Erachtens weder den Umfang, noch die Qualität oder gar die politische Wirkung des weitverbreiteten, durch »unterschwellige Ängste vor sowjetischer Expansion und bolschewistischer Revolution« genährten Antisowjetismus.[14]

Inwiefern indizieren Antisowjetismus und Antiamerikanismus Verlauf und Grad von Sowjetisierung respektive Amerikanisierung? In der Bundesrepublik war Antiamerikanismus die Ausnahme von der Regel. Das gilt wohl auch — obgleich er hier eine Art Staatsdoktrin bildete — und offenbar die Mehrheit der neuen Eliten erfaßte — für die DDR. Die SED verwandte »Amerikanisierung« zeitweilig als »nationalen« Kampfbegriff gegen die amerikanische »Überfremdung«.

Die Wirkung von Antiamerikanismus und Antisowjetismus/Antikommunismus auf die Deutschlandpolitik, vor allem auf die Konzepte, wurde von der Frage berührt, in welchem Maße die damit beschäftigten Eliten über entsprechende Dispositionen und Überzeugungen verfügten. Dabei sollte man — grob gesehen — elitären und nichtelitären Massen-Antiamerikanismus respektive Antisowjetismus unterscheiden. Das ist für eine Analyse innerer deutschlandpolitischer Handlungsspielräume auch deshalb von Belang, weil sich die Führungen beider Staaten im deutschen Sonderkonflikt jeweils ganz verschiedener oppositioneller Kräfte bedienen mußten, die oft untereinander konkurrierten, deren Motive und Ziele häufig im krassen Gegensatz zueinander standen. Waren deutsche und amerikanische Elemente von Antikommunismus als Abwehrideologie eine höchst eigenartige Symbiose eingegangen, so stellte sich der dogmatische Marxismus-Leninismus in seiner sowjetischen »Reinkultur« vor allem als ein irrationaler stalinistischer Antikapitalismus dar. Die Bürger hüben und drüben erlebten die deutschlandpolitischen Ritualisierungen dieser Ideologien unter anderem jeweils am 17. Juni und am 7. Oktober; im Osten blinkte in den fünfziger Jahren als »antiimperialistisches« Symbol der rote Stern, im Westen bimmelte die Freiheitsglocke gegen die kommunistische Diktatur in der DDR an. Der Kalte Krieg unterschied deutlich Freund und Feind, Gerechte und Ungerechte.

Interessant ist, daß sowohl die Begriffe Sowjetisierung und Amerikanisierung als auch verschiedene Synonyme schon in den fünfziger Jahren von der

---

13 *W. Loth*, Die Historiker und die Deutsche Frage, in: ders. (Hg.), Frage, S. 15.
14 Ebd.

deutschen Bevölkerung als negativ erkannt und abgewandelt wurden. So sprachen z.B. deren Gegner verächtlich vom »Russenstaat« DDR und von der Bundesrepublik — vor allem in betont antiamerikanischen Kreisen — von der »Amirepublik«. Diese und andere zumeist sehr polemischen Äußerungen artikulierten, soweit es sich nicht um organisierte und gelenkte »Willenskundgebungen« handelte, Unbehagen und Protest. Sie wiesen darauf hin, daß die Einflüsse der UdSSR und bedingt auch der USA als Versuch einer Fremdbestimmung des deutschen Alltagslebens, von Kultur, Mode, Lebensweise u.a.m. gewertet und zurückgewiesen wurden. Die nachhaltigen geistigen Wirkungen von Antisowjetismus und Antiamerikanismus zeigen, daß verschiedene Bevölkerungskreise in beiden deutschen Staaten konfrontative Argumente und Aversionen zum Teil tief verinnerlicht hatten, was wiederum die Vermutung zu bestätigen scheint, daß Sowjetisierungen und Amerikanisierungen im geistig-politischen Bereich am intensivsten verliefen und hier von unten am meisten reflektiert wurden.

Ein Vergleich zeigt jedoch den gravierenden Unterschied: Die vorrangig im Kulturellen und im Alltag sichtbare Amerikanisierung wurde von den meisten Deutschen als ein Import auf weitgehend freiwilliger Basis interpretiert, die »Sowjetisierung« hingegen vorrangig als ein Export Moskaus, der einer widerstrebenden Bevölkerung weitgehend aufgezwungen wurde.

Demgegenüber führt indifferentes bis prosowjetisches Handeln zu der Frage, warum verschiedene politische und soziale Gruppen in der DDR Sowjetisierung tolerierten und andere sie begrüßten. Inwiefern taten das die Aktiven unter ihnen in dem Bewußtsein, daß das Sowjetsystem, dessen »kleine Fehler« man eben hinnehmen müsse, den gesellschaftlichen Fortschritt repräsentiere und für eine Erneuerung Deutschlands unverzichtbar sei? Wer identifizierte sich vollständig und wer aus welchen Gründen zum Teil mit dieser? Bei der Untersuchung sind z.B. solche bürgerliche Kräfte interessant, die zwar das offizielle sowjetische Modell der deutschen Wiedervereinigung und nationale Parolen, aber keineswegs die Demokratievorstellungen Moskaus und die Perspektive eines faktisch sozialistischen Gesamtstaates übernahmen.

Leider besteht hier nicht die Möglichkeit, konkret auf die deutschlandpolitischen Spielräume der deutschen Staaten zwischen den Polen Sowjetunion und USA einzugehen und sie am Gang der Dinge zu vergleichen. Im allgemeinen schufen zunehmende Ideologisierung und Internationalisierung der deutschen Frage nach 1949 neue deutschlandpolitische Barrieren. Sie führten ost-westliche Maximalvorstellungen über eine Wiedervereinigung zusätzlich ad absurdum. Im besonderen jedoch trugen Sowjetisierung und Amerikanisierung als zwar sehr unterschiedliche, aber doch zusammengehörende Formen der internationalen Systemauseinandersetzung durch Konkurrenz und durch die Zwänge zu gegenseitigen, auch innenpolitischen Rücksichtnahmen und zu Konfliktbegrenzungen zur Aufrechterhaltung von deutschlandpolitischen Manövriermöglichkeiten für »Bonn« und »Pankow« bei.

Vielleicht sollte man, wie Hannes Siegrist und Konrad H. Jarausch vorschlagen, stärker die Blöcke als relevante Einheiten eines Vergleichs zwischen Amerikanisierung und Sowjetisierung heranziehen.[15] Dies könnte auch eine notwendige Erweiterung der noch sehr deutschlandbezogenen Sicht auf die Problematik sein und die Frage klären helfen, ob und wie die Sowjets — etwa am Fall des Marshallplanes — Amerikanisierungsprozesse reflektierten und in Umkehrung die USA Sowjetisierung registrierten. Eine länderübergreifende Vergleichsperspektive würde auch zur Beantwortung der Frage nach dem Verhältnis von Zielen der Sowjetisierung und Amerikanisierung und der sie bestimmenden dynamisierenden Handlungszwänge beitragen. Dies würde zu weiteren Erkenntnissen darüber führen, ob die Integration der beiden deutschen Staaten in Blöcke, was ja vor allem Bindung an deren jeweilige Führungsmacht bedeutete, tatsächlich oder nur im Bewußtsein deutscher Politiker neue deutschlandpolitische Spielräume und Modernisierungsmöglichkeiten schuf.

5. Schluß

Die bisherige Beschäftigung mit dem Thema läßt folgende Erkenntnisse methodisch und inhaltlich als besonders wichtig erscheinen: *Erstens* bedarf es einer genaueren Periodisierung von Sowjetisierungs- und Amerikanisierungsprozessen. Ob und in welchem Maße für beide Erscheinungen die gleichen zeitlichen Zäsuren zutreffen, muß untersucht werden. Für die Perioden von 1945 bis 1949 und von 1950 bis 1955 sind deutschlandpolitisch zumindest viele Ähnlichkeiten auszumachen. Das betrifft auch die Ausgangssituati-

---

15 *K. H. Jarausch u. H. Siegrist*, Einleitung dieses Bandes.

on von 1949. Beide Führungen in Deutschland trafen fundamentale Entscheidungen, ohne über die Souveränität ihrer Staaten zu verfügen. Konstitution und erste Konsolidierung beider deutscher Staaten verliefen unter alliiertem Vorzeichen, was eine unterschiedlich starke sowjetisch-amerikanische Beeinflussung durch Kontrolle mit sich brachte. Wiedervereinigungsgebot, Alleinvertretungsrecht und gesamtdeutscher Anspruch wurden z. B. beiderseitig postuliert. Interessant bleibt die zentrale Position der Magnettheorie sowohl in den Konzepten beider »Deutschländer« als auch in denen der UdSSR und der USA. Handlungsspielräume der Bundesrepublik und der DDR definierten sich — das Jahr 1951 setzte hier eindeutig Zäsuren — mehr und mehr innenpolitisch. Äußere und innere Souveränität, die — noch einmal unterstrichen — nicht identisch mit Eigenständigkeit ist, entwickelte sich zum einen in immer stärker werdender Abhängigkeit von der Wirtschaft und von der Sozialpolitik, zum anderen vom Grad der Blockeinbindungen. Eigenständigkeit, im Eigensinn Konrad Adenauers am deutlichsten zutage tretend, entwickelte sich viel stärker seitens der Bundesrepublik im Verhältnis zu den USA, als umgekehrt auf seiten der DDR in den Beziehungen zur Sowjetunion.

Eine Periodisierung muß auch das Verhältnis zwischen der Entwicklung der äußeren Souveränität und dem Verlauf von Sowjetisierung und Amerikanisierung berücksichtigen. Während erste 1952/53 offenbar an Intensität gewann, scheinen deutschlandpolitisch relevante Amerikanisierungsprozesse in der Tendenz abzunehmen. Um die Mitte des Dezenniums, spätestens 1957, war die Konsolidierungsphase der inneren Verhältnisse in der Bundesrepublik, nachdem der Staat 1955 völkerrechtlich souverän geworden war, abgeschlossen. Die DDR gewann nach 1955 ebenfalls gewisse äußere Handlungsspielräume u.a. durch die Verkündung der sowjetischen Zweistaaten-Theorie; ihre Souveränität blieb indessen formal. Inwiefern tangierte ihre Aufwertung im östlichen Bündnissystem nach 1956, der beginnende Aufstieg zum Juniorpartner der UdSSR, die Sowjetisierung? Wichtig scheint, daß — im Unterschied zur Bundesrepublik — die SED eine tatsächliche Konsolidierung der Binnenverhältnisse der DDR nicht erreichte. Konsolidierung und Destabilisierung gingen eine eigenartige Symbiose ein. Nach Phasen der Erholung (1950/51; 1957-1959), die offenbar mehr Schein als Sein war, erfolgte eine krisenhafte Zuspitzung der Situation (1952/53; 1960/61), die die Existenz der DDR in Frage stellten. Eine relative Stabilisierung des deutschen

Oststaates setzte erst nach dem Mauerbau, deutlicher seit 1963 ein. Bislang ist — zu Recht — mehr nach dem Verhältnis von Krisenentwicklungen und Sowjetisierung gefragt worden. Man sollte nun auch untersuchen, welchen Einfluß Sowjetisierungsprozesse auf stabilisierende Phasen in der DDR-Systemerhaltung hatten.

Zweitens erweist es sich als produktiv, die Entwicklung von Sowjetisierung respektive Amerikanisierung anhand bestimmter Schnittpunkte deutschlandpolitischer Prozesse, die sowohl politischer, sozialer und ökonomischer als auch kultureller und alltagsgeschichtlicher Natur sind, zu verfolgen. Ein Beispiel für die Sowjetisierung: Die Ablehnung des sowjetischen Angebots an den Westen — deutsche Einheit gegen Neutralität — im Frühjahr 1952 veranlaßte faktisch den sowjetischen Beschluß, dem Aufbau der Nationalarmee und der Kollektivierung, d. h. dem Aufbau des Sozialismus in der DDR, grünes Licht zu geben. Dies löste einen weiteren Sowjetisierungsimpuls aus, der, verbunden mit neuen administrativen Maßnahmen sowie zusätzlichen sozialen und wirtschaftlichen Belastungen, zu einem relativ sprunghaften erheblichen Anstieg der Unzufriedenheit der Bevölkerung und zu einer Eskalation einer eben auch weiter von außen tangierten Krisensituation führte. Als dieser von der SED mit vorrangig repressiven Methoden gegengesteuert wurde, entstand neuer Unwillen und mit dem Aufstand vom 17. Juni 1953 eine plötzliche Sowjetisierungsnachfrage der Herrschenden (Umbau des Sicherheitsapparates, Kampfgruppen, neue sowjetische Kontrollen). Es erfolgte ein Sowjetisierungsschub. Solche Schübe konnten, wie es 1950 der Fall gewesen zu sein scheint, auch stärker außenpolitisch bestimmt sein (Koreakrieg). Es zeigt sich, daß diese Schübe in der Regel das Ergebnis eines Zusammenfallens verschiedener innerer und äußerer Faktoren waren und erst dann ihre Rasanz erhielten, wenn unterschiedliche Krisenmomente sich verbanden, summierten bzw. auch potenzierten. Belastungs- und Krisensituationen bildeten keineswegs die einzige Ursache für verstärkte »Sowjetisierungsprozesse«, waren aber für sie Katalysator und wichtiger Indikator.

Die sowjetische Fremdbestimmung, vor allem der Deutschlandpolitik, war offenbar nicht immer nur negativ. Daß sich die SED von 1951 bis 1953 mit der Idee freier Wahlen auseinandersetzen und eine mögliche Aufgabe ihrer Herrschaft ins Kalkül ziehen mußte, war eine Folge Moskauer Direktiven. Wenngleich auch innenpolitische Kurskorrekturen taktisch bedingt waren, drängte die UdSSR — so im Juni 1953 — auf eine Rücknahme verschiedener repressiver Maßnahmen, was faktisch einer Stornierung verschiedener Sowjetisierungsprozesse gleichkam. Semjonow empfahl seiner Regierung 1953, die Vormachtstellung der SED vorübergehend abzubauen und eine neue DDR-Regierung mit bürgerlichen Vorzeichen einzusetzen.[16] In einem gewissen Kontrast dazu stand die Alibifunktion von Direktiven, die verschiedene Sowjetisierungsaktivitäten in die SED transportierten. Da sowjetische »Empfehlungen« weder der Kritik noch der Kontrolle durch deren Führung unterlagen, wurden sie, obwohl keinesfalls immer definitiv angelegt, von Ulbricht mit dem Hinweis auf deren ausschließlichen Weisungscharakter für die eigene »Linie« instrumentalisiert. So klagte Politbüromitglied Friedrich Ebert Anfang Juni 1953, die über Gespräche mit den Sowjets »berichtenden Genossen erweckten hier [im Politbüro, M.L.] sicher nicht ohne Absicht den Eindruck, daß es sich bei den Empfehlungen und Wünschen unserer Freunde um Weisungen handle, die sie in dieser oder jener Form zu verwirklichen wünschten«.[17] Es bleiben also auch für den Führungszirkel der SED die Fragen bestehen, wer von der Sowjetisierung am meisten profitierte, in welchem Maße von ihr erhöhte Durchsetzungschancen für eigene Deutschland- und andere Konzepte erwartet wurden, und ob man Sowjetisierungsschübe nicht selbst veranlaßte bzw. provozierte.

Sowjetisierung und Amerikanisierung haben die Deutschlandpolitik von Bundesrepublik und DDR, vor allem deren Handlungsspielräume in der Frage der Gestaltung der politischen und gesellschaftlichen Perspektiven Deutschlands und dessen Stellung in der Welt auf unterschiedliche Weise und mit verschiedenartigem Ergebnis mitbestimmt. Inwiefern die zweistaatlich-nationale Deutschlandpolitik dabei ihre Identität als deutsche Politik veränderte, bleibt eine Forschungsfrage.

Bezogen auf die Analyse der deutschlandpolitischen Möglichkeiten für die ost- und westdeutschen politischen Klassen im sowjetisch-amerikanischen und freilich auch im innerdeutschen Spannungsfeld scheinen die Begriffe Sowjetisierung und Amerikanisierung die Forschung kaum weiterzubringen. Daß auf diesem Feld eine politische Amerikanisierung stattgefunden hat, ist — vergleicht man mit Sowjetisierungsprozessen — höchst zweifelhaft. Ich

---

16 *Loth*, Stalins ungeliebtes Kind, S. 205.
17 Ebert in der Diskussion des Politbüros mit Semjonow am 06.06.1953, Anlage zum Protokoll 33/53, in: Stiftung Archiv der Parteien und Massenorganisationen der DDR im Bundesarchiv Berlin, J A, IV 2/2/287, Bl. 16.

plädiere deshalb für weitere definitorische Überlegungen in Richtung »Verwestlichung«. Schließlich ist auch nicht zu übersehen, daß bei allem spezifisch Amerikanischen in den Einflüssen auf die Bundesrepublik aus den Deutschen Westeuropäer wurden und ihr Staat ein »westeuropäisches« Land geworden ist.[18] Aber auch der herkömmliche Sowjetisierungsbegriff erfaßt eine deutschlandpolitische Bestimmung der DDR durch die UdSSR nur unzulänglich. War sie vorrangig struktureller oder mehr funktionaler Natur? Sollte man nicht besser von unterschiedlich gearteten und verschieden starken Einflüssen der UdSSR und der USA auf die Deutschlandpolitik, vor allem auf die damit verbundenen Spielräume der beiden deutschen Staaten ausgehen? Möglicherweise erweist sich der Ansatz einer Penetrierung[19] der deutschen Frage durch sowjetische und amerikanische Interessen als fruchtbar. Man müßte aber auch überlegen, ob man Sowjetisierung und Amerikanisierung — wenn man an diesen Termini festhält — weiter fassen sollte, etwa als Übernahme und Duldung vor allem aber auch Verinnerlichung sowjetischer bzw. amerikanischer Deutschlandinteressen auf der Grundlage von Übereinstimmung und Interessenclearing. Dies würde dann allerdings begrifflich schwer erfaßbar sein.

---

18 *H.-P. Schwarz*, Die Eingliederung der Bundesrepublik in die westliche Welt, in: Herbst, Marshallplan, S. 612.
19 Im Sinne von W. Hanrieder, der ein solches System immer dann entstehen sieht, wenn äußere Ereignisse der Bestimmungsfaktor sind für die Grundlagen der politischen Ordnung sowie für die Mobilisierung von Unterstützung für die Ziele der Ordnung sowie, wenn zudem breite Einigkeit darüber besteht, diesen von außen gesteuerten Einfluß auch selbst zu wollen. *W. Hanrieder*, West German Foreign Policy, Stanford 1967, S. 230. Wichtig erscheint auch der Gedanke J. N. Rosenaus, daß eine von außen betriebene (fremde) Penetration von Verhältnissen und Politik eines Landes sowohl die Mitwirkung dessen Eliten als auch die freiwillige oder erzwungene Duldung der Beherrschten im unterschiedlichen Maße voraussetzt. *J. N. Rosenau*, The Scientific Study of Foreign Policy. Revised and Enlarged Edition, London 1980, S. 137-169.

Monika Kaiser

Sowjetischer Einfluß auf die ostdeutsche Politik und Verwaltung 1945-1970

Obgleich umgangssprachlich wie fachwissenschaftlich mitunter alles unter dem Begriff »Sowjetisierung« gefaßt wird, umschreiben die Termini »sowjetischer Einfluß« und »Sowjetisierung« meiner Meinung nach partiell unterschiedliche Sachverhalte. Bei der »Sowjetisierung« der ostdeutschen Politik und Verwaltung handelt es sich um ein äußerst vielschichtiges und komplexes historisches Phänomen. Ich verstehe darunter die Übertragung bzw. Übernahme von Strukturen und Funktionsmechanismen des sowjetischen Modells — bis hin zu Denk- und Verhaltensweisen der politischen Funktionsträger — in Kernbereichen vor allem der ostdeutschen Innen-, aber auch der Außenpolitik.

In der Forschungsliteratur der fünfziger und sechziger Jahre wurde die »Sowjetisierung« vorwiegend als radikaler Eingriff der UdSSR in das politische, ökonomische und soziale System der in ihrem Einflußbereich befindlichen Staaten erfaßt. Differenzierungen sowjetischer und ostdeutscher Interessen und Ziele blieben dabei oftmals unterbelichtet; Handlungsspielräume für die DDR wurden kaum ausgemacht und politische Entscheidungsprozesse konnten nicht quellengestützt nachvollzogen werden. In den zahlreichen Publikationen zur Analyse der sozialistischen Herrschaftssysteme sowjetischen Typs wurden und werden zumeist die konstitutiven und relativ konstanten Merkmale dargestellt, d.h. die systemspezifischen Grundstrukturen und Funktionsweisen des sowjetischen Herrschaftstyps, während hinsichtlich der Genesis ihrer Herausbildung sowie der Träger dieser Prozesses, aber auch hinsichtlich der nationalen Modifizierungen bisher kaum fundierte Forschungsergebnisse vorliegen. Auffällig ist zudem, daß die vergleichende Ostmitteleuropa-Forschung bei der Untersuchung der Phänomene »Sowjetisierung« und »nationale Prägungen« das Gebiet der SBZ/DDR entweder gar nicht[1] oder nur am Rande[2] miteinbezogen hat. Die Literatur der siebziger und achtziger Jahre öffnete sich zwar neuen Fragestellungen, hauptsächlich unter außenpolitischen Aspekten,[3] stieß aber angesichts des fehlenden Zugangs zu archivalischen Quellen auf gravierende Erkenntnisgrenzen.

Vergleicht man mit dem von Rupieper dargestellten Forschungsstand zur Amerikanisierung der BRD,[4] so muß im Hinblick auf die Sowjetisierung der SBZ/DDR ein erhebliches Forschungsdefizit konstatiert werden. Zu seiner schrittweisen Aufarbeitung will ein am Potsdamer Zentrum für Zeitgeschichtliche Forschung angesiedeltes Forschungsprojekt beitragen, in dessen Rahmen ich speziell die Rolle Walter Ulbrichts bei der Übertragung/Übernahme, Modifizierung und zeitweisen Reformierung des sowjetischen Modells untersuche. Ziel ist es unter anderem, das Wechselverhältnis zwischen sowjetischem Druck und selbstgewollter Sowjetisierung seitens der SED-Führung anhand konkreter politischer Entscheidungsprozesse auf der Basis neuer Quellen zu analysieren. Im Mittelpunkt soll dabei die Frage stehen, ob, wie und in welchem Maße unter den Bedingungen eines besetzten bzw. von der Sowjetunion kontrollierten und in mehrfacher Hinsicht abhängigen Landes eigenständiges Handeln der politischen Akteure möglich war und praktiziert wurde. Der Zugang über die Person Ulbrichts scheint aufgrund seiner Schlüsselfunktion besonders ergiebig zu sein und grundlegende Aussagen zur Genesis des ostdeutschen Sowjetisierungsprozesses zu ermöglichen.

Von einer Sowjetisierung der ostdeutschen Politik und Verwaltung im eigentlichen Sinne eines Prozesses kann man meines Erachtens nur für die vierziger und fünfziger Jahre sprechen. Sie hat nach meinem Verständnis die Herausbildung grundlegender struktureller, organisatorischer sowie funktio-

---

1 *Z. K. Brezinski,* Der Sowjetblock — Einheit und Konflikt, 1960.
2 *E. Birke u. R. Neumann* (Hg.), Die Sowjetisierung Ostmitteleuropas. Untersuchungen zu ihrem Ablauf in den einzelnen Ländern, Frankfurt am Main 1959; *H. Lemberg, u. K. v. Delhaes* (Hg.), Sowjetisches Modell und nationale Prägung: Kontinuität und Wandel in Ostmitteleuropa nach dem Zweiten Weltkrieg, Marburg 1991.
3 *G. Wettig,* Fallstudien zum Verhältnis zwischen Sowjetunion und DDR, Bd. I-VIII, Köln 1973; *ders.,* Die Sowjetunion, die DDR und die Deutschlandfrage 1965-1976. Einvernehmen und Konflikt im sozialistischen Lager, Stuttgart 1976; *J. Kupper,* Vergleich der sowjetischen und DDR-Außenpolitik unter besonderer Berücksichtigung der Frage nach dem Handlungsspielraum der DDR-Deutschlandpolitik 1964-1969, Diss. München 1979; *S. Mampel u. K. C. Thalheim* (Hg.), Die DDR — Partner oder Satellit der Sowjetunion? München 1980.
4 Beitrag von *H.-J. Rupieper* in diesem Band.

naler Systemmerkmale zum Inhalt und kommt mit erfolgter Installation dieser zu einem relativen Abschluß. Im Unterschied zu dem so verstandenen zeitlich begrenzten Sowjetisierungsprozeß können sowjetische Einflußnahmen bzw. Einflüsse auf die ostdeutsche Politik und Verwaltung während des gesamten Zeitraumes der SBZ/DDR-Existenz beobachtet werden. Sowjetische Einflußnahmen beförderten zum einen ganz erheblich den unmittelbaren Sowjetisierungsprozeß in Ostdeutschland; zum anderen bremsten sie — insbesondere in der unmittelbaren Nachkriegszeit — vorrangig aus taktischen Erwägungen Sowjetisierungsprozesse zeitweise auch ab.

Sowjetische Einflüsse sind insofern nicht als Synonym für den Sowjetisierungsprozeß verwendbar. Sie waren weder zeitlich noch inhaltlich auf diesen beschränkt, sondern betrafen auch eine Vielzahl von politischen und personellen Einzelentscheidungen. Der allgemeinere Terminus »sowjetischer Einfluß« umschreibt also den *permanenten Prozeß des aktiven und passiven Einwirkens* auf das politische Handeln der im sowjetischen Machtbereich befindlichen Staaten. Ausmaß, Intensität und Inhalte der sowjetischen Einflußnahmen bestimmten wesentlich die eigenständigen Handlungsspielräume in den Staaten des östlichen Blocksystems.

Der ostdeutsche Teilstaat war in seiner über vierzigjährigen Existenz immer — mehr noch als andere »realsozialistische« Länder — von der Sowjetunion abhängig. Das ergab sich zum einen zwangsläufig aus den Folgen des Zweiten Weltkrieges und der sowjetischen Besatzung, in deren Verlauf die UdSSR zunächst als völkerrechtlich höchste Regierungsgewalt, dann als oberste Kontrollinstanz darauf Einfluß nehmen konnte, welches Regime gestützt wurde (ein Beispiel dafür war ihr Eingreifen zur Niederschlagung der Volksrevolte im Juni 1953) oder gegen welches unter Umständen eingeschritten werden konnte (wie von Breshnew z.B. am Ende der Ulbricht-Ära angedroht wurde). Die besonders starke Abhängigkeit der DDR von der UdSSR resultierte zum anderen aus der Tatsache, daß der ostdeutsche Teilstaat aufgrund seiner bescheidenen Größe, des Mangels an Rohstoffvorkommen und Energiequellen, des anfänglichen Fehlens volkswirtschaftlich bedeutsamer Zweige infolge der deutschen Teilung usw. kaum oder nur in sehr begrenztem Maße Voraussetzungen für eine eigenständige Existenz besaß.

Hinsichtlich des Grades ihrer Abhängigkeit und des Gestaltungsspielraumes, den die jeweiligen KPdSU-Führungen der SED im Rahmen des Systems einzuräumen bereit waren, sind jedoch zum Teil erhebliche graduelle Unterschiede feststellbar. Nach dem jetzt möglichen Zugang, zumindest zu den ostdeutschen Quellen, lassen sich Ausmaß, Formen und Methoden der sowjetischen Einflußnahmen und damit auch der eigenen Handlungsspielräume der ostdeutschen Politiker exakter bestimmen.

1. Vielfalt der Formen und Methoden sowjetischer Einflußnahmen in der Stalin-Zeit

Die sowjetischen Einflüsse auf die ostdeutsche Politik und Verwaltung waren in den Jahren 1945 bis 1949 am allerstärksten. Durch den vielfach untergliederten Apparat der Sowjetischen Militäradministration in Deutschland (SMAD) mit seinen nachgeordneten Dienststellen (SMA) in den Ländern und Provinzen bis hinunter zu den Stadtkommandanturen konnte auf allen Ebenen direkt auf die deutschen Verwaltungen und alle politischen Kräfte Einfluß genommen werden. In Abhängigkeit von den wechselnden deutschlandpolitischen Intentionen Stalins zielte dies zeitweise mehr darauf, in der ostdeutschen Politik und Verwaltung Distanz zum sowjetischen Modell zu demonstrieren, zeitweilig rückten dann jedoch wieder das Durchsetzen von Sowjetisierungsprozessen oder das Schaffen von Voraussetzungen dafür in den Mittelpunkt sowjetischer Einflußnahmen.

Diese ambivalente sowjetische Beeinflussung war bereits für die Ausarbeitung der kommunistischen Nachkriegsstrategie typisch. Die Pläne zur Gestaltung Nachkriegsdeutschlands wurden bekanntlich 1944/1945 von führenden kommunistischen Emigranten in Moskau gemeinsam mit Dimitroff und Stalin ausgearbeitet. Walter Ulbricht reiste schon kurz vor Beendigung des Krieges Ende April 1945 mit einer ersten Gruppe von fälschlicherweise so genannten »Beauftragten« in das noch umkämpfte Berlin, um an der Seite der Roten Armee den Neuaufbau antifaschistischer Verwaltungsorgane zu organisieren und damit zu gewährleisten, daß günstige Voraussetzungen für demokratisch aussehende, jedoch sowjetfreundlich eingestellte und kommunistisch dominierte Machtorgane geschaffen wurden.⁵ Anfang Juni 1945 wurden Ulbricht und die Leiter der beiden anderen Gruppen von »Beauftragten«, Gustav Sobottka und Anton Ackermann, nach Moskau beordert. In einem Gespräch mit Stalin, an dem auch der noch in Moskau weilende KPD-Vorsitzende Wilhelm Pieck teilnahm, verständigte man sich über die Lage in Deutschland und über den konkreten Inhalt des politischen Programms, mit dem die KPD am 11. Juni 1945 an die Öffentlichkeit treten sollte. Das von Ulbricht in Moskau vorgetragene Konzept der deutschen Kommunisten fand am 3. bzw. 4. Juni 1945 in mindestens zwei Punkten nicht die Zustimmung Stalins:

Erstens wandte sich Stalin gegen eine rasche Vereinigung von SPD und KPD, wie sie von Ulbricht gefordert wurde.⁶ Stalin sah mit Blick auf die westlichen Besatzungszonen und auf die Einwirkungsmöglichkeiten der »imperialistischen« Besatzungsmächte die Gefahr, daß aus der Einheitspartei im Westen Deutschlands eine »Mischmasch-Partei« werden könnte. Er verlangte deshalb zunächst den Aufbau und die Festigung der KPD und wollte die Einheitspartei auf einen späteren Zeitpunkt verschoben wissen. Die zumeist Walter Ulbricht zugeschriebene ablehnende Haltung gegen eine sofortige Vereinigung beider Arbeiterparteien ist also in Wirklichkeit sowjetischen Ursprungs. Die bremsenden sowjetischen Einflüsse gegen die anfangs auch von vielen Sozialdemokraten angestrebte schnellstmögliche Vereinigung endete in dem Moment, als die Hoffnungen der KPdSU- wie der KPD-Führung auf eine dominierende Rolle der Kommunisten im Nachkriegs-Deutschland nicht mehr realisierbar schienen und die SPD im Osten sogar zur einflußreichsten politischen Kraft zu werden drohte. Nachdem sie anfänglich gegen eine schnelle Vereinigung argumentiert hatten, mußten die deutschen Kommunisten jetzt die inzwischen weniger vereinigungswilligen Sozialdemokraten zu diesem Schritt drängen.

Zweitens sah die von Ulbricht am 3. Juni 1945 vorgetragene Konzeption der deutschen Kommunisten nicht vor, sofort die Durchführung einer Bodenreform auf die politische Tagesordnung zu setzen. In den Planungen während

---

5 *W. Leonhard,* Die Revolution entläßt ihre Kinder, Köln 1955; ›Gruppe Ulbricht‹ — Berlin April 1945 bis Juni 1945. Eine Dokumentation hg. v. *G. Keiderling* mit einem Geleitwort von *W. Leonhard,* Berlin 1993.
6 Stiftung Archiv der Parteien und Massenorganisationen im Bundesarchiv (im folgenden SAPMO-BArch), SgY 30, 1291/3, Erinnerungen von Anton Ackermann.

des sowjetischen Exils war man bereits davon ausgegangen, daß frühestens 1946 ein solch tiefgreifender Schritt möglich sein würde. Stalin wies nun jedoch am 3./4. Juni 1945 unter Verweis auf das deutsche Junkertum darauf hin, daß dies eine allgemeine und vorrangige demokratische Aufgabe sei. Folgerichtig fand die Forderung nach »Entmachtung der Großgrundbesitzer und Durchführung der Bodenreform«[7] an vorderer Stelle Aufnahme in die »Gegenwartsforderungen« des kommunistischen Programmaufrufs. Im Sommer 1945 wurden die entsprechenden gesetzlichen Bestimmungen von der sowjetischen Seite — unter Umständen in Abstimmung mit den ostdeutschen Kommunisten — ausgearbeitet und von den KPD-Vertretern dann als *ihr* Entwurf in den Blockausschüssen zur Diskussion gestellt. Nachdem sich Vertreter der bürgerlichen Blockparteien, so z.B. der LDP-Vorsitzende Dr. Waldemar Koch und der stellvertretende CDU-Vorsitzende Dr. Walther Schreiber, gegen den vermeintlichen Bodenreform-Entwurf der KPD wandten und zum Teil Gegenvorschläge unterbreiten,[8] übten die sowjetischen Besatzungsoffiziere massiven Druck auf die bürgerlichen Opponenten aus. Als sich beispielsweise der LDP-Vorstand am 5. September 1945 auf einer internen Beratung hinter seinen Vorsitzenden stellte und einstimmig den von der KPD eingebrachten Vorschlag zur Bodenreform ablehnte, mußte er seine Beratung noch am gleichen Tag unterbrechen, »da Koch zum Marschall Shukow abgeholt wird«[9]. Der stellvertretende LDP-Vorsitzende Wilhelm Külz ebnete dann am 10. September im Sonderausschuß des Demokratischen Blocks durch die Ablehnung des von der CDU eingebrachten Alternativ-Vorschlags den Weg für eine Entschließung, die im wesentlichen der kommunistischen Konzeption entsprach. Da sich der LDP-Vorsitzende Waldemar Koch weiterhin in Reden zwar nicht prinzipiell gegen die Bodenreform, so aber doch »gegen die heutige Form« ihrer Durchführung aussprach, erschien erneut ein russischer Oberleutnant bei ihm und mißbilligte diese gegensätzli-

---

7 Schaffendes Volk in Stadt und Land! Männer und Frauen! Deutsche Jugend! (Aufruf des ZK der KPD vom 11. Juni 1945), in: Revolutionäre deutsche Parteiprogramme, Berlin (Ost) 1964, S. 203.
8 So hatte beispielsweise Schreiber zur zweiten Sitzung des vom zentralen antifaschistisch-demokratischen Block einberufenen Sonderausschusses für die Bodenreform am 10. September 1945 eine Agrarreform-Konzeption vorgelegt, die an das deutsche Reichssiedlungsgesetz von 1919 anknüpfte.
9 Archiv des deutschen Liberalismus (ADL), LDPD, 938, Protokoll der Vorstandssitzung am 5. September 1945.

che Haltung.[10] Koch sah schließlich keinen anderen Ausweg, als den Parteivorsitz niederzulegen, worauf Wilhelm Külz seine Nachfolge antrat.

Daß die sowjetischen Besatzungsorgane ihre Einflußnahmen keineswegs auf die KPD-/SED-Politiker beschränkten und gegebenenfalls auch zu drastischen Eingriffen in innerparteiliche Belange bereit waren, mußte auch die CDU erfahren. Im Dezember 1945 wurde ihr stellvertretender Parteivorsitzender Walther Schreiber hauptsächlich wegen seiner andersartigen Vorstellungen zur Bodenreform abgesetzt; zwei Jahre später mußten die beiden Vorsitzenden der Ost-CDU, Jakob Kaiser und Ernst Lemmer, am 19. Dezember 1947 auf Anweisung der SMAD de facto von ihren Ämtern zurücktreten, weil sie die demokratische Legitimation des »1. Volkskongresses für Einheit und gerechten Frieden« bestritten und ihre Teilnahme daran verweigert hatten. Oberst Sergej Tjulpanow, der für die Parteien zuständige Chef der SMAD-Informationsabteilung, hatte die CDU-Landesvorsitzenden in der SBZ aufgefordert, sich von ihrem Parteivorsitzenden Jakob Kaiser zu trennen. Die Landesvorsitzenden entschieden sich unter dem Druck der Ereignisse zu einer Kompromißformel, die die Weiterexistenz der Partei im Osten gewährleisten sollte: »Die Landesverbände der sowjetischen Zone beabsichtigen, sich solange von der Zonenleitung zu trennen, bis die Basis einer vertrauensvollen Zusammenarbeit zwischen dieser und der SMAD wiederhergestellt ist. Diese Regelung soll trotz des Vertrauens zu Jacob Kaiser erfolgen, weil sonst eine vertrauensvolle Zusammenarbeit in den Landesverbänden mit der SMA nicht möglich und die Fortsetzung einer eigenständigen Unionsarbeit in der Zone nötig ist.«[11] Die SMAD lehnte jedoch den Vorschlag der Landesvorsitzenden ab, künftig wie in den Westzonen ohne eine Zonenleitung der CDU zu arbeiten, widersprach eigenen personellen Vorstellungen der Ost-CDU und setzte am 23. Dezember 1947 schließlich die statutenwidrige Einsetzung einer neuen Führung durch.

Die genannten Beispiele sind zugleich Beleg für das Dilemma der sowjetischen Politik in Deutschland. Stalin hatte die deutschen Kommunisten 1945 zwar mit dem Anspruch antreten lassen, daß es ihnen nicht um ein »Sowjet-

---

10 Ebd., Protokoll vom 24. Oktober 1945. Der Sachverhalt ist im Protokoll mit der angeratenen Vorsicht wie folgt umschrieben: »Daraufhin ist der russische Oberleutnant K r a (e) t i n bei ihm erschienen und hat ihn darauf aufmerksam gemacht, daß man von dieser gegensätzlichen Haltung Kenntnis hat und sie nicht angenehm empfindet.«
11 Zit. n. *M. Richter,* Die Ost-CDU 1948-1952 — Zwischen Widerstand und Gleichschaltung, Düsseldorf 1991, S. 35.

deutschland«, sondern um die Aufrichtung antifaschistisch-demokratischer Verhältnisse ginge; die sowjetischen Besatzungsorgane waren aber weder willens noch fähig, das Praktizieren demokratischer Gepflogenheiten zu dulden, wenn es um das Durchsetzen von in Moskau beschlossenen Maßnahmen ging. Demokratischer Anspruch und antidemokratische Praxis gerieten so permanent in Widerspruch zueinander. Sie ließen das ostdeutsche System schon bald unglaubwürdig werden, und die erstrebte Ausstrahlungskraft auf den Westen Deutschlands blieb demzufolge aus.

Ähnliche Wirkungen gingen von den jähen Kurswendungen aus, die im Ergebnis wechselnder politischer und speziell deutschlandpolitischer Intentionen der sowjetischen Führung vollzogen werden mußten. So hatte beispielsweise Stalin bei den Beratungen in Moskau am 3./4. Juni 1945 nochmals ausdrücklich gesagt, daß es nicht darauf ankäme, das Sowjetsystem auf Deutschland zu übertragen. Seinem Rat folgend verkündeten die Kommunisten das Ziel einer parlamentarisch-demokratischen Republik. Der von Anton Ackermann 1946 im Parteiauftrag propagierte »besondere deutsche Weg« mußte dann bekanntlich wieder korrigiert werden, als sich 1948 die politischen Rahmenbedingungen infolge des Kalten Krieges und des Konfliktes zwischen Stalin und Tito geändert hatten. Jetzt wurde Kurs auf eine beschleunigte Sowjetisierung Ostdeutschlands sowie anderer volksdemokratischer Staaten genommen und das Gewicht des östlichen »Lagers« gegenüber dem westlichen »Lager« zu stärken versucht. Aus aktuell-politischen und taktischen Erwägungen heraus benutzte die sowjetische Seite die SBZ/DDR aber gleichzeitig wiederholt als Faustpfand in den Verhandlungen mit den Westmächten, das man für den Preis eines politisch neutralen sowie entmilitarisierten Deutschland und eine gehörige finanzielle Entschädigung unter Umständen wieder in die deutsche Einheit zu entlassen bereit war.

Die Lage in der SBZ/DDR unterschied sich grundsätzlich von dem durch Rupieper dargestellten Befund für die westlichen Besatzungszonen bzw. die BRD. Meines Erachtens war die unmittelbare Besatzungszeit bis 1949 in der SBZ keinesfalls primär durch »Freiräume« gekennzeichnet, in denen die Bevölkerung bisherige Konzepte prüfen konnte und dann mehrheitlich freiwillig eine Ostorientierung vollzogen hätte. Im Osten schlug zudem jede Verschlechterung des Verhältnisses zwischen der Sowjetunion einerseits und den Westalliierten andererseits viel nachhaltiger auf die sowjetische Politik in Deutschland durch und gab Sowjetisierungstendenzen Auftrieb.

Die von Rupieper festgestellte Beendigung direkter amerikanischer Eingriffe in die inneren Verhältnisse der BRD im Jahre 1952 fand auf ostdeutscher Seite ebenfalls keine Entsprechung durch die Beendigung sowjetischer Eingriffe in die Innenpolitik. Mit der Bildung der DDR vergrößerten sich zwar die innenpolitischen Gestaltungsmöglichkeiten, aber es gab dennoch während der gesamten Stalin-Ära kaum eine Frage von politischem, wirtschaftlichem, sozialem oder sicherheitspolitisch-militärischem Gewicht, die von der SED-Führung hätte allein entschieden werden können. Aufgrund der bisher zugänglichen Quellen scheint es mir so, als ob sich an diesem Sachverhalt auch mit dem Übergang von der SMAD zur Sowjetischen Kontrollkommission (SKK) ab Oktober 1949 kaum etwas geändert hat. Der zugespitzt formulierten These Wilfried Loths, daß Walter Ulbricht andere deutschlandpolitische Ziele als die KPdSU-Führung vertreten und den »Aufbau des Sozialismus« in der SBZ/DDR gegen den Willen Stalins forciert hätte,[12] kann ich mich nicht anschließen. Ein Mann wie Ulbricht, der die Stalinschen Säuberungen der dreißiger Jahre miterlebt und überlebt hatte, der die eigene Macht aus Stalins Händen empfangen hatte und dem angesichts der erneuten Verfolgung angeblicher Feinde des Sozialismus innerhalb der kommunistischen Parteien (Rajk, Kostoff, Slansky usw.) bewußt sein mußte, an welchem seidenen Faden diese hing, konnte nicht gegen Stalins Willen, sondern prinzipiell nur mit dessen Willen handeln. Der ostdeutsche Zick-Zack-Kurs zum Sozialismus nach sowjetischem Vorbild entsprang primär wechselnden deutschlandpolitischen Intentionen der sowjetischen Führung, denen sich die SED-Politiker aus wohlverstandenem Eigeninteresse fügten.

Typisch war meines Erachtens für die Frühzeit, daß sich die politischen Entscheidungsprozesse und der deutsch-sowjetische Abstimmungsprozeß nur auf einen sehr kleinen Personenkreis eingrenzten. Generell kann man sagen, daß bis 1953 fast alle wichtigen politisch-strategischen und auch taktischen Fragen zwischen dem vor allem aus Pieck, Ulbricht und Grotewohl bestehenden engsten Führungskreis einerseits sowie Stalin bzw. den von ihm Beauftragten in der SMAD/SKK andererseits abgesprochen wurden. Dies geschah auf verschiedene Weise:

1) Von der KPD/SED-Führung mußten Entwürfe bzw. Ideen für programmatische Dokumente oder gewichtige politische Aktionen in der Regel erst dem ZK der KPdSU zur Begutachtung vorgelegt werden, bevor sie von

---
12 *W. Loth*, Stalins ungeliebtes Kind. Warum Moskau die DDR nicht wollte, Berlin 1994.

den formell zuständigen deutschen Gremien, z.B. von SED-Parteitagen, vom Parteivorstand bzw. Zentralkomitee, vom Demokratischen Block oder vom Nationalrat der Nationalen Front, in scheindemokratischer Weise beschlossen werden konnten. Auch wichtige personelle Entscheidungen wurden zumindest bis 1953 in Moskau gefällt. So hatten sich beispielsweise die Mitglieder des SED-Politbüros in einer Nachtsitzung am 8. Juli 1953 mehrheitlich gegen Walter Ulbricht als General- bzw. Ersten Sekretär ausgesprochen; bei den Gesprächen mit der neuen Chruschtschowschen KPdSU-Führung in Moskau wurde jedoch anders entschieden und Ministerpräsident Otto Grotewohl definitiv aufgefordert, mit Ulbricht zusammenzuarbeiten.[13]

2) Typische Methoden sowjetischer Einflußnahme von 1945 bis einschließlich 1953 waren die Übergabe und Erläuterung von SMAD-Befehlen bzw. seit Gründung der DDR die Überreichung sowjetischer Memoranden, die de facto Weisungscharakter trugen. Auf solche Memoranden oder Merkblätter, wie sie häufig auch überschrieben wurden, gingen beispielsweise die Zwangsmaßnahmen gegen die Bauern, die Kürzungen der Sozialfürsorgeleistungen und ähnliche Maßnahmen zurück, die mit dazu beigetragen hatten, daß sich das Volk im Juni 1953 gegen das ihre elementaren Lebensinteressen mißachtende DDR-Regime aufbäumte.

Näher untersucht werden muß allerdings, inwiefern deutsche Kommunisten ebenfalls auf die Abfassung solcher Befehle, auf die Arbeitsweise der SMA in den Ländern und auf die von ihnen verfolgte politische Linie Einfluß nehmen konnten, bzw. inwiefern sie Spielräume bei der Umsetzung der sowjetischen Memoranden oder Empfehlungen besaßen und diese in der einen oder anderen Richtung genutzt haben.

3) Darüber hinaus bestanden in dieser Zeit besonders intensive persönliche Kontakte zwischen hochrangigen Vertretern der sowjetischen Besatzungs- bzw. Kontrollmacht und dem SED-Triumvirat Pieck-Ulbricht-Grotewohl. Wie die inzwischen veröffentlichten Notizen Wilhelm Piecks belegen,[14] fanden häufige Gespräche in privater Atmosphäre oder in der sowjetischen Kommandantur in Berlin-Karlshorst zur Beratung »operativer« Aufgaben und Probleme statt.

---

13 Vgl. SAPMO-BArch, DY 30, NY 90/699, Mitschriften Grotewohls von der Politbüro-Sitzung am 08.07.1953 und von den Gesprächen in Moskau am 09.07.1953.
14 R. *Badstübner* u. W. *Loth* (Hg.), Wilhelm Pieck. Aufzeichnungen zur Deutschlandpolitik 1945-1953, Berlin 1994.

4) Die informelle Zusammenarbeit wurde insbesondere in dieser Zeit ergänzt durch ein engmaschiges Netz der Kontrolle. So nahmen häufig — in der Regel außerhalb des Protokolls — Vertreter der SMAD/SKK an Tagungen des SED-Parteivorstandes, des SED-Zentralkomitees und sogar an Sitzungen des Politbüros teil. Außerdem wurde zumindest bis 1953 jeweils ein Exemplar des Arbeitsprotokolls sowie von wichtigen Beschlüssen des SED-Politbüros an die »sowjetische Genossen« übergeben. Hinzu kamen eigenständige Kontrolluntersuchungen des Apparates der SMAD/SKK zu den unterschiedlichsten Fragestellungen, z.B. zur Durchführung bestimmter sowjetischer Befehle, zur »Durchsetzung der Führungsrolle« der SED, zur Agitations- und Propagandaarbeit, zur Blockpolitik u.ä., die häufig Ausgangspunkt für neue sowjetische »Empfehlungen« bzw. für neue Festlegungen zur »Verbesserung der Arbeit« waren.

5) Nicht vergessen werden darf außerdem das Wirken der sowjetischen Sicherheitsorgane in Ostdeutschland, die bis zur restlosen Übertragung aller Repressivfunktionen an die ostdeutschen Organe 1953 nicht nur Aktivisten und Mitläufer des Hitlerregimes verfolgten, sondern auch viele tatsächliche oder vermeintliche Gegner der so verstandenen neuen »demokratischen Ordnung« verschleppten, inhaftierten, folterten und mit oder ohne Gerichtsurteil zu jahrelanger Gefängnishaft oder zur Zwangsarbeit in unwirtlichen Gegenden der Sowjetunion verurteilten.

6) Eine außerordentlich wichtige Form aktiver und passiver sowjetischer Einflußnahmen waren schließlich die deutsch-sowjetischen Delegations- und Erfahrungsaustausche, die mit der beginnenden Stalinisierung der SED und mit der stärkeren Sowjetisierung der ostdeutschen Verwaltung etwa seit 1948/1949 zunehmend an Bedeutung gewannen. Die nach meinen Recherchen erste SED-Studiendelegation hatte damals den Auftrag, in der Sowjetunion »die Erfahrungen der Organisationsarbeit der bolschewistischen Partei zu studieren«.[15] Sie »studierte« während ihres mehrwöchigen Aufenthaltes die Strukturen sowie die Arbeitsweise im zentralen Parteiapparat der KPdSU und anschließend in den Parteiorganisationen eines Betriebes, eines Ministeriums, der Parteihochschule sowie einer Technischen Hochschule, eines Rayons (Bezirk), einer Kreisleitung, eines Stadt- und Gebietskomitees und einer Grundorganisation auf dem Dorfe. Ihre Beobachtungen der sowjeti-

---

15 SAPMO-BArch, DY 30, IV 2/5/29, Bericht der Studienkommission für die Organisationsstruktur der Partei, o.D. [1949].

schen Praxis fanden Niederschlag in einem ausführlichen Bericht und bald darauf in ähnlichen Organisationsstrukturen, Funktions- und Arbeitsweisen des ostdeutschen Partei- und Verwaltungsapparates. Beispiele dafür waren:

— der Übergang zum Einsatz von Instrukteuren in Partei- und Gewerkschaftsapparat;

— die Ausweitung und Ausdifferenzierung des zentralen Parteiapparates, dessen Abteilungen nun ebenfalls alle die in der Sowjetunion registrierten »zwei gleichen Generalaufgaben« zu lösen hatten: zum einen Auswahl und richtiger Einsatz der Kader und zum anderen die Kontrolle der Beschlußdurchführung;

— die Übertragung aller sozialen Fragen in die Zuständigkeit der Gewerkschaften (und nicht an ein Sozialministerium);

— die Vergabe von Parteiaufträgen an die Mitglieder und Kandidaten der Partei;

— der Übergang zur Arbeitsplanung auch in den Parteiorganisationen und die Durchsetzung eines straffen Berichterstattungswesens an die übergeordneten Leitungen;

— die Organisation von Massenwettbewerben auf allen möglichen Gebieten.

Der Delegations- und Erfahrungsaustausch war also nicht nur für den konkreten politischen Abstimmungsprozeß von Bedeutung, sondern spielte auch und gerade bei der Übernahme von Strukturen und Funktionsmechanismen des sowjetischen Modells eine herausragende Rolle. Entsprechend dem Motto »Von der Sowjetunion lernen, heißt siegen lernen!« wurde hier vieles »abgekupfert« und im Sinne einer selbstgewollten Sowjetisierung von deutschen Funktionären ohne sichtbaren Druck übernommen. Hauptträger dieses Prozesses waren anfangs solche Personen aus dem sowjetischen Exil, die wie Ulbricht selbst viele Jahre lang im Apparat der Kommunistischen Internationale gearbeitet hatten und demzufolge Insider-Kenntnisse über den Aufbau und die Funktionsmechanismen des sowjetischen Herrschaftssystems besaßen. So nimmt es nicht Wunder, daß es gerade Walter Ulbricht war, der in Zusammenhang mit der DDR-Gründung grundlegende Funktionsmechanismen des sowjetischen Modells installierte, wie z.B. das Nomenklatursystem und die Kaderpolitik als systemspezifische Formen der Personalpolitik oder die Richtlinien zur Mediatisierung des Regierungsapparates durch die SED.[16]

Im Laufe der Jahre veränderten sich die Erfahrungs- und Delegationsaustausche sowohl quantitativ als auch qualitativ. Während sie anfangs — sieht man von einigen propagandistischen Delegationsreisen in die Sowjetunion ab — fast ausschließlich auf Spitzenfunktionäre der zentralen Ebene beschränkt waren, erfaßten sie im Verlaufe der fünfziger Jahre alle Abteilungen der zentralen Apparate und wurden in den 1960er Jahren dann durch die Apparate auf der Bezirksebene ergänzt (Partnergebiete). Mit der Vergrößerung des Personenkreises nahm automatisch die Vielfalt der sowjetischen Einflußmöglichkeiten zu.

Die meisten strukturellen Veränderungen im ostdeutschen Partei- und Verwaltungsapparat hatten sowjetische Strukturen bzw. Strukturveränderungen zum Vorbild. Sie lehnten sich an diese an, waren aber nicht in jedem Fall mit ihnen identisch. Es floß dabei durchaus auch Eigenes ein; man versuchte, »nationale Besonderheiten«, eigenständige Interessen und natürlich völlig andere Größenverhältnisse zu berücksichtigen. Eine Gesamtanalyse der Apparate steht sowohl für die Sowjetunion als auch die DDR noch aus. Sie in vergleichender Perspektive zu erarbeiten, muß im Rahmen unseres Forschungsprojektes eine der vordringlichsten Aufgaben sein. Dabei wird es die deutsch-sowjetischen Studienaufenthalte, Erfahrungs- und Delegationsaustausche als die vermutlich wichtigsten vermittelnden Glieder zu berücksichtigen gelten.

2. Auswirkungen der Entstalinisierungspolitik Chruschtschows

Während der zwölfjährigen Amtszeit von Nikita Sergejewitsch Chruschtschow gingen die sowjetischen Einflußnahmen und Kontrollen tendenziell zurück. Die innenpolitischen Gestaltungsmöglichkeiten der SED, die sich mit sowjetischer Hilfe zur führenden politischen Kraft in der DDR entwickelt

---

16 *M. Kaiser*, Die Zentrale der Diktatur — organisatorische Weichenstellungen, Strukturen und Kompetenzen der SED-Führung in der SBZ/DDR 1946 bis 1952, in: *J. Kocka* (Hg.). Historische DDR-Forschung. Aufsätze und Studien, Berlin 1993, S. 57-86, bes. S. 75-80.

hatte, waren in dieser Zeit — speziell in den Jahren 1959 bis 1964 — und später noch einmal in der Endphase des »Realsozialismus« unter Michail Gorbatschow am größten. Das ergab sich zum einen aus den jeweiligen Entstalinisierungs- und Reformtendenzen innerhalb des sowjetischen Imperiums. Es basierte zum anderen rechtlich auf der im Staatsvertrag zwischen der UdSSR und der DDR vom 20. September 1955 proklamierten ostdeutschen Souveränität. Darin hatten beide Seiten erklärt, daß ihre Beziehungen »auf völliger Gleichberechtigung, gegenseitiger Achtung der Souveränität und der Nichteinmischung in die inneren Angelegenheiten beruhen«.[17] Die DDR sollte »frei in der Entscheidung über Fragen ihrer Innenpolitik und Außenpolitik, einschließlich der Beziehungen zur Deutschen Bundesrepublik« sein. In der Präambel zum Vertrag, die bei späteren Veröffentlichungen in der DDR mit Vorliebe weggelassen wurde, war allerdings noch einschränkend formuliert worden: »Unter Berücksichtigung der Verpflichtungen, die die Deutsche Demokratische Republik und die Sowjetunion gemäß den bestehenden internationalen Abkommen, die Deutschland als Ganzes betreffen, haben.«

Von vollwertiger Souveränität der DDR in der Innen- und Außenpolitik, wie seit 1955 wiederholt vor der Weltöffentlichkeit verkündet, kann jedoch zu keiner Zeit gesprochen werden. Die Teilsouveränität der DDR konnte sich in der Außenpolitik immer nur im Rahmen der Beschlüsse des sozialistischen Bündnissystems und unter besonderer Beachtung der deutschlandpolitischen Interessen und Verpflichtungen der Sowjetunion bewegen. Bezeichnend ist aber, daß die SED-Führung unter Ulbricht in der Chruschtschow-Ära und noch darüber hinausgehend in den Anfängen der Breshnew-Zeit — etwa bis Anfang 1970 — auf außenpolitischem Gebiet sowohl hinter den Kulissen der Politik als auch in der Öffentlichkeit eine beachtliche Aktivität entfaltete. Das basierte einerseits auf den unbestreitbaren Teilerfolgen und dem gewachsenen ökonomischen Potential der DDR, welche ihr zunehmend Anerkennung und Mitsprache im Warschauer Vertrag und im Rat für Gegenseitige Wirtschaftshilfe (RGW) verschafften. Und das hing andererseits mit dem schon erwähnten Entstalinisierungs- bzw. Reformkurs Chruschtschows zusammen, der nicht nur für die SED und die DDR, sondern auch für die anderen kom-

---

17 Vertrag über die Beziehungen der Deutschen Demokratischen Republik und der Union der Sozialistischen Sowjetrepubliken vom 20. September 1955, in: Dokumente zur Aussenpolitik der Regierung der Deutschen Demokratischen Republik, Bd.3, Berlin 1956, S. 281f.

munistischen Parteien und Ostblockstaaten tendenziell mehr Gleichberechtigung und größere Gestaltungsfreiräume zur Folge hatte.

Ausgangspunkt und kennzeichnend für diesen 1959 verstärkt einsetzenden Trend war ein Schreiben des ZK der KPdSU vom 23. Januar 1959, das an das ZK der SED — vermutlich jedoch in gleicher Weise auch an die Parteiführungen der anderen »Bruderparteien« erging. Darin kündigte die KPdSU-Führung an, daß sie auf dem XXI. Parteitag von der zur üblichen Praxis gewordenen und in der Moskauer Erklärung der Kommunistischen und Arbeiterparteien vom November 1957 fixierten Kernaussage abrücken werde, »derzufolge die UdSSR an der Spitze des sozialistischen Lagers steht und die KPdSU die führende Kraft der kommunistischen Bewegung ist«.[18] Die Chruschtschow-Führung meinte, angesichts der vielfältigen eigenen Erfahrungen aller Parteien »wäre die Existenz irgendeines internationalen Zentrums nicht nur ungerechtfertigt, sondern könnte auch die Tätigkeit der kommunistischen Parteien hemmen«.[19] Sie dankte scheinheilig für die Wertschätzung, die in der bisherigen Formel von der führenden Rolle der KPdSU und der UdSSR zum Ausdruck gebracht worden sei und bat um eine kritische Prüfung der von ihr beabsichtigten Erklärung: »Die Kommunistische Partei der Sowjetunion übt nicht die Führung über andere Parteien aus und die Sowjetunion nicht die Führung über andere Länder. Alle kommunistischen Parteien sind gleichberechtigt und selbständig; sie tragen gleichermaßen die Verantwortung für das Schicksal der kommunistischen Bewegung, für ihre Mißerfolge und Siege. Und jede kommunistische Partei ist verantwortlich vor der Arbeiterklasse und den Werktätigen ihres Landes, vor der ganzen internationalen kommunistischen Bewegung«.[20] Was die Sowjetunion beträfe, so bestünde »ihre führende Rolle bekanntlich nicht darin, andere Länder zu führen, sondern darin, daß unser Land als erstes der Menschheit den Weg zum Sozialismus geebnet hat, daß es das mächtigste Land im sozialistischen Weltsystem ist und als erstes in die Periode des umfassenden kommunistischen Aufbaus eingetreten ist«.[21].

---

18 SAPMO-BArch, DY 30, J IV 2/202/318, Schreiben des ZK der KPdSU an das ZK der SED vom 21. Januar 1959.
19 Ebd.
20 Ebd.
21 Ebd.

Mit dem Aufgeben der Formel von der führenden Rolle der KPdSU und der Sowjetunion, das sich wenig später auch in der Moskauer Erklärung der Kommunistischen und Arbeiterparteien von 1960 niederschlug, gab die Chruschtschow-Führung eines der stalinistischen Kerndogmen preis. Bezeichnenderweise erfolgte in der Breshnew-Ära eine schrittweise Wiederbelebung der Formel von der führenden Rolle der KPdSU und der UdSSR in Theorie und Praxis, während Michail Gorbatschow erneut auf die Chruschtschowschen Formulierungen zurückgriff und an diese auch in der politischen Praxis anknüpfte.

Wenngleich taktische Erwägungen für den verbalen Verzicht auf den sowjetischen Führungsanspruch ausschlaggebend gewesen sein mögen, weil sich der Vorwurf einer »Moskauhörigkeit« sowie die Beschuldigung der Kommunisten als »Antipatrioten« in der internationalen Arena sehr nachteilig auswirkten, kann man doch feststellen, daß die Abkehr keinesfalls nur ein formeller Akt blieb. Das theoretische Abrücken von der sowjetischen Führungsrolle begünstigte in der politischen Praxis die Entwicklung zu einem höheren Maß an Gleichberechtigung in den Beziehungen zwischen den Parteien und Ländern des Ostblocks. Sieht man von der Problematik des Friedensvertrages, der deutsch-deutschen Beziehungen und des Grenzregimes an der innerdeutschen Grenze einmal ab, dann ließen sich bisher für die Jahre 1959 bis 1964 kaum verbindliche Weisungen der KPdSU-Führung an die Adresse der SED oder der DDR feststellen.

Erhalten blieb allerdings aus der vorausgegangenen Stalin-Ära die Praxis, programmatische Dokumente der SED, insbesondere vorbereitende Materialien zu den SED-Parteitagen, der KPdSU-Führung mit Bitte um Meinungsäußerung zuzusenden. Aus der schriftlichen Überlieferung des über viele Akten verstreuten Schriftwechsels zwischen der SED- und der KPdSU-Führung gewinnt man jedoch den Eindruck, daß es sich hierbei eher um eine zur Gewohnheit gewordene Gepflogenheit sowie um den Versuch vorsorglicher Absicherung handeln könnte, als um zwangsläufige Erfüllung einer auferlegten Pflicht. Inwiefern diese Aussage auch für das Verhältnis anderer kommunistischer Parteien zur KPdSU zutreffend ist, müßte durch vergleichende Untersuchungen erst noch geprüft werden. Aus der Optik der SED-Quellen bestimmten jedenfalls gegenseitige Information, bi- und multilaterale Konsultationen, Gespräche und Erfahrungsaustausche zunehmend den Charakter der Beziehungen. Das war letztendlich der Boden, auf dem sich eigenständige Experimente mancher sozialistischer Länder in den sechziger Jahren entwickeln konnten, bis sie als systemgefährdend erkannt und unter Breshnew schließlich alle national abweichenden Lösungsansätze — vor allem die der DDR und der CSSR — wieder unter dem Dach des sowjetischen Modells eingebunden wurden.

Begünstigt durch die Chruschtschowsche Politik vollzogen sich in der DDR während der sechziger Jahre, speziell in der ersten Hälfte des Jahrzehnts, beachtliche Veränderungen. Sie waren von Ulbricht mit einem kleinen Kreis von Führungskadern als »Reformen von oben« konzipiert worden. Während die Reformpolitik Chruschtschows hauptsächlich eine Abrechnung mit dem Personenkult Stalins sowie Veränderungen im Partei- und Verwaltungsaufbau zum Inhalt hatte, setzte Ulbricht zum Teil andere Prioritäten. Er versuchte einer Abrechnung mit dem Stalinismus dadurch auszuweichen, daß er das von der KPdSU weitgehend auf die Problematik des Personenkultes eingeengte Problem des Stalinismus als eine sowjetische Angelegenheit darstellte, in die man sich nicht einmischen dürfe, aus der sich aber auch keine Schlußfolgerungen für die DDR ergäben. Sein auf drei Säulen fußendes Reformprojekt orientierte daher ausschließlich nach vorn, zielte auf eine Modernisierung des Systems und vor allem auf die Erhöhung seiner volkswirtschaftlichen Effektivität unter den Bedingungen der wissenschaftlich-technischen Revolution.

Von Chruschtschow übernahm Ulbricht die Grundgedanken einer Partei- und Verwaltungsreform auf der Basis des Produktionsprinzips. Er setzte diese in modifizierter Form zugleich viel konsequenter durch, als das Chruschtschow in den Riesenapparaten der Sowjetunion vermochte. Das führte zu Dezentralisierungs- und Demokratisierungstendenzen unter sozialistischem Vorzeichen und war mit einem teilweisen Elitenwechsel verbunden, der den Einfluß von Kadern mit Sachkompetenz gegenüber den als politisch zuverlässig geltenden, langgedienten »Nur-Apparatschiks« stärkte. Für die politischen Entscheidungsprozesse in der DDR wurde es in diesem Zusammenhang zeitweise typisch, daß eine große Anzahl von Wissenschaftlern und Praktikern z.B. durch die Tätigkeit in diversen Kommissionen mit beratender Funktion oder durch die Teilnahme als Gäste mit freier Redemöglichkeit auf Tagungen des ZK einbezogen wurden. Während nach dem Sturz Chruschtschows im Oktober 1964 in der UdSSR als erstes die Leitung nach dem Produktionsprinzip beseitigt wurde, konnte es sich in der DDR noch bis 1966 halten. Allerdings begannen auch hier seit Ende 1964 unter der Leitung von Erich Honecker jene Kräfte des Apparates zu wirken, von denen einige — ebenso wie er — schon zu Beginn der sechziger Jahre vor den Risiken einer Öffnung gewarnt hatten und die nun aus machtpolitischen Gründen eine Rückkehr zur ungeschmälerten Herrschaft des Parteiapparates nach sowjetischem Beispiel vorantrieben.

Eine zweite, bisher kaum erforschte Säule des Ulbrichtschen Reformkonzepts hatte Liberalisierungs- und Öffnungstendenzen in der Jugend- und Kulturpolitik zum Inhalt. Während Chruschtschow durch seine Tauwetter-Politik in der Literatur und Kunst das Erscheinen von gesellschaftskritischen Werken über die Stalin-Zeit, wie z.B. die Lager-Literatur, ermöglichte, lehnte Ulbricht eine Publizierung dieser Arbeiten in der DDR prinzipiell ab. Gleichzeitig tolerierte und forderte er jedoch das Aufdecken von Widersprüchen und Unzulänglichkeiten der sozialistischen Wirklichkeit durch die Künstler und Publizisten, weil er sich davon Mobilisierungseffekte versprach. Das 1958 auf Betreiben von SED-Kulturfunktionären abgebrochene Experiment, den künstlerischen Produktionsgruppen bei der DEFA größere Freiräume in der Spielfilmproduktion zuzugestehen,[22] wurde wieder aufgegriffen. Es entstanden eine größere Anzahl von Gegenwartsfilmen mit gesellschaftskritischen Tendenzen, eine neue Art der Lyrik und der sozialistischen Gegenwartsprosa.

Nachhaltige Wirkungen gingen von dem nach Ulbrichts Vorgaben 1963 konzipierten Jugendkommuniqué aus, das — abweichend vom sowjetischen Modell und ohne vergleichbare sowjetische Entwicklungen — lange praktizierte, aber wenig erfolgreiche politische Disziplinierungsmechanismen in der Jugendpolitik in Frage stellte. Gegen den anfänglichen Widerstand der FDJ-Gründer um Honecker in der SED-Führung sprach Ulbricht der Jugendorganisation das Recht ab, ein Monopol auf die Jugend zu besitzen. Die FDJ-Organisation sollte nur eine unter verschiedenen, den unterschiedlichen Interessen der Jugendlichen entsprechenden, Organisationsmöglichkeiten sein und sich hauptsächlich auf die schulische Jugend konzentrieren. Sie hatte sich ebenfalls nach dem Produktionsprinzip umzubilden. Damit in Zusammenhang stehend wurden etwa 70 Prozent der erfahrenen und langgedienten FDJ-Kader ausgewechselt, eine radikale Verjüngung des Mitgliederbestandes an-

---

22 T. *Heimann*, DEFA, Künstler und SED-Kulturpolitik. Zum Verhältnis von Kulturpolitik und Filmproduktion in der SBZ/DD 1945 bis 1959, Berlin 1994, S. 255-356.

gestrebt und den eingefahrenen bürokratischen Arbeitsweisen der Kampf angesagt. Alle Organisationen, Institutionen und Leiter, die mit Jugendlichen zu tun hatten, sollten diese als selbstbewußte junge Bürger, als »Hausherren von morgen«, mit ihren Problemen und Interessen ernst nehmen. Die vielen privaten Gängeleien sollten aufhören und hörten vorübergehend auf. Den jungen Menschen wurde eine größere Freizügigkeit bei der Wahl ihrer Kleidung, ihrer Frisuren, ihrer musischen, Tanz- und sonstigen Freizeitinteressen zugestanden. Veränderungen waren auch im Schulsystem angesagt, das nach Ulbrichts Auffassung durch die Übernahme des volksdemokratischen Systems verdorben worden wäre. Ulbricht wollte wegkommen von der egalitären Pflichtschule, forderte eine Besinnung auf »unsere eigenen deutschen Traditionen« und strebte ein differenziertes Schulsystem mit einer von der sozialen Herkunft unabhängigen Begabtenförderung und einer insgesamt starken naturwissenschaftlich-technischen Ausrichtung an.

Ende 1965 wurden die Liberalisierungs- und Demokratisierungstendenzen in der Jugend- und Kulturpolitik rigoros abgebrochen. Das geschah in erster Linie auf Betreiben jener dogmatischen Kräfte in der SED-Führung um Erich Honecker, Kurt Hager, Paul Verner, Alfred Kurella, Inge Lange, Paul Fröhlich, Horst Sindermann und anderen, die dieser vorsichtigen Öffnung von Anbeginn skeptisch gegenübergestanden hatten und sich nun nach dem Sturz Chruschtschows sowie angesichts der sich in der DDR abzeichnenden Gefahren für das Macht- und Deutungsmonopol der SED in ihrer Auffassung bestätigt sahen. Mit Hilfe der von ihnen beherrschten Apparate wurden Informationen zusammengestellt, die ein einseitiges, völlig überhöhtes Bild von der vermeintlichen Gefährlichkeit der Entwicklungen zeichneten. So sollten beispielsweise gefälschte Statistiken und tendenzielle Berichte zur Jugendkriminalität den Anschein erwecken, daß die allerorten aus dem Boden sprießenden Beat- und Gitarrengruppen in der DDR mit ihren anglo-amerikanischen Namen und Songs sowie bisher zumeist nicht aufgeführte gesellschaftskritische Filme oder weitgehend unbekannte literarische Arbeiten sowohl dem Eindringen der »westlichen Dekadenz« und »Unkultur« Vorschub geleistet als auch dem Sozialismus fremde kriminelle Energien unter der Jugend freigesetzt hätten.

Diesen ostdeutschen Tendenzen einer von den Herrschenden ungewollten »Amerikanisierung« meinten sie 1965 auf zwei Wegen Einhalt gebieten zu müssen: zum einem durch repressiv-abschreckende Maßnahmen, indem allen

Rock-, Beat- und Gitarrengruppen die Spielerlaubnis entzogen und die Proteste gegen das Verbot durch Verhaftungen, eine rigorose Strafjustiz und Einweisungen in Zwangsarbeitslager im Keime erstickt wurden. Mit dem berühmt-berüchtigten kulturellen Kahlschlag-Plenum im Dezember 1965 folgte dann die politisch-moralische Verurteilung der kritisch-reformerischen Kräfte inner- und außerhalb der SED sowie das Verbot von Spielfilmen, Büchern und sonstigen künstlerischen Arbeiten mit gesellschaftskritischen Aspekten. Zum anderen versuchten die Dogmatiker in der SED-Führung, dem Eindringen der »amerikanischen Unkultur« und »westlichen Dekadenz« nun wieder durch verstärkte »politisch-ideologische Arbeit« entgegenzuwirken. Mit der zeitweiligen Vernachlässigung dieses traditionellen Bestandteils kommunistischer Machtausübung während der Reformphase zugunsten der Konzentration auf wissenschaftlich-technische sowie ökonomische Fragen hatten sich insbesondere die genannten SED-Funktionäre nicht abfinden können, die keine fachspezifische Qualifikation besaßen ausser ihrer politischen Bildung und ihrer Apparate-Erfahrung. Sie schienen bei einer Fortsetzung des Reformkurses entbehrlich zu werden, und so engagierten sie sich im Interesse des Systemerhaltes wie im Eigeninteresse für eine erneute Aufwertung der politisch-ideologischen Komponente.

Dabei wurde in den internen Auseinandersetzungen der SED-Führung recht geschickt mit dem »sowjetischen Vorbild« argumentiert, von dem man sich in der DDR entfernt hatte. So vertraten beispielsweise Margot und Erich Honecker die Auffassung, das Anknüpfen an die Interessen der Jugendlichen führe zu einer »Entpolitisierung« und die Liberalisierung der Jugendpolitik zum »Anarchismus«, zur Negierung jeglicher Autoritäten. Margot Honecker war im Spätsommer 1965 als junge Volksbildungsministerin mit einer Studiendelegation in die Sowjetunion gefahren und hatte die Unterschiede zum dortigen Schulsystem registriert. In der UdSSR war man zwar ebenfalls zur polytechnischen Bildung übergegangen, hatte ihr aber nicht den gleichen Stellenwert wie in der DDR eingeräumt und auch kaum mit der von Ulbricht geforderten Begabtenförderung durch diverse Spezialschulen experimentiert. Statt dessen maßen die sowjetischen Genossen der »kommunistischen Erziehung« der Jugend oberste Priorität bei. Solchermaßen in der eigenen Auffassung bestärkt, setzten die Honeckers unter Verweis auf die »sowjetischen Erfahrungen« einen erneuten Kurswechsel in der Jugendpolitik durch, der die »politisch-ideologische Erziehung der Jugend im Geiste der revolutionären

Traditionen der Arbeiterbewegung« in das Zentrum der Aufmerksamkeit rückte. Statt Jugendtanz nach Beatmusik oder kritische Problemdiskussionen zu veranstalten, hatten sich die Jugendlichen in der FDJ nunmehr während eines mehrjährigen »FDJ-Studienjahres« mit Lenin und der russischen Oktoberrevolution, mit der Novemberrevolution in Deutschland und mit dem heroischen antifaschistischen Kampf der deutschen Kommunisten zu beschäftigen.

Anders als Chruschtschow, der den krisenhaften wirtschaftlichen Stagnationsprozeß in der Sowjetunion nicht aufzuhalten vermochte, hatte Ulbricht das Schwergewicht seines Reformkonzepts eindeutig auf die Durchführung von Wirtschaftsreformen gelegt. Sein wirtschaftliches Reformkonzept knüpfte zum einen an frühere Überlegungen der DDR-Wirtschaftswissenschaftler Fritz Behrens und Arne Benary aus den Jahren 1956/57 an, und es griff zum anderen die von dem Charkower Professor Jewsej Libermann im September 1962 publizierten Ideen zur Reform des betrieblichen Planungssystems auf. Um die Produktivität und die Dispositionsfähigkeit der Betriebe zu erhöhen, hatte Libermann vorgeschlagen, die staatlichen Planungsvorgaben zu reduzieren sowie Gewinn- und Rentabilitätskriterien einzuführen, deren Erfüllung als Grundlage für die Gewährung von Prämien an die Belegschaften dienen sollte. Das im Frühsommer 1963 unter dem Begriff »NÖS« (Neues Ökonomisches System der Planung und Leitung der Volkswirtschaft) verabschiedete Reformkonzept der DDR knüpfte zwar an das von Libermann Vorgeschlagene an, ging aber zugleich weit darüber hinaus, da es sich erstens nicht auf die betriebliche Ebene beschränkte, sondern Veränderungen von der Zentrale bis zum Betrieb vorsah, und da es zweitens auch die staatliche Preispolitik auf der Basis exakter Kostenrechnungen umzugestalten versuchte.

Trotz seiner unbestreitbaren Grenzen führte die NÖS-Politik zu einem beachtlichen wirtschaftlichen Aufschwung in der DDR. Immer häufiger meldeten jetzt sowjetische Funktionäre ihr Interesse an den Erfahrungen des ostdeutschen Juniorpartners an, der selbstbewußt aus seinem Mauerschatten-Dasein hervortrat. Mehrere sowjetische Studiendelegationen reisten durch die DDR, um sich die mit den Wirtschaftsreformen eingetretenen Veränderungen in den verschiedenen Bereichen der Industrie und Landwirtschaft erklären zu lassen. Da in der Mehrzahl der sozialistischen Länder damals Reformideen diskutiert und teilweise praktiziert wurden, die DDR mit ihrem NÖS und der Orientierung auf die Kennziffer Gewinn aber am weitesten vorangeschritten war, lud Ulbricht vom 9. bis 19. Juni 1965 zu einem internationalen Seminar nach Berlin ein, an dem sich repräsentative Abordnungen von zehn »Bruderparteien« beteiligten. Die KPdSU hatte angesichts des unter Breshnew wiederbelebten sowjetischen Prestige-Denkens anfangs gezögert und auf einem »individuellen Studienprogramm« bestehen wollen, dann aber doch von Anfang bis Ende an diesem NÖS-Seminar teilgenommen und zum Schluß voller Begeisterung formuliert: »Die Grundsätze des NÖS akzeptieren wir vollkommen. Wir glauben aber, daß die deutschen Genossen die Lösung auch im Detail gefunden haben«.[23] Das Lehrmeister-Schüler-Verhältnis hat sich gewissermaßen zeitweise umgekehrt. Die im Herbst 1965 von Ministerpräsident Andrej Kossygin verkündeten sowjetischen Wirtschaftsreformen trugen eindeutig den Stempel der ostdeutschen Erfahrungen.

Der sowjetische Nachvollzug von in der DDR und anderen Ostblockländern gesammelten Erfahrungen bildete den Hintergrund für die in der Forschung 1979 kontrovers diskutierte Frage, ob die Sowjetunion unter Umständen die kleineren Staaten in ihren Einflußbereich als Experimentierfeld für unkalkulierbare Veränderungen benutzt hätte.[24] Sie läßt sich auf der heutigen Quellengrundlage so beantworten, daß es keinerlei sowjetischen Auftrag zu solcherlei Experimenten gab, sondern daß diese Experimente eigenständige Aktivitäten der jeweiligen nationalen Führungen waren, welche die unter Chruschtschow gewährten größeren politischen Handlungsspielräume in unterschiedlichem Maße für Veränderungen an dem von ihnen übernommenen sowjetischen Wirtschaftssystem zu nutzen bestrebt waren. Die Ulbricht-Führung war in diesem Bestreben bis Mitte der 1960er Jahre am weitesten vorgeprellt. Sie hoffte im eigenen wie im Blockinteresse darauf, das nach wie vor vorhandene Abhängigkeitsverhältnis dauerhaft in ein reinpartnerschaftliches wandeln zu können. Dem war jedoch nicht so.

---

23 SAPMO-BArch, DY 30, IV 2/3A/1201, Einschätzung des Seminars.
24 Vgl. z.B. den Disput zwischen Haffner, Bress und Thalheimer in: *Mampel u. Thalheimer* (Hg.), DDR.

3. Rückkehr zum sowjetischen Modell in der Breshnew-Ära

Der unter Breshnew wieder allmählich zunehmende sowjetische Druck auf die SED-Führung äußerte sich zunächst auf wirtschaftlichem Gebiet, wo 1965 bei den Verhandlungen zum langfristigen deutsch-sowjetischen Handelsabkommen verbindliche Zusagen immer wieder hinausgeschoben oder schon erreichte Einigungen zwischen den Planungsorganen erneut in Frage gestellt wurden. Die zum Teil regelrecht erpresserische Verhandlungspraxis der KPdSU-Führung war der Anfang des Versuchs, die eigenen ökonomischen Krisenerscheinungen möglichst auf Kosten anderer sozialistischer Länder zu lösen. Am sowjetischen Unverständnis für das Zeitalter der wissenschaftlich-technischen Revolution und für marktwirtschaftliche Prinzipien scheiterte die Ulbrichtsche Absicht, die rohstoffarme DDR zu einem Hochtechnologie-Lieferanten zu entwickeln, dessen wissenschaftlich-technische Leistungen in gleicher Weise entlohnt würden wie Rohstoffe oder Maschinen. Statt dessen wurde die DDR erneut durch eine materialintensive und hauptsächlich auf sowjetische Bedürfnisse zugeschnittene Außenhandelsstruktur sowie durch Vorab-Investitionen zur Erschließung sowjetischer Rohstoffvorkommen in ein stärkeres wirtschaftliches Abhängigkeitsverhältnis zur UdSSR als ihrem wichtigsten Rohstofflieferanten gebracht. Die mehrstufig angelegten Preisreformen mußten in der DDR 1966 auf Verlangen der Reformgegner abgebrochen werden, als sich erste zaghafte Anzeichen von Unmut über gestiegene Verbraucherpreise abzeichneten und zudem deutlich wurde, daß innerhalb des RGW andere preispolitische Prioritäten gesetzt wurden. Die Halbherzigkeit des Reformprozesses äußerte sich schließlich auch darin, daß die SED-Führung bei den unvermeidbar auftretenden Schwierigkeiten mehrheitlich stets den Ausweg in einer Rückkehr zum zentralistischen Dirigismus sah.

II.
Wirtschaft, Betriebe und Konsum

Paul Erker

»Amerikanisierung« der westdeutschen Wirtschaft?
Stand und Perspektiven der Forschung

In der wirtschaftshistorischen Forschung sind, schon lange bevor der Begriff »Amerikanisierung« mit dem Anspruch eines analytischen Konzeptes auftauchte, eine Reihe von Ergebnissen zum Einfluß der USA auf die deutsche Wirtschaft erarbeitet worden. Untersuchungsgegenstand war entsprechend dem damaligen Forschungsschwerpunkt die makro-ökonomische, volkswirtschaftliche Ebene. Als Stichworte seien — ohne detailliert darauf einzugehen — hier nur genannt: die Diskussion um die Bedeutung des Marshall-Plans bei der Rekonstruktion der deutschen Wirtschaft,[1] die Untersuchungen zum Einfluß der USA bei der Durchsetzung eines multilateralen Welthandels gegenüber dem von Deutschland und den europäischen Staaten nach 1945 zunächst praktizierten Bilateralismus, mithin die Frage der Reintegration Deutschlands in die Weltwirtschaft[2] und schließlich die (allerdings noch wenigen) Forschungen zur Relevanz der währungspolitischen Maßnahmen der USA (Bretton Woods und neuer Goldstandard) für den deutschen respektive europäischen Kapitalmarkt.[3] Allen diesen Forschungen ist gemeinsam, daß sie letztlich zu dem Ergebnis einer starken Einflußnahme der USA kommen und sich auch in entsprechenden Strukturveränderungen niederschlagen, von denen besonders Deutschland profitierte. Gemeinsam ist diesen Forschungen auch, daß sie diese »Amerikanisierung« Deutschlands auf makro-ökonomi-

---

1 *U. Daniel*, Dollardiplomatie in Europa, Düsseldorf 1982; *L. Herbst* (Hg.), Vom Marshallplan zur EWG, München 1990, *Ch. Maier u. G. Bischof* (Hg.), The Marshall Plan and Germany, New York 1991; *H.-J. Schröder* (Hg.), Marshallplan und deutscher Wiederaufstieg, Wiesbaden 1990.
2 *Ch. Buchheim*, Die Wiedereingliederung Westdeutschlands in die Weltwirtschaft, München 1990.
3 *F. Jerchow*, Deutschland in der Weltwirtschaft 1944-1947. Alliierte Deutschland- und Reparationspolitik und die Anfänge der westdeutschen Außenwirtschaft, Düsseldorf 1978.

scher Ebene in den europäischen Kontext stellen. Das ist ein wichtiger Punkt, der in den folgenden Forschungen — in ihrer Perspektivverschiebung zur »New Microeconomic History« — wie ich es nennen möchte — (bisher) ausgeblendet wird.

I.

Berghahns Buch zur »Americanization of West German Industry« von 1986 lag sozusagen noch zwischen diesen beiden wirtschaftshistorischen Ansätzen. Es untersuchte zum einen die Veränderungen in der Struktur des westdeutschen Industriekapitalismus, die durch die Konzeptionen der Amerikaner eingeführt und zum Teil erzwungen wurden, zum anderen aber auch und vor allem die sich wandelnden Mentalitäten, Verhaltensweisen und Erfahrungen der deutschen Unternehmer als den Trägern dieses Wirtschaftssystems.[4] Die erste These Berghahns und gleichsam Ausgangsbasis seiner Argumentationen lautet: Der deutsche und der amerikanische Kapitalismus haben sich in der ersten Hälfte des 20. Jahrhunderts auseinanderentwickelt. Durch den Ausgang des Zweiten Weltkriegs wurde das siegreiche amerikanische Modell dem deutschen quasi übergestülpt. »Die westdeutsche Industrie [machte] unter dem Eindruck der damals so erfolgreichen liberal-kapitalistischen Führungs- und Organisationskonzepte der Amerikaner einen deutlichen Wandel durch und wandte sich langsam von dem autoritären Kapitalismus der Zeit vor 1945 ab.«[5] Es geht also nach Berghahn sozusagen um das Ende des ökonomisch-technologischen Sonderweges Deutschlands nach 1945 durch ein — wenn auch zögerliches — Einschwenken auf das amerikanische Modell.

Dieses Einschwenken macht Berghahn vor allem an drei Bereichen fest: *Erstens* der Umbau der Industrie- und Wirtschaftsstruktur zu einer oligopolistischen Wettbewerbsordnung nach amerikanischem Vorbild (Stichworte: Dekartellisierungspolitik der amerikanischen Militärregierung; Bedeutungs-

---

4 *V. Berghahn*, Unternehmer und Politik in der Bundesrepublik, Frankfurt am Main 1985, S. 12ff.
5 *V. Berghahn*, Zur Bedeutung des wirtschafts- und sozialgeschichtlichen Zugriffs auf die deutsche Nachkriegsgeschichte, in: A. Doering-Manteuffel (Hg.), Adenauerzeit. Stand, Perspektiven und methodische Aufgaben der Zeitgeschichtsforschung (1945-1967), Bonn 1993, S. 107.

verlust der alten konservativen Montanindustrie und Bedeutungszuwachs der neuen progressiveren Auto-, Elektro- und Chemieindustrie; Kartellgesetz 1957).[6] *Zweitens* sei — so Berghahn — erst nach 1945 ein Einschwenken auf das amerikanische Produktionsmodell (Taylorismus/Fordismus) festzustellen. *Drittens* schließlich sei ein Einschwenken der deutschen Industrieeliten vom autoritären anti-gewerkschaftlichen Betriebsführer auf das amerikanische Modell des sozial-verantwortlichen Managers festzustellen. Dieses Einschwenken vollzog sich allerdings nach und nach, da es laut Berghahn zu einer Fraktionsbildung innerhalb der Unternehmer kam: auf der einen Seite die traditionellen Ruhrindustriellen, die der festen Überzeugung waren, daß man vom Modell Amerika nichts lernen könnte; und auf der anderen Seite der zunächst kleine Kreis der amerikanisierten Unternehmensleiter, die auf der Basis eigener Erfahrungen in der amerikanischen Industrie (wie Otto A. Friedrich) oder intensiver Studienreisen der Human Relations-Bewegung (wie Ludwig Vaubel) als Vermittler und Protagonisten des neuen Modells fungierten. Diese Polarisierung der Industrieeliten bezog sich auch auf die Human Relations- und Mitbestimmungsfrage: Hier die Unternehmer, die das autoritäre Dinta-Modell verkörperten und in der Bad Harzburger Führungsschule weiterleben ließen, dort die Unternehmer, die das amerikanische Betriebspsychologie- und Human Relations-Konzept vertraten und ein neues Verständnis von der Rolle der Gewerkschaften und von der Haltung gegenüber der Belegschaft vertraten. Die zentrale These in Berghahns Buch ist, daß sich dieser Wandel allerdings nicht durch ein Umdenken der alten Industrieeliten, sondern erst infolge des Generationenwechsels in den sechziger Jahren vollzog.[7] »Americanization by change of generation« statt »Americanization by change of conviction« sozusagen. Es scheint allerdings, daß Berghahn in seinen späteren Aufsätzen zunehmend der Faszination seines Otto A. Friedrich erlegen ist und daher implizit inzwischen stärker die »Umdenk-These« vertritt.[8]

---

6 *Berghahn*, Unternehmer, S. 111, 279ff., 286f.
7 Ebd., S. 246, 253.
8 *Ders.*, Zur Amerikanisierung der westdeutschen Wirtschaft, in: Herbst (Hg.), Marshallplan, S. 227-253; *ders.*: Otto A. Friedrich, ein politischer Unternehmer, Frankfurt 1993; *ders.*, Wiederaufbau und Umbau der westdeutschen Industrie nach dem Zweiten Weltkrieg, in: Tel Aviver Jahrbuch für Deutsche Geschichte 19, 1990, S. 261-282.

II.

Diese auf einer eher schwachen Quellengrundlage basierenden Ergebnisse und Amerikanisierungsthesen Berghahns sind nun inzwischen durch einige, zum Teil noch laufende mikro-historische und mikro-ökonomisch ansetzende Untersuchungen in einer Reihe von Punkten relativiert worden, wobei im Folgenden auch Thesen und Überlegungen eigener Forschungen einfließen,[9] d.h. nicht alle Studien sind explizit auf bzw. gegen Berghahn bezogen. Diese Studien haben gegenüber Berghahn drei Fragen neu aufgeworfen. 1) Wann gab es ein Einschwenken auf das US-Modell? 2) Inwieweit gab es das Einschwenken? 3) Gab es überhaupt ein US-Modell?

In der Beantwortung dieser Fragen läßt sich in einem *ersten Punkt* hinsichtlich der Unternehmensorganisation und der Konzernstruktur festhalten, daß der Wendepunkt in der Abkehr vom »alten« Kartellmodell hin zum »neuen« amerikanischen Trust-Modell offenbar bereits in der zweiten Hälfte der zwanziger Jahre erfolgte. Vor allem die Bildung der Vereinigten Stahlwerke 1926, weniger, aber auch, die Gründung der IG-Farben und auch z.B. die Gründung des Gummi-Trustes der Continental AG 1929 — überhaupt die Fusionswelle in dieser Zeit vor der Weltwirtschaftskrise — markieren bereits eine »Amerikanisierung« der Unternehmensorganisation und das bedeutete u.a. auch den Übergang zur multidivisionalen, d.h. nach Produktsparten und nicht mehr nach Funktionen gegliederten Konzernstruktur. Am Beispiel von Thyssen & Co. etwa ist gezeigt worden, daß die relative organisatorische Rückständigkeit der deutschen Eisen- und Stahlindustrie offenbar nicht existiert hat.[10] Die Argumentation von Berghahn hinsichtlich der langanhaltenden Kartelltradition über 1945 hinaus, die er vor allem am Beispiel der Gummiindustrie festmacht, scheint auch deshalb zumindest überprüfenswert, da dies gerade eine bzw. *die* Branche war, in der schon immer ein scharfer oli-

---

9 Vgl. vor allem demnächst *P. Erker* u. *T. Pierenkemper* (Hg.), Die deutschen Unternehmer zwischen Kriegswirtschaft und Wirtschaftswunder. Studien zur Erfahrungsbildung von Industrieeliten, München 1996.
10 *J. Fear*, Thyssen & Co., Mühlheim (Ruhr) 1871-1934: The Institutionalization of the Corporation, Diss. Stanford 1993; *A. Reckendrees*, Die deutsche Eisen- und Stahlindustrie während des Kaiserreichs und der Weimarer Republik, in: Westfälische Forschungen 44, 1994, S. 483-498. Vgl. auch *C. Verenkotte*, Das brüchige Bündnis. Amerikanische Anleihen und deutsche Industrie 1924-1934, Diss. Freiburg 1991, über den bedeutenden Einfluß der Amerikaner in den 20er Jahren auf die deutsche Industrie.

gopolistischer Wettbewerb geherrscht hatte und die in der Zwischenkriegszeit eine der wenigen Beispiele war, wo eben *keine* Kartelle zustande gekommen waren.[11]

Auch hinsichtlich der von Berghahn behaupteten, durch den Einfluß der amerikanischen Besatzungspolitik wesentlich mitbeeinflußten Neubildung der deutschen Industriestrukturen lassen sich zumindest Gegenbeispiele anbringen. Etwa die von amerikanischen Entflechtungsmaßnahmen gänzlich verschont gebliebene Elektroindustrie (Bosch, Siemens), die Banken, die sich nach der Dekartellisierung rasch wieder zu alten Konzernstrukturen formierten[12] oder auch das Handwerk, in dem die amerikanischen Reformmodelle (Abschaffung des großen Befähigungsnachweises und Einführung der Gewerbefreiheit) praktisch vollständig rückgängig gemacht wurden bzw. scheiterten.[13]

Zweiter Punkt: Das Problem der Rationalisierung und des Produktionsmodells. Hierzu hat bereits Joachim Radkau darauf verwiesen, daß nach dem Ersten wie nach dem Zweiten Weltkrieg die Amerikanisierung tatsächlich zu einem Gutteil als forcierte Weiterführung von Tendenzen zu Normung und typisierten Massenproduktion zu verstehen ist, die in Deutschland selbst und durch die Kriegszeit einen starken Auftrieb erhalten hatten, d.h. die Berufung auf amerikanische Vorbilder eine stark legitimatorische Funktion hatte.[14] Insbesondere die Wiederaufbauphase der fünfziger Jahre war in Deutschland geradezu von einer Wiederentdeckung der Meister in den Industriebetrieben geprägt und einer damit einhergehenden Skepsis gegen tayloristisch/fordistische Modelle amerikanischer Prägung.[15] Es gab zudem bedeutende Unterschiede hinsichtlich der Rationalisierungskonzepte zwischen den

---

11 *P. Erker*, Aufstieg zum Weltkonzern. Die Geschichte der Continental AG 1871-1995 (demnächst).

12 *Th. Horstmann*, Die Alliierten und die deutschen Großbanken, Bonn 1991.

13 *Ch. Boyer*, Zwischen Zwangswirtschaft und Gewerbefreiheit. Handwerk in Bayern 1945-1949, München 1992.

14 *J. Radkau*, Technik in Deutschland, Frankfurt am Main 1989, S. 273f.; *M. Nolan*, Visions of Modernity. American Business and the Modernization of Germany, Oxford 1994.

15 *Radkau*, ›Wirtschaftswunder‹ ohne technologische Innovation? Technische Modernität in den 50er Jahren, in: A. Schildt u. A. Sywottek (Hg.): Modernisierung im Wiederaufbau, Bonn 1993, S. 138f. ; *H.-L. Dienel*, ›Hier sauber und gründlich, dort huschhusch, fertig‹. Deutsche Vorbehalte gegen amerikanische Produktionsmethoden 1870-1930, in: Blätter für Technikgeschichte 55, 1993, S. 11-40.

Branchen. Christian Kleinschmidt etwa hat jüngst gezeigt, daß in der Eisen- und Stahlindustrie ein ganz eigener, spezifisch deutscher Typ von Rationalisierung in der Kraft- und Wärmewirtschaft der Unternehmen kennzeichnend war.[16] D.h., insgesamt muß man nach 1945 eher von einer Anknüpfung an bereits in der Weimarer Republik existierende deutsche Rationalisierungsmuster sprechen und weit weniger von der Einführung neuer amerikanischer Produktionsverfahren.[17]

Dritter Punkt und zum Teil eng damit verknüpft: die »Amerikanisierung« der Technologie: Hier herrscht vielfach noch immer das Bild von der technologischen Ausplünderung der erfolgreichen deutschen Kriegstechnologie durch die Alliierten und der dann mit Hilfe der neuen amerikanischen Technologie erzielte Erfolg auf dem Weltmarkt in den Wirtschaftswunderjahren vor.[18] Tatsächlich besteht aber von Anfang an, d.h. mit Kriegsende, sofort wieder ein technologischer Austausch. In der Forschung und Entwicklung etwa setzte man in der deutschen Industrie eben nicht auf das damals vorherrschende amerikanische Modell der auf Grundlagenforschung orientierten »big science«, sondern auf die (äußerst erfolgreiche) anwendungsorientierte Entwicklung bewährter Technologien. Siemens, Hoesch und die Vereinigte Glanzstoff AG etwa sind Beispiele, wo amerikanische Technologien zwar eingehend studiert, aber dann zugunsten eigener Konzepte verworfen wurden. Die Continental AG demgegenüber ist ein Beispiel, wo blinde »Amerikanisierung« der Technologie das Unternehmen fast die Existenz gekostet hätte, als man nämlich auf die Diagonalreifen-Technologie setzte und den europäischen und auch im eigenen Unternehmen bereits bestehenden, letztlich dann erfolgreichen technischen Pfad der Stahlgürtel-Radialreifen-Technologie vernachlässigte.

Vierter Punkt: der Wandel der Industrieeliten. Auch hier gibt es gegenüber Berghahns Fraktionsthese und seinem »Otto-A. Friedrich-Paradigma«

---

16 *Ch. Kleinschmidt*, Rationalisierung als Unternehmensstrategie, Essen 1993, S. 208ff. Zum spezifisch deutschen Rationalisierungsstil auch *D. Schmidt*, Weder Ford noch Taylor. Zur Rhetorik und Praxis der Rationalisierung in den zwanziger Jahren am Beispiel dreier Siemens-Werke, Bremen 1993 sowie demnächst *P. Erker*, Das Bedaux-System bei der Continental AG. Neue Aspekte der historischen Rationalisierungsforschung.
17 *G. Ambrosius*, Wirtschaftlicher Strukturwandel und Technikentwicklung, in: *Schildt u. Sywottek* (Hg.): Modernisierung, S. 118f.
18 Vgl. dazu jetzt aber differenziert *B. Ciesla u. M. Judt* (Hg.), Technology Transfer Out of Germany after 1945, Reading 1995.

inzwischen zahlreiche Gegenbeispiele,[19] die darauf hinweisen, daß die Zahl der durch USA-Erfahrungen nach 1945 oder durch die Politik der amerikanischen Besatzungsmacht geprägten Unternehmer weit geringer war.[20] Das Veränderungsmuster lief also anders: Die meisten Unternehmer knüpften an Denkmodelle und Traditionen der Weimarer Republik an (etwa das Effizienzdenken), die sich unter veränderten Begrifflichkeiten problemlos durch NS- und Wirtschaftswunderzeit weiterführen ließen. D.h. die Unternehmer änderten sich gar nicht, höchstens im Rahmen pragmatischer Handlungserfordernisse und am wenigsten in Orientierung auf den amerikanischen Managertypus. Der Erfolg der Wirtschaftswunderjahre bewirkte geradezu das Gegenteil einer Öffnung nach außen, eine Selbstbezogenheit auf das eigene Bild des erfolgreichen deutschen Wiederaufbau-Unternehmers, die dann erst im Gefolge des internationalen Konkurrenzdrucks und des Generationenwandels Ende der 1960er Jahre in sich zusammengebrochen ist.

Das gilt *fünftens* schließlich auch für die Frage nach der »Amerikanisierung« des Betriebsmodells, d.h. der Industrial-Relations und Mitbestimmungsfrage. Trotz der Einführung der Montan-Mitbestimmung (hier müßte man ja eigentlich von einer Anglisierung der deutschen Wirtschaft sprechen) und des Geredes von Human Relations und Sozialpartnerschaft im Betrieb konnte von einer Amerikanisierung der Sozialbeziehungen noch lange keine Rede sein. Hinter den sozialharmonischen Betriebsmodellen standen vielmehr oft noch die alten patriarchalisch-fürsorgerischen Führungskonzepte, angereichert durch die allenthalben in den fünfziger Jahren dominierenden Begrifflichkeiten evangelischer und katholischer Soziallehre.[21] Die eigentliche Zäsur in der Mitbestimmungsfrage ist 1972, nicht 1952.[22] Amerikanische Einflüsse

---

19 *P. Erker*, Industrieeliten in der NS-Zeit. Anpassungsbereitschaft und Eigeninteresse von Unternehmern in der Rüstungs- und Kriegswirtschaft 1936-1945, Passau 1994 sowie *Erker u. Pierenkemper* (Hg.), Unternehmer.
20 Oder aber, wie Platos es auf der Basis einiger Oral-History-Befragungen vermutet, schon in den fünfziger Jahren zum allgemein vorherrschenden Unternehmertypus wurde. *A. von Plato*, ›Wirtschaftskapitäne‹: Biographische Selbstkonstruktionen von Unternehmern der Nachkriegszeit, in: *Schildt u. Sywottek* (Hg.): Modernisierung, S. 377ff.
21 Für den Bergbau: *H. Trischler*, Das Ende des Grubenmilitarismus? Human Relations in der Bergbauindustrie seit der Weimarer Zeit, in: M. Prinz u. M. Freese (Hg.), Politische Zäsuren und gesellschaftliche Modernisierung im 20. Jahrhundert in regionaler und vergleichender Perspektive, Paderborn 1996 (demnächst).
22 Darauf weist auch Berghahn hin.

spielten da aber keine Rolle mehr, im Gegenteil: Das hier entwickelte deutsche Mitbestimmungsmodell mit seiner Arbeitnehmervertretung im Aufsichtsrat ist den amerikanischen Unternehmensverhältnissen und amerikanischem Unternehmerdenken so fremd wie nichts anderes.

III.

Das Lernen von den USA ist ein Leitmotiv der bundesdeutschen Wirtschafts- und Technikgeschichte der fünfziger Jahre. Aber das war damals nicht neu, sondern gewissermaßen Routine. Seit dem späten 19. Jahrhundert gründete sich der industrielle Erfolg der Deutschen nicht zuletzt darauf, daß sie es in der Fähigkeit, von den Amerikanern zu lernen und zugleich amerikanische Produktionssysteme den eigenen Gegebenheiten anzupassen, relativ weit gebracht hatten. Schon vor 1914 galten sie manchmal als die Yankees von Europa. Die Ergebnisse der jüngsten Forschungen haben also ein anderes Bild von der Amerikanisierung der deutschen Wirtschaft entstehen lassen, als es vor allem durch die Arbeiten von Berghahn bisher gezeichnet wurde. Es ist ein Bild, in dem jetzt eher wieder genuin deutsche Anknüpfungspunkte in der Weimarer Zeit identifiziert werden, deren Modernisierungspotential aber erst unter den geänderten ökonomisch-politischen Bedingungen in der Zeit nach 1945 wirksam wurden; oder aber werden wichtige Anstöße zur Veränderung des deutschen Industriekapitalismus in die sechziger Jahre verlegt, in denen das amerikanische Modell keine Anknüpfungspunkte und Prägewirkung mehr ausübte. Daraus ergibt sich, daß zu der von Berghahn favorisierten Zäsur des Endes des industriewirtschaftlichen Sonderwegs infolge der Amerikanisierung Ende der 1950er/Anfang der 1960er Jahre gewichtige neue Zäsuren mit 1926/29 und 1972 dazukommen.

Daß das von Berghahn propagierte Amerikanisierungs-Konzept so eine Prägekraft für die Diskussion der Nachkriegszeit entwickeln konnte, daß es u.a. auch bereits in den früheren makro-ökonomischen Forschungen bestehende Differenzierungen geradezu verschüttet hat, liegt wohl nicht zuletzt daran, daß auch in der Wirtschaftsgeschichte die Kulturgeschichte an Einfluß gewonnen hat; Stichworte wie: Industriekultur, Technische Stile, Unternehmenskultur weisen darauf hin.

Wenn es denn je so etwas wie ein Amerikanisierungs-Konzept gegeben hat, dann löst es sich unter dem Eindruck der neuen Forschungsergebnisse zunehmend auf. Als analytische Kategorie und zentrales Interpretament für die unmittelbare Nachkriegszeit taugt es — zumindest was die Wirtschaftsgeschichte angeht — meines Erachtens daher nicht, dazu ist es zu diffus; das zeigen auch die vielen, letztlich erfolglosen Definitionsbemühungen in einigen der folgenden Beiträge deutlich. Zu sehr ist man bisher von der Existenz eines Amerikanisierungsprozesses als realhistorischer Vorgang ausgegangen, ohne zu sehen, daß vieles dabei oder das meiste nur zeitgenössischer Eindruck und zeitgenössische Wahrnehmung war,[23] die letztlich aber nur als Amerika-Syndrom an der Oberfläche haften blieb. Vor allem in der Zeit von 1945 bis 1949 war die Amerikanisierung vielfach nur Firnis, der sich rasch wieder verflüchtigte. Der Blick vieler Unternehmer nach Amerika ist nicht zu verwechseln mit der Übernahme und Aneignung dessen, was man sah. Der Amerikanisierungsbegriff wird seinen Sinn behalten, aber eben nur als heuristische Kategorie, als Synonym für einen Satz von Fragen nach Technologieaustausch, nach wechselseitigen Kapital- und Investitionseinflüssen, nach Außenhandelsbeziehungen, Unternehmenskontakten, Wettbewerbsverhalten und der gegenseitigen Durchdringung von Managementstilen, d.h. also für ein Bündel von Fragen nach den verschiedenen Dimensionen der *Beziehungsgeschichte* zwischen Deutschland und Amerika.

---

23 Man hat sich ja durchaus einem Amerikanisierungsprozeß ausgesetzt gefühlt. Amerikanisierung ist auch ein zeitgenössischer Begriff, der in den Quellen vorkommt.

Harm G. Schröter

Zur Übertragbarkeit sozialhistorischer Konzepte in die Wirtschaftsgeschichte
Amerikanisierung und Sowjetisierung in deutschen Betrieben 1945-1975[1]

Insbesondere zur Amerikanisierung liegen verschiedene Studien vor, die die Fruchtbarkeit dieses Ansatzes in der Sozialgeschichte beweisen.[2] Im folgenden soll die Tragfähigkeit von Amerikanisierung und Sowjetisierung für den wirtschaftshistorischen Bereich in beiden deutschen Staaten erkundet werden. Es geht hierbei nicht um eine umfangreiche Beschreibung zweier Vorgänge, sondern nur um ein erstes Ausloten, wie weit diese beiden Ansätze zur Interpretation und weiteren Untersuchung der Entwicklung von ökonomischen Lenkungsprozessen in die Wirtschaftsgeschichtsforschung übertragbar sind. Im Zentrum unserer Fragestellung stehen Veränderungen auf der Ebene der Unternehmensleitungen.[3] Es geht darum, wie weit dort Veränderungen greifbar sind, in denen sich Züge einer Amerikanisierung bzw. Sowjetisierung erkennen lassen.

Naturgemäß sind nicht vollständige Implantate, sondern Mischformen zu erwarten.[4] Hieraus ergibt sich ein grundsätzliches Dilemma: Amerikanisie-

---

1 Für viele hilfreiche Hinweise und Kommentare zur Erarbeitung dieses Papiers danke ich vor allem Volker Berghahn, Providence, Rainer Karlsch, Berlin, Verena Schröter, Hamburg, Raymond Stokes, Troy (N.Y.), sowie den vielen Diskutanten des Vortrages in Marburg und Berlin.
2 Vgl. allein die in diesem Band veröffentlichten Studien und die in ihnen angegebene Literatur.
3 Den bisher bedeutendsten Beitrag zu diesem Thema hat Volker Berghahn geliefert. Er hat eine Amerikanisierung besonders auf den Ebenen der Verbände, der (Schwer-) Industrie und des Staates für die Bundesrepublik nachgewiesen (*V. Berghahn*, Unternehmer und Politik in der Bundesrepublik, Frankfurt am Main 1985).
4 Hierauf weist auch Volker Berghahn hin: »Unter Amerikanisierung verstehe ich dabei nicht das völlige Überrollen der deutschen Politik, Wirtschaft, Gesellschaft und Kultur durch Importe aus den USA. Vielmehr entstanden m.E. eigenartige Mischungen aus einheimischen Traditionen und Prinzipien und dem, was über den Atlantik hinweg nach Deutschland einströmte.« (Zur Bedeutung des wirtschafts- und sozialgeschichtlichen Zugriffs auf die deutsche Nachkriegsgeschichte, in: A. Doering-Manteuffel (Hg.),

rung bzw. Sowjetisierung sind von autochthonen Entwicklungen nur schwer zu unterscheiden. Für die Untersuchungszeit ist Amerikanisierung zugleich auch als Modernisierung zu begreifen. Die Umkehrung gilt jedoch nicht: nicht jede Modernisierung läßt auf eine Amerikanisierung schließen. Gleiches gilt für die Sowjetisierung bezüglich der mit aller staatlichen Regelung einhergehenden Bürokratisierung. Auch hier gab es eigenständige Entwicklungen in der DDR, die nicht einer Sowjetisierung anzulasten sind.

Eine erste Schwierigkeit ergibt sich aus den Definitionen. Für die Amerikanisierung hat sich in den Jahren nach dem Zweiten Weltkrieg erst eine positive, dann eine negative und schließlich wieder die positive Konnotation des Begriffs durchgesetzt.[5] Ähnlich wie die Amerikanisierung war auch der Begriff der »Sowjetisierung« wechselnder Bewertung unterworfen; in den 1920er Jahren oft noch positiv, war er nach 1945 eindeutig negativ besetzt. In der DDR wurde er nicht verwendet, sondern mit Wendungen wie ›nach sowjetischem Vorbild‹ bzw. ›nach sowjetischem Muster‹ umschrieben.[6]

Wir verstehen unter Amerikanisierung bzw. Sowjetisierung die Übernahme in die Unternehmensführung von Werten, Verhaltensformen, Verfahrensweisen, Normen und Institutionen, die jeweils in den USA bzw. der Sowjetunion verbreitet waren. Damit umfassen die Begriffe Veränderungen, die teils reflektiert, zum Teil aber auch unreflektiert in der Industrie- und Handelskultur vonstatten gingen und sich als »Arbeitsweise des praktischen Handelns« niederschlagen.[7]

Adenauerzeit. Stand, Perspektiven und methodische Aufgaben der Zeitgeschichtsforschung (1945-1967), Bonn 1993, S. 97-109).

5 Ralf Dahrendorf konstatierte Mitte der 1960er Jahre: »Amerikanisierung ist — wie Masse, Vermassung und Massengesellschaft — meist nicht mehr als ein Synonym für ›schlecht‹ oder ›unsympathisch‹.« (R. *Dahrendorf*, Die angewandte Aufklärung, Gesellschaft und Soziologie in Amerika, München 1963, S. 220. Hingegen besetzt die neuere historische Forschung »Amerikanisierung« meist positiv. (Vgl. den Beitrag von Konrad H. Jarausch und Hannes Siegrist und die dort verwendete Literatur in diesem Band).

6 Akademie der Wissenschaften der DDR, Zentralinstitut für Geschichte (Hg.): DDR, Werden und Wachsen. Zur Geschichte der Deutschen Demokratischen Republik, Berlin, DDR 1974, S. 207, 208, 209, 210, 246, 335.

7 Die »Arbeitsweise des praktischen Handelns« ist nach Burke Ausweis der Mentalität. (P. *Burke*, Stärken und Schwächen der Mentalitätsgeschichte, in: U. Raulff (Hg.), Mentalitäten — Geschichte. Zur historischen Rekonstruktion geistiger Prozesse, Berlin 1987, S. 127-145.) Burke benutzte zwar den Ausdruck »Arbeitsweise der praktischen Vernunft« (S. 127), aber weil Burkes Wortwahl mit der Kantschen identisch ist, so daß

Die Ausgangslage unternehmerischen Verhaltens in Deutschland ist unter anderem von Volker Berghahn, Alfred Chandler und Paul Erker mit den folgenden Stichworten umrissen worden: autoritärer Konservatismus, Hierarchisierung, Staatsnähe, Gewerkschaftsferne, Qualitätsorientierung, Organisationsvermögen sowie Kooperation mit Wettbewerbern und Staat.[8]

Amerikanisierung und Sowjetisierung sind überwiegend grundverschieden und in weiten Teilen, wie z.B. Zielsetzung und Methoden, gegensätzlich. Während die Amerikanisierung einsickern konnte, wurde Sowjetisierung stärker verordnet. Jedoch sollen gerade wegen der grundlegenden Differenzen jene Punkte, in denen die beiden Vorgänge sich ähneln, voranstehnd benannt werden. Gemeinsam ist ihnen, daß sie als Konzepte verfolgt wurden; vorwiegend um Deutschland dauerhaft die Möglichkeit zu nehmen, erneut einen Krieg zu entfachen.[9] Gleichzeitig waren mit ihnen Hegemoniebestrebungen der beiden Großmächte verknüpft, um durch institutionelle und mentale Veränderungen die politische Bindung des jeweiligen Partners zu flankieren.[10]

Schließlich hat Paul Erker kürzlich die These gewagt, daß die tatsächlichen Ergebnisse der Amerikanisierung und Sowjetisierung bezüglich der wirtschaftlichen Führungstätigkeit in Unternehmen und Betrieben sich einander angeglichen hätten: »Moderne Industriestaaten ... bilden weitgehend unabhängig vom politischen und ökonomischen System ähnliche Funktionen der wirtschaftlichen Leitungs- und Lenkungstätigkeit heraus.«[11] Dies ist zu hinterfragen.

Mißverständnisse entstehen könnten, haben wir einen anderen, passenden Ausdruck gewählt.
8 *Berghahn*, Unternehmer, S. 20-33; *A. Chandler*, Scale and Scope, Cambridge 1990; *P. Erker*, Industrie-Eliten in der NS-Zeit, Anpassungsbereitschaft und Eigeninteresse von Unternehmern in der Rüstungs- und Kriegswirtschaft 1936-1945, Passau 1993.
9 *W. Benz*, Erzwungenes Ideal oder zweitbeste Lösung? Die Prägung der Bundesrepublik durch die Alliierten, in: W. Benz (Hg.), Zwischen Hitler und Adenauer: Studien zur Nachkriegsgesellschaft, Frankfurt am Main 1991.
10 *H. Schröter*, Perspektiven der Forschung: Amerikanisierung und Sowjetisierung als Interpretationsmuster der Integration, in: Schremmer (Hg.), Integration als wirtschaftliches Problemfeld, (i.E.) 1996.
11 *Erker*, Industrie-Eliten, S. 93.

1. Die Amerikanisierung

Tendenzen einer Amerikanisierung in westdeutschen Unternehmensleitungen sollen hier exemplarisch auf drei Feldern gesucht werden: a) institutionelle Reorganisation, b) Wege und Medien der Einflußnahme und c) Verhaltensänderungen. Dagegen bleiben andere Felder, die Tendenzen einer Amerikanisierung belegen könnten, ausgespart.[12]

Die institutionelle Amerikanisierung

Infolge der amerikanischen Antitrust- und Antikartellpolitik wurden die IG Farben, die Vereinigten Stahlwerke (VSt) und die Großbanken entflochten, sowie alle Kartelle verboten. Unsere Frage ist, wie weit diese oktroyierten institutionellen Veränderungen eine Amerikanisierung bewirkten.

Das Modell der eingeübten kooperativen Arbeitsweise wurde in Westdeutschland anfangs kaum hinterfragt. Die Existenz der in der DDR bei ehemals führenden Mitarbeitern immer wieder gegeißelten »alten Konzernideologie« im Sinne einer gewissen Loyalität kann nicht in Bausch und Bogen abgestritten werden. Auch nach der Entflechtung trafen sich die Unternehmensleitungen der entstandenen Einzelfirmen regelmäßig; eine Tatsache, die von Kollegen als Normalität erachtet wurde.[13] Interessant ist, daß die zweite Generation von Spitzenmanagern nach 1945, die nur kurz oder gar nicht mehr in der Tradition der IG Farben oder VSt gestanden hatte, diese speziellen Kontakte nicht fortsetzte.[14] Auch für die Deutsche Bank sind derartige Treffen aufgezeichnet.[15] Jedoch ist die Frage, ob damit eine potentielle Ame-

---

12 So wäre z.B. der traditionelle Widerstand in der deutschen Führungsschicht gegen die Amerikanisierung, der sich z.B. in der Harzburger Schule manifestierte, ein solches Untersuchungsfeld.
13 Interview mit Hans-Jürgen Hamann vom 12. Juli 1989. Herr Hamann war 1958-1978 Vorstandsmitglied und 1978-1984 Vorsitzender und seitdem Ehrenvorsitzender des Aufsichtsrates der Schering AG.
14 Ebd.
15 *B. H. J. Baehring*, Versuch eines Portraits, Frankfurt am Main 1981; *C.-L. Holtfrerich*, Die Deutsche Bank vom Zweiten Weltkrieg über die Besatzungsherrschaft zur Rekonstruktion, in: L. Gall u.a., Die Deutsche Bank 1870-1995, München 1995, S. 409-578.

rikanisierung behindert wurde, in der Forschung nicht ausreichend untersucht.

Dauer und Tiefe der Entflechtung waren unterschiedlich. Während aus der IG Farben drei große Unternehmen hervorgingen, gelang es Thyssen, das Erbe der VSt anzutreten.[16] Den Großbanken gelang schon 1957 die Fusion ihrer regionalisierten Teile. Das Prinzip der Universalbank, die grundlegende Struktur des deutschen Bankwesens, blieb von vornherein erhalten. Für die entflochtenen Unternehmen kann von einer geglückten Amerikanisierung nur bezüglich der Chemiebranche und dort auch nur aus *institutioneller Sicht* gesprochen werden.

Anders ist das Problem der Kooperation, die von Alfred Chandler als wichtigstes Charakteristikum eines deutschen Kapitalismus hervorgehoben wurde,[17] zu bewerten. Das Kartellverbot der Militäradministration wurde vom Bundeskartellgesetz 1957 übernommen.[18] In der Praxis existierte zwar nur eine geringe Zahl von genehmigten Ausnahmen, jedoch zeigt die Menge der Anträge auf eine Ausnahmegnehmigung ebenso wie die der verfolgten illegalen Absprachen, daß die Neigung zu kooperativem Verhalten weiterhin erheblich war.[19] Die amerikanische Sichtweise, Kartelle negativ zu bewerten, brauchte in der Bundesrepublik mehr als eine Generation, um sich vollständig durchzusetzen.[20]

---

16 Schon 1965 war Thyssen der bedeutendste Rohstahlerzeuger in Europa und drittgrößtes Unternehmen in der Bundesrepublik. (*H. Uebbing*, Wege und Wegmarken. 100 Jahre Thyssen, Berlin 1991, S. 70).
17 *Chandler*, Scale, S. 393-592.
18 *Berghahn*, Unternehmer, S. 84-111; *H. Schröter*, Kartellierung und Dekartellierung 1890-1990, in: Vierteljahrschrift für Sozial- und Wirtschaftsgeschichte, Bd. 81, 1994, S. 457-493.
19 Zwischen 1957 und 1982 wurden 716 Anträge auf Ausnahmegenehmigung gestellt, von denen 445 positiv entschieden wurden. Die Zahl von Ermittlungsverfahren lag weit höher: Sie betrug 1958 623 und 1964 2310 (*Schröter*, Kartellierung, S. 485).
20 Im europäischen Ausland meist sogar noch länger (*Schröter*, Kartellierung, S. 484-487). Hieraus ergibt sich die Frage, wie weit nicht nur beim Zustandekommen des EWG-Vertrages die US-Politik geholfen hat, sondern wie weit auch in der Formulierung einzelner Paragraphen, wie z.B. das Kartellverbot (§§ 85, 86), Einfluß und damit eine Amerikanisierung erkennbar ist?

Medien und Wege der Amerikanisierung

Werner Link hat eine Reihe von Konferenzen und Gesprächskreisen von deutschen und amerikanischen »Geschäftsleuten« samt ihren Teilnehmern aufgezählt. Mit durchschnittlich nur einer Veranstaltung pro Jahr war die Zahl dieser formellen Kontakte überraschend klein.[21] Von einer so niedrigen Frequenz sind, im Gegensatz zu der von Link vertretenen Auffassung, keine durchschlagenden Anstöße zugunsten von Verhaltensänderungen zu erwarten.

Wichtiger als institutionelle Begegnungen waren einerseits die Reiseberichte deutscher Manager und andererseits die infolge der Direktinvestitionen umfangreiche Präsenz amerikanischer Manager in Deutschland. Die Anzahl solcher Tochterunternehmen stieg zwischen 1954 und 1974 von 51 auf 520 Firmen.[22] Wenn auch die meisten dieser Unternehmen relativ klein waren, so gab es gleichzeitig besonders große, wie z. B. Ford, Esso oder IBM, die jeweils die Entwicklung ihrer gesamten Branche prägten. Ein Automobilbau großen Stils war ohne die amerikanischen Methoden und Maschinen kaum denkbar. Offen bleibt aber die Frage, wie stark sich die Amerikanisierung durch Kontakte und Nachahmung eines Vorbildes durchgesetzt hat. Über die Studie von Hartmann hinaus gibt es hierzu keine weiteren Untersuchungen.[23] Ein »Versuch ..., die westdeutsche Industrie *systematisch* an das amerikanische Industriesystem anzupassen ...«,[24] ist nicht erkennbar. Generell ist in einem kapitalistischen Wirtschaftssystem ein ökonomischer Anpassungszwang infolge vielfältiger flexibler Kompensationsmöglichkeiten nicht vorhanden —

---

21 *W. Link*, Deutsche und amerikanische Gewerkschaften und Geschäftsleute 1945-1975, Düsseldorf 1978, S. 100ff, 263.
22 *H. Kiesewetter*, Amerikanische Unternehmen in der Bundesrepublik und ihre Entwicklung in den einzelnen Branchen, in: H. Kaelble (Hg.), Der Boom 1948-1973, Gesellschaftliche und wirtschaftliche Folgen in der Bundesrepublik Deutschland und in Europa, Opladen 1992, S. 70-81. Link gibt für 1971 588 US-Unternehmen mit Direktinvestitionen an (*Link*, Gewerkschaften, S. 39). Die von Jürgen Kuczynski schon für das Jahr 1950 angegebene Zahl von 447 US-Direktinvestitionen mit einem investierten Kapital von DM 683,9 Millionen, die auch Kiesewetter bezweifelt (S. 71), ist unglaubwürdig. Erst 1951 war es den US-Unternehmen von der US-Regierung gestattet worden, überhaupt in Deutschland Kapital direkt zu investieren. Die notwendige formale Rechtssicherheit für das Betreiben von Geschäften erhielten die USA erst durch das Wiederinkraftsetzen des Handelsvertrages im April 1953.
23 *H. Hartmann*, Amerikanische Firmen in Deutschland, Köln 1963.
24 *Berghahn*, Unternehmer, S. 246.

um so weniger unter den Absatzbedingungen des internationalen Booms bis 1973.[25]

In der Frage der Amerikanisierung spielten personelle Kontinuitäten und Brüche natürlich eine große Rolle. Vielfach überstand die Wirtschaftselite ohne große Brüche den Wechsel vom NS-Staat zur Bundesrepublik. Mitte der 1960er Jahre waren nur 16 Prozent der Spitzenmanager unter 50 Jahre,[26] d.h. über 80 Prozent waren in der Zwischenkriegszeit maßgeblich sozialisiert worden. Naturgemäß fuhren viele von ihnen in der »bewährten« »Arbeitsweise des praktischen Handelns« fort.[27] In der Tat hat Hartmann in seinen Felduntersuchungen Ende der 1950er Jahre vorwiegend herkömmlich-autoritäre Einstellungen im Spitzenmanagement festgestellt.[28] Berghahn datiert eine Amerikanisierung in den Managementmethoden deshalb auf den Generationswechsel, der zu Beginn der 1960er Jahre einsetzte.[29] Hier ist eine interessante zeitliche Verschiebung zwischen vorgezogener sozialer und nacheilender ökonomischer Amerikanisierung zu beobachten, die eine weitere Untersuchung herausfordert.

In der Frage der Amerikanisierung der Wirtschaftselite sollte jedoch stärker differenziert werden, denn eine Reihe von Spitzenmanagern, wie z.B. Otto Friedrich,[30] betrieb eine aktive Amerikanisierungspolitik: Der Vorstandsvorsitzende von Glanzstoff, Ludwig Vaubel, initiierte den Wuppertaler Kreis zur Weiterbildung von Führungskräften.[31] Sie findet eine ihrer deutlichsten Ausprägungen in Karl Winnacker, dem Hoechster Vorstandsvorsit-

---

25 Paul Erkers These: »Die Reintegration des deutschen Industriekapitalismus in eine von den Amerikanern dominierte Weltwirtschaft *erforderte* sowohl strukturell-institutionelle als auch mentale Adaptionsleistungen der Unternehmer,« scheint in dieser Schärfe überzogen. Allerdings relativiert Erker dieses »Erfordernis« in den folgenden Sätzen und verweist auf die lange Zeit, bis es schließlich erreicht wurde. (*Erker*, Industrie-Eliten, S. 77, Hervorhebung von mir — H.G.S.).
26 *Erker*, Industrie-Eliten, S. 79.
27 *Burke*, Stärken.
28 H. *Hartmann*, Der deutsche Unternehmer, Frankfurt am Main 1968.
29 *Berghahn*, Unternehmer, S. 293. Auch Erker weist dem »altersbedingten Wechsel der Industrieelite« eine entscheidende Funktion zu, der sich seiner Ansicht nach jedoch schon in der 1950er Jahren angebahnt hatte (*Erker*, Industrie-Eliten, S. 82). Der Widerspruch zu *Hartmanns* Felduntersuchungen wird von ihm nicht thematisiert.
30 V. *Berghahn*, P. J. *Friedrich*, Otto A. Friedrich, Frankfurt am Main 1993.
31 V. *Berghahn*, West German Reconstruction and American Industrial Culture, 1945-1960, in: R. Pommerin (Hg.), The American Impact on Postwar Germany, Oxford 1994, S. 65-81, 76.

zenden.[32] Nachdem Winnacker seine anfänglichen Ressentiments gegenüber den Amerikanern überwunden hatte, besuchte er jedes Jahr die USA. Dabei ließ er sich jeweils von Hoechster Spitzenmanagern begleiten, um sie mit den US-Verhältnissen vertraut zu machen. Im Unternehmen galt das Verhalten auf diesen Reisen als Prüfstein für die weitere Karriere. Eine solche aktive Förderung der Amerikanisierung bei Nachwuchskräften ist bisher in ihrer Breite und Tiefe nicht untersucht worden. Das Gleiche gilt für Entscheidungsträger, wie z.B. Heinz Nixdorf, Heinrich Neckermann oder Max Grundig, die ohne intensive Vorprägung in Großfirmen Unternehmen aufbauten, welche auf ein amerikanisches Marktverständnis von Massenkonsum setzten. Auch dort ist zu vermuten, daß eine Amerikanisierung eher stattfand als in anderen Firmen, weil keine Tradition zu überwinden war.

Die Beispiele lassen eine Differenzierung nach Branchen erkennen, die historische Unterschiede wieder belebten: Während Kohle und Stahl sich nur langsam veränderten, zeigten Chemie, Elektrotechnik und die Automobilindustrie eine stärkere Aufgeschlossenheit gegenüber der Amerikanisierung.[33] Nicht zuletzt war in diesen Branchen der technologische Vorsprung der USA besonders ausgeprägt. Technologietransfer ist auch immer zugleich ein Wertetransfer.[34] Es wäre jedoch falsch, die Amerikanisierung vor allem in jenen Branchen zu suchen, die auf Massenkonsum ausgerichtet waren — die Chemie wäre das beste Gegenbeispiel.

Als Medium und Gradmesser für eine Amerikanisierung könnten begriffliche und sprachliche Veränderungen dienen. Verschiedene Begriffe wie z.B.

---

32 Andere Spitzenmanager verhielten sich ähnlich. Der Vorstandsvorsitzende von Hüls, Paul Baumann, hatte mehrere Jahre im amerikanischen Baton Rouge gearbeitet. Er pflegte engste Beziehungen zur US-Industrie. Auf Wunsch von Ulrich Haberland, dem ersten Vorstandsvorsitzenden von Bayer nach dem Kriege, mußte sein designierter Nachfolger Hansen ein Jahr in den USA arbeiten. Schon unter Haberland brach die Bayer AG als erstes großes Unternehmen mit der deutschen IG-Farben Tradition, möglichst nicht im Ausland zu fertigen, und errichtete dort Produktionsanlagen. (*V. Schröter*, Participation in Market Control Through foreign investment: IG Farbenindustrie AG in the United States, 1920-38, in: A. Teichova, M. Levy-Leboyer, H. Nußbaum (Hg.), Multinational Enterprise in Historical Perspective, Cambridge 1986, S. 171-184.

33 *Erker*, Industrie-Eliten, S. 80.

34 *Berghahn*, Technology and the Export of Industrial Culture: Problems of the German-American Relationship 1900-1960, in: P. Mathias u. J. A. Davis (Hg.), Innovation and Technology in Europe: From the Eigteenth Century to the present day, Cambridge/Mass. 1991, S. 142-161.

»terms of trade« oder »cif« (cost, insurance, freight) und »fob« (free on board) waren schon vor dem Zweiten Weltkrieg in die deutsche Wirtschaftssprache übernommen worden. Eine nur oberflächliche Erkundung unternehmerischer Äußerungen zeigt, daß bis Mitte der 1970er Jahre nur wenige neue Begriffe hinzugetreten sind. Zu ihnen gehören »Public Relations« und »Feedback« sowie »Holding«. In vielen Fällen wurde dagegen auf ein entsprechendes deutsches Wort zurückgegriffen oder ein neues entwickelt.[35] Von »Jointventures«, »Cash flow« oder »Portfoliomanagement« wurde dagegen im allgemeinen erst später gesprochen. Sprache ist ein Medium, das mentale Veränderungen in der Arbeitsweise des täglichen Handelns, somit auch gerade im betrieblichen Geschehen erkennbar macht. Jedoch ist in der Periode bis 1975 in dieser Hinsicht nur wenig sprachliche Amerikanisierung zu konstatieren. Dagegen ändert sich das Bild ab den 1980er Jahren erheblich.[36] Eine sprachliche Spiegelung betrieblichen Geschehens und der sozialen Umwelt wäre schon ein Desiderat.[37]

Die Amerikanisierung in der Unternehmensführung

Amerikanische Unternehmensführung zeichnete sich durch eine Mischung von Konflikt- und zugleich Verständigungsbereitschaft aus. Konflikte wurde öffentlich und hart ausgetragen, danach war aber trotz des Streits die Möglichkeit der Zusammenarbeit gegeben. Darin kam eine Anerkennung des Gegners bzw. Partners zum Ausdruck, die im deutschen Modell fehlte.

Von besonderer Bedeutung für unsere Frage ist das Verhältnis zu den Gewerkschaften. Volker Berghahn, Werner Link und Gloria Müller haben hierzu Untersuchungen vorgelegt und auf die fundamentalen Veränderungen

---

35 So entwickleten 1957 die USA die »Critical-Path Method« zur Steuerung komplizierter Abläufe z.B. bei Großbauten. Die Methode wurde in der Bundesrepublik sehr schnell, aber unter dem deutschen Begriff »Netzplantechnik« übernommen.
36 Berghahn hat darauf verwiesen, daß »die westdeutsche Industrie der achtziger Jahre offensichtlich ›amerikanisierter‹ ist als die der fünfziger« (*Berghahn,* Unternehmer, S. 252), allerdings ohne daraus die Konsequenz zu ziehen, diese Zeit für seine Amerikanisierungsthese mit zu untersuchen.
37 H. Fink, J. Linke, Neologismen in der Sprache der amerikanischen Ökonomie, Freiberger Arbeitspapiere Nr. 95/17, Freiberg 1995.

in der Bundesrepublik hingewiesen.[38] Von der Konfrontation zur Mitbestimmung, die dann schließlich auch innerlich von der Unternehmerseite akzeptiert wurde, war es ein erheblicher Weg, der ohne amerikanische Initiative wohl nicht hätte zurückgelegt werden können, auch wenn korporative Konstruktionen in Deutschland wie z.b. die ZAG (Zentralarbeitsgemeinschaft) schon von der Konfrontationslinie abwichen.[39] Die Verhaltenszäsur erfolgte aber erst in den 1970er Jahren, am Ende und nach der Untersuchungsperiode.

Manches, was bei oberflächlicher Betrachtung als Amerikanisierung erscheinen könnte, kann nicht in diese Kategorie eingeordnet werden. Ob eine Modernisierung der Amerikanisierung zuzuordnen ist oder eine autochthone Entwicklung darstellt, kann nur durch genaue Untersuchung des Einzelfalls entschieden werden. Raymond Stokes hat für die chemische Industrie nachgewiesen, wie langwierig der Prozeß des Umdenkens selbst bei besten Voraussetzungen war. Die gedankliche Abkehr von Autarkievorstellungen und die Akzeptanz der Einbindung in den Weltmarkt benötigten selbst in dieser exportorientierten Branche eine Reihe von Jahren.[40]

Verschiedene Elemente eines typisch amerikanischen Führungsstils wurden gar nicht oder nur zögernd übernommen. Bis heute fehlt die amerikanische Orientierung auf kurzfristigen Erfolg. Das herkömmliche deutsche Finanzgebaren erwies sich gegenüber der Amerikanisierung als resistent. Ebenso blieb das Denken Kategorien des Einflusses und der Beherrschbarkeit verhaftet. Während in den USA der Gedanke der Risikoteilung zu einer Fülle von Joint-ventures führte, blieb diese Form der Kooperation den westdeutschen Unternehmen fremd. Wo sie aufgrund ihres Kapitalmangels auf Jointventures angewiesen waren, wie z.B. bei vielen Direktinvestitionen, wurde der Partner sobald wie möglich ausgekauft, oder aber das deutsche Unternehmen zog sich zurück.

Traditionell waren die deutschen Spitzenmanager naturwissenschaftlich ausgebildet, aber im Laufe der Zeit rückten immer mehr Kaufleute auf. In

---

38 *Link*, Gewerkschaften; *Berghahn*, Unternehmer, S. 202-257; *G. Müller*, Mitbestimmung in der Nachkriegszeit. Britische Besatzungsmacht — Unternehmer, Gewerkschaften, Düsseldorf 1987; *V. Berghahn, D. Karsten*, Industrial Relations in West Germany, Oxford 1987.
39 *Link*, Gewerkschaften, S. 44-87.
40 *R. Stokes*, Opting for Oil, in: ders., The Political Economy of Technological Change in West German Chemical Industry, 1945-1961, Cambridge, 1994, S. 233-252.

diesem Wandel ist eine Amerikanisierung — wahrscheinlicherweise aber vor allem eine Modernisierung — zu erkennen. Zudem hatte diese Entwicklung schon vor dem Zweiten Weltkrieg begonnen, so daß mit der Diagnose Amerikanisierung hier vorsichtig umzugehen wäre. Sie setzte in den 1950er und 1960er Jahren nur fort, was in der Zwischenkriegszeit begonnen hatte; darüber hinaus beschleunigte sich diese Modernisierung seit den 1970er Jahren.

Infolge des durch das NS-Regime und den Krieg erzwungenen Modernisierungsstaus existierte nach 1945 ein besonders großer Druck zu Neuerungen. Es liegt nahe, sie in Hinblick auf eine potentielle Amerikanisierung abzuklopfen. Jedoch sind viele Veränderungen, die auf den ersten Blick wie eine Amerikanisierung aussehen, in Anknüpfung an die Weimarer Republik und nicht nach amerikanischem Vorbild durchgeführt worden. So arbeitete z.B. bei der Firma Glanzstoff schon Anfang der 1950er Jahre ein »Betriebspsychologischer Dienst«. Natürlich liegt es nahe, hier eine Amerikanisierung zu vermuten. Kenner der Materie führen diese Einrichtung aber einerseits auf ein Wiederaufnehmen der schon 1925 gegründeten betriebsinternen Abteilung »Psychotechnik« und andererseits auf akute betriebliche Zwänge zurück.[41]

Trotz des Kapitalmangels und des Neuerungsbedarfs faßten manche Dienstleistungen, die in den USA verbreitet waren, nur schwer Fuß. Ein Leasing technischer Güter, von Produktionseinrichtungen bis zum PKW, setzte sich in der Bundesrepublik nicht durch. Als zweites Beispiel ist neben dem Leasing vor allem die Unternehmensberatung zu nennen. Wenn überhaupt, erfolgte eine Beratung durch Hausbank oder Steuerberater. Die externe Unternehmensberatung wurde erst durch die amerikanischen Direktinvestitionen ›hoffähig‹ gemacht. Noch Mitte der 1970er Jahre waren die einzigen überregional bekannten Unternehmensberatungsfirmen in Deutschland McKinsey und Booz Allen, beide ihrerseits US-Multis. Auf diesem Gebiet setzte die Amerikanisierung erst ab Mitte der 1970er Jahre ein.

Eine besonders gegen die Amerikanisierung resistente Branche scheint der Finanzsektor zu sein. Wie wenig Einwirkung hier vorhanden war, illustriert die Begründung des Vorstandssprechers der Deutschen Bank, Hilmar Kop-

---

41 »Da der nach 1948 bestehende Mangel an Kapital die technische Rationalisierung begrenze, müßten Maßnahmen der Arbeitsrationalisierung an ihre Stelle treten.« (*W. E. Wicht*, Glanzstoff, Zur Geschichte der Chemiefaser, eines Unternehmens und seiner Arbeiterschaft, Bergische Forschungen Bd. 22, Siegen 1992, S. 215).

per, die er 1990 für den Kauf der britischen Gesellschaft Morgan Grenfell anführte: »Um erfolgreich international zu wachsen, müssen wir bei den ›human resources‹ viel stärker auf das Ausland zurückgreifen. ... Das internationale Merchant Banking denkt, spricht und handelt angelsächsisch. Wir müssen diese ›Kultur‹ akzeptieren, sie als multinationales Element integrieren, sich entfalten lassen und sie nutzen.«[42]

Ein ähnliches Defizit zeigt sich auf einem anderen Gebiet typisch amerikanischen Unternehmensverhaltens, auf dem Sektor des Marketing. In unserer Untersuchungsperiode wurde nicht nur der Begriff kaum verwendet, sondern auch das Instrument vernachlässigt. Natürlich gab es Reklame, Verkaufsförderung und Werbung.[43] Marketing ist aber ein weit umfassenderer Ansatz.[44]

2. Die Sowjetisierung

Die institutionelle Sowjetisierung

Die Sozialisierung und die Einheit von Wirtschaft und Staat ließen keinen Spielraum für auch nur teilautonomes Handeln, weil es aus sozialistischer Sicht nur negative Folgen haben konnte.[45] Alle intermediären Institutionen wurden in das neue, hierarchische sozio-ökonomische System eingebunden. Die Banken wurden als Instrument zur Kontrolle der Betriebe betrachtet. Politische Entscheidungen hatten stets Vorrang vor wirtschaftlichen Erfordernissen.

---

42 *H. Kopper*, Rechenschaftsbericht für das Geschäftsjahr 1989, in: Deutsche Bank (Hg.), Bericht über die Hauptversammlung am 16.Mai 1990 in Essen, o.O. (Frankfurt am Main) 1990, S. 5-22, bes. S. 13. Es waren also nicht zuletzt *Defizite* im Bereich Amerikanisierung, die zum Kauf des britischen Bankhauses führten.

43 *P. Borscheid, C. Wischermann* (Hg.), Bilderwelt des Alltags, Werbung in der Konsumgesellschaft des 19. und 20. Jahrhunderts, Stuttgart 1995.

44 *G. Haedrich, T. Tomczak*, Strategische Markenführung. Planung und Realisierung von Marketingstrategien für eingeführte Produkte, Bern/Stuttgart 1990.

45 *H. Nick*, Gesellschaft und Betrieb im Sozialismus: Zur zentralen Idee des ökonomischen Systems des Sozialismus, Berlin (DDR) 1970.

Ein wichtiges Merkmal institutioneller Sowjetisierung war — im Gegensatz zur amerikanischen Entflechtung — die ökonomische Konzentration. Sie kulminierte zu Beginn der 1970er Jahre mit der Bildung von noch größeren Kombinaten.[46] Während die Kombinate in wirtschaftlicher Hinsicht nur sehr beschränkte Befugnis hatten, wiesen sie zugleich in ökonomischer und sozialer Hinsicht eine nur geringe Verflechtung mit ihrer Umwelt auf. Bau- und z. T. sogar maschinelle Konstruktionen wurden ebenso wie Sozialleistungen (Sportstätten, Wohnungen, Urlaubsheime) von der VVB erbracht, die dadurch immer mehr zu einer Art ökonomischer Inseln wurde. Zwar konnte damit an bestehende deutsche Traditionen von Betriebsküchen, Werkswohnungen, medizinischen Diensten usw. angeknüpft werden, aber Umfang und Anspruch waren unterschiedlich.[47] Auch eine weitere deutsche Tradition im wirtschaftlichen Leitungsprozeß wurde fortgesetzt: die kooperative Haltung. Konkurrenz und Wettbewerbsdenken waren ausgeschaltet und durch eine Art bürokratischer — oder auch kartellmäßiger — Zuständigkeit für bestimmte Leistungen ersetzt.

Ein weiteres Zeichen der Sowjetisierung war der Primat der Politik über die Ökonomie. Spätestens in der zweiten Hälfte der 1950er Jahre setzte sich die Politik gegenüber der Wirtschaft durch, wobei ökonomische Nachteile bewußt in Kauf genommen wurden. Diese Politisierung wird unter anderem an dem Wechsel von Direktoren in den Aufbaujahren deutlich. Alle wirtschaftlich und politisch wichtigen Personen waren in das von der Sowjetunion übernommene Nomenklatursystem eingeordnet, sie wurden von ihrem Betrieb als »Kader« geführt. In der Kaderakte wurden vor allem alle politischen Aktivitäten aufgezeichnet. Ohne Kaderakte, d.h. ohne Zustimmung des Betriebes, war ein Wechsel der Arbeitsstelle in der Regel nicht möglich.[48]

---

46 *J. Rösler*, Die Herausbildung der sozialistischen Planwirtschaft in der DDR, Berlin (DDR) 1978.
47 So beschäftigte das Elektrochemische Kombinat Bitterfeld zu Ende der 1980er Jahre 38 Prozent (6.800 von 18.000) seiner Angehörigen in diesem Sektor (100 Jahre Chemiestandort Bitterfeld-Wolfen, o.O. 1993).
48 Allein hieran wird deutlich, daß die Konvergenzthese, die Paul Erker für die Ebene des Managements vertritt, abwegig ist. (»Die DDR-Manager standen, was die Entscheidungsfähigkeit, den Führungsstil und die Handlungsspielräume im Rahmen der von den Plandirektiven des Ministerrats gestellten Richtlinien für die Unternehmensstrategie angeht, ihren westdeutschen Kollegen nicht viel nach. Auch die Leitungsstruktur volkseigener Betriebe und Kombinate lagen zunehmend durchaus innerhalb des Rahmens der divisionalen Organisation privater Großunternehmen. Moderne Industrie-

Eine bedeutende institutionelle Veränderung betraf die Rolle der Gewerkschaften. Auch sie wurden nach sowjetischem Vorbild nicht als eigenständige Interessenorganisationen geduldet, sondern stellten die berühmten »Transmissionsriemen der Partei« dar. Der Gegensatz zu den »amerikanisierten» westdeutschen Gewerkschaften als unabhängige und partnerschaftliche Interessenorganisationen ist augenscheinlich. Durch den FDGB erfuhr die Gewerkschaftsbewegung nicht nur eine institutionelle Angleichung an die UdSSR, sondern auch die Aktivitäten wurden dem Vorbild sowjetischer Gewerkschaften angeglichen. Der FDGB propagierte nicht nur sowjetische Arbeitsmethoden, sondern organisierte ab 1959 auch einen umfassenden Erfahrungsaustausch mit »Brigaden der kommunistischen Arbeit« in der Sowjetunion. Auch die Wirtschaftsleitung und Arbeitsorganisation wurden Anfang der 1950er Jahre nach »sowjetischem Vorbild«[49] reorganisiert. Die ehemaligen Arbeitskolonnen mit ihrem Vorarbeiter wurden zu Kollektiven mit einem Brigadier.[50]

Ein wichtiger institutioneller Weg der Sowjetisierung war die Umstellung der Normen und Maße auf die von der DIN abweichenden sowjetischen Vorgaben, die GOST-Normen.[51] Manche institutionellen Veränderungen konnten aber in der Praxis variiert werden. Mehrfach griff die Regierung sogar in die als Gesetz verabschiedeten volkswirtschaftlichen Pläne ein und

---

staaten, so ließe sich daraus als allgemeine These ableiten, bilden weitgehend unabhängig vom politischen und ökonomischen System ähnliche Funktionen der wirtschaftlichen Leitungs- und Lenkungstätigkeit heraus.« *Erker*, Industrie-Eliten, S. 93). Vgl. dagegen u.a. *G. Gutmann*, Marktwirtschaftliche und zentralgeleitete Wirtschaftsordnungen. Ein System und Effizienzvergleich, in: W. Fischer (Hg.), 1995 (i.E.); *K.-E. Schenk*, Zum Vergleich der Innovationsorganisation in unterschiedlichen Wirtschaftssystemen, in: ders. (Hg.), Studien zur politischen Ökonomie (Ökonomische Studien Bd. 32), Stuttgart/ New York 1982, S. 85-97.

49 So die offizielle Geschichtsdarstellung zum 25. Jahrestag der Staatsgründung (*H. Heitzer*, Teil II, 1949-1955, in: Heitzer, Heinz (Leiter des Autorenkollektivs), DDR Werden und Wachsen, Zur Geschichte der Deutschen Demokratischen Republik, Berlin (DDR) 1974, S. 153-263, bes. S. 207.
50 Zu den Brigaden vgl. *J. Rösler*, Die Produktionsbrigaden in der Industrie der DDR. Zentrum der Arbeitswelt? in: H. Kaelble, J. Kocka, H. Zwahr (Hg.), Sozialgeschichte der DDR, Stuttgart 1994, S. 144-170.
51 Gost war die Abkürzung für die in der UdSSR gültigen Normen.

veränderte sie.⁵² Das wirtschaftliche System der DDR war deshalb flexibler, als es nach dem Buchstaben des Gesetzes den Anschein hatte.

Wege und Medien der Sowjetisierung

Ein besonderer Vorsprung in der Sowjetisierung ist vorderhand bei jenen Betrieben zu vermuten, die bis 1953 unter der Leitung der UdSSR als Sowjetische Aktiengesellschaften (SAG) standen. Dem widersprechen Rainer Karlsch und Johannes Bähr: »Ins Reich der Legenden gehört die These von den SAG-Betrieben als planwirtschaftlichen Musterbetrieben. Eher dürfte das Gegenteil zutreffen.«⁵³

Die politisch erzwungene außenwirtschaftliche Orientierung auf die UdSSR ist — im Gegensatz zum Autarkiedenken, das weiterhin gepflegt werden mußte — ebenfalls als Weg einer Sowjetisierung zu verstehen. Schon 1951 wurde die Angleichung an den sowjetischen Planungstakt vollzogen. Gerade die SAG-Betriebe wurden der sowjetischen Nachfrage angepaßt. Aus ökonomischer Sicht nahmen die Betriebe jedoch die Ausrichtung auf die RGW-Staaten auch deutlich in ihrer Ambivalenz wahr. Weil verschiedene Güter aus Gründen der Devisenbewirtschaftung oder des Embargos der Co-com-Liste im Westen nicht zu erhalten waren, stand zur UdSSR keine Alternative zur Verfügung. Aber das Wissen, daß es sich hierbei um eine zweitbeste Lösung handelt, verhinderte eine umfangreiche mentale Sowjetisierung.

Im Allgemeinen ist das Bild vom Wiederaufbau in SBZ und DDR wesentlich von personellen Diskontinuitäten in den Betriebsleitungen gekennzeichnet, für die wirtschaftlich besonders wichtigen SAG trifft diese Aussage jedoch nicht zu. Da die UdSSR mit ihren SAG ausschließlich wirtschaftliche Interessen verfolgte, setzte hier erst nach der Übergabe der SAG an die DDR zu Beginn der 1950er Jahre ein Wechsel ein.

---

52 Z.B. bei den Ölkrisen (*H. G. Schröter*, Ölkrisen und Reaktionen in der chemischen Industrie beider deutscher Staaten. Ein Beitrag zur Erklärung wirtschaftlicher Leistungsdifferenzen, in: W. Fischer Hg., Berlin 1996 i.E.).
53 *R. Karlsch, J. Bähr*, Die Sowjetischen Aktiengesellschaften (SAG) in der SBZ/DDR. Bildung, Struktur und Probleme ihrer inneren Entwicklung, in: K. Lauschke, Th. Welskopp (Hg.), Mikropolitik im Unternehmen. Arbeitsbeziehungen und Machtstrukturen in industriellen Großbetrieben des 20. Jahrhunderts, Bochum 1994, S. 214-255.

Gemäß dem Primat der Politik gegenüber der Wirtschaft gewann im Laufe der Zeit die politische Dimension gegenüber der fachlichen für jeden beruflichen Aufstieg zunehmend an Bedeutung. Weniger unternehmerische Initiative und die Bereitschaft, Verantwortung zu übernehmen, waren karriereförderlich, sondern eher politisches Jasagertum und fachliche Unauffälligkeit. In dieser Hinsicht war die Sowjetisierung in der Wirtschaft schon Mitte der 1960er Jahre weit fortgeschritten.[54]

Zu Beginn der 1950er Jahre wurde in Großbetrieben eine wöchentliche politische Schulung eingeführt, die meist ca. eine halbe Stunde dauerte. Sie fand während der Arbeitszeit statt, Anwesenheit war Pflicht. Trotzdem versuchten viele sich zu drücken.[55] Das Ziel, mit diesen Schulungen eine Politisierung im Sinne der Ausrichtung auf das »sozialistische Lager« und damit natürlich auch eine Sowjetisierung zu erreichen, konnte so kaum erreicht werden.

Die von der SED und der Gewerkschaft initiierten Kampagnen und »sozialistischen Wettbewerbe« stellten nach sowjetischem Muster ein Mittel zur Förderung eines vorbildlichen Arbeitsverhaltens dar. Seit den 1960er Jahren verliefen die Kampagnen aber nicht mehr so breit und personenorientiert wie nach dem Vorbild der sowjetischen Stachanowkampagne, sondern stärker in der Form des sozialistischen Wettbewerbs zwischen einzelnen Brigaden, Betriebs- und Kombinatsteilen. Eine grundsätzliche Verhaltensänderung der Bevölkerung gegenüber Staat und dem »sozialistischen Eigentum« wurde jedoch nie erreicht.

Es ist unter Technikhistorikern unumstritten, daß Technik und Techniktransfer nicht allein für sich, sondern gleichzeitig und unvermeidlich auch als Vermittler von Werten und Verhaltensweisen aufzufassen sind. Möglicherweise erfolgt ein solcher Wertetransfer aber nur dann, wenn es sich um fortgeschrittene, überlegene Technik handelt. Sowjetische Technik ist auch in

---

54 Mit seiner gegenteiligen Aussage steht Paul Erker allein (*Erker*, Industrie-Eliten, S. 86).
55 In den Karl-Marx-Werken fand die Schulung am Montagmorgen statt. Weil die Zahl der Teilnehmer rapide abnahm, wurde später die Schulung auf die Zeit nach der Frühstückspause verlegt. Gleichzeitig wurden 15 Minuten von der Pause abgezogen, damit der Betrieb nur noch eine Viertel- statt einer halben Stunde die Schulung finanzieren mußte. Daß dieser »Diebstahl an der Frühstückspause« nicht gerade begrüßt wurde, ist nachvollziehbar. (Interview mit Walter Frank, ehem. Dreher bei den Karl-Marx-Werken in Magdeburg vom 19.03.1995).

großem Umfang in der DDR eingesetzt worden, hat aber nicht zu einem Sympathieeffekt und damit zu einer Sowjetisierung geführt. Oft war sie anderer, bereits bekannter Technik unterlegen. In diesem Zusammenhang wäre es untersuchenswert, ob in Sektoren, die vollständig von sowjetischer Technik dominiert wurden, wie z. B. in der Atomenergie und im Flugwesen, eine greifbar differierende Bewertung und damit eine Sowjetisierung zustande kam oder nicht.

Schließlich wären auch bezüglich der Sowjetisierung die sprachlichen Veränderungen zu untersuchen. Ähnlich wie im Falle der Amerikanisierung klafft auch hier eine Lücke. Gerade auf betrieblicher Ebene sind viele Begriffe, wie z.B. Kombinat, Kader, Nomenklatursystem, aus der Sowjetunion übernommen worden.

Die Sowjetisierung in der Betriebsführung

Eine systembedingte Sowjetisierung, die schnell das Handeln von Betriebsführungen beeinflußte, war das Verfügbarkeitsdenken. Diese oft als »Tonnenideologie« bezeichnete Verhaltensweise versuchte weniger den Gewinn als vielmehr die substantielle Verfügbarkeit zu optimieren. Systembedingt lag die Knappheit nicht im Geld, sondern bei den Gütern. Für Güter waren Dinge im Tauschhandel zu erhalten, die auf dem Markt nicht zu bekommen waren. Notwendige Ersatzteile und Rohstoffe konnten so an den Bilanzen vorbei, d.h. eigentlich außerhalb des Plans, erworben werden.[56] Nach dem Zusammenbruch der DDR zeigte sich, wie dünn der Firnis der Sowjetisierung in diesem Fall war. Das ständig greifbare Angebot nach 1990 ließ das Verfügbarkeitsdenken praktisch über Nacht verschwinden.

Verschiedentlich schlossen die DDR und die UdSSR Vorhaben zur Forschungskooperation vertraglich ab. Jedoch erfüllten sich die in sie gesetzten Erwartungen mehrheitlich nicht. Spätestens ab Ende der 1970er Jahre tauschten auch die DDR-Forscher nur noch ausgewählte Ergebnisse aus. Der Wert der jeweiligen Informationen wurde in Transferrubel bemessen und

---

56 Die Bitterfelder Chronik streicht dies als ein wichtiges Charakteristikum heraus (100 Jahre Chemiestandort Bitterfeld-Wolfen, o.O. 1993, S. 83).

ausgeglichen.[57] Mochten Forschungsgemeinschaften anfangs einer Sowjetisierung förderlich gewesen sein, so wurde später aufgrund der eingetretenen Enttäuschung der gegenteilige Effekt erzielt.

In den Kombinaten und Betrieben der DDR ist auf der Ebene der Leitungsstruktur und des Führungsverhaltens keine Angleichung an westdeutsche Verhältnisse, sondern im Gegenteil eine sich ständig vergrößernde Kluft erkennbar. Die These einer Konvergenz auf dieser Ebene, die zugleich ja auch eine Amerikanisierung bedeutet hätte, entbehrt schlicht der Tragfähigkeit.[58]

3. Schluß

Es lohnt sich, das Konzept »Amerikanisierung« zur Erklärung von Veränderungsprozessen in der Leitungsstruktur bundesdeutscher Unternehmen auszuloten. Dabei deuten sich branchenmäßige Unterschiede wie z. B. zwischen chemischer und Schwerindustrie an. Über viele Branchen, für die eine relativ frühe Amerikanisierung vermutet werden kann, wie z.B. die Elektronik- und die Flugzeugindustrie, oder Dienstleistungen, wie den Luftverkehr, stehen entsprechende Forschungen noch aus. Das gleiche gilt für Branchen, wie z.B. die Banken oder die Schwerindustrie, wo Tendenzen einer Amerikanisierung nur spät und relativ spärlich auszumachen sind.

Bisher ist das Konzept in erster Linie für die 1950er und 1960er Jahre angewandt worden. Dagegen deutet unsere Übersicht an, daß das Konzept besonders für die Zeit nach 1975 tragfähig ist. Wenn dieser Eindruck sich durch weitere Studien erhärten würde, läge eine zeitliche Verschiebung zwischen Sozial- und Unternehmensentwicklung vor, die ihrerseits zu Erklärungen auffordert; zumal das angebotene Muster der Ablösung von Managergenerationen zeitlich zu kurz greift.

---

57 Den Umschwung der Austauschweise und wie genau später berechnet wurde, schilderte z.B. Dr. Harald Mothes, Betriebsleiter der PUR-Produktion in Schwarzheide (Interview vom 05. Juli 1993).

58 Wenn es ähnliche Entscheidungsstrukturen in der Praxis gegeben hätte, wäre der wirtschaftliche Zusammenbruch der neuen Bundesländer weniger dramatisch gewesen, aber vor einer solchen Entwicklung in der DDR hätte die Stasi schon die Notbremse zu ziehen gewußt.

Das Konzept »Sowjetisierung« zeigt sich besonders bei institutionell begründeten Veränderungen in der DDR-Wirtschaft als tragfähig. In bezug auf mentale Veränderungen erwiesen sich die Betriebsleitungen dagegen als ziemlich resistent. Allerdings gibt es nur ungenügende Kenntnis über mögliche Phasen zu- bzw. abnehmender Sowjetisierung sowie regionale Differenzierungen.

Generell blieb die Sowjetisierung an der Oberfläche. Nur in wenigen Bereichen, wie z.B. einem Mangel an Initiative des einzelnen, der Überbewertung der Produktions- gegenüber den Absatzpotenzen oder dem Niveau des sozialen Anspruchs an Unternehmen, waren sowjetisch beeinflußte Verhaltensweisen auch nach 1990 noch kurzfristig anzutreffen gewesen. Auch hier sind weitere Untersuchungen erforderlich, zumal diese Veränderungen wohl weniger einer Sowjetisierung als einer Bürokratisierung zuzurechnen sind

Mit der Bürokratisierung und der Modernisierung sind zwei wichtige Kategorien benannt worden, die sich mit der Amerikanisierung und der Sowjetisierung teilweise überschneiden. Jede Anwendung des Konzepts Amerikanisierung bzw. Sowjetisierung muß in diesem Punkt jeweils sehr genau abgegrenzt werden.

Am Ende unserer Erkundung sollen zwei generelle Thesen für zukünftige Untersuchungen formuliert werden: 1. Die Amerikanisierung der Betriebe fand gerade in jenen Abschnitten vermehrt statt, die von allen bisherigen Untersuchungen ausgeblendet wurden: Zeitlich nach 1975 sowie in den neuen Wachstumsindustrien inklusive des Dienstleistungssektors. 2. Obwohl die Sowjetisierung institutionell viel stärker als die Amerikanisierung abgesichert war, blieb sie doch an der Oberfläche, weil das Vorbild UdSSR innerlich nicht zu überzeugen vermochte.

Stephan Merl

Sowjetisierung in der Welt des Konsums

Wenn von »Sowjetisierung« gesprochen wird, so denkt man zunächst an die Wirtschaftsordnung oder das politische Leben, kaum aber an die Sphäre des Konsums. Nach vorherrschender Meinung hat es so etwas wie eine spezifisch sowjetische Ausrichtung des Konsums oder gar eine Konsumgesellschaft in der DDR nicht gegeben. Ausschlaggebend sei hier immer das westliche Vorbild gewesen, dem das östliche System nichts entgegenzusetzen hatte. Bei der Behandlung dieses Themas stellt sich insofern nicht nur die Frage, ob es denn eine »Sowjetisierung« in der SBZ/DDR gegeben habe, sondern es muß auch nachgewiesen werden, daß überhaupt eine systemspezifische Konsumausrichtung vorhanden war.

Die Frage nach der »Sowjetisierung des Konsums« erscheint nicht zuletzt deshalb reizvoll, weil sie eine Periodisierung der SBZ/DDR-Geschichte nahelegt, die von der geläufigen abweicht. So werden in der Literatur bisher entweder die klaren Strukturveränderungen in der Wirtschaft oder aber die politische Orientierung insgesamt in den Vordergrund gerückt. Dabei wird die eigentliche Zäsur in Richtung auf eine Konsumorientierung zumeist erst mit Beginn der Ära Honekker und der Forderung des VIII. Parteitags der SED 1971, die Erhöhung des materiellen und kulturellen Lebensniveaus der Bevölkerung zur ökonomischen Hauptaufgabe zu machen, datiert. Der Einschnitt durch Stalins Tod 1953 wird für weniger einschneidend angesehen, weil die Ereignisse des 17. Juni letztlich die Fraktion der »Stalinisten« um Ulbricht gestärkt hätten, so daß für die SED bereits mit dem IV. Parteitag im Frühjahr 1954 der »Neue Kurs« beendet gewesen sei.[1]

---

1 *H. Weber*, DDR. Grundriß der Geschichte, Hannover 1991, u.a. S. 56f., 129-131 u. 140-143, räumt zwar ein, daß nach dem 17. Juni versucht wurde, die Lebenslage der Bevölkerung rasch zu verbessern und die Produktion der Schwerindustrie zugunsten der Erzeugung von Konsumgütern und Nahrungsmitteln zu drosseln. Diese Politik sei dann aber mit Beendigung des Neuen Kurses und erneuter Bevorzugung der Schwerindustrie wieder in Frage gestellt worden (S. 67). Als Beleg wird die offizielle Statistik

Aus der hier gewählten Vergleichsperspektive mit den anderen mittelosteuropäischen Staaten und der Sowjetunion erscheint dagegen auch für die DDR Stalins Tod als der entscheidende und dauerhafte Einschnitt zugunsten der Konsumorientierung. Die Versorgungsprobleme des Winters 1952/53 müssen als direkte Folge des in der DDR erst sehr spät eingeschlagenen Kurses auf eine Industrialisierung nach sowjetischem Modell, verbunden mit der Politik des erzwungenen Konsumverzichts und Terrors, angesehen werden. Diese Politik wurde danach definitiv nicht weiter verfolgt. Die eigentlich programmatische Zäsur erfolgte dann mit den zumeist als utopisch abgetanen Beschlüssen des V. Parteitags der SED vom Juli 1958. Zu diesem Zeitpunkt wurde das aus den für den Kommunismus erwarteten Verteilungsprinzipien abgeleitete spezifisch »sowjetische« Modell der Konsumgesellschaft entworfen, das zur Grundlage der »Sowjetisierung des Konsums« wurde. Es war verbunden mit dem Bemühen um die Steigerung der Effizienz des Wirtschaftssystems, wie es sich dann in den Wirtschaftsreformen der sechziger Jahre ausdrückte. Die Grundstrukturen dieses Modells wurden Anfang der sechziger Jahre festgeschrieben, obwohl der zunächst vorgesehene schnelle Übergang zu einer leistungsunabhängigen Bedürfnisbefriedigung nicht realisierbar war, und blieben bis zum Ende der DDR bzw. der Sowjetunion verbindlich. Die »Neue Sozialpolitik« unter Honecker stellt sich aus dieser Perspektive eher als verzweifelter wenn auch erfolgreicher Versuch dar, aus diesem Modell weiter systemlegitimierende Kraft abzuleiten, obwohl mit der Abkehr von der Wirtschaftsreform zugleich die entscheidende ökonomische Voraussetzung zur dauerhaften Finanzierung der »Sowjetisierung des Konsums« aufgegeben wurde. Diese als Errungenschaft des Sozialismus verkaufte Konsumpolitik erzwang angesichts der mangelnden Effizienz der Zentralverwaltungswirtschaft zunehmende Subventionen des Staates auf Kosten der für Investitionen zur Erzielung von Wirtschaftswachstum verfügbaren Mittel und mußte deshalb systemsprengende Wirkung entfalten. Es gelang der SED-Propaganda, diesen Zusammenhang vor der Bevölkerung zu verbergen. Die nicht vorhandene Finanzierbarkeit dieses Konsummodells blieb ein wohlgehütetes Tabu, während sich die Prinzipien der »Sowjetisierung des Konsums« als Überlegenheit des Sozialismus über den Kapitalismus der DDR-Bevölkerung einprägten.

---

der DDR über die Zuwachsraten des privaten Verbrauchs angeführt, wonach dieser durchschnittlich im Jahr zwischen 1961-65 um 2,4%, 1966-70 um 3,7%, 1971-75 um 4,8%, 1976-80 um 4,0% gestiegen sein soll.

In meinem Beitrag möchte ich zunächst nach den Unterschieden zwischen der »Sowjetisierung« und der »Amerikanisierung« des Konsums fragen. Danach werden die verschiedenen Entwicklungsstufen der SBZ/DDR in Hinsicht auf die »Sowjetisierung des Konsums« und anschließend seine spezifische Ausprägung betrachtet. Abschließend gehe ich auf die systemsprengende Kraft der Konsumorientierung ein. Da es einen Forschungsstand zur Konsumgeschichte der SBZ/DDR praktisch noch nicht gibt, soll die Argumentation vor allem Denkanstöße für die weitere Arbeit geben und zur Überprüfung bisheriger Wertungen anregen. Sie beruht auf vorläufigen Ergebnissen einer Untersuchung zur Entwicklung in der Sowjetunion. Eine vollständige Absicherung durch Archivarbeiten steht noch aus.

1. Unterschiede zwischen der Sowjetisierung und der Amerikanisierung auf der Ebene des Konsums

Der Vergleich zwischen der Sowjetisierung des Konsums in der SBZ/DDR und der Amerikanisierung des Konsums in den Westzonen/der Bundesrepublik deckt sofort grundlegende Unterschiede auf. Sie ergeben sich aus dem Ausgangsniveau des Konsums in den Bezugsländern Sowjetunion und USA. Das amerikanische Konsummodell existierte mit seinem deutlich höheren Lebensstandard 1945 in der Praxis und konnte den Deutschen somit anschaulich vermittelt werden, sei es von den Besatzungssoldaten, über die Medien und amerikanische Filme oder durch den Inhalt der amerikanischen CARE-Pakete. Es faszinierte die Mehrzahl der Deutschen und wurde als Vorbild gern akzeptiert. Das amerikanische Konsummodell mußte mithin nicht aufgezwungen werden. Auch wenn es in allen Teilen vorbehaltlos eher von Jugendlichen akzeptiert wurde, während sich die ältere Generation skeptischer verhielt, schlug es doch alle in Bann.

In der SBZ gab es dagegen keine von der Jugend umringten und Kaugummi verteilenden Soldaten. Der Anblick eines Rotarmisten löste namentlich bei Frauen aller Altersklassen ein wohlverstandenes Fluchtverhalten aus. Hier sahen sich vielmehr die Sowjetsoldaten, denen man zuvor erzählt hatte, in der besten aller Welten zu leben, mit einem höheren Konsumniveau und einer leidlich entwickelten Infrastruktur des Konsums konfrontiert. Die Sieger konnten nicht immer zurückgehalten werden, auch privat Beute zu machen und die ihnen begehrenswert erscheinenden Konsumgüter durch Plünderungen und Überfälle in ihren Besitz zu bringen.² Das Konsummodell der Stalinzeit, erzwungener Konsumverzicht und Terror, war kaum geeignet, eine Vorbildrolle zu spielen und von der Bevölkerung freiwillig akzeptiert zu werden. Auch die deutschen Soldaten, die an der Ostfront gekämpft und zum Teil durch die Kriegsgefangenschaft einen intensiveren Eindruck vom Konsum der Sowjetbevölkerung erhalten hatten, entdeckten in der Gleichmacherei in Armut wenig Nachahmenswertes. Nach Osten hin war es also die Sowjetunion selbst, die durch die direkte Konfrontation auf der Ebene des Konsums erschüttert wurde und mittelfristig in einen Handlungszwang geriet. Die Unruhe, die durch die Berichte der zurückkehrenden Rotarmisten in die Sowjetgesellschaft getragen wurde, drohte ihr Weltbild vom sterbenden Kapitalismus zu erschüttern, so daß Stalin sich veranlaßt sah, mit erneutem Terror zu reagieren. Die Aufarbeitung der Lageberichte der sowjetischen Geheimpolizei ist noch ein Desiderat der Forschung.

Während die »Amerikanisierung des Konsums« tatsächlich auf die teilweise Übernahme eines nach dem Zweiten Weltkrieg existierenden Konsummodells verweist, fehlte in der Sowjetunion unter Stalin ein nennenswerter persönlicher Konsum und mithin ein kopierfähiges Modell. Auf der Suche nach einem sowjetischen Konsummodell, das bedingt eine Vorbildfunktion ausüben konnte, wird man erst unter Chruschtschow fündig. Ende der fünfziger Jahre wurden in der Sowjetunion im Zusammenhang mit dem angestrebten Übergang zum Kommunismus spezifische Normen der sozialpolitischen Absicherung und des Konsums in Ausrichtung auf eine leistungsunabhängige Bedürfnisbefriedigung formuliert. Auch wenn bei dem Versuch, dieses Modell in die Praxis umzusetzen, schon nach kurzer Zeit Abstriche gemacht werden mußten, prägte es doch mit einzelnen Elementen entscheidend die Konsumstruktur und die Erwartungshaltung der Bevölkerung in Osteuropa, so daß ihm entscheidende systemlegitimierende Funktion zukam.

Nicht anders als zuvor unter Stalin, blieb der Konsum primär eine Entscheidung der Politik, eingebettet in eine Strategie der Herrschaftslegitimation und Machtbehauptung, und stand nicht in Abhängigkeit von der Leistungsfähigkeit der Wirtschaft. Damit unterschieden sich die Rahmenbedin-

---

2 *L. Dralle*, Von der Sowjetunion lernen. Zur Geschichte der Gesellschaft für Deutsch-Sowjetische Freundschaft, Berlin 1993, S. 81-85.

gungen für die »Sowjetisierung des Konsums« grundlegend von denen der »Amerikanisierung«, die ein Steigen des Konsums unmittelbar von einer Erhöhung der wirtschaftlichen Leistungsfähigkeit abhängig machten und politische Eingriffe weitgehend auf Verteilungswirkungen beschränkten. Aus dem Fehlen eines ökonomischen Korrektivs erklärt sich, daß der Konsum unter Stalin trotz schnellen Wachstums der Wirtschaft im Zuge der verfolgten Politik des erzwungenen Konsumverzichts und Terrors stagnierte, dann aber nach dem Übergang zur Systemlegitimation aus dem Konsum auch noch deutlich anstieg, als seit den siebziger Jahren das Wirtschaftswachstum dramatisch zurückging. Dadurch konnte die Konsumorientierung letztlich systemsprengende Kraft erhalten. Bisher ist wenig beachtet worden, daß der Konsum unter den inneren Systemwidersprüchen auch in der DDR eine entscheidende Rolle spielte und der Lebensdauer dieses Regimes Grenzen setzte.

Wenn die eigentliche »Sowjetisierung des Konsums« erst in der Ära Chruschtschow-Ulbricht begann, so kann es sich nicht um ein einfaches Diktat gehandelt haben. Es muß also auch nach dem eigenständigen Beitrag der politischen Führung in der DDR gefragt werden. Ansatzweise kann die »Sowjetisierung des Konsums« als ein Gemeinschaftsprodukt von DDR und Sowjetunion aufgefaßt werden. Durch die offizielle Parole »Von der Sowjetunion lernen, heißt siegen lernen« kaschiert, war unter den Politikern und Ökonomen der DDR die Überzeugung verbreitet, daß nicht die Sowjetunion, sondern natürlich die höher entwickelte DDR über die bessere Qualifikation verfüge, die Bedingungen der zukünftigen sozialistischen Gesellschaft zu gestalten. Das galt insbesondere für die an der Hochschule für Ökonomie »Bruno Leuschner« tätigen Wirtschaftswissenschaftler. Wenn ich dennoch an dem Begriff »Sowjetisierung« festhalten möchte, so, weil die Initiative zur Entwicklung des Konsummodells von der Sowjetunion ausging und sich auch in der DDR die Ansichten einer »sowjetisierten« Führungsschicht niederschlugen.

»Amerikanisierung« und »Sowjetisierung« beschreiben letztlich das in der mittel- und langfristigen Perspektive zum Ausdruck kommende, nicht zu übersehende Resultat der Auseinanderentwicklung beider Teile Deutschlands in der »Welt des Konsums«. Nicht das Überstülpen eines anderen Systems mittels Zwang oder Umerziehung, sondern das allmähliche Gewöhnen an neue Normen, aus denen der einzelne auch seinen Vorteil ziehen konnte, bewirkten nachhaltige Veränderungen in den Anschauungen der Menschen. Überspitzt könnte man die beiden unterschiedlichen Typen der Konsumgesellschaft, die sich herausbildeten, den Begriffen »Überflußgesellschaft« und »Mangelgesellschaft« zuordnen. »Überflußgesellschaft« im Westen meint die erdrückende Vielfalt des Angebots und den ständigen Versuch, durch Werbung auf die Verbraucherwünsche Einfluß zu nehmen. »Mangelgesellschaft« im Osten dagegen heißt, daß es eine Standardproduktion zur Befriedigung des jeweiligen Bedürfnisses gab, das die Nivellierung im Verbrauch unterstrich, höheren Ansprüchen nicht gerecht wurde und für das nicht geworben werden mußte. Die soziale Absicherung war dagegen in der DDR umfassender und reichte gewissermaßen »von der Wiege bis zur Bahre«, wobei die Bevormundung des Individuums zum Teil obrigkeitsstaatliche Züge annahm. In der Qualität stand sie aber in allen Punkten — abgesehen vom Recht auf und der Pflicht zur Arbeit — hinter dem sozialen Netz der Bundesrepublik zurück, obwohl dieses in den Augen der DDR-Bevölkerung als ständiger Kampf des einzelnen erschien.

Sicher ist, und das fällt vielen heute deutlicher ins Auge als unmittelbar nach der Wiedervereinigung, daß das jeweilige Konsummodell die Einstellungen der Menschen nachhaltig geprägt hat, so daß die Erwartung, daß »zusammenwächst, was zusammengehört«, sich so schnell nicht realisiert. Dies kommt u.a. in dem unterschiedlichen Wahlverhalten und den Parteienpräferenzen in den beiden Teilen Deutschlands zum Ausdruck und belegt nicht nur das Fortbestehen der Distanz, sondern sogar ihre neuerliche Verschärfung und Verfestigung selbst Jahre nach Beginn des Einigungsprozesses. Der Bevölkerung in den Neuen Bundesländern fällt es sichtlich — und für sie selbst unerwartet — schwer, sich mit dem Sozialsystem und den Konsumgewohnheiten der alten Bundesrepublik anzufreunden. Die Anspruchshaltung an den Staat ist hier noch stark ausgeprägt und mit einer nur schwach entwickelten Bereitschaft und Fähigkeit zum eigenen Engagement verbunden. So stellt Michael Schmitz fest, daß zwar nur eine Minderheit das alte Regime wiederauferstehen lassen will.

»Doch viele andere trauern um den Verlust des vormundschaftlichen Staates. Der dauernde Zwang, Entscheidungen zu treffen, für Entscheidungen und Nicht-Entscheidungen selbst verantwortlich zu sein, erscheint ihnen als eine bedrückende Last. Die Sehnsucht Ost strebt zurück nach überschaubaren Verhältnissen. In der DDR, schwärmen jetzt die Leute, waren Ausbildungs- und Berufswege vorgezeichnet, das Leben war einfacher und sicher. Emnid ermittelte, daß sehr viele Ostdeutsche sogar die ständige Bevormundung durch Ämter, ehemals als Schikane und Willkür beklagt, nun als Bürgernähe auslegen.«[3]

Nur zu gerne hatten die neuen Bundesbürger den realen Unterschied in der Lebenshaltung überschätzt, indem sie das Westeinkommen auf die östliche Preisstruktur bezogen. Aus ihrem ungewollt geübten Verzicht leiten sie einen Anspruch auf Entschädigung ab. Es besteht ein ungeduldiges Nachholbedürfnis. Unwilligkeit und verletztes Rechtsempfinden ist zu spüren, wenn auf liebgewonnene staatliche Leistungen nun verzichtet oder dafür der reale Preis gezahlt werden soll, so in der Kinderbetreuung, Miete, dem öffentlichen Nahverkehr. Das westliche Warenangebot soll zur bisherigen östlichen Preisstruktur — zumindest was die subventionierten Waren betrifft — bereitgestellt werden. So ist die Unzufriedenheit der Bevölkerung trotz der Tatsache, daß es heute den meisten mehr oder minder stark ausgeprägt besser geht, unübersehbar. Die Nichteinlösung überspannter Erwartungen drückt sich in Staatsverdrossenheit und Protestverhalten aus.

2. Entwicklungsstufen zur Sowjetisierung des Konsums in der SBZ/DDR

Der gemeinsame Ausgangspunkt in den Westzonen wie in der SBZ war in den ersten Nachkriegsjahren die Bewirtschaftung des Konsums über Lebensmittelkarten und Festpreise, die sich wie die Löhne am Niveau von 1944 orientieren sollten. Gestartet wurde also mit einem vergleichbaren Preisniveau. Die Situation glich eher dem sowjetischem Muster als einer Marktwirtschaft. Zur Deckung des Lebensunterhalts war die Bevölkerung auf den Schwarzmarkt, Hamsterfahrten aufs Land oder die Eigenproduktion angewiesen.

---

3 *M. Schmitz*, Zum zweitenmal betrogen, in: Der Spiegel Heft 44, 1995, S. 40-42, bes. S. 42.

»Stalinisierung des Konsums«

Die Auseinanderentwicklung zwischen den Besatzungszonen begann noch vor Gründung der Bundesrepublik und der DDR, indem die Besatzungsmächte Elemente ihrer jeweiligen Wirtschafts- und Gesellschaftsordnung auf die von ihnen kontrollierten Gebiete übertrugen. So wurden in der SBZ nach sowjetischem Vorbild die vom Staat festgesetzten Verbraucherpreise stark differenziert. Obwohl die rationierten Waren zu Preisen von 1944 abgegeben werden sollten, erhöhten sich die Preise seit 1947 durch Ausnahmegenehmigungen, Neufestsetzungen und Sondersteuern. Nachdem es mit der Währungsreform vom Juni 1948 anders als in den Westzonen nicht gelungen war, die Versorgungslage zu verbessern, wurde zur Bekämpfung des Schwarzmarktes im Oktober 1948 die staatliche Handelsorganisation (HO) gegründet.[4] In ihren Läden wurden neben bewirtschafteten Waren im freien Verkauf Genußmittel und industriell hergestellte Konsumgüter zu stark überhöhten Preisen angeboten. Im Juli 1949 erreichte die Indexzahl (1938 = 100) für die durchschnittlichen Verkaufspreise bewirtschafteter Nahrungsmittel 134,9, während die gleichen Waren im freien Angebot der HO-Läden mit der Indexzahl 1832 durchschnittlich mehr als das Vierzehnfache kosteten. Im Einzelfall klafften die Preise noch stärker auseinander. So kostete 1 kg Margarine in HO-Läden 110 Mark, der Zuteilungspreis betrug aber nur 1,96 Mark.[5] Die Preise für die nicht der Rationierung unterliegenden Genußmittel lagen zu diesem Zeitpunkt bei der Indexzahl 795,2. Von diesem überhöhten Niveau ausgehend konnten die Preise wie in der Sowjetunion mit großem Propaganda-Aufwand zu Feiertagen der Arbeiterbewegung gesenkt werden. Allein bis Anfang 1952 geschah das elfmal, so daß das Preisniveau für Nahrungsmittel in HO-Läden auf durchschnittlich das Vierfache der Zuteilungspreise fiel.

Das im DDR-Kleinhandelspreisindex ausgewiesene sinkende Preisniveau ist für diese Phase im Vergleich zu den leicht steigenden Verbraucherpreisen in der Bundesrepublik irreführend und fast allein auf die künstliche Absenkung der zuvor völlig überhöhten HO-Preise zurückzuführen. Dies zeigt sich

---

4 *Weber*, DDR, S. 36.
5 Zahlen nach *D. Faber*, Einkommensstruktur und Lebenshaltung in der SBZ, Bonn 1953, Tabelle 29, S. 92.

deutlich im Vergleich zu den Preisen von 1936.[6] Der Kaufkraftvergleich Anfang der fünfziger Jahre weist nur für die am Existenzminimum liegende niedrigste Einkommensgruppe eine gleich hohe Kaufkraft wie in der Bundesrepublik aus, für alle anderen Einkommensgruppen war die Kaufkraft der Ost-Mark geringer als die der DM.[7]

Die SED konnte das gesteckte Ziel, die Bewirtschaftung der Lebensmittel bis Ende 1950 zu beenden, nicht verwirklichen. Seit 1951 bezog sich die Bewirtschaftung, die erst 1958 vollständig aufgehoben werden konnte, aber nur noch auf Fleisch, Fett und Zucker. Der Vergleich mit der Bundesrepublik bringt bis Mitte der fünfziger Jahre vor allem die willkürlichen Preisfestsetzungen der DDR in Abweichung von einer Marktpreisbildung zum Ausdruck. Das DDR-Preisniveau lag nicht niedriger, sondern für einzelne Lebensmittel sogar deutlich höher als in der Bundesrepublik. Das war insbesondere darauf zurückzuführen, daß bei Freigabe bisher bewirtschafteter Waren die Preise zwar zumeist unter dem bisherigen HO-Preis, aber deutlich über dem Preis für die rationierte Ware festgesetzt wurden. Nur die Preise für wenige Grundnahrungsmittel wie Mischbrot und Speisekartoffeln wurden auf konstant niedrigem Niveau gehalten und bei Wegfall der Rationierung Ende 1950 nicht angehoben.[8]

Die Erholung des Konsums in der Nachkriegszeit, die in der SBZ/DDR seit etwa Mitte 1948 zu beobachten war,[9] wurde nach der Einleitung der Zwangskollektivierung und dem Übergang zum forcierten Aufbau einer Schwerindustrie nach sowjetischem Vorbild in allen mittelosteuropäischen Ländern jäh unterbrochen. Ab 1951 verschlechterte sich in Polen, Ungarn und der CSSR die Lebensmittelversorgung erneut, die Konsumgüterproduktion stagnierte oder ging unter dem Einfluß der Konzentration der Investitionen auf die Schwerindustrie und der erzwungenen Verstaatlichung privater Handwerksbetriebe sogar zurück.[10] Nur der DDR blieb dieser Einbruch im

---

6   Obwohl der Index für Nahrungsmittel bis 1955 ein Absinken des Niveaus (1950 = 100) auf 65% bzw. für Genußmittel auf 59 % auswies, lagen die Nahrungsmittelpreise bei dem Drei-, die Genußmittelpreise dem Vierfachen des Niveaus von 1936.
7   W. *Bosch*, Die Sozialstruktur in West- und Mitteldeutschland, Bonn 1958, S. 120-124.
8   Vgl. die Angaben der jährlichen Durchschnittspreise in den Statistischen Jahrbüchern der DDR und der Bundesrepublik.
9   D. *Staritz*, Die Gründung der DDR. Von der sowjetischen Besatzungsherrschaft zum sozialistischen Staat, München 1984, S. 126-129.
10 B. *Mieckowski*, Personal and Social Consumption in Eastern Europe. Poland, Czechoslovakia, Hungary, and East Germany, New York 1975, S. 79-113, 190-242. Zur Le-

Konsum zunächst erspart, weil hier erst Mitte 1952 nach der 2. Parteikonferenz der SED mit dem »Aufbau des Sozialismus« begonnen wurde. Diese Politik löste bereits im Winter 1952/53 eine Versorgungskrise aus. Gerüchte über die Wiedereinführung der Rationierung von Mehl, Hülsenfrüchten und Nährmitteln liefen um und führten zu Angstkäufen der Bevölkerung. Auch die Versorgung der HO-Läden mit Fleisch, Butter, Käse und Eiern war mangelhaft. Im Dezember 1952 ordnete die DDR-Regierung an, zur Überwindung der »vorübergehenden Schwierigkeiten« Lebensmittel aus der Staatsreserve zur Verfügung zu stellen. Die Stimmung in der Bevölkerung ließ keine andere Wahl, da es vor vielen HO-Geschäften zu Demonstrationen und sogar Schlägereien zwischen Frauen und Volkspolizisten gekommen war.[11] Die Versorgungskrise bestand während des ganzen Winters fort und gab den Anlaß dafür, im Frühjahr 1953 etwa 2 Mio. Bürgern die Lebensmittelkarten zu entziehen.

Übergang zur Konsumorientierung nach Stalins Tod

Unmittelbar nach Stalins Tod Anfang März 1953 setzte in der Sowjetunion eine entschiedene Kritik an der zuvor verfolgten Politik des erzwungenen Konsumverzichts ein. Keiner der potentiellen Nachfolger Stalins, die sich auch vor die Notwendigkeit gestellt sahen, ihren Anspruch auf die Macht zu legitimieren, wollte diese Politik fortführen. Chruschtschow erinnerte daran, daß der Kommunismus als Überflußgesellschaft konzipiert sei, während noch nicht einmal die elementarsten Lebensbedürfnisse der Bevölkerung befriedigt würden. Malenkow und Berija dachten zur Verbesserung des Lebensstandards vor allem an eine Steigerung der Produktion industriell erzeugter Konsumgüter, diese Variante wurde unter der Bezeichnung »Neuer Kurs« im Frühjahr 1953 propagiert, Chruschtschow setzte dagegen auf vorrangige Entwicklung des Agrarsektors.[12] Beide Positionen verfolgten also das gleiche

---

bensmittelversorgung vgl. auch *K.-E. Wädekin*, Sozialistische Agrarpolitik in Osteuropa. Bd. 1: Von Marx bis zur Vollkollektivierung, Berlin 1974, S. 149-176.

11 Deutsche Zeitung und Wirtschafts Zeitung, Stuttgart vom 17.12.1952.

12 *S. Merl*, Jeder nach seinen Fähigkeiten, jedem nach seinen Bedürfnissen? Über Anspruch und Realität von Lebensstandard und Wirtschaftssystem in Rußland und der Sowjetunion, in: W. Fischer (Hg.), Lebensstandard und Wirtschaftssysteme, Frankfurt am Main 1995, S. 259-306.

Ziel. Das Scheitern des »Neuen Kurses« und die Abkehr der DDR-Führung von ihm können deshalb nicht als Beendigung der Konsumorientierung aufgefaßt werden, sondern bedeuteten lediglich, daß sich Chruschtschows Kurs durchgesetzt hatte. Ökonomisch gesehen beruhte die Konsumorientierung auf der Überlegung, daß die erforderliche Überleitung von extensivem in intensives Wachstum nur bei einer Steigerung des materiellen Interesses der Beschäftigten an der Arbeit erreicht werden könne.

Die nach Stalins Tod einsetzende Liberalisierung führte in der DDR sofort zu Schwierigkeiten und löste von Berlin ausgehend den Arbeiteraufstand im Juni 1953 aus.[13] Die zuvor aufgetretenen Versorgungsschwierigkeiten wurden aber schnell überwunden, und die Verbrauchsmengen wie die Zusammensetzung des Lebensmittelkonsums zeigen, daß seit 1954 eine deutliche Verbesserung einsetzte.[14] So war nun auch der in der Bundesrepublik bereits ab 1951 feststellbare Verbrauchsrückgang bei Getreideprodukten und Kartoffeln bei verstärktem Konsum von Veredelungsprodukten zu beobachten. Anders als in der Bundesrepublik zeichnete sich in der DDR aber noch nicht das Erreichen der Sättigungsgrenze bei den meisten Lebensmitteln ab. Die Konsumgüterindustrie der DDR machte 1957 und 1958 deutliche Fortschritte, und der Lebensstandard der Bevölkerung verbesserte sich. Im Oktober 1957 wurde durch einen Währungsumtausch der Geldüberhang abgeschöpft, im Mai 1958 verschwanden die Lebensmittelkarten. Damit waren wieder Preiserhöhungen verbunden, nur die staatlich gestützten niedrigen Brot- und Kartoffelpreise wurden nicht angetastet. Auch wenn der Lebensstandard er-

---

13 *A. Baring*, Der 17. Juni 1953, Bonn 1957.
14 Auffällig ist der hohe Butterkonsum der DDR im Vergleich zur Bundesrepublik. Pro Kopf der Bevölkerung wurde seit 1954 in der DDR jeweils mehr Fett verbraucht. Bei Eiern, Milch war der Konsum um 20 bis 50% geringer, bei Genußmitteln wie Bohnenkaffee noch erheblich stärker (1,9 gegenüber 0,3 kg pro Kopf und Jahr 1955). Vgl. dazu *K. Fiedler*, Lebenshaltung und Lebensstandard der deutschen Bevölkerung in materieller und soziologischer Sicht unter besonderer Berücksichtigung der Verhältnisse in der BRD von 1950 bis 1956/57, jurist. Dissertation, Tübingen 1961. Der überhöhte Pro-Kopf-Verbrauch an Fett (Butter) war ernährungsphysiologisch bedenklich, weil er eine erhöhte Krankheitsanfälligkeit zur Folge hatte. Vgl. dazu *K.-E. Wädekin*, Sozialistische Agrarpolitik II. Entwicklung und Probleme 1960-1976, Berlin 1978, S. 63-70; *B. Spindler*, Versorgung mit Nahrungsgütern, Verbrauch von Lebensmitteln und Probleme der Ernährung der Bevölkerung in der DDR, Bonn 1986, S. 12f., 21f.; *C. Schwartau u. H. Vortmann*, Die materiellen Lebensbedingungen in der DDR, in: W. Weidenfeld u. H. Zimmermann (Hg.), Deutschland-Handbuch. Eine doppelte Bilanz 1949-1989, Bonn 1989, S. 298.

heblich hinter dem der Bundesrepublik zurückblieb, waren doch Verbesserungen deutlich zu erkennen.[15] Die Politik spektakulärer Preissenkungen wurde eingestellt, und die Bedeutung von Naturalprämien, die vor allem in der Sowjetunion zuvor die wichtigste Möglichkeit zum Erhalt von langlebigen Konsumgütern dargestellt hatten, ging zurück. Die Konsumentwicklung hing damit in erster Linie von Lohnerhöhungen ab.[16]

Der Anstoß zur Kurskorrektur 1953 ging eindeutig von der Sowjetunion aus. Dennoch war der Spielraum, eigene Akzente zu setzen — ungeachtet der Parole »Von der Sowjetunion lernen, heißt siegen lernen« —, jetzt wesentlich größer als unter Stalin und wurde von der DDR-Führung auch genutzt. Es kann nicht davon die Rede sein, daß sich die deutschen Kommunisten dabei »sklavisch eng an ihre ideologischen Prämissen einerseits und die besondere Ausformung in der UdSSR andererseits« hielten.[17] So entwickelte Ulbricht anders als Chruschtschow kein Faible für den Wohnungsbau. Tatsächlich war die Wohnraumversorgung in der DDR vergleichsweise gut, erst unter Honecker wurde auch in der DDR der Wohnungsbau als entscheidendes Feld der Sozialpolitik entdeckt.[18]

Die Abweichungen vom sowjetischen Vorbild waren auf dem Feld der Kollektivierungs- und Agrarpolitik am deutlichsten ausgeprägt. Dabei spielten der höhere Industrialisierungsgrad wie die stärkere Ausschöpfung der Arbeitskraftreserve in der DDR eine Rolle, außerdem wurden aus dem Fehlschlag des Kollektivierungsversuchs von 1952/53 Konsequenzen gezogen. So bildeten sich zwischen Stadt und Land keine krassen Einkommensunter-

---

15 *Weber*, DDR, S. 90.
16 In Fragen des Lebensstandards im Band Beiträge aus dem Seminar »Perspektivplanung der Entwicklung des Lebensstandards« des Internationalen Symposiums zu Fragen der Perspektivplanung vom 27.09.-01.10.1960 an der Hochschule für Ökonomie Berlin, Berlin-Ost 1961, S. 30f., wurden die Vor- und Nachteile erörtert, die kaufkräftige Nachfrage über Lohnerhöhungen oder Senkung der Konsumgüterpreise zu erhöhen. Dabei wurde sich zunächst für den ersten Weg ausgesprochen.
17 *Weber*, DDR, S. 62. Wenn er hier ebenfalls feststellt, daß die »SED wesentliche Teile ihres ordnungspolitischen Konzepts — das identisch war mit der Realität in der Sowjetunion — auf die DDR« übertrug, so ist das natürlich Unsinn. Die »Realität« in der Sowjetunion, z.B. das Kolchossystem, war so absurd, daß sie sich auch bei dem besten Willen nicht übertragen ließ. Vgl. dazu *S. Merl*, Bauern unter Stalin. Die Formierung des sowjetischen Kolchossystems, 1930-1941, Berlin 1990, S. 470-472.
18 Die Ausstattung mit Wohnraum war zunächst in der DDR mit etwa 19 m^2 pro Person wesentlich besser als in den übrigen osteuropäischen Ländern und insbesondere der Sowjetunion mit lediglich 7 m^2.

schiede heraus. Anders als in der Sowjetunion waren die Mitglieder der Landwirtschaftlichen Produktionsgenossenschaften (LPG) in die staatliche Sozialversicherung einbezogen und erhielten seit 1952 eine vom Staat subventionierte Mindestvergütung für die Arbeitseinheit. Administrativer Zwang trat in der DDR zeitweilig hinter ökonomische Lenkungsmittel zurück. Neben dem Versuch, die Bauern materiell am Kolchosbeitritt zu interessieren, ist in der seit Dezember 1954 zulässigen Aufnahme von Großbauern in LPG eine weitere wichtige Abweichung vom sowjetischen Modell zu erkennen. 1955 wurden die ständigen Arbeitsgemeinschaften zur Anwerbung der Bauern gegründet und seit 1957 wurde sogar offen um den Beitritt von Großbauern geworben, weil sie als Meinungsführer im Dorf angesehen wurden. Im Bereich der Sozialpolitik kopierte zwar die Einführung von Mindestlöhnen und Mindestrenten die in der Sowjetunion gleichzeitig von Chruschtschow verfolgten Ideen, doch in der DDR konnten diese ohne Zeitverzug in die Praxis umgesetzt werden, während sie in der Sowjetunion für geraume Zeit eher auf dem Papier standen.[19]

Entwicklung des »sowjetischen« Konsummodells der leistungsunabhängigen Bedürfnisbefriedigung Ende der fünfziger Jahre

Seit 1953 wurde der Konsum somit als wichtiges Mittel zur Effizienzsteigerung im Wirtschaftssystem begriffen und das Prinzip der materiellen Interessiertheit festgeschrieben, es gab aber noch kein spezifisches Konsummodell. Dies entstand erst mit der 1957 in der Sowjetunion vollzogenen Ausrichtung auf den forcierten Aufbau des Kommunismus. Die unter dem Einfluß Chruschtschows erfolgende Reideologisierung der Politik begriff den Aufbau des Kommunismus als eine unmittelbare Aufgabe des Tages, nachdem die Sowjetverfassung von 1936 bereits das Erreichen des Sozialismus proklamiert hatte. Die in der Sowjetunion erzielten (im Vergleich mit den USA)

---

19 Die Mindestvergütung für eine Arbeitseinheit betrug 7 Mark, der Mindestlohn seit 1962 3.120 Mark.; *Wädekin*, Agrarpolitik, Bd. 1, S. 145f.; *G. Horz*, Die Kollektivierung der Landwirtschaft der SBZ unter besonderer Berücksichtigung des sowjetischen Vorbildes. Ziele, Methoden, Wirkungen, Wiso-Diss., Berlin 1962, u.a. S. 107, 122, 126ff., 144; *S. Merl*, Hat sich der landwirtschaftliche Großbetrieb bewährt?, in: H. Horn u.a. (Hg.), Der unvollkommene Block. Die Sowjetunion und Ost-Mitteleuropa zwischen Loyalität und Widerspruch, Frankfurt am Main 1988, S. 146f.

scheinbar hohen Wachstumsraten führten zu der Illusion — nicht nur bei Sowjetpolitikern, sondern auch bei einigen westlichen Ökonomen — daß die Sowjetunion bald die USA eingeholt hätte.[20] Auch die Erfolge im Wettstreit mit den USA in der Weltraumpolitik bestärkten Chruschtschow in der Überzeugung, daß das sowjetische Wirtschaftssystem dem »kapitalistischen« überlegen sei und das Wohlfahrtsniveau in den sozialistischen Staaten schon bald höher sein werde. Er hielt es für möglich, die Entwicklungsstufe des Kommunismus in wenigen Jahrzehnten zu erreichen und verkündete daraufhin das Ziel vom »Einholen und Überholen« der USA bis zum Jahr 1980. Da konnten die anderen Parteiführer nicht zurückstehen. Auch die DDR verzeichnete Mitte der fünfziger Jahre eine günstige Entwicklung der Wirtschaft. Auf dem V. Parteitag der SED 1958 steckte Ulbricht das Ziel, die Bundesrepublik Deutschland bis 1961 einzuholen und zu überholen. Bereits in diesem Jahr sollte der Pro-Kopf-Verbrauch der werktätigen Bevölkerung an allen wichtigen Lebensmitteln und Konsumgütern höher liegen als der Pro-Kopf-Konsum der Gesamtbevölkerung in Westdeutschland.[21]

Gerade in dieser utopischen Phase kam es zu einer engen Kooperation zwischen der Sowjetunion und der DDR bei der Ausarbeitung des Konsummodells der leistungsunabhängigen Bedürfnisbefriedigung. Ende der fünfziger Jahre wurde also ernsthaft der Wettstreit mit dem Kapitalismus auf das Feld des Konsums verlagert. Bis 1980 sollte der Sozialismus vor aller Welt seine Überlegenheit beweisen. So wurde vom 27.9. bis zum 1.10.1960 an der Hochschule für Ökonomie in Berlin ein Seminar zum Thema »Perspektivplanung der Entwicklung des Lebensstandards« durchgeführt und verkündet: »Im ökonomischen Wettstreit zwischen Sozialismus und Kapitalismus wird der Sozialismus nachweisen, daß er allen Menschen ein derartig hohes kulturelles Niveau und einen derartig hohen materiellen Wohlstand bieten kann, wie es auch nicht das technisch fortgeschrittenste kapitalistische Land vermag.«[22] Der laufende Fünfjahrplan wurde in der Sowjetunion wie in der DDR unterbrochen und jeweils durch einen ambitionierten Siebenjahrplan ersetzt.

---

20 Davon konnte bei genauerer Betrachtung aber nicht die Rede sein. Da sich das Ausgangspotential stark unterschied, entsprachen in absoluten Ziffern etwa 3% Wachstum in der Sowjetunion 1% Wachstum in den USA. Selbst bei recht hohen Wachstumsraten in der Sowjetunion verfestigte sich faktisch der Rückstand zu den USA.
21 *Weber*, DDR, S. 90.
22 Fragen des Lebensstandards, S. 7.

Damit rückte die soziale Absicherung und die Verbesserung des Konsums zum entscheidenden Kriterium der Systemlegitimation auf.

Gegenüber westlichen Vorstellungen erwuchs der Hauptunterschied der »Sowjetisierung des Konsums« aus dem Versuch, die Bedürfnisbefriedigung aus ihrer überkommenen Abhängigkeit von der Qualität und Quantität der Arbeitsleistung des einzelnen zu lösen. Damit wurde an Vorstellungen angeknüpft, die Marx für die Endstufe des kommunistischen Aufbaus in seiner Kritik am Gothaer Programm der Sozialdemokratie entwickelt hatte. Das Prinzip »Jedem nach seiner Leistung« sollte durch das Prinzip »Jeder nach seinen Fähigkeiten, jedem nach seinen Bedürfnissen« ersetzt werden.[23] Dies wurde für möglich gehalten, weil die kommunistische Wirtschaftsordnung eine höhere Leistungsfähigkeit als die kapitalistische aufweisen würde. Natürlich konnte die Bedürfnisbefriedigung Ende der fünfziger Jahre nicht sofort vollständig aus ihrer Koppelung an die Arbeitsleistung des einzelnen gelöst werden. Aber es sollte ein Einstieg in das System gemacht werden. Für Dienstleistungen und Waren des Grundbedarfs wurden deshalb stark ermäßigte Preise festgelegt. Der Wert dieser aus dem »gesellschaftlichen Konsumtionsfonds« finanzierten Leistungen sollte im Verhältnis zum Arbeitslohn schnell steigen und diesen bereits nach zwei Jahrzehnten übertreffen: »Immer mehr Güter und auch Leistungen werden nicht im Austausch gegen Geld, also entsprechend der Leistung der Einzelnen, verteilt werden, sondern es werden sich andere vielfältige Formen der Vermittlung von materiellen Gütern und Leistungen an die Bevölkerung herausbilden, die eine Befriedigung entsprechend den Bedürfnissen garantieren.«[24] Zu den vom Staat oder von den Betrieben kostenlos bereitgestellten Leistungen gehörten zunächst die ärztliche Versorgung sowie der Schul- und Universitätsbesuch. Die Wohnung, der öffentliche Nahverkehr, die Kinderbetreuung sowie Grundlebensmittel und — vornehmlich auf betrieblicher Ebene — Kantinenessen und Aufenthalte in Ferienheimen wurden zu stark subventionierten Niedrigpreisen zur Verfügung gestellt.

Im Rahmen des Systems von Niedrigpreisen zur Befriedigung der Grundbedürfnisse kam zunächst den stark subventionierten Mieten die größte Bedeutung zu. Für die Benutzung des öffentlichen Nahverkehrs in den Städten

---

23 K. *Marx*, Kritik des Gothaer Programms, in: ders. u. F. Engels, Werke Bd. 19, Berlin 1972, S. 11-32.
24 Fragen des Lebensstandards, S. 20f.

wurde eine eher symbolische Bezahlung gefordert. Unter Lebensmitteln des Grundbedarfs wurden insbesondere Brot, Kohl und Kartoffeln sehr billig abgegeben. Veredelungsprodukte waren zwar bezogen auf den Lohn nicht besonders preisgünstig. Entscheidender war hier, daß der sich später durch die Intensivierung beschleunigende Kostenanstieg bei der Tierproduktion nicht an die Verbraucher weitergegeben wurde, so daß auch zum Niedrighalten der Preise für Veredelungsprodukte ein erheblicher Subventionsbedarf entstand. Zur wirksamen Entlastung der Frauen von der Hausarbeit — sie sollten voll als Arbeitskräfte für die Wirtschaft zur Verfügung stehen — gab die DDR der Betriebsverpflegung und der Schulspeisung Priorität. Hier sollte möglichst bald eine kostenlose Verpflegung realisiert werden. Auch die Essenspreise in Gaststätten wurden deshalb außerordentlich niedrig festgesetzt.[25] Das Vorhaben, Wäsche künftig in größeren automatischen Waschanstalten waschen zu lassen, verfolgte das gleiche Ziel.[26]

Die aus sozialpolitischen Gründen zur Sicherung eines Grundstandards zunächst in der DDR und in den einzelnen osteuropäischen Ländern einschließlich der Sowjetunion bis Mitte der sechziger Jahre vorgenommene Einführung von Mindestlöhnen und -renten verstärkte zusätzlich die Abkopplung der Bedürfnisbefriedigung vom Leistungsprinzip. Jeder sollte mit dem ihm gezahlten Lohn zumindest auf elementarer Ebene seine Grundbedürfnisse befriedigen können, so daß sich ein System der Sozialhilfe erübrigte. Da die dafür vom Staat festgesetzten Preise sehr niedrig waren, konnte bereits mit der Garantie von eher geringen Mindestlöhnen und -renten das Ziel erreicht werden. Die Kaufkraft des mehrverdienten Geldes fiel aber sehr schnell, sobald die Zone des Grundbedarfs verlassen wurde, weil für Güter des gehobenen Bedarfs eher hohe Preise zu entrichten waren. Mit einer höheren Arbeitsleistung und einem entsprechend höheren Lohn wurde deshalb nur ein bedingt größerer Nutzen erlangt. Entsprechend gering war der durch das System vermittelte Leistungsanreiz.

Als Grundlage für die Produktionsplanung wurde Ende der fünfziger Jahre mit der Ausarbeitung von »wissenschaftlich begründeten Verbrauchsnormen« begonnen, die den wünschenswerten Umfang des Konsums an Lebensmitteln, langlebigen Konsumgütern und Dienstleistungen je Kopf der

---

25 Ebd., S. 21. Vgl. auch Materialien zum Bericht zur Lage der Nation im geteilten Deutschland 1987, Bonn 1987, S. 733.
26 Fragen des Lebensstandards, S. 23.

Bevölkerung oder je Familie bestimmten.[27] Die festgesetzten Normen wichen nicht grundlegend von westlichen Konsumwerten ab. Das kann schon deshalb nicht verwundern, weil sich Chruschtschow und die anderen osteuropäischen Parteiführer am amerikanischen — bzw. die DDR am bundesrepublikanischen — Vorbild orientierten.[28]

Diese Normen beanspruchten, die Menschen zu einer vernünftigen Bedürfnisstruktur und zu einem sinnvollen Umgang mit ihrer Freizeit zu bewegen.[29] Ihnen haftete also obrigkeitsstaatliches Festschreiben von dem an, was denn die Bedürfnisse zu sein hatten, und sie ließen individuellen Ausprägungen wenig Raum. Die dabei besonders in der Sowjetunion verfolgte erzieherische Komponente weicht erheblich vom westlichen Konzept ab. Dazu gehörte die Vorstellung, daß bestimmte langlebige Konsumgüter, insbesondere Waschmaschinen und Kühlschränke, von mehreren Familien gemeinsam genutzt werden könnten.[30] In der DDR war man hierbei vorsichtiger. Eine gesundheitspolitisch erwünschte Konsumstruktur bei Lebensmitteln schien der Bevölkerung nicht zumutbar, so daß man von vornherein Kompromisse anstrebte.[31] Das DDR-Modell unterschied sich vom sowjetischen auch in der Frage der privaten Motorisierung. Während Chruschtschow diese vehement ablehnte und Pkw ausschließlich als Taxis zur Verfügung stellen wollte, wurde in der DDR, die mit dem Trabi und dem Wartburg zwei Pkw-Typen produzierte, von Beginn an eine private Motorisierung nicht ausgeschlossen. Der Druck aus der Bevölkerung, die ihren Konsumstandard am westlichen Modell maß, zwang zur Revision. So beendete auch die Sowjetunion nach der Ablösung Chruschtschows ihren Widerstand gegen die private Motorisierung und hob die zunächst festgelegte Größe von 47 Waschmaschinen auf 100

---

27 Vgl. für die DDR, CSSR und Ungarn: Fragen des Lebensstandards; für die Sowjetunion: Kommunist 1959, Nr. 15, S.76-86.
28 Fragen des Lebensstandards, S. 37f.
29 *M. E. Ruban u.a.*, Wandel der Arbeits- und Lebensbedingungen in der Sowjetunion 1955-1980. Planziele und Ergebnisse im Spiegelbild sozialer Indikatoren, Frankfurt am Main 1983, S. 198f.
30 *M. E. Ruban u.a.*, Die Entwicklung des Lebensstandards in den osteuropäischen Ländern, Berlin 1975, S. 33.
31 Fragen des Lebensstandards, S. 38f., konstatierte die überhöhte Verbrauchsnorm an Butter. Eine »gewaltsame« Drosselung des Angebots wurde aber abgelehnt, weil die Normen auch »die Gebrauchsgewohnheiten, die Traditionen usw., die sich zum Teil nur langsam verändern«, beachten müßten. Zum Verständnis der Verbrauchsnormen in den siebziger Jahren: *H.-D. Haustein u. G. Manz*, Bedürfnisse, Bedarf, Planung, Berlin (DDR) 1976, S. 43-48.

Haushalte auf, weil nunmehr sogar davon ausgegangen wurde, daß zur teilweisen Ausstattung der Datschen u.a. mit Kühlschränken und Rundfunkgeräten sogar ein Versorgungsgrad von über 100 Prozent erforderlich sei.[32]

3. Festschreibung des Modells bei partiellen Korrekturen Anfang der sechziger Jahre

Die offenbare Überschätzung der Leistungsfähigkeit des planwirtschaftlichen Systems führte Anfang der sechziger Jahre zu einer Krise. Ein schnelles Erreichen der Stufe des Kommunismus war nicht mehr zu erwarten, so daß der weitere Übergang zur kostenlosen Bedürfnisbefriedigung gebremst werden mußte. Die Ablösung Chruschtschows 1964 markierte augenfällig die Zäsur. Eine grundlegende Korrektur der Konsumziele erfolgte aber nicht. Die Anstrengungen konzentrierten sich nun stärker auf die Hebung der Effizienz des Wirtschaftssystems durch Reformen, die als entscheidende Voraussetzung zum Erreichen des Modells gelten mußten. Gerade in der Sowjetunion erfolgte die Implementierung einiger Zielsetzungen, insbesondere bezüglich der Mindestlöhne und -renten, erst jetzt. Auch für die DDR ist eine Weiterführung dieser Politik mit der »neuen Sozialpolitik« der Ära Honecker festzustellen, die nun auch den zuvor vernachlässigten Bereich des Wohnungsbaus mit einbezog. Nach der Phase der Konzipierung Ende der fünfziger Jahre können mithin die sechziger und der Beginn der siebziger Jahre als die Phase der vollständigen Implementierung angesehen werden. Erst jetzt prägte sich das unterschiedliche Konsummodell zur Bundesrepublik endgültig aus und setzte sich im Bewußtsein der Bevölkerung fest. Das pragmatischere Herangehen verfestigte also letztlich nur das zur Systemlegitimierung benötigte Modell.

---

32 *J. J. Busljakov*, ›Das Wohl des Menschen — höchstes Ziel des Sozialismus‹. Zur langfristigen Planung des Lebensstandards in der Sowjetunion, in: Die Wirtschaft 1973, Nr. 5, S. 5f.

Typische Erscheinungsformen der »Sowjetisierung des Konsums«

Trotz der recht niedrigen Löhne war die Situation auf den Verbrauchermärkten aufgrund der mangelnden Verfügbarkeit von höherwertigen Konsumgütern überwiegend von einem Kaufkraftüberhang geprägt. Die Kaufkraft der Löhne für pflanzliche Lebensmittel, Mieten, kommunale Dienstleistungen und den öffentlichen Nahverkehr war hoch. Für die meisten Waren des gehobenen Bedarfs wurden dagegen in Umrechnung auf die zum Kauf erforderliche Arbeitszeit erheblich höhere Preise als im Westen verlangt.[33] Auf besonders stark nachgefragte Waren wie Pkw mußte nach Anzahlung und Eintragung in eine Warteliste bis zu zehn Jahre und mehr gewartet werden.[34] Die Möglichkeit, Konsumgüter des gehobenen Bedarfs zu erwerben, wurde also trotz der hohen Aufschläge weniger durch den Preis als vielmehr durch ihre Verfügbarkeit eingeschränkt. Bestimmte Waren standen nur der Oberschicht in Sonderläden oder gegen Devisen zur Verfügung.[35] Der Kaufkraftüberhang bewirkte eine überhöhte Nachfrage nach höherwertigen Lebensmitteln, insbesondere Fleisch, die anders als dauerhafte Konsumgüter ständig verfügbar gehalten werden sollten. Da der Staat auch für Tierprodukte Festpreise garantierte, konnte ein Marktausgleich durch Preisanstieg nicht erfolgen. Der Fleischpreis war in höchstem Maße politisiert. Dadurch brachten sich die Kommunistischen Parteien selbst in die Zwangslage, denn sie mußten zur Beseitigung des künstlich erzeugten »Fleischmangels« die Produktion, koste es was es wolle, steigern. Die »Freßwelle« war deshalb in Osteuropa keine vorübergehende Erscheinung. Nur in Ungarn und bedingt in der DDR wurde schließlich weitgehend die Sättigungsgrenze erreicht.

Die starken Verzerrungen in der Struktur der Verbraucherpreise bedeuteten, daß diese nicht Produktionskosten oder Knappheiten spiegelten und damit unter ökonomischen Prinzipien nachfragelenkend wirken konnten. Die

---

33 Materialien 1987, S. 732-735; *Ruban*, Entwicklung, S. 36f., 118-123.
34 *Ruban*, Entwicklung, S. 37.
35 In der DDR wurden neben den Devisenläden (Intershops) seit 1962 Exquisitläden zur Versorgung mit Spitzenerzeugnissen der Bekleidungs-, Leder- und Rauchwarenproduktion vornehmlich aus westlichen Ländern zu stark überhöhten aber in Mark der DDR zu zahlenden Preisen eingerichtet, seit 1976 kamen für Waren des Nahrungs- und Genußmittelbereichs Delikatläden hinzu. Vgl. *Schwartau* u. *Vortmann*, Lebensbedingungen, S. 297f. Für die Sowjetunion: *M. Matthews*, Privilege in the Soviet Union. A Study of Elite Lifestyles under Communism, London 1978, S. 369.

niedrigen Festpreise verschuldeten deshalb den nachlässigen Umgang mit bestimmten Erzeugnissen. So wurde durchweg das stark subventionierte Brot an privat gehaltene Tiere verfüttert.[36] Die Energieverschwendung auch durch die privaten Haushalte erreichte eher ein noch größeres Ausmaß als in den USA. Kostbare dauerhafte Konsumgüter, darunter Pkw, mußten jahrzehntelang und damit wesentlich länger als im Westen genutzt werden. Das verursachte angesichts der Dauerkrise bei Ersatzteilen zunehmende Wartungsprobleme. Da selbst eigentlich ausreichend produzierte Waren durch die Mängel des Handelssystems immer wieder in den Läden für einige Zeit nicht verfügbar waren, horteten die Konsumenten Waren in ihren Wohnungen. Auch dies bewirkte zusätzliche Verluste.

Die Festpreispolitik beeinflußte auch das Anbieterverhalten entscheidend. Die Betriebe waren keinem Konkurrenzdruck ausgesetzt und entwickelten dementsprechend kein Interesse, ihre Absatzmengen durch Preissenkungen zu erhöhen. Der Absatz der Produkte stellte in der Regel kein Problem dar, weil der Bedarf nicht gedeckt wurde. Lediglich bei einigen minderwertigen Waren — dazu gehörten schlecht verarbeitete, in der Form altmodische oder in nicht gängigen Größen angebotene Kleidungsstücke und Schuhe — traten zunehmend Absatzschwierigkeiten auf.[37] Ansätze zu einer stärkeren Beachtung der Verbraucherwünsche, um über Marktforschung, Absatzplanung, Werbung und Verbrauchslenkung eine bessere Koordinierung mit der Produktionsplanung zu erreichen, waren in der Sowjetunion und in der DDR zeitweilig vor allem in den sechziger Jahren zu beobachten.[38] Nur bei wenigen Konsumgütern hatten die Konsumenten eine echte Auswahl zwischen verschiedenen gleichartigen Produkten. Diese Monopolsituation der Hersteller führte zu schlechtem Service und zum Angebot von Ausschußware. Der Kunde befand sich in keiner Hinsicht in der Rolle des »Königs«, eher behandelten ihn die Angestellten des Handels als lästigen Störenfried. Vor allem in der Sowjetunion erwiesen sich Mangelwaren für die Betriebe und für den Handel als willkommene Spekulationsobjekte zur Versorgung des Schwarzmarktes. Soweit den Verbrauchern auf dem normalen Wege der Zugang zu

---

36 *H. Vortmann*, DDR: Verteilungswirkungen der Verbraucherpreissubventionen und indirekte Steuern, in: Finanzierungsprobleme des Sozialismus in den Farben der DDR — Gratwanderung zwischen Beharrung und Reform —, Teil 2, Berlin 1990, S. 33f.
37 *Ruban*, Lebensstandard, S. 329f.; *dies.*, Entwicklung, S. 24-32.
38 Ebd., S. 29. Für die DDR: Handbuch der Konsumentenbefragung, Berlin-Ost 1972.

den höherwertigen Waren versperrt blieb, mußten sie versuchen, diese Waren über Beziehungen oder im Tausch zu erhalten. Verärgerung beim Verbraucher verursachte der hohe Reparaturaufwand und die Auslieferung von schadhaften oder funktionsuntüchtigen Produkten. Dies traf selbst für neugebaute Wohnungen zu, die häufig in unfertigem oder erhebliche Mängel aufweisenden Zustand übergeben wurden.

Da der Handel als nichtwertschöpfende Wirtschaftssphäre galt, wurde die für den Konsum relevante Infrastruktur (Handelsnetz, Angebot an Restaurants und Kneipen) bei Investitionen vernachlässigt. Eine Modernisierung der Verkaufsläden erfolgte nur zögerlich, so daß eine hohe Zahl kleiner Verkaufsstellen mit enger Spezialisierung des Angebots für das System typisch war, während vergleichsweise wenige größere Geschäfte (in der DDR vor allem seit den siebziger Jahren Kaufhallen, außerdem Kaufhäuser und Warenhäuser) und Selbstbedienungsläden existierten.[39] Warteschlangen vor Läden waren üblich. Vor allem in der Sowjetunion ging durch die enge Spezialisierung der Geschäfte und umständliche Verkaufsmethoden Zeit verloren. Hier setzten sich Selbstbedienungsläden nur in geringem Umfang und dann auch nur mit bescheidenem Warensortiment durch.

Die Konzentration auf den Wohnungsneubau in Stadtrandlage, in der Sowjetunion seit Mitte der fünfziger, in der DDR seit den siebziger Jahren, ging mit der nahezu vollständigen Vernachlässigung der Instandhaltung von Altbauwohnungen in zentraler Lage einher. Wohnungen am Stadtrand waren zwar in der Regel eng geschnitten, verfügten aber über Anschluß an die Wasser- und Fernwärmeversorgung. Freizeit- und Einkaufsmöglichkeiten wurden zumeist nur unzureichend zur Verfügung gestellt. Außerdem waren zeitraubende Wege zur Arbeitsstelle und zu den städtischen Versorgungseinrichtungen in Kauf zu nehmen. Wohnungen im Stadtzentrum lagen zentral, blieben aber bezüglich der Ausstattung erheblich zurück. In der Sowjetunion fehlte häufig sogar der Anschluß an die Wasserversorgung. In der Konsequenz war der Zerfall der Altbauten schließlich soweit fortgeschritten, daß in der DDR der Verlust an Wohnraum durch das Eintreten der Nichtbewohnbarkeit den Zugang an Wohnraum durch Neubauten zu überschreiten drohte.[40]

---

39 *M. E. Ruban*, Der Einzelhandel der DDR, in: DDR und Osteuropa. Wirtschaftssystem, Wirtschaftspolitik, Lebensstandard. Ein Handbuch, Opladen 1981, S. 124-129.
40 Materialien 1987, S. 536-546; *Schwartau u.Vortmann*, Lebensbedingungen, S. 304f.; *Ruban*, Wandel, S. 221-226; *S. Grundmann*, Der Einfluß der Standortwahl des Woh-

Zu einem vielfach übersehenen, obwohl in seiner Bedeutung kaum zu unterschätzenden Element der Sowjetisierung des Konsums zählte die Datschenkultur. Ein nicht unerheblicher Teil der Stadtbewohner verfügte über einen kleinen Schrebergarten vor der Stadt, in dem eine Holzhütte an Wochenenden und im Urlaub Unterschlupf bot. In der Sowjetunion wurde zwischen einem Viertel und einem Drittel der Gesamternte an Kartoffeln, Gemüse und Obst hier erzeugt. Die DDR nutzte die Freizeitaktivitäten ihrer Bürger sogar zur gezielten Vergrößerung des staatlichen Angebots an Gemüse und Obst. Mit dem Verband der Kleingärtner, Siedler und Kleintierzüchter, der eine Million Mitglieder zählte, wurde ein Liefervertrag abgeschlossen, der besonders günstige Aufkaufpreise gewährte. Diese Waren wurden in den staatlichen Läden dann zu Preisen, die unter den Erzeugerpreisen lagen, an die Bevölkerung weiterverkauft. Mitte der achtziger Jahre stammte ein Drittel der von staatlichen Erfassungsstellen aufgekauften Obstmenge und 10 Prozent des Gemüses aus dieser Quelle.[41] Neben der Versorgungsfunktion der Datschenwirtschaft ist ihre Bedeutung zur Gestaltung der Freizeit und zum Ausbrechen aus der sonst allgegenwärtigen staatlichen Bevormundung hervorzuheben. Außerdem vermittelte die Datscha so etwas wie ein Kleineigentümer-Bewußtsein an breite Kreise auch der städtischen Bevölkerung, das deutlich im Gegensatz zur Ideologie stand. Die Wertschätzung, der sich diese »Datschenkultur« bei der Bevölkerung erfreute, beweist, daß ihre Bedeutung für das Konsum- und Freizeitniveau nicht unterschätzt werden darf. Gerade angesichts der Verweigerung von Partizipationsmöglichkeiten und der ständigen Bevormundung waren Konsum und Freizeit als partiell nichtstaatliche Freiräume wichtige systemstabilisierende Ausgleichselemente, so daß man geradezu von einer »Flucht« oder »inneren Emigration« in Konsum sprechen kann.

---

nungsbaus auf die räumliche Umverteilung der Bevölkerung in der DDR 1971-1990, in: H. Siegrist u. B. Stråth (Hg.), Wohnungsbau im internationalen Vergleich, Comparativ, Heft 3, Leipzig 1996, *G. Stamm*, Wohnen und Wohnungspolitik in der DDR der siebziger Jahre. Staatsexamensarbeit, Bielefeld 1993; *Ruban*, Lebensstandard, S. 354-359.

41 *K. Hohmann*, Entwicklung und Bedeutung der privaten Agrarproduktion in der DDR, Berlin 1984, S. 15, 35-40.

Ergebnisse der Sowjetisierung des Konsums

Die Hebung des Lebensstandards seit den fünfziger Jahren zeigte sich an der qualitativen Verbesserung der Ernährung und dem deutlichen Anstieg in der Ausstattung der Haushalte mit dauerhaften Konsumgütern. Allgemein erhöhte sich der Konsum an Tierprodukten kräftig, während der Verzehr von Kartoffeln und Getreideprodukten rückläufige Tendenz aufwies. Trotz einzelner Phasen der Stockungen verbesserte sich der Pro-Kopf-Verbrauch an Nahrungsmitteln in der Sowjetunion und der DDR bis 1990. An dauerhaften Konsumgütern waren noch 1955 in den Haushalten bestenfalls ein Radio und eventuell eine Nähmaschine vorhanden. Bis 1960 erhöhte sich die Ausstattung eher langsam. Der große Durchbruch vollzog sich erst in den sechziger Jahren. Die Haushaltsausstattung mit dauerhaften Konsumgütern stieg nun sprunghaft. In der DDR spielten dabei auch bereits Pkw eine Rolle. 1970 verfügte hier immerhin schon jeder fünfte Haushalt über einen Pkw, während es in der Sowjetunion jeder fünfzigste war. Bis 1980 wurde in der DDR eine Standardhaushaltsausrüstung erreicht, zu der eine Waschmaschine, ein Kühlschrank und ein Fernseher sowie für jeden dritten Haushalt sogar ein Pkw gehörte. Farbfernseher und vollautomatische Waschmaschinen begannen sich zu verbreiten. Die achtziger Jahre brachten dann noch einmal eine wesentliche Verbesserung in der Ausstattung mit dauerhaften Konsumgütern.

Die Angaben über die Ausstattung der Haushalte mit dauerhaften Konsumgütern sagt noch nichts über die Qualität der Geräte aus. Durchweg handelte es sich um »Massenware der Standardklasse«, höherwertige Geräte fehlten weitgehend im Angebot und selbst der Standard blieb hinter westlichen Maßstäben zurück. Neuere Entwicklungen des Westens (Videorecorder, Computer) konnten auch nicht entfernt zur Massenkonsumware aufrücken. Die Funktion der Konsumgüter war partiell eine andere als im Westen. So wurde das Auto seltener für die Fahrt zum Arbeitsplatz benutzt. Es war dafür um so unentbehrlicher, um die kleinen Freiräume, die das Regime gewährte, zu nutzen. Nur mit einem eigenen Pkw konnten private Urlaubsreisen durchgeführt werden. Häufig wurde das Auto benötigt, um die Datscha zu erreichen.

Die Ausgabenstruktur der Haushalte in der DDR und der Sowjetunion wich deutlich von derjenigen in Westeuropa ab. So fällt insbesondere der außerordentlich hohe Anteil für Nahrungs- und Genußmittel — hier vor allem für Genußmittel, die einer hohen Konsumbesteuerung unterliegen — auf. Demgegenüber entfielen auf Leistungen nur ca. 15 Prozent der Gesamtausgaben. Das war Ausdruck der administrativen Preisgestaltung unabhängig von den jeweiligen Kosten.[42] Ausgaben für das Wohnen fielen im Haushaltsbudget mit 3-5 Prozent kaum ins Gewicht. Mit dem Anstieg der Reallöhne reduzierte sich die Mietbelastung sogar noch weiter. Auch für die kommunale Versorgung mit Wasser, Heizung, Strom und — selten in Privathaushalten vorhanden — Telefon wurden eher symbolische Gebühren verlangt. In der Sowjetunion wandten die Haushalte für Mieten und kommunale Dienstleistungen durchschnittlich weniger Mittel auf als zum Erwerb von alkoholischen Getränken.

4. Die systemsprengende Kraft der Konsumorientierung

Die nächste entscheidende Zäsur ist im Abbruch des Experiments der Wirtschaftsreform Anfang der siebziger Jahre zu sehen. Die in die Wirtschaftsreform gesetzten Hoffnungen, den »Markt« mit administrativ festgesetzten Preisen in der staatlichen Zentralverwaltungswirtschaft simulieren zu können und damit die Effizienz des Wirtschaftssystems zu steigern, erfüllten sich nicht.[43] Außerdem konnte die Steigerung von Löhnen und Lebensstandard nicht in ein erhöhtes Interesse an einer guten Arbeitsleistung umgesetzt werden. Der Fehlschlag, über den Lohn einen Leistungsanreiz zu vermitteln, wurde in seinen negativen Rückwirkungen auf die Arbeitsmoral noch dadurch verschärft, daß wirkungsvolle Sanktionen gegen Faulenzer und Bummelanten fehlten. Die Garantie eines Arbeitsplatzes bewirkte, daß niemand entlassen, sondern bestenfalls umgesetzt werden konnte. Die Erfahrung, daß letztlich jeder das gleiche erhielt, dämpfte die Leistungsbereitschaft der Mitglieder einer Arbeitsgruppe.

Den Forderungen der Ökonomen, zur erfolgreichen Implementierung der Reformen den Weg in der eingeschlagenen Richtung zu einer echten Preisbildung über den Markt weiterzugehen, wollten die Parteiführungen nicht ent-

---

42 *Ruban*, Entwicklung, S. 21-23, S. 41-57.
43 Zur Durchführung und Ergebnissen der Wirtschaftsreform in Osteuropa: *H.-H. Höhmann* u.a. (Hg.), The New Economic Systems of Eastern Europe, London 1975.

sprechen. Sie befürchteten von der auch nur teilweisen Verlagerung von Entscheidungen aus den politischen in den ökonomischen Bereich einen Machtverlust und erklärten die administrative Preisbildung zu einem unverzichtbaren Systemelement. Das Experiment der Wirtschaftsreform wurde deshalb Anfang der siebziger Jahre abgebrochen. Damit entfielen zugleich jegliche weiteren ernstzunehmenden Anstrengungen, die Effizienz des Wirtschaftssystems zu erhöhen. In der Praxis bedeutete das ein Todesurteil für das System, gewissermaßen die auf die lange Bank geschobene Selbstaufgabe. Das Konsummodell, das ja gerade eine im Vergleich zum Kapitalismus höhere Systemeffizienz voraussetzte, verlor damit endgültig seine materielle Basis. Das Festhalten an ihm mußte systemsprengend wirken, weil die staatlichen Subventionen zur Aufrechterhaltung niedriger Konsumentenpreise die eigentlich benötigten Mittel für Investitionen zur Erzielung von weiterem Wirtschaftswachstum verschlangen.

Eine Rückkehr zur Stalinschen Politik des Konsumverzichts und Terrors stellte keine politische Option mehr dar. Die Gefahr von Unruhen durch das Antasten der Konsumorientierung muß als ein die Politik beschränkender Sachzwang betrachtet werden. Der Sturz von Chruschtschow 1964 wurde überhaupt erst durch die Unruhen nach der Anhebung der Fleischpreise 1962 und den Schüssen von Nowotscherkassk möglich.[44] Die Angst vor der eigenen Bevölkerung diktierte in der Sowjetunion nach der schlechten Ernte von 1963 den Übergang zum dauerhaften Nettoimport von Lebensmitteln, um die Steigerung des Konsums an Tierprodukten nicht zu gefährden. Der Arbeiterprotest in Polen gegen Preiserhöhungen bei Lebensmitteln und die schlechte Versorgungslage, der in den Unruhen von 1956, 1970, 1976 und 1980/81 gipfelte und über den die Parteichefs Gomulka und Gierek gestürzt wurden, bevor er die Zulassung unabhängiger Gewerkschaften erzwang, verfehlte seine Wirkung auf die Parteichefs der anderen osteuropäischen Staaten nicht und lähmte deren Handlungsfähigkeit zusätzlich.[45] So unterließ die DDR mit Blick auf die bösen Erfahrungen des polnischen Nachbarn Experimente in Hinsicht auf den Abbau der Vergünstigungen. Zwar wurde Mitte der achtziger Jahre eine Verordnung zur Anhebung der Verbraucherpreise für Lebensmittel vorbereitet. Aus Angst vor einer Destabilisierung ihrer Macht

---

[44] *K. Schlögel*, Der renitente Held: Arbeiterprotest in der Sowjetunion 1953-1983, Hamburg 1954, S. 116-119.
[45] *J. K. Hoensch*, Geschichte Polens, Stuttgart 1983, S. 306-340.

wagte die SED aber nicht, diese Verordnung zu verkünden, obwohl die Subventionen nicht mehr finanzierbar waren.[46] Die 1988 in der DDR öffentlich geführte Diskussion über die Subventionspolitik endete deshalb mit einem klaren Votum für ihre Beibehaltung.[47] Offenbar war die DDR-Bevölkerung willens, die »Sowjetisierung des Konsums« zu verteidigen. Die in der Propaganda gegenüber den kapitalistischen Systemen als Zeichen der Überlegenheit des Sozialismus hervorgehobenen sozialpolitischen Leistungen, insbesondere die Garantie eines Arbeitsplatzes und niedriger Preise für die Grundbedürfnisse des Lebens, konnten nicht in Frage gestellt werden, ohne die Stabilität des ganzen Systems zu gefährden.

Die weitere Steigerung des Lebensstandards wurde seit Ende der siebziger Jahre immer mehr zum Problem. Die Subventionspolitik für wichtige Bereiche der menschlichen Grundbedürfnisse bei zunehmendem Anstieg der Produktionskosten bedeutete, daß der Staat immer mehr Mittel für das Niedrighalten der Mieten und die Agrarpreissubventionen aufwenden mußte. In bestimmten Bereichen, so bei der Instandhaltung der Wohnungen, dem öffentlichen Nahverkehr und den kommunalen Versorgungseinrichtungen, konnte das Problem durch die Nichtdurchführung der erforderlichen Instandhaltungsinvestitionen zumindest für einige Zeit kaschiert werden, weil nur die Investitionen für Neubauten aufgebracht werden mußten. Im Gesundheitswesen und im Bildungssystem verschlechterte sich die Qualität der Versorgung. Bei der Subvention der Lebensmittelpreise war es aber nicht möglich, sich auf diese Weise durchzumogeln. Bei unveränderten Verbraucherpreisen verdreifachten sich hier die Erzeugerpreise, außerdem stieg der Pro-Kopf-Verbrauch weiter an. Die Subvention der Agrarproduktion erforderte deshalb von Jahr zu Jahr erheblich mehr Mittel, die für Investitionen in andere Bereiche nicht zur Verfügung standen und damit das Wirtschaftswachstum drückten. In der DDR mußten schließlich allein zum Niedrighalten der Verbraucherpreise für Lebensmittel (natürlich beschränkte sich die Subvention des Agrarsektors nicht auf diesen Posten) etwa 32 Mrd. Mark jährlich aufgewandt werden.[48] Umgerechnet ergibt sich daraus ein Subventionsaufwand

---

46 Gespräche des Autors mit Prof. Walter Schmidt in Paris am 11. Juli 1984.
47 *Vortmann*, DDR, S. 29.
48 Einschließlich der Subventionen für Betriebsmittel und Lohnzahlungen erhielt die DDR-Landwirtschaft insgesamt etwa 38 Mrd. Mark. Stellt man den Rückfluß über Steuern in Rechnung, erreichte die Nettosubvention des Agrarsektors ein Volumen von 30 Mrd. Mark.

von fast 2.000 Mark je Kopf der Bevölkerung (bei einem Durchschnittsjahreseinkommen von 9.000 Mark). Durch die überhöhte Festsetzung der Preise für Genußmittel und bestimmte industrielle Konsumgüter verzeichnete der Staatshaushalt der DDR zwar auch Einnahmen, die Nettosubventionen der Warenkäufe konnten dennoch nicht unter 21 Mrd. Mark gedrückt werden. Unter den Subventionen für Leistungen fielen die Mieten 1988 mit fast 8 Mrd. Mark und der Verkehrssektor mit 5 Mrd. Mark am stärksten ins Gewicht. Insgesamt wurden 57,5 Mrd. Mark an Brutto- und 34,5 Mrd. Mark an Nettosubventionen aufgebracht.[49]

5. Resümee

Von einer Sowjetisierung des Konsums kann erst in der Phase nach Stalins Tod gesprochen werden, sie erreichte in den siebziger und achtziger Jahren ihren Höhepunkt. Der Sowjetisierungsprozeß in diesem Bereich erscheint nicht als einseitiges Diktat, sondern bedingt als Gemeinschaftsprodukt von DDR und Sowjetunion, wobei allerdings die Initiative von der Sowjetunion ausging. Die Untersuchung der Sowjetisierung des Konsums legt deshalb eine Periodisierung der DDR-Geschichte nahe, die stärker als sonst üblich das Jahr 1953 als entscheidende Zäsur einstuft.

Bei der Sowjetisierung des Konsums handelte es sich um eine ohne äußeren Zwang eingeleitete und konzipierte Politik, der ein eigenständiges Konsummodell zugrundelag, das auf einer leistungsunabhängigen Bedürfnisbefriedigung beruhte. Entscheidend dafür, daß dieses Modell systemsprengende Kraft gewinnen konnte, war die Abkoppelung des Konsums von der wirtschaftlichen Leistungsfähigkeit des Systems. In dem Maße, wie die Kommunistischen Parteien versuchten, die Legitimation ihrer Herrschaft gerade aus der Garantie sozialer Sicherheit und dem Konsum abzuleiten, wurde für sie die ständige Verbesserung des privaten und des öffentlichen Konsums zu einer Überlebensvoraussetzung. Die Sowjetisierung in diesem Bereich war keineswegs nur oberflächlich, sondern bewirkte langfristige Einstellungsänderungen bei der Bevölkerung. Da es weder gelang, die Effizienz des Wirt-

---

49 *Vortmann*, DDR, S. 34f.

schaftssystems zu erhöhen noch einen hinreichenden Leistungsanreiz zu vermitteln, ging der Subventionsbedarf zur Finanzierung des leistungsunabhängigen Konsums schließlich auf Kosten der zur Erzielung von weiterem Wirtschaftswachstum benötigten Investitionsmittel. Der Zusammenbruch der kommunistischen Regime in Osteuropa stand also auch in unmittelbarem Zusammenhang mit ihrer Unfähigkeit, das erforderliche Konsumniveau zu finanzieren.

Arnd Bauerkämper

Amerikanisierung und Sowjetisierung in der Landwirtschaft
Zum Einfluß der Hegemonialmächte auf die deutsche Agrarpolitik von 1945 bis zu den frühen sechziger Jahren

»Amerikanisierung« und »Sowjetisierung« bilden ein Begriffspaar, das nicht nur wichtige Entwicklungsrichtungen in der Wirtschaft, Politik und Gesellschaft in der Bundesrepublik Deutschland und DDR kennzeichnet, sondern auch maßgeblich zur jeweiligen politischen Legitimation und zur Bildung von Identitäten durch eine wechselseitige Abgrenzung im Kalten Krieg beitrug. Die mit den Begriffen verknüpften Leit- oder Feindbilder prägten damit nicht nur die Politik in Ost- und Westdeutschland, sondern verweisen auch auf eine wichtige Dimension der deutsch-deutschen Beziehungsgeschichte. Nach dem Ende des Ost-West-Konflikts müssen die Mechanismen und Auswirkungen der »Amerikanisierung« und »Sowjetisierung« in Deutschland dargestellt und beurteilt werden, zumal angenommen werden kann, daß die pejorativen Begriffe noch im Vereinigungsprozeß der frühen neunziger Jahre festgefügte, emotionsgeladene und deshalb nur schrittweise abzubauende Assoziationen evozieren.[1]

---

1 *M. Reiman*, ›Sowjetisierung‹ und nationale Eigenart in Ostmitteleuropa. Zu Problem und Forschungsstand, in: H. Lemberg (Hg.), Sowjetisches Modell und nationale Prägung. Kontinuität und Wandel in Ostmitteleuropa nach dem Zweiten Weltkrieg, Marburg 1991, S. 3-9. Zur beziehungsgeschichtlichen Dimension: *Chr. Kleßmann*, Verflechtung und Abgrenzung. Aspekte der geteilten und zusammengehörigen deutschen Nachkriegsgeschichte, in: Aus Politik und Zeitgeschichte. Beilage zur Wochenzeitung »Das Parlament« 29/30, 16.7.1993, S. 40.

1. »Sowjetisierung«, »Amerikanisierung« und die Transformation der Agrarwirtschaft in Deutschland nach dem Zweiten Weltkrieg

Wie in kaum einem anderen Politikbereich waren in der Agrarwirtschaft mit »Sowjetisierung« und »Amerikanisierung« divergierende Legitimationsmuster und Identifikationsangebote verknüpft. Sie fungierten einerseits als Leitbilder, die Überlegenheitsvorstellungen, eine ungebremste Fortschrittseuphorie und einen weitreichenden Modernisierungsoptimismus umfaßten. Als Feindbilder, die in der ideologischen Auseinandersetzung zwischen den beiden deutschen Staaten besonders in den fünfziger und frühen sechziger Jahren propagiert wurden, suggerierten »Amerikanisierung« und »Sowjetisierung« andererseits die mechanistische und erzwungene Übertragung jeweils perhorreszierter Leitvorstellungen durch die Hegemonialmächte Sowjetunion und Vereinigte Staaten von Amerika. Besonders die »Sowjetisierung« der Landwirtschaft in der DDR wurde in westdeutschen Studien, die in den fünfziger und sechziger Jahren erschienen, als Menetekel der Bedrohung der freiheitlichen Demokratie durch die als totalitärer Staat gedeutete UdSSR interpretiert.[2]

Die Vorstellung eines bruchlosen Modelltransfers, der gelegentlich auch als »Bolschewisierung« bezeichnet wurde,[3] ging mit einer teleologischen Deutung der agrarwirtschaftlichen Entwicklung in Ostdeutschland einher. Die in westlichen Darstellungen dominierende Annahme einer zielgerichteten Übertragung der Agrarstruktur, die in der UdSSR in den zwanziger und dreißiger Jahren durchgesetzt wurde, auf die Sowjetische Besatzungszone (SBZ) und DDR verdeckte aber Umbruchphasen, Konflikte und Entscheidungsvarianten in der Landwirtschaftspolitik in Ostdeutschland. Außerdem stufte die vorherrschende Interpretation Abweichungen vom sowjetischen »Modell« als politische Konzessionen ein, die das angestrebte Ziel lediglich verdecken sollten, nicht aber revidierten. So reduzierte die westdeutsche Hi-

---

2 *M. Kramer*, Die Landwirtschaft in der Sowjetischen Besatzungszone. Die Entwicklung in den Jahren 1945-1955, Textteil, Bonn 1957, S. 16; *E. Tümmler*, Die Agrarpolitik in Mitteldeutschland — Historische Entwicklung der Landwirtschaft in Mitteldeutschland und ihre agrarpolitische Konzeption, in: ders. u.a., Die Agrarpolitik in Mitteldeutschland und ihre Auswirkung auf Produktion und Verbrauch landwirtschaftlicher Erzeugnisse, Berlin 1969, S. 7.

3 *M. Kramer*, Die Bolschewisierung der Landwirtschaft in Sowjetrußland, in den Satellitenstaaten, in der Sowjetzone, Köln 1951, bes. S. 5f., 68, 89, 91, 134.

storiographie die Bodenreform zu einem im wesentlichen taktisch motivierten, herrschaftspragmatischen Eingriff, der zur Bildung kleiner, nicht rentabel wirtschaftender Agrarbetriebe führte und damit als »erster Schritt zur Sowjetisierung« bereits die langfristig anvisierte Kollektivierung vorbereitet habe. Erst seit den siebziger Jahren galt die Bodenreform in der westlichen Forschung als radikale, aber nicht spezifisch kommunistische Maßnahme, die auch dem antifaschistischen Konsens unter den Alliierten und den politischen Parteien im Nachkriegsdeutschland entsprochen habe.[4] Aber auch einzelne neuere Gesamtdarstellungen gehen noch von einer »Sowjetisierung« der Landwirtschaft in der SBZ und DDR aus, indem sie der agrarwirtschaftlichen Entwicklung in der UdSSR eine Vorbildfunktion zuweisen und die politisch induzierte Transformationspolitik auf eine langfristig angelegte, auf die Durchsetzung der Kollektivwirtschaft abzielende Agrarkonzeption zurückführen.[5] In Studien zum Einfluß der Sowjetunion in den ostmittel- und südosteuropäischen Ländern muß aber scharf zwischen politischen Intentionen und historischen Prozessen unterschieden werden.[6]

Die Forschung zur »Amerikanisierung« hat sich auf die wirtschaftliche, gesellschaftliche und kulturelle Entwicklung in der Bundesrepublik konzentriert. In den letzten Jahren ist darüber hinaus das Alltagsleben untersucht worden. Allerdings erwies sich eine analytische Unterscheidung zwischen allgemeinen Modernisierungstrends und dem amerikanischen Einfluß als Triebkraft der sozioökonomischen Transformation als schwierig.[7] In der agrarhistorischen Forschung sind deshalb lediglich die Auswirkungen der amerikanischen Hilfsprogramme in den späten vierziger und frühen fünfziger Jahren im

---

[4] Zitiert nach: *H. Duhnke*, Stalinismus in Deutschland. Die Geschichte der sowjetischen Besatzungszone, Köln 1955, S. 113. Die Bodenreform wird zur Vorgeschichte der Kollektivierung reduziert in: *P. Hermes*, Die Christlich-Demokratische Union und die Bodenreform in der Sowjetischen Besatzungszone Deutschlands im Jahre 1945, Saarbrücken 1963, S. 37f.; *Tümmler*, Agrarpolitik, S. 30. Exemplarisch für die neuere westdeutsche Forschung: *H. Weber*, Geschichte der DDR, München 1989³, S. 111; *ders.*, Die DDR 1945-1990, München 1993², S. 13, 148; *Chr. Kleßmann*, Die doppelte Staatsgründung. Deutsche Geschichte 1945-1955, Göttingen 1986⁴, S. 80f.

[5] Exemplarisch: *A. Kurjo*, Landwirtschaft, in: A. Fischer (Hg.), Ploetz. Die Deutsche Demokratische Republik. Daten, Fakten, Analysen, Darmstadt 1988, S.98.

[6] *E. Scherstjanoi*, ›Friedenshektarerträge‹ auf Vorkriegsanbauflächen. Zur Bewältigung von Kriegslasten in der ostdeutschen Landwirtschaft (1950), in: Chr. Buchheim (Hg.), Wirtschaftliche Folgelasten des Krieges in der SBZ/DDR, Baden-Baden 1995, S. 324.

[7] Repräsentativ für den Forschungsstand jetzt die Beiträge in: *R. Pommerin* (Hg.), The American Impact on Postwar Germany, Providence 1995.

Spannungsfeld von weltwirtschaftlicher Liberalisierung und traditioneller deutscher Agrarprotektion untersucht worden.[8] Insgesamt liegen aber nur wenige systematische Längsschnittanalysen zur »Amerikanisierung« der Landwirtschaft in der Bundesrepublik vor, so daß sich dieser Überblick auf die Darstellung der von der agrarhistorischen Forschung herausgearbeiteten Dimensionen des amerikanischen Einflusses beschränken muß.

Im folgenden werden zunächst die unterschiedlichen Formen der sowjetischen Einflußnahme auf die Entwicklung der Landwirtschaft in der SBZ und DDR dargestellt. Dabei ist insgesamt das »Knäuel von objektiven ökonomischen und sicherheitspolitischen Interessenlagen und subjektiven Wahrnehmungs- und Vermittlungsakten«[9] zu beachten, wenn verkürzende Deutungen der Sowjetisierung und Amerikanisierung vermieden werden sollen.

2. Die Agrarstruktur und -produktion in der SBZ/DDR 1945 bis 1960: Eingriffe der Besatzungsmacht und sowjetische Einflüsse

Die sowjetische Besatzungsmacht griff in der unmittelbaren Nachkriegszeit direkt in die landwirtschaftliche Produktion ein, denn sowohl die ökonomische Rekonstruktion als auch die Konstituierung neuer politischer Loyalität setzten eine gesicherte Versorgung der Bevölkerung mit Lebensmitteln voraus. Die Verwaltung für Land- und Forstwirtschaft der Sowjetischen Militäradministration in Deutschland (SMAD) steuerte und kontrollierte deshalb bis zu den frühen fünfziger Jahren die Agrarpolitik in der SBZ. Dem Ziel der schnellen Steigerung der landwirtschaftlichen Erzeugung, die 1945 wegen der Kriegszerstörungen deutlich gesunken war, stand jedoch die sowjetische Reparationspolitik entgegen, die auch die Agrarproduktion erheblich beeinträchtigte. Sowjetische Verwaltungsbehörden requirierten nicht nur Vieh und pflanzliche Erzeugnisse, sondern auch Maschinen und Geräte, die in der Landwirtschaft dringend benötigt wurden. Darüber hinaus schwächte die Be-

---

8 *U. Kluge*, West German Agriculture and the European Recovery Program, 1948-1952, in: J.M. Diefendorf u.a. (Hg.), American Policy and the Reconstruction of West Germany, 1945-1955, Cambridge/Mass. 1993, S. 155-174.

9 *E. Scherstjanoi*, 1945 - Überlegungen zum Jahr der Befreiung, ein halbes Jahrhundert danach, in: Zeitschrift für Geschichtswissenschaft 43, 1995, S. 64.

satzungsmacht die Produktionskapazität der Landwirtschaft in der SBZ, indem sie Güter zur Versorgung der Truppen beschlagnahmte und Landwirte zum Arbeitseinsatz — besonders zu Spanndiensten — zwang.[10]

Die sowjetische Besatzungsverwaltung stellte aber auch wiederholt Lebensmittel aus ihren Beständen für die notleidende Bevölkerung bereit und trieb durch ihre Befehle die rechtliche Sicherung und ökonomische Konsolidierung der Neubauernhöfe voran, die 1945/46 aus der Enteignung der Gutsbesitzer und der Aufteilung ihres Landes hervorgegangen waren. Obwohl die Bodenreform, die im Herbst 1945 durchgesetzt wurde, durchaus den Zielen der KPD-Führung entsprach und zumindest als Siedlungskonzept auch von der SPD, der Ost-CDU und der LDP befürwortet wurde, nahmen die SMAD und die führenden sowjetischen Parteifunktionäre um Stalin die Schlüsselposition ein. Bevor das Zentralkomitee (ZK) der KPD Ende August 1945 eine Direktive zur Bodenreform beschloß und die Landes-Provinzialverwaltungen daraufhin Anfang September entsprechende Verordnungen durchsetzten, war das Vorgehen detailliert abgestimmt worden. Besonders Wilhelm Pieck, Walter Ulbricht, Anton Ackermann und Gustav Sobottka führten im Frühsommer 1945 wiederholt Gespräche mit Offizieren der SMAD sowie der Staats- und Parteiführung der UdSSR. So legte offenbar Stalin selber fest, daß lediglich Gutsbesitzer, die mehr als einhundert Hektar (ha) Land besaßen, enteignet werden sollten, um die Großbauern zu neutralisieren.[11]

---

10 Stiftung Archiv der Parteien und Massenorganisation der DDR im Bundesarchiv, Berlin (SAPMO-BArch), DY 30/IV 2/2022/53, Bl. 63; DY 30/IV 2/7/142, Bl. 81. Zur Organisationsstruktur und Politik der Verwaltung für Land- und Forstwirtschaft in der SMAD: *J. Foitzik*, Sowjetische Militäradministration in Deutschland (SMAD), in: M. Broszat u. H. Weber (Hg.), SBZ-Handbuch. Staatliche Verwaltungen, Parteien, gesellschaftliche Organisationen und ihre Führungskräfte in der Sowjetischen Besatzungszone Deutschlands 1945-1949,München 1993², S. 17, 52, 63; *V. Nevsky*, Soviet Agricultural Policy in Eastern Germany, 1945-1949, in: R. Slusser (Hg.), Soviet Economic Policy in Postwar Germany. A Collection of Papers by Former Soviet Officials, New York 1953, S. 87-126.

11 *W. S. Semjonow*, Von Stalin bis Gorbatschow. Ein halbes Jahrhundert in diplomatischer Mission 1939-1991, Berlin 1995, S. 235-240; *G. W. Sandford*, From Hitler to Ulbricht. The Communist Reconstruction of East Germany 1945-46, Princeton 1983, S. 85-91; *S. Suckut*, Der Konflikt um die Bodenreformpolitik in der Ost-CDU 1945. Versuch einer Neubewertung der ersten Führungskrise der Union, in: Deutschland Archiv 15, 1982, S. 1082-1086; *A. Bauerkämper*, Der verlorene Antifaschismus. Die Enteignung der Gutsbesitzer und der Umgang mit dem 20. Juli 1944 bei der Bodenre-

Die Bodenreform kann aber nicht auf herrschaftspolitische Ziele, die besonders auf dem Konzept eines ›Bündnisses‹ zwischen Arbeitern und ›werktätigen‹ Bauern basierten, reduziert werden. Die sowjetische Politik entsprach vielmehr auch den wirtschaftlichen Zwängen und gesellschaftlichen Bedingungen der unmittelbaren Nachkriegszeit. Flüchtlinge und Vertriebene, die schon im Herbst 1945 als »Umsiedler« bezeichnet wurden, mußten weitgehend auf dem Lande arbeiten und eingegliedert werden. Die SMAD hatte deshalb schon im Sommer 1945 befohlen, die Flüchtlingsbevölkerung besonders in den ländlichen Gemeinden Brandenburgs und Mecklenburg-Vorpommerns unterzubringen. Die Bodenreform begünstigte auch Landarbeiter und Kleinbauern. Obwohl sie zunächst vor einer radikalen Entmachtung der Gutsbesitzer zurückschreckten, entsprach eine Umverteilung des Bodens ihrem Interesse, die ausgeprägte Abhängigkeit von den Großgrundeigentümern zu beseitigen. Außerdem legte der Mangel an Betriebsmitteln in der Landwirtschaft eine arbeitsintensive Produktion nahe, die nicht nur die Chance zu einer Steigerung der agrarischen Marktproduktion zu eröffnen schien, sondern auch die Subsistenz der dörflichen Bevölkerung sicherte.[12]

Bis Anfang 1950 erhielten 91.155 »Umsiedler« durchschnittlich 8,4 ha Land, so daß insgesamt etwa 350.000 Flüchtlinge und Vertriebene eine Lebensgrundlage gewannen. Auch die Hektarerträge erreichten — mit Ausnahme von Zuckerrüben — wegen der gestiegenen Arbeitsproduktivität 1950 das Vorkriegsniveau. Dagegen wurde die Ausweitung der Agrarproduktion auf den Stand der Vorkriegsanbaufläche, die von der Sowjetischen Kontrollkommission (SKK) im Frühjahr 1950 zum Richtwert erklärt wurde, verfehlt. Die kleinbetriebliche Agrarstruktur, die sich nach der Bodenreform herausbildete, begünstigte zwar eine arbeitsintensive Veredlungswirtschaft, bot aber keine optimalen Voraussetzungen für die Erzeugung von Getreide, Kartoffeln und Rüben. Die erhoffte stimulierende Wirkung der Bodenreform

---

form in der Sowjetischen Besatzungszone, in: Zeitschrift für Geschichtswissenschaft 42, 1994, S. 624-629.
12 SAPMO-BArch, DY 30/IV 2/7/211, Bl. 377. Zum Beginn der Flüchtlingspolitik im Sommer 1945: W. *Meinicke*, Flüchtlinge, Umgesiedelte, Vertriebene in der Sowjetischen Besatzungszone. Ein kurzer historischer Überblick, in: ders. u. A. v. Plato, Alte Heimat - neue Zeit. Flüchtlinge, Umgesiedelte, Vertriebene in der Sowjetischen Besatzungszone und in der DDR, Berlin 1991, S. 29-34. Zum ›Bündnis‹-Konzept: R. *Stökkigt*, Die Gründung der SED und ihre Bedeutung für das Bündnis zwischen Arbeitern und Bauern, in: Zeitschrift für Geschichte 14, 1966, S. 197-207.

auf die landwirtschaftliche Erzeugung blieb auch wegen der geringen Ausstattung der Neubauern mit Betriebsmitteln aus.[13]

Die SMAD bemühte sich in den späten vierziger und frühen fünfziger Jahren nachhaltig um die ökonomische Festigung der Neubauernhöfe. Die sowjetische Militärverwaltung befahl den deutschen Behörden nicht nur, Kredite zu niedrigen Zinsen bereitzustellen und einen überregionalen Ausgleich der Viehbestände sowie der Versorgung mit technischen Betriebsmitteln durchzuführen, sondern unterstützte die Neubauern auch direkt. So lieferte die UdSSR im April 1949 1.000 Traktoren, 540 Lastkraftwagen, 500 Kultivatoren, 200 Schälpflüge und 100 Scheibeneggen, die überwiegend von 1949 eingerichteten Maschinen-Ausleih-Stationen (MAS) übernommen wurden. Dennoch gelang es vielen Neubauern nicht, ihre Betriebe nachhaltig zu konsolidieren. Die Maschinenhöfe der Vereinigung der gegenseitigen Bauernhilfe (VdgB) waren unzureichend ausgestattet, und die MAS konnten ihr Leistungsangebot nur langsam ausweiten. Das Neubauernbauprogramm, das im September 1947 mit dem SMAD-Befehl Nr. 209 eingeleitet wurde, blieb deutlich hinter dem hohen Bedarf an Neubauten zurück, obwohl bis 1953 924,8 Mio. Mark als Kredite zur Verfügung gestellt und insgesamt 237.369 Gebäude errichtet wurden.[14]

Neubauern, die zudem oft nicht über die zur Betriebsführung erforderliche Qualifikation verfügten, verließen deshalb in den frühen fünfziger Jahren ihre unzureichend ausgestatteten Höfe. Von 1945 bis 1953 gaben fast 15 Prozent der Neubauern ihre Betriebe auf. Auch die forcierte industriewirtschaftliche Rekonstruktion im 1. Fünfjahrplan (1951-1955) trug zur beschleunigten Abwanderung aus der Landwirtschaft bei, und der in den späten vierziger und frühen fünfziger Jahren verstärkte ökonomische Druck auf die Großbauern

---

13 W. Meinicke, Die Bodenreform und die Vertriebenen in der SBZ und in den Anfangsjahren der DDR, in: ders. u.a. (Hg.), Sie hatten alles verloren. Flüchtlinge und Vertriebene in der sowjetischen Besatzungszone Deutschlands, Wiesbaden 1993, S. 63, 70f.; W. Zank, Wirtschaft und Arbeit in Ostdeutschland 1945-1949. Probleme des Wiederaufbaus in der Sowjetischen Besatzungszone Deutschlands, München 1987, S. 149, 153f.; Scherstjanoi, Friedenshektarerträge, S. 325-330, 332f., 337.
14 SAPMO-BArch, DY 30/IV 2/7/389, Bl. 7; D. Schulz, Probleme der sozialen und politischen Entwicklung der Bauern und Landarbeiter in der DDR von 1949 bis 1955, Diss. A, Humboldt-Universität Berlin 1984 (MS), S. 30. Hierzu auch die detaillierte Darstellung in: A. Bauerkämper, Problemdruck und Ressourcenverbrauch. Wirtschaftliche Auswirkungen der Bodenreform in der SBZ/DDR 1945-1952, in: Buchheim (Hg.), Folgelasten, S. 295-322; Meinicke, Bodenreform, S. 72-80.

löste eine breite Fluchtbewegung aus, so daß auf dem Lande ›devastierte‹ Flächen unbewirtschaftet blieben. In Mecklenburg wurden schon im Oktober 1950 etwa 62.000 ha Ackerland nur extensiv bearbeitet, und in Brandenburg waren Ende 1951 2.906 Neubauernhöfe, die zusammen über mehr als 23.500 ha Land verfügt hatten, nicht besetzt. Im April 1952 konnten in der DDR insgesamt 235.000 ha nur mühsam — überwiegend durch Arbeitsgemeinschaften der VdgB — bewirtschaftet werden, und etwa 20.000 Landwirte hatten ihre Betriebe nicht festigen können. Damit waren die hohen Produktionsziele des 1. Fünfjahrplans gefährdet, so daß ein Übergang zur Kollektivwirtschaft nahelag, zumal die Steigerung der Produktion von landwirtschaftlichen Maschinen und Geräten eine großbetriebliche Agrarstruktur begünstigte.[15]

Die Kollektivierung, die schon im Frühjahr 1952 einsetzte, aber erst im Juli 1952 auf der 2. Parteikonferenz der SED zu einem politischen Ziel der Partei deklariert wurde, ist deshalb nicht ausschließlich als Reflex der »Sowjetisierung« zu interpretieren, sondern auch auf die gesamtwirtschaftlichen und -gesellschaftlichen Rahmenbedingungen zurückzuführen, die sich in der DDR in den frühen fünfziger Jahren herausgebildet hatten. Die »Schaffung von Produktiv-Genossenschaften im Dorfe«[16] wurde erstmals in einer Besprechung gefordert, zu der Stalin am 1. April 1952 Otto Grotewohl, Pieck und Ulbricht empfing. Nachdem Pieck am 14. April mit dem Chef der SKK, Tschujkow, ein Gespräch über Produktionsgenossenschaften geführt hatte, entsandte das Politbüro der SED Delegationen nach Polen und Ungarn. Außerdem wurde das ZK der KPdSU gebeten, einen Instrukteur zur Bildung von Landwirtschaftlichen Produktionsgenossenschaften (LPG) zu entsenden.

Aber erst im Mai 1952 stellte die SKK den Zusammenschluß zu Produktionsgenossenschaften in Aussicht. Am 3. Juni 1952 billigte das Politbüro schließlich die Gründung von LPG, und wenige Tage später sagte Landwirt-

---

15 Mecklenburgisches Landeshauptarchiv, Schwerin, Ministerium für Land- und Forstwirtschaft, Nr. 2825, Bl. 13; Brandenburgisches Landeshauptarchiv, Potsdam (BLHA), Ld. Br. Rep. 208, Nr. 4280, Bl. 95f.; *Schulz*, Probleme, S. 53; *Meinicke*, Bodenreform, S. 85. Zur Abwanderung aus der Landwirtschaft: Bundesarchiv, Abteilungen Potsdam (BArch), DQ-2, Nr. 2113 (Vermerke v. 10.7.1951 u. 17.8.1951); DQ-2, Nr. 2120 (Ausarbeitung von W. Heisig; Denkschrift vom 19.12.1951).
16 *W. Otto*, Sowjetische Deutschlandnote 1952. Stalin und die DDR. Bisher unveröffentlichte handschriftliche Notizen Wilhelm Piecks, in: Beiträge zur Geschichte der Arbeiterbewegung 33, 1991, S. 378.

schaftsminister Paul Scholz Neubauern, die sich zu Produktionsgenossenschaften zusammengeschlossen hatten, die Unterstützung der Regierung zu. Die SKK stimmte den am 1. Juli 1952 vom Politbüro verabschiedeten Statuten für die LPG-Typen I und II jedoch erst nach der 2. Parteikonferenz zu. Insgesamt erließ der Ministerrat der DDR — im Gegensatz zur Kollektivierung in der UdSSR in den späten zwanziger und frühen dreißiger Jahren — Musterstatuten für drei Typen von LPG, die nicht verstaatlicht wurden.[17] Auch die Sozialstruktur der bis Ende 1952 gebildeten 1.906 Genossenschaften, in die 78,1 Prozent der 37.000 Mitglieder ihr Land als Neubauern eingebracht hatten, legt nahe, daß der Übergang zur Kollektivierung insgesamt nicht ausschließlich auf ein langfristig umgesetztes Konzept der »Sowjetisierung« zurückzuführen ist, sondern — ebenso wie in der UdSSR[18] — durch eine sozioökonomische Krisenlage ausgelöst wurde, die sich aus der Bodenreform und der Politik gegenüber den Großbauern ergeben hatte.[19]

In den fünfziger Jahren gingen die direkten Interventionen der sowjetischen Verwaltungsorgane in die landwirtschaftliche Erzeugung zurück. Die Agrarpolitik der UdSSR beeinflußte aber weiterhin die Entwicklung der Landwirtschaft der DDR. Obwohl sowjetische Produktionsmethoden, die besonders die 1947 gegründete Gesellschaft für Deutsch-Sowjetische Freundschaft (GDSF), die FDJ und die VdgB propagierten, den naturräumlichen und wirtschaftlichen Bedingungen der ostdeutschen Landwirtschaft angepaßt werden sollten, wurden sie vielfach in nur wenig modifizierten Varianten übertragen. Ihre Anwendung stieß deshalb auf Widerstand und wurde von vielen Agrarwissenschaftlern abgelehnt. So setzte sich die Mitschurinbewe-

---

17 *E. Scherstjanoi*, Die DDR im Frühjahr 1952. Sozialismuslosung und Kollektivierungsbeschluß in sowjetischer Perspektive, in: Deutschland Archiv 27, 1994, S. 354-363. Zum deutschlandpolitischen Kontext: *D. Staritz*, Die SED, Stalin und der ›Aufbau des Sozialismus‹ in der DDR. Aus den Akten des Zentralen Parteiarchivs, in: Deutschland Archiv 24, 1991, S. 686-700. Zur Vorbildfunktion der sowjetischen Artels das Musterstatut in: BArch, DK-1, Nr. 247, Bl. 134-144.
18 *G. T. Rittersporn*, Modernisierung durch Vernichtung? Über einige Folgen der Kollektivierung der sowjetischen Landwirtschaft, in: Zeitschrift für Geschichte 43, 1995, S. 809, 813.
19 *Chr. Nehrig*, Zur sozialen Entwicklung der Bauern in der DDR 1945-1960, in: Zeitschrift für Agrargeschichte und Agrarsoziologie 41, 1993, S. 69, 72; *S. Kuntsche*, Die Umgestaltung der Eigentumsverhältnisse und der Produktionsstruktur in der Landwirtschaft, in: D. Keller u.a. (Hg.), Ansichten zur Geschichte der DDR, Bd. 1, Bonn 1993, S. 199f.; *J. Piskol*, Zum Beginn der Kollektivierung der Landwirtschaft der DDR im Sommer 1952, in: Beiträge zur Geschichte der Arbeiterbewegung 37, 1995, S. 19-26.

gung, die auf die Anwendung der Agrarbiologie Lyssenkos zielte und »Neuerermethoden« der sowjetischen Agrarwissenschaft sowie Erfahrungen von »Meisterbauern« in der DDR verbreiten sollte, insgesamt nicht durch. Auch die Vorbehandlung von Kartoffel- und Getreidesaatgut (»Jarowisation«) und das Quadratnestpflanzverfahren bei Kartoffeln scheiterten. Dagegen erwies sich der von Wiljams entwickelte Anbau von standortabhängigen Pflanzengemeinschaften als geeignetes Mittel zur Bodenverbesserung und Futtergewinnung. Die vor allem von der VdgB vorangetriebene »Neuererbewegung« erreichte aber insgesamt ebenso wie die Auszeichnung von »Meisterbauern« nur eine begrenzte Wirkung auf die Agrarproduktion.[20]

In den späten fünfziger Jahren verschränkten sich sowjetische Einflüsse in der Landwirtschaft der DDR zunehmend mit dem Konzept einer oktroyierten Modernisierung. Bis zum »sozialistischen Frühling« 1960 wurden insgesamt 400.000 Höfe, darunter etwa 100.000 Neubauernwirtschaften und 23.240 Betriebe von Bauern mit einem Landbesitz von mehr als zwanzig Hektar, in LPG überführt. Außerdem mußten die Produktionsgenossenschaften rund 800.000 ha aufgegebenes Land integrieren, das in Örtlichen Landwirtschaftsbetrieben bewirtschaftet worden war. Im April 1960 verfügten 19.345 LPG mit 945.020 Mitgliedern über 84,4 Prozent der landwirtschaftlichen Nutzfläche. Mit der Kollektivierung setzte sich in der Landwirtschaft die großbetriebliche Produktion durch. So bewirtschafteten LPG im Bezirk Cottbus 1953 durchschnittlich jeweils 91 ha, Ende 1959 aber bereits 145 ha. Im Bezirk Frankfurt/Oder wuchs die Durchschnittsgröße der LPG von 108 ha (1952) auf 323 ha (1956). Auch wurde die landwirtschaftliche Erzeugung in der DDR — ebenso wie in der Bundesrepublik — fortschreitend intensiviert

---

20 SAPMO-BArch, DY 24, Zentralrat, A 171 (Vorlage v. 3.11.1950); DY 24, Zentralrat, A 174; DY 24, Zentralrat, A 211; DY 32, A 380 (Berichte v. 16.1.1952, 21.1.1952, 12./13.1.1952, 2.2.1952 u. 27.2.1952); DY 19, A 807 (Analyse v. 22.11.1953); DY 32, 5340; DY 19/76 (Protokoll v. 29.12.1951); DY 19/84 (»Plan zur Förderung der Meisterbauern-Bewegung«); DY 19/86 (»Plan für die Arbeit der Mitschurin-Bewegung innerhalb der VdgB [BHG]«); DY 19/88 (Direktive v. 9.4.1953). *E. Rübensam*, Das Trawopolnaja System von Wiljams. Seine Bedeutung für die deutsche Landwirtschaft, Berlin 1954³. Zusammenfassend: *D. Schulz*, Der Weg in die Krise 1953, Berlin 1993, S. 19; ders., Probleme, S. 98-101. Zur GDSF: *R. Henkel*, Im Dienste der Staatspartei. Über Parteien und Organisationen der DDR, Baden-Baden 1994, S. 329-346, bes. S. 340.

und mechanisiert. Darüber hinaus nahm die Spezialisierung der Produktion zu.[21]

Nachdem die von Kurt Vieweg und Fred Oelßner vertretene Konzeption, die auf eine Reduzierung des Kollektivierungsdrucks und Wirtschaftshilfen auch für bäuerliche Familienbetriebe zielte, auf der 30. Tagung des ZK Anfang 1957 scharf verurteilt worden war, trieb die SED-Führung die Bildung von LPG voran. Das im Oktober 1957 von Ulbricht verkündete »große Aktionsprogramm des Sozialismus« sah ein deutlich schnelleres Wachstum der landwirtschaftlichen Erzeugung vor. Nachdem im Mai 1958 die Lebensmittelzuteilung in der DDR aufgehoben worden war, wurde auf dem V. Parteitag der SED (Juli 1958) beschlossen, die Planvorgaben für die Agrarwirtschaft zu erhöhen, um nicht nur die Selbstversorgung der DDR mit Lebensmitteln zu sichern, sondern auch bis 1961 den in der Bundesrepublik erreichten Pro-Kopf-Verbrauch zu übertreffen.[22]

Die damit geforderte Steigerung der tierischen Produktion und der beschleunigte Übergang zur Veredlungswirtschaft setzten aber eine deutliche Aufstockung der Viehbestände voraus, die wiederum nur durch eine verbesserte Futterversorgung erreicht werden konnte. Ulbricht griff daher schon im Oktober 1957 die Forderung Chruschtschows nach einer Ausweitung des Maisanbaus auf und verkündete den Bau von Rinderoffenställen. Diese Programme banden in den späten fünfziger und frühen sechziger Jahren zwar erhebliche Ressourcen, scheiterten aber, da sie vielfach ohne hinreichende Berücksichtigung der jeweiligen Standortbedingungen und wirtschaftlichen Voraussetzungen durchgeführt wurden. Auch der Übergang zur Geflügelintensivhaltung, vor allem im Umland von Berlin, konnte die nach der Abschaffung der Lebensmittelkarten sprunghaft wachsende Fleischnachfrage erst in den sechziger Jahren befriedigen, veränderte aber offenbar nachhaltig das Konsumverhalten der Bevölkerung.[23]

---

21 BLHA, Bez. FfO. Rep. 601, Nr. 5981 (Schreiben v. 30.3.1957); Bez. Ctb. Rep. 801, Nr. 5880 (Analyse v. 14.7.1955; Statistik vom 4.1.1960). Zur Entwicklung in der DDR: *Kuntsche*, Umgestaltung, S. 202, 204.
22 Zu Viewegs Konzept: *M.F. Scholz*, Kurt Viewegs alternative Agrarpolitik 1956, in: Beiträge zur Geschichte der Arbeiterbewegung 36, 1994, S. 78-87.
23 Zum Maisanbau: SAPMO-BArch, DY 30/IV 2/7/355, Bl. 113; DY 30/IV 2/7/360, Bl. 19, 22; NY 4182/1066, Bl. 114-117; DY 19/198 (Vorlage v. 13.2.1958); DY 19/227 (Vorlage v. 25.1.1958). Zum Rinderoffenstallbauprogramm: SAPMO-BArch, DY 30/IV 2/7/389, Bl. 3, 52f., 80f., 102-105, 189-197, 259-275, 315-320, 332-334, 337-

Die Kollektivierung wurde in den späten fünfziger Jahren in der DDR von einer weitverbreiteten Fortschrittseuphorie getragen, in der sich die Glorifizierung der Sowjetunion eng mit weitreichenden Überlegenheitsvorstellungen und Modernisierungsillusionen verband. Nachdem 1959 der Siebenjahrplan verkündet worden war, der erneut eine deutliche Steigerung der Agrarproduktion vorsah und von einem VdgB-Funktionär als »Leuchtturm für die Landwirtschaft [in] ganz Deutschland«[24] idealisiert wurde, und besonders die Erzeugung von Milch und Schlachtvieh deutlich hinter den Planzielen zurückgeblieben war, steigerte die SED die Agitation für den Zusammenschluß zu LPG, die durch die Übernahme der Maschinen und Geräte von den Maschinen-Traktoren-Stationen (MTS) wirtschaftlich gefestigt werden sollten. Der Anfang 1960 vom Politbüro verabschiedete Beschluß, die Kollektivierung schnell abzuschließen, reflektiert insgesamt eine ungebremste, aber illusionäre Fortschrittserwartung, die in den späten fünfziger Jahren die Agrarpolitik der SED radikalisierte und die erzwungene Transformation der landwirtschaftlichen Erzeugung vorantrieb. Die Vorstellung, mit der zentralen Zuteilung von Ressourcen im Rahmen der staatlichen Planwirtschaft über eine der kapitalistischen Ökonomie überlegene Modernisierungsvariante zu verfügen, basierte auf dem Dogma von der Vorbildrolle der Sowjetunion und nährte den gesamtdeutschen Anspruch der DDR. Insgesamt wurde der Wandel der agrarischen Produktion in Ostdeutschland in den fünfziger Jahren durch die Symbiose von Kollektivierung, Modernisierung und »Sowjetisierung« geprägt.[25]

340, 407-410. Zum Aufbau von Geflügelmastställen: SAPMO-BArch, DY 30/IV 2/7/552, Bl. 195. Zusammenfassend: *D. Schulz*, ›Kapitalistische Länder überflügeln‹. Die DDR-Bauern in der SED-Politik des ökonomischen Wettbewerbs mit der Bundesrepublik von 1956 bis 1961, Berlin 1994, S. 20, 26-28, 41f.

24 SAPMO-BArch, DY 19/54 (Referat Sperling, S. 11). Zum Siebenjahrplan auch: SAPMO-BArch, DY 19/56 (Referate Herold u. Mückenberger; Vermerk v. 16.9.1959).

25 *S. Prokop*, Unternehmen ›Chinese Wall‹. Die DDR im Zwielicht der Mauer, Frankfurt 1993², S. 61-68, 97-104, 110-116; *J. Radkau*, Revoltierten die Produktivkräfte gegen den real existierenden Sozialismus?, in: 1999. Zeitschrift für Sozialgeschichte des 20. und 21. Jahrhunderts 4, 1990, S. 13-42, bes. S. 18, 23; *Schulz*, Kapitalistische Länder, S. 32-35. Zur tierischen Erzeugung im 1. Quartal 1959: SAPMO-BArch, DY 19/234 (Vermerk v. 6.4.1959). Allg. zur Entwicklung der Marktproduktion: *H. Lambrecht*, Die Landwirtschaft der DDR vor und nach ihrer Umgestaltung im Jahre 1960, Berlin 1977, S. 115-122.

3. Landwirtschaft in der Bundesrepublik zwischen »Amerikanisierung« und traditioneller deutscher Agrarpolitik

Ebenso wie in der SBZ gewann die Lebensmittelversorgung in Westdeutschland in der unmittelbaren Nachkriegszeit eine überragende politische Bedeutung. Der Hunger vertiefte besonders von 1942 bis 1948 den Gegensatz zwischen Konsumenten und Produzenten und verschärfte den Stadt-Land-Konflikt. Da Selbstversorger und Normalverbraucher diametral gegensätzliche Interessen und Erwartungen gegenüber den deutschen Behörden und westalliierten Militärverwaltungsorganen vertraten, bildete sich ein beträchtliches Radikalisierungspotential heraus. Der Hunger gefährdete deshalb nicht nur den wirtschaftlichen Neuaufbau, sondern auch die Legitimität der anvisierten parlamentarischen Demokratie. Die Besatzungsverwaltungen der westlichen Alliierten mußten daher die Lebensmittelversorgung verbessern.[26]

Eine Bodenreform sollte nach dem Konzept der westlichen Regierungen nicht nur die Macht der Großgrundbesitzer beseitigen und zur Entnazifizierung beitragen, sondern auch die Ansiedlung von Flüchtlingen und Vertriebenen ermöglichen, die Agrarproduktion im Rahmen einer arbeitsintensiven Veredlungswirtschaft nachhaltig steigern und den Hunger damit zumindest lindern. Allerdings lehnten die westalliierten Besatzungsmächte schon 1945/46 einen radikalen Wandel der Besitzstruktur in der westdeutschen Landwirtschaft ab, obwohl in der amerikanischen Zone am 18. September 1946 das »Gesetz zur Beschaffung von Siedlungsland und zur Bodenreform« verabschiedet wurde. Nachdem sich die Alliierten auf der Moskauer Außenministerkonferenz im Frühjahr 1947 auf die Durchführung einer Bodenreform noch in jenem Jahr geeinigt hatten, wurden auch in der französischen und in der britischen Zone entsprechende Verordnungen erlassen.[27]

---

26 *P. Erker*, Ernährungskrise und Nachkriegsgesellschaft. Bauern und Arbeiterschaft in Bayern 1943-1953, Stuttgart 1990, S. 23-63; *ders.*, Hunger und sozialer Konflikt in der Nachkriegszeit, in: M. Gailus u. H. Volkmann (Hg.), Der Kampf um das tägliche Brot. Nahrungsmangel, Versorgungspolitik und Protest 1770-1990, Opladen 1994, S. 392-408; *G. J. Trittel*, Hunger und Politik. Die Ernährungskrise in der Bizone (1945-1949), Frankfurt am Main 1990.
27 *G.J. Trittel*, Die Bodenreform in der Britischen Zone 1945-1949, Stuttgart 1975; *ders.*, Die Bodenreform — ein Beitrag der Besatzungsmächte zur gesellschaftlichen Strukturreform Nachkriegsdeutschlands 1945-1949, in: Zeitschrift für Agrargeschichte und Agrarsoziologie 30, 1982, S. 28-40.

Die Westalliierten überließen die Ausarbeitung der Ausführungsgesetze allerdings den Länderparlamenten und deutschen Verwaltungsbehörden, so daß die Gegner der Bodenreform — besonders in den bürgerlichen Parteien und in den Bauernverbänden — Einzelbestimmungen entschärfen und Eingriffe in die bestehende Besitzstruktur verzögern konnten. Der Widerstand gegen die Bodenreform wurde in den westlichen Besatzungszonen in den späten vierziger Jahren durch den Ost-West-Konflikt gestärkt. Außerdem befürchteten Agrarexperten einen Rückgang der landwirtschaftlichen Produktion als Folge der Aufteilung großer Betriebe, die — vielfach mit dem Hinweis auf die Entwicklung in den USA — zunehmend wieder zur Richtgröße der Modernisierung in der Landwirtschaft erklärt wurden. Deshalb konnte neues Siedlungsland weitgehend nur aus den (insgesamt geringfügigen) freiwilligen Abgaben gewonnen werden. Außerdem förderten das im August 1949 erlassene Flüchtlingssiedlungsgesetz und das Bundesvertriebenengesetz (Mai 1953) die Übernahme von Betrieben oder die Kultivierung von Boden durch Flüchtlingslandwirte.[28]

Der Druck zur Durchführung einer Bodenreform nahm in den späten vierziger Jahren ab, als die Abwanderung vom Land einsetzte und die Lebensmittellieferungen Großbritanniens, besonders aber der USA, in die Bizone ausgeweitet wurden. Bereits bis 1948 hatten das *Famine Emergency Committee* und die britische *U.K. Contributions* die Kosten für Lebensmittelimporte in Höhe von 700 Mio. Dollar übernommen. Kredite für Einfuhren wurden auch durch das Programm *Government and Relief in Occupied Areas* (GARIOA) bereitgestellt. Im August 1948 kündigte US-Hochkommissar Lucius D. Clay schließlich die Vergabe von Finanzmitteln im Rahmen des *European Recovery Program* (ERP) an. Die Unterstützung sollte von dem Verwaltungsrat für Ernährung, Landwirtschaft und Forsten zur Diversifikation der landwirtschaftlichen Erzeugung sowie zur Förderung des Anbaus von Getreide genutzt werden.[29]

---

28 *G. J. Trittel*, ›Siedlung‹ statt ›Bodenreform‹. Die Erhaltung der Agrarbesitzstruktur in Westdeutschland (1948/49), in: Zeitschrift für Agrargeschichte und Agrarsoziologie 27, 1979, S. 181-207; *S. Palmer*, Die Eingliederung der vertriebenen und geflüchteten Landwirte, in: H.-J. v. Merkatz (Hg.), Aus Trümmern wurden Fundamente. Vertriebene/Flüchtlinge/Aussiedler. Drei Jahrzehnte Integration, Düsseldorf 1979, S. 83-128.

29 *Chr. Weisz*, Versuch zur Standortbestimmung der Landwirtschaft, in: L. Herbst (Hg.), Westdeutschland 1945-1955. Unterwerfung, Kontrolle, Integration, München 1986,

Bis Ende 1949 wurden der Bundesregierung, die schon wenige Wochen nach ihrer Bildung den Abschluß eines Abkommens mit den Vereinigten Staaten über das ERP beschlossen hatte, 128 Mio. DM für die Agrarwirtschaft zur Verfügung gestellt. Das Bundeskabinett war gegenüber der *European-Cooperation-Act*-Sondermission vertraglich verpflichtet, die Marshallplan-Kredite besonders für den Wiederaufbau der Landwirtschaft zu verwenden. Diese Bindung entsprach allerdings nicht dem 1949 von der Bundesregierung verabschiedeten Entwicklungsplan, der Ausgaben besonders zur Stützung der Agrarpreise vorsah. Daneben sollten aber auch die landwirtschaftliche Erzeugung gesteigert und Agrarbetriebe modernisiert werden.[30]

Bis Juni 1953 wurden der westdeutschen Landwirtschaft aus Krediten der *European Cooperation Administration* (ECA) insgesamt 524,256 Mio. DM (11,9 Prozent der Marshallplan-Hilfe zugeleitet), davon 404,056 Mio. DM Kredite, 117,2 Mio. DM Zuschüsse und 3,0 Mio. DM für Beteiligungen. Finanzhilfen für den Neu- und Umbau von Gebäuden sowie für den Ankauf von technischem Inventar bildeten die Schwerpunkte der Förderung. Während die ECA eine Rückkehr zum traditionellen deutschen Agrarprotektionismus ablehnte, hatte das Bundesministerium für Ernährung, Landwirtschaft und Forsten (BELF) gefordert, außer Investitionskrediten Finanzmittel auch für die Stützung der Preise für landwirtschaftliche Erzeugnisse zu verwenden. Nachdem der Koreakrieg die Labilität des Welthandelssystems verdeutlicht hatte, drängte das BELF auf eine schnelle Steigerung der Agrarproduktion, um die Selbstversorgung zu erreichen. Die Kredite und Zuschüsse der Marshallplan-Hilfe wurden deshalb — in Übereinstimmung mit der ECA — vorwiegend in Regionen geleitet, die eine gefestigte landwirtschaftliche Struktur aufwiesen. Außerdem erhielten mittlere und größere Höfe bevorzugt Finanzhilfen. Die Vergabe von Krediten zur Ausweitung der Agrarproduktion war in den Verhandlungen unter den Beamten des ECA und des BELF nicht umstritten. Dagegen lehnte die amerikanische Regierung Sub-

---

S. 120f.; *Kluge*, Agriculture, S. 157-159. Allg.: *Chr. Buchheim*, Die Wiedereingliederung Westdeutschlands in die Weltwirtschaft 1945-1958, München 1990, S. 69-74.
30 *U. Kluge*, Vierzig Jahre Agrarpolitik in der Bundesrepublik Deutschland, Bd. 1, Hamburg 1989, S. 88f.; *ders.*, Agriculture, S. 162f.

ventionen für Erzeugnisse der deutschen Landwirtschaft auf dem Weltmarkt ab.[31]

Die amerikanischen Finanztransfers an die deutsche Landwirtschaft trieben die Modernisierung voran und fungierten insofern als Initialzündung[32] der Produktionssteigerung, die sich in den fünfziger Jahren beschleunigte. Die von der ECA überwiesenen Kredite und Zuschüsse konnten die Rückkehr zur traditionellen Agrarpolitik der Preisstützung und Ausgabensenkung jedoch nicht dauerhaft verhindern. Außer dem Pflanzenschutz, Maßnahmen zur Verbesserung des Saatgutes, dem Veterinärwesen und Maschinengemeinschaften wurden der Ankauf von Handelsdünger und Futtermitteln, der Landschaftsschutz, Baumaßnahmen, die Mechanisierung der landwirtschaftlichen Produktion sowie die Forschung und Wirtschaftsberatung unterstützt. Darüber hinaus subventionierte das BELF die Preise für Getreide und Trinkmilch. Da die agrarische Interventionspolitik die Lebensmittelversorgung der Bevölkerung in den fünfziger Jahren zunehmend sicherte, nahm ihre Legitimität und Evidenz weiter zu.[33]

Im deutschen Außenhandel mit landwirtschaftlichen Produkten wurde die amerikanische Konzeption eines globalen Wirtschaftsliberalismus in den fünfziger Jahren zunehmend von dem Ziel einer europäischen Agrarmarktordnung verdrängt, die als Gegenbild der beginnenden Kollektivwirtschaft in der DDR propagiert wurde. Der im März 1957 abgeschlossene EWG-Vertrag zwang die Mitgliedsstaaten zwar zur weiteren Modernisierung der Landwirtschaft und konstituierte zumindest partiell einen gemeinsamen Agrarmarkt; die nationalen Marktordnungen und Preissysteme wurden jedoch nicht beseitigt. Die EWG verlängerte damit zunächst den »*antiamerikanischen*

---

31 *F. W. Maier-Bode*, Marshallplan und westdeutsche Landwirtschaft, in: Berichte über Landwirtschaft 30, 1952, S. 25-44; *G. Thiede*, Die Ernährungshilfe für Westdeutschland von 1945/46 bis 1952/53, in: Berichte über Landwirtschaft 32, 1954, S. 237-264; *F. Steding u. F. Timmermann*, Die Kredite aus Marshallplanmitteln an die Agrarwirtschaft, in: ebd., S. 268-288, 297-302; *Kluge*, Agriculture, S. 163-174; *ders.*, Agrarpolitik, Bd. 1, S. 89-92.
32 *Kluge*, Agriculture, S. 174 (»initial charge«).
33 *Kluge*, Agrarpolitik, Bd. 1, S. 102-108, 134-139, 144-153, 193-208. Zusammenfassend: *H. Kötter*, Die Landwirtschaft, in: W. Conze u. M.R. Lepsius (Hg.), Sozialgeschichte der Bundesrepublik Deutschland. Beiträge zum Kontinuitätsproblem, Stuttgart 1985², S. 123-125.

Sonderweg kontinentaler Agrarexportstaaten«.³⁴ Der Modernisierungsdruck blieb aber in der deutschen Agrarwirtschaft beträchtlich. Auch das im Juli 1955 vom Deutschen Bundestag verabschiedete Landwirtschaftsgesetz sah zwar staatliche Subventionen vor, um die vor allem von den Bauernverbänden geforderte »Parität« der Einkommen in Land- und Industriewirtschaft zu erreichen, begründete aber keinen einklagbaren Anspruch und enthob die Bauern nicht von dem Zwang, die Arbeits- und Flächenproduktivität weiter zu steigern.³⁵

»Amerikanisierung« und »Modernisierung« wurden in den fünfziger Jahren in der westdeutschen Agrarpolitik und -publizistik eng verknüpft. Der aus der gesamtwirtschaftlichen Entwicklung resultierende rapide Strukturwandel in der Landwirtschaft und der Übergang zu einer industriell-technisierten Produktion erhöhten die Diskrepanz zwischen den traditionellen agrarpolitischen Leitbildern und dem Imperativ wirtschaftlicher Modernisierung, so daß die Politik der Bundesregierung einem wachsenden Legitimationsdruck ausgesetzt wurde. Während die bearbeitete Ackerfläche — ebenso wie in der DDR — kaum vergrößert wurde, wuchsen die Flächenerträge rapide, besonders durch den zunehmenden Einsatz von Dünge- und Pflanzenschutzmitteln. Die Verwendung von Mischfutter, die verbesserte veterinärmedizinische Betreuung und Züchtungserfolge steigerten die Erzeugung tierischer Nahrungsgüter. Die Produktivität stieg insgesamt in den fünfziger Jahren deutlich, indem die landwirtschaftliche Erzeugung mechanisiert und intensiviert wurde. Mit dem zunehmenden Einsatz von Großmaschinen und Geräten gewann die amerikanische Landwirtschaft, die schon seit dem späten 19. Jahrhundert von einzelnen deutschen Agrarwissenschaftlern als Modell der ökonomischen Modernisierung propagiert worden war, eine kaum bestrittene Vorbildfunktion.³⁶

---

34 *U. Kluge*, Wege europäischer Agrarintegration 1950-1957, in: L. Herbst u.a. (Hg.), Vom Marshallplan zur EWG. Die Eingliederung der Bundesrepublik Deutschland in die westliche Welt, München 1990, S. 304 (Kursivierung im Text).

35 *Th. Sonnemann*, Die Landwirtschaft der Bundesrepublik im Europäischen Markt. Ausgangslage und Aussichten, in: Berichte über Landwirtschaft 36, 1958, S. 473-496. Zur Genese der EWG und zum Landwirtschaftsgesetz umfassend: *Kluge*, Agrarpolitik, Bd. 1, S. 153-158, 218-236.

36 *W. G. Brenner*, Überblick über die landtechnische Entwicklung in Westdeutschland seit 1948, in: Berichte über Landwirtschaft 36, 1958, S. 853-864; *K. Herrmann*, Pflügen, Säen, Ernten. Landarbeit und Landtechnik in der Geschichte, Reinbek 1985, S. 191-242.

Der Modernisierungsprozeß ging aber mit einer wachsenden Verschuldung und Abwanderung von Beschäftigten aus der Landwirtschaft einher. Da die Erlöse insgesamt hinter den Betriebsausgaben zurückblieben — besonders in Kleinsthöfen mit Futterbau —, beschleunigte sich der Strukturwandel. Von 1949 bis 1960 sank die Zahl der Betriebe mit fünf bis zehn Hektar um 15 Prozent, während die Zahl der Höfe, die über mehr als zwanzig Hektar verfügten, stieg. Diese wirtschaftliche Transformation wurde sozialpolitisch abgefedert und von Agrarpolitikern und Funktionären der Bauernverbände auch mit Hinweisen auf die großbetriebliche Produktion in den USA legitimiert.[37]

Seit den späten fünfziger Jahren wurde die Modernisierung der Landwirtschaft in der Bundesrepublik auch durch die Käfighaltung von Jung- und Legehennen vorangetrieben. Damit ging die Verbreitung agrarindustrieller Unternehmen einher, deren Organisationsstruktur sich in den fünfziger Jahren im Südosten der USA herausgebildet hatte. Die Integration von Brüterei, Junghennenaufzucht, Legehennenhaltung mit Eierproduktion, Futtermühlen sowie die Verarbeitung von Eiern und Geflügel konstituierte in der Agrarwirtschaft — besonders in Nordwestniedersachsen — neue Produktionsformen, die den Übergang zur Veredlungswirtschaft vollendeten. Mit der Aufnahme der Geflügelmast in Massenkäfighaltung wandelten sich auch die Konsumgewohnheiten, denn wegen der niedrigen Preise konnten auch Bevölkerungsschichten mit geringen Haushaltseinkommen erstmals in Restaurants — etwa im »Wienerwald« — ein Gericht verzehren, das als Sonn- und Feiertagsessen angesehen wurde. Im internationalen Agrarhandel führte die Jung- und Legehennenmast zu neuen Auseinandersetzungen. In den frühen sechziger Jahren bildete sich mit dem »Hähnchenkrieg« zwischen den Vereinigten Staaten, die u.a. einen freien Zugang ihres Geflügelexports nach Europa forderten, ein Konflikt über ein agrarisches Veredlungserzeugnis heraus, dessen Verbreitung in Deutschland durch den Innovationsprozeß in der amerikanischen Landwirtschaft gefördert worden war.[38]

---

37 Zum Strukturwandel die detaillierte Darstellung in: *F.-W. Henning*, Landwirtschaft und ländliche Gesellschaft in Deutschland, Bd. 2: 1750 bis 1976, Paderborn 1978, S. 254-285; *A. Bauerkämper*, Landwirtschaft und ländliche Gesellschaft in der Bundesrepublik in den 50er Jahren, in: *A. Schildt u. A. Sywottek* (Hg.), Modernisierung im Wiederaufbau. Die westdeutsche Gesellschaft der 50er Jahre, Bonn 1993, S. 191-195.

38 *H.-W. Windhorst*, Die sozialgeographische Analyse raum-zeitlicher Diffusionsprozesse auf der Basis der Adoptorkategorien von Innovationen. Die Ausbreitung der Käfighal-

4. »Amerikanisierung«, »Sowjetisierung«, sozioökonomische Zwangslagen und »Modernisierung«

»Sowjetisierung« und »Amerikanisierung« bilden Kategorien, die sich in der Entwicklung der Landwirtschaft in Ost- und Westdeutschland von 1945 bis 1960 weniger als programmatisch determinierte und direkt übertragene politische Ziele, sondern als Legitimationsmuster niederschlugen. Die Sowjetunion und die Vereinigten Staaten stellten keine unverändert fixierten und eindeutig definierten agrarpolitischen Modelle dar, sondern fungierten als Bezugsgrößen, die besonders in Zwangslagen und Umbrüchen von den politischen Eliten aktualisiert und instrumentalisiert wurden. »Amerikanisierung« und »Sowjetisierung« bezeichneten damit insgesamt einen Komplex idealisierter Leitbilder, die zwar keine klaren Handlungskonzepte bereitstellten, aber die Entwicklung der Landwirtschaft in der DDR und in der Bundesrepublik Deutschland in den fünfziger Jahren nachhaltig beeinflußten.

Sowohl in der SBZ als auch in den westlichen Besatzungszonen nahm eine verbesserte Versorgung mit Nahrungsgütern einen bedeutenden Stellenwert ein. Da außerdem das für die Betriebsführung erforderliche technische Inventar vielfach fehlte und die Flüchtlinge und Vertriebenen integriert werden mußten, wurde — zunächst auch in den westlichen Besatzungszonen — eine kleinbetriebliche, arbeitsintensive Agrarstruktur favorisiert. In Westdeutschland verzögerte sich die Durchführung einer Bodenreform jedoch mit der Verschärfung des Ost-West-Konflikts, zumal der Nahrungsmittelmangel eine Aufteilung von Großbetrieben diskreditierte und selbst bei einem radikalen Eingriff in die bestehende Besitzstruktur wegen der — im Vergleich mit Ostelbien — kleinbetrieblichen Agrarwirtschaft kein hoher Anfall von Siedlungsland erwartet werden konnte. Jedoch wurde auch in den westlichen Be-

---

tung in Südoldenburg, in: Zeitschrift für Agrargeschichte und Agrarsoziologie 27, 1979, S. 244-266; *ders.*, Agrarindustrie in den USA und der Bundesrepublik Deutschland im 19. und 20. Jahrhundert, in: T. Pierenkemper (Hg.), Landwirtschaft und industrielle Entwicklung. Zur ökonomischen Bedeutung von Bauernbefreiung, Agrarreform und Agrarrevolution, Wiesbaden 1989, S. 237-249 (auch der Kommentar von *W. A. Boelcke*, S. 251-253). Zum Verzehr von Brathähnchen der Hinweis in: *A. Sywottek*, Konsum, Mobilität, Freizeit. Tendenzen gesellschaftlichen Wandels, in: M. Broszat (Hg.), Zäsuren nach 1945. Essays zur Periodisierung der deutschen Nachkriegsgeschichte, München 1990, S. 101. Zum »Hähnchenkrieg«: *Kluge*, Agrarpolitik, Bd. 1, S. 343-345.

satzungszonen der langfristig wirksame Trend zur mechanisierten, großbetrieblichen Agrarproduktion in den ersten Nachkriegsjahren aufgehalten.[39]

In den frühen fünfziger Jahren trat die aufgestaute Modernisierung aber scharf hervor. In Westdeutschland vollzog sich in der landwirtschaftlichen Erzeugung ein beschleunigter Strukturwandel, für den die Transformation der amerikanischen Landwirtschaft trotz des zunehmenden handelspolitischen Konflikts eine wichtige Legitimationsgrundlage bildete. In der DDR geriet die Agrarwirtschaft durch die Aufgabe von unrentablen Neubauernbetrieben, die Abwanderung von Arbeitskräften und die Flucht von Großbauern in eine akute Krise. Da eine Arrondierung der wirtschaftsstarken Betriebe unter privatwirtschaftlichen Bedingungen verhindert werden sollte, bot sich der Übergang zur Kollektivierung als Problemlösung an. Die Bildung der LPG wurde deshalb ebenso wie die Propaganda für sowjetische Produktionsmethoden in der Agrarwirtschaft mit einem radikalen Modernisierungskonzept verknüpft, das auf einer ausgeprägten Gigantomanie, einer weitreichenden Technikeuphorie und ungebremsten Fortschrittsillusionen basierte — Antriebskräfte, die zumindest partiell auch die westdeutsche Landwirtschaftspolitik beeinflußten. Der gravierende Unterschied zwischen einer politisch induzierten, zum Teil sogar erzwungenen Modernisierung der Agrarwirtschaft in der DDR und dem über die — allerdings nur eingeschränkt wirksame — marktwirtschaftliche Konkurrenz vermittelten Transformationsprozeß in der westdeutschen Landwirtschaft muß aber beachtet werden.[40]

Darüber hinaus unterschieden sich die beiden deutschen Staaten hinsichtlich des Ausmaßes der Kontinuität in ihrer Agrarpolitik. Obwohl der beispiel-

---

39 *H. Jebens*, Der Kleinsthofplan. Gedanken zum Volksneubau, Hamburg 1946; *P. Erker*, Revolution des Dorfes? Ländliche Bevölkerung zwischen Flüchtlingszustrom und landwirtschaftlichem Strukturwandel, in: M. Broszat u.a. (Hg.), Von Stalingrad zur Währungsreform. Zur Sozialgeschichte des Umbruchs in Deutschland, München 1990³, S. 372f.; *P. Erker*, Ernährungskrise, S. 41-43, 168-179; *Kluge*, Agrarpolitik, Bd. 1, S. 68.
40 *K. Müller*, Nachholende Modernisierung? Die Konjunkturen der Modernisierungstheorie und ihre Anwendung auf die Transformation der osteuropäischen Gesellschaften, in: Leviathan 19, 1991, S. 273, 285; *Radkau*, Produktivkräfte, S. 23. Zu Westdeutschland: *A. Schildt*, Nachkriegszeit. Möglichkeiten und Probleme einer Periodisierung der westdeutschen Geschichte nach dem Zweiten Weltkrieg und ihrer Einordnung in die deutsche Geschichte des 20. Jahrhunderts, in: Geschichte in Wissenschaft und Unterricht 44, 1993, S. 572-577. Hierzu auch das pointierte Urteil in: *P. Bender*, Ansätze zu einer deutschen Nachkriegsgeschichte, in: Merkur 47, 1993, S. 198 (»... Einzelbauern ... starben beiderseits der Elbe«).

lose Strukturwandel von den Entscheidungsträgern in Westdeutschland gefördert und der überkommene Agrarlobbyismus nicht fortgesetzt wurde, wandten sich die Bundesregierungen nicht durchweg von der traditionellen Protektionspolitik ab. Außerdem basierte die westdeutsche Landwirtschaftspolitik weiterhin auf dem überlieferten Leitbild des Familienbetriebs und dem damit verknüpften Ideal bäuerlicher Kultur. Die Unterschiede in der Agrarpolitik und in der Entwicklung der Landwirtschaft in den beiden deutschen Staaten wurden im Kalten Krieg propagandistisch akzentuiert. Während in der Bundesrepublik Deutschland die Kollektivierung in der DDR als »Agrarbolschewismus« verurteilt wurde, galt der Strukturwandel, der sich in der westdeutschen Landwirtschaft vollzog, in der DDR als »Bauernlegen«. Die scharfe wechselseitige Abgrenzung spiegelte zwar durchaus beträchtliche realhistorische Divergenzen in der Entwicklung der Landwirtschaft in den beiden deutschen Staaten wider, verdeckte aber gemeinsame Modernisierungsillusionen.[41]

Paradigmatisch zeigte sich das Janusgesicht der Moderne, die weithin mit »Amerikanisierung« oder »Sowjetisierung« assoziiert wurde, in den späten fünfziger Jahren, als in beiden deutschen Staaten die Massenkäfighaltung von Hennen aufgenommen wurde. Einerseits war die preisgünstige Versorgung mit Eiern und Brathähnchen im Alltagsleben ein bedeutender Fortschritt; andererseits führte die konzentrierte Produktion zu erheblichen Umweltbelastungen. Erst in den achtziger Jahren wurden die Grenzen eines Modernisierungsmodells, das weitgehend auf ein quantitatives Wachstum zielte, in der Bundesrepublik und in der DDR — dort allerdings weitgehend nur im Kreis der politischen und wissenschaftlichen Eliten — deutlich artikuliert.[42]

---

41 *K. Hagedorn*, Das Leitbild des bäuerlichen Familienbetriebes in der Agrarpolitik, in: Zeitschrift für Agrargeschichte und Agrarsoziologie 40, 1992, S. 66f.; *H. Pongratz*, Bäuerliche Traditionen im sozialen Wandel, in: Kölner Zeitschrift für Soziologie und Sozialpsychologie 43, 1991, S. 235-246. Zum Vorwurf des »Bauernlegens«: *O. Rühle*, Zur historischen Entwicklung der Landwirtschaft in Ost- und Westdeutschland, in: Zeitschrift für Geschichte 8, 1960, S. 624f.; *ders.*, Die sozialistische Umgestaltung der Landwirtschaft in der Deutschen Demokratischen Republik, in: Zeitschrift für Geschichte 9, 1961, S. 426f.
42 *H. Reichelt*, Die Landwirtschaft in der ehemaligen DDR. Probleme, Erkenntnisse, Entwicklungen, in: Berichte über Landwirtschaft 70, 1992, S. 128-130; *Windhorst*, Analyse, S. 258. Zur Ambivalenz der Moderne allg.: *D.J.K. Peukert*, Das Janusgesicht der Moderne, in: *ders.*, Max Webers Diagnose der Moderne, Göttingen 1989, S. 55-69, 132f., bes. S. 64, 68f.; *ders.*, ›Rationalisierung‹ zwischen utopischem Entwurf und krisenhafter Zurücknahme, in: ebd., S. 70-91, 133f., bes. S. 89f.

III.
Gesellschaft, Generation und Geschlecht

Kaspar Maase

›Amerikanisierung der Gesellschaft‹
Nationalisierende Deutung von Globalisierungsprozessen?

»Die *Satanischen Verse* feiern die Bastardierung, die Unreinheit, die Mischung, die Verwandlung, die durch neue, unerwartete Kombinationen von Menschen, Kulturen, Ideen, politischen Richtungen, Filmen oder Liedern entsteht. Das Buch erfreut sich am Mischen der Rassen und fürchtet den Absolutismus des Reinen. Melange, Mischmasch, ein bißchen von diesem und ein bißchen von jenem, das ist es, wodurch *das Neue in die Welt tritt*.«
Salman Rushdie[1]

Am 1. Oktober 1958 begann Elvis Presley seinen Militärdienst als US-Soldat in Deutschland. Seit der Musterung hatte sich das Bild des Rock-'n'-Roll-Stars in den hiesigen Medien gewandelt. Aus dem Bürgerschreck mit obszön zuckendem Becken und weibisch langen Haaren war ein sauberer junger Mann geworden, der gerne seine patriotische Pflicht erfüllte. Die Mehrzahl der Photos und Filmberichte zeigte Elvis in Uniform, oft unter dem wahrlich nicht kleidsamen Stahlhelm. Der Imagewandel hatte zweifellos auch innenpolitische Bedeutung: Würde die Identifikation der halbstarken und Rock-'n'-Roll-begeisterten Jugendlichen mit dem ehemals rebellischen Idol die Akzeptanz der Bundeswehr erhöhen? Nötig hatte sie es.

Im November 1958 prangte auf der Titelseite der Jugendzeitschrift *Bravo* die Schlagzeile »Elvis Presley wird Deutscher«. Den Beleg lieferte ein Foto: Presley beim militärischen Gruß, in Ausgehuniform, mit exakt sitzender Krawatte und Schirmmütze. Die Bildunterschrift lautete: »Elvis wird ein Deutscher? Der zackige Gruß beweist es: er ist jetzt schon einer.«[2] Die treuen Le-

---

1 *S. Rushdie*, In gutem Glauben, in: ders., Heimatländer der Phantasie, München 1992, S. 457f. (Hervorhebung im Original).
2 Bravo 44, 1958, S. 39. Zum 60. Geburtstag 1995 wurde in Bad Nauheim ein Denkmal enthüllt zur Erinnerung daran, daß der Sänger dort während seiner Militärzeit 1958-60 wohnte. In seinem Garnisonsort Friedberg wurde gleichzeitig ein Platz nach ihm benannt. Sollen damit nur Touristen angezogen werden, oder ist Elvis Presley jetzt endgültig ein Deutscher geworden?

ser des Blattes, so ist anzunehmen, wurden mit der Meldung eher verunsichert. Sie hatten gelernt, ›amerikanisch‹ mit lässiger und ziviler Einstellung gleichzusetzen — positives Gegenbild zum Ideal der Elterngeneration, dem zackigen, soldatischen Jungen. Jetzt mußten sie sich auf einmal wie die letzten Amerikaner vorkommen — ihr Idol war zum Deutschen diszipliniert worden. ›Amerikanisierung‹ — was bedeutet das hier?

1. Unbehagen am außerwissenschaftlichen Diskurs

Wer von Amerikanisierung spricht, begibt sich in einen schon existierenden Diskurs. Typisierend kann man in der außerwissenschaftlichen Rede drei Lesarten unterscheiden. Am Thema Gewalt in deutschen Städten lassen sie sich etwa so exemplifizieren. Unverhüllt xenophobisch argumentiert der handfeste Nachahmungsdiskurs: Deutsche werden gewalttätig, weil ihnen derartiges Verhalten in Bildern aus den USA als normal, gar anziehend und vorteilhaft dargestellt wird. Dies ist zweifellos eine Variante mit Massenresonanz.

Etwas differenzierter, aber immer noch fremde Einflüsse voraussetzend, lautet die Interpretation mittlerer Reichweite: Ursache ist die Orientierung gesellschaftspolitischer Strategien an amerikanischen Leitbildern (angebotsorientierte Wirtschaftspolitik, die Armut produziert; Gentrifizierung und Ghettobildung usw.) Dies schaffe Verhältnisse, in denen notwendig problematische Verhaltensweisen, die man schon aus den USA kennt, auftreten.

Die intellektuell anspruchsvollste Lesart benutzt ›Amerika‹ eigentlich nur als illustrative Metapher. In der Bundesrepublik haben danach kulturelle Wandlungen stattgefunden, die sich in Verhaltensweisen äußern, die man in den USA schon länger und in reifer Form studieren kann. Hier wird kein fremder Einfluß unterstellt, sondern selektiv auf das Deutungsmuster »Amerika als Zukunft Europas« zurückgegriffen. Man muß allerdings fragen, ob Diskurse nicht ihre eigenen Gesetze haben und bei wem die Diskursherrschaft liegt: bei den Stimmen der dritten oder der ersten Lesart? Die erste kann sich immerhin auf gut achtzig Jahre deutschen Antiamerikanismus stützen.³ In diesem Fall würde jede Verwendung des Wortkörpers ›Amerikanisierung‹ die xenophobische Lesart stärken.

In der außerwissenschaftlichen Rede ist also ›Amerikanisierung‹ schon zu einem Interpretament geworden. Es ordnet Phänomene einem Deutungsmuster zu, wonach Kontakte verschiedenster Art allesamt eine mentale oder kulturelle Veränderung hierzulande bewirken; dabei wird bislang »Deutsches« »Amerikanischem« anverwandelt. Und man hat den Eindruck, diese Rede von ›Amerikanisierung‹ habe seit einigen Jahren wieder Konjunktur.

Soviel zum semantischen Umfeld, in dem wissenschaftliche Rede über ›Amerikanisierung‹ wahrgenommen wird. Wer den Begriff verwendet, begibt sich offenbar in einen anderen Diskurs als jemand, der von deutsch-amerikanischen Beziehungen, von US-Politik in Nachkriegsdeutschland oder auch von amerikanischen Einflüssen auf die Bundesrepublik spricht. So lassen die meisten neueren Studien, die sich intensiver mit dem Gegenstand befassen, genau an diesem Punkt großes Unbehagen erkennen.⁴ Sie suchen sich abzugrenzen gegen den Überfremdungs- und Überwältigungsdiskurs, der semantisch mit dem Suffix »-isierung« (oder »-isation«) angelegt ist und in Jahrzehnten amerikafeindlicher Verwendung eingeschliffen wurde. Präzisierungsversuche scheinen in drei Punkten zu konvergieren.

Erstens: ›Amerikanisierung‹ taugt nicht als theoretische, analytische Kategorie. Man kann den Begriff heuristisch — und nur heuristisch! — verwenden; er bezeichnet dann Prozesse, in deren Verlauf Güter und Ideen, institutionelle Regelungen und Verhaltensmuster, sprachliche und symbolische

---

3 *D. Diner*, Verkehrte Welten. Antiamerikanismus in Deutschland, Frankfurt am Main 1993.
4 *R. Wagnleitner*, Coca-Colonisation und Kalter Krieg. Die Kulturmission der USA in Österreich nach dem Zweiten Weltkrieg, Wien 1991, S. 7f.; *R. Kroes*, Americanisation: What Are We Talking About? in: R. Kroes u.a. (Hg.), Cultural Transmissions and Receptions. American Mass Culture in Europe, Amsterdam 1993, S. 302-318, bes. 303; *C. Vann Woodward*, The Old World's New World, Oxford 1991, S. 25f.; *A. Sywottek*, The Americanization of Everyday Life? Early Trends in Consumer and Leisure-Time Behaviour, in: M. Ermarth (Hg.), America and the Shaping of German Society, 1945-1955, Providence 1993, S. 132-152; *M. Ermarth*, Introduction, in: ebd., S. 1-19, bes. 16f.; *A. Schildt*, Moderne Zeiten. Freizeit, Massenmedien und ›Zeitgeist‹ in der Bundesrepublik der 50er Jahre, Hamburg 1995, S. 398-423; *Maase*, Amerika, S. 21-40. Mit einer Argumentation, die den Vorwurf willfähriger Anpassung an amerikanische Modelle zurückweisen sollte, lehnte schon A. Bergsträsser das Interpretament ›Amerikanisierung‹ ab. *Ders.*, Zum Problem der sogenannten Amerikanisierung Deutschlands, in: Jahrbuch für Amerikastudien 8, 1963, S. 13-23.

Ausdrucksmittel, die aus den USA kommen oder als amerikanisch gelten, in die Praxis von Individuen und Gruppen in der Bundesrepublik einbezogen wurden oder werden. *Zweitens:* Derartige Prozesse werden, soweit ich es sehe, in der Forschung letztlich als *kulturelle* Beziehungen oder Interaktionen gelesen. In seiner Studie zur »Amerikanisierung der westdeutschen Industrie« beispielsweise richtet Berghahn den Blick gerade auf die »Industriekultur«, auf Wirtschaftsmodelle und Betriebsführungstheorien; er bindet das Aufgreifen von US-Konzepten ein in die Auseinandersetzung zwischen einheimischen Branchen mit unterschiedlichen wirtschaftspolitischen Interessen und fragt nach deutschen Denkschulen und Werten, die die amerikanischen Angebote überhaupt annehmbar erscheinen ließen.[5] Zugespitzt: Rohstoffimporte sind irrelevant für ›Amerikanisierung‹, schon Küchenmixer hingegen symbolisieren und implantieren ›amerikanische‹ Wertorientierungen: Lebenserleichterung durch Technik für alle und Fürsorge für die Hausfrau.

Wo derart nach der kulturellen Anschlußfähigkeit von US-Importen gefragt wird und nach ihrer Funktionalisierung im Kontext westdeutscher Auseinandersetzungen und Machtverschiebungen, da deutet sich ein dritter Konvergenzpunkt an: das Generationenkonzept. Generationenablösung und Generationskonflikt werden als erstrangige Mechanismen sozialen Wandels verstanden; hier finden Abgrenzung und Neuorientierung statt, wozu auch die Aneignung ›amerikanischer‹ Angebote gehören kann.[6] Wirtschaftspolitische Doktrinen und Management-Techniken, Massenkünste, Gebrauchsgüter und PR-Strategien finden Eingang in Alltag und Berufspraxis der Nachwachsenden und stoßen weitere Umorientierungen an. Die Jüngeren verändern mit ihren »amerikanisierten« Praktiken auch Wahrnehmung und Bewertung gesellschaftlicher Sachverhalte sowie Inhalt und Ausdruck eigener Lebensziele.

---

5 *V. R. Berghahn*, The Americanisation of West German Industry 1945-1973, Leamington Spa 1986, bes. S. 5, 10, 252-259.
6 Ebd.; *Maase*, Amerika.

2. Aneignung — Selbstamerikanisierung — Amerikanismus

Im folgenden werden Unbehagen und Präzisierungsversuche aufgenommen und in verschiedene Richtungen weitergedacht. Nehmen wir das eingangs angeführte Beispiel. Zweifellos stand hinter dem Elvis-Boom in Deutschland die ökonomische und vom State Department geförderte Macht von Schallplatten- und Filmkonzernen, die den Star vermarkteten. Es beteiligten sich US-Presseagenturen und ihre bundesdeutschen Töchter. Im Spiel waren außenpolitische Interessen und Aktivitäten der US Information Agency.[7] Aber die Ikone ermöglichte offensichtlich völlig gegensätzliche Lesarten. Der zakkige Soldat Presley als Deutscher: ›Amerikanisierung‹? Den Halbstarken jedenfalls, die ihre Umgebung mit demonstrativ ›amerikanisiertem‹ Auftreten provozieren wollten, bot das neue Image kaum noch Ansatzpunkte zur Identifikation.

Wir haben also nicht nur nach eingeführten Gütern, Modellen und Ideen zu fragen, nach benachteiligten Institutionen und Machtverhältnissen, nicht nur nach den Absichten der Exporteure und Importeure amerikanischer Waren. Aussagen über Verhaltensmuster, die angeblich von amerikanischen Kultur- und Gebrauchsgütern transportiert werden, schreiben zumeist auf eher impressionistische Weise kulturkritische Amerikanisierungsängste fort. Viel zu selten wird auf empirischer Grundlage die *Aneignung* durch die aufnehmenden Menschen untersucht. Es fehlen intra- wie internationale Vergleichsstudien. Aussagen über ›Amerikanisierung‹ setzen voraus, daß auch die Gegenfrage gestellt wird: Wie stand es, in welchen Perioden und in welchen Gruppen, mit der *Ablehnung* amerikanischer Importe? Die Nachkriegsjahre lassen sich auch als endlose Kette von Mißerfolgen darstellen beim Versuch, den Deutschen Tänze, Kleidermoden, Sportarten, Filme, Konsumgüter aus den USA schmackhaft zu machen.

Am Beispiel Presley ist schon eine Tendenz zu beobachten, die seither die Kultur der Bundesrepublik charakterisiert: die Segmentierung des sogenannten Publikums in eine Vielzahl unterschiedlicher Teilkulturen, Szenen und Lebensstilformationen. Die Aufnahme von ›Amerikanischem‹ war und ist eingebunden in ein komplexes Wechselspiel, mit dem sich Gruppen aufeinander beziehen und voneinander abgrenzen. Die Halbstarken wählten aus

---

7 Vgl. exemplarisch für Österreich *Wagnleitner*, Coca-Colonisation.

dem bunten Angebot symbolischer Güter und Verhaltensmodelle nur aus, was ihrer Subkultur homolog war; sie eigneten an, was sie mit weiteren Elementen der Selbstinszenierung zu einem kohärenten Stil arrangieren konnten. Sie gaben Cowboystiefeln und Jeans, Elvis-Tolle und Rock 'n' Roll eine Bedeutung, die an Werte, Männlichkeitsbilder und territoriale Praktiken einheimischer Arbeiterjugendkultur anschloß. Ihr ›amerikanisiertes‹ Auftreten war konstruiert im Geist von Unterschicht-Taktiken, die hierzulande tradiert wurden; die demonstrative Inszenierung eines modernen proletarischen Habitus zielte auf hiesige Adressaten. Sie richtete sich gegen die Elterngeneration, autoritäre Erzieher, bevormundende Bildungsbürger usw.[8]

Der Stil sollte als amerikanisiert wahrgenommen werden und wurde auch von außen so etikettiert — aber die amerikanische Herkunft vieler Elemente ist ebenso fraglich wie für das Funktionieren der Inszenierung irrelevant. Brauchten junge Arbeiter wirklich den Hollywood-Film über eine Rocker-Gang (»Der Wilde«, dt. 1955),[9] um Motorrad und Lederjacke zum Zweck des Bürgerschrecks und machistischer Selbststilisierung einzusetzen? Einschlägige Bilder modernistischer Arbeiterkultur lagen seit den Zwanzigern bereit.[10] Nun verfügte man über die Kaufkraft, um lang gehegte Träume in einem Gruppenstil zu verwirklichen. Inwiefern es sich hier um ›Amerikanisierung‹ handelte, wird wohl selbst mit Oral-History-Methoden nicht zu klären sein.

Da liegt der Perspektivenwechsel nahe zu einer Fragestellung, die besser einzugrenzen und empirisch zu verfolgen ist: die nach der *Selbstamerikanisierung* oder — ein Begriff aus den zwanziger Jahren — nach dem *Amerikanismus* Deutscher. Damit ist folgendes gemeint: Gruppen und Individuen entwerfen ein Bild von Amerikanischem mit je spezifischer Bedeutung und Funktion und versuchen, etwas davon im eigenen Land und in der eigenen Lebenspraxis zu verwirklichen. Typisierend kann man fünf Varianten unterscheiden.

---

8 Rhythmus hinter Gittern — Die Halbstarken und die innere Modernisierung der Arbeiterkultur in den fünfziger Jahren, in: A. Kuntz (Hg.), Arbeiterkulturen, Düsseldorf 1993, S. 171-204.
9 Das unterstellte, im Einklang mit gängigen Deutungen, auch die zeitgenössische Sozialforschung: *C. Bondy* u.a., Jugendliche stören die Ordnung, München 1957, S. 9, 25 passim; *G. Kaiser*, Randalierende Jugend, Heidelberg 1959, S. 41.
10 *N. Nepp*, Ledermythen. Materialien zu einer Ikonographie der schwarzen Lederjacke, in: Österreichische Zeitschrift für Volkskunde 96, 1993, S. 471-495.

Technokratischer Amerikanismus ist an allem interessiert, was Steigerung von Macht und Leistung verspricht. Er betrachtet »Amerika« daraufhin, welche Methoden effektive und reibungslose Erreichung eigener Ziele versprechen — in der Wirtschaft, in der Politik, in der Werbung und politischen Propaganda usw. Häufig wird die Absicht bekräftigt, Lernen und Übernahme »amerikanischer« Rezepte auf die Funktionalisierung als Mittel für »deutsche« Zwecke zu beschränken; »Amerikanisierung der Kultur« soll ausdrücklich vermieden werden.

Der *republikanische Amerikanismus* identifiziert sich mit demokratischen Prinzipien und Regelungen, die er in den USA verwirklicht oder zumindest vorbildlich konzipiert sieht, und sucht sie hierzulande einzupflanzen. Unter diesen Typ fallen etwa bürgerliche Revolutionäre des 19. Jahrhunderts, die sich die US-Verfassung (so, wie sie sie interpretierten) zum Muster nahmen, vor allem aber jene Elite-Gruppen und Opinion Leaders der Nachkriegsjahre, die das amerikanische Angebot zur Reorientation aufgriffen und sich damit identifizierten.

Etwas alltagsnäher könnte man noch die Untergruppe des *egalitären Amerikanismus* konstruieren, die sich stärker am Gleichheitsversprechen orientiert; hier werden beispielsweise informelle Umgangsformen zwischen den Menschen auf unterschiedlichen Stufen sozialer Hierarchie oder auch die Aufwertung von Unterhaltung gegenüber Hochkultur in ein Amerikabild aufgenommen, das hierzulande als Vorbild und Maßstab gilt.

Der *hedonistische Amerikanismus* definiert den American Way of Life durch Annehmlichkeiten, Lebenserleichterungen und Genüsse. Bereitschaft oder sogar Streben Westdeutscher, sich nach 1945 der Pax Americana einzuordnen, speisten sich vorrangig aus derartigen Erwartungen. Die halbstarken Arbeiterjugendlichen trugen diesen Anspruch expressiv vor; bei der faktischen Aneignung — vom Auto bis zum Haus in Florida — waren ihnen Angehörige der Mittel- und Oberschicht aber meist voraus.

Distinktiver Amerikanismus schließlich setzt bestimmte als amerikanisch geltende Güter oder Praktiken ein, um sich in kulturellen Anerkennungskämpfen einen Vorteil zu verschaffen. So hatten Jeans, die in der zweiten Hälfte der fünfziger Jahre vom egalitären Amerikanismus als Arbeitshosen gedeutet wurden, zuvor USA-Reisenden der Oberschicht als Ausweis weltoffener Lässigkeit in einem spießigen Land gedient.[11] Eine ähnliche Motivation ist allerdings auch der Avantgarde proletarischer Jeansträger nicht abzusprechen. Die Unterscheidung der fünf Amerikanismen ist also rein analytisch — praktisch verbinden sie sich in den verschiedensten Kombinationen.

3. Mischungen

Unter ›Amerikanisierung‹ diskutiert die Forschung auch den Wandel gesellschaftlicher Strukturmuster in der Bundesrepublik: die Durchsetzung eines fordistischen Modells von Massenproduktion, Massenkonsumtion und Legitimierung sozialer Ungleichheit beispielsweise oder der Aufstieg populärer Unterhaltung zu einem wesentlichen Lebensinhalt. Hinter dem Hinweis, daß entsprechende Muster in den USA schon früher realisiert und auch international propagiert wurden, steht kein Paradigma des Mentalitätswandels durch Zwang und Nachahmung. Die Rede ist von Mischungen mit tradierten Denk- und Praxismustern; gefragt wird nach der Rolle verschiedener ›Importe‹ im komplexen Bedingungsgefüge grundlegend gleichgerichteter Entwicklungen.

Je genauer man empirisch, quellengestützt und mit Blick auf die Praktiken der Akteure, Einzelfelder vermuteter ›Amerikanisierung‹ untersucht, je detaillierter man die entstandenen »eigenartigen Mischungen aus einheimischen Traditionen ... und dem, was über den Atlantik ... einströmte«,[12] betrachtet, desto mehr lösen sie sich auf in ein Wechselspiel von Adaption und Projektion, Umdeutung und Re-Inszenierung.

Studentenbewegung und Außerparlamentarische Opposition der Jahre 1967ff. beispielsweise gelten als wesentlich antimerikanisch,[13] geprägt durch den Vietnam-Protest. Die Parole »USA-SA-SS« wurde häufig gesprüht, und zweifellos wirkte hier die schlimme Tradition des deutschen Antiamerikanis-

---

11 *W.-D. Koenenkamp*, Jeans — Mode und Mythen, in: Jeans, Beiträge zur Mode und Jugendkultur, Tübingen 1985, S. 99-179, bes. 126f.
12 *V. R. Berghahn*, Zur Bedeutung des wirtschafts- und sozialgeschichtlichen Zugriffs auf die deutsche Nachkriegsgeschichte, in: A. Doering-Manteuffel (Hg.), Adenauerzeit. Stand, Perspektiven und methodische Aufgaben der Zeitgeschichtsforschung (1945-1967), Bonn 1993, S. 97-109, Zitat S. 105.
13 *E.-P. Müller*, Antiamerikanismus in Deutschland, Köln 1986, S. 105-123; *Diner*, Welten, S. 140-151.

mus. Aber Aktivistinnen und Aktivisten übernahmen wesentliche Aktionsformen von der Studentenbewegung der USA: *go-in, teach-in* und anderes. Von dort kamen Protest-Ikonen wie die afroamerikanische Vorkämpferin einer originär deutschen Ideologie, die Marxistin Angela Davis, und die Gedanken des jüdisch-deutschen Emigranten Herbert Marcuse. Politfolklore von Joan Baez und Bob Dylan wurde gehört, gesungen und geklampft — der Zupfgeigenhansel ließ grüßen.

Die derart geprägten Studierenden stellen nach dem Urteil einer einschlägigen Studie die erste Generation deutscher Akademiker, die sich kulturell »verwestlichte«; sie wehrten sich gegen den Alleinvertretungsanspruch einer idealistisch umwölkten Hochkultur und öffneten sich für populäre Unterhaltung: Rock 'n' Roll, Folkssongs und Hollywoodfilme.[14] Das Rock-Revival der sechziger Jahre kam allerdings aus England; die Protagonisten imaginierten sich in der Tradition des »authentischen« Blues und Soul der amerikanischen Schwarzen — ein eher zweifelhafter Anspruch. Die Rolling Stones besangen die »Street Fighting Men« des Pariser Mai 68. Unterhaltung und zugleich Legitimation ›revolutionärer Gewalt‹ lieferten Italo-Western, die den Hollywood-Fundus plünderten und gegen den »US-Imperialismus« instrumentalisierten. Sicherlich eine faszinierende Mixtur internationaler Entlehnungen — aber Amerikanisierung?

Bemerkenswert ist eher die Mischung von Amerikanismen und Antiamerikanismen. Stabil scheint nur die Tendenz zum ständigen Neu-Arrangement der Elemente. Aus einer Generation von Oberschülern und Studenten, die bis zur Mitte der sechziger Jahre jedermann als Musterschüler des Westens bezeichnet hätte, geistig genährt mit New Orleans- und Modern Jazz, mit Pollock, Wilder und Hemingway, Unabhängigkeitserklärung und Gettysburg Address, wurden enttäuschte und aggressive Oberlehrer der Demokratie. Angesichts des brutalen und selbstgerechten Krieges der USA in Vietnam griffen sie auf die Mitgift an Stereotypen des kulturellen Antiamerikanismus zurück. Dabei richtete sich der Protest, eingeschlossen die Gleichsetzung von USA und Nationalsozialismus, vor allem gegen die eigene — deutsche — Elterngeneration an den Schalthebeln von Politik und Wirtschaft; sie sollte als Komplize eines Völkermords entlarvt werden.

---

14 *A. Goeschel*, Die Ungleichzeitigkeit in der Kultur, Stuttgart 1991, bes. S. 59-62.

Das ›Amerikanische‹ wie das ›Deutsche‹ erweisen sich als vagierende Signifikanten, denen keine eindeutigen, stabilen und sozialhistorisch bestimmbaren Referenten zuzuordnen sind. Gleichermaßen verfließen die Grenzen bei diachronischer Betrachtung. Bilder von Hochhäusern und vom Auto für jedermann, perfekte Unterhaltung à la Hollywood und körperliche Verausgabung in »amerikanischen« Tänzen, Repräsentationen von Glanz und Weite, Egalitarismus und Bequemlichkeit amerikanischen Lebens nisteten sich schon in der Weimarer Republik in den privaten Utopien der Deutschen ein, vor allem natürlich bei den Städtern. Das Bild vom wesentlich zivilen Amerikaner erfanden bereits die Alldeutschen mit ihrer Überzeugung, jenseits des Atlantiks könne es einfach keine guten Soldaten geben. Vielleicht sahen die Nachkriegsjahre nur die Realisierung eines längst eingedeutschten amerikanischen Traums,[15] ermöglicht durch ökonomische und sozialstrukturelle Wandlungen?

4. Globalisierung

Seit der Jahrhundertwende wurde in ganz Europa intensiver gestritten um ›Amerikanisierung‹.[16] Spätestens für diesen Zeitpunkt ist zu konstatieren, daß Umfang und Intensität der Austauschprozesse zwischen den Industrieländern das Denken in Nationalkulturen auf allen Ebenen — in Hochkultur wie Massenunterhaltung, Konsum wie Wissenschaft — fragwürdig gemacht haben. Reagieren die seit dem letzten Drittel des 19. Jahrhunderts sich verstärkenden Nationalisierungs- und Ethnisierungsschübe[17] nicht auch hierauf? Was bei der Umerziehung von Landleuten, die sich allenfalls regional definierten, in Bürger der Nationalstaaten[18] noch kaum erreicht war, das schien sich in der

---

15 Die Idee des »Wirtschaftswunders« kam in den 1920er Jahren mit der Rede vom »amerikanischen Wirtschaftswunder« auf. Die Nationalsozialisten versuchten, die kurze Rüstungskonjunktur zum Hitlerschen Wirtschaftswunder zu verklären. Hoffnungen und Erwartungen des Nachkriegsaufschwungs waren dann, wie Niethammer und Mitarbeiter im Projekt »Lebensgeschichte und Sozialkultur im Ruhrgebiet 1930 bis 1960« gezeigt haben, durchaus Ergebnis deutscher Erfahrungsgeschichte.
16 *Woodward*, New World, S. 80-82.
17 *E. J. Hobsbawm*, Nationen und Nationalismus, Frankfurt am Main 1991, S. 121-154.
18 *E. Weber*, Peasants into Frenchmen, Stanford 1976.

kosmopolitischen Kultur der großen Städte schon wieder bedrohlich aufzulösen.

Internationalität ist bis heute am weitesten gediehen zwischen den entwickelten Industrieländern des Westens. Für Technologien und Kapitalien, Kunst und Wissenschaft, Design und Werbung, Massenkultur und Gebrauchsgüter gilt: Ideen und Ressourcen, Bilder und Rhythmen, Symbole und Ikonen sind grenzenlos verfügbar für einen ständigen Prozeß des Rekombinierens und der Hybridisierung.[19] Schon der Italo-Western macht deutlich: »Kreolisierung« ist Normalzustand internationalen Kulturaustauschs, ja die Metapher vom Austausch selber ist in Frage zu stellen. Ein- und Umschmelzen, Kreuzen und Zitieren, Synkretismus und Mehrdeutigkeit[20] charakterisieren die Kultur des Westens — eine Kultur, die Sprachgrenzen immer leichter mit dem Esperanto der Bilder und Gesten, der Pathosformeln und Symbole überspringt. So scheint es angemessen, wenn zunehmend von »transnationalen« Prozessen gesprochen wird, in denen nicht mehr Akteure mit eindeutiger nationaler Situierung in einen inter-nationalen Austausch treten; vielmehr entstehen »dritte Kulturen« (M. Featherstone) — von der Finanzwelt bis zu satellitengestützten Mediennetzen, die überhaupt nie eine bestimmbare ›nationale Herkunft‹ hatten, sondern sich schon in neuen transnationalen Feldern bildeten.

Seit einigen Jahrzehnten hat diese Entwicklung zunehmend auch die ehemals kolonialen Gebiete der Welt einbezogen — Materialien und Reize ent-

---

19 A. *Appadurai*, Disjuncture and Difference in the Global Cultural Economy, in: Public Culture 2, 1990, S. 1-24; *M. Featherstone* (Hg.) Global Culture, London 1990.
20 Den Begriff »creolization« hat U. Hannerz eingeführt. Er faßt damit die Ergebnisse anthropologischer Studien zur ebenso asymmetrischen wie kreativen Durchdringung und Hybridisierung kultureller Einflüsse in der Karibik zusammen. US-amerikanische Exporte dominieren hier seit Jahrzehnten; doch betont Hannerz, daß die indigenen Kulturen zwar keine Autonomie behaupten, wohl aber in umarbeitender Aneignung und Neuarrangements ständig die Eigen-Art ihrer Lebensformen (re)produzieren. *U. Hannerz*, The World in Creolization, in: Africa 57, 1987, S. 546-559. In Trinidad beispielsweise wurden US-amerikanische Importe (Fernsehserien, Autokult und Weihnachtsrituale) zu Mitteln, die Widersprüche der dortigen Gesellschaft praktisch und symbolisch zu bearbeiten; in der Aneignung wird ständig eine — zweifellos bedrohte und fragile — kulturelle Identität der Menschen auf der Karibikinsel produziert. *D. Miller*, Imported Goods as Authentic Culture, in: R. Eisendle u. E. Miklautz (Hg.), Produktkulturen, Frankfurt am Main 1992, S. 271-288. Der niederländische Amerikanist Rob Kroes hat den Gedanken der »Kreolisierung« auf die ›Amerikanisierung‹ europäischer Kulturen angewendet. *Kroes*, Americanisation.

nehmend wie von den Metropolen aus in den Alltag der Menschen eindringend. »Globalisierung« heißt das entsprechende Stichwort der Kulturanthropologen.

»It must now be more difficult than ever, or at least more unreasonable, to see the world ... as a cultural mosaic, of seperate pieces with hard, well defined edges. ... More than ever, there is a global ecumene. The entities we routinely call cultures are becoming more like subcultures within this wider entity, with all that this suggests in terms of fuzzy boundaries and more or less arbitrary delimitation of analytical units.«[21]

Wenn man denn im Einzelfall gebende und empfangende Kultur national definiert, so haben wir uns beide innerhalb ihrer Staatsgrenzen als offen und multikulturell, als hybride, als unentwirrbares Geflecht von Entlehnungen und Bearbeitungen zu denken. Nehmen wir den vielleicht erfolgreichsten musikalischen USA-Export des Jahrhunderts: den Jazz. Es gibt Dutzende voneinander abweichender Entstehungsgeschichten. Als unzweifelhaft schält sich nur eines heraus: ein unüberschaubares, schon um 1900 globalisiertes Netz der Einflüsse. In den Jazz sind afrikanische wie nordamerikanische Elemente eingegangen; hinzu kamen europäische Musikinstrumente und Spielweisen sowie Entlehnungen aus der Marschmusik des Alten Kontinents — das ganze eingeschmolzen in der Hitze der französisch-kreolisch-afroamerikanischen Hybridkultur von New Orleans.[22] Nach dem Ersten Weltkrieg wurden Frankreich und Großbritannien zur zweiten, nicht nur musikalischen Heimat vieler schwarzer Jazzer; sie fanden hier weitaus bessere Arbeits- und Lebensbedingungen als in den USA. Was allerdings bis zur Mitte der zwanziger Jahre in Deutschland als »Jazz« gespielt und vor allem — groteskes Mißverständnis aus der Sicht derer, die den Jazz entwickelten — getanzt wurde, hatte damit nichts gemein außer der Aura des ›Amerikanischen‹, sprich der »Niggermusik« und der damit verbundenen Imaginationen von Natürlichkeit und Sexua-

---

21 *U. Hannerz*, Cultural Complexity, New York 1992, S. 218. Einen Überblick über die Globalisierungs-Diskussion gibt S. Palmié, Conceptualising Cultural Flow: Perspectives on Globalisation, in: Kroes u.a. (Hg.), Transmissions, S. 271, 301. Alle Beteiligten sind sich einig, daß Globalisierung oder Transnationalisierung keine theoretischen Konzepte mit Erklärungsanspruch darstellen; die Begriffe suchen einen neuen Bezugsrahmen für die Interpretation von Phänomenen zu etablieren, die mit dem Paradigma nationalstaatlicher Akteure nicht mehr adäquat zu fassen sind.

22 Einen prägnanten Überblick gibt *P. Wicke*, Jazz, Rock und Popmusik, in: D. Stockmann (Hg.), Volks- und Popularmusik in Europa, Laaber 1992, S. 445-477, bes. 451-455.

lität der schwarzen Wilden.[23] Der nervöse und asketische Sound der Jahre nach 1945, Bebop und Cool Jazz, erreichte Deutschland nicht nur geographisch zumeist über die Zwischenstation Paris; diese Stilrichtungen lieferten Distinktionsmaterial für eine Szene von Oberschülern und Studenten, die sich weithin dem französischen Existenzialismus verbunden fühlte. Cool Jazz — auch wenn alle Musiker amerikanische Pässe hatten — symbolisierte hier eindeutig Distanz zu ›Amerika‹.

Sicher liefern nationale und ethnische Zuschreibungen dem Alltagsbewußtsein bis heute wichtige Instrumente zur geistigen Ordnung der Welt, und auch hierzulande scheinen sie ihre Rolle keineswegs ausgespielt zu haben. Schon Max Weber wußte, daß es sich um soziale Konstruktionen vom Eigenen und vom Anderen handelt; wo und nach welchen Kriterien die Grenzen gezogen werden, ist absolut willkürlich.[24] Imaginationen des ›Amerikanischen‹ und einer erstrebten oder befürchteten ›Amerikanisierung‹ sind zweifellos bedeutsame Erscheinungen in der Mentalitätsgeschichte der Moderne. Doch jede empirisch-genealogische Untersuchung erweist die Annahme als Fiktion, man könne zum Zeitpunkt t_0 ein fraglos Deutsches von einem fraglos Amerikanischen unterscheiden und — im Ergebnis des Eindringens — zum Zeitpunkt t_1 ein dadurch verändertes, nämlich weniger ›deutsches‹ und mehr ›amerikanisches‹ Phänomen bestimmen.

An diesem Punkt erhebt sich die Frage, ob nicht auch die rein wissenschaftliche Verwendung des Wortkörpers »Amerikanisierung« — die durch keine akademische Desinfektionsschleuse vom schmutzigen semantischen Feld gesellschaftlicher Rede abzuschotten ist — einem nationalisierenden, ethnisierenden Diskurs zuarbeitet. Handelt es sich vielleicht um eine Reaktion auf verunsichernde Erfahrungen mit Transnationalisierung? Aber wenn Wissenschaft heute Aufklärung zu leisten hat, dann sicher über die Tatsache der Globalisierung. Kulturelle Objektivationen, die in nationalstaatlich verfaßten Gesellschaften des Westens kursieren,[25] stellen weitgehend regionale Varietäten weltweit verbreiteter Typen und Formen dar. Durch kontinuierliche Zir-

---

23 *H. Schröder*, Tanz- und Unterhaltungsmusik in Deutschland 1918-1933, Bonn 1990.
24 *M. Weber*, Wirtschaft und Gesellschaft, Tübingen 1980, Zweiter Teil, Kap. IV.
25 Auch dies ist eine unerlaubte Homogenisierung; vergleichsweise wenig Material kursiert wirklich in der gesamten Gesellschaft, der überwiegende Teil erreicht nur Segmente. Eine Einschaltquote über 15% gilt im Zeitalter des Zapping als Traumergebnis.

kulation aufgenommen, umgearbeiteten und wieder eingespeisten Materials sind sie verbunden mit der »globalen Ökumene« (Hannerz).

Das heißt nicht, Fragestellungen aus der Perspektive historisch entstandener Kulturen und von den inneren Strukturbeziehungen nationalstaatlich verfaßter Gesellschaften her seien überholt. Im Gegenteil: Nur so erschließen sich die mentalen Werkzeuge (L. Febvre), mit denen Menschen eines Landes im Unterschied zu denen eines anderen Landes das global zirkulierende Material kombinieren, aneignen, ihm Funktionen bei der symbolischen Ortsbestimmung gegenüber anderen Gruppen der eigenen Gesellschaft zuweisen. Schon die musikalischen Jugendstile der 1950er Jahre benutzten unterschiedliches ›amerikanisches‹ Material, um sich gegeneinander abzugrenzen. Rock 'n' Roll demonstrierte proletarische Vulgarität, Traditional Jazz (geboten von Bands aus England, Dänemark und den Niederlanden) signalisierte den mittleren Geschmack, Cool Jazz lieferte die Aura des Gebildet-Elitären — und diesen expressiven Stilen könnte man noch den unauffälligen Normaljugendlichen gegenüberstellen, der mit sanften US-Hits von Doris Day (Doris Kappelhoff) oder Billy Vaughn die Grenzen deutscher Schlagerseligkeit erweiterte.

Wir haben keine homogene Weltkultur, und etwas Derartiges steht uns auch nicht ins Haus. Sprachen stecken weiterhin Zirkulationsgrenzen ab, und in mancher Hinsicht kann man sinnvoll von Nationalkulturen sprechen — nicht nur als subjektiven Konstrukten. Geschichtlich entstandene differente mentale Ausstattung von Gruppen reproduziert sich in differenten Aneignungsweisen. Das Bedürfnis, kulturelle Objektivationen zu schaffen und zu pflegen, die gegenüber der globalen Ökumene Besonderheit markieren (Dialektgedichte und Lokalbräuche, »Volksmusik« und regionale Küche[26] nimmt eindeutig zu.[27] Aber Nationalkultur als authentisch und autonom Eigenes, das

---

26 *K. Köstlin*, Heimat geht durch den Magen, in: Beiträge zur Volkskunde in Baden-Württemberg 4, 1991, S. 147-164.
27 Einiges spricht dafür, daß die Deutschen der Gegenwart auf diesem Feld relativ unausgeglichen agieren. Historisch verständlich, schwanken sie auf dem Weg der Verwestlichung zwischen überanpasserischer Selbstverleugnung und bockig-regressivem Nationalismus. So ergab eine vergleichende Studie, daß in Europa die Deutschen die geringsten Anstrengungen unternehmen, englisch-amerikanische Sprachimporte einzubürgern; der Anteil unverändert übernommener Fremdwörter ist hierzulande zweieinhalb mal so hoch wie in Frankreich, Schweden und Spanien. Berechnet nach *D. E. Zimmer*, Sonst stirbt die deutsche Sprache, in: Die Zeit, 23.06.1995, S. 42.

sich eindeutig unterscheiden ließe vom Einfluß der ›Amerikanisierung‹ — das ist eine unangemessen homogenisierende Vorstellung. Kulturen industriell entwickelter Gesellschaften sind Hybride, und das wohl schon seit längerem. Ihre Entwicklungsform ist die vermischende Aneignung von ›Fremdem‹ — nicht die Entfaltung eines national oder ethisch bestimmten ›Eigenen‹. Das ›Deutsche‹ von heute ist das eingeschmolzene ›Fremde‹ von gestern, und es wird morgen ›Deutsches‹ nur insoweit geben, als es sich heute in der Aneignung internationalen Materials reproduziert. In diesem Sinn war ›Amerikanisierung‹ stets Voraussetzung und Mittel, ›deutsche Kultur‹ am Leben zu erhalten.

5. Asymmetrische Machtbeziehungen

Im Konzept ›Amerikanisierung‹ ist allerdings eine wichtige Dimension mitgedacht, die bei einer harmonisierenden, eurozentrischen Sicht auf globale Ökumene leicht verlorengeht. Es handelt sich zumeist um asymmetrische Beziehungen, um ungleiche Machtverteilung. In den 1950er und 1960er Jahren artikulierte der Begriff von deutscher Seite eine narzißtische Kränkung, der »Kulturnation« zugefügt durch die Gewalt der materiell überlegenen, gleichwohl als kulturlos geltenden Sieger. Seit der Vereinigung scheint es einen Perspektivenwechsel zu geben. Man betrachtet die beiden deutschen Staaten unter dem Einfluß der jeweiligen Block-Vormacht, unter der Pax Americana und Pax Sovietica. Sind westdeutsche Historiker nun bereit, im Rückblick auf die Geschichte der Bundesrepublik Druck und Abhängigkeiten von den USA größere Aufmerksamkeit zu schenken als zu Zeiten der Blockkonfrontation?

Aber Abhängigkeiten konstituieren noch keine kulturellen Effekte, und ebensowenig kann man die Absichten der vielfältig instrumentierten »Kulturmission der USA« im Kalten Krieg (Wagnleitner) mit ihren Ergebnissen gleichsetzen. Ein besetztes Gebiet, ein Staat mit begrenzter Souveränität — unter diesen Bedingungen wäre es zweifellos zynisch, von kultureller Ökumene zu reden. Doch spricht vieles dafür, daß administrative, von der Militärregierung ausgehende oder gar mit offenem Druck verbundene Einflußnahme kaum die gewünschten Effekte zeitigte, eher gegenteilige.[28] Die Programme zur Reeducation/Reorientation waren — gemessen an den ursprünglichen Zielsetzungen und in der dem Thema angemessenen Sprache ausgedrückt — ein Flop.[29] Einer der Gründe dafür ist, daß die Fronten durchaus nicht nur, vielleicht nicht einmal in erster Linie entlang nationaler Grenzen verliefen. Inneramerikanische Auseinandersetzungen um die Deutschlandstrategie führten im Gefolge der Blockkonfrontation zu einer Umorientierung in der Frage, auf welche Gruppen in den Westzonen man sich stützen wolle. Interessenübereinstimmung in Grundpositionen der Wirtschafts- und Gesellschaftspolitik erwies sich als gewichtiger denn national oder ethnisch bestimmte Differenzen.[30] Salopp formuliert: Klasseninteressen überwanden mühelos Fronten, die der nationalisierende Blick konstruierte.

Mehr Erfolg war Initiativen kultureller Außenpolitik beschieden, die den Deutschen als Angebote präsentiert wurden: Amerikahäusern Jugendclubs, Ausstellungen der USIA und Studienaufenthalten in den USA.[31] Die breiteste Resonanz jedoch fanden zweifellos kommerzielle Angebote und nichtintendierte Wirkungen der US-Präsenz über Sendungen von AFN und persönliche Kontakte.[32] Es wäre zu prüfen, ob die Präferenz für Angebote auf der Basis

---

28 *B. S. Chamberlin*, Todesmühlen. Ein früher Versuch zur Massen-›Umerziehung‹ im besetzten Deutschland 1945-46, in: Vierteljahreshefte für Zeitgeschichte 29, 1981, S. 420-436; *M. Hoenisch*, Film as an Instrument of the US Reeducation Program in Germany after 1945 and the Example of ›Todesmühlen‹, in: E. Krippendorff (Hg.), The Role of the United States in the Reconstruction of Italy and West Germany 1943-1949, Berlin 1981, S. 127-157; *H.-J. Rupieper*, Bringing Democracy to the Frauleins, in: Geschichte und Gesellschaft 17, 1991, S. 61-91.
29 *K.-E. Bungenstab*, Umziehung zur Demokratie?, Düsseldorf 1970; *J. F. Tent*, Mission on the Rhine, Chicago 1982.
30 *B. Mettler*, Demokratisierung und Kalter Krieg. Zur amerikanischen Informations- und Rundfunkpolitik in Westdeutschland 1945-1949, Berlin 1975; *J.-B. Lange-Quassowski*, Neuordnung oder Restauration? Das Demokratiekonzept der amerikanischen Besatzungsmacht und die politische Sozialisation der Westdeutschen, Opladen 1979.
31 Dieses Thema böte sich für eine exemplarische Studie an. Solange die Beteiligten noch als Zeitzeugen zu befragen sind, könnte man das Ineinandergreifen von opportunistischen Motiven, Karriereerwartungen und Selbstamerikanisierung auf breiter Quellenbasis untersuchen.
32 So u.a. *R. Willett*, The Americanization of Germany, 1945-1949, London 1989. Daß allerdings Jazz, Rock 'n' Roll und realistische Filme wie »The Blackboard Jungle« (dt. »Saat der Gewalt«) US-Politikern lange Zeit als höchst fragwürdiger Kultur-Export galten, spricht ebenfalls gegen die homogenisierende Rede von ›Amerikanisierung‹. Vgl. *Wagnleitner*, Coca-Colonisation, S. 224-260.

freier Wahl auch gegenüber der sowjetischen Politik in der DDR durchschlug. Eine gewisse Bereitschaft zur ›Selbst-Sowjetisierung‹, bei Kommunisten wie in der Tradition intellektueller Wahlverwandtschaft mit der als »unpolitisch« (im Sinne Thomas Manns, d.h. anti-westlich) und seelenvoll geschätzten russischen Kultur, war dort wohl gegeben.[33]

Seit dem Ende des 19. Jahrhunderts hatten die USA systematisch Kapazitäten aufgebaut, um den amerikanischen Traum in der Welt zu verbreiten.[34] Auch kommerzieller Kulturexport galt als Mittel, gegen die »kommunistische Bedrohung« eigene Anziehungskraft zu entfalten, und wurde dementsprechend politisch gefördert. Reich instrumentierte kulturelle Außenpolitik und kapitalstarke, in vieler Hinsicht technisch führende private (Kultur-)Industrie trugen ein Angebot auch in die Bundesrepublik hinein, das schon durch rein ökonomische Überlegenheit vielen Alternativen keine Chance ließ. »Politik der offenen Tür« also mit allen Vorteilen einer Supermacht.

6. Superculture

Das ›Amerikanisierungs‹-Argument kann sich auf eine unzweifelhafte Tatsache berufen. Unter dem Material, das in der globalisierten Kultur zirkuliert, nehmen Elemente einen ständig wachsenden und heute quantitativ dominierenden Raum ein, die von den USA aus eingespeist werden und/ oder die Aura der »Amerikanizität« (Barthes) haben, als amerikanisch gelten. Das ist hegemonietheoretisch als Projektion von Macht und Einfluß zu analysieren, aber es läßt sich weder intentional noch kausal darauf reduzieren. Im Sinne Gramscis haben wir es stets auch mit einem Aushandlungsprozeß zu tun. Ökonomische Kalkulation konnte nur aufgehen, wo sich Menschen fanden, die das (nicht selten ohne große Wahlmöglichkeiten aufgedrängte) Material

---

33 Vgl. dazu die Erinnerungen von *S. Wolle*, Stalins Märchenland. Die zwei Gesichter der Sowjetunion in der DDR, in: Frankfurter Allgemeine Zeitung, 14.03.1995. Anregend auch die Überlegungen von S. Meuschel zur Amalgamierung von sowjetischem »Anti-Kosmopolitismus« und »unpolitischen« deutschen Neigungen bei der Konstruktion von »Nationalkultur« in der DDR. *S. Meuschel*, Legitimation und Parteiherrschaft, Frankfurt am Main 1992, S. 15-22, 59-116.
34 *E. S. Rosenberg*, Spreading the American Dream, New York 1982; *F. Costigliola*, Awkward Dominion, Ithaca 1984.

mit ihren mentalen Werkzeugen bearbeiten und für eigene Gewohnheiten, Träume, Weltsichten und Ausdrucksinteressen passend machen konnten. Ihre Wünsche waren damit nicht mehr dieselben wie vorher — doch das gleiche gilt für die ›amerikanischen‹ Botschaften. Wo derartige Anschlußfähigkeit fehlt, ist sie durch Angebotsmacht nicht zu ersetzen.

Es gibt vor allem zwei Gründe dafür, daß Botschaften und Symbole, soziale Strategien, Formensprache und Verhaltensmuster des »American Way of Life« in Ländern wie Westdeutschland derart anschlußfähig erschienen. Erstens waren die USA auch Westeuropa sozialökonomisch stets einen Schritt voraus. Nicht, daß es nur einen Weg der Modernisierung gegeben hätte, die Europäer also auch ohne äußere Einflüsse in die Fußstapfen der US-Gesellschaft hätten treten müssen. Aber auf jeder Entwicklungsstufe der Industriegesellschaften der Alten Welt fanden sich in den USA immer schon Antworten auf die Frage, was mit den neuen Bedingungen, Möglichkeiten und Herausforderungen anzufangen sei.

Ein klassisches Beispiel für die Entscheidung, nicht den amerikanischen Weg zu gehen, stellen Gründung und Konzeption der BBC dar. Ihre Väter interpretierten die Entwicklung des kommerziellen Rundfunks in den USA als Warnung.[35] Umgekehrt sprach für viele transatlantische Lösungen, daß sie den Test schon im Herkunftsland bestanden hatten. Sie hatten sich im Leben hart arbeitender Menschen bewährt; sie ›paßten‹ und schienen auch hierzulande auf den ersten Blick reizvoll und brauchbar. Das schloß das einzigartige Know-how in Kulturindustrie und Produktzuschnitt ein; über Jahrzehnte schon hatte man in den USA für Design, Werbung und Populärkultur eine unvergleichliche Sprache der Modernität entwickeln können, die im Ausland als hinreißend empfunden wurde.

Der zweite Grund: Als Einwanderungsland mit einer Vielzahl weißer und nichtweißer Kulturen bildeten die USA eine »globale Ökumene« im Kleinen. Bis weit ins 19. Jahrhundert hinein (in manchen Regionen bis heute) lagen sie an der Peripherie einer Welt, deren Zentrum Europa bildete, und »Kreolisierung« wurde ein bestimmender Modus ›amerikanischer‹ kultureller Aneignungsmuster.[36] Der Reichtum an Traditionen und Mischungen, die Entwicklung von Transformationsweisen und -gewohnheiten im Umgang mit kultureller Differenz begründeten einen bis heute weltweit konkurrenzlosen Fun-

---

35 *A. Briggs*, The Birth of Broadcasting, London 1961.
36 *Hannerz*, Complexity, S. 266f.; *Kroes*, Americanisation, S. 306-310.

dus an Talenten und Innovationen. Die Mulitkulturalität stellte zugleich einen außerordentlichen Lernzwang für Massenkultur und Produktgestaltung dar. Zur Eroberung des gesamtnationalen Marktes mußten die Unternehmen eine Formen- und Symbolsprache entwickeln, die über ethnische Grenzen hinweg Anklang fand. Sie konnten damit Wegbereiter eines Weltidioms der populären Künste und Gebrauchsgüter werden.

Der Aufstieg zur Dominanz im globalen Kulturfundus wurde durch beide Entwicklungen befördert: Universalsprache *und* Diversität. Goethes Theaterdirektor hat dazu schon das abschließende Wort gesprochen: »Wer vieles bringt, wird manchem etwas bringen.« Dabei zeichnet Anschlußfähigkeit nicht nur die ›amerikanischen‹ Angebote aus; Anschlußfähigkeit wird auf kreative Weise praktiziert von Gruppen und Individuen, deren Phantasietätigkeit die Angebote mit ihrer kulturellen Mitgift vernetzt.[37] Beides zusammen hat dazu beigetragen, daß ›Amerikanisches‹ insbesondere bei populären Künsten und Gebrauchsgütern den Status einer »Superculture« errungen hat. Fast grenzenlos umarbeitbar, wechselt sie bei jeder Aneignung, bei jeder Rekontextualisierung ihr Gesicht und taugt zum Ausdruck heterogenster Bedeutungen.[38] Stuart Hall weist allerdings mit guten Gründen darauf hin, daß die globale Massenkultur dahin tendiert, regionale und gruppenspezifische Adaptionen einzubinden in einen übergreifenden Rahmen: in einen »amerikanischen Entwurf der Welt«.[39]

Die Frage der Vermachtung von Kulturbeziehungen, die das Stichwort ›Amerikanisierung‹ aufwirft, ist also in jeder konkreten Untersuchung zu stellen — jedoch mit der gebotenen Differenzierung. Es ist schlichtweg Un-

---

[37] Man hat darauf hingewiesen, daß die transnational wirkenden Medien der imaginativen Tätigkeit erhöhte biographische Bedeutung verleihen. Kein Leben wird mehr als alternativloses Schicksal erfahren; Repräsentationen anderer Möglichkeiten sind überall präsent und wollen in der biographischen Konstruktion mit den Zwängen vermittelt sein, die weiterhin unerbittlich Grenzen für das sozial Wahrscheinliche ziehen. *A. Appadurai*, Global Ethnoscapes: Notes and Queries for a Transnational Anthropology, in: R. G. Fox (Hg.), Recapturing Anthropology, Santa Fe 1991, S. 191-210.

[38] *C. W. E. Bigsby*, Europe, America and the Culture Debate, in: ders. (Hg.), Superculture. American Popular Culture in Europe, London 1975, S. 1-27, bes. 26f.

[39] »... essentially an American conception of the world«. *S. Hall*, The Local and the Global: Globalization and Ethnicity, in: A. D. King (Hg.), Culture, Globalization and the World System, Houndsmills 1991, S. 19-39, Zitat S. 28. Das Urteil könnte jedoch noch eurozentrischer Sicht entspringen. *Appadurai*, Disjuncture, S. 4, konstatiert, »that the United States is no longer the puppeteer of a world system of images, but is only one node of a complex transnational construction of imaginary landscapes«.

sinn — allerdings gefährlicher Unsinn[40] —, unter Schlagworten wie »Imperialismus« oder »Kolonisierung« die Bundesrepublik gleichzusetzen mit einem Land wie beispielsweise Nigeria, das weder über eine verbindende nationale Kultur noch über nennenswertes eigenes Produktionspotential verfügt.[41]

7. De-Ethnisierung

Das Vagabundieren und Vermischen, Geben und Nehmen, Umarbeiten und Neukodieren kultureller Elemente ist zweifellos ein Kennzeichen unseres Jahrhunderts. Eigentlich erklärungsbedürftig ist allerdings die Selbsttäuschung, es handele sich um ein gänzlich präzedenzloses Phänomen. Bis weit in die Neuzeit hinein trugen Wissen und Künste, Lebensstil und Selbstverständnis des Adels und der Gebildeten in West- und Mitteleuropa ›transnationale‹ Züge. Mit dem Aufstieg des Bürgertums und mit der Entstehung eines breiten Publikums in den städtischen Mittel- und Unterschichten erhöhte sich vor allem im 19. Jahrhundert das Gewicht kultureller Kreisläufe innerhalb der Grenzen, die die jeweiligen Verkehrssprachen zogen. Doch macht ein Blick auf den Kosmopolitismus der europäischen Intelligenz um 1900[42] deutlich, welcher Nationalisierungsschub seit 1914 stattgefunden hat. Ja, noch 1924 schien es dem Volkskundler Adolf Spamer »zweifellos ..., daß der deutsche und der französische Zuhälter einerseits, der deutsche und der

---

40 Die Selbststilisierung der Deutschen zu Opfern eines westlichen, vorweg des amerikanischen, Kolonialismus gehörte in den zwanziger Jahren zum Repertoire aller Gegner der Weimarer Demokratie, von rechtsaußen bis linksaußen, und auch Vernunftrepublikaner waren dafür anfällig. *P. Berg*, Deutschland und Amerika 1918-1929, Lübeck 1963, S. 83-93; *Diner*, Verkehrte Welt, S. 63-80. Das Deutungsmuster wurde 1945 gegenüber Besetzung, Demontagen usw. wieder aktiviert, und nichts garantiert angesichts der jungkonservativen »Verwestlichungs«-Debatte, daß dies der letzte historische Auftritt war. Was bedeutet es, wenn eine Streitschrift gegen die »Hamburger-Konzerne« unter dem Titel »Das Brot des Siegers« erscheint? *C. Grefe u.a.*, Das Brot des Siegers. Die Hamburger-Konzerne, Bornheim-Merten 1987.
41 Zu Globalisierung und Kreolisierung in Nigeria vgl. *Hannerz*, Complexity, S. 22-26, 228-246.
42 Sehr eindrucksvoll in dieser Hinsicht ist *S. Zweig*, Die Welt von Gestern. Erinnerungen eines Europäers (urspr. 1944), Frankfurt am Main 1970.

französische Universitätsprofessor andererseits geistig zunächst verwandte Typen sind, die sich in ihren Anschauungen und Empfindungen durchaus verstehen, während beide Menschengattungen trotz der Gemeinsamkeit von Sprache und Nation einander in ihrer Geistigkeit völlig beziehungslos gegenüberstehen«.[43]

Ein Versuch, die grenzüberschreitenden Ströme von Waren und Ideen, sozialen Modellen und Imitationen quantitativ zu erfassen, wäre sicher der Mühe wert. Er könnte die Vermutung bestätigen, daß der entscheidende Wandel nicht auf der Ebene des realen Austauschs, sondern im Feld der Wahrnehmung und der Deutungskämpfe stattgefunden hat. Massengesellschaft, Massenmedien, Massenpolitik — diese Stichworte stecken den veränderten Rahmen sozialer Erfahrung und sozialen Handelns in den »Krisenjahren der Klassischen Moderne« (Peukert) ab. Überkommene Bindungen wurden prekär; der Erfahrungs- und Erwartungshorizont der meisten Deutschen öffnete sich in einer insgesamt verunsichernden Konstellation. Bedürfnisse nach Orientierung und Selbstbestätigung wurden eingeschmolzen in einen »integralen Nationalismus« (Habermas); das Deutungsmuster einer Bedrohung nationalkultureller oder völkischer Substanz setzte sich durch als Generalbaß des politischen Diskurses. Nicht zuletzt an der Amerikanisierungsdebatte der Zwischenkriegszeit läßt sich die mentale Ethnisierung verfolgen.

»Narrative Konstruktion eines auf das eigene Kollektiv zugeschnittenen sinnhaften Geschehens»[44] stand seit dem 19. Jahrhundert im Zentrum geisteswissenschaftlicher Arbeit in Deutschland. Derartige Anordnung des Materials in einer Erzählstruktur (Hayden Whites unübersetzbares »emplotment«)[45] ist keineswegs für Nationalismus prädestiniert; sie setzt aber auch einer Ethnisierung der Sichtweisen wenig Widerstand entgegen. Wissenschaftler entwickeln einen scharfen Blick für Besonderheiten und Grenzen. Vergleichende Studien suchten vorrangig das national Spezifische zu bestimmen, Austausch und Globalisierung wurden aus der — mit Verlaub — Froschperspektive des Nationalstaats betrachtet.

---

43 *A. Spamer*, Um die Prinzipien der Volkskunde, in: Hessische Blätter für Volkskunde 23, 1924, S. 67-108, Zitat S. 101.
44 *J. Habermas*, Geschichtsbewußtsein und posttraditionale Identität, in: ders., Eine Art Schadensabwicklung, Frankfurt am Main 1987, S. 159-179, Zitat S. 166.
45 *H. White*, Auch Klio dichtet, Frankfurt am Main 1990.

Es ist wohl ein Verdienst der Postmoderne-Debatte, die großen nationalen Erzählungen und den »Mythos von der kulturellen Integration« (M. Archer)[46] in Frage gestellt zu haben. Mit Blick von innen wurden Forschungen angeregt zu Heterogenität und ›Fleckerlteppich-Charakter‹ kultureller Formationen, die bisher als homogen und eindeutig erschienen. Dezentrierende Studien beleuchteten die zusammengesetzten und flüssigen Konstrukte individueller Identiät. De-ethnisierung im Blick von außen haben Studien befördert, die den Prozessen kreativer, wenn auch keineswegs immer freiwilliger, Legierung und Hybridisierung etwa in der Karibik sowie deren Rückwirkung auf Einwanderungsländer und ehemalige Kolonialstaaten nachgehen. Von Forscherinnen und Forschern wird heute verlangt, lokalzentrierte Perspektiven und geistige Seßhaftigkeit aufzugeben und »Kulturen zu bereisen, die unterwegs sind«.[47]

Auch für das Studium jener Beziehungen, die als ›Amerikanisierung‹ und ›Sowjetisierung‹ von Gesellschaften thematisiert werden, bietet sich ein de-ethnisiertes Paradigma an. Heute besteht die Leistung von Kulturen nicht darin, Homogenität zu organisieren, sondern (den Umgang mit) Verschiedenheit.[48] Grenzüberschreitung und Hybridisierung, Anverwandlung und Zitieren aus dem transnationalen Fundus »dritter Kulturen« bilden die normale Existenz- und Entwicklungsweise jener kulturellen Formationen, die wir innerhalb von Staats- und Sprachgrenzen vorfinden. Träger von Einspeisung und Aneignung sind nicht imaginierte homogene Gemeinschaften, sondern Gruppen, die in einem komplexen Netz selbstgewählter Wahlverwandtschaften und Abgrenzungsmuster ohne Rücksicht auf ethnische Grenzen ihre Identität konstruieren; aus weltweit zirkulierenden Reservoirs nehmen sie Elemente auf, die ihnen — zumeist fraglos — zum Ausdruck ihrer besonderen Einmaligkeit und ihrer Lebensansprüche geeignet scheinen.

›Harte‹ Fakten, von ökonomischen Verflechtungen bis zu diplomatischem Druck, bilden — das ist natürlich eine problematische Metapher — das Fundament der deutsch-amerikanischen Beziehungen nach 1945. Für unser Bild der Nachkriegsgeschichte gilt es gleichermaßen, die mentalen Muster der

---

46 *M. Archer*, Culture and Agency, Cambridge 1988.
47 So könnte man vielleicht die Mehrdeutigkeit der Formulierung von J. Clifford einfangen. *J. Clifford*, Travelling Cultures, in: L. Grossberg u.a. (Hg.), Cultural Studies, New York 1992, S. 96-112.
48 *Hannerz*, Complexity, S. 14.

Realitätswahrnehmung und -interpretation zu untersuchen: Effekte der Stereotypen vom jeweils Anderen, von »den Deutschen« und »den Amerikanern«, Deutungsmuster wie »Kolonisierung« und »Weltmission der USA«. Die Wechselwirkung dieser Ebenen herauszuarbeiten, stellt eine der großen Herausforderungen an die historische Forschung dar. Das Interpretament ›Amerikanisierung‹ ist in diesem Zusammenhang, als Ausdruck einer nationalisierenden Sichtweise, ein herausragender Gegenstand kritischer Untersuchung, analytisch ist die Kategorie jedoch unbrauchbar. Wir stehen vielmehr vor der Aufgabe, einen Perspektivenwechsel vorzunehmen; die Beziehungen zwischen nationalstaatlich verfaßten Gesellschaften und die lebensweltlichen Repräsentationen dieser Beziehungen sind einzuordnen in einen wissenschaftlichen Interpretationshorizont, der der wachsenden Relevanz transnationaler Prozesse und »dritter Kulturen« Rechnung trägt.

Gunilla-Friederike Budde

»Tüchtige Traktoristinnen« und »schicke Stenotypistinnen«
Frauenbilder in den deutschen Nachkriegsgesellschaften — Tendenzen der »Sowjetisierung« und »Amerikanisierung«?

»Uns steht kein langweiliges Leben bevor, wenn die Weiber erst tun wollen, was sie tun wollen, nicht, was sie tun sollen. Was werden sie als Menschen sagen über die Männer, nicht als Bilder, die sich die Männer von ihnen gemacht haben?«[1]

»Schluß mit dem Aschenbrödel-Dasein« forderte die vielgelesene Frauenzeitschrift *Brigitte* in einem Leitartikel des Jahres 1954. Um ihr Trümmerfrauenimage abzuschütteln, sollte, so der Rat der Illustrierten, die deutsche Frau sich die Amerikanerin zum Vorbild nehmen. Ihr bliebe »trotz Berufsarbeit« und Hauswirtschaft noch genügend Zeit zur Lektüre, zu Autopartien und nicht zuletzt zur Schönheitspflege, um weiterhin für ihren Mann attraktiv zu sein. Dadurch ist ihr »Leben reicher und lebenswerter als bei uns. Sagen wir besser, als es heute ist. Schon morgen kann sich das Bild gewandelt haben«, lautete das optimistische Resümee.[2] Wertvolle Tips zur Annäherung an dieses Frauenideal bot seit 1948 die deutsche Fassung der amerikanischen Zeitschrift *Das Beste aus Reader's Digest*, die vor allem in Friseursalons und Frauenarztpraxen auslag und im Laufe der fünfziger Jahre einen immer größeren Abonnentinnenkreis verzeichnen konnte.[3] Zur gleichen Zeit ging es in der deutschen Ausgabe der Zeitschrift *Die Sowjetfrau*, in dem nach sehr ähnlichem Muster aufgemachten Zentralorgan des Demokratischen Frauenbundes Deutschland (DFD) *Frau von heute* und in dem Modejournal *Sibylle* um offenbar gänzlich anderes. Die Erfolgsgeschichte von Frauen, die als Traktoristinnen, Ärztinnen, Ingenieurinnen oder Maurermeisterinnen »ihren

---

1 *I. Morgner*, Leben und Abenteuer der Trobadora Beatriz nach Zeugnissen ihrer Spielfrau Laura. Roman in dreizehn Büchern und sieben Intermezzos, Darmstadt 1983, S. 273f.
2 Brigitte 21, 1954, S. 3.
3 Bis heute adressiert diese Zeitschrift ihre Werbeanzeigen an die weiblichen Mitglieder einer Familie.

Mann stehen«, so ein häufig verwandter Jargon, wurde hier den Leserinnen zur Nachahmung empfohlen und dabei wiederholt auf die Pionierrolle der Sowjetunion verwiesen. Alle diese Zeitschriften gehörten zu einer bunten Palette eigens für ein weibliches Publikum konzipierter Illustrierten, die bereits wenige Jahre nach Kriegsende in deutschen Kiosken zu kaufen waren. In Text und Bild spiegeln sie je nach Provenienz ein scheinbar diametral entgegengesetztes Frauenideal wider, das sich direkt oder indirekt auf unterschiedliche Vorbilder bezog.

1. Theoretische Vorüberlegungen, Fragen und Quellen

Ideen und Ideale über das Sein und Werden von Frauen und Männern zählen zu den zentralen gesellschaftlichen Strukturprinzipien. In allen Bereichen gesellschaftlichen Handelns und Denkens spielt die Unterscheidung zwischen weiblich und männlich und die daran gekoppelten Aufgaben, Befugnisse und Verortungen eine mehr oder minder wesentliche Rolle, wobei diese Differenz im täglichen Diskurs immer neu ausgehandelt und gefestigt wird. In diesem Prozeß entsteht ein virulentes Spannungsverhältnis zwischen stereotypen und stabilisierenden Bildern einerseits und vielfältigen und wechselnden Wirklichkeiten andererseits. Je flexibler und fluider letztere auftreten, desto stärker erscheint der Bedarf, sie durch Vorstellungen und Vorgaben zu immunisieren und zu domestizieren.

Es gehört zu den Eigenarten patriarchalisch verfaßter Gesellschaften, die auf einer Geschlechterpolarisierung und -hierarchisierung basieren, vor allem Frauenbilder einer ständigen, detaillierten Bestimmung zu unterziehen.[4] Ein besonderer (Re-)Konstruktionsbedarf entsteht immer dann, wenn die Konturen der alten Bilder verblassen und damit die herrschende Ordnung generell ins Wanken gerät. Mit einer solchen Situation sahen sich offenbar beide deutschen Staaten nach dem Ende des Zweiten Weltkrieges konfrontiert, als kriegs- und krisenbedingte Veränderungen und Verschiebungen nicht zuletzt auch die Geschlechterrollen tangierten. Neuartige Bilder von Frauen drohten traditionelle Imaginationen von Weiblichkeit zu überlagern und zu ersetzen,

---

4 U. Frevert, Mann und Weib, und Weib und Mann. Geschlechter-Differenzen in der Moderne, München 1995, S. 37ff.

und provozierten damit zur Stellungnahme. Auch wenn diese bezüglich der Akzeptanz bzw. Ablehnung analog zu den jeweiligen ideologischen Grundideen und realen Gegebenheiten unterschiedlich ausfiel, unterstrich die Tatsache, daß in beiden deutschen Teilen von mehr oder minder offizieller Seite wort- und bildreich darüber debattiert wurde, welche Rolle den Frauen in der zukünftigen Gesellschaft zukommen sollte, die »patriarchalische Grundstruktur« beider deutscher Gesellschaften unabhängig von ihrer politischen Verfaßtheit.[5]

In der Regel schöpft die Bildersprache aus einer bunten Palette traditioneller Vorstellungen und ideologischer Vorgaben. Während erstere für beide deutsche Staaten weitestgehend identisch waren, klafften letztere weit auseinander. Diese Diskrepanz ergab sich nicht zuletzt aufgrund der Direktiven und Leitbilder der jeweiligen Besatzungsmächte, die mehr oder weniger Definitionsmacht beanspruchten. Wenn man unter »Sowjetisierung« und »Amerikanisierung« von Frauenbildern eine je nach Inklination positive oder negative Orientierung an einem jeweils medial vermittelten Fremdbild versteht und damit beide Begriffe als alltagskulturelle Prägefaktoren von ihrer ursprünglich divergierenden Kontextgebundenheit löst, lassen sich auch die daraus resultierenden ost- und westdeutschen Frauenbilder unter dem Einfluß dieser Aspekte in den Blick nehmen. Auf diese Weise wird es möglich, Spuren der »Amerikanisierung« und »Sowjetisierung« nicht nur, wie es bislang geschehen ist, »in der Männerwelt« wahrzunehmen.[6] Folgende Fragen sollten dabei im Zentrum stehen: In welchen Bereichen und Zusammenhängen wurde am deutlichsten Bezug auf amerikanische und sowjetische Vorbilder genommen? In welcher Form und mit welchen Konsequenzen prägten diese Vorbilder die Frauenbilder in Ost und West? Welche Differenzen, Modifikationen und Analogien zeichneten sich dabei auf beiden Seiten ab? Und wann, wo und wie setzte man nicht das Vorbild, sondern das Zerr- und Schreckbild der »Amerikanisierung« und »Sowjetisierung« ein?

Als öffentliche und offizielle Foren und Multiplikatoren dieser Frauenbilder fungieren zunächst und vor allem diverse Spielarten der Massenmedien.

---

5 S. *Diemer*, Patriarchalismus in der DDR. Strukturelle, kulturelle und subjektive Dimensionen der Geschlechterpolarisierung, Opladen 1994, S. 6.
6 Dieses Forschungsproblem betont für die »Amerikanisierung« zu Recht: *K. Maase*, BRAVO Amerika. Erkundungen zur Jugendkultur der Bundesrepublik in den fünfziger Jahren, Hamburg 1992, S. 14.

Das Hauptaugenmerk dieser Betrachtung liegt auf den jeweiligen Frauenzeitschriften in beiden deutschen Gesellschaften, die ihrem Anspruch nach eine wichtige Mittlerrolle von gesellschaftlich opportunen Frauenbildern übernahmen und aufgrund ihrer Auflagenhöhe einen relativ großen Leserkreis erreichten.[7] Daneben finden exemplarisch Filme und Werbeannoncen Berücksichtigung. Zeitlich konzentriert sich die Studie auf die ersten beiden Nachkriegsjahrzehnte, als der Rekurs auf die jeweiligen Vorbilder mit einem daran geknüpften Identifikationswillen offensichtlich am ausgeprägtesten war, nicht zuletzt, weil man in beiden deutschen Staaten bewußt Abschied von dem von den Nationalsozialisten propagierten Bild der »deutschen Frau« nehmen wollte und sich von daher besonders empfänglich für Orientierungshilfen fern aller nationaler Einengung zeigte.[8] Gegenbilder in Form von weiblichen Selbstbildern traten, obwohl latent schon vorher präsent, in beiden Gesellschaften erst zu Beginn der siebziger Jahre prägnant zutage. Wie direkt oder subtil, inwieweit von oben oktroyiert oder von unten adaptiert die sowjetische und amerikanische Einfärbung des Frauenbildes aussah, hing ab von dem unterschiedlich hohen Grad der Autonomie der Medienkultur in Ost und West. Wenn sich auch die Medien in der SBZ/DDR als Sprachrohre von Partei und Staat zu verstehen und die ideologische Ausrichtung an der Sowjetunion qua offizieller Order als Programm zu verkünden hatten, entsprach auch in den westdeutschen Medien die positive Bezugnahme auf die USA durchaus der Staatsräson.

---

7 So erschien etwa die *Brigitte* im Jahr 1959 in einer Auflage von 394.000 und fünf Jahre später von 826.000. Quelle: Impressum der *Brigitte* 1, 1960 u. *Brigitte* 1, 1965. *Frau von heute* hatte 1947 eine Auflage von 300.000, ihre Nachfolgerin *Für Dich* im Jahr 1962 350.000. Angaben in: *G. Raue*, Geschichte des Journalismus in der DDR (1945-1962), Leipzig 1986, S. 96. Als weiterführende Sekundärliteratur: *D. Scheel*, Zwischen Wertung und Wirkung. DDR-Zeitschriftenprofile 1950-1980 am Beispiel von Geschlechtsrollenproblematik und Frauenleitbild, Köln 1985; *Chr. Feldmann-Neubert*, Frauenleitbild im Wandel 1948-1988. Von der Familienorientierung zur Doppelrolle, Weinheim 1991, *S. Lott-Almstadt*, Brigitte 1886-1986. Die ersten hundert Jahre, Hamburg 1986.

8 Daß die Identifikation mit der Sowjetunion (statt mit Deutschland) bei vielen jungen Frauen der SBZ/DDR als eine Befreiung »aus den engen Fesseln des Nationalen« bedeutete, beschreibt auch *D. Wierling*, Die Töchter der Weimarer Republik in der SBZ/DDR. Weibliche Jugend zwischen Aufbau und Aufstieg, in: Comparativ 3, 1993, Nr. 5, S. 100-108, bes. S. 105; *A. Sywottek*, Wege in die 50er Jahre, in: A. Schildt u. A. Sywottek (Hg.), Modernisierung im Wiederaufbau. Die westdeutsche Gesellschaft der 50er Jahre, Bonn 1993, S. 13-39, bes. S. 17.

2. Das »Frauenland« in »Männerhosen«: Die Bilder der ersten Nachkriegsjahre

In den letzten Kriegs- und ersten Nachkriegsjahren hatte das deutsche Frauenbild eine tiefgreifende Wandlung erfahren. Die von den Nationalsozialisten aufwendig arrangierte und durch rechtliche und sozialpolitische Maßnahmen gestützte Mutterapologie wurde immer mehr überblendet von facettenreichen Frauenbildern, die die Vielzahl von Aufgaben reflektierten, die der weiblichen Bevölkerung an der weitgehend männerlosen »Heimatfront« zufielen. Deutschland war ein »Frauenland« (Gabriele Strecker) geworden, und an diesem nicht nur demographischen Befund sollte sich aufgrund der vielen Kriegstoten und -gefangenen lange nichts ändern.[9]

»In dieser grauenvoll zusammengebrochenen Männerwelt ist den Frauen eine Aufgabe von nie zuvor gekannter Schwere und Größe auferlegt. Sie sind es, die in Wahrheit aus den Trümmern den neuen Anfang schaffen müssen«, schrieb stellvertretend für viele ähnlich gestimmte Äußerungen die Journalistin Vanna Brenner 1946 in der Frauenzeitschrift *Regenbogen*.[10] Dies war durchaus wörtlich zu nehmen. Neben dem Schlangestehen bei der Lebensmittelzuteilung, den Hamsterfahrten aufs Land und den Schwarzmarktgeschäften wurden in der Tat in vielen deutschen Städten, unabhängig von der zuständigen Besatzungsmacht, großenteils Frauen eingesetzt, um Schuttberge zu beseitigen und Steine zu klopfen. Diese »Trümmerfrauen« gehörten untrennbar zum Straßenbild vieler deutscher Städte der ersten Nachkriegsjahre und entgingen von daher auch kaum der Linse zeitgenössischer Foto-

---

9 Die Statistik konstatierte im Oktober 1946 einen »Frauenüberschuß« von fast 7,5 Millionen Frauen. Die DDR nannte Lutz Niethammer noch in einem kürzlich erschienenen Aufsatz die »weiblichste Gesellschaft Europas« und erklärte diese im Osten Deutschlands fortdauernde Geschlechterdisproportion damit, daß in den 1950er Jahren die Hälfte aller Flüchtlinge junge Männer unter 25 Jahren waren. *L. Niethammer*, Erfahrungen und Strukturen. Prolegomena zu einer Geschichte der Gesellschaft der DDR, in: H. Kaelble u.a. (Hg.), Sozialgeschichte der DDR, Stuttgart 1994, S. 95-115, bes. S. 99f. 1950 lebten in der DDR 824.000 Männer und 1.310.000 Frauen der Jahrgänge 1920-1930. Statistisches Jahrbuch der DDR 2, Berlin 1957, S. 23.
10 Zit. in: *N. Möding*, ›Ich muß irgendwo engagiert sein — fragen sie bloß nicht, warum‹. Überlegungen zu Sozialisationserfahrungen von Mädchen in NS-Organisationen, in: L. Niethammer u. A. v. Plato (Hg.), ›Wir kriegen jetzt andere Zeiten.‹ Auf der Suche nach der Erfahrung des Volkes in nachfaschistischen Ländern, Berlin 1985, S. 256-304, bes. S. 290.

grafen. Doch auch darüber hinaus waren die meisten Frauen in den ersten Jahren auf Erwerbsarbeit angewiesen. Familienunterhaltszahlungen für Kriegswitwen und Soldatenfrauen waren ersatzlos gestrichen worden, so daß die Mehrheit der arbeitsfähigen Frauen sich eine bezahlte Tätigkeit suchen mußte. Daß sich dabei partiell auch ehemalige Männerdomänen für Frauen öffneten, war eine Erscheinung, die offensichtlich von allen Besatzungsmächten nahezu gleichermaßen gefördert wurde. Auch wenn den westlichen Militärregierungen, anders als der sowjetischen Administration, mit der Mobilisierung weiblicher Arbeitskräfte keine Gleichstellungspolitik vorschwebte, stand letztlich doch die Konzeption dahinter, den Arbeitsmarkt für Frauen zu öffnen.[11]

Entsprechend dieser Entwicklung ähnelten sich die Abbildungen und Schwerpunktthemen in den Frauenzeitschriften bis zum Ende der vierziger Jahre noch sehr. In den ersten, noch recht dünnen Ausgaben der *Brigitte* und der *Frau von heute* drehten sich die meisten Artikel um die weibliche Berufstätigkeit oder boten praktische Ratschläge zur Erleichterung des täglichen Überlebenskampfes. Generell schien in diesen ersten Jahren eine explizite Kontrastierung von »Männlichkeit« und »Weiblichkeit« aufgrund der alltäglichen Anforderungen nur wenig sinnvoll und möglich. Die Weichen standen in beiden Gesellschaften tendenziell auf Offenheit aller vormaligen Männerdomänen.[12] Nur manchmal, doch seit 1948 mit der zögernd einsetzenden Beruhigung der angespannten Wirtschaftslage zunehmend, schimmerte in der *Brigitte* die Auffassung durch, daß in einer »besseren Zukunft« der Mann vielleicht wieder ausreichend verdienen werde und damit seiner Frau die Mitarbeit erspart bliebe. Zeitgleich akzentuierten die ostdeutschen Printmedien unter Bezugnahme auf die Klassiker der Arbeiterbewegung Engels, Bebel und Zetkin die Selbstverständlichkeit der weiblichen Berufstätigkeit als

---

11 *Chr. v. Oertzen u. A. Rietzschel*, Neuer Wein in alten Schläuchen: Geschlechterpolitik und Frauenerwerbsarbeit im besetzten Deutschland zwischen Kriegsende und Währungsreform, in: Ariadne. Almanach des Archivs der deutschen Frauenbewegung 27, 1995, S. 28-35, bes. S. 29.

12 Für den Bereich der Politik hat dies Hermann-Josef Rupieper für die amerikanische Besatzungszone skizziert, wobei auch seine Ausführungen deutlich machen, daß sich der Anfangselan bei der Aktivierung nicht lange halten konnte; *H.-J. Rupieper*, Bringing Democracy to the Frauleins. Frauen als Zielgruppe der amerikanischen Demokratisierungspolitik in Deutschland 1945-1952, in: Geschichte und Gesellschaft 17, 1991, S. 61-91.

Teil des weiblichen Emanzipationsprozesses im Sozialismus und prophezeiten für die kommenden Jahre das Ende der »Nur-Hausfrauen«.

3. Die fünfziger und sechziger Jahre: Die Wege trennen sich

Diese Auseinanderentwicklung des ost- und westdeutschen Frauenbildes, die sich in den letzten Jahren der vierziger Jahre bereits andeutete, gewann in den fünfziger und sechziger Jahren in der BRD und der DDR immer mehr Kontur. Für Frauenblätter klassische Sparten wie »Frau und Berufsleben«, »Frau und Partnerschaft«, »Haushalt und Familie« und »Schönheit und Mode« erfuhren in den westdeutschen Organen eine jeweils andere Gewichtung als in ihren östlichen Pendants, wobei auch die Vorbilder USA und UdSSR nun immer häufiger bemüht wurden.

Frau und Beruf: Lästiger Zwang oder Zugang zur Gleichberechtigung?

Kennzeichnungen wie »motorisiertes Biedermeier« (Erich Kästner) oder »Modernisierung unter konservativen Auspizien« (Christoph Kleßmann) vermitteln plastisch die bundesrepublikanische Gestimmtheit in den fünfziger und frühen sechziger Jahren. »Zurück zur Normalität« lautete die Devise. In der Familie als eine der letzten Säulen einer aus den Fugen geratenen Welt sah man einen zentralen Ansatzpunkt für dieses Anliegen, was seinen Niederschlag in einem enormen Aufschwung der deutschen Familiensoziologie in den fünfziger Jahren fand.[13] Um ihrem drohenden Zerfall Einhalt zu gebieten, der sich durch die große Zahl von Alleinstehenden und sogenannten unvollständigen Familien sowie einer bislang beispielhaft hohen Scheidungsrate anzukündigen schien, bedurfte es nach Meinung zeitgenössischer Soziologen vor allem der Restitution traditioneller, hierarchisch strukturierter Geschlechterrollen mit der dazugehörigen Aufgabenteilung.[14] Weibliche Berufstätigkeit

---

13 Beispielhaft dafür: *H. Schelsky*, Wandlungen der deutschen Familie in der Gegenwart, Stuttgart 1960.
14 Zur Rolle der Familie und der Familienpolitik in der Bundesrepublik: *R. Nave-Herz* (Hg.), Wandel und Kontinuität der Familie in der Bundesrepublik Deutschland, Stutt-

sollte danach möglichst wieder auf ein Minimum beschränkt werden und durfte nie zu Lasten der eigentlichen »Berufung« der Frau als Hausfrau, Ehefrau und Mutter gehen.[15]

Analog dazu verschob sich auch in den westdeutschen Frauenzeitschriften das Interesse von der erwerbstätigen »Alleinstehenden« mit und ohne Kinder auf die Ehefrau und Hausfrau. Berufstätigkeit von Frauen galt, so der Tenor der wenigen Artikel, wo sie überhaupt noch angesprochen wurde, nun als Übergangsstadium in der weiblichen Biographie und sollte möglichst mit der Ehe enden.[16] Zwar stand es außer Frage, daß junge Mädchen eine Ausbildung durchlaufen sollten — zu tief saß die Kriegserfahrung und die Angst vor einer möglicherweise ausbleibenden Heirat —, doch diese sollte auf traditionelle weibliche Fähigkeiten zugeschnitten sein. Die *Brigitte* und die *Constanze* zeigten in allen ihren Ausgaben in den fünfziger und frühen sechziger Jahren Frauen nur an einem Arbeitsplatz: an der Schreibmaschine, die aber in der Regel nur schattenhaft im Hintergrund zu sehen ist, um den Blick auf das Wichtigere, das Äußere der Sekretärin nicht abzulenken, ging es doch in diesen Beiträgen gemäß ihrer Titel vor allem um Fragen wie »Richtig angezogen — im Büro«, »Liebe im Büro« oder »Im Beruf sein — trotzdem Frau bleiben«.[17] Themen wie die Arbeitsmarktsituation von weiblichen Schreibkräften, ihre Weiterqualifizierung und Unterbezahlung, die für die Zeit durchaus relevant waren, wurden dabei nicht aufgegriffen. In ihrem Märzheft des Jahres 1960 berichtete die *Brigitte* von »einer 28jährigen Berufstätigen«, der »Berliner Arztfrau Lore J.«, der es nach einem »achtstündigen Arbeitstag« nach nur zehnminütiger Schönheitspflege gelingt, »frisch, strahlend und vergnügt Gäste [zu] unterhalten oder bei einem abendlichen Ausgang an der Seite ihres Mannes gute Figur zu machen«. Auffallend an

---

gart 1988; *A. Joosten*, Die Frau, das ›segenspendende Herz der Familie.‹ Familienpolitik als Frauenpolitik in der ›Ära Adenauer‹, Pfaffenweiler 1990.

15 Durch die Rückkehr der kriegsgefangenen Männer und die zunehmende berufliche Eingliederung vor allem der männlichen Flüchtlinge sank zwischen Kriegsende und Anfang der 1950er Jahre die relative Zahl der weiblichen Erwerbstätigen tatsächlich. *E. Weichmann*, Die Frau in der Wirtschaft. Entwicklung der deutschen Frauenarbeit von 1946 bis 1951, Hamburg o.J. (1951), S. 5f.

16 Typisch dafür etwa Artikel wie: Der ungeliebte Beruf, in: Brigitte 9, 1949, S. 4a; Keine vertauschten Rollen!, in: Brigitte 14, 1953, S. 2a; Im Beruf sein — trotzdem Frau bleiben, in: Brigitte 10, 1953.

17 Brigitte 21, 1957, S. 4-11; 3, 1960, S. 22f. u. 10, 1953, S. 6.

diesem Artikel ist, daß die Zeitschrift ihre Leserinnen darüber im Unklaren läßt, welchen Beruf Frau J. selbst ausübt.[18]

Die Auslegung der weiblichen Berufstätigkeit als unwichtige Nebenbeschäftigung, die nach Zeitaufwand und Stellenwert im weiblichen Lebensentwurf hinter die Familien- und vor allem Ehefrauenpflichten zurückzutreten hatte, bestimmte nicht nur das Bild in den Printmedien. Auch von den Kinoleinwänden der Bundesrepublik traten den Zuschauern Frauen entgegen, denen weniger ihr Beruf als vielmehr eine erfüllte Liebesbeziehung am Herzen lag — eine Vereinbarkeit von beiden wurde nicht einmal angedacht. Das galt vor allem für die aufwendigen Hollywood-Produktionen, in denen zu guter Letzt Verkäuferinnen dem Warenhausbesitzer und Sekretärinnen ihrem Chef das Jawort gaben und ihren Job kündigten. Szenen, die weibliche Stars an ihrem Arbeitsplatz zeigten, dienten ausschließlich als Hintergrund für das erste Anbändeln mit dem »Zukünftigen«; die Tätigkeit selbst blieb schemenhaft.

Nach dem gleichen Muster richteten sich auch deutsche Drehbücher. In dem Film »Die Privatsekretärin«, der 1954 mit der populären Sonja Ziemann in der Hauptrolle in die Lichtspielhäuser kam, ging es, anders als es der Titel vermuten lassen könnte, nicht um das Berufsleben der Heldin, sondern von Anfang an um die Flucht daraus, die dank der Ehe mit einem wohlhabenden und attraktiven Mann am Schluß gelingt.[19] Auch ein Streifen, der vier Jahre später die Kinokassen füllte, trug eine weibliche Berufsbezeichnung im Titel. »Die Landärztin vom Tegernsee«, gespielt von Marianne Koch, suggerierte zwar in den ersten Minuten eine kritische Auseinandersetzung mit landläufigen Vorurteilen gegenüber Akademikerinnen, doch spätestens mit dem Auftauchen des örtlichen Tierarztes konzentrierte sich die Handlung wieder auf die Entwicklung einer Liebesbeziehung mit klassischer Rollenverteilung. Hinter der beruflichen Fassade einer selbstbewußten jungen Frau erschien nun die im Grunde Unsichere und Hilfsbedürftige, die in entscheidenden Situationen des sicheren männlichen Beistands bedarf und letztlich nur an seiner Seite ihre Erfüllung findet.

---

18 Eine berufstätige Berlinerin macht es Ihnen vor: Schön in zehn Minuten, in: Brigitte 3, 1960, S. 25.
19 A. Delille u. A. Grohn, Blick zurück aufs Glück. Frauenleben und Familienpolitik in den 50er Jahren, Berlin 1985, S. 90f.

Diese Filmfiktionen wiederum versuchten die Frauenzeitschriften in der Realität weiterzuspinnen. Parallel zur Premiere eines neuen Leinwandepos besuchten sie, wie es ihnen die amerikanischen Kollegen und Kolleginnen immer wieder vormachten, den weiblichen Star »privat«, zeigten ihn mit Mann und Kindern, um mit den so entstandenen Reportagen zu demonstrieren, daß er nicht nur vor der Filmkamera dieses Frauenbild mimte. Durch die doppelte Bestätigung des Ideals durch die zeitgenössischen Idole gewann es an Relevanz und Prägekraft. Berufliche Karriere dagegen, so lautet das Fazit westlicher Frauenfilme aus dieser Zeit, kann nur auf Kosten des privaten Glücks realisiert werden, wie es etwa Filme wie »Staatsanwältin Corda« (1954) oder auch »Dr. Holl« (1951) am Lebensweg der jeweiligen Hauptdarstellerinnen veranschaulichten. Resigniert müssen sie, nicht selten zugunsten einer weit weniger erfahrenen, meist mädchenhaft naiv erscheinenden Rivalin, auf ein Ehe- und Mutterglück verzichten und stürzen sich um so mehr in ihre Arbeit.

Die »Frauenschicksale«, die der in Moskau ausgebildete Regisseur Slatan Dudow in dem gleichnamigen Film von 1952 mit Sonja Sutter und Lotte Loebinger in den Hauptrollen nachzeichnete, verkünden eine gänzlich andere Botschaft. Alle fünf Frauen, die im Mittelpunkt der Handlung stehen, nutzen für sich die neuen Chancen, die ihnen der sozialistische Staat bietet, um beruflich zu reüssieren. Als Politikerin, Staatsanwältin, Studentin, Brigadeleiterin und Stahlarbeiterin sind sie entweder in Führungsrollen oder in ehemalige Männerdomänen vorgedrungen. In scharfem Kontrast zu dieser neuen Frauenwelt erscheinen die schnellgeschnittenen, von Rock 'n' Roll untermalten grellen Szenen in einem drogen- und konsumabhängigen, von Amerika infiltrierten Bürgermilieu in Westberlin, die in karikierender Überzeichnung die Dekadenz einer untergangsreifen Welt zeigen. Im Zentrum des Geschehens stehen jedoch die ostberliner Frauen und ihre berufliche Tätigkeit, die von den Klängen eines Pionierchores untermalt wird.

Auch in den Zeitschriften die *Sowjetfrau* und *Frau von heute* findet man in den frühen fünfziger Jahren diese Konzentration auf das Themenfeld »Frau und Beruf«. Frauen an der Werkbank, eine Lore schiebend oder am Steuer eines Traktors oder Krans bestimmen den Eindruck, den die Leserin beim Durchblättern dieser Zeitschriften gewinnt. »Wir wollen doch keine Frauen als Bergarbeiter haben, wie in der Sowjetzone«, entrüstete sich die *Brigitte*

1953[20] und entwarf wiederholt die Schreckensvision »stämmiger Russinnen«, die »in den Bergwerken und Fabriken des Sowjetparadieses männliche Schwerarbeit leisten«.[21] Der Vorstoß von Frauen in Männerberufe und ihr Leistungsvermögen bildeten dagegen ein Lieblingsthema in der *Frau von heute* und der *Sowjetfrau* zu Beginn der fünfziger Jahre, wobei dies immer als ein weiterer Schritt zur weiblichen Emanzipation gedeutet wurde. Daß diese Tätigkeiten den Frauen Freude machten und Erfüllung brachten, sollten die durchgängig fröhlich strahlend dargestellten Arbeiterinnen demonstrieren. Aus den Begleitinterviews spricht unverkennbarer Stolz, gleichrangige Arbeit verrichten zu können und vielfach sogar den Männern überlegen zu sein. In ihrer Märzausgabe aus dem Jahr 1950 stellte die *Frau von heute* die Traktoristin Agnes vor, deren »unermüdlicher Arbeitseinsatz bei Tag und Nacht, bei Eis und Schnee ... Ansporn für die jungen Burschen« sein sollte.[22]

Seit Mitte der fünfziger Jahre verschob sich der Akzent weiter auf hochqualifizierte Berufe. Die berufstätige Frau mit Facharbeiterabschluß oder akademischem Grad wurde nun zum Ideal erklärt, politisch gestützt durch Förder- und Weiterbildungsmaßnahmen.[23] In den Illustrierten sieht man nun primär Frauen über Mikroskope oder Baupläne gebeugt; als Chemikerinnen und Ingenieurinnen sollten sie in der beginnenden Technikeuphorie am wissenschaftlichen Fortschritt der DDR beteiligt werden. Hier besonders bezog man sich auf das große Vorbild der Sowjetunion, in der diese Sparten den Frauen schon länger offenstanden. *Die Sowjetfrau* erschien hier gleichsam als ältere, bereits erfahrene Schwester der anderen Illustrierten, da sie in jeder Ausgabe eine lange Kette von solchen weiblichen Karrieren, häufig geschmückt mit dem Prädikat »Heldin der Arbeit« oder als »Trägerin des Leninordens«, präsentieren konnte.

Der Vergleich, welchen Stellenwert die Medien in der BRD und der DDR in Bild und Text dem Beruf der Frau einräumten, fördert damit einen deutlichen Kontrast zutage: Während auf westlicher Seite die Berufstätigkeit immer stärker in den Hintergrund trat und sich Berufsfelder für Frauen wieder auf weiblich definierte Branchen verengten, die am wenigsten die Vorstel-

---

20 Gleichberechtigung., in: Brigitte 3, 1953, S. 2.
21 Macht Sport häßlich?, in: Brigitte 14, 1953, S. 2b.
22 *Frau von heute* 10, 1950, S. 15.
23 *I. Dölling*, Gespaltenes Bewußtsein — Frauen- und Männerbilder in der DDR, in: G. Helwig u. H. M. Nickel (Hg.), Frauen in Deutschland 1945-1992, Bonn 1993, S. 28.

lungen von »echter Weiblichkeit« störten, findet man auf der östlichen Seite ein klare Dominanz von erwerbstätigen Frauen, denen nunmehr scheinbar alle Türen offenstehen und die sich vornehmlich über ihren Beruf definieren. Regelmäßige Aufforderungen, den Blick auf die in diesem Punkt besonders vorbildhafte Sowjetunion zu lenken oder auch häufige Berichte über Frauenbrigaden, die den Namen einer russischen Nationalheldin trugen, vermittelten dem Publikum den Eindruck, daß für diese Entwicklung die Sowjetunion Pate gestanden habe. In den westlichen Zeitschriften und Filmen bezog man sich hinsichtlich der weiblichen Berufstätigkeit immer dann auf das amerikanische Vorbild, wenn es um die Geschicklichkeit ging, sie hinter den ›eigentlichen‹ Aufgaben der Frau verschwinden zu lassen. Der größere Wohlstand und die bessere technische Ausstattung amerikanischer Haushalte wurden als Argumente ins Feld geführt, warum die Amerikanerinnen die Aufgabe, »trotz Beruf« ihre Weiblichkeit zu pflegen, offensichtlich besser bewältigen.

Frau und Partnerschaft: »Wie angelt man sich einen Mann?«

Weitaus mehr Raum als der weiblichen Berufsarbeit wurde in den westlichen Frauenzeitschriften und Filmen der Partnerschaft und Ehe gegeben. Das übliche Happy-End in amerikanischen und westdeutschen Filmen, die in den Kinosälen der Bundesrepublik ausgestrahlt wurden, war symptomatisch für die verbreitete Auffassung, daß mit dem Läuten der Hochzeitsglocken die Frauen den Sinn ihres Lebens gefunden hätten. »Aus Kindern werden Leute, aus Mädchen werden Bräute« dichtete ein Versicherungsunternehmen in seinem Werbespot zu Beginn der fünfziger Jahre, und pries darin eine neue Aussteuerungsversicherung für die Tochter als Gegenstück zur Ausbildungsversicherung für den Sohn. In den Frauenzeitschriften der Bundesrepublik dominierte die ausführliche Behandlung der Beziehung zwischen den Geschlechtern, einseitig von der Frau auf den Mann hin ausgerichtet. »Wie groß sind die Heiratsaussichten?«, »Ehen auf neuer Basis«, »Heiraten heute«, »Wenn Frauen heiraten...«, »Wie die Männer sich ihre Frauen erträumen«, »Die Ehe ändert alle Frauen«, »Wie fesselt man einen Mann?«, »So kriegt man einen Mann!« und »Der Weg ins Eheglück« — diese und ähnliche Themen und Fragen bewegten eine Vielzahl von Artikeln westdeutscher Frauenzeitschriften zwischen 1950 und 1965. Gleichzeitig machten Zahlen über eine in den USA wütende ›kollektive Heiratsneurose‹ (Hans Scheugl) die Runde, »wo die Rolle der Frau sich im vollelektrifizierten Haushalt erschöpft und weniger Frauen als 1920 studieren und davon 60 Prozent das Studium abbrechen, um zu heiraten«. Das Bewußtsein, sich mit dem Unterzeichnen der Heiratsurkunde einem modischen Trend anzupassen, half mit, »das überkommene Bild der treusorgenden Ehefrau zu restaurieren«.[24]

In der Tat verwies man auf der Suche nach Mustergattinnen wiederum gerne auf die Amerikanerinnen. »Halten Sie Schritt mit ihrem Mann?!«, fragte die *Brigitte* ihre Leserinnen 1955 und lieferte sofort die Antwort, was man darunter zu verstehen habe. Unter einem halbseitigen Photo, das das Ehepaar Eisenhower zeigte, war folgendes zu lesen: »Sie hielt Schritt mit ihrem Mann. Mamie Eisenhower, heute die ›First Lady‹ von Amerika, stand schon an Ikes Seite, als er noch Leutnant war. Zusammen mit ihm erstieg sie die Stufenleiter des Erfolges und des Ruhms und wuchs in immer neue Aufgaben und Pflichten hinein.«[25] Als »Frau an seiner Seite«, um nicht zu sagen »in seinem Schatten«, sollten, laut den oben genannten Beiträgen, deutsche Frauen gleichsam als »Coach« oder »Privatsekretärin«[26] ihres Mannes dienen. Daß sie sich dabei aufgrund ihrer geschlechtsspezifischen Kompetenzen und ihres genuin weiblichen Kapitals gewisse Machtbereiche schaffen konnte, ohne die traditionelle Hierarchie außer Kraft zu setzen, führten vor allem die amerikanischen Filmstars wie Doris Day, Grace Kelly und Audrey Hepburn vor Augen, indem sie entweder als patente Hausfrauen oder als schutzbedürftige, leicht naive Schönheiten zwei wesentliche Facetten der von Männern vermeintlich begehrten Eigenschaften anboten. Die deutschen Traumfrauen hießen Ruth Leuwerik, Sonja Ziemann oder Marianne Koch und zeichneten sich in Rolle und dargestellter »Realität« durch Natürlichkeit, soliden Lebenswandel und eheliche Treue aus.[27] Zu den sogenannten Sexbomben mit »überbetonten Wölbungen und Kurven der Monroe«, so hieß es 1954 in der *Constanze*, ging man indessen dezidiert auf Distanz.[28] Erst als Marilyn Monroe als »Mrs. Arthur Miller« vorgestellt werden konnte, wurde

---

24 Chr. de Nuys-Henkelmann, ›Wenn die rote Sonne abends im Meer versinkt ...‹. Die Sexualmoral der fünfziger Jahre, in: A. Bargel-Bohlan u. M. Salewski (Hg.), Sexualmoral und Zeitgeist im 19. und 20. Jahrhundert, Opladen 1990, S. 107-145, S. 126.
25 Brigitte 18, 1955, S. 3.
26 Ebd.
27 de Nuys-Henkelmann, Sonne, S. 128.
28 Ebd., S. 129.

sie auch dort gesellschaftsfähig. Die Frauenbilder aus dem US-Fundus besaßen damit kaum eine innovative oder gar emanzipatorische Note. Es dominierte der nach männlichen Wünschen modellierte weibliche Typ.[29]

Parallel zu dieser einlinigen Ausrichtung des weiblichen Lebensplans auf die Ehe verlief eine erneute Diskreditierung der »Alleinstehenden«. Gehörten unverheiratete, verwitwete oder geschiedene Frauen noch in den unmittelbaren Nachkriegsjahren auch in der Bundesrepublik zur Alltagsrealität, wurde in den fünfziger und sechziger Jahren die Ehe wieder zur Norm erklärt und damit den ledigen Frauen auf unterschiedlichen Ebenen Diskriminierungen zugemutet.[30] War noch 1949 die *Constanze* in einer Kolumne »Die alleinstehende Frau« gegen alle möglichen Formen der Benachteiligung zu Felde gezogen, galt einige Jahre später dieser Frauentypus als bestenfalls bemitleidenswerte Abweichung von einer idealen weiblichen Biographie. Konflikte über die Anrede »Frau« oder »Fräulein« für Unverheiratete, um die sich erhitzte Rundfunkdebatten entsponnen, verwiesen auf das Wiederaufleben eines qualitativen Unterschiedes.[31]

Auch die ostdeutschen Organe vermittelten durchgängig den Eindruck, daß ein »Fräulein« nur eine »unvollständige Frau« sei.[32] Waren gegen Ende der vierziger Jahre die Ehescheidungen noch einmal sprunghaft angestiegen, so setzten mit Beginn der fünfziger Jahre die nachfolgenden Generationen diesem Trend eine neue Welle der Eheschließungen entgegen. Im Unterschied zu den westlichen Presse-, Funk- und Filmerzeugnissen wurde dieser Umstand indessen weniger lautstark thematisiert, sondern galt als stillschweigend akzeptierte Selbstverständlichkeit. Daß auf die Kranführerin und die Ärztin zu Hause Mann und Kinder warteten, bedurfte offensichtlich nur einer Erwähnung am Rande, die jedoch selten fehlte. In Gesellschaft von Männern wurde sie vornehmlich als Arbeitskollegin gezeigt, wobei die partnerschaftliche Kollegialität in den Vordergrund gerückt wurde. Diese vielfach demonstrierte offensichtliche Gleichberechtigung zwischen den Geschlechtern am Arbeitsplatz sollte den Eindruck evozieren, daß diese egalitäre Konstellation überhaupt das Miteinander von Männern und Frauen in der

---

29 *Maase*, Amerika, S. 135.
30 *S. Meyer u. E. Schulze*, Wie wir das alles geschafft haben. Alleinstehende Frauen berichten über ihr Leben nach 1945, München 1988.
31 *G. Strecker*, Frausein heute, Weilheim 1965, S. 70.
32 *I. Merkel*, ...und Du, Frau an der Werkbank. Die DDR in den 50er Jahren, Berlin 1990, S. 145f.

DDR bestimmte. Paare, die beim gemeinsamen Hausbau in der AWG (Arbeiter-Wohnungsbau-Genossenschaft) oder bei der Planung ihrer Wohnungseinrichtung gezeigt wurden, fungierten als Zeugen für das Ende einer patriarchalischen Ehestruktur.

Doch parallel dazu gab es auch Gegenbilder, die eher von der Langlebigkeit traditioneller Geschlechterrollen kündeten. In ihrem Artikel »Im Werk und daheim«, der über ein Ehepaar aus Saporoshje am Dnepr handelte, hieß es in der *Sowjetfrau* im Jahr 1955:

»Die Nowikows, Mann und Frau, sind gleichaltrig. Sie heirateten ganz jung, ein Jahre nach der Betriebsschule. Beide arbeiten im Blechwalzwerk des Hüttenkombinats Saporoshstal; Anna ist Kranführerin auf dem elektrischen Laufkran, Alexej Kranschlosser. Von Anfang an leben sie glücklich und in Eintracht. Alexej fand sich trotz seiner Jugend schnell in seine Rolle als Familienhaupt, und die immer ruhige, freundliche Anna, seine schlanke, braunäugige Frau, fühlt sich unter seiner zärtlichen Bevormundung sehr wohl.«[33]

Haushalt und Familie: »Nur-Hausfrauen« zwischen Ächtung und Achtung

Während ostdeutsche Frauen, wie es die überlieferten Bilder aus den Illustrierten bezeugten, partiell im beruflichen Bereich sich ehemals Männern vorbehaltene Arbeitsplätze erschlossen, hegten die Männer offensichtlich ihrerseits kaum Interesse, in die Frauendomäne des Haushalts vorzudringen. Mitte der fünfziger Jahre begannen die Frauenzeitschriften der DDR damit, ab und an auch Männer bei Hausarbeiten abzulichten. Kritisch kommentierte Bilder von Männern, lesend im Liegestuhl, während ihre Frauen die Wäsche aufhängen, deuten an, daß man von einem solchen patriarchalischem Ehemuster Abschied nehmen wollte und sollte. Männer mußten sich die Frage nach ihrer Mitarbeit im Haushalt gefallen lassen. Die Zeitungen unterstützten dies mit zahlreichen Leserdiskussionen. Doch die Bilder, die diese Kampagne illustrierten, offenbarten eine wohl unfreiwillige Komik: Männer in Anzug und Straßenschuhen mit einer Rüschenschürze, die unbeholfen und mit verlegenem Blick den Boden aufwischten oder skeptisch ihre selbst angerührte Suppe kosteten, erweckten den Eindruck einer verkehrten Welt. Männliche Mitarbeit im Haushalt schien noch weit davon entfernt, eine Selbstverständ-

---

33 Sowjetfrau 9, 1955, S. 7.

lichkeit zu sein. Wie verinnerlicht das traditionelle Rollenverständnis ungeachtet aller Gegensteuerungsversuche blieb, machte auch die Reportage »Bin ich ein Pantoffelheld«, die die Zeitschrift *Für Dich* in ihrem Januarheft des Jahres 1963 brachte, deutlich.[34] Letztlich beschränkten sich die Illustrierten darauf, Männer am 8. März in die Küchen zu schicken. »Also das bleibt dabei:«, so das Fazit einer Bildreportage aus Anlaß dieses Feiertages, »am Internationalen Frauentag sind wir bei ihm zu Gast!«[35] Der westdeutsche Muttertag ließ grüßen!

Von seiten der Sowjetunion war in dem Kampf um die Entlastung der Frauen durch mithelfende Ehemänner keine Unterstützung zu erwarten. Seltene Bilder, die Frauen bei ihren Haushaltspflichten zeigten, spiegelten die mangelnde Bedeutung, die man ihnen zumaß. Auch Photos, die als Beleg für einen immer wachsenden Konsumstandard dienen sollten und dafür die Kameras in die Lebensmittel- und Haushaltswarenläden lenkten, zeigten ausschließlich Frauen beim Einkauf. So hieß es unter einem Bild, das drei Frauen beim Verpacken der frisch erstandenen Waren ablichtete: »Die Installateurin G.S. Suslowa vom Stalin-Automobilwerk, Moskau und ihre Freundinnen haben heute reichlich eingekauft.«[36] Neben den Darstellungen von Frauen am Arbeitsplatz und im Warenhaus nahmen in der *Sowjetfrau* äußerst stilisierte ikonenähnliche Mutter-Kind-Abbildungen den meisten Raum ein. »Madonna s lomon« (»Madonna mit dem Brecheisen«) — auf diese kurze Formel brachte ein Aufsatz in der Zeitschrift *Nedalja* das Bild der Sowjetfrau, und eine Collage aus Photos und Illustrationen sowjetischer Frauenzeitschriften dürfte genau zu diesem Ergebnis kommen.[37] »Die Sowjetunion verfügt über die fortschrittlichste Gesetzgebung der Welt, die der Mutter den höchsten Rang einräumt«, betonte die Deputierte des Obersten Sowjets der UdSSR anläßlich des Internationalen Frauentages des Jahres 1951 und verwies weiterhin darauf, daß es schon weitgehend gelungen sei, durch ein »bis ins letzte durchdachtes, umfassendes, wissenschaftlich organisiertes System

---

34 Für Dich 1, 1963, S.3.
35 Zit. n.: *Merkel*, Frau, S. 165.
36 Sowjetfrau 2, 1951, S. 5, Die neue Preissenkung.
37 Madonna s lonom, in: Nedelja 20, 1988, S. 12. Diesen Titel greift auf: *H. Trepper*, ›Madonna mit dem Brecheisen‹. Neue Diskussion um die Frau in der sowjetischen Gesellschaft, in: Osteuropa 2, 1990, S. 141-155.

sozialer Einrichtungen« den sowjetischen Frauen neben ihrer Familie auch die »aktive Teilnahme am produktiven Arbeitsprozeß« zu ermöglichen.[38]

Diese Linie verfolgte auch die SED seit Beginn der sechziger Jahren mit Nachdruck. Um die »Vereinbarkeit« von Haushalt und Beruf, die ausschließlich die Frauen zu bewerkstelligen hatten, ging es in der »Familienpolitik« der DDR. Zwar nahm man, wohl auch in Abgrenzung von der nationalsozialistischen Vergangenheit, Abstand von einer Mutterheroisierung nach sowjetischem Muster, doch zumindest noch zu Beginn der fünfziger Jahre, als die Kinderkrippen und -tagesstätten erst ansatzweise vorhanden waren, standen auch in Ostdeutschland Vorurteile gegenüber der Berufstätigkeit von Müttern in vollster Blüte und übten realen sozialen Druck auf die Betriebe, Städte und Kommunen aus, für die Betreuung und Versorgung der Kinder berufstätiger Mütter zu sorgen.[39] Als das Netz der Kindergärten langsam dichter wurde, kamen Bilder auf, die Mütter — nicht Väter — mit ihren Kindern an der Hand auf dem Weg zur Arbeit zeigten, wo sie diese im Betriebskindergarten ihres Werkes ablieferten. Nach wie vor, dies symbolisieren diese Bilder, lastete die Verantwortung für die Kinder vornehmlich auf den Frauen.

Hinsichtlich der Vereinbarkeit von Mutterschaft und Beruf verwies man auf westdeutscher Seite zu Beginn der sechziger Jahre auch schon einmal auf die östlichen Nachbarinnen. Das dort so offensichtlich umfassendere und zunehmend flächendeckende Kinderbetreuungssystem schien auch den westlichen Medien einer Beachtung und zum Teil sogar lobenden Erwähnung wert. Gerade weil es offenbar die Mütter entlastete, doch keineswegs vollständig ihrer Verantwortung enthob, konnte man hier, da die überkommene Geschlechterordnung nicht zur Disposition stand, durchaus mit Neugier und sogar Wohlwollen reagieren.

Je deutlicher sich in der DDR diese traditionelle Aufgabenverteilung im privaten Bereich zum auch staatlich festgeschriebenen und gesetzlich verankerten *common sense* entwickelte, desto größer schien das Bemühen, die Familienaufgaben als durchaus bewältigbar darzustellen. Die »Nur-Hausfrau« geriet unter Beschuß. Als abschreckendes Beispiel führte die *Sowjetfrau* in einem Artikel im Sommer 1955, überschrieben mit »Die Hausfrau«, das unerfüllte Leben einer Frau vor, deren Dasein sich auf die Haus- und

---

38 *J. A. Vurtzewa*, Der Internationale Frauentag, in: Sowjetfrau 2, 1951, S. 4.
39 *Merkel*, Frau, S. 151.

Erziehungsarbeit beschränkte. Als Zeuginnen kommen ihre Nachbarinnen zu Wort, die einhellig bestätigen, daß »bei ihr ... Ordnung« herrsche. »Der Gemüsegarten sei immer bestellt, die Speisekammer voll Eingelegtem und Eingemachten, dazu sei sie eine ausgezeichnete Köchin, ihre Kinder seien gut erzogen, das Familienleben harmonisch. Aber auch sie [die Nachbarinnen]«, so gibt der Journalist zu bedenken, »sind ja gute Hausfrauen, und doch schaffen sie noch vieles andere.«[40]

Während in der UdSSR eine nichterwerbstätige Frau zu der Zeit in der Tat schon eher zu den Randerscheinungen gehörte, traf dies für die DDR noch nicht zu. Seit 1952 setzten verstärkt Aktivitäten ein, um auch Hausfrauen von der Notwendigkeit der Erwerbsarbeit zu überzeugen. Durch persönliche Gespräche von Mitgliedern des DFD mit den Hausfrauen in Wohngebieten, durch »Hausfrauennachmittage«, zu denen berufstätige Frauen geladen wurden, um über ihre Arbeit zu berichten und durch die im Kollegenkreis immer wieder gestellte Frage »Genosse, was macht Deine Frau?« wuchs der Druck auch auf die Frauen, die es materiell eigentlich, so die häufige Argumentation ihrer Männer, nicht nötig hatten, zu arbeiten. Begleitet wurden diese Aktionen durch Pressekampagnen vor allem in der *Frau von heute*, in der die »Nur-Hausfrau« als defizitäre Frauenexistenz und negatives Kontrastbild zum Ideal der Erwerbstätigen stilisiert wurde. »Seien wir berufstätige Frauen doch einmal ehrlich: Sehen wir nicht oft etwas geringschätzig auf die Hausfrauen herab? Ärgern wir uns bei den abendlichen Einkäufen nicht darüber, daß viele von ihnen ausgerechnet dann einkaufen gehen, wenn wir es so eilig haben?«[41] fragte die *Frau von heute* 1955. Drei Jahre später konstatierte Justizministerin Hilde Benjamin auf dem »Internationalen Frauenseminar«, daß nur in 18,3 Prozent aller Familien die Frauen berufstätig wären.[42] Die »Hausfrauenbrigaden«, die im selben Jahr eingesetzt wurden, sollten diese Zahl entscheidend in die Höhe treiben. Wiederum gab die *Frau von heute* diesem Frauenfeldzug ihr wohlwollendes Geleit. In einer wahren Artikelflut mit Überschriften wie »Nicht mehr ›nur Hausfrauen‹«, »Hausfrauen stehen ihren Mann«, »Hausfrauen, die unsere Pläne erfüllen helfen« und »Alle Hände packen zu« wurde von glücklichen Frauen berichtet, die

---

40 Sowjetfrau 9, 1955, S. 21ff.; *M. Sagalowitsch*, Die Hausfrau, in: ebd., S. 21.
41 Frau von heute 42, 1955, S. 9.
42 *G. Obertreis*, Familienpolitik in der DDR 1945-1980, Opladen 1986, S. 141.

endlich auch den Schritt vom Herd zum Fließband geschafft haben.[43] Auch wenn sich die konkreten Erfolge dieser Teilzeit-Brigaden zunächst noch in Grenzen hielten und das Ziel, sie zur Anwerbung für Frauen zur Vollerwerbsarbeit zu nutzen, nur zögerlich näher rückte, symbolisierte diese Kampagne eine wachsende Diskriminierung und letztlich das Ende der »Nur-Hausfrauen«.

Gänzlich andere Töne erklangen dagegen in den westdeutschen Medien. Nahezu zeitgleich mit ihrer Herabsetzung in der UdSSR und DDR wurden gerade die »Nur-Hausfrauen« hier auf ein Podest erhoben und in ein gleichsam verklärendes Licht gerückt. »Die Hausfrau ist nicht dazu da, primitive und untergeordnete Arbeit zu verrichten, sondern sie hilft auf einer höheren Warte mit, Kulturwerte zu erhalten, wo nicht zu schaffen. ... Die Frauen, die das große Glück haben, heute nur Hausfrauen zu sein, tragen in erheblichem Maße dazu bei, ihre Angehörigen glücklich zu machen durch die Harmonie, die ein gepflegter Haushalt ausstrahlt. ... Die Hausfrau ... hilft mit an der Kultur unseres Volkes bauen und die Kriegsschäden, den Niedergang, den unser Volk erlitten hat, beseitigen«,[44] pries die *Brigitte* im Jahr 1951, und auch andere Organe reihten sich ein in diese idealistische Überhöhung der Hausarbeit. Rund 50 Prozent aller westdeutschen Frauen mußten dabei die Ohren geklungen haben, denn laut Statistik widmeten sich 1950 rund sieben Millionen Bundesrepublikanerinnen ausschließlich ihren Familien.[45] Im Chor dieser Hausfrauenhymnen verwies man immer wieder auf die amerikanische Meisterhausfrau, die ihre Rolle bravourös spielte: Inmitten eines volltechnisierten Haushaltes gelang es ihr, mit schmackhaften Mahlzeiten, strahlend reiner Wäsche und blitzblanken Wohnungen aufzuwarten und bei alledem noch ihre elegante Erscheinung zu bewahren. Diesen Eindruck vermittelten

---

43 Frau von heute 25, 1961; 31, 1961; 41, 1961; 44, 1959; *H. J. Arendt*, Zur Entwicklung der Bewegung der Hausfrauenbrigaden in der DDR 1958 bis 1961/62. Eine besondere Form der Einbeziehung nichtberufstätiger Frauen in die Lösung der volkswirtschaftlichen Aufgaben beim Aufbau des Sozialismus, in: Jahrbuch für Wirtschaftsgeschichte 1979, S. 53-70. Weniger eine Erfolgsgeschichte dagegen zeichnet auf der Basis eines durch Brigadetagebücher und Interviews erweiterten Quellenfundus die ausgezeichnete Studie von *M. Mattes*, Vom Ich der Küche zum Wir des Kollektivs. Zur Geschichte der Hausfrauenbrigaden, in: 1999, Zeitschrift für Sozialgeschichte des 20. und 21. Jahrhunderts 2, 1996, S. 36-61.
44 Wer ist die Hausfrau?, in: Brigitte 18, 1951, S. 3.
45 *I. Landgrebe*, Die Frau als Konsumentin, in: R. Bergholtz (Hg.), Die Wirtschaft braucht die Frau, Darmstadt 1956, S. 80-105, S. 83.

vor allem amerikanische Filme und auch Fernsehserien, die seit Beginn der sechziger Jahre in einige westdeutsche Wohnzimmer strömten. Hier bekam die Zuschauer Einblick in perfekt ausgestattete Wohnungen und Küchen auf höchstem technischen Niveau, in denen vergnügte Hausfrauen wie Doris Day hantierten oder die »Bezaubernde Jeannie«, so der deutsche Titel einer beliebten »Soap Opera«, mit einem Augenzwinkern Ordnung schaffte.[46] Auch auf den Reklamebildern, die vor allem auf eine weibliche Klientel zielten, wurde zunehmend das Spielerische der Hausarbeit herausgestrichen. Junge Frauen, perfekt geschminkt und frisiert, arrangierten Blumen, während die Waschmaschine lief, nähten modische Gardinen, während der Mixer Gemüse pürierte oder toupierten sich die Haare, während im Schnellkochtopf der mittägliche Eintopf schmorte. Mühselige Arbeit wurde zu kreativer Betätigung. Die Zauberformel für diesen Umdeutungsprozeß hieß Technisierung nach amerikanischem Muster.

Doch die Realität sowohl west- als auch ostdeutscher Hausfrauen wich von diesem Muster noch erheblich ab. Noch gegen Ende der fünfziger Jahre konnte von einer wesentlichen Erleichterung der täglichen Reproduktionsarbeit durch Küchengeräte flächendeckend noch keineswegs die Rede sein. In der großen Mehrheit der Haushalte fehlten noch Waschmaschinen und Kühlschränke, die laut Verbraucherstichproben der Statistischen Bundesämter, die meisten Familien erst ab 1958 erstanden.[47] Um sich diese begehrten Güter überhaupt leisten zu können, importierte man das wiederum in Amerika übliche Teilzahlungssystem.[48] Da diese Anschaffungen letztlich der Ausstattung der Haushalte zugute kamen, tolerierte man auf westdeutscher Seite eine zumindest zeitweilige Mitarbeit der Ehefrauen. »In jungen Ehen wird das Einkommen der Frau vielfach für die Raten der Abzahlungskäufe beansprucht«, schrieb eine zeitgenössische Wirtschaftswissenschaftlerin durchaus

---

46 Zum Einfluß dieser Frauenbilder der amerikanischen Serien auf den weiblichen Sozialisationsprozeß junger Amerikanerinnen in den sechziger Jahren s. die kürzlich erschienene Untersuchung: *S. J. Douglas*, Where the Girls are. Growing up Female with the Mass Media, New York 1994.

47 *K. Hausen*, Große Wäsche, in: Geschichte und Gesellschaft 13, 1987, S. 273-303; *M. Wildt*, Privater Konsum in Westdeutschland in den 50er Jahren, in: A. Schildt u. A. Sywottek (Hg.), Modernisierung, S. 275-289, bes. S. 281; *J. Roesler*, Privater Konsum in Ostdeutschland 1950-1960, in: ebd., S. 290-303, bes. S. 300.

48 *P. Horvath*, Die Teilzahlungskredite als Begleiterscheinung des westdeutschen ›Wirtschaftswunders‹ (1948-1960), in: Zeitschrift für Unternehmensgeschichte 37, 1992, S. 19-55.

zustimmend, und auch die *Brigitte* befürwortete eine bemessene Frist weiblicher Teilzeitarbeit, wenn die Frauen dank der Mitarbeit als »Mittelschullehrerin, Stenotypistin oder Hausangestellte ... ihrem Ehemann mit ihrem Verdienst helfen, damit man etwas besser leben und schneller Anschaffungen vornehmen kann.«[49]

Selbstverständlich rekurrierte man in den Frauenzeitschriften und Werbeanzeigen in der DDR kaum auf das amerikanische Vorbild, aber im Zuge der allgemeinen Technikbegeisterung der fünfziger Jahre stimmte man auch hier das Loblied auf die hilfreichen Küchenmaschinen an. Der Tendenz nach ging es dabei weniger um eine Perfektionierung des Haushalts, als vielmehr um eine Bagatellisierung der Hausarbeit. Mit großem Interesse verfolgte und zitierte man hier auch eine bundesrepublikanische Untersuchung über »Arbeitsablauf und Betriebsformen in Küchen«, die 1953 initiiert worden war, als Zahlen kursierten, nach denen die amerikanische Hausfrau rund 20 Stunden pro Woche weniger mit Hausarbeit zubringt, als die westdeutsche.[50]

Neben der Masse von elektrischen Küchengeräten, die der Hausfrau mehr Zeit verschaffen sollten, gehörten industriell gefertigte Nahrungsmittel mit kürzeren Zubereitungszeiten und die Durchsetzung der Selbstbedienung im Lebensmittelhandel dazu. Der Einkauf in einer zunehmend unüberschaubaren Warenwelt wurde zur Kunst erhoben, die spezieller Fähigkeiten bedurfte. Expertinnenwissen bot hier wiederum die Amerikanerin, die im Mutterland dieser innovativen Errungenschaften ihre Kompetenzen täglich prüfte und erweiterte. »Die amerikanische Frau«, lobte eine deutsche Bewunderin, »ist eine eifrige Zeitungsleserin und macht sich nach den riesigen Angebotsanzeigen in den Sonnabend-Ausgaben der Zeitungen recht genau Notizen für ihren Einkaufstag. Sie kann in vielen Fällen den Preisvergleich schon zuhaus im Sessel vornehmen und braucht nicht von Laden zu Laden zu laufen. Warum wird den deutschen Käuferinnen der Preis oft geradezu ängstlich vorenthalten?«[51]

---

49 *Landgrebe*, Frau, S. 86; Wir müssen beide arbeiten, in: Brigitte 12, 1955, S. 3.
50 Es handelte sich dabei um die Untersuchung von *M. Müller*, Rationelle Küchen. Forschungsergebnisse aus einer Untersuchung über Arbeitsablauf und Betriebsformen in Küchen, Stuttgart 1953, S. 6, auf die die offizielle Enzyklopädie »Die Frau«, Leipzig 1962, immer wieder Bezug nimmt (S. 316 u. 319).
51 Ebd., S. 92.

Breiter Konsens bestand darüber, daß der Einkauf als Teil der Haushaltsführung Frauensache sei. »Ich schätze die Frauen in erster Linie als Konsumentinnen — natürlich auch sonst!«[52], hatte der damalige Bundeswirtschaftsminister Ludwig Erhard verkündet und damit einen zentralen Aspekt des westdeutschen Frauenbildes in den sogenannten Wirtschaftswunderjahren berührt. Das Lernziel nach amerikanischem Lehrbuch für die westdeutschen Frauen hieß Konsumfachfrau, für das die Illustrierten und Werbebroschüren hilfreiche Leitfäden lieferten. In der *Brigitte* wurden seit Beginn der sechziger Jahre regelmäßig Neuigkeiten auf dem Konserven- und Tiefkühlkostmarkt getestet, Fertiggerichte empfohlen und Rezepte für die schnelle und preiswerte Küche geboten.

Die Mühen der Hausarbeit sollten damit verborgen, die Freude an einem perfekten Haushalt dagegen hervorgehoben werden. Weniger um den Konsum selbst als um seine Inszenierung ging es dabei, diente der Haushalt doch primär als Kulisse, vor der sich das harmonische Familienleben abspielte. Von Zeit zu Zeit sollte dieses Schauspiel auch einer erlesenen Gästerunde präsentiert werden, wobei wiederum die Hausfrau Regie zu führen hatte. Amerikanismen mischten sich auch in die nun entstehenden, neuartigen Geselligkeitsformen: Anstelle der Einladungen zum abendlichen Diner gab man nun »Cocktailparties«, zu denen das schlichte, doch repräsentative »Cocktailkleid« aus dem Schrank geholt wurde, bei denen man »Sandwiches« und andere »Snacks« reichte und sich in Clubsesseln zum »small talk« traf. Um dem Ganzen noch eine besondere Note zu verleihen, reichte man dann seinen Gästen vielleicht noch einen »Drink« nach der persönlichen Rezeptur von Marilyn Monroe, die sie kurz vorher den Leserinnen der *Brigitte* verraten hatte.[53]

Während somit Konsummuster und -inszenierungen in ihrer Ausrichtung auf die Hausfrauenrolle in Westdeutschland nicht nur immer wieder auf die USA verwiesen, sondern auch deutlich amerikanische Züge trugen, ist das sowjetische Vorbild hierbei kaum auffindbar. Mit Bezug auf das Bild der Hausfrau verharrte man hier eher in einer genuin bürgerlichen Tradition der ausschließlich weiblich definierten Haus- und Familienarbeit. Aufbruchversuche, die in der DDR kurzzeitig mit der Propagierung des mithelfenden Ehemannes gestartet wurden, verliefen bald wieder im Sande. Bei Konsummu-

---

52 Zitiert nach *de Nuys-Henkelmann*, Sonne, S. 120.
53 Brigitte 21, 1954, S. 43.

stern schaute man offensichtlich eher nach Westen und adaptierte dort lancierte Werte, wenn auch der Erwerb von Konsumgütern weniger als individuelle Bereicherung, denn vielmehr als Instrument genutzt wurde, das die bessere Verfügbarkeit der Frauen für das Arbeitsleben erlaubte.

Schönheit und Mode: Eine Frau bleibt eine Frau

Zeitersparnis hieß das Schlüsselwort, mit dem all diese Neuerungen auf dem Konsumsektor propagiert wurden, und die westdeutschen Zeitschriften wußten auch, wofür Frauen diese gewonnenen Stunden einer Frau nutzen sollten: für die Schönheitspflege. Fraglos gehörte sie zu den Bereichen, der in den fünfziger und sechziger Jahren von einem amerikanischen Einfluß am deutlichsten geprägt worden war. Der von den USA auf den westeuropäischen Kontinent überschwappende Körperkult fand in einer schnellen Zunahme der Ausgaben für Körperpflege seinen deutlichen Niederschlag. Gab noch im Jahr 1952 eine westdeutsche Arbeitnehmerfamilie durchschnittlich eine Summe von 6,27 DM im Monat dafür aus, so belastete sie 1959 das Familienbudget mit 11,85 DM um fast das Doppelte.[54] *Reader's Digest* veröffentlichte in seinen Ausgaben regelmäßig Vergleichstabellen über den weltweiten Verbrauch von Pflegeprodukten und Kosmetika. Mehr und mehr setzte sich die Vorstellung durch, daß der Körper formbar und die Schönheit manipulierbar seien. Als Mittler dieser Idee fungierte vor allem die Werbebranche, die Körperpflege mit Glücksverheißungen koppelte und das Idealbild der ewig jungen, frisch duftenden, perfekt geschminkten, tadellos frisierten und modisch gekleideten, kurz: »durchgestylten« Frau schuf. Filmstars setzten Maßstäbe. So bürgerte es sich ein, im Abspann amerikanischer Kinofilme den Modeschöpfer zu nennen, der die Hauptdarstellerin eingekleidet hatte, wodurch ihm wenigstens eine Zeitlang der nahezu weltweite Erfolg sicher schien. Das Wasserstoffblond von Marilyn Monroe oder Doris Day ebenso wie der in »perms« (Dauerwellen) gelegte Kurzhaarschnitt der jungen Elizabeth Taylor oder Grace Kelly wurden nicht nur von Tausenden von Amerikanerinnen kopiert, sondern galten auch für viele westdeutsche Frauen als modisches Muß, nachdem sie mit den Nylons ihre erste Bekannt-

---

54 *Wildt*, Konsum, S. 278.

schaft mit amerikanischen Modeströmungen gemacht hatten. Hinzu kam, daß amerikanische Pflege- und Kosmetikfirmen auf dem Weltmarkt führend waren. Die Avon-Beraterin drehte schon seit Ende der fünfziger Jahre ihre Runden auch durch die Haushalte der BRD, und Lippenstifte von Elisabeth Arden gehörten zu den üblichen Utensilien in bundesdeutschen Damenhandtaschen.

Auch die kleinen Mädchen erhielten schon früh einen Eindruck, wie die Traumfrau auszusehen habe. Kurz nachdem die »Barbie«-Puppe im Jahr 1959 in den USA das Licht der Welt erblickt hatte, stand sie auch schon auf den Wunschzetteln westdeutscher Töchter. Nicht mütterliche Gefühle, die sonst Spielzeugpuppen wecken sollten, sondern die »aus Kunststoff gegossene Vorausschau in die zukünftige Erwachsenenwelt« wurde den Töchtern damit in die Hände gegeben. Zum Verkaufskonzept der Barbie gehörte von Anfang an die modische und zugleich variable Kleidungs- und Schminkausstattung.[55]

Die Frauenzeitschriften gaben ihrerseits dieses Schönheitsideal weiter. Einen Großteil ihrer Seiten widmeten die *Constanze* und die *Brigitte* Schmink- und Frisurtips. Die Fotomodelle, an denen sie ausprobiert wurden, entsprachen, so eine häufige Betonung, »dem Typ, der Hollywood gefällt«[56] und ähnelten mit den grellrot gemalten Lippen, nachgezogenen Augenbrauen, hellem Puder, leichtem Rouge und blonder Dauerwelle den Frauen auf den Filmplakaten, die dem Betrachter mit leicht geschürzten Lippen ein verführerisches, hingebungsvolles Lächeln schenkten. »Es geht nicht ohne Sex-Appeal!«, folgerte die *Brigitte* in ihrem Märzheft 1962 und formulierte damit einen Satz, der als Motto unter nahezu allen Modelaufnahmen hätte stehen können.[57]

Diese immerwiederkehrende Pose unterstreicht, warum sich die Frauen solchen kostspieligen und langwierigen Verschönerungsprozeduren unterzogen: Wie schon die vorn skizzierten Artikel zu Beruf und Partnerschaft durchgängig hervorhoben, galt es vor allem, die Aufmerksamkeit der Männerwelt auf sich zu lenken bzw. sich die Attraktivität als Ehefrau zu erhalten.

---

55 *S. Engel*, Schöne neue Kunststoffwelt. Spielzeugsysteme mit Zubehör erobern den Markt, in: SpielZeitGeist. Spiel und Spielzeug im Wandel, hg. v. dem Haus der Geschichte der Bundesrepublik Deutschland, München 1994, S. 63-74, Zitat S. 70.
56 U.a. in Brigitte 12, 1955, S. 4.
57 Brigitte 3, 1962, S. 48f.

Auf ihren Mode- und Kosmetikseiten pointierten die Illustrierten die Bedeutung der Wirkung der Frau auf ihre Umwelt und ihre Verpflichtung, diese so positiv wie möglich zu gestalten. Die »Weiblichkeit«, die hier in Wort und Bild immer wieder herausgestellt wurde, unterschied sich deutlich von den tristen, graugefärbten Bildern der ersten Nachkriegsjahre, die Frauen in Männerhosen und Aschenputtelpose gezeigt hatten. Stöckelschuhe und Etuikleider vertrugen sich kaum mit körperlicher Schwerstarbeit. Das Schreckbild der »Vermännlichung« geisterte durch eine Reihe von Artikeln vor allem in den frühen fünfziger Jahren, als nicht nur die Erinnerung an Kriegs- und Krisenzeit, sondern auch die gesellschaftliche Wirklichkeit vieler bundesdeutscher Frauen dem Ideal der eleganten »Nur-Hausfrau« nicht entsprechen konnten. »Frauen sollen ›ihren Mann‹ stehen, aber fraulich bleiben«, mahnte die *Brigitte* 1953.[58]

Auch wenn viele Bilder, die uns auch in den ostdeutschen Frauenzeitschriften und Filmen entgegentreten, oft den Eindruck vermitteln, daß die dort vorgestellten Frauen in ihren Blaumännern und weiten Wattejacken von Kopf bis Fuß auf Arbeit eingestellt sind, schwang auch hier offensichtlich eine ganz ähnliche Furcht mit. Schnell bemühten sich die Journalistinnen zu betonen, daß die Kranführerin A. oder die Maschinenschlosserin S. natürlich auch ihrer Familie ein hervorragendes Mahl zu bereiten verstünde bzw. sich in ihrer Freizeit am liebsten ihre Strickarbeit vornähme.[59] Auffallend ist bei diesen Bildern überdies, daß Frauen am Arbeitsplatz in der Regel direkt in die Kamera strahlen und damit einen merklich anderen Akzent als die konzentriert arbeitenden Männerdarstellungen setzten. Noch deutlicher kommt diese deutsch-deutsche Analogie bei den Frauenbildern in den Werbeannoncen zum Ausdruck, die in ihrem deutlichen Kontrast zu dem ansonsten öffentlich vermittelten Frauenbild gleichsam als Gegenbilder erschienen.[60] So mußte auch die Werbefachzeitschrift mit dem programmatischen Titel »Neue Werbung« 1957 resigniert feststellen, daß es den ostdeutschen Werbeschaffenden noch kaum gelungen war, sich in ihren Symbolen und Stereotypen von den alten Rollenklischees zu trennen und »mehr Argumente aus dem

---

58 Gleichberechtigung, in: Brigitte 3, 1953, S. 2.
59 Dies betont auch *Merkel*, Frau, S. 76f.
60 *S. Tippach-Schneider*, Wie bist du Weib? Über die widerspenstige Werbung im Sozialismus, in: Schmerz laß nach. Drogerie-Werbung der DDR, hg. v. Deutschen Hygiene-Museum Dresden, Berlin 1992², S. 21-32.

Komplex sozialer Grundbedürfnisse ... wie das Bedürfnis nach Arbeit ... einfließen zu lassen.«[61]

Für die eigene Mode nahm man dieses Bemühen hingegen durchaus in Anspruch. Die *Sibylle* verstand sich explizit als Zeitschrift für »moderne, lebenslustige Frauen ... ausgefüllt von ihrem Beruf — Haushalt, Mann, Kinder mit einbegriffen« und stellte sich auf die Modewünsche ihrer erwerbstätigen Klientel ein. So kleidete sie etwa eine Bauingenieurin im VEB Elektrokombinat Bitterfeld selbstverständlich ohne »modische Kinkerlitzchen«, sondern nur im konsequent sportlichen Stil ein, und kümmerte sich umgekehrt um den modischeren Pfiff der Arbeitsschutzkleidung für die Bitterfelder Frauen.[62] Mit dieser Orientierung an den Bedürfnissen berufstätiger Frauen lag sie ganz auf einer Linie mit ihrer älteren Schwester, der *Sowjetfrau*. Diese komprimierte ihre Modeauffassung in einem Artikel aus dem Jahr 1951 wie folgt:

»Wenn die Mitarbeiter des Modellhauses mit Arbeitern und Arbeiterinnen der Stalin-Automobilwerke, mit Filmschauspielern in deren Klub oder mit den Teilnehmern der sonntäglichen Massenveranstaltungen im Zentralpark für Kultur und Erholung zusammenkommen, so tun sie das nicht, um ihre Erzeugnisse anzupreisen, sondern um den Geschmack und die Wünsche der Frauen kennenzulernen, um zu hören, was die Sowjetfrauen von den ›Gesetzgebern‹ ihrer Mode erwarten. Sie erfahren, daß man von ihnen Kleider verlangt, die nicht überladen, sondern einfach, dabei aber nicht primitiv sind — bequeme und zugleich elegante Kleider, praktisch im Alltagsleben, aber durchaus nicht eintönig. Selbst die Kleidung für die Arbeit, für Sitzungen im Betrieb und Amt soll nicht schablonenhaft sein. Das Modelhaus hat 18 Varianten eines in strengen Linien gehaltenen Kostüms entworfen, und sie sind alle individualisiert. Kein einziges sowjetische Modell hat verzerrte Linien und manierierte Formen, hier jagt man nicht nach Neuem lediglich um der Neuheit willen. Die Sowjetfrauen haben ihren eigenen Schönheitsbegriff, dem vor allem ruhige Linien und bequeme einfache Formen entsprechen.«[63]

Die Seitenhiebe auf Modeerscheinungen im Kapitalismus, wo sich die Frauen dem Diktat der Modeschöpfer zu beugen haben, sind unüberhörbar. Vergleicht man hingegen die Modeabbildungen selber, die im übrigen in den fünfziger und sechziger Jahren sowohl in den west- als auch den ostdeutschen Zeitschriften pro Ausgabe nur etwa drei bis vier Seiten einnahmen, verliert diese Programmatik wieder an abgrenzender Kraft. Die Bilder in der *Sibylle*, *Frau von heute* und *PRAMO* (Praktische Mode) ähneln auffallend denen in der *Brigitte* und *Constanze*. Zumindest findet man seit etwa Mitte

---

61 Ebd., S. 27.
62 Ebd., S. 21.
63 Anna Ilupina, Im Modellhaus, in: Die Sowjetfrau 1, 1951, S. 63f., Zitat S. 64.

der fünfziger Jahren kaum noch die dezidierte Absetzung, wie sie oben die *Sowjetfrau* der westlichen Mode gegenüber an den Tag legte und die typisch für die Programmatik der ersten DDR-Jahre war. 1960 konzedierte das Deutsche Modeinstitut in Ost-Berlin, daß die westliche Mode »nicht nur Modetorheiten oder schlechte, unästhetische, geschmacklose, dekadente oder unpraktische Bekleidung hervorbringt« und verlangte in einer Denkschrift an die Staatliche Plankommission, nicht mehr nur eine »absolute Ignorierung des kapitalistischen Modeschaffens« sondern »vielmehr eine kritische Auswertung«.[64]

Kritiklos übernahm auch die westdeutsche Medienlandschaft amerikanische Modewellen keineswegs. Hier kam auch für die weibliche Seite am ehesten ein »Anti-Amerikanismus« hoch, der sich sonst vor allem gegen eine männlich dominierte Popularkultur richtete.[65] Konfliktpunkt bildete der Einfluß dieser Kultur auf Kleidungsgewohnheiten der westdeutschen weiblichen Jugendlichen. Enge Dreiviertelhose, Pony, Pferdeschwanz und Petticoat gehörten zu den weiblichen Insignien der amerikanisierten Popkultur und bargen in ihrer symbolhaften Aufladung die Gefahr jugendlichen Widerstandes in sich.[66] Weniger durch die Aufmachung selbst, als vielmehr durch eine Instrumentalisierung nutzten junge Mädchen sie als bewußten Widerstand gegen ihre Mütter. Das aufregende Prickeln, wenn man bei der Freundin die flachen Schuhe gegen hochhackige Pumps vertauschte oder wenige Schritte vom Elternhaus entfernt die Spange aus dem Pony nahm, schilderten viele Erinnerungen aus den fünfziger Jahren.[67] Die Jugendzeitschrift *Bravo*, die 1956 gegründet wurde und sich als Multiplikator des »american way of life«

---

64 Zit. n. *Roesler*, Konsum, S. 299. Diese Tendenz bestätigt auch der Beitrag von Siegfried Lokatis in diesem Band, der darauf verweist, daß im *Verlag für die Frau,* der bezeichnenderweise vor allem zum Bereich der Mode und der Hauswirtschaft veröffentlichte, der Anteil von sowjetischen Übersetzungen, der in anderen Bereichen 20 bis 60% ausmachte, im Jahr 1954 bei 0% lag. Auch die »Barbie« bekam eine ostdeutsche Schwester. Auf der Leipziger Messe präsentierte die Spielzeugfabrik Waltershausen im Jahr 1968 die Puppe »Steffi«, die mit ihrem reich gefüllten Puppenkoffer ihre Verwandtschaft mit dem westlichen Pendant kaum leugnen konnte.
65 *Maase,* Amerika.
66 E. *Carter,* Alice in the Consumer Wonderland: West German Case Studies in Gender and Consumer Culture, in: A. McRobbie u. M. Nava (Hg.), Gender and Generation, Houndsmills 1984, S. 185-214, bes. S. 213.
67 M. *Kroymann,* Auf Du und Du mit dem Stöckelschuh. Vom Mädel zum Fräulein, vom Fräulein zur Frau: Schlager wiesen mir den Weg, in: A. Delille u.a., Perlonzeit. Wie die Frauen ihr Wirtschaftswunder erlebten, Berlin 1985, S. 182ff.

verstand, zählte zu ihrer millionenstarken Lesergemeinde vornehmlich Mädchen, die nicht selten heimlich das von der Freundin ausgeliehene Heft unter der Schulbank lasen, weil die Eltern die Lektüre nicht erlaubten. Kaspar Maase hat zu Recht betont, daß die amerikanisierte Jugendkultur für Mädchen weit weniger Innovations- und Emanzipationskraft besaß wie für die männlichen Jugendlichen, doch letztlich boten neue, aus den USA importierte und von elterlicher Kontrolle weitgehend abgeschirmte Foren jugendlicher Öffentlichkeit wie Eisdielen, Milchbars und Jugendclubs auch für junge Frauen die Chance der Selbständigkeitserfahrung und -erweiterung. Auf diese Weise trugen sie mit dazu bei, daß die neue Frauenbewegung in den siebziger Jahren Widerhall fand.[68]

Schlußthesen

Der vergleichende Blick auf die medial vermittelten Frauenbilder in Ost- und Westdeutschland und die Frage nach dort aufscheinenden Tendenzen der »Amerikanisierung« und »Sowjetisierung« hat zu Befunden über Ähnlichkeiten und Unterschieden geführt, die hier noch einmal kurz zusammengefaßt werden sollen.

Ähnlichkeiten: 1. Die aufgrund der Kriegs- und Nachkriegssituation nicht nur zahlenmäßige Dominanz der Frauen in Deutschland und der damit einhergehende, partiell gar als Umsturz gedeutete Wandel der traditionellen Geschlechterrollen forderte in den ersten Nachkriegsjahren die »Öffentlichkeit« in beiden Teilen Deutschlands grundsätzlich heraus, Position zu beziehen. 2. In den fünfziger und frühen sechziger Jahren fand in den Medien der BRD und DDR, die mehr oder minder offizielle Definitionsmacht und Tradierungsaufgabe für ein gesellschaftlich akzeptiertes Frauenbild beanspruchen, ein regelmäßiger Rekurs auf das US-amerikanische bzw. sowjetische Vorbild statt. Beide so vermittelten und adaptierten Leitbilder demonstrierten dabei den Wunsch nach einer Abwendung von einem national determinierten Frauenbild und einer Öffnung zu einer internationalen, als Bereicherung erhofften

---

68 Diese These vertritt auch Katrin Pallowski wenn sie schreibt: »In den Mädchenzimmern der 50er Jahre wuchsen die rebellischen Frauenzimmer der 70er Jahre heran.« *K. Pallowski*, Wohnen im halben Zimmer. Jugdzimmer in den 50er Jahren, in: W. Bucher u. K. Pohl (Hg.), Schock und Schöpfung. Jugendästhetik im 20. Jahrhundert, Darmstadt 1986, S. 284-290, bes. S. 290.

Erweiterung. Hinzu kam eine Rücksichtnahme auf die jeweils unterschiedlichen sozial-ökonomischen Gegebenheiten, an die sich auch die Geschlechterrollen anzupassen hatten. 3. Bei allen Differenzen, die sich durch die beiden divergierenden Bezugsgrößen bei einer Neuformulierung dieser Frauenbilder ergaben, sprengten sie nicht den Rahmen einer praktischen, hierarchisch strukturierten Geschlechterordnung. Dies betraf vor allem die auf beiden Seiten offensichtliche und auch von den jeweiligen Schutzmächten kaum tangierte Unantastbarkeit der Familienarbeit als Frauenverantwortung. Zwar bot man durch staatliche Institutionen und technische Innovationen verschiedene Formen der Entlastung an, die aber durch den Gestus des staatlichen bzw. unternehmerischen Geschenks an die Frauen das patriarchalische Fundament in beiden Gesellschaften nicht erschütterten, sondern eher festschrieben. In diesem von einem Grundkonsens beherrschten Bereich leisteten sich offenbar beide deutsche Systeme den Blick in die »andere« Richtung, was etwa hinsichtlich des Kinderkrippensystems und der Haushaltsführung zu beobachten war.

Unterschiede: 1. Der gravierendste Unterschied im Frauenbild der beiden deutschen Gesellschaften in den fünfziger und sechziger Jahren bestand in ihrer jeweiligen Ausrichtung auf die Berufswelt. Während in den ostdeutschen Medien sich klar das Bemühen abzeichnete, eine zunehmende Integration und im Laufe der Zeit auch Qualifikation der Frauen zur Schau zu stellen, und dabei immer wieder die sowjetische Entwicklung als vorbildhaft gerühmt wurde, verengten sich auf westlicher Seite mögliche weibliche Beschäftigungsfelder. Die Arbeitswelt rückte, symptomatisch für ihre gewünschte Plazierung im weiblichen Lebenshaushalt, auf den zeitgenössischen Bildern immer mehr in den Hintergrund. 2. Parallel zu dieser Entwicklung vollzog sich in der DDR eine staatlich forcierte und von einer aufwendigen Medienkampagne begleitete Diskreditierung der »Nur-Hausfrauen«, die man unter anderem mit Hilfe von »Hausfrauenbrigaden« unter Druck setzte und auf diese Weise für das Erwerbsleben zu gewinnen suchte. Umgekehrt dazu verlief in den westlichen Medien gleichsam eine Heroisierung der Frauen, die zugunsten ihrer Familie auf eigene Erwerbsarbeit verzichteten. Neben ihrer traditionellen Reproduktionsaufgabe sollte sie sich vor allem um die Organisation und Inszenierung des familialen Konsums kümmern, dessen wachsende Angebots- und Variationsformen ein neues Expertentum erforderten, für dessen Erwerb deutsche Frauen vor allem in die amerikanische Lehre geschickt wurden. Die mehr oder minder selbstgewählten Definitionen der DDR als »Arbeitsgesellschaft« und der BRD als »Konsumgesellschaft« spiegelten sich so auch in der unterschiedlichen Einschätzung der Hausfrau wider. 3. Wenn auch die traditionelle Rollenverteilung in den Frauenbildern beider Gesellschaften nahezu unangetastet blieb, wich doch das Schönheitsideal voneinander ab. Zwar zeigten beide Seiten besonders zu Beginn der fünfziger Jahre das große Bedürfnis, durch betont weibliche Kleidung und Accessoires Abschied vom Aschenbrödeldasein ihres Trümmerfrauenimages zu nehmen. Doch daneben gab es in den ostdeutschen Illustrierten und Filmen durchaus das Doppelbild der erwerbstätigen Frau in Arbeitskluft neben dem der eleganten Ehefrau und adretten Hausfrau. Die Bilder in den westdeutschen Medien hingegen waren von dem Bestreben gekennzeichnet, mögliche Spuren eines Berufslebens zu kaschieren. Eine bunte Palette von aus den USA importierten Schönheitsmitteln und -tips wurde dafür bereitgestellt; Hollywoodstars machten vor, wie man adäquat damit umging. Welche Rolle das Berufsleben im Bild der ost- und westdeutschen Frauen spielte und inwieweit es sichtbar werden durfte, drückte sich auch in den Abbildungen aus und prägte damit ein wenn auch nicht völlig kontrastierendes, so doch auf westlicher Seite eindeutig uniformeres Weiblichkeitsideal, das Frauen lediglich in ihrer Privatfunktion der Öffentlichkeit präsentierte. Die westdeutschen Frauenbilder propagierten damit weitgehend überkommene Vorstellungen, während von ostdeutscher Seite der Wille und die Notwendigkeit zur Erweiterung und Annäherung der Geschlechterbilder akzentuiert wurde, ohne aber Abschied von grundlegenden Aufgabenteilungen zu nehmen. Einem traditionellen Patriarchalismus westlicher Prägung setzte man damit einen transformierten Patriarchalismus entgegen, der, da nach außen subtiler und flexibler, weniger Angriffsfläche bot. Entsprechend unterschiedlich fielen auch die Formen weiblicher Bilderstürmerei aus. Orientiert am amerikanischen Vorbild erkor sich die Neue Frauenbewegung in der Bundesrepublik zu Beginn der siebziger Jahre das herrschende Frauenbild zum Feindbild und bekämpfte die daran geknüpften Festlegungen und Einschränkungen. Den ostdeutschen Frauen fiel es dagegen schwerer, in der staatlich geschenkten Emanzipation auch die Schattenseiten aufzuzeigen. Zu viel hatten sie dem Staat zu verdanken und zu positiv mußte das Urteil ausfallen, wenn man den vergleichenden Blick Richtung Westen lenkte. Weniger auf politischer als auf kultureller Ebene artikulierten sie ihren Widerstand. Vor allem Schriftstellerinnen wie Christa Wolf, Irmtraud Morgner, Maxie Wander und Helga Königsdorf begannen in ihren Werken die staatliche Definitionsmacht der ostdeutschen Frauenrolle zunehmend in Frage zu stellen. In dieser Stimmung des »literarischen Feminismus« (Ute Gerhard) lag es auch nahe, die während des Kalten Krieges entstandene Abschottung gegenüber den westdeutschen Frauen aufzubrechen. Im Prozeß dieser Annäherung verloren auch die spaltend wirkenden Vorbilder USA und Sowjetunion an Einfluß und Prägekraft.

Uta G. Poiger

Rock 'n' Roll, Kalter Krieg und deutsche Identität

In den fünfziger Jahren fühlten sich sowohl in der DDR als auch in der BRD viele Eltern, Erzieher und Verantwortliche von weiblichen und männlichen Rock-'n'-Roll-Fans bedroht.[1] Walter Ulbricht verurteilte 1958 »Rock-'n'-Roll-Krach« als einen Ausdruck kapitalistischer Anarchie.[2] In der BRD verlangte die Freiwillige Selbstkontrolle der Filmwirtschaft 1957, daß einige Szenen aus einem Rock-'n'-Roll-Film, die angeblich das »aggressive Flirten« von weiblichen Rock-'n'-Roll-Fans zeigten, geschnitten wurden, da der Film andernfalls eine materialistische Weltanschauung unter der Jugend fördern würde.[3] Bis zum Mauerbau im August 1961 hatte sich die Situation jedoch etwas geändert. Westberliner Jugendliche konnten seit 1960 im staatlich finanzierten »Jazz-Saloon« zu amerikanischen Rhythmen tanzen, während

---

1 Zu amerikanischen Einflüssen auf die ost- und westdeutsche Jugend nach 1945: R. *Erd*, Musikalische Praxis und sozialer Protest. Überlegungen zur Funktion von Rock and Roll, Jazz und Oper, in: German Politics and Society 1989, S. 18-35; H. *Fehrenbach*, Cinema in Democratizing Germany. Reconstructing National Identity after Hitler, Chapel Hill 1995; H.-H. *Krüger* (Hg.), ›Die Elvistolle, die hatte ich mir unauffällig wachsen lassen‹. Lebensgeschichte und jugendliche Alltagskultur in den fünfziger Jahren, Opladen 1985; K. *Maase*, BRAVO Amerika. Erkundigungen zur Jugendkultur der Bundesrepublik in den fünfziger Jahren, Hamburg 1992; U. G. *Poiger*, Taming the Wild West. American Popular Culture and the Cold War Battles Over German Identities, Diss. Brown Univesity, Providence 1995; M. *Rauhut*, Beat in der Grauzone. DDR-Rock, 1964-1972 — Politik und Alltag, Berlin 1993; T. *Ryback*, Rock Around the Bloc. A History of Rock Music in Eastern Europe and the Soviet Union, New York 1990; P.*Wicke*, ›The Times They Are A-Changin'‹, Rock Music and Political Change in East Germany, in: R. Garofalo (Hg.), Rockin' the Boat: Mass Music and Mass Movements, Boston 1992, S. 81-92; D. *Wierling*, Jugend als innerer Feind: Konflikte in der Erziehungsdiktatur der sechziger Jahre, in: H. Kaelble, J. Kocka, H. Zwahr (Hg.), Sozialgeschichte der DDR, Stuttgart 1994, S. 404-425.
2 Ulbricht zit. in: H. *Lamprecht*, Teenager und Manager, München 1965, S. 87.
3 Arbeitsausschuß der FSK, Jugendprotokoll: Außer Rand und Band, II. Teil, 01.02.1957, Landesbildstelle Berlin, Pressearchiv.

DDR-Funktionäre amerikanischen Einflüssen weiterhin feindlich gesinnt waren. Nach dem Mauerbau berichteten DDR-Zeitungen mit einiger Zufriedenheit, daß junge Männer, die zuvor regelmäßig in den Westen gefahren waren, ihre Blue Jeans abgelegt hatten. Diese jungen Männer kamen nun in FDJ-Jugendklubs, trugen Anzüge und tanzten ›gesittet‹ mit jungen Frauen in adretten Kleidern.[4]

Während des Kalten Krieges waren amerikanische Kultureinflüsse auf die Jugend immer auch Schauplatz für Auseinandersetzungen über deutsche Identität, und beide Seiten politisierten, wenn auch auf unterschiedliche Art, das Vehalten der Rock-'n'-Roll-Fans. An den Reaktionen auf Rock 'n' Roll läßt sich untersuchen, wie sich in den fünfziger Jahren in Deutschland zwei unterschiedliche nationale Identitäten — d.h., ein unterschiedliches Verständnis davon, was es bedeutet »deutsch« zu sein — entwickelten. Ost- und westdeutsche Reaktionen auf Rock 'n' Roll wurden besonders von zwei Faktoren bestimmt: Einerseits existierten Ängste vor unkontrollierter weiblicher Sexualität und vor männlichen Aggressionen, und andererseits wurden (vielfach rassistische) Vorstellungen von angeblichen Unterschieden zwischen Schwarzen und Weißen deutlich.[5]

1. Rock 'n' Roll als Stein des Anstoßes

Deutsche waren amerikanischen Kultureinflüssen nicht erst seit den fünfziger Jahren feindlich gesinnt. In den zwanziger Jahren hatte Jazz für einigen Aufruhr gesorgt. Konservative Gegner behaupteten, Jazz werden von »Niggern« gemacht und von Juden vermarktet. Solche Musik verweichliche und verweibliche Männer und mache Frauen lasziv.[6] Die Nazis hatten versucht, Jazz als »entartete Musik« weitgehend aus dem deutschen Leben zu verbannen.

---

4 Am Tag darauf ohne Texashose, in: Neues Deutschland, 22.08.1961; Heiße Rhythmen waren erster Schritt, National-Zeitung, 27.08.1961; Bericht über Jugendklubs, 11.11.1962, Landesarchiv Berlin Außenstelle Breite Straße, Rep. 121, Nr. 62.
5 Eine detaillierte Darstellung findet sich in: *U. G. Poiger*, Rock 'n' Roll, Female Sexuality, and the Cold War Battle Over German Identities, in: Journal of Modern History 68, September 1996, (demnächst).
6 *M. H. Kater*, The Jazz Experience in Weimar Germany, in: German History 6, 1988, S. 145-158, bes. S. 154.

Nach 1945 waren amerikanische Kultureinflüsse durch amerikanische Soldaten und die Öffnung des westdeutschen Marktes stärker als je zuvor spürbar, und besonders über Berlin und die Radiowellen reichte ihr Einfluß bis weit in die DDR. Man könnte sogar sagen, daß es auch in der DDR eine informelle kulturelle Amerikanisierung gab.[7]

Auf jeden Fall stellten amerikanische Importe besonders kontroverse Aspekte des Konsums dar, und Rock 'n' Roll war zunächst in beiden deutschen Staaten ein Stein des Anstoßes. 1956 berichteten west- und ostdeutsche Zeitungen über Krawalle bei Elvis-Presley-Konzerten in den USA und bei Vorführungen des Bill-Haley-Filmes »Außer Rand und Band« in mehreren westeuropäischen Ländern. Kommentatoren erklärten, daß Rock 'n' Roll junge Männer zu rebellischem Verhalten anstifte, und waren beunruhigt über die Aussicht, daß die Rockbewegung auf Deutschland übergreifen könnte. In mehreren westdeutschen und in einigen ostdeutschen Städten hatte es nämlich seit 1955 auch Krawalle vor allem männlicher Jugendlicher, sogenannter Halbstarker, gegeben. Politiker und Kommentatoren hatten das ›Fehlverhalten‹ von jungen deutschen Männern mit amerikanischen Filmen, z.B. dem Marlon-Brando-Film »Der Wilde«, und amerikanischer Musik, insbesondere Jazz und Boogie, in Verbindung gebracht.[8]

---

7 Zu amerikanischen Einflüssen vor 1945: *A. Doering-Manteuffel*, Dimensionen von Amerikanisierung in der deutschen Gesellschaft, in: Archiv für Sozialgeschichte 35, 1995, S. 1-34; *J. Willet*, The New Sobriety. Art and Politics in the Weimar Period, New York 1978; *M. Nolan*, Visions of Modernity. American Business and the Modernization of Germany, New York 1994; *F. Costigliola*, Akward Dominion. American Political, Economic, and Cultural Relations with Europe, 1919-1933, Ithaca 1984; *V. DeGrazia*, Mass Culture and Sovereignity. The American Challenge to European Cinemas, 1920-1960, in: Journal of Modern History 61, 1989, S. 53-87; *Th. J. Saunders*, Hollywood in Berlin. American Cinema and Weimar Germany, Berkeley 1994; *M. Kater*, Different Drummers. Jazz in the Culture of Nazi Germany, New York 1992; *H. D. Schäfer*, Amerikanismus im Dritten Reich, in: M. Prinz, R. Zitelmann (Hg.), Nationalsozialismus und Modernisierung, Darmstadt 1991, S. 199-215.
8 Der Über-Rhythmus, in: Der Spiegel, 26.09.1956. Zu Krawallen: Die Königin greift ein, in: Spandauer Volksblatt, 19.09.1956; National-Zeitung, 28.09.1956. Zu den Ursprüngen des Begriffs Halbstarke: *D. J. K. Peukert*, Clemens Schultzens ›Naturgeschichte des Halbstarken‹, in: Schock und Schöpfung. Jugendästhetik im 20. Jahrhundert, hg. v. Deutschen Werkbund und Württembergischem Kunstverein, Darmstadt 1986, S. 391-393. Zu Reaktionen auf den Film »Der Wilde«: Abgeordnetenhaus von Berlin. Stenographische Berichte. 2. Wahlperiode, Berlin 1956, 42. Sitzung, 20.09.1956, S. 522.

Ab Dezember 1956 jedoch konzentrierten sich die Berichte über Rock 'n' Roll auf Presleys weibliche amerikanische Fans. In den USA umschwirrten diese jungen Frauen Presley, wo immer er auftauchte, und schreckten deutschen Zeitungen zufolge auch nicht davor zurück, sich ihre Kleider vom Leibe zu reißen. Die Artikel berichteten nun von verweichlichten und verweiblichten Männern und von aggressiven Frauen und stellten gleichzeitig Presleys Männlichkeit in Frage.[9] Zweifellos förderten sowohl Presleys geschäftstüchtige amerikanische Plattenfirma als auch seine deutschen Gegner den Eindruck, daß Presley und seine weiblichen Fans Geschlechternormen überschritten. Die Plattenfirma RCA beschloß 1956, Presley in Deutschland mit dem Slogan »Er singt wie Marilyn Monroe geht« zu vermarkten. Ost- und westdeutsche Zeitungen griffen diesen Slogan in ihren kritischen Stellungnahmen auf. Die »Junge Welt« erklärte zum Beispiel 1957, Presley versuche »stimmliche Nachteile durch wildes Hüftschwingen à la Marilyn Monroe wettzumachen«.[10]

West- und ostdeutsche Kommentatoren benutzten rassistische Stereotype und Vorurteile, um Presley und seine weiblichen Fans für ihre Überschreitungen von Geschlechterrollen zu kritisieren. Presleys Art sich zu bewegen stellte nicht nur seine Zugehörigkeit zum männlichen Geschlecht, sondern auch seine rassische Herkunft in Frage. Presley müsse schwarzes Blut unter seinen Ahnen haben, vermutete eine westdeutsche Zeitung.[11] Außerdem assoziierte die Presse in beiden Staaten das öffentliche Auftreten von weiblichen Rock-'n'-Roll-Fans mit Primitivität und ›Schwarzsein‹. Eine Karikatur

---

9 *M. George*, Liebesbriefe an einen Toten, in: Der Tagesspiegel, 15.09.1956; Das Phänomen Elvis Presley, in: Telegraf, 11.10.1956; Der Gorilla mit der Gitarre, in: Depesche, 11.01.1957; Idol der Mädchen, in: Telegraf, 09.02.1957; Über Geschmack läßt sich streiten, in: Spandauer Volksblatt, 22.03.1957; New York empfindet anders als Berlin, in: Telegraf, 26.05.1957; Ein Gesicht in der Menge, in: B.Z., 31.10.1957; Schwarm von Millionen, in: Bravo, 02.12.1956; Mädchen schreien für Elvis, in: Bravo, 09.12.1956.
10 *W. Micke*, Philosophie des Stumpfsinns, in: Junge Welt, 05.02.1957, zit. in: Rauhut, Beat, S. 31; Elvis the Pelvis, in: Der Spiegel, 12.12.1956; Gold aus heißer Kehle, in: Beratungsdienst Jugend und Film, Februar 1958; *K. Robertson*, Elvis Presley, Idol von Millionen von Backfischen und bestürzendes Symptom unserer Zeit, in: Depesche, 18.01.1957; *S. Smiles*, Gender Chameleons. Androgyny in Rock 'n' Roll, New York 1985, S. 14-16; *M. Garber*, Vested Interests. Cross-Dressing and Cultural Anxiety, New York 1992, S. 365-374.
11 Der Tagesspiegel, 07.02.1957; Der Über-Rhythmus, in: Der Spiegel, 26.09.1956; Die ganze Welt rockt und rollt, in: Bravo, 30.09.1956.

in der »Berliner Zeitung« zeigte zum Beispiel 1956 einen schmächtigen Presley vor einer Menge kräftiger Mädchen, die Büstenhalter und Strapse von sich warfen und ihre Lippen in sexueller Verzückung leckten. Nach ihren Frisuren zu urteilen, mochten diese Mädchen schwarz oder weiß sein: Manche hatten kurze schwarze Locken, während andere blonde Pferdeschwänze trugen. Die Karikatur zeigte sie jedoch alle mit stereotypen Gesichtszügen, und zwar mit breiten Nasen und dicken Lippen, und zeichnete so ihr Verhalten als typisch schwarz. Der Bericht zur Karikatur behauptete, Frauen seien die Hauptkonsumenten von Rock 'n' Roll, und Rock 'n' Roll sei ein »Appell an den Urmenschen«. Somit benutzten ost- und westdeutsche Kritiker Hinweise auf eine Bedrohung der Geschlechterrollen und auf die Überschreitung von angeblichen rassischen Grenzlinien, um vor Rock 'n' Roll zu warnen.[12]

Diese Verbindung von Geschlechteridealen und rassistischen Vorurteilen mutet besonders merkwürdig an im Hinblick auf den ausdrücklichen Antirassismus der DDR; schließlich berichteten DDR-Zeitungen häufig vom Kampf der amerikanischen Bürgerrechtsbewegung gegen Rassentrennung im amerikanischen Süden. Dennoch kritisierten DDR-Politiker und Kulturverantwortliche afro-amerikanisch beeinflußte Kulturgüter. Sie verbanden erst Jazz und später Rock 'n' Roll mit männlicher Schwäche und Aggressivität und mit weiblicher Sexualisierung und Prostitution. 1955 erklärte z.B. ein Aufsatz in »Musik und Gesellschaft«, Jazz sei in Bordellen und Gangsterkreisen entstanden. Obwohl die öffentliche Kritik am amerikanischen Rassismus ein Teil des Kalten Krieges gegen die USA und die Bundesrepublik war, konnten sich die meisten Verantwortlichen in Kultur und Politik der DDR nicht von ihren eigenen Vorstellungen freimachen: Sie setzten vielfach Zivilisiertheit mit der sexuellen Passivität von Frauen und letzten Endes mit ›Weißsein‹ gleich.[13]

In der Bundesrepublik existierten ähnliche Ängste. Daher hofften einige Kommentatoren noch im Frühjahr 1957, daß die sogenannte Massenhysterie um Presley nicht auf Deutschland übergreifen würde.[14] Zahlreiche Berichte machten jedoch deutlich, daß west- und ostdeutsche junge Frauen, die zu-

---

12 Appell an den Urmenschen, in: Berliner Zeitung, 13.12.1956.
13 *L. R. Müller*, Dekadenz und lebensfroher Neubeginn, in: Musik und Gesellschaft 5, April 1955, S. 114-117; *G. Knepler*, Jazz und die Volksmusik, Musik und Gesellschaft 5, Juni 1955, S. 181-183.
14 Nun ja, man lacht, in: B.Z., 15.04.1957; Zwischenrufe: So ein Himbeerbubi, in: Der Tag, 13.04.1957; Ade, Du Himbeerbubi, in: Berliner Morgenpost, 13.04.1957; New York empfindet anders als Berlin, in: Telegraf 26.05.1957.

nächst wohl größtenteils aus der Arbeiterschicht kamen, ebenfalls für Presley und Rock 'n' Roll schwärmten. Zeitungen brachten Photos und entsetzte Berichte über junge Frauen, die ihre männlichen Partner flott über die Schulter warfen, und die enge Caprihosen und kurze Pullover trugen. Bereits im Oktober 1956 berichtete eine Westberliner Zeitung: »Waden rollen im Hot-House«. Dem Artikel zufolge kauften sich junge Frauen ihre Cola lieber selber, als daß sie sich von einem ungeschickten jungen Mann auf die modischen Schuhe treten ließen. Die neuen Tänze, bei denen nicht mehr der Mann die Frau führte, sondern die Partner auseinander tanzten und individuell ihre Bewegungen bestimmten, ermöglichten zudem, daß Frauen miteinander tanzten. Diese neuen Tanzstile und die Kleidung der weiblichen Rock-'n'-Roll-Fans symbolisierten somit eine dramatische Veränderung und möglicherweise gar eine Umkehrung von Geschlechterrollen.[15]

In der DDR und in der BRD machten Rock-'n'-Roll-Fans ihren Rock-'n'-Roll-Konsum zu einem öffentlichen Schauspiel und riefen damit Ängste vor männlicher Delinquenz und weiblicher Prostitution hervor. Daß junge Frauen sich nun anscheinend wie junge Männer benahmen, war besonders beunruhigend. In Ost und West ahmten Jugendliche die neuen Tanzstile der Rock-'n'-Roll-Filme nach und tanzten manchmal gar auf der Straße.[16] Ein FDJ-Klub in Karl-Marx-Stadt wurde von der Bevölkerung abwechselnd »Rock-'n'-Roll-Halle« oder Jugendbordell genannt, und Eltern verboten ihren Töchtern den Zutritt.[17]

Die Auseinandersetzungen über Rock 'n' Roll waren einer von vielen Bereichen, in denen Verantwortliche aus beiden Staaten versuchten, ihre Vor-

---

15 Waden aus Gummi rollen im Hot-House, in: Depesche, 23.10.1956; Bravo sucht den deutschen Meister im ›Rock and Roll‹, in: Bravo, 13.11.1956; Unsere Meinung, in: Die Welt, 05.10.1958; Leserbrief des ›Elvis Presley Club‹, Berlin Wilmersdorf, in: Der Tagesspiegel, 02.02.1958; Der einzig richtige Mann ..., in: Westdeutsche Allgemeine, 25.01.1958; Elvis Presley und die schlauen Puppen, in: Berliner Zeitung, 08.08.1958.
16 Gold aus heißer Kehle, in: Beratungsdienst Jugend und Film 3, Februar 1958, S. BII. Zu Krawallen in der BRD: C. Bondy u.a., Jugendliche stören die Ordnung. Bericht und Stellungnahme zu den Halbstarkenkrawallen, München 1957, S. 37-46. Zu Krawallen in der DDR: Hentschel, Abteilung Kultur, Rat der Stadt Halle an Folkmann, Referat Musik, Ministerium für Kultur, September 24, 1957, Bundesarchiv Abteilungen Potsdam (Barch P), DR 1 Nr. 243; Protokoll über einen Erfahrungsaustausch über die Arbeit der Jugendklubs in der DDR, 1960, Jugendarchiv beim Institut für zeitgeschichtliche Jugendforschung, Berlin (JA-IzJ) A6724, hiernach zit. als Erfahrungsaustausch 1960, JA-IzJ A 6724.
17 Erfahrungsaustausch 1960, JA-IzJ A 6724.

stellungen von Kultur und von Geschlechterrollen durchzusetzen. Obwohl die DDR bezahlte Frauenarbeit förderte, waren die Ideale in beiden Staaten recht ähnlich. Beide Seiten wollten Familien mit fürsorglichen, asexuellen Hausfrauen und männlichen Beschützern. In diesem Zusammenhang sahen beide Seiten Rock-'n'-Roll-Fans durchaus als politische Bedrohung.[18]

Die Repressionen waren jedoch in der DDR weitaus systematischer und stärker. In der DDR bemühten sich Parteiorganisationen und staatliche Stellen insbesondere, sogenanntes offenes Tanzen als imperialistischen Einfluß zu unterbinden. FDJ-Klubs engagierten zum Teil regelrechte Aufpasser. 1957 gab ein Mitarbeiter des Ministeriums für Kultur die Anweisung an die Konzert- und Gastspieldirektion, die Verbreitung des Rock 'n' Roll in der DDR zu verhindern. Ab 1958 versuchten Kulturverantwortliche mit mäßigem Erfolg einen DDR-eigenen Modetanz, den »Lipsi«, zu verbreiten. Der Tanz war ein Kompromiß: Sein Name mit der Endung »i« hörte sich amerikanisiert an. Paare tanzten den »Lipsi« zu schnelleren Rhythmen, vermieden jedoch die ›Offenheit‹, die Auseinandertanzen symbolisierte.[19]

Die Ähnlichkeit von DDR- und BRD-Kulturvorstellungen führte Mitte der 1950er Jahre zu einer merkwürdigen Konstellation. Westdeutsche Kirchenführer und konservative Politiker, unter anderem Innenminister Gerhard Schröder behaupteten mehrfach, daß Jugendliche in der DDR besser vor den Gefahren von Konsumkultur und amerikanischen Kultureinflüssen beschüzt wurden. Die Vision eines »christlichen Abendlandes«, die konservative Politiker propagierten, war ein Versuch sich nach allen Seiten abzugrenzen: gegen die nationalsozialistische Vergangenheit, gegen den Gegner im Kalten Krieg und gegen die Konsumkultur, die sie oft als unangenehmen amerikani-

---

18 Zu Geschlechternormen in der Bundesrepublik: *R. G. Moeller*, Protecting Motherhood. Women and the Family in the Politics of West Germany, Berkeley 1993; *Fehrenbach*, Cinema; *M. Höhn*, Frau im Haus und Girl im Spiegel. Discourse on Women in the Interregnum Period of 1945-1949 and the Question of German Identity, Central European History 26, 1993, S. 57-90. Über die DDR: *I. Merkel*, ...und Du, Frau an der Werkbank. Die DDR in den 50er Jahren, Berlin 1990; *B. Einhorn*, Cinderella Goes to Market. Citizenship, Gender, and Women's Movements in East Central Europe, New York 1993.
19 Dr. Uszukoreit an die Deutsche Konzert- und Gastspieldirektion, 21.08.1957, Barch P DR 1, Nr. 243. Gegen westliche Musik gerichtet war auch die ›Anordnung über die Programmgestaltung bei Unterhaltungs- und Tanzmusik, 02.01.1958, Gesetzblatt der DDR, Teil 1, 18.01.1958, abgedruckt in: E. Schubbe (Hg.), Dokumente zur Kunst-, Literatur-, und Kulturpolitik der SED, Stuttgart 1972, S. 515. Zum »Lipsi«: *Rauhut*, Beat, S. 40f.

schen Import verstanden. Angesichts dieser Konsumkultur schienen viele Westdeutsche mehr in der Defensive zu sein als ihre ostdeutschen Gegenüber.[20]

2. Westdeutscher Wandel und Ostdeutsche Kontinuität

Dies änderte sich jedoch im Laufe der folgenden Jahre, als westdeutsche Jugendexperten und Politiker das rebellische Verhalten von Jugendlichen und insbesondere das Verhalten von Rock-'n'-Roll-Fans in ein psychologisches und nicht-politisches Problem umdefinierten. Diese neuen Ideen fanden sich in soziologischen Studien über die Jugend, den Reden und Schriften von Politikern und auch den Werbestrategien der Freizeitindustrie. Sie gingen einher mit Veränderungen in der politischen Landschaft der Bundesrepublik: Ab Ende der fünfziger Jahre gewannen ›neoliberale‹ Politiker wie Ludwig Erhard gegenüber den konservativen wie Konrad Adenauer und Familienminister Franz-Joesef Wuermeling, die Konsum als eine ernste Bedrohung ansahen, an Einfluß und Macht. Die SPD gab mit dem Godesberger Programm ihre Bindung an den Marxismus auf, und die beiden großen Parteien CDU/CSU und SPD näherten sich einander an. Man könnte sagen, daß sie sich auf einen ›Kalten-Krieg-Liberalismus‹ zubewegten, der schließlich von 1966 bis 1969 Ausdruck in der großen Koalition fand. Konsum wurde ab der zweiten Hälfte der fünfziger Jahre immer mehr Bestandteil bundesrepublikanischer Identität.[21]

1957 erschienen zwei einflußreiche Bücher, die solche Ideen verbreiteten: Ludwig Erhards »Wohlstand für alle« und Helmut Schelskys soziologische

---

20 Ein Studienbüro für Jugendfragen, Stuttgarter Zeitung, 26.10.1956; *Fehrenbach*, Cinema.
21 Historiker sehen einschneidende Veränderungen in Gesellschaft und Politik der Bundesrepublik nach 1956. *A. Doering-Manteuffel*, Deutsche Zeitgeschichte nach 1945: Entwicklung und Problemlagen der historischen Forschung zur Nachkriegszeit, in: Vierteljahrshefte für Zeitgeschichte 41, Januar 1993, S. 1-29; *ders.*, Dimensionen; *P. Erker*, Zeitgeschichte als Sozialgeschichte, in: Geschichte und Gesellschaft 19, 1993, S. 202-238. Über Konsum und westdeutsche Identität: *E. Carter*, Alice in the Consumer Wonderland. West German Case Studies in Gender and Consumer Culture, in: McRobbie u. M. Nava, Gender and Generation, London 1984, S. 185-214.

Studie »Die skeptische Generation«.[22] Beide Autoren befürworteten die Konsumgesellschaft, die sich im Laufe der fünfziger Jahre in der Bundesrepublik gebildet hatte. Und beide sahen diese neue, angeblich klassenlose Gesellschaft als eine, die alle Ideologien überwunden hatte. Das »Ende der Ideologien« im Westen wurde in dieser Zeit auch von anderen westeuropäischen und amerikanischen Intellektuellen, beispielsweise von Daniel Bell, ausgerufen.

Für Leute wie Erhard und Schelsky stand einiges auf dem Spiel. Sie versuchten, sich und die Bundesrepublik deutlich von der Weimarer Republik und dem Dritten Reich abzusetzen und gleichzeitig den Kampf gegen den Kommunismus zu führen. So ist es recht bezeichnend, daß Schelsky die Unterschiede zwischen der »skeptischen«, nichtpolitischen Jugend der fünfziger Jahre und der ihmzufolge »politischen« Jugend der Jahre vor 1945 hervorhob. Er beschrieb die Nachkriegsjugend als eine tolerante, realistische und erfolgreiche Generation, die die Flucht ins Private angetreten hatte. Gleichzeitig betonte Schelsky, daß sich die Elterngeneration der Nachkriegsjugend ebenfalls in eine skeptische Generation verwandelt habe. Schelsky gehörte selber zu dieser Elterngeneration und suchte somit sich und seine Generation von ihren Verbindungen zum Nationalsozialismus zu reinigen. In seinem Schlußkapitel nahm er direkt zu den Halbstarken Stellung. Hier betonte er, daß »die rauschhafte Hingabe an die vitale Musik der Jazz-Sessions, an die akrobatisch aufgelösten modernen Tanzformen und nicht zuletzt schließlich das individuelle Außersichsein in den sogenannten »Halbstarkenkrawallen« in der Tat »neue Formen der Vitalgefühle« waren und keinesfalls politische Herausforderungen darstellten. Schelsky verband also rebellisches Verhalten direkt mit amerikanischen Einflüssen, aber er sprach nicht von einer Bedrohung herkömmlicher Geschlechterrollen und wandte sich ausdrücklich gegen all jene, die solches Verhalten Jugendlicher als primitiv ansahen.[23]

Andere soziologische Studien, die Unterhaltungsindustrie und immer mehr westdeutsche Politiker erklärten ebenfalls, daß Jugendkrawalle und jugendlicher Rock-'n'-Roll-Konsum keine politischen, sondern psychologische Probleme darstellten, die privat gelöst werden könnten. In einer Studie von 1957, die vom Bundesinnenministerium finanziert wurde, fanden der Psycho-

---

22 *L. Erhard*, Wohlstand für alle, Düsseldorf 1957; *H. Schelsky*, Die skeptische Generation. Eine Soziologie der deutschen Jugend, Düsseldorf 1957.
23 *Schelsky*, Generation, S. 494-497.

loge Curt Bondy und seine Mitarbeiter, daß Halbstarke und Rock-'n'-Roll-Fans nicht politisch motiviert waren, selbst dann nicht, wenn sie Slogans wie »Rock-'n'-Roll-Russen raus« riefen (und so den Gegner im Kalten Krieg angriffen).[24] Und ein Kommentar in einer westdeutschen Zeitung erklärte zum Beispiel 1958, daß Presley für die einen ein Rock-'n'-Roll-Idol sei, während andere ihn als singenden Akrobaten »undefinierbaren Geschlechts« betrachteten. Wie man sich Presley gegenüber verhalte, sei Privatsache.[25]

Bevor sich solche Meinungen jedoch auf breiter Basis durchsetzen konnten, bemühten sich Staat, Presse, Unterhaltungsindustrie und zahlreiche Jugendexperten in der BRD, das Verhalten jugendlicher Rebellen zu verändern. Zur selben Zeit, da Jugendliche aus der Mittelschicht in größerer Zahl zu Rock-'n'-Roll-Fans wurden, verschwanden Hinweise auf die ›schwarzen‹ Ursprünge der Musik. Auch versuchte die Unterhaltungsindustrie, die Stile, die Geschlechternormen unterminierten, zu zähmen. Presleys Eintritt in die amerikanische Armee löste 1958 alle Fragen hinsichtlich seines Geschlechts. Presley verbrachte den Großteil seiner Armeezeit in der Bundesrepublik, und Zeitungen berichteten freudig von seinem neuen, respektablen Aussehen mit kurzem Haar und ohne Koteletten. Außerdem konzentrierten sich die Berichte auf seinen Aufstieg vom Lastwagenfahrer zum Millionär. Rezensionen des Presley-Films »Mein Leben ist der Rhythmus« erwähnten nicht einmal, daß ein Großteil des Films in einem schwarzen Nachtklub spielte. Presley wurde also ›geweißt‹ und vermännlicht, und seine Lebensgeschichte wurde der westdeutschen Wirtschaftswundermentalität angepaßt.[26]

Heterosexuelle Beziehungen mit klar definierten Geschlechterrollen schienen das rebellische Verhalten Jugendlicher erfolgreich zu zähmen: Psychologen und Presseberichten zufolge verhielten männliche Rowdies sich wieder ›normal‹, sobald sie feste Freundinnen hatten.[27] Sicher förderte auch die systematische Vermarktung von Conny Froboess und Peter Kraus als Teenageridolen solche Meinungen. Kraus wurde zunächst als »der deutsche Elvis« angepriesen. Obwohl Kraus ebenfalls auf »hysterische Teenager« traf, stellte

---

24 *Bondy*, Jugendliche, S. 71f.
25 Gold aus heißer Kehle, in: Kasseler Post, 21.05.1958.
26 Bravo, Nr. 12, 1958, zit. in: *Maase*, Amerika, S. 168; I like Elvis, in: Abend, 10.10.1958. Rezensionen von »Mein Leben ist der Rhythmus« in: Telegraf, Kurier, Die Welt, alle 01.11.1958.
27 *Bondy*, Jugendliche, S. 86-92.

die westdeutsche Presse ihn als netten Jungen dar.[28] Kraus bekam bald eine Partnerin: »Conny«. Zusammen drehten »Conny und Peter« Filme, wurden als westdeutsche Rock-'n'-Roll-Stars gefeiert und führten Begriffe wie »sexy«, »baby« und »love« ins deutsche Vokabular ein. Gleichzeitig wurde Conny vor allzu deutlichen Assoziationen mit Sexualität geschützt. Froboess' Vater und Manager kritisierte Kraus, als dieser angeblich »zu sehr auf sexy« machte. Wenn Teenagermusik »ins Sex-Fach« abrutsche, dann ohne ihn und seine Tochter.[29] Einerseits waren »Conny und Peter« Teil einer neuen Welt der Teenager, in der junge Frauen und Männer gemeinsam ältere Normen von Respektabilität veränderten, andererseits versuchten sie aber auch, sich von allzu deutlichen Angriffen auf die Sexualmoral fernzuhalten.

Gleichzeitig warb die westdeutsche Unterhaltungsindustrie für Rock-'n'-Roll-Tanzstile und Teenagermoden, die die Unterschiede zwischen den Geschlechtern wieder stärker betonten. Das Jugendmagazin *Bravo* gab zum Beispiel 1960 Anweisungen zum Rock-'n'-Roll-Tanzen, denen zufolge der Mann im schwarzen Anzug (dargestellt von Rex Gildo) seine Partnerin im weißen Petticoat (dargestellt von Conny Froboess) wieder führte und sich selber kaum bewegte. Jugendliche folgten diesen Anweisungen natürlich nicht unbedingt, doch die größere Toleranz gegenüber dem Rock 'n' Roll war Ausdruck einer teilweisen Liberalisierung von Geschlechterrollen in der Bundesrepublik.[30]

Ost- und westdeutsche Haltungen gegenüber amerikanischen Kultureinflüssen gingen also in der zweiten Hälfte der fünfziger Jahre immer mehr auseinander. DDR-Politiker appellierten weiter an eine Moral, die man als kleinbürgerlich bezeichnen könnte. Und mehr noch als ihre westdeutschen Zeitgenossen benutzten sie den Kalten Krieg, um Verhalten auszugrenzen, das sie als öffentliche Zurschaustellung weiblicher Sexualität mit negativen Auswirkungen auf Männer empfanden. Ein Handbuch über den idealen DDR-Soldaten von 1957 beschuldigte die westdeutsche Regierung und Industrielle, junge Männer mit Boogie-Woogie, Rock 'n' Roll, Pornographie und den Büsten weiblicher Filmstars zu Aggressionen gegen die DDR und ih-

---

28 Vom Spieltrieb besessen, in: Telegraf, 11.07.1957. Zu Kraus: *Erd*, Praxis.
29 *Lamprecht*, Teenager, S. 107; *Maase*, Amerika, S. 164-169.
30 Erlaubt ist, was gefällt, in: Bravo, Nr. 6, 1960; *Maase*, Amerika.

re Verbündeten verleiten zu wollen.[31] 1958 erklärte Willy Stoph, nachdem es bei einem Bill-Haley-Konzert in Westberlin zu Krawallen gekommen war, daß der westdeutsche Verteidigungsminister Franz-Josef Strauß Rock-'n'-Roll-Konzerte angeordnet habe, um Jugendliche auf die Wehrpflicht vorzubereiten.[32] Filme wie »Reportage 57« zeigten Rock 'n' Roll als ein klares Zeichen für den Verfall der Sitten unter dem Kapitalismus.[33] Außerdem sahen DDR-Verantwortliche ›sauberes‹ Tanzen und ›anständige‹ Kleidung als wichtig für den Sozialismus. Für DDR-Soldaten war es notwendig, ›richtig‹ zu tanzen und westlichen Ideologien zu widerstehen. Und nach dem Mauerbau stellten Berichte in der DDR die Anzüge und Kleider der Jugendlichen, die vorher regelmäßig in ihren Jeans nach Westberlin gefahren waren und die nun nicht mehr ›offen‹ tanzten, als ein klares Zeichen ihrer Bekehrung zum Sozialismus dar.[34]

In der BRD war die scheinbare Entpolitisierung von Konsumkultur und Teenagerverhalten ein bewußter Versuch, sich von der anhaltenden Politisierung dieser Phänomene in der DDR abzusetzen. Jugendliche Verspieltheit wurde in der Tat Bestandteil einer transformierten bundesrepublikanischen Identität, die man im Kontrast zum Konservatismus der ersten Hälfte der fünfziger Jahre als ›liberal‹ bezeichnen kann. Im Gegensatz zu den Feststellungen von führenden DDR-Politikern erklärte der Generalinspektor der Bundeswehr Adolf Heusinger 1959, Rock 'n' Roll und Jugendkriminalität seien zwei verschiedene Dinge, und warnte davor, alle Zeichen jugendlicher Lebhaftigkeit zu verurteilen.[35] Mit anderen Worten: führende Westdeutsche

---

31 *H. Prötsch*, So müssen unsere Soldaten sein. Eine Betrachtung über das politisch-moralische Antlitz der Nationalen Volksarmee der Deutschen Demokratischen Republik, Berlin 1957.
32 Stoph zit. n. *Lamprecht*, Teenager, S. 87; Zentralinstitut für Lehrerweiterbildung, Anleitung der Zirkelleiter zum Thema ›Jugendschutz in der DDR‹, 06.09.1957, LAB (STA), Rep. 119, Nr. 22; Bill Haley und die NATO, und Orgie der amerikanischen Unkultur, in: Neues Deutschland, 31.10.1958; Jugend wird systematisch vergiftet, in: Neues Deutschland, 02.11.1958; Strauß befahl: Jazz und rockt! in: Junge Welt, Nr. 22, November 1958.
33 *H. Kersten*, Das Filmwesen in der Sowjetischen Besatzungszone, 1. Teil, Bonn 1963, S. 105-115.
34 *Prötsch*, Soldaten; Am Tag darauf ohne Texashose, in: Neues Deutschland, 22.08.1961; Heiße Rhythmen waren erster Schritt, in: National-Zeitung, 27.08.1961; Bericht über Jugendklubs, 11.11.1962, LAB (STA), Rep. 121, Nr. 62.
35 *A. Heusinger*, Jugend und Bundeswehr, Januar 1959, in: ders., Reden 1956-1961, Boppard am Rhein 1961, S. 74-78.

hatten ihre frühere widersprüchliche Haltung — für westliche politische und militärische Integration und gegen amerikanische Kultureinflüsse — weitgehend hinter sich gelassen. Amerikanische Populärkultur wurde gar in staatliche Freizeitangebote für Jugendliche aufgenommen. Im April 1960 eröffnete beispielsweise der Westberliner Senat ein Tanzcafé für Jugendliche mit dem Namen »Jazz-Saloon«. Die Jugendsenatorin Ella Kay servierte persönlich nicht-alkoholische Getränke und Bier. Das Tanzcafé bot Jazzmusik an, zum Teil sogar *live* mit Jazzbands.[36]

Die Westberliner Verantwortlichen stützten sich darauf, daß Jazz seit Ende der fünfziger Jahre in der BRD durchaus als respektabel angesehen war. Befürwortern des Jazz war es gelungen die Musik weitgehend von Assoziationen mit Sexualität, Aggression und Verweichlichung zu trennen. Sie betonten, daß Rock 'n' Roll kein Jazz sei, Zeitungen verbreiteten diese Meinung.[37] Gleichzeitig schwiegen westdeutsche Kommentare zum Jazz weitgehend darüber, daß viele amerikanische Jazzmusiker Schwarze oder Juden waren. Die Befürworter des Jazz waren in der Tat so erfolgreich, daß Verteidigungsminister Strauß 1958 bekanntgab, »die gemeinschaftbildenden Kräfte« des Jazz paßten zu den Aufgaben der neugegründeten Bundeswehr. Strauß' Verständnis war sicherlich nicht das der meisten Befürworter des Jazz, aber es zeigt, daß Jazz Ende der fünfziger Jahre eine neue, wichtige Rolle als Botschafter für die liberale Demokratie in der BRD erlangt hatte. Der Westberliner »Jazz-Saloon« konzentrierte sich nicht auf Jazzstile wie Bebop oder Cool, die von westdeutschen Jazzfans besonders bewundert wurden, aber indem die Verantwortlichen Jazz für den Namen des Tanzcafés und ihr Musikangebot benutzten, versuchten sie ihr Kulturangebot als modern, offen und respektierlich anzupreisen. Nach dem Erfolg des »Jazz-Saloons« gründeten sie bald zwei weitere Tanzcafés. Ein Sozialarbeiter meinte, daß Tanzcafés junge Leute nicht »mit dem Schlaghammer, sondern mit der Jazztrompete« erziehen würden.[38]

Die Westberliner Verantwortlichen waren überzeugt, daß die Tanzcafés ihre Mission erfüllten. Wie der Sozialarbeiter berichtete, kamen die meisten

---

36 Senator für Jugend und Sport, Bericht über die Situation der Berliner Jugend, in: Der Rundbrief 10, Nr. 11/12, 1960, S. 1-24; *H. Rudershausen*, Jugendpflege in der Bar, in: Der Rundbrief 10, Nr. 9/10, 1960; Abgeordnetenhaus von Berlin: Stenographische Berichte, 61. Sitzung, 04.05.1961, S. 123f.
37 *H. W. Corten*, Kann der Jazz unserer Jugend schaden?, in: Die Welt, 21.07.1957.
38 *Rudershausen*, Jugendpflege.

Besucher wegen der »heißen Rhythmen«. In den Tanzcafés konnten sie sich »frei bewegen«, und lernten die »ungeschriebenen Gesetze«.[39] Bilder in der Presse zeigten ein ›anständiges‹ Publikum: junge Frauen in Röcken und Pullovern und junge Männer in Anzügen. Ein Westberliner Kommentator berichtete, Hosen für junge Frauen und Jeans für junge Männer, also die Moden der Rock-'n'-Roll-Fans, seien unerwünscht.[40] Solche Tanzcafés waren Teil der westdeutschen Bestrebungen, das rebellische Verhalten von Jugendlichen zu ändern, aber sie ermöglichten westdeutschen Jugendlichen auch, ›heiße‹ amerikanische Rhythmen in einer sicheren Umgebung zu konsumieren.

Freizeit und Konsum waren für die führenden BRD-Politiker der sechziger Jahre nicht mehr eine Bedrohung, die ihr »christliches Abendland« zerstörte. Verabreicht in richtiger Menge und Qualität war Konsum statt dessen ein Mittel, auf die Mängel von Politik und Konsum jenseits des Eisernen Vorhangs hinzuweisen. Konsum wurde so zu einer Hauptwaffe der Bundesrepublik im Kalten Krieg. So verstärkten die Westberliner und die Bundesbehörden 1958 ihre Versuche, DDR-Bewohner in die Kinos am Kurfürstendamm zu locken, wo sie neben westeuropäischen und amerikanischen Filmen auch Schaufensterauslagen anschauen konnten und dadurch den Westen »mit neuen Augen sahen«, wie ein Westberliner Bürokrat erklärte.[41] Einrichtungen wie der »Jazz-Saloon«, die bis zum Mauerbau 1961 auch von Jugendlichen aus der DDR besucht werden konnten, erfüllten eine doppelte Funktion: Sie suchten das Verhalten von Jugendlichen zu steuern und zeigten gleichzeitig die größere Offenheit der westdeutschen Gesellschaft.

Gleichzeitig kritisierten die westdeutsche Presse und die Politiker, daß die DDR die Privatsphäre ihrer Bewohner nicht ausreichend respektierte. 1962 machte sich eine westdeutsche Zeitung über ein DDR-Lexikon lustig, das

---

39 Ebd.
40 Pressekonferenz des Berliner Jugendclub e.V. am 28.04.1960 anläßlich der Eröffnung des ›Jazz-Saloons‹, Landesarchiv Berlin (LAB), Rep. 13 Acc. 2285, Nr. 464; Ein ganzes Haus für Jugend und Jazz, in: Kurier, 30.04.1960; *H. Sass*, ›Jugend-Jazz-Saloon‹ überfüllt, in: Die Welt, 02.05.1960; Kurier, 24.05.1960; Berliner Geschichten, in: IBZ, 18.06.1960; Das haben sie nicht in Paris gelernt, in: Blickpunkt, Nr. 97/98, Juli 1960; *R. Breitfeldt*, Es sind keine ›müden Senatsschuppen‹, in: Blickpunkt, Nr. 104, 1961.
41 Bericht über Erfahrungen und Ergebnisse der Maßnahmen zur Förderung des Gesamtberliner Kulturlebens, 18.11.1958; Senator für Volksbildung an Bundesminister für gesamtdeutsche Fragen, Berlin, 08.12.1958; Dr. Antoine an Bundesminister für gesamtdeutsche Fragen, 12.03.1959; alle LAB, Rep. 7 Acc. 2186, Nr. 53.

Rock 'n' Roll als politische Bedrohung ansah.[42] Westdeutsche hatten den Konsum von amerikanischer Kultur zu einem normalen Bestandteil des jugendlichen Lebensstadiums gemacht und auf diese Weise Konsum »eingedeutscht«. Die scheinbare Entpolitisierung der amerikanisch beeinflußten Jugendkulturen war also durchaus von politischer Bedeutung.

3. Schluß

Zusammenfassend zeigt meine kurze Untersuchung von ost- und westdeutschen Reaktionen auf Rock 'n' Roll, wie eng miteinander verbunden konservative Vorstellungen von Geschlechterrollen, insbesondere die Eingrenzung von weiblicher Sexualität, und die Feindlichkeit gegenüber schwarzer Kultur in beiden Staaten waren. Der Begriff Rasse verschwand zwar nach dem Zweiten Weltkrieg weitgehend aus der deutschen Sprache, aber nicht aus dem deutschen Selbstverständnis, weder in der DDR noch in der BRD. Jugendliche in beiden deutschen Staaten benutzten amerikanische Kultureinflüsse, um traditionelle Vorstellungen von Geschlechternormen und Kultur zu verändern. Ihr Freiraum war in der BRD wesentlich größer als in der DDR, und doch war die ›Zähmung‹ des Verhaltens von Jugendlichen auch ein wichtiger Bestandteil einer liberalen Haltung zum Konsum. So könnte man sagen, daß sich unter anderem in Reaktion auf eine Amerikanisierung der Jugend, die sich nicht auf die Bundesrepublik beschränkte, in der zweiten Hälfte der fünfziger Jahre eine offizielle BRD-Identität und eine offizielle DDR-Identität herauskristallisierten, die in vieler Hinsicht während der nächsten Jahrzehnte Bestand hatten.

---

42 ›Krieg‹ mit Rock 'n' Roll, in: Abend 16.08.1962.

Evemarie Badstübner-Peters

Ostdeutsche Sowjetunionerfahrungen
Ansichten über Eigenes und Fremdes in der Alltagsgeschichte der DDR

Im vorletzten Kapitel des 1977 erschienenen Romans »Kindheitsmuster« philosophieren Christa Wolfs Geschöpfe darüber, wie in der DDR mit Wahrnehmungen und Erfahrungen deutsch-sowjetischen Aufeinandertreffens im Jahre 1945 und danach umgegangen wurde:

»Die Verarbeitung schwieriger Geschichtsabschnitte, in denen gewisse Relationen noch ungeklärt sind, zu Zeitungsanekdoten, aus Anlaß von Jahrestagen. (›Dreißigster Jahrestag der Befreiung‹.) Anwendung der Mischtechnik: Löschen, auswählen, pointieren. Erzählbar bleibt, was der Chefredakteur einer jeden Zeitung annehmen kann: Heilsarmeegeschichten. (So drückt sich der Taxifahrer aus, Herr X: Gehn Sie mir doch vom Leib mit diesen Heilsarmeemärchen!) Sowjetische Soldaten, Suppe austeilend, Kinder rettend, kreißende Frauen ins Krankenhaus bringend.«

Der fiktive Herr X bestritt deutsche Kriegsschuld keineswegs. »Nur: Was die dann mit uns gemacht haben — das steht auf einem anderen Blatt.« Entsetzen und Scham über die verbrecherischen Taten der Deutschen während des Rußlandfeldzuges empfand er kaum. »In dreißig Jahren ist es nicht gelungen, die beiden Texte, die in Herrn X' Kopf nebeneinander laufen, auf ein und dasselbe Blatt zu bringen« — so die ebenfalls erfundene Ich-Erzählerin des Buches. Sich ihrer Gespräche mit einem Moskauer Geschichtsprofessor erinnernd, machte sie gleich diesem als eine Ursache dafür aus »Die verfluchte Verfälschung von Geschichte zum Traktat.«[1]

---

1 *Ch. Wolf*, Kindheitsmuster, Berlin 1977, S. 464-467.

1. Historiographie und Fragestellungen

Mehr als einmal lenkte im Verlaufe der DDR-Geschichte einzig die Belletristik den Blick auf das wirkliche Leben sowie auf politisch oder kulturell Unbewältigtes, Unerledigtes, Problembehaftetes. Und so wurden auch spezifische Schwierigkeiten und Konfliktfelder der deutsch-sowjetischen Nachkriegsbeziehungen mit ihren stalinistischen bzw. poststalinistischen Prägungen eher in der schönen Literatur benannt als in wissenschaftlichen Werken oder politischen Schriften, sieht man einmal von den zeitweilig unumgänglichen Hinweisen auf die Stalinschen Verbrechen nach dem XX. Parteitag der KPdSU ab. Aber Angaben dieser Art wurden im Verlaufe der Jahre und vornehmlich während der Breshnew-Zeit nicht nur seltener, sondern es fand sogar eine gewisse Aufwertung dieser verhängnisvollen Figur statt. Während das DDR-Jugendlexikon von 1977 Stalin noch völlig unerwähnt ließ, stellte ihn beispielsweise die Auflage von 1978 mit all seinen Ämtern und Funktionen vor, ohne jedoch eine Wertung zu versuchen oder gar auf die mit seinem Namen verbundenen Verbrechen hinzuweisen.[2] Ein Jahr später erschien anläßlich seines 1oo. Geburtstages erstmals wieder ein Huldigungsartikel in der Zeitung *Neues Deutschland*, der selbst in SED-Kreisen auf heftigsten Widerspruch stieß.[3]

Mittlerweile belegen zahlreiche historische Arbeiten und Studien jüngeren Datums, daß Fragen nach der gesellschaftsgestaltenden und determinierenden Einflußnahme der sowjetischen Hegemonialmacht auf Ostdeutschland, nach der Prägekraft sowjetischer oder auch nur russischer Kultur sowie nach der Ambivalenz der Begegnungsweisen und Begegnungsformen einen Schwerpunkt ostdeutscher Vergangenheitsaufarbeitung bilden.[4] Die gewählten Un-

---

2 »... Stalin ... war ein sowjetischer Parteiführer und Staatsmann. 1898 wurde er Mitglied der Sozialdemokratischen Arbeiterpartei Rußlands (SDAPR) und als Anhänger der Bolschewiki mehrmals verhaftet und verbannt. 1912 wurde er ins ZK berufen (kooptiert), 1917 ins Politbüro der SDAPR(B) gewählt. Seit 1922 war er Generalsekretär der KPdSU und seit 1941 Vorsitzender des Ministerrats der UdSSR. Während des Großen Vaterländischen Krieges war er Vorsitzender des Staatlichen Verteidigungskomitees.« Meyers Jugendlexikon a-z, Leipzig 1978^8, S. 642.
3 Neues Deutschland vom 21.12.1979.
4 G. *Glaser* (Hg.), ›Reorganisation der Polizei‹ oder getarnte Bewaffnung der SBZ im Kalten Krieg? Dokumente und Materialien zur sicherheits- und militärpolitischen Weichenstellung in Ostdeutschland 1948/49, Frankfurt am Main 1995; G. *Kaiser*, Sperrgebiet. Die geheimen Kommandozentralen in Wünsdorf seit 1971, Berlin 1993;

tersuchungsaspekte lassen sogar ein besonderes Bedürfnis der Ostintellektuellen erkennen, einstige Tabuthemen endlich souverän und selbstbestimmt behandeln zu wollen, da dies offensichtlich ostdeutsche Selbstfindung befördert.

In der Hauptsache verfolgen neuere Arbeiten Entwicklungen auf der Politik- und Machtebene sowie in der Wirtschaft, denn sowjetische Vorbildwirkungen und stalinistische Eingriffe lassen sich in diesen Bereichen am deutlichsten nachweisen. Inwieweit solche Vorgänge ausschließlich als Sowjetisierung zu bezeichnen wären, oder ob nicht vielmehr eine komplizierte Verschränkung von Sowjetisierung und Selbstsowjetisierung wirksam wurde und neben Fremdbestimmung auch Eigenständigkeit und historisch begründetes Anderssein in Rechnung zu stellen sind, diesen Fragen muß sich die Forschung sicherlich weiterhin zuwenden.[5]

Dennoch kann man wohl heute schon mit Gewißheit konstatieren, daß die sowjetische Einflußnahme umfänglicher und weitgehender war, als lange Zeit angenommen.

Im folgenden soll nun dafür plädiert werden, mehr als bisher in solche Untersuchungen auch die Ebene der Alltagswelten und des Alltagshandelns einzubeziehen. Nur über diesen Einstieg sind die kulturellen Wirkungen der jahrzehntelangen Anbindung der Ostdeutschen an die Sowjetunion und das sozialistische Weltsystem, sowie Resistenzerscheinungen und Widerständigkeiten zu erfassen. Und so lassen sich aus Lebenserfahrungen gewonnene oder ideologisch begründete länderübergreifende, gemeinsame (auch stalinismus- und sozialismuskritische) Wert- und Zielvorstellungen nicht nur punktuell, sondern in ihrer Komplexität und gegenläufigen Vielschichtigkeit begreifen. Schließlich hat der tatsächlich gelebte Beziehungsalltag vor allem den sogenannten kleinen Leuten die Verarbeitung einer verwirrenden Fülle äußerst widersprüchlicher und disparater Vorgänge und Praktiken abverlangt.

R. Karlsch, Allein bezahlt? Die Reparationsleistungen der SBZ/DDR 1945-1953, Berlin 1993; *D. Krüger u. G. Finn*, Mecklenburg/Vorpommern 1945 bis 1948 und das Lager Fünfeichen, Berlin 1991; *M. Stark*, ›Wenn Du willst Deine Ruhe haben, schweige‹. Deutsche Frauenbiographien des Stalinismus, Essen 1991.

5 Konzeptionelle Ansätze für ein solches Herangehen bei *H. Kaelble*, Die Gesellschaft der DDR im internationalen Vergleich, in: H. Kaelble u. J. Kocka (Hg.), Sozialgeschichte der DDR, Stuttgart 1994, S. 559-580.

Für eine solche ›Sicht von unten‹ spricht auch, daß die unterschiedlichsten sozialen Gruppen und politischen Kräfte in SBZ und DDR, aber auch die Individuen, nicht nur Adressaten und Objekte von Sowjetisierungs- und Stalinisierungsstrategien gewesen sind. Im Grunde setzten sich Angehörige aller DDR-Generationen in vielfältiger Weise und je nach Biographie und Bedarf mit diesen Nachkriegsbedingungen ihres Lebens auseinander, fällten eigene handlungsorientierende Urteile und bildeten entsprechende Bewältigungsmechanismen und -strategien aus. Diese von den jeweiligen historischen und individuellen Gegebenheiten abhängigen Verarbeitungsprozesse konnten freiwilliges Sicheinbringen in Sowjetisierungsprozesse oder deren bewußtes Vorantreiben ebenso zur Folge haben wie passives Hinnehmen, opportunistische Anpassung oder mehr oder weniger offene Distanzierung (nicht zuletzt Flucht in den Westen), so daß sich auch innergesellschaftliche Widersprüche ergaben, die ihrerseits wiederum auf Sowjetisierungsprozesse wirkten.

Zu berücksichtigen wären aber auch die zahlreichen Interaktionen und Verbindungen auf persönlicher Basis — u.a. kollegiale, freundschaftliche oder gar familiäre Beziehungen —, die zu Systemanforderungen nicht unbedingt in Beziehung standen.

Vielmehr war es doch wohl so, daß zwar die Sowjetisierung von Politik, Verwaltung, Wirtschaft, d.h. die Herausbildung von Strukturen sowjetischen Typs als Bedingung ostdeutschen Alltagslebens und -handelns wirkten; zugleich entwickelte sich jedoch in der Alltagspraxis nicht nur ein spannungsreiches Verhältnis von Eigen- und Fremdbestimmung oder vielleicht gar Eigen-Sinn der Ostdeutschen, sondern bei näherer Betrachtung tritt auch deren Verwurzelung im deutschen Arbeiterbewegungssozialismus und in anderen historisch gewachsenen deutschen, west- und mitteleuropäischen Kulturtraditionen und gesellschaftlichen Tiefenstrukturen mit aller Deutlichkeit zutage.

Genau besehen, erweist sich das Verhältnis der DDR-Deutschen zu ihrer Hegemonialmacht, bezieht man nicht nur die Politik-, Macht- und Entscheidungsebene in die Beurteilung ein, als eine recht sperrige Konstellation von Nähe und Distanz, von Unterordnung, Kooperation und Konflikt, von Heuchelei und ehrlichem Aufeinanderzugehen, von Ablehnung und Akzeptanz. Wissenschaftlich ist dieser Widersprüchlichkeit nur mit mehreren Denkansätzen und umfänglichen Analysen subjektbezogener Quellen beizukommen.

Gleichwohl bleibt es ein schwieriges Unterfangen — erst recht beim gegenwärtigen Forschungsstand —, die jeweilige Beschaffenheit alltäglichen deutsch-sowjetischen Mit-, Neben- und auch Gegeneinanders in ihrer historischen Abfolge zu rekonstruieren, zu bewerten und im Zusammenhang damit die Frage zu beantworten, in welchem Maße Sowjetisierungsprozesse in das Leben der Menschen eingriffen, Lebensweisen und Lebensstile prägten oder auch nicht. Ob alltagsgeschichtliche Verläufe mit den Zäsuren der politischen Geschichte in Übereinstimmung zu bringen sind, wird die Forschung erst herausfinden müssen.

Nun sind im Hinblick auf die geteilte Vergangenheit der Deutschen schon mehrfach Analysekonzepte formuliert worden, die die kulturelle Auseinanderentwicklung einerseits als Veröstlichung und andererseits Verwestlichung der Deutschen problematisieren bzw. enger gefaßt als Sowjetisierung respektive Amerikanisierung der Kultur und besonders der Alltagskultur hinterfragen wollen. Produktiver für die Forschung ist aber doch wohl eine Deutung der DDR als gebremste realsozialistische Industriegesellschaft. Ebenso wichtig erscheint die in Reaktion auf obige Problemstellung geäußerte Auffassung ostdeutscher Kulturwissenschaftler wie etwa Dietrich Mühlberg, der es zwar für möglicherweise aufschlußreich hält, »nach der ›Sowjetisierung‹ des Ostens im Kontrast zur ›Amerikanisierung‹ des Westens zu suchen«, aber zugleich fragt: »Oder hat es im Osten eine Amerikanisierung in sowjetischen Strukturen gegeben?«[6]

Zumindest ist mit diesem Ansatz jenen soziokulturellen Widersprüchen und Konflikten in der DDR-Wirklichkeit auf die Spur zu kommen, die der Tatsache geschuldet waren, daß die DDR im Gegensatz zu den meisten nominalsozialistischen Staaten auf eine längere industriegesellschaftliche Vergangenheit zurückblicken konnte und über eine entsprechend gebildete und sozialisierte Arbeiter- und Angestelltenschaft sowie eine kompetente Intelligenz mit ausdifferenzierten Bedürfnislagen und eine relativ modern produzierende Bauernschaft verfügte. Es gab also Schichten, deren Angehörige auf viele Sowjetisierungsanforderungen mit ihren gegenmodernen, zum Teil vorindustriellen Implikationen und Absurditäten (etwa Lyssenkos Verlautbarungen, Kosmopolitismusverdikte oder Rinderoffenstall-Propaganda) wenn nicht direkt ablehnend, so doch zumindest mit Skepsis und Unverständnis darauf reagierten.

---

6 D. *Mühlberg*, Die DDR als Gegenstand kulturhistorischer Forschung, in: Mitteilungen aus der kulturwissenschaftlichen Forschung, Heft 33, Berlin 1993, S. 36.

Es bezweifelt heute niemand, daß die kurzsichtige sowjetische Demontage- und Reparationspolitik, vor allem aber die — wenn auch modifizierte — Übernahme des sowjetischen Grundmodells des Sozialismus durch die DDR und deren Einbindung in ein sehr problembeladenes osteuropäisches Wirtschaftssystem den industriekulturellen Standard Ostdeutschlands deformierten, die industriegesellschaftliche Dynamik blockierten und das Denken in modernen (auch reformsozialistischen) industriegesellschaftlichen Dimensionen behinderten. Industriegesellschaftliche Notwendigkeiten konnten sich oft nur in quälenden, verlustreichen Prozessen, nicht selten verspätet und manchmal gar nicht durchsetzen. Die unmittelbar mit der westdeutschen Leistungsgesellschaft konfrontierte DDR geriet auf diese Weise in einen Dauerkonflikt, der unter anderem auch deshalb ein wesentliches Element ihrer unterschwelligen Destabilisierung bildete, weil das stalinistische Gesellschaftsmodell selbst in seiner moderateren ostdeutschen Abart den zunehmenden Emanzipationsbestrebungen der Individuen, aber auch kollektiver Subjekte massiv entgegenwirkte.

2. Ostdeutsche Erfahrungen und Wahrnehmungen der Sowjetunion

Ostdeutsche betrachteten Lebensverhältnisse und Lebensformen sowjetischer Provenienz nicht selten mit beträchtlicher Distanz und hielten sie eher für fremder als die westeuropäischen Varianten des *American way of life* mit ihrer durchgestylten industriellen Alltagskultur, an der sie auf vielfältige Weise zu partizipieren suchten. Während die Amerikaner (obwohl zunächst keineswegs deutschenfreundlich) anfangs mit Care-Paketen, zunehmend mit interessanten massenkulturellen Angeboten und Spitzenleistungen aus Industrie, Wissenschaft und Technik Erinnerungen an die sogenannten Friedenszeiten wachriefen und so für sich einnahmen, konnte die sowjetische Seite zwar auf ihre besonderen Leiden und großen Leistungen im Zweiten Weltkrieg und bei der Befreiung vom Faschismus verweisen, hatte aber in materieller Hinsicht und im Hinblick auf Lebensqualität wenig überzeugende Möglichkeiten, für sich zu werben, zumal ihre am weitesten entwickelten Gebiete in besonderem Maße zerstört waren. Zur Sicherung ihrer Interessen mußte sie meist reine

Machtpolitik betreiben. Dennoch — oder vielleicht gerade deshalb — wurde in der offiziellen Politik der DDR (und auch der SU) die Fiktion von der glücklichen Sowjetgesellschaft vor allem in den vierziger und fünfziger Jahren in immer wieder neuen Varianten propagiert.

Ein vorsichtiges Umdenken setzte erst seit Chruschtschows Stalinismus-Kritik ein. Auch wenn sie sich auf Grund der alliierten Nachkriegsentscheidungen über Deutschland und im Gefolge der Spaltung in der sowjetischen Einflußsphäre einzurichten hatten, orientierten sich die Ostdeutschen in der gesamten DDR-Zeit wohl mehrheitlich sowohl nach Osten als auch nach Westen und entwickelten spezifische Strategien, um mit ihrer zwiespältigen Situation zwischen den Welten fertig zu werden.[7] Historische Prägung und daraus erwachsenes Selbstverständnis sowie die jeweiligen konkret-historischen Umstände veranlaßten sie zu immer neuen Vergleichen mit westlichen Daseinsbedingungen und Modernisierungserfolgen, zu denen ja nicht zuletzt nichtmarktwirtschaftliche Sozialtechnologien gehörten. Damit existierte ein gewisses Gegengewicht gegen allzu umfängliche sowjetisch-stalinistische Überformungen, zugleich entwickelte sich eine gewisse Blindheit gegenüber den Alltagsanforderungen westlicher Systeme.

Während der Mehrheit der Bevölkerung die dezidierte Hinwendung zum Vorbild Sowjetunion von den öffentlichen Sozialisationsinstanzen unter Einsatz aller volkserzieherischen Mittel anempfohlen wurde, nahm das Interesse am Gang der Dinge im Westen vornehmlich in Eigeninitiative zu und konterkarierte insbesondere solche sowjetisch-sozialistischen Kulturvorstellungen, die mit Verständnislosigkeit und Ablehnung auf die industrielle Massenkultur im Westen und die damit verbundenen Individualisierungsprozesse reagierten.

Probleme taten sich indes auch für manche derjenigen auf, die sich aus politischer Überzeugung zur DDR und zur Sowjetunion bekannten. Nach dem Zweiten Weltkrieg hatten sich insbesondere die Sozialismushoffnungen

---

7 Eine zwischen 1950 und 1960 von einer 1935 geborenen weiblichen Person angelegte Filmprogrammsammlung, die deren damalige Filmbesuche (lückenlos?) dokumentiert, zeigt folgendes: Bei den 164 durch ein Programmheft ausgewiesenen Filmen handelte es sich um 41 DEFA-Produktionen, 32 bundesdeutsche, 23 französische, 23 italienische, 8 englische, 6 amerikanische und 3 schwedische Filme sowie 1 indischen und 1 mexikanischen Streifen. Aber nur 14 sowjetische Spielfilme sind dokumentiert, darunter vor allem die »Tauwetter«-Filme der späten fünfziger Jahre. Quelle: Privatarchiv der Autorin.

der deutschen Kommunisten, aber auch vieler anderer Kapitalismuskritiker auf die Sowjetunion gerichtet, die nach der Barbarei des Faschismus eine Restauration der alten bürgerlichen Gesellschaft nicht mehr für möglich oder wünschenswert hielten und glaubten, mit Hilfe dieses großen Landes eine friedliche, demokratische und sozial gerechte deutsche Gesellschaft aufbauen zu können.

Konfrontiert mit dem stalinistischen Sozialismusmodell, seinen Unterdrückungspraktiken, Demokratiedefiziten und gegenmodernen Strukturen gerieten jedoch die Prüfenden und Fragenden unter ihnen immer wieder in eine Zwickmühle, denn jedes laute und öffentliche Nachdenken über einen besseren, moderneren demokratischen Sozialismus widersprach stalinistisch-sozialistischem Selbstverständnis und konnte für den einzelnen unabsehbare Folgen haben.

Wie und wann jedoch diese Grundproblematik von den unterschiedlichsten sozialen und politischen Gruppierungen wahrgenommen, durchschaut und verarbeitet wurden, welche Bewertung in diesem Zusammenhang die durch Nachkriegsentscheidungen, aber ebenso eigene deutsche Kriegserfahrungen und Sozialismuserwartungen zustandegekommene Bindung an die Sowjetunion erfuhr, wie sich überhaupt die Sowjetunion- und Rußlandbilder im Kontext zu den Gesellschaftsvorstellungen der Ostdeutschen generations- und schichtenspezifisch , aber auch verschieden je nach politischer Grundüberzeugung oder auch nur Intensität der Wahrnehmung des Anderen entwickelten, darüber lassen sich derzeit noch keine exakten, durch umfängliche empirische Untersuchungen abgesicherte Aussagen machen.

Zumindest in Ansätzen war sich die KPD-Führung 1945 immerhin des unterschiedlichen Entwicklungsstandes beider Länder bewußt und suchte den deutschen Ausgangsbedingungen, zu denen nicht zuletzt die faschistische Vergangenheit gehörte, mit der Konzipierung eines besonderen deutschen Weges zum Sozialismus zu entsprechen, der allerdings nicht als grundsätzliche Absage an den Stalinismus zu verstehen ist, denn zeitweilig befürwortete selbst Stalin die Betonung nationaler Besonderheiten.[8] Deutsche Emigranten hatten sich in der Sowjetunion aber oftmals auch mit Alltagswelten konfrontiert gesehen, die sich erheblich von ihren eigenen, industriegesellschaftlich geprägten Herkunftmilieus unterschieden, und mußten diese Wahrnehmun-

---

8 A. Ackermann, Gibt es einen besonderen deutschen Weg zum Sozialismus?, in: Einheit 1946, Heft 1, S. 23-30.

gen nun in ihr Weltbild einordnen.⁹ Offensichtlich standen hinter gewissen konzeptionellen Neuansätzen eher diese individuellen Erfahrungen mit der historisch bedingten Zurückgebliebenheit vieler sowjetischer Völkerschaften, mit den ökonomischen wie sozialkulturellen Problemen des Stalinismus und den daraus resultierenden unvorstellbar schwierigen Lebensverhältnissen der Sowjetgesellschaft. Die Rezeption der Marxschen Theorie, daß ein sehr hoher Entwicklungsgrad der gesellschaftlichen Produktivkräfte wichtigste historische Voraussetzung für das Gelingen einer sozialistischen Revolution sei, war dabei weniger entscheidend, denn dies hätte bedeutet, die Oktoberrevolution, ihre Bedeutung und ihre Wirkungen insgesamt in Frage zu stellen.¹⁰

Die Unterentwicklung vieler Regionen der Sowjetunion wurde — durchaus berechtigt — als Hinterlassenschaft einer wechselvollen Geschichte und des Zarismus angesehen. Daß jedoch die in Angriff genommene Überwindung dieses Erbes nach 1917, die wohl eher als ›nachholende Modernisierung‹ zu bezeichnen wäre, bedenkenlos zum Inhalt der sozialistischen Revolution, insbesondere der sozialistischen Kulturrevolution, umgedeutet wurde, wie etwa die Alphabethisierung der ungefähr 80 Prozent Lese-und Schreib-

---

9 »Aus der eigenartigen Lebensweise im Dorf erwuchsen für uns Probleme, an die wir nicht im Traum gedacht hätten«, berichtet der Teilnehmer einer Gruppe von Deutschen, die in den dreißiger Jahren zum Studium nationaler Fragen in ein armenisches Bergdorf geschickt worden waren. »Wir wurden im Schulhaus untergebracht. Dieses Gebäude hatte nur einen einzigen Raum mit einer Tür und einem Fenster. Außer einer Strohschicht an den Wänden war der Raum total leer. Wir guckten etwas betreten drein, doch was half es... Verrückt wurde es am Abend, als sich die gesamte Dorfjugend, auch die reifere Jugend fehlte nicht, vor unserem Fenster versammelte, um zuzuschauen, wie wir uns auszogen und schlafen legten. Als jemand auf die Idee kam, ein Handtuch quer über das Fenster zu hängen, stellten sich die Zuschauer einfach höher oder öffneten die Tür. Das Problem löste die resolute Elli Schmidt (Ehefrau Anton Akkermanns E.B.). ›Also Genossen, das scheint hier so üblich zu sein, da machen wir eben mit, ziehen uns aus und gehen schlafen.‹ Es klappte ... Schlimmer war, daß es keine Toiletten gab. So etwas war völlig unbekannt ... ›Und wo erledigt ihr eure Bedürfnisse?‹ wollte ein Genosse wissen. ›Im nächsten Bach‹, war die lakonische Antwort.« *G. Grünberg*, Kumpel, Kämpfer, Kommunist, Berlin 1977, S. 146f.
10 Wolfgang Leonhard hat kürzlich zu Recht auf die Verdrängung solcher Äußerungen in der ideologischen Praxis der DDR hingewiesen. In internen Gesprächen und Diskussionen ostdeutscher Intellektueller sind jedoch die von ihm benannten Probleme zumindest seit dem XX. Parteitag der KPdSU zunehmend artikuliert worden. *W. Leonhard*, Die unbekannten Klassiker. Marx und Engels in der DDR, in: Deutschland-Archiv 1995, S. 709-720.

unkundigen, die selbstverständlich eine bedeutsame kulturelle Leistung darstellte, verkehrte aber die Marxschen Auffassungen ins Gegenteil.[11]

Hatte Lenin noch öffentlich über die Rückständigkeit Rußlands und mögliche Wege zu ihrer Überwindung nachgedacht, ging Stalin Ende der zwanziger/Anfang der dreißiger Jahre dazu über, Ursachen für Rückstände und schwierige Lebensverhältnisse im sich angeblich gesetzmäßig verschärfenden Klassenkampf zu sehen und Sündenböcke zu suchen. Solche voluntaristischen Deutungsmuster verdeckten zunehmend den Blick für die gesellschaflichen Entartungen im Gefolge stalinistischer Willkür.

Deutsche Politemigranten fühlten sich daher immer wieder veranlaßt, neben plausiblen Erklärungen für Unterentwicklung und Armut nach relativierenden Faktoren zu suchen, die insbesondere das sozialistische System von Schuldzuweisungen entlasteten. Dennoch blieben sie sich wohl der Divergenzen im Hinblick auf ihr Herkunftsland bewußt. Faschismus und Zweiter Weltkrieg erschwerten allerdings geistige Klärungsprozesse.

So schrieb beispielsweise Ende 1942 der Kulturpolitiker Alfred Kurella nach Propagandaeinsätzen im Frontbereich an seine Frau:

»Schlimm zu sehen ist, wie es Goebbels gelungen ist, aus dem Erlebnis des Aufenthalts in den zerschossenen und leeren Dörfern dieses unten an der Dorfbasis wirklich ›fremden‹ Landes ohne WC und zu öffnende Fenster, für die Masse im Hinterland ein Land des Drecks und des stinkenden Grauens zu machen und diese Vorstellung mit ›Bolschewismus‹ zu identifizieren. Das wirkt wirklich kriegsverlängernd, weil es die Wut auf die

---

11 Beeindruckt von der Aufbruchsstimmung und von der Bewegung, die nach 1917 in das stagnierende Russenreich gekommen war, hatten sich auch viele Kulturpolitiker der KPD solche Auffassungen zu eigen gemacht, gerieten damit aber nach 1945 angesichts der sich herausbildenden westlichen Konsumgesellschaften zunehmend in Argumentationsschwierigkeiten bzw. produzierten nun rückwärtsgewandte, romantisierende Fehlurteile über städtische Kultur und Arbeiterkultur. Vgl. z.B. A. Kurellas Aufsatz aus dem Jahre 1930 »Wofür haben wir gekämpft?« und seinen Essay »Der Sozialismus und die bürgerliche Kultur« von 1961, in: A. Kurella, Wofür haben wir gekämpft? Beiträge zur Kultur und Zeitgeschichte, Berlin und Weimar 1975, S. 21-78, 112-173. In letzterem heißt es unter der Überschrift »Was erschwert unsere Aufgaben«: »Zum Unterschied von der Sowjetunion, wo die noch junge Industriearbeiterschaft auch heute noch enge Beziehungen zum dörflichen Milieu bewahrt hat, ist unsere Industriearbeiterschaft zum größten Teil seit Generationen mit dem städtischen Leben verbunden, während zugleich das städtische Leben auch tief ins Land gedrungen ist. Das richtige Streben nach ›Volkstümlichkeit‹ kann sich bei uns deshalb nicht so selbstverständlich auf den Reichtum einer überlieferten Volkskunst stützen, wie es in der Sowjetunion und vor allem in ihren nichtrussischen Unionsrepubliken noch möglich ist«. (S. 148).

›Russen‹ ablenkt und zugleich den Gedanken der ›Kulturmission‹ fördert. Daran werden wir noch lange zu knabbern haben.«[12]

Im Prozeß der innerparteilichen Meinungsbildung über die Kulturpolitik der KPD in Nachkriegsdeutschland spielten solche Überlegungen offensichtlich eine gewisse Rolle. Als Anton Ackermann 1946 den Versuch unternahm, die Kulturauffassung der KPD zu definieren, erklärte er:

»Sie werden mir beipflichten, daß Kultur nur in dieser Einheit [von materiellen und geistigen Gütern, E.B.] zu begreifen ist, denn eine hochstehende Kultur ist nicht nur durch einen hohen Stand der Wissenschaft, Literatur, Kunst und Volksbildung gekennzeichnet, sondern ebenso dadurch, daß die Menschen in menschenwürdigen Wohnungen leben, sich menschenwürdig ernähren und kleiden können und alle Voraussetzungen einer hochstehenden Volkshygiene gegeben sind. So gehört zur Kultur ebenso das Buch und das Kunstwerk wie die Kanalisationsanlage und der Wohnungsbau.«[13]

Natürlich entsprach eine solche kulturpolitische Programmatik auch unmittelbaren Nachkriegsbedürfnissen. Allerdings haben weder Ackermann noch andere Kulturpolitiker, die ja im Grunde weitgehend in stalinistischen Mustern dachten, damals oder später jene Modernisierungstendenzen in westlichen Ländern richtig gesehen und in ihrer längerfristigen Bedeutung für die Individuen erfaßt, die in der Entwicklung der modernen industriellen Massen- und Freizeitkultur ihren Ausdruck gefunden hatten.

Zwar waren Film und Rundfunk als Instrumente politischer und kultureller Massenbeeinflussung akzeptiert, und gerade sowjetische Filme — in den 1940er und frühen 1950er Jahren überwiegend lebensfremde stalinistische Spektakel — sollten die Ostdeutschen auf den rechten sozialistischen Weg bringen. Moderne Kunstrichtungen, Jazz oder westliche Schlagermusik, Jugendkulturen, amerikanische Modetänze und Rockmusik wurden aber zu dieser Zeit nach Shdanowschem Muster fast ausschließlich als dekadente Pseudokultur angeprangert. Wenngleich sich derartige Auffassungen in der ostdeutschen Kulturszene letztlich nicht auf Dauer durchsetzen ließen,[14] waren sie in der öffentlichen Kulturpolitik bis weit in die Endzeit der DDR virulent, und es bedurfte vieler Ansätze, ehe man mit diesen, ja durchaus wider-

---

12 *A. Kurella u. E. Cohn-Vossen*, Der Traum von Ps'chu. Ein Ehebriefwechsel im zweiten Weltkrieg, Berlin 1984, S. 373.
13 *A. Ackermann*, Unsere kulturpolitische Sendung, in: Erste Zentrale Kulturtagung der KPD, Berlin 1946, S. 36f.
14 Die sowjetische Filmoperette »Kuban-Kosaken« und ähnliche Produkte bildeten nun einmal keine lebensfähigen Gegenmodelle.

sprüchlichen kulturellen Erscheinungsformen wissenschaftlich und praktisch umgehen konnte.

Bis zu einem gewissen Grade lernte die DDR aber, sich Modernisierungsanforderungen nicht zu verschließen. Nicht zuletzt trugen dazu die Erfahrungen der vierziger und fünfziger Jahre bei. Zwischen 1947/48 und 1953 erfolgten zweifellos die tiefgreifendsten Sowjetisierungsschübe, und das Maß unsensibler und rigoroser Fremdbestimmung war selbst für den einzelnen recht hoch.

Im Übergang vom Krieg zum Frieden hatte zunächst die Angst vor den Siegern als dominierende kollektive Emotion zu Fluchtbewegungen in Richtung Westen geführt oder Wohlverhalten und Fügsamkeit gegenüber der neuen Macht erzeugt,[15] wozu auch das noch bis in die Tage des Untergangs propagierte faschistische Feindbild vom brutalen ›bolschewistischen Untermenschen‹ beigetragen hatte, in welchem sich alle reaktionären Rußlandbilder der Vergangenheit bündelten. Doch nicht nur KZ-Insassen, auch viele ›Normalbürger‹ erfuhren schließlich den Sieg der Roten Armee als eine Befreiung. Andere brauchten längerfristige Verarbeitungsprozesse, um diesen spezifischen Gewinn der Niederlage des ›Dritten Reichs‹ zu verstehen.

In ihrer Eigenschaft als oberste Regierungsinstanz folgten die Angehörigen der Sowjetischen Militär-Administration in Deutschland bis zu dessen Auflösung den Beschlüssen des Alliierten Kontrollrats formal möglichst korrekt, doch bei der praktischen Umsetzung ließen sie sich oft genug vom defizitären sowjetischen Demokratieverständnis und von ihrer stalinistischen Herrschaftserfahrung leiten. Sie brachten auch ihre gesellschaftspolitischen Konzepte sowie aus sowjetischen Lebensumständen erwachsene mehr oder weniger enge Vorstellungen von Bürgerlichkeit und westeuropäischer Kultur (auch Arbeiterkultur) in ein Land mit, das zwar über eine entsprechende Kulturgeschichte verfügte, aber noch mit seiner faschistischen Vergangenheit rang.

Bald stellte sich in der unmittelbaren Nachkriegszeit jedoch heraus, daß es *die* Russen nicht gab, sondern die Wahrnehmungen differierten. So konnte man auf gut informierte, belesene, humanistischen Idealen verpflichtete Intellektuelle, sachlich und vernünftig handelnde Militärs, in der Hauptsache aber auf neugierige, vom Westeuropaerlebnis beeindruckte junge Menschen meist

---

15 *J. Foitzik*, Einleitung, in: Inventar der Befehle des Obersten Chefs der Sowjetischen Militäradministration in Deutschland (SMAD) 1945-1949, München 1995, S. 34.

bäuerlicher Herkunft treffen, die glücklich waren, diesen mörderischen Krieg überlebt zu haben, aber eben auch auf viele Plünderer, Trunkenbolde und Vergewaltiger oder verbohrte Stalinisten. Doch Suppe austeilende Soldaten existierten ebenfalls.

Bis in die Gegenwart produzieren die unterschiedlichen Wahrnehmungen auch unterschiedliche Fremdbilder, insbesondere bei den Angehörigen der Kriegs- und Aufbaugenerationen. Selbst die noch immer kontrovers geführte Diskussion um die Frage Befreiung oder Niederlage ist davon beeinflußt.

Trotz erster Verständigungen zwischen Menschen beider Seiten nahmen 1946/47 vornehmlich wegen der sich verschlechternden wirtschaftlichen Lage antisowjetische Stimmungen wieder zu, so daß Vertreter der Sowjetischen Militäradministration wie Tulpanow zu Recht gründlichere Auseinandersetzungen mit »ihrem Wesen nach rasse-orientierten Deutungen« des russischen Menschen forderten zuleich aber unmißverständlich erklärten: »Für Deutschland und die ganze Welt gilt als Prüfstein der Ehrlichkeit und der Konsequenz eines jeden Demokraten, ich sage schon nicht von denen, die sich Sozialisten nennen, sein Verhältnis zur Sowjetunion.«[16]

3. Verarbeitung und Verdrängung

Zur Besänftigung der Stimmung wurde nicht nur das Alexandrow-Ensemble nach Berlin beordert. Unter dem von Rudolf Herrnstadt geprägten Motto »Über die ›Russen‹ und über uns« initiierten 1948 die Organisationen der Gesellschaft zum Studium der Kultur der Sowjetunion auch öffentliche Gespräche, in denen die historische Bedeutung der Sowjetunion erörtert wurde, deren Teilnehmer aber mit gebotener Zurückhaltung auch alle die zeitgenössischen Erlebnisse der Bevölkerung thematisierten, welche die unmittelbaren Beziehungen zwischen den Deutschen und der sowjetischen Besatzungsmacht schwierig gestalteten — die Massenvergewaltigungen, Plünderungen, willkürlichen Inhaftierungen und anderen Übergriffe, die Ungeklärtheit der Kriegsgefangenenrückführung, nicht zuletzt die Demontagen und Reparatio-

---

16 Ansprache von Oberst Prof. S. Tulpanow, in: Der erste Bundeskongreß. Protokoll der ersten Bundeskonferenz des Kulturbundes zur demokratischen Erneuerung Deutschlands am 20. und 21.Mai 1947 in Berlin, Berlin 1947, S. 159.

nen.[17] Der Mut zum vorsichtigen Artikulieren von Negativerfahrungen widerspiegelte einerseits das Gewicht dieser Erlebnisse und die kollektive Enttäuschung derer, die bereit waren, die Sowjetsoldaten als Befreier zu akzeptieren. Das Auflisten sowjetischer Vergehen diente aber wohl ebenso dazu, sich — bewußt oder unbewußt — vom schlechten Gewissen zu entlasten und die eigene Verstrickung in nationalsozialistische Vergangenheit und deutsche Kriegsschuld zu relativieren.

Unausgesprochen stand aber schon das sowjetische Sozialismusmodell zur Debatte, das auf die Ostzone zu übertragen sich vor allem in der kommunistischen Arbeiterbewegung sozialisierte Arbeiterfunktionäre im Bunde mit SMAD-Vertretern zu diesem Zeitpunkt gerade anschickten.

Einem solchen brisanten Problemgeflecht zeigten sich damals weder die Initiatoren der genannten Veranstaltungen noch die Vertreter der Sowjetischen Militär-Administration oder gar die ostdeutschen Spitzenpolitiker gewachsen, so daß die offene und ehrliche Diskussion über diese Fragen letztlich doch abgewürgt und kanalisiert wurde. Am Ende dominierten Behauptungen, daß Berichte über Hunger in der Sowjetunion amerikanische Erfindungen seien, und Herrnstadt empfahl als Mittel der Problembewältigung das Studium der »Geschichte der KPdSU«.[18]

Damit blieben diese Disputationen ein wenig gelungener Versuch, im Ostteil des nachfaschistischen Deutschland auf öffentlichen Foren in demokratischer Aussprache den schwierigen Umgang mit Fremdheit und anderen Kulturen ganz allgemein, mit der eigenen Vergangenheit sowie mit dem zeitgenössischen Sozialismus zu proben und zugleich den konkreten Alltag der Beziehungen zur Sowjetunion und ihren Soldaten, den Siegern, Befreiern, Besatzern und künftigen Bündnispartnern zu behandeln.

Nicht zuletzt hatten die Zeitumstände — der Bruch der KPdSU mit Tito, die diesem folgenden stalinistischen Säuberungen in Osteuropa und erneute Verhaftungen sowie breit angelegte Sowjetisierungskampagnen in der SBZ selbst, aber auch der Kalte Krieg mit seinen Schwarzweißbildern und sich ausbreitendem Weltanschauungschauvinismus, eine enorme Abschreckungs-

---

17 »Ich bin ein alter Arbeiter hier geworden und die Maschinen, all das was hier weggeholt wurde ... ich habe damals an einen Abend geheult, richtig geheult«. *E. Claudius,* Arbeit, Kritik, Hoffnung. Hennigsdorfer Eindrücke. Reportage, in: Deutschlands Stimme 15.08.1948.

18 *R. Herrnstadt,* Über die ›Russen‹ und über uns. Diskussion über ein brennendes Thema, o.O u.J. (Berlin 1948).

und Disziplinierungswirkung. Von nun an galt das sowjetische Modell des Sozialismus allgemein als verbindlich und wurden heikle Probleme, etwa Suche nach Alternativen, vorsichtige System- und Stalinismuskritiken oder selbst harmlosere interkulturelle Konflikte und Mißverständnisse lieber unter den Teppich gekehrt bzw. gerieten in den Geruch des Sakrilegs. ›Besondere deutsche Wege‹ wurden zurückgedrängt. Mit ihnen verlor auch ein Kulturbegriff lange Zeit an Bedeutung, der indirekt in Frage stellte, daß die in der Sowjetunion anzutreffenden Lebensverhältnisse bereits seit Ende der dreißiger Jahre (Annahme der Stalinschen Verfassung) als sozialistische deklariert wurden.

In der gesellschaftlichen Öffentlichkeit erschien das deutsch-sowjetische Beziehungsgefüge kaum noch aus der Ist-, sondern vor allem aus der sozialistischen Soll-Perspektive. Das Verhältnis zur Hegemonialmacht wurde faktisch ritualisiert und verkam in vieler Hinsicht — ob bei großen Staatsakten oder kleinen Betriebsmanifestationen — zum Austausch leerer Floskeln und stereotyper Erklärungen.

Der willkürliche, unehrliche Umgang mit realsozialistischen Wahrheiten und damit die Unfähigkeit zur kritischen Selbstthematisierung hat die sozialistischen Gesellschaften trotz Entstalinisierunsanstrengungen und interner Reformbemühungen (etwa nach dem XX. Parteitag der KPdSU und zu Perestroika-Zeiten) bis in ihre Endzeit begleitet, aber letzten Endes kontraproduktiv gewirkt. Das Volk verarbeitete nämlich schamhaft Verschwiegenes oder Erfahrungen mit den ›Freunden‹ wie überhaupt das schwierige Miteinander auf seine Weise.

Die Reaktionen industrieerfahrener deutscher Arbeiter nicht im mindesten bedenkend, stellten etwa Anfang der fünfziger Jahre Parteileitungen fest, daß die Einführung sowjetischer Neuerermethoden abgelehnt und behindert würde,[19] oder sie kritisierten, daß Wissenschaftler in ungenügender Weise Stalins Werke auswerteten, und forderten hartes Durchgreifen. Kulturpolitiker und

---

19 So führte man beispielsweise Probleme mit dem Zugverkehr in der hallischen Industrieregion vornehmlich darauf zurück, daß weder nach der Mamedow-Methode, noch nach der Lokpflegemethode Lunin, dem Bataisker Verfahren, der Losinski-Opitz-Methode oder den Anweisungen Blashenows gearbeitet wurde. Stellungnahme des Sekretariats der Bezirksleitung der SED im Bezirk Halle zu den Ursachen der Nichterfüllung des Volkswirtschaftsplanes 1952 durch die Tätigkeit feindlicher Elemente und das versöhnlerische Verhalten leitender Funktionäre in der Reichsbahndirektion Halle, in: Freiheit. Mitteldeutsche Tageszeitung vom 11. Februar 1953.

Kulturarbeiter beklagten den schlechten Besuch sowjetischer Filme.[20] Damit sind indirekt Widerständigkeiten benannt, die unter anderem sogar zum Aufstand vom 17.Juni 1953 führten. Daß diese Rebellion von sowjetischen Panzern unterdrückt wurde, wirkte insbesondere bei den Zeitgenossen lange nach, wenngleich in unterschiedlicher Weise.

Zu den alltäglichen Verarbeitungsformen gehörte nicht zuletzt der politische Witz, der allerdings nicht nur politische Tabuthemen aufgriff und sich über Sowjetisierungskampagnen lustig machte, sondern auch reaktionäre und diskriminierende Rußlandbilder fortschleppte.[21] Demzufolge ist die Annahme berechtigt, daß »die im Nationalsozialismus potenzierte Mentalität einer prinzipiellen kulturellen Überlegenheit der Deutschen gegenüber dem ›slawischen‹ bzw. ›asiatischen‹ Osten ... unter dem Dach der offiziellen Freundschaftspropaganda« in »sozialistisch verbrämter Form überdauern konnte«.[22]

Überhaupt sollten deutsch-sowjetische Grundbefindlichkeiten möglichst im Kontext zur Aufarbeitung der nationalsozialistischen Vergangenheit untersucht werden; denn die ostdeutsch-sowjetischen Nachkriegsbeziehungen waren in erheblichem Maße durch die Tatsache überschattet, daß das faschistische Deutschland gegen die Völker Osteuropas und nicht zuletzt gegen die Russen einen erbarmungslosen Ausplünderungs- und Ausrottungskrieg geführt hatte, dessen Wunden bis heute nicht verheilt sind. Zwar gab es über die Jahrhunderte hinweg nie so etwas wie eine Erbfeindschaft zwischen beiden Ländern, dennoch organisierten die Deutschen gegen Rußland und andere Völker der Sowjetunion den brutalsten Krieg ihrer Geschichte. An den dabei verübten Greueltaten war auch der ›kleine Mann‹ beteiligt. Die Bevölkerung der Sowjetischen Besatzungszone befand sich demzufolge gegenüber ihrer Siegermacht in einer gänzlich anderen Situation als etwa ihre Landsleute im Westen gegenüber den Amerikanern. Nahezu allein hatte sie nun die fast 27 Millionen Toten zu verantworten, die der deutsche Überfall auf die Sowjetunion zur Folge gehabt hatte, denn in den Westzonen knüpfte man

---

20 Probleme an der Kinokasse. Leserbrief einer Leipziger Kinokassiererin, in: Neue Film-Welt, Heft 5, 1950.
21 *H. u. K.-D. Schlechte* (Hg.), Witze bis zur Wende. 40 Jahre politischer Witz in der DDR, München 1991, S. 73ff.
22 *J. Danyel*, Die geteilte Vergangenheit, in: J. Kocka (Hg.), Historische DDR-Forschung, Aufsätze und Studien, Berlin 1993, S. 140.

nach Ausbruch des Kalten Krieges zunächst wieder relativ unreflektiert an antibolschewistische Rußlandbilder früherer Zeiten an.[23]

Breite Schichten der DDR-Bevölkerung indes verspürten im unmittelbaren Kontakt mit den Betroffenen und angesichts der angerichteten Verwüstungen, die ihnen auf vielfältige Weise verdeutlicht wurden, ehrliche Schuldgefühle, revidierten Feindbilder, setzten auf Völkerverständigung und erbrachten — gewollt und ungewollt — beachtliche Wiedergutmachungs- und Versöhnungsleistungen gegenüber den Völkern des Ostens.

Scham und Schuld blockierten indes auch die kritische Sicht auf stalinistische Zumutungen. Aber auch manche exaltierte Sowjetbegeisterung hatte wohl in solchen Gefühlen ihre Ursache, etwa wenn heimkehrende Kriegsgefangenengruppen gelegentlich enthusiastisch von ihren sowjetischen Brüdern und Schwestern sprachen, an deren Seite sie unter der roten Fahne in die letzte Schlacht gegen den Imperialismus ziehen wollten.[24]

Doch sind solche kulturellen Ausdrucksformen heimkehrender Soldaten wohl eher mit dem von Volkskundlern geprägten Begriff »Durchgangskultur«[25] zu beschreiben oder waren ein Stück Überlebensstrategie. Als prägend erwiesen sich in vielen Fällen eher die Erlebnisse von Kriegsgefangenen mit den ›einfachen‹ Russen, das Erfahren ihrer Hilfsbereitschaft und Kollegialität, ihrer Armut und ihrer Leiden. Daraus war häufig sogar eine Art Solidaritätsbewußtsein entstanden.[26]

Doch vieles verlief widersprüchlicher. Nicht wenige der aus dem sowjetischen Exil zurückkehrenden Arbeiterfunktionäre brachten nach dem Krieg ebenso wie die Antifa-Schüler aus den Reihen der deutschen Wehrmacht neben humanistisch-antifaschistischen Grundeinsichten auch Prinzipien eines bis zur Unkenntlichkeit stalinistisch verhunzten Marxismus mit nach Deutschland, so daß in dieser Hinsicht durchaus von einer Sowjetisierung resp. Stalinisierung der Köpfe gesprochen werden kann. Sowjetische Instanzen drängten übrigens wiederholt darauf, möglichst viele dieser Heimkehrer in

---

23 Vgl.z.B. die Reproduktionen und Faksimiles in: *D. Vorsteher* (Hg.), Deutschland im Kalten Krieg 1945 bis 1963, Katalog zur Ausstellung des Deutschen Historischen Museums im Zeughaus Berlin, Baustein 9, Berlin 1992.
24 Vgl. Berichte über eine Heimkehrerweihnachtsfeier in Erfurt (1948). Thüringisches Hauptstaatsarchiv, Min. d. Innern, Nr. 3680, Bl. 33ff.
25 *A. Lehmann*, Gefangenschaft und Heimkehr. Deutsche Kriegsgefangene in der Sowjetunion, München 1986, S. 127.
26 Ebd, S. 97.

Funktionen einzusetzen.[27] Auch andere Aufsteiger aus der Aufbaugeneration der DDR, denen es zunächst an Bildung und Professionalität mangelte, griffen gern zu vulgarisierten gesellschaftswissenschaftlichen Thesen und Handlungsangeboten respektive -geboten stalinistischer Prägung und bedienten sich sowjetischer Autoritätsbeweise. So manche Hirnrissigkeit und viele Menschenrechtsverletzungen vor allem der frühen DDR-Jahre sind damit zu erklären.

Inwieweit die dogmatisierte und vulgarisierte sozialistische Ideologie und ihre oft quasi-religiöse Handhabung in den realsozialistischen Länder zur Sowjetisierung beitrug, oder ob sie im Laufe der Zeit nicht eher kritische Fragen provozierte, muß noch genauer hinterfragt werden.

Noch ungeklärt ist ebenfalls, inwieweit das Bestreben, stalinistische Sozialismusvorstellungen auch in der DDR von oben nach unten durchzusetzen und eine dem sowjetischen Modell ähnelnde Gesellschaft zu konstruieren, unter Umständen doch die Herausbildung vergleichbarer Verhaltenstypen zur Folge hatte. Zumindest wird man darüber nachdenken müssen, ob nicht beispielsweise in der Aufbauphase der DDR eine verhaltensprägende Aneignung solcher Normen und Werte der sowjetischen bzw. marxistisch-leninistischen Sozialismusauffassung erfolgte, die dem einzelnen eine weitgehende Zurückstellung eigener Interessen und Wünsche im Dienste des Wiederaufbaus und die bedingungslose Ergebenheit für ›die Sache‹ abforderten, zumal sich solche Verhaltensanforderungen mit Traditionen der protestantischen Arbeitsethik und den sogenannten deutschen Tugenden und Pflichtwerten sehr gut in Verbindung bringen ließen. Oder haben sich eher gleichartige Strategien des Unterlaufens bzw. Ausnutzens realsozialistischer Anforderungen und Zumutungen entwickelt? Oder trifft beides zu?

Literarisches Zeugnis heroischer Aufbauleistungen und eines bis zur Selbstbeschädigung getriebenen jugendlichen Enthusiasmus war übrigens Nikolai Ostrowskis Roman »Wie der Stahl gehärtet wurde«, der vielen Angehörigen der DDR-Aufbaugeneration tatsächlich als moralische Richtschnur

---

[27] »Es gibt in der Republik 18.000 Kriegsgefangene, die in der UdSSR antifaschistische Schulen beendet haben. Durch eine Nachprüfung ist festgestellt worden, dass im Lande Sachsen von 5.130 Kriegsgefangenen für gesellschaftlich-politische Arbeit etwa über 500, d.i. 1/10 und in Sachsen-Anhalt 350 von 3.000 Kriegsgefangenen verwertet worden sind.« Bericht Semjonows vom 24.1.1950, in: *R. Badstübner u. W. Loth* (Hg.), Wilhelm Pieck. Aufzeichnungen zur Deutschlandpolitik 1945-1963, Berlin 1994, S. 331.

diente, zumal er insbesondere für Jugendliche in Schule und FDJ zur Pflichtlektüre erhoben worden war. Das macht auf Generationsspezifika aufmerksam.

Doch Varianzbreite und Wirkungen grenzüberschreitender Kultur-und Alltagsbeziehungen sind in ihrer extremen Widersprüchlichkeit eben noch längst nicht hinreichend erforscht, um hierzu gültige Antworten geben zu können. Soldaten-, Kriegsgefangenen-, Emigranten- oder Stalinopfererfahrungen vor 1945, Internierungslagererlebnisse nach 1945 und spätere Reise- bzw. Studienerfahrungen, gemeinsame Arbeit von Angehörigen beider Staaten an bilateralen Projekten oder die Alltagspraxis des Militärbündnisses stehen fast unvereinbar nebeneinander und sind wohl nur in dieser Dissonanz zu beschreiben. Und auch der Alltagsatmosphäre in der Umgebung sowjetischer Garnisonen kommen heimatgeschichtliche Studien erst jetzt auf die Spur.

Ebenfalls zu berücksichtigen ist, daß der Realsozialismus von vielen diesseits und jenseits der Grenzen als Lebensbedingung gewollt und akzeptiert wurde. Unterordnung unter ›die Sache‹ konnte daher insbesondere in den Hochzeiten des Kalten Krieges auch eine Art Wir-Gefühl, eine Lager- und Wagenburgmentalität entstehen lassen sowie eine keineswegs nur negativ zu beurteilende besondere Dimension gesamtgesellschaftlichen und globalen Denkens.

Wo sich Menschen bei direkter Begegnung gegenseitig vorurteilslos wahrnahmen und in ihren alltäglichen Daseinsbedingungen und -nöten näher kennenlernten, sind wohl nicht nur die ehrlichsten Bilder voneinander entstanden, sondern es entwickelten sich oft engere freundschaftliche Beziehungen. Sogar gemeinsame Probleme und Sichtweisen wurden deutlich. Mit den stalinistischen Verbrechen und den Defiziten des Realsozialismus waren die kleinen Leute in beiden Ländern konfrontiert, wenngleich in sehr unterschiedlichem Ausmaß. Daß im Namen des Sozialismus unzählige Männer und Frauen umgebracht worden waren, gehörte dabei zu den bittersten Wahrheiten, die zu verarbeiten waren.

Zugleich stellte sich aber heraus: Auch in der Sowjetunion blickte man sehnsüchtig nach dem Westen. Selbst die DDR war in sowjetischen Augen ein westliches Land mit hoher Lebensqualität. Im Gefolge erweiterter Reisemöglichkeiten und anderer Formen wechselseitiger Wahrnehmung bildete sich daher etwa seit den 1960er Jahren ein neues ostdeutsches Selbstverständnis heraus, eine Art Selbstbestätigung, die sicherlich DDR-stabilisierend wirkte, aber auch Überlegenheitsgefühle förderte und zwar auf allen Ebenen der Gesellschaft.

4. Schluß

Die genannten Sachverhalte widerspiegeln das den Ostdeutschen zu DDR-Zeiten erreichbare Verhältnis zur Welt und zu fremden Ländern, das ihre individuellen Erlebniswelten, Sicht- und Handlungsweisen begrenzte und zugleich prägte. Elemente von Sowjetisierung sind dabei ebenso auszumachen wie die Ost-West-Spannungen, denen die ostdeutschen Kulturen und Lebensweisen ausgesetzt waren. Ehe jedoch wirklich gültige Aussagen zu Kontinuität und Wandel des deutsch-sowjetischen Mit-, Neben- und wohl auch Gegeneinanders aus alltags- und kulturhistorischer Sicht möglich sind, bleibt noch viel zu tun.

Nicht nur, daß auch weiterhin unter stadialen Aspekten nach Strukturen, Inhalten und Effekt deutsch-sowjetischer Kulturarbeit zu fragen ist sowie nach den Gründen für das Auf und Ab des Publikumsinteresses an sowjetischen Filmen, Büchern, Dramen, Zeitungen und Zeitschriften, Wissenschaftsleistungen, Theater- und Ballettaufführungen, Konzerten, Volkskunstensembles und Ausstellungen. Der kulturellen Erfahrung des alltäglichen Umgangs mit Moskwitsch, Saporoshez und Lada, Taigatrommel (schwere sowjetische Diesellok), Russenuhren, Soljanka, Krimsekt und Moskauer Wodka, IL 18 und TU 104 oder einer bestimmten Art von Architektur wird ebenso nachzuspüren sein wie den Reiseerlebnissen in Leningrad, im Kaukasus oder am Schwarzen Meer.

Noch wissen wir nahezu gar nichts über die sozialen und kulturellen Erfahrungen sowie prägenden Erlebnisse der ostdeutschen Auslandsstudentinnen und -studenten in Moskau, Leningrad oder anderswo, über das Alltagsleben ostdeutscher Wissenschaftler in Dubna und anderen wissenschaftlichen Einrichtungen der Sowjetunion, über die Wahrnehmungen der mehr als 10.000 Mitglieder von FDJ-Brigaden, die an der Erdgasleitung »Drushba-Trasse«, der Baikal-Amur-Magistrale (BAM) und anderen Großprojekten eingesetzt waren.

Wie Arbeiter und Arbeiterinnen etwa den Austausch von Arbeitskollektiven erlebten und verarbeiteten, erfuhr man gemeinhin nur aus sterilen Pressemeldungen, dabei wären offene Diskussionen gewiß nützlicher gewesen.

Und was das Pflichtfach Russisch betrifft, so ist noch keineswegs sicher, was es denn gebracht hat; gute Sprachkenntnisse wohl in den seltensten Fällen, aber vielleicht doch ein waches Interesse am Schicksal dieser Länder des Ostens, Verständnis für ihre Kulturen [28] und nicht zuletzt für ihre gegenwärtig überaus schwierige Lage — sowie manche freundliche Erinnerung an sogenannte Drushba-Feste und Samowarabende.

Überhaupt zeichnet viele Ostdeutsche eine gewisse Sensibilität für osteuropäische Probleme aus. So haben sich etwa seit den sechziger Jahren engagierte Verlage und andere Kultureinrichtungen der DDR verstärkt um eine solche geistige Öffnung nach Osten bemüht, die den kritischen Blick auf die sowjetische Wirklichkeit sowie auf allgemeine Probleme des Realsozialismus nicht verstellte, der DDR-Bevölkerung aber auch Alltagskulturen und Werte der osteuropäischen und asiatischen Völker auf eine Weise nahebrachte, die eine verstehende Sicht auf das Anderssein beförderte. Bei aller Widersprüchlichkeit des seit 1945 Geschehenen verfügen daher die Ostdeutschen im Hinblick auf die Nachfolgestaaten der Sowjetunion über ein beträchtliches kulturelles Kapital, das sinnvoll genutzt werden sollte.

---

28 Das erste Russisch-Lehrbuch der SBZ wurde von Wolfgang Steinitz zusammengestellt, der — Volkskundler und Linguist in einem — zeitweilig auch landeskundliche Publikationen für pädagogische Zwecke herausgab.

IV.
Kultur

Michael Ermarth

›Amerikanisierung‹ und deutsche Kulturkritik 1945-1965
Metastasen der Moderne und hermeneutische Hybris

»Wir müssen mit der Tatsache leben, daß unser Jahrhundert amerikanisch geworden ist und daß selbst Russen und Chinesen leben möchten wie Amerikaner.« *Joachim Besser*, 1963.[1]

»Der wahre (das ist der produktive) Deutsche ist dann immer noch eher Bakunist als Amerikanist. Laßt Euch darüber nicht täuschen.« *Carl Schmitt*, 1948.[2]

»So billig und ungeprüft oft Schlagworte wie Vermaßung, Entseelung, Mechanisierung, Rationalisierung, Nivellierung angewandt werden, die mit diesen Begriffen etikettierten Tatbestände sind uns geläufig. Ob sie mit diesen Begriffen richtig interpretiert sind, stehe dahin.« *Karl Korn*, 1962.[3]

»Where everything is bad, it must be good to know the worst.« *F.H. Bradley*, zitiert bei Theodor Adorno, 1951.[4]

In seiner neuen Studie »Von deutschen Mythen: Rückblick und Ausblick« (1995) erwähnt Christian Graf von Krockow en passant »die oft registrierte und nicht selten beklagte ›Amerikanisierung‹ der Bundesrepublik«. Angesichts der Virulenz des Begriffes »Amerikanisierung« in den gegenwärtigen heftigen Identitätsdiskussionen klingt das Prädikat »oft registrierte und nicht selten beklagte« wie eine nüchterne Untertreibung — wahrscheinlich um Tendenzen fieberhafter Aufbauschung entgegenzuwirken. Obwohl Krockow die »beklagte Amerikanisierung« nicht explizit als ein Hauptbeispiel deutscher Mythen anführt, erscheint dieser Schluß vielerseits bestätigt. Fast könnte man sagen, daß die ›Amerikanisierung‹ Deutschlands noch immer als ›ur-moderner‹ Mythos fungiert, dessen Januskopf in doppelte Zeitrichtung

---

1   J. *Besser*, Wofür zu leben lohnt. Ketzereien eines Europäers, Düsseldorf 1963, S. 62.
2   C. *Schmitt*, Glossarium, hg. v. E. v. Medem, Berlin 1991, S. 148.
3   K. *Korn*, Sprache in der verwalteten Welt, München 1962, S.10.
4   T. W. *Adorno*, Minima Moralia, Berlin 1951, S. 103.

gewendet ist und sowohl zurück- als auch vorausschaut.[5] Der ›Kronjurist‹ der NS-Zeit Carl Schmitt bemerkte 1948: »In der Geistesgeschichte gibt es gewisse Urangruben.«[6] Diese Bemerkung trifft genau auf die Vielschichtigkeit und unerschöpfliche ›Radio-Aktivität‹ unseres Themas zu.

Das Thema »Amerikanisierung« in der Nachkriegszeit auf wenigen Seiten zu behandeln, zwingt eine gewisse ›Selbst-Amerikanisierung‹ als Auslegungsstrategie auf. Es ist aber zu hoffen, daß dieser Essay weder zu hektisch-oberflächlich noch zu schematisch und ›taylorisiert‹ erscheinen wird. Der deutsche Begriff der »Amerikanisierung« — ob als streng-analytische Kategorie (wie bei Max und Alfred Weber), als himmelsstürmende Kampfparole (wie bei Adolf Hitler, Oswald Spengler, Giselher Wirsing oder Wilhelm Pieck) oder als trist-poetisches, all-umfassendes Klischee (wie bei Gottfried Benn und Martin Heidegger) — bleibt noch immer zu wichtig, um reduktionistisch behandelt, grob plakatiert oder schlichtweg auf ›amerikanisierte‹ Weise angepackt zu werden.

Es ist auffällig, daß der Begriff »Amerikanisierung« als Forschungskategorie bei kürzeren und populäreren Darstellungen hervortritt, während er bei gründlicheren Studien problematisiert oder präziser bestimmt wird.[7] Meiner Meinung nach vermittelt die deutsche Vorstellung von Amerikanisierung heuristisch Wertvolles als Leitmotiv des deutschen Selbstverständnisses in allen Phasen der Moderne. Sowohl positiv als auch negativ verstanden bleibt »Amerikanisierung« für fast jedermann ein kompakt-anschaulicher Begriff, der auf etwas Weiteres hinweist oder ein geschichtliches apriori der Moderne. Wenn es so etwas wie eine gängige Vorstellung von »Amerikanisierung« überhaupt gegeben hat, dann kann sie nur als ein synthetisches Konstrukt begriffen werden, das aber erst konkret nachzuweisen und zu analysieren

---

5 *Chr. Graf von Krockow*, Von deutschen Mythen. Rückblick und Ausblick, Stuttgart 1995, S. 148.
6 *C. Schmitt*, Ex captivitate salus. Erfahrungen der Zeit 1945/1947, Köln 1950, S. 81.
7 *R. Willett*, The Americanisation of Germany 1945-1949, London 1989; *H. James*, A German Identity 1770-1990, New York 1989, S. 26ff. u. 188ff.; *P. Duignan u. L. H. Gann*, The Rebirth of the West. The Americanization of the Democratic World, Cambridge, Mass. 1992. Zum Kontrast: *H. Glaser*, Die Kulturgeschichte der Bundesrepublik, 3 Bde, Frankfurt am Main, 1985/1990; *V. Berghahn*, The Americanisation of West German Industry, 1945-1973. New York 1986; *A. Schildt u. A. Sywottek* (Hg.), Modernisierung im Wiederaufbau. Die westdeutsche Gesellschaft der 50er Jahre, Bonn 1993, S. 38, 131, 135ff. 153ff, 315, 528ff.; *K. Maase*, BRAVO Amerika. Erkundungen zur Jugendkultur der Bundesrepublik in den 50er Jahren, Hamburg 1992.

wäre. Zu diesem Zweck muß aber dann ein breites Spektrum von Faktoren, Ebenen, Niveaus und Tendenzen in Betracht gezogen werden: Man muß komplexe Push- und Pull-Effekte, härtere und weichere Versionen, Prozesse, die von oben und von unten ausgingen, wie auch innere Bewußtseins- und äußere Verhaltensstrukturen berücksichtigen.

Sogar innerhalb eines engen Zeitraums ist das Thema der Amerikanisierung ein zu weites Feld — auf Grund seiner temporalen Ambivalenz und seiner immanenten Dynamik ein vertracktes, sich ständig erweiterndes Feld von unbegrenzter Auslegbarkeit. Es beinhaltet eine Mischung von übertreibenden Schlagworten, Ängsten, Selbstprojektionen, Urteilen und Vorurteilen, aber auch von gemeinsamen Erfahrungen und konkreten Tatsachen. Schwer befrachtet, ja neuralgisch, ist dieses Thema für diejenigen Deutschen, die mit Recht stolz auf ihre Kultur sind, insbesondere auf das kulturelle Erbe der »Dichter und Denker«. Auf einer anderen, eher praktischen Ebene muß man die mächtigen Auswirkungen der zwei mißlungenen ›totalen‹ Weltkriege mitbedenken. Diese Welt-›Kulturkämpfe‹ wurden teilweise gegen Amerika, aber vor allem ideologisch gegen ›Amerikanisierung‹ und ›Westlertum‹ im Namen eines gefährdeten deutschen und europäischen Kulturerbes gefochten. Schon um die Jahrhundertwende war der deutsche Sonderweg vor allem ein Versuch, hauptsächlich der angeblich universellen ›Anglo-Amerikanisierung‹ zu entkommen. Bereits vor und kurz nach dem ersten Weltkrieg beschrieben so unterschiedliche Autoren wie Oswald Spengler und Hermann Hesse ein selbst-entfremdetes Deutschland als ein »zweites Amerika«.[8]

Nach zwei Kriegen und Niederlagen folgte auf die bedingungslose Kapitulation die berüchtigte ›bedingungslose Amerikanisierung‹. Um 1948 skizzierte Carl Schmitt bitter eine unverblümte »Prognose für den konsequenten Amerikanismus«. Der Theologe F. Zeylmans grollte 1954: »Auch bei uns findet der Amerikanismus immer mehr Eingang und bedeutet hier eine noch viel größere Gefahr als in Amerika selbst.« Etwas selbstsicherer und fortschrittsorientierter sollte Ludwig Erhards kecke Devise »wir sind amerikanischer als die Amerikaner« lauten, aber sie könnte als ›innere Wunde im äußeren Wunder‹ interpretiert werden. Angesichts der hüfteschwingenden Teenager-Kultur fragte Jean Amery etwas verdutzt: »Kann auch Anatomie ameri-

---

8 *O. Spengler*, Briefe 1913-1936 hg. v. *A. Koktanek*, München 1963 (Brief vom 14.7.1915, S. 29); Zitiert nach *R. Freedman*, Hermann Hesse. Pilgrim of Crisis. New York 1978, S. 227.

kanisieren? Offenbar.« Aber zur selben Zeit, um 1960 herum, bemerkte er an anderer Stelle lakonisch, man »hat bis zum Überdruß über die ›Amerikanisierung‹ der Alten Welt gesprochen«.[9] Der Begriff »Amerikanisierung« machte sich breit als Schlagwort und als Selbstverständlichkeit, im doppelten Sinne von gesellschaftlicher Normalität und unausweichlicher Zukunft. In Leonard Franks Roman »Links wo das Herz ist« (1952) hoffte Michael, der Idealist und Quasi-Held: »Möge die Menschheit davor bewahrt bleiben, daß der American way of life sich über die Erde verbreitet.«[10] Zehn Jahre später und viel weniger überzeugt fragte der Freiburger Politologe Arnold Bergstraesser in »Christ und Welt«: »Werden wir wirklich amerikanisiert?«[11] Das Thema blieb brisant und wurde viel diskutiert. Die quasi-schicksalshafte ›Amerikanisierung‹ der Deutschen entwickelte sich zu einer Art unentrinnbarer, entfremdender Alltags-Selbstverständlichkeit, die im nachhinein schwer zu fassen und erklären ist.

Amerikanisierung galt den meisten Kulturdenkern der Nachkriegszeit als ein Telos der forcierten aber fast unbewußten Entwicklung auf eine ›totalisierende Zivilisation‹ hin. Unter einem solchen Zustand verstand man ein Syndrom der sogenannten Haupttendenzen der Neuzeit wie Rationalisierung, Entzauberung, Spezialisierung, Versachlichung, Technisierung oder Abkehr von der Natur. Die meisten Kulturinterpreten blieben dem tradierten manichäischen Freund-Feind-Gegensatz zwischen Kultur und Zivilisation treu, demzufolge letztere zwangsweise in Unkultur oder verkehrter Welt im Hegelschen Sinne endet.[12] Die ewige Wiederkehr dieses Kultur-Zivilisations-Gegensatzes hatte jedoch neue, noch ausgeprägtere Konturen erhalten und sich noch mehr verschärft. Obwohl dieses Schema sich von Nazi-Endkampfmilitanz und Rassismus befreit hatte, wohnte ihm immer noch der voluntaristische und elitäre Willenspathos Nietzsches inne. So bemerkte z.B. der

---

9 *Schmitt*, Glossarium, S. 148; *F. Zeylmans van Emmichoven*, Amerika und der Amerikanismus. Freiburg 1954, S. 55. *J. Amery*, Teenager-Stars. Idole unserer Zeit, Rüschlikon 1960, S. 105; *ders.*, Geburt der Gegenwart. Olden 1961, S. 254.
10 *L. Frank*, Links wo das Herz ist. Roman, München 1963. S, 156.
11 *A. Bergstraesser*, Werden wir wirklich amerikanisiert?, in: Christ und Welt 15, Heft 34, 24.08.1962, S. 6.
12 Wie neulich bei *D. Diner*, Verkehrte Welten. Anti-Amerikanismus in Deutschland, Frankfurt am Main 1993. Die ›verkehrte Welt‹ in Hegels Formulierung war stets eine dialektische Haupttendenz der ›bürgerlichen Gesellschaft‹.

Schriftsteller Eugen Gürster im Jahre 1950: »Kultur visiert auf geistige Transzendenz; Zivilisation auf praktische Funktion und das Positive.«[13]

Meine Hauptthese bezieht sich auf dieses wichtige, wenn auch recht nebulöse Deutungsgeflecht. Bei deutschen Kulturkritikern gab es einen eigenartigen Interpretationsnexus zwischen zwei konträren aber ›wahlverwandten‹ Denkfiguren: 1) der ›Amerikanismus‹ als gefährliches ›Übermaß‹ oder ›Metastase‹ der zivilisatorischen Moderne und 2) die einheimische hermeneutische Tradition des ›Besserverstehens‹ als geistig-transzendierende Gabe der tiefschürfenden und übergreifenden Metaperspektiven. Aus ihrer Kopplung ergab sich ein eigenartig reziprokes Verhältnis (oder eine Dialektik) der panischen Übertrumpfung, sozusagen einer ›Über-Übertreibung‹. Hermeneutische Hybris entstand aus proleptischer Panik und bestimmte die ganze Fragestellung. Eine klassische Fundstelle für diese hermeneutische Tradition liegt in J. G. Fichtes transzendentalem »Denken im Notfall« in seiner vierten »Rede an die deutsche Nation«. Dort argumentiert der Philosoph, »daß daher der Deutsche, wenn er sich nur aller seiner Vortheile bedient, den Ausländer immerfort übersehen und ihn vollkommen, sogar besser, denn er sich selbst, verstehen, und ihn nach seiner ganzen Ausdehnung übersetzen kann.«[14]

Wie die Kulturkritiker der Nachkriegszeit war Fichte damals eine *vox clamantis in deserto et calamitatis*, die mit Janusaugen auf »Übersehen« [!] und »Übersetzen« wachte. Das deutsche ›Über‹-Verhältnis war überall und über alles. Wenn direktes Verstehen des Anderen als vollkommenes ›Sich-hineinversetzen‹ konzipiert wird, so erfordert es ein Maß an innerer Selbstaufgabe, sogar provisorischer ›Selbst-Entfremdung‹. Dadurch aber bot die Gabe des Besserverstehens ein rekursives Instrument, geistige Selbständigkeit und eigene Identität zu erlangen. Für Fanatiker bildete solches Besserverstehen fast eine ›Fortsetzung des Krieges mit anderen Mitteln,‹ wie Carl Schmitt 1948 pathetisch betonte: »Wir sind okkupiert aber nicht erobert. Erobern kann nur derjenige, der seine Beute besser kennt als sie sich selbst. Wer im Westen oder Osten sollte uns erobern können?«[15] Schmitt machte einen grundsätzlichen (und ab-gründigen) Unterschied zwischen oberflächlicher

---

13 *E. Gürster*, Geistige Aspekte der amerikanischen Zivilisation II, Neue Rundschau 1950, S. 24ff.
14 *J. G. Fichte*, Reden an die deutsche Nation, Tübingen 1859, S. 63.
15 *Schmitt*, Glossarium, S. 115, S. 120.

amerikanischer Empirie des Positivismus und der welterschütternden und -erklärenden Methode der in die Tiefe gehenden deutschen Dialektik: »Der Positivist bleibt in der berechenbaren Mitte und vermeidet die Dialektik. Der Dialektiker strebt zum Rande der Begriffe, zu den Grenzen, zum Abgrund und treibt dadurch über die Grenzen hinaus in den Abgrund hinein und durch den Abgrund hindurch in eine neue Welt.«[16]

Als mittelmäßige, uniformierte (und schon entartete) ›neue Welt‹ hielt Amerika die dialektisch strebende ›noch neuere Welt‹ Deutschlands besetzt. Da ihnen die Innen- und Außenpolitik der BRD der Adenauerzeit derart positivistisch oder schon amerikanistisch erschien, widersetzten sich Kulturkritiker wie Schmitt genauso zäh ›dialektisch‹ und ›besser-verstehend‹ einer solchen empirischen ›Amerikanisierung‹.

Ihrem Selbstverständnis nach waren Kulturkritiker keine ›normalen‹ Deutschen und vor allem keine ›Massemenschen‹. Die Einstellung des ›kleinen Mannes‹ (bzw. der Frauen oder Jugendlichen) zum Thema war ganz anders, wie Meinungsumfragen dieser Zeit beweisen. (Nicht selten wurden solche Öffentlichkeits-Inventare sogar selbst als Indizien der ›Amerikanisierung‹ verurteilt.) Aber trotz ihres Sonderstatus hatten die Ansichten der kulturellen Vordenker eine beträchtliche Breitenwirkung. Im Jahre 1962 unterstrich der rechtskonservative Karl Korn, ehemaliger Mitarbeiter von Goebbels Zeitschrift »Das Reich«, die Bedeutung und Legitimation seiner *vocatio* Kulturkritik, indem er ihre (paradoxe) Popularität hervorhob: »Die sogenannte Kulturkritik ist im westlichen Deutschland nach dem Kriege in kurzer Zeit eine gängige und gelegentlich eine modische Erscheinung der öffentlichen Diskussion, der Tagesschriftstellerei und des allgemeinen Bewußtseins geworden. ... Sie ist eine Betrachtungsweise, die aus den krisenhaften Verwandlungsprozessen der Welt stammt.«[17]

Selbst wenn sie nur eine kleine quantitative Basis hatte, so war die qualitative Kulturkritik an der Amerikanisierung doch viel eher für die Öffentlichkeit bestimmt als ein esoterisches Tabu. Ihre Wortführer boten eine bunte Palette von unterschiedlichen, manchmal zerronnener politischer Couleur:

---

16 Ebd. S. 189. Das dialektisch-kulturkritische ›Geschichtsdenken‹ hat Ernst Nolte einsichtsvoll untersucht in: *E. Nolte*, Geschichtsdenken im 20. Jahrhundert, Berlin 1991. Noltes gewichtiges Buch ist eine treu-immanente Fortsetzung genau der großen Tradition, die er zu analysieren und zu deuten unternommen hatte. Daher die bissigen Stellen über »Amerikanisierung« und »Weltzivilisation« (S. 595ff., 604ff.).

17 *K. Korn*, Sprache, S. 9.

schwarz, braun, grau, rot, gold, blau-weiß, und auch proto-grün. Auf der rechten Seite befanden sich Alt-Nazis, frühere Radikalkonservative und »Tat«-Männer wie Carl Schmitt, Hans Zehrer, Arnold Gehlen, Hans Grimm, Giselher Wirsing, Eugen Diesel, Karl Korn, Ernst von Salomon und Heinrich Hauser. Auf der linken Seite sammelten sich Sympathisanten der Frankfurter Schule, Stefan Heym, Robert Jungk, Erich Kuby, Günther Anders, L.L. Matthias, Gerhard Zwerenz, und andere. In der Mitte gab es auch differenziertere Betrachtungsweisen bei Willy Hellpach, Jean Amery, Alfred Weber, Karl Jaspers, Joachim Besser, Alexander Rüstow, Klaus Mehnert und Arnold Bergstraesser. Als ästhetisch-metapolitische Kommentatoren schlossen sich Ernst und Friedrich Jünger, Martin Heidegger und Gottfried Benn der Debatte an. Im Hinblick auf Gemeinsamkeiten der Argumentationsmuster bei extremen Linken und Rechten zu diesem Thema sprach der einsichtsvolle Mittler Carl Amery von einer »perversen Kopulation von rechts und links«.[18]

Die unmittelbare Nachkriegszeit brachte, fast schwerkraftartig, ein neues Moment in die althergebrachte Sonderproblematik der ›Amerikanisierung‹. Es war das allumfassende Pathos des Neufangs *ex nihilo* aus dem vermeintlichen Nichts der sogenannten Stunde Null.[19] Amerika war vor allem der Sieger in dem fürchterlichen ›noch totaleren‹ Weltkrieg, einem Krieg der mit enormem materiellen und psychischen Einsatz ausgefochten worden war. Im Westen war es die einzige Besatzungssupermacht, die mit programmatischen (wenn auch widersprüchlichen) Umerziehungs-Zielen und materieller Überlegenheit bereitstand. Die Diskreditierung fast aller deutscher Traditionen, einschließlich des Ethos des deutschen Widerstandes, wirkte ›total‹ lähmend. Dieser schwere Traditions- und Identitätsverlust klaffte als dauernd offene Wunde, sogar als das Wirtschaftswunder eine neue Art der ›Normalisierung‹ bewirkte.

---

18 *C. Amery*, The Time of Rehabilitation, in: Radical Humanism: Selected Essays, Bloomington, 1984, S. 67; *M. Ermarth*, The German Talks Back: Heinrich Hauser and German Attitudes toward Americanization after World War II, in: ders. (Hg.), America and the Shaping of Germany Society 1945-1955, Providence 1993, S. 101-131.

19 K-D. Bracher hat neulich bemerkt : »As ambivalent as the feeling was for the starting position in 1945, the developments and decisions of the first decade have remained decisive to the present day, in terms of their intellectual and material consequences.«, *K.-D. Bracher*, The Dual Challenge of the Postwar Period, in: Turning Points in Modern History, Cambridge 1995, S. 191.

Die umstrittene ›Stunde Null‹ war keineswegs eine reine *tabula rasa* oder ein völliger Kahlschlag; sie war vielmehr die Stunde der dringend notwendigen praktischen »Zivilisation« nach dem Prinzip »erst kommt das Fressen (d.h. das schiere Überleben), dann die Moral« (als Reflexion, Sinnstiftung, Kultur). Mit dem Ethos vom tröstenden »Arbeitsexistentialismus« (Amery) und der darauf folgenden Hoffnung auf Verbesserung konnte dieses Aufbau-Denken leicht als einseitig pragmatischer ›Amerikanismus‹ stilisiert werden. Das Primat des Praktischen diktierte eine gewisse ›Vernunfts-Amerikanisierung‹, wie einst ein ›Vernunftsrepublikanertum‹. (Es müßte gründlich untersucht werden, ob man die säkulare ›Amerikanisierung‹ Westdeutschlands nicht viel treffender als ›geläuterte Re-Weimarisierung‹ charakterisieren sollte.)

Trotz der enormen praktischen Aufgaben wurde diese Periode auch als Stunde der Besinnung und Sinnstiftung anerkannt. Aber hier besannen sich die Kulturkritiker meistens nicht streng ›autark‹ oder ›selbst-verstehend‹ auf spezifisch deutsche Entwicklungen und Verfehlungen, sondern darauf, wie sie, nationale Grenzen transzendierend, das ›Ganze‹ besser verstehen könnten. In ihren Augen hatte der Weltkrieg weniger die fürchterlichen Dimensionen der deutschen Kultur als die katastrophale Lage der gesamten westlichen Zivilisation bloßgelegt. Obwohl die deutsche Kultur tief beschädigt und kompromittiert war, zeigten die Kulturdenker jedoch wenig eigene oder ›zünftige‹ Betroffenheit. Als immerwährende Propheten der Krise fühlten sie sich sozusagen faktisch und empirisch bestätigt. Allerlei Zeitschriftentitel bezeugten die radikalen Brüche, Kehrtwendungen und Wandlungen; aber ebenso auffällig war die Kontinuität tradierter kulturkritischer Denkmuster. Keine Worte erschienen so häufig wie »Abgrund«, »Nichts«, »Ende der Geschichte« und ihre Derivate. Im ersten Heft von »Die Sammlung« schrieb der Pädagoge und Weimarer Kultusminister Adolf Grimme:

»Denn stehen wir jetzt nicht vor einem Nichts? Kein Zweifel: so wie in der ganzen Welt des Geistes und nicht anders als im Materiellen liegt auch im Reich der Pädagogik vor uns ein Trümmerfeld. Das was einst Blüte war und Leben, ist nun Geschichte. Alles was unser Stolz war, scheint zu Ende. Fast will es manchem sogar scheinen, als stünden wir am Ende der Geschichte des ganzen deutschen Volkes«.[20]

---

20 *A. Grimme*, Die pädagogische Katastrophe, in: Die Sammlung 1, 1945, Heft 1, S. 65ff.

Aber mit Spenglerschem Besserverstehen könnte sich das Ende der Geschichte des deutschen Volkes ›universal‹ transformieren — ja transzendieren — lassen: in das Ende der Geschichte überhaupt, was mit allgemeiner ›Amerikanisierung‹ gleichzusetzen wäre.

An Radikalität und Totalität stand das Nachkriegs-Kulturdenken der Polemik der Weimarer Republik und dem Dritten Reich kaum nach. Eugen Diesel deklarierte kategorisch: »Jedenfalls sind alle alten geschichtlichen Maßstäbe gesprengt, das alte Geschichtsbild ist zerrüttet.«[21] Aber trotz solcher *tabula rasa* Vorstellungen stand das uralte Bild der ›Amerikanisierung‹ hoch im kulturkritischen Kurs, jetzt allerdings auf totale Endzeit-Perfektion ausgerichtet, wie z. B. in Robert Jungks kosmischer Vision des amerikanischen Machbarkeitswahns durch vollständige Mobilisierung der Technologie. Sein Buch »Die Zukunft hat schon begonnen« (1952), das in zwei Jahren neun Auflagen erlebte, skizzierte Amerikas Versuch, Gott selbst zu übertrumpfen. Unter dem bezeichnenden Titel »Griff nach der Allmacht« sprach er im Vorwort folgende Warnung aus:

»Denn fast jeder von uns hat auf irgendeine Weise bereits den Einfluß des ›Amerikanismus‹ erfahren, bevor er je den Boden der Vereinigten Staaten betritt. ... Amerika bemüht sich darum, die Macht über das All zu gewinnen, die vollständige, absolute Herrschaft über das Universum der Natur in allen seinen Erscheinungen. ... Es geht um Gottes Thron. Gottes Platz zu besetzen, seine Taten zu wiederholen, einen eigenen menschengemachten Kosmos nach menschengemachten Gesetzen der Vernunft, Vorhersehbarkeit, und Höchstleistung neuzuschaffen und zu organisieren; das ist das wirkliche Fernziel Amerikas. ... Nichts bleibt unberührt, nichts unbenützt. Selbst das Innerste von Himmel und Stoff, von Lebensquell und Seele muß sich öffnen. Es gibt kein Halt vor dem Tod, keinen Respekt vor der Zeit. Gegenwart, Vergangenheit, Zukunft sind Jongleurbälle, die durcheinandergewirbelt werden. Welch zahmer Stümper war Prometheus, verglichen mit seinen fernen amerikanischen Nachfahren! ... Der unsichere Faktor Mensch [muß] durch einen möglichst zuverlässigen Typus ersetzt werden. ... Der verlässliche lenkbare Durchschnittsmensch wird zum neuen Pionierideal. ... Das Morgen ist schon im Heute vorhanden, aber es maskiert sich noch als harmlos, es tarnt und verlarvt sich hinter dem Gewohnten«.

---

21 *E. Diesel*, Menschheit im Katarakt. Ein Bericht, Bonn 1963, S. 198.

In solch düsteren Farben malte Jungk »die Entwicklung zu einem totalitären, inhumanen, technisierten Massenleben«.[22]

Der neue Akzent solcher Argumentation in der Nachkriegszeit lag in der Synthese von altem Ideengut, insbesondere von drei Ismen, nämlich des Nihilismus, Totalitarismus und Technizismus. Hier könnte man sicherlich auch eine erhebliche Portion von *tu quoque* Vorwürfen feststellen, eine Umkehrung der Speerspitze gegen diejenigen, die so laut von den totalitären Wahnvisionen der Deutschen gesprochen hatten. (Das üble Stichwort »Nihilismus« hatten amerikanische Instanzen benutzt, um die kritische, fortschrittliche Zeitschrift »Der Ruf« von Alfred Andersch und Hans Werner Richter zu Fall zu bringen.) Die Nihilismusdiskussion entfaltete sich auf breiter Ebene und entwickelte sich sogar in geo-kulturelle Richtungen. Mit Nietzsche sah man Nihilismus in dem Sinne, »daß die obersten Werte sich entwerten«. Man differenzierte zwischen östlichem und westlichem oder aktivem und passivem Nihilismus. Ernst Niekisch diagnostizierte einen neuartigen, konsequenten und äußerst radikalen Nihilismus, der auf den ersten Blick recht wenig mit ›Amerikanismus‹ zu tun hatte: »die Trauer um die Vergangenheit, der Haß auf die Gegenwart, und Verzweiflung an der Zukunft«.[23] Aber trotz anscheinend genau entgegengesetzter Tendenzen wurde Amerikanismus gleichzeitig als vollkommen perfektionierter Nihilismus denunziert. Der katholische Dichter Reinhold Schneider konstatierte höhnend: »Der sowjetische Nihilismus stellt wenigstens in Verpflichtung; der amerikanische ist das Nichts für das Nichts; der Schlag ins Wasser.«[24] Nach der ›Stunde Null‹ verwandelte sich der ›amerikanisierende Nihilismus‹ ins totalitäre Alles und Nichts, indem das materielle Alles ins geistige Nichts führte.

Die ›Dämonie‹ des Totalitarismus steigerte sich ins Unfaßbare, weil er freiwillig akzeptiert und von den ›versteckten Verführern‹ und ›geheimen Miterziehern‹ vermittelt wurde. In seiner »Theorie des gegenwärtigen Zeitalters« (1955) zitierte der rechts-gerichtete Sozialphilosoph Hans Freyer die düsteren Prognosen des emigrierten links-liberalen Theologen Paul Tillich: »Paul Tillich hat einmal gesagt: die westliche technisierte Gesellschaft habe

---

22 *R. Jungk*, Die Zukunft hat schon begonnen. Amerikas Allmacht und Ohnmacht, Stuttgart 1952, S. 13ff.
23 *E. Niekisch*, Ost/West. Unsystematische Betrachtungen, Berlin 1947, S. 49.
24 Zitiert nach *Amery*, Geburt, S. 200; *E. Benz*, Westlicher und östlicher Nihilismus, Stuttgart 1948.

zur Anpassung des Menschen an ihre Forderungen Methoden hervorgebracht, die weniger brutal, aber auf Dauer wirksamer sind als die totalitäre Unterdrückung; sie entpersönliche nicht durch Befehl, sondern durch bereitstellen. Und sie stellt, so wird man hinzufügen müssen, nicht nur Konsumgüter und Lebenschancen bereit, sondern auch vorgeformte und durchregulierte Verhaltensweisen, damit auch ganze Motivlagen einschließlich der dazugehörigen Informationen, sogar einschließlich der dazugehörigen Meinungen, Werturteile und Gesinnungen.«[25]

Der renommierte Redakteur der »Welt« Hans Zehrer, entdeckte eine tiefe Antinomie zwischen der neuen »Totalität« und dem gesunden Menschenverstand; zugleich aber konstatierte er auch eine immanente Tendenz, derzufolge das Ungeheuer »Totalität« sich in das vollkommen ›Normale‹ verwandelte. Auf apodiktisch-apokalyptische Weise erklärte er: »Das Phänomen der Totalität ist nicht mehr mit den bisherigen Mitteln unserer geschichtlichen Vorstellungen zu begreifen.« Der Humanismus sei vollkommen passé, wie das Menschentum selber: »Totalität ist nicht mehr mit humanistischen Begriffen und Vorstellungen zu erfassen, denn es ist satanisch, und es ist sein Geheimnis, daß man es erst versteht, wenn man es erlebt hat.« Im totalen Kriege und anderen ›totalen Mobilmachungen‹ gingen alle Grundwertunterschiede und Selbstkontrollmechanismen zugrunde. Die Alliierten hätten sich ihren Gegnern ›total‹ angeglichen: »Es ist das Geheimnis der Totalität, daß sie dem Gegner die gleichen Mittel aufzwingt, wenn er sich gegen sie behaupten und sich womöglich siegreich gegen sie durchsetzen will.« In diesem desolaten Zustand ›jenseits von Gut und Böse‹ gäbe es keine Wahl, sondern nur eine Pseudo-Wahl zwischen vergleichbaren totalitären Lebensweisen: »Mit den heutigen politischen Begriffen gesprochen, hätten wir damit nur die Wahl zwischen einem bolschewisierten Amerikanismus oder einem amerikanischen Bolschewismus, die beide das Ende der humanistischen Freiheitsidee bedeuten würden.«[26] Der Nachkriegs-Abgrund sei eine tiefe Mitternacht, in der die Kennfarben aller ideologischen Richtungen zerinnen und sich in monochromes Schwarz verdunkeln würden.

Im Schatten des totalen ›Apparats‹ der verkehrten Welt sah Zehrer sich zu mahnendem Besserverstehen und kopfzerbrechenden Projektionen ver-

---

25 *H. Freyer*, Theorie des gegenwärtigen Zeitalters, Stuttgart 1955, S. 111. Genau dieselbe Position bei *H. Marcuse*, Der eindimensionale Mensch, Neuwied 1967, S. 3.
26 *H. Zehrer*, Stille vor dem Sturm. Aufsätze zur Zeit, Hamburg 1949, S. 13, 91ff., 94.

pflichtet. Die zivilisatorische ›Totalität‹ schritte unendlich weiter voran, als ›Fortschritt‹ verkleidet, »denn wir sind selber ›total‹ geworden und werden es scheinbar immer mehr«. Der moderne Massenmensch sei ›total schablonisiert,‹ zum ›Klischee,‹ geworden; er könne nur ›klischiert‹ denken und leben: »Der eingestufte, der klischierte Mensch beherrscht heute unser Denken.« Zehrers Endzeiteifer und posthistorische Meta-Anthropologie brechen ungehindert hervor, wenn er sagt: »Aber die Neuzeit ist vorüber und mit ihr die Autonomie der Vernunft und ihr Geschöpf, der Mensch.«[27]

Globale Gleichsetzungen waren durchaus populär — nicht nur geläufig, sondern fast eher zwangsläufig: Amerikanisierung gleich Bolschewisierung gleich Übertechnisierung gleich allgemeine ›Weltzivilisation‹. Am eschatologischen Ende stand der Tod der Kultur, der Geschichte, der Menschlichkeit, der Transzendenz, des Geistes, ja der Natur selbst. In der Schrift »Schritt aus dem Nichts« wiederholte Giselher Wirsing 1951 uneingeschränkt seine düstere Prognose von 1941; die USA und die USSR seien dabei, die spiegelgleichen »Gegenkolonisierungen« Europas zu vollziehen. Um sich dem fatalen Zwang derselben »Kontrast-Imitation« zu entziehen, die bereits Amerikanismus und Stalinismus angeglichen hatte, benötigte Europa eine »Auto-Immunisierung«.[28] Carl Schmitt witzelte über die unheimliche Konvergenz der planwütigen Zivilisationen auf beiden Seiten: »Der Pan versinkt, der Plan tritt auf den Plan. Schönes Beispiel der immanenten Orakelhaftigkeit unserer deutschen Sprache.«[29]

Trotz der sich verschärfenden ideologischen Gegensätze während des Kalten Krieges entdeckten die meisten Kulturkritiker eine Konvergenz oder ›Identität der Gegensätze‹ in der Sowjetisierung und Amerikanisierung. Diese Art besser-verstehender Stereoskopie aus traumatischer ›Mittellage‹ und transzendentaler Vogelperspektive (Ost/West, rückwärts/vorwärts, Tiefe/Breite) war weit verbreitet. Während Hans Grimm eine beiden gemeinsame

---

27 Ebd., S. 36, 88, 162; Ähnlich spricht der Prophet der Postmoderne, Jean-François Lyotard, von »Mr. Nice-Guy totalitarianism«, *J.-F. Lyotard,* Toward the Postmodern, hg. v. R. Harvey und M. Roberts, Atlantic Heights 1993, S. 159.
28 *G. Wirsing,* Schritt aus dem Nichts, Düsseldorf 1951, S. 19, 37, 157. 1944 hatte Wirsing lapidar formuliert: »das Phänomen Amerikanismus ist der absolute Tod.« *Ders.,* Das Zeitalter des Ikaros. Von Gesetz und Grenzen unseres Jahrhunderts, Jena 1944, S. 22. Der ›absolute Tod‹ würde verursacht durch Hydra-Hyphenaten wie ›Feminisierung‹ und ›Judaisierung‹, ebd., S. 121ff., 129ff.
29 *Schmitt,* Ex captivitate, S. 83.

Tendenz zur »Massifikation« aufdeckte, stellte Willy Hellpach, berühmter Psychologe und ehemaliger DDP Begründer und Kultusminister, Parallelen zwischen sowjetischem und amerikanischem Kollektivismus fest. Robert Jungk sah keinen Unterschied zwischen ›revolutionären‹ und ›evolutionären‹ Arten des Totalitarismus, selbst wenn sich letzterer »freiheitlicher Phrasen bedient«. Martin Heideggers frühere Gleichsetzung von Amerikanismus und Bolschewismus kehrte wieder, ein wenig dialektisch revidiert angesichts der neuen ›kalten‹ Konfrontation anstelle der ehemaligen ›warmen‹ Allianz. Angesichts dieser Unheils-Identität gäbe es keine Alternative zwischen den beiden und sei eigentlich nichts zu ›entscheiden‹.[30]

In Eugen Gürsters Augen strebten beide Systeme nach göttlicher Allmacht, wenn auch auf verschiedene Weise: »Die zwei Zivilisationen, die seit der Mitte unseres Jahrtausends neu entstanden sind, die amerikanische und die russische, stellen Zivilisationsversuche dar, hinter denen die Vorstellung vom Menschen als eines präsumptiven allkompetenten Regenten der ganzen Erdenwirklichkeit steht«. Nicht nur waren beide Zivilisationen ›sinnlos‹, sondern sie stellten auch überhaupt keine Sinnfrage mehr: »Trotz seines unüberbrückbaren Gegensatzes zum modernen Russland ist das moderne Amerika ihm darin in einer gewissen Sicht verwandt (und gerade dadurch Europa unähnlich und unheimlich), daß bei beiden eine Sinnfrage neben der Lebensfrage kaum mehr zugelassen erscheint. In Russland ist die Sinnfrage konterrevolutionär —in Amerika unpopulär (was freilich nicht nur physisch einen gewaltigen Unterschied ausmacht).«[31]

Bei den Kulturkritikern rief die Gesamtlage daher eher einen reflexartigen Zivilisationspessimismus als eine tiefgreifende Kritik an deutschen Kul-

---

30 *H. Grimm*, Reich Europa 1951, in: *ders.* Mehr nationale Würde und mehr Wahrheit, Lippoldsberg 1975, S. 97; *Jungk*, Zukunft, S. 11; *W. Hellpach*, Kulturpsychologie, Stuttgart 1953, S. 50ff., 254. Zu Martin Heidegger: *M. Zimmerman*, Heidegger's Confrontation with Modernity: Technology, Politics, Art, Bloomington 1990, S. 41f., 90f., 215f. Dagegen bekannte sich Karl Jaspers deutlich: »Eine dialektische Synthese von Totalitarismus und Freiheit ist ausgeschlossen. Dem Kampf liegt ein Entweder/Oder zugrunde.« *K. Jaspers*, Die Atombombe und die Zukunft des Menschen, München 1958, S. 377.
31 *E. Gürster*, Aspekte, S. 107, 116. Mitten in der bitteren Kontroverse über Thomas Manns Rückkehr schrieb Walter Boehlich im Merkur 1948 über die latente Amerikanisierung Manns: »Amerika scheint kein Land, in dem Symbole gedeihen können. Es ist ein Land ohne grosse Dichtung, ohne poetische Tradition, ohne lebendige Kritik. Sie ist es, die dem alternden Thomas Mann am meisten gefehlt hat.« *W. Boehlich*, Thomas Manns ›Doktor Faustus‹, in: Merkur 2, Heft 10, 1948, S. 593ff.

turtraditionen hervor — am allerwenigsten führte sie zu einer (Selbst-) Kritik an tradierter Kulturkritik! Der Weltkrieg hatte immense technische Erfindungen — so argumentierten sie — aber auch unfaßbare Zerstörung und noch düsterere Aussichten auf globale Zerstörung zur Folge gehabt. Der ›unreflektiert-amerikanisierte‹ Technikoptimismus des Westens kollidiere mit deutscher Tiefe und Bereitschaft zur ›schonungslosen‹ Reflexion. Technikskepsis florierte bei den Intellektuellen wie in einem geistigen Schnellbrüter. So sagte der Techniktheoretiker Sigfried Gideon kurz nach 1945, heute gebe es wahrscheinlich kaum Menschen, wie entlegen sie auch leben mögen, die nicht ihren Glauben an den Fortschritt verloren haben.[32] Carl Schmitt diagnostizierte drei Jahre später die »Flucht in die Technik« als eine »Flucht vor der Freiheit« und rief nach »einem europäischen Ghandi.« Wie einst Caesar/Hitler und jetzt Christus/Ghandi ›dialektisch‹ verbindend, notierte er: »Die Technik ist das Kunststoff-Zeitalter. Schauerlichste aller Utopien.«[33] Hans Freyer konstatierte im Jahre 1952 einfach, »der Fortschritt ›zehrt‹«, und Bodo Manstein schrieb 1961 sein großes Manifest »Im Würgegriff des Fortschritts«.[34]

Das Schlagwort der »Übertechnisierung« war durchaus begriffliches Allgemeingut, schon Mitte der fünfziger Jahre, und eng verbunden mit der Devise vom »Ende der Ideologien«. Im Jahre 1954 stellte Otto Brunner fest: »Von der Schwäche der Ideologien zu sprechen, ist heute fast schon zu einem Gemeinplatz geworden.«[35] Im Vergleich mit dem Bolschewismus lauerte Amerikanismus als Quasi-Ideologie eher im Halbdunkel, Hintergrund und Unterbewußtsein; eine Zwitterideologie, ohne fest-fixierten Inhalt, perfekt zugeschnitten auf das Zeitalter vom »Ende der Ideologie«. Auch der junge Habermas, der eine dialektische Gratwanderung zwischen Eduard Spranger und der Frankfurter Schule versuchte, betrachtete Amerikanismus als elastischen Inbegriff von Hochtechnologie, Konsum und Fortschrittsorientierung, eine neue Art von »gläserner Hintergrundideologie«: »Das technokratische Bewußtsein ist einerseits ›weniger ideologisch‹ als alle vorangegangenen Ideologien; denn es hat nicht die opake Gewalt einer Verblendung, welche

---

32 *S. Gideon*, Die Herrschaft der Mechanisierung, Frankfurt am Main 1987, S. 770.
33 *Schmitt*, Glossarium, S. 217, 134.
34 *H. Freyer*, Der Fortschritt und der haltenden Mächte, in: ders., Herrschaft, Planung und Technik, hg. v. E. Uener, Weinheim 1987, S. 79.
35 *O. Brunner*, Das Zeitalter der Ideologien: Anfang und Ende, in: Neue Rundschau 65, 1954, S. 149.

Erfüllung von Interessen nur vorspiegelt. Anderseits ist die heute dominante, eher gläserne Hintergrundideologie, welche die Wissenschaft zum Fetisch macht, unwiderstehlicher und weitreichender als Ideologien alten Typs.«[36]

Die »Perfektion der Technik« (Friedrich Jünger) schritte nicht per Terror und Gewalt voran, sondern verbreite sich durch ihre Akzeptanz. Selbst marktorientierte Neoliberale wie Alexander Rüstow machten sich große Sorgen über die sogenannte Übertechnisierung. Rüstow beklagte die »entfesselte Begeisterung für den technischen Fortschritt, und zwar für den Fortschritt rein als solchen, abgesehen von der Zweckmäßigkeit und jeder Nützlichkeit«. Fortschritt nehme »geradezu den Charakter einer dämonisch-unseligen Erlösungsreligion an, des unheimlich-ziellosen Kreuzzuges einer rekordwütigen Höchstleistungsbegeisterung um jeden Preis«.[37] Bezeichnenderweise stand auf der Wand des deutschen Pavillons bei der Brüsseler Weltausstellung ein Ausspruch C. F. von Weizsäckers, mit der ›anti-faustischen‹ Mahnung: »Nicht alles darf der Mensch tun, was er kann.«[38]

Die Kulturkritiker verstanden die Massendemokratie wie auch die Massenzivilisation weit eher als technokratische Diktatur über narkotisierte Homunkuli denn als freiheitliche Lebensordnung zur Förderung des Gemeinwohls. Janusköpfig schaute Wirsing sowohl rückwärts wie vorwärts, als er den Wohlfahrtsstaat als »modernes Cäsarentum« bezeichnete: »Das moderne Cäsarentum, das noch Spengler in den großen wirtschaftlichen Machtgebilden heranwachsen sah, verfestigt sich noch anonymer und unfaßbarer im Verwaltungssystem des Wohlfahrtsstaats.«[39] Aus dem ›kleinen Mann‹ werde der ›normal-normierte Massemensch‹, der bloß vom komfortablen Konsumleben besessen sei. Der *Homo americanus* sei nicht mehr *ante portas*, sondern bereits so tief in die deutsche Seele eingedrungen, daß er dort ›Echt-Seelisches‹ völlig vertrieben habe. Jürgen Eick diagnostizierte »das Jahrhundert des kleinen Mannes« in einer »zeitkritischen Studie« im Jahre 1960. Er

---

36 *J. Habermas*, Technik und Wissenschaft als »Ideologie«, in: Technik und Wissenschaft als Ideologie, Frankfurt am Main 1968, S. 88-89. Grundlegend war: *ders.*, Notizen zum Missverhältnis von Kultur und Konsum, in: Merkur 97/16, 1955.
37 *A. Rüstow*, Ortsbestimmung der Gegenwart. Eine universalgeschichtliche Kulturkritik, Bd. 3: Herrschaft oder Freiheit?, Erlenbach 1957, S. 67ff.
38 Joachim Radkau spricht von einer »offiziellen Technik-Skepsis« der 1950er Jahre. *J. Radkau*, ›Wirtschaftswunder‹ ohne technologische Innovation? Technische Modernität in den 50er Jahren, in: A. Schildt u. A. Sywottek (Hg.), Modernisierung, S. 149.
39 *Wirsing*, Schritt, S. 192.

sprach von der »Tyrannis« der Amerikanisierung als dem Zustand »der heute in der westlichen Welt vorherrscht. In Amerika ist es geradezu lebensgefährlich ›ungleich‹ zu sein«. In der BRD stellte er eine »Bequemlichkeitswelle« fest und setzte die »Sesselperspektive« als Lebensform mit der »Entthronung« der Arbeit »gewissermassen über Nacht« gleich.[40]

Bekanntermaßen war Massenkultur für den aus kalifornischer Emigration zurückkehrenden Theodor Adorno nur ›Unwesen‹ und ›barbarische Regression‹. In ähnlicher Weise eiferte ein rechtsgesinnter Denker wie Eugen Diesel apokalyptisch:

»Seht diese Massen! Nichts scheint mehr ›echt‹ zu sein; nicht Beruf, Lebensumstände, Gesinnung, Bewegung, Lebensfreude, Besitz, und was es auch sei. All dies stinkt nach Verlarvung, Sinnlosigkeit, Abstraktion, Konvention, Aufpeitschung, Dressur, Propaganda, auf Flaschen gezogene Sexualität. Die Menschen ahnen noch gar nicht, in welche Hölle sie geraten sind. Es ist nicht schwer, vorauszusagen, wie das enden wird.«[41]

Eine Prognose war nicht schwierig, weil das Ende angeblich längst schon begonnen hatte. Im ›Westen‹ und ›West-Staat BRD‹ gäbe es nichts Neues — nur ›Neuerungsattrappen‹ als Amerikanisierung, besserverstanden als das ›Ende‹ der Kultur.

Amerikanisierung als Regression oder Kulturdemontage war gleichzeitig auch Progression hin zum medialen Mischmasch der ›Weltzivilisation‹. Diesel malte die Schreckensvision eines ›Supersynkretismus‹ potenziert durch Technik an die Wand:

»Alles steht unter dem bedrohlichen Schatten eines Kulturmischmasches gewaltigsten Ausmaßes, unter dem Schatten auch des heraufziehenden weltweiten Synkretismus. ... Man stelle sich den Durchschnitt der Menschen vor, die nicht nur von diesen Fernsehkanälen, sondern von dem Supersynkretismus der globalen Institutionen aller Völker gefüttert werden. Dieser Supermarkt der Kulturwerte ist natürlich das Ende der Kultur im alten Sinne. Sie ist zu einem Selbstbedienungsladen für alle und jeden geworden.«[42]

---

40 *J. Eick*, Das Jahrhundert des kleinen Mannes. Eine zeitkritische Studie, Düsseldorf 1960, S. 20, 103ff.
41 *Diesel*, Menschheit, S. 122. Nach den ›Wunderjahren‹ konstatierte Klaus Mehnert einfach und nüchtern: »Der Massenmensch findet nicht statt.« *K. Mehnert*, Der deutsche Standort, Stuttgart 1967, S. 28ff.
42 *Diesel*, Menschheit, S. 207ff.

Man muß eine Paradoxie der Nachkriegsentwicklung im Auge behalten, die Jean Amery auf den prägnanten Begriff »Das Wunder wurde zur Institution« brachte.[43] Diese Normalisierung des Wunders war den meisten Kulturkritikern äußerst zuwider. Der Konservative Friedrich Sieburg fand im Jahre 1959 den prosaischen Wohlstand verdrießlich: »Dies Deutschland, in dem wir leben, ist glanzlos und langweilig. Sein Zugang zu seiner Vergangenheit ist ihm ebenso versperrt wie der Weg zu seinen innersten Quellen. Unsere Lebensform verlockt niemanden mehr, sie stellt kein moralisches Kapitel dar. Eine saubere Organisation, ein durchdachtes Sozialgefüge und eine tüchtige Verwaltung sind keine Dinge, die an die tieferen Regungen der Umwelt rühren, ihre Phantasie in Bewegung setzen und Visionen von einem begrabenen menschlicheren Leben erzeugen. Leerer und phantasieloser kann kein Volk dahinleben als wir in der Bundesrepublik. ... Nicht das Geheimnis unserer nationalen Substanz prägt unsere Seelen, sondern die Vielfalt und Massenhaftigkeit der Waren.«[44]

In Sieburgs Analyse transformierte sich die Diagnose vom aufkommenden ›Nihilismus‹ der Nachkriegszeit gründlich, denn sie ›erfüllte‹ sich buchstäblich mit krass-materiellem Inhalt: der ›Abgrund‹ war zu einem Konsum-Katarakt und dieser zum ›Konsum-Terror‹ geworden. Carl Schmitt hatte schon früher konstatiert, es herrsche »jetzt cuius economia, eius regio. Das ist der neue Nomos der Erde; kein Nomos mehr«. Er prangerte das glänzende ›Konsumparadies‹ als kosmetische Hölle an: »Sie (die Masse) wollen: *to live and have a fun* [sic], gut leben und ihr Späßchen haben. ... *Panem et circenses* wäre zu substantiell für diese *massa perditionis*. Sie brauchen *carrion-fun* [sic].«[45] Eugen Diesel war ebenso entsetzt von dem globalen Zustand einer »Welt als Supermarkt«.[46] Der liberale Wirtschaftsexperte Joachim Besser sah diese Entwicklung im Jahre 1963 schon aus posthistorischer Distanz: »Europa ist im Begriff, eine riesiger Supermarket zu werden mit Türhütern in antiquierten Uniformen.«[47] Amery versuchte, alles pietätvolle Gerede von »abendländischer Geistes-Gemeinschaft« zu demontieren und

---

43 *Amery*, Geburt. S. 210.
44 *F. Sieburg*, Prestige, in: Frankfurter Allgemeine Zeitung, 30.09.1959, S. 1.; ders., Abmarsch in die Barbarei. Gedanken über Deutschland, Stuttgart1986, S. 390.
45 *Schmitt*, Glossarium, S. 179, 251.
46 *Diesel*, Menschheit, S. 112ff.
47 *J. Besser*, Wofür zu leben lohnt. Ketzereien eines Europäers, Düsseldorf 1963, S. 150.

sprach kurz und bündig von »euramerikanischer Konsumkultur«.[48] Der Ökonomismus mache blind, gedankenlos, und narzißistisch. In Diesels Worten: »Das Dollar-Dogma ist eine der Ursachen dafür, daß die Amerikaner sich in viele andere Völker so schwer hineinzudenken vermögen.«[49] Transzendentales Besser-Verstehen à la Fichte versuchte sich dadurch zu trösten, daß es die amerikanisierte Null-Mentalität des Nichts-Verstehens bloßstellte.

Gegen den nivillierenden Kurs der globalen Konsumzivilisation postulierte Hans Zehrer einen deutschen Sonderweg, eine kuriose Art ›Wohlstands-Pietismus‹ oder ›preußisch-christlichen Konsums‹: »Auch der West-Deutsche kann heute selbst vor den vollen Schaufenstern nur noch eschatologisch leben. ... Dies ist die geistige Lage in West-Deutschland. Wer heute wirklich frei und ohne Angst leben will, kann es nur im Rahmen der christlichen Eschatologie, vor der alles, was er besitzt, zu etwas wird, als besässe er es nicht.«[50] Nach Zehrer und gleichgesinnten Kulturkritikern sollten die Deutschen immer innerlich-eschatologisch existieren und daher streng dialektisch oder ›protestantisch‹ weiterleben, d.h. sich ›amerikanisieren‹ als ›amerikanisierten‹ sie sich nicht!

Das Schlagwort von dem »Schicksal Amerikanisierung« bildet ein Paradebeispiel für das Umschlagen des transzendentalen Impulses des Besserverstehenwollens in eine hermeneutische Hybris und in das Klischeehafte. Das war allerdings kein Sonderproblem der deutschen Kulturphilosophen. Schon 1948 hatte der frühere Hegelianer und französische Marshall-Plan Verwalter Alexandre Kojève konstatiert: »J'ai été porté à en conclure que l'American way of life était le genre de vie propre à le période post-historique, la presence actuelle des Etats-Unis dans le Monde préfigurant le futur ›éternel présent‹ de l'humanité tout entière.«[51] Hinter der Furcht vor der Amerikanisierung stand die Angst vor dem eigenen Identitätsverlust. Etwas spezifischer und ›typisch deutscher‹ war die Sorge vor der ›Übermobilität‹ der eigenen Identität und zugleich vor dem deutschen Übertrumpfungsimpuls bis hin zur inneren Selbstaufgabe. Viele Kulturkritiker fürchteten, Deutschland werde wie auch Europa seine Eigenständigkeit nicht nur wirtschaftlich und

---

48 *Amery*, Geburt, S. 254, 298: »Die euramerikanische Zivilisation, wie sie sich uns zu Ende des schicksalsschweren Jahrzehnts 1950-1960 darstellt, hat nur einen einzigen Bezugspunkt: den Konsum. Der Rest ist Illusion.«
49 *Diesel*, Menschheit, S. 114.
50 *Zehrer*, Stille, S. 207.
51 *A. Kojève*, Introduction à la lecture de Hegel, Paris 1946, S. 437.

politisch, sondern auch kulturell verlieren. Nur wenige Stimmen wie Karl Jaspers warnten pointiert vor dem falsch-verallgemeinerten Sonderbewußtsein: »Das europäische Selbstbewußtsein wird eng, wenn es sich gegen Amerika wendet.«[52]

Mit vielen seiner Zeitgenossen fragte Eugen Diesel besorgt: »Nutzt sich die Kultur ab?« Jedoch kann sich eine echte, offene ›Welt-Kultur‹, so wie die deutsche Kultur, m. E. weder abnutzen noch auf ewig autark abgrenzen, denn sie ist stetem Wandel unterworfen. In der deutschen Kulturkritik und dem Geschichtsdenken des zwanzigsten Jahrhunderts enthüllt sich der ›gläserne Hintergrund‹ der ›Amerikanisierung‹ als eine Art von Selbstbespiegelung oder transzendentaler Lebenslüge, einer typischen Kulturverlust- und Endzeitpsychose. Vielleicht sollte man Diesels eschatologische Frage durch eine andere, etwas mehr historisierende oder ›post-posthistorische‹ Gretchenfrage ersetzen: »Wird sich die deutsche Amerikanisierungsangst jemals abnutzen?«

Nietzsche sagte einmal: »Wir Deutsche sind Hegelianer, auch wenn es nie einen Hegel gegeben hätte, insofern wir (im Gegensatz zu allen Lateinern) dem Werden, der Entwicklung instinktiv einen tieferen und reicheren Sinn zumessen, als dem was ›ist‹.«[53] Auch Erich Kuby setzte im Jahre 1957 solches Sinn- und Ganzheitsdenken als unerläßliche Grundbedingung — als Antidot gegen das ›Zetteldenken‹ des amerikanisierenden Empirismus: »Hierbei sei doch auch darauf hingewiesen, daß der Ausdruck ›das Ganze bedenken‹ genau genommen ein Pleonasmus, ein hölzernes Holz ist, denn der Vorgang des Denkens ist immer das Ganze, und jene intellektuellen Vorgänge, die dazu dienen, willkürlich und bequem ausgewählte Details aufzuhellen, dürfen nicht als Denken bezeichnet werden.«[54] Etwas skeptischer und ironischer äußerte sich dagegen Jean Amery: »Mag sein, daß die Frage nach dem ›Sinn‹ einer Zivilisation nur eine Art kulturphilosophische Zwangsneurose ist, uns auferlegt von der Tradition.«[55]

›Neurotisches‹ Sinnfragen aus proleptischer Panik kann sich allzuleicht in arrogante Überinterpretation und seriöse Un-Sinnstiftung verwandeln. Der

---

52 *Jaspers*, Atombombe, S. 185.
53 *F. Nietzsche*, Fröhliche Wissenschaft, in: Nietzsche Werke. Kritische Gesamtausgabe, hg. v. G. Collini, Berlin 1973, (5.Abt.), 2. Bd., Nr. 357, S. 287.
54 *E. Kuby*, Das ist des deutschen Vaterland. 70 Millionen in zwei Wartesälen, Stuttgart 1957, S. 401.
55 *Amery*, Geburt, S. 299.

Amerikanisierungsdiskurs der Kulturkritiker fungierte als angeblich anschauliche Sinnstiftung und konkrete Warnung — aber mit tückisch ›gläserner‹ Optik von komplexer Brechung und Bespiegelung — teils als Teleskopie, teils als Stereoskopie und teils als Endoskopie. Dadurch werden auch die reflexiven ›Über‹-dimensionierungen des Themas sichtbar, denn sie sind in ihrer selbstdramatisierenden Virulenz eigentlich unübersehbar.

Simone Barck

Die fremden Freunde
Historische Wahrnehmungsweisen deutsch-sowjetischer Kulturbeziehungen in der SBZ in den Jahren 1948 und 1949

In der Zeitgeschichtsforschung zur DDR-Geschichte nimmt nach 1989 die Thematisierung der Rolle der Sowjetunion für die Entwicklung der SBZ/DDR schon einen breiten Raum ein. Insbesondere neue, durch bisher nicht zugängliche Quellen gestützte Untersuchungen zur Tätigkeit der SMAD versprechen weitere Aufschlüsse über Etappen, Modalitäten und Ergebnisse sowjetischer Politik in der SBZ und frühen DDR und gestatten im Vergleich mit Politik und Praxis der SED Einblicke und Aussagen zum Grad der Abhängigkeiten wie dem Rahmen und Gehalt von jeweils unterschiedlich gegebenen Handlungsspielräumen.[1] Bei dem ostdeutsch-sowjetischen Beziehungsgeflecht, seinen Inhalten und Formen, haben wir es — in ähnlicher Weise wie beim Antifaschismus — mit einer politischen und ideologischen Grundkonstante in der DDR-Geschichte zu tun. Einerseits können wir auch hier von einer »verordneten« deutsch-sowjetischen Freundschafts-Beziehung sprechen, andererseits werden damit die Dimensionen der Erfahrungen und des gelebten Lebens vieler DDR-Bürger nur zum Teil erfaßt. Zu fragen ist, welche Rolle spielten sowjetische Politik, Geschichte und Kultur sowie Reisen in die Sowjetunion, Bekanntschaften und Freundschaften mit Sowjetbürgern für die Identitätsbildung der Ostdeutschen? In welcher Weise wirkte sich das »Erlebnis Sowjetunion« auf die sich herausbildenden Haltungen zur nationalen deutschen Frage und zur internationalistischen Haltung gegenüber der Sowjetunion aus? Dabei werden für die verschiedenen DDR-Generationen unterschiedliche Befunde zu erheben sein, sich verändernde Interessenlagen sichtbar werden; es wechselten die Wahrnehmungsweisen und Verhal-

---
1 *N. M. Naimark*, Die Sowjetische Militäradministration in Deutschland und die Frage des Stalinismus. Veränderte Sichtweisen auf der Grundlage neuer Quellen aus russischen Archiven, in: Zeitschrift für Geschichtswissenschaft 4, 1995, S. 293-307.

tensmuster sowie der Grad der Informiertheit über die sowjetischen Verhältnisse.

Am Anfang dieses stets ambivalenten Verhältnisses stand die Tatsache, daß die Sowjetunion Siegermacht über Nazi-Deutschland war und in ihrem Einflußbereich die SBZ nach ihren Vorstellungen errichtete und dies mit einer Bevölkerung, die in ihrer Mehrheit als Folge der Nazi-Propaganda antisowjetisch eingestellt war. Um aus Ablehnung und Desinteresse sowie Unkenntnis der Sowjetunion zu einer Kooperation und sogar Freundschaft zu kommen, bedurfte es da schon besonderer Anstrengungen und Überlegungen sowie psychologischen Einfühlungsvermögens auf beiden Seiten. Bevor im folgenden drei Beispiele historischer Wahrnehmungsweisen deutsch-sowjetischer Beziehungen im Jahr 1948 untersucht werden, sollen wenige Bemerkungen zur historischen Ausgangssituation vorangestellt werden.

1. »Klärung des Verhältnisses zur Sowjetunion«

Schon bei den sowjetischen Nachkriegsplanungen, in die deutsche kommunistische Emigranten einbezogen worden waren, hatten geistig-kulturelle Probleme für die antifaschistisch-demokratische Umgestaltung einen hohen Stellenwert erhalten. Im Rahmen der Politik der SMAD wurde Kulturpolitik zentral betrieben, war wichtiger Teil (wie David Pike[2] zu Recht meint, meist unterschätzter Teil) ihrer Besatzungspolitik. Dabei ist der Befund, daß von den bisher vorläufig ermittelten ca. 1.000 Befehlen der SMAD sich nur 11 Prozent auf Kulturpolitik beziehen,[3] durchaus kein Gegenbeweis. Denn es gehört zur Eigenart kultureller Phänomene, daß sie auf verschiedenen Ebenen präsent sind und unterschiedliche gesellschaftliche und soziale Bereiche tangieren.

---

2 *D. Pike*, The Politics of Culture in Soviet-Occupied Germany 1945-1949, Stanford 1992, bes. Kap. 2 u. 6.
3 *G. Dietrich*, ›... wie eine kleine Oktoberrevolution ...‹, Kulturpolitik der SMAD 1945- 1949, in: G. Clemens (Hg.), Kulturpolitik im besetzten Deutschland 1945-1949, Stuttgart 1994, S. 221. Zum komplizierten Geflecht der sowjetischen Befehlsstruktur: *J. Foitzik*, SMAD, in: SBZ-Handbuch, hg. v. M. Broszat u. H. Weber, München 1993, S. 41ff.

Organisationen wie *Kulturbund* und *DSF* konnten nur in Übereinstimmung mit den Richtlinien und Grundsätzen der *SMAD* agieren. Die Aufmerksamkeit der *SMAD* auf diese kulturellen ›Transmissionsriemen‹ ergab sich aus der Feststellung von Marschall Shukow im Mai 1945: »Wir haben Berlin erstürmt, doch die Seelen der Deutschen werden wir erst erkämpfen müssen. Das wird eine schwere Schlacht sein, und nun verläuft unsere vorderste Linie gerade hier.«[4] Die drei großen D der sowjetischen Besatzungspolitik: Denazifizierung, Demokratisierung und Demilitarisierung, enthielten zunächst nicht die Übernahme des sowjetischen Modells. Wie der Leiter der Informationsabteilung der SMAD General Sergej Tjulpanow in seinen Erinnerungen berichtet, stand Sozialismus nicht auf der Tagesordnung: »Wir dachten dabei noch nicht an eine sozialistische Gesellschaftsform in Deutschland.«[5] Aber es ging darum, ein neues Verhältnis zwischen Russen und Deutschen zu schaffen. Und dabei wurde Ideologie als »Schlüssel« begriffen, »dem deutschen Volk das Tor in die Zukunft zu öffnen«, und »Kulturarbeit ... als Teil der ideologischen Arbeit«[6] aufgefaßt und umgesetzt.

Diese Aufgabenstellung wurde in die bürokratische Formulierung »Klärung des Verhältnisses zur Sowjetunion«, wie es in den zeitgenössischen Partei- und DSF-Dokumenten der Jahre 1948/1949 hieß, verpackt. Es handelte sich hierbei um verschiedene Dimensionen und Prozesse, die auf mehreren Ebenen zu entwickeln und zu berücksichtigen waren.

Zunächst kam es, getreu dem kommunistischen Organisationsprinzip, darauf an, geeignete Organisationen zu schaffen, wofür an Traditionen aus der Weimarer Republik angeknüpft werden konnte. Neben der *Internationalen Arbeiter-Hilfe*, die sich unter der Leitung von Willi Münzenberg für deutsch-sowjetische Solidarität eingesetzt hatte, war das vor allem die nach dem Prinzip der Überparteilichkeit organisierte *Gesellschaft der Freunde des neuen Rußland*, die 1924-1932 mit ihrer Zeitschrift *Das Neue Rußland*[7]

---

4 S. *Tjulpanow*, Deutschland nach dem Kriege (1945-1949). Erinnerungen eines Offiziers der Sowjetarmee, hg. und mit einem Nachwort v. Stefan Doernberg, Berlin 1986, S. 15. Zur Rolle von Tjulpanow: SVAG. Upravlenie propgandy (informatsii) i S. I. Tjulpanow 1945-1949, hg. v. B. Bonwetsch, G. Bordjugov u. N. Naimark, Moskau 1994.
5 S. *Tjulpanow*, Zeit des Neubeginns. Gespräch, in: Neue deutsche Literatur 9, 1979, S. 42f.
6 Ebd., S. 44.
7 Das Niveau dieser Zeitschrift (mit Fotomontagen von John Heartfield) wurde von der DSF-Zeitschrift »Die neue Gesellschaft«, 1947-1953, auch nicht im Ansatz erreicht.

sachlich informierend und nicht glorifizierend gewirkt hatte. Hier waren schon Persönlichkeiten wie Jürgen Kuczynski, Bernhard Kellermann, Otto Nagel u. a. beteiligt gewesen, die jetzt in der im Juni 1947 gegründeten *Gesellschaft zum Studium der Kultur der Sowjetunion* (im folgenden: *Gesellschaft*) wieder aktiv wurden. Eine weitere Kontinuität war durch die *Allunionsgesellschaft für kulturelle Verbindungen mit dem Ausland (WOKS)* gegeben, deren Zeitschrift *UdSSR im Aufbau* durch Autoren wie Wladimir Majakowski, Sergej Tretjakow und Michail Kolzow geprägt war und durch Layout und Gestaltung von Alexander Rodtschenko internationale Beachtung gefunden hatte.

Während es auf der politisch-ideologischen Ebene vor allem um Information und Aufklärung ging, sollte auf kulturellem Gebiet ein weiter Kulturbegriff zugrunde gelegt und die Einheit von materieller und geistiger Kultur propagiert und realisiert werden.

Auf der emotionalen, mentalen Ebene gab es wohl die meisten Probleme. Sowohl die Nachwirkungen der antibolschewistischen Nazi-Propaganda wie die zum Teil negativen Erfahrungen mit der sowjetischen Besatzungsarmee in den Frühjahrsmonaten des Jahres 1945 bewirkten erhebliche Widerstände in der deutschen Bevölkerung.

2. »Deutsche sehen die Sowjetunion«

So lautete der Titel einer Publikationsreihe des Verlages *Kultur und Fortschritt*, die 1948/1949 in Berlin zu erscheinen begann. Zunächst wurden fünf Reiseberichte von Teilnehmern der ersten »Delegation von Kulturschaffenden«, die nach dem Krieg auf Einladung des sowjetischen Schriftstellerverbandes und der WOKS vier Wochen in Moskau und Leningrad gewesen waren, herausgebracht. Jürgen Kuczynski, zu diesem Zeitpunkt Präsident der im Juni 1947 gegründeten *Gesellschaft* und Teilnehmer dieser Delegationsgruppe, erläuterte im gleichlautenden Vorwort dieser fünf Reiseberichte, was sich die *Gesellschaft* von der Herausgabe dieser Reiseberichte versprach: die

---

Ja, es ist geradezu auffällig, daß es keinerlei Bezugnahme darauf gibt, was in der stalinistischen Kulturpolitik gegenüber der Avantgarde begründet sein mag, an die gerade nicht angeknüpft werden sollte.

ausführliche Auskunft über das Land, das heute die größten gesellschaftlichen Fortschritte aufweise, in dem es den Menschen eben aufgrund dieser gesellschaftlichen Fortschritte wohler ergehe als anderswo auf der Welt. Darüber richtig und pflichtgemäß zu berichten, mit der den Schriftstellern eigenen Gabe der Vermittlung, sei um so notwendiger, »als gerade in Deutschland das Bild der Sowjetunion durch die Hetze des Faschismus so greulich verzerrt wurde, und auch heute die Reaktion in den Vereinigten Staaten, England und Frankreich alles tut, um durch ihre deutschen Anhänger und auch direkt (mit nackten Händen ohne Glacéhandschuhe), unser Volk weiter zu verwirren und Feindschaft zu säen zwischen unserem Volk und dem Volk der Sowjetunion«.[8] Die Reiseberichte sollten der deutschen Friedens- und Aufbauarbeit nutzen und dazu beitragen, »Verständnis in unserem Volk für die großen Kulturleistungen der Sowjetvölker« zu wecken.

Information, Aufklärung und gegenseitiges deutsch-sowjetisches Kennenlernen waren Ziele und Aufgaben der neuen Organisation, die damit eine Schlüsselstellung bei der Entwicklung deutsch-sowjetischer Beziehungen einnahm. Bei der Analyse ihrer Tätigkeit stellt sich die Frage, inwiefern und mit welchem Methoden sowie mit welchem Ergebnis sie Sowjetisierungsbestrebungen (im Sinne von Angleichung an das sowjetische Gesellschaftsmodell und Übertragung desselben beförderte und betrieb. Uns soll hier nur die erste Phase der *Gesellschaft* interessieren, von ihrer Gründung im Juni 1947 bis zum Juni 1949, als sie sich in *Gesellschaft für deutsch-sowjetische Freundschaft* (im folgenden: *Gesellschaft* oder *DSF*) umbenannte. Diese Namensänderung signalisierte bereits die beabsichtigte Veränderung des Charakters der Organisation: von einer aufklärenden und informierenden, kulturell und wissenschaftlich orientierten Vereinigung mit begrenztem Interessentenkreis zu einer Massenorganisation, für die die »Freundschaft mit der Sowjetunion ... von entscheidender Bedeutung für Deutschlands nationale Zukunft« sein sollte.[9] Mit Gründung der DDR verstärkte sich der von Anfang an vorhandene Einfluß der *SED* auf die *DSF*. Mit dem 3. Kongreß der *DSF* im Januar 1951 wurde dann eine Losung ausgegeben — »Von der Sowjet-

---

8 *J. Kuczynski*, Vorbemerkung, in: A. Seghers, Sowjetmenschen. Lebensbeschreibungen nach ihren Berichten, Berlin 1948. Zit. n.: *A. Seghers*, Über Kunstwerk und Wirklichkeit. Die Tendenz in der reinen Kunst, Bd. 1, Berlin 1970, S. 322.
9 Die neue Gesellschaft, Sondernummer zum 2. Kongreß der DSF , Berlin 1949 (Freunde für immer), S. 2

union lernen, heißt siegen lernen!« —, die in ihrem militanten Aspekt die junge DDR auf die Seite der Sieger transferieren sollte und ein Verhältnis zur Sowjetunion etablierte und über vierzig Jahre festschrieb, das auf Apologie und Unantastbarkeit fundiert war und langfristig den Hauptgrund für die zunehmende inhaltliche Entleerung und Formalisierung DDR-sowjetischer Beziehungen im Wirkungsbereich der DSF und darüber hinaus bilden sollte.

Die Reiseberichte »Deutsche sehen die Sowjetunion« standen in einer literarhistorischen Traditionslinie zu den bekannten Sowjetunion-Reportagen der Weimarer Republik, die sich als eigenständiges literarisches Genre profiliert hatten.[10] Je nach politischem Standort verschieden, hatte sie — von E. E. Kisch, O. M. Graf, A. Holitscher, K. Mann bis zu J. Roth u. a. — ein Charakteristikum verbunden, nämlich die Authentizität des Geschriebenen.

Der ersten Delegation von Kulturschaffenden der *Gesellschaft* gehörten an: Anna Seghers, Bernhard und Ellen Kellermann, Eduard Claudius, Stephan Hermlin, Günter Weisenborn, Michael Tschesno-Hell, Wolfgang Langhoff, Heinrich Ehmsen, Wolfgang Harich, Jürgen Kuczynski als Präsident und Hans Mark, Generalsekretär der Gesellschaft.

Die Titel der fünf Reiseberichte lauteten: »Wir kommen aus Sowjetrußland ...« (Bernhard und Ellen Kellermann),[11] »Notizen nebenbei« (Eduard Claudius),[12] »Sowjetmenschen« (Anna Seghers),[13] »Russische Eindrücke« (Stephan Hermlin),[14] »Rußland antwortet. Ein Reisebericht« (Michael Tschesno-Hell).[15] Sie wurden in handlicher Broschürenform, einheitlich gestaltet, mit jeweils einem Foto des Autors auf dem Umschlag versehen, herausgebracht. Alle Titel liegen in nur einer Auflage vor, vergleichbare weitere Bücher dieser Art fehlen. Erst Stefan Heym knüpfte mit seinen Büchern »Forschungsreise ins Herz der deutschen Arbeiterklasse« (Berlin 1954) und »Keine Angst vor Rußlands Bären« (Düsseldorf 1955), an diese Linie an.

---

10 *E. Schütz*, Kritik der literarischen Reportage. Reportagen und Reiseberichte aus der Weimarer Republik über die USA und die Sowjetunion, München 1977; *V. Hertling*, Quer durch: Von Dwinger bis Kisch. Berichte und Reportagen über die Sowjetunion aus der Epoche der Weimarer Republik, Königstein/Ts. 1982.
11 Berlin 1948, hg. i. A. der Gesellschaft zum Studium der Kultur der Sowjetunion.
12 Berlin 1948, hg. i. A. der Gesellschaft zum Studium der Kultur der Sowjetunion.
13 Berlin 1948, hg. i. A. der Gesellschaft zum Studium der Kultur der Sowjetunion.
14 Berlin 1948, hg. i. A. der Gesellschaft zum Studium der Kultur der Sowjetunion.
15 SMA, Tägliche Rundschau 1949.

Wieso wurde diese Form der »Aufklärung« vom Ende der 1940er Jahre nicht fortgesetzt? Nur eine Publikation des Jahres 1949 läßt sich hier noch einordnen: »Die Sowjetunion und wir«, herausgegeben vom Sekretariat des *Deutschen Volksrats*, die »Reiseberichte zum 31. Jahrestag der Oktoberrevolution« von »Vertretern aller politischer Parteien und demokratischen Organisationen« enthielt.[16] Die Akzentverlagerung im Titel, die geänderte Reihenfolge der Bezugs-Subjekte, signalisierte eine Veränderung in dieser Beziehung, die vor allem — wie noch zu zeigen sein wird — durch die Diskussion um die »Russen und wir« deutlich geworden war.

Die zeitgenössische Rezeption der Publikationsreihe »Deutsche sehen die Sowjetunion« ist bisher kaum dokumentiert, wenn man von einer kurzen Empfehlung in der *Täglichen Rundschau* absieht, die bereits einige Texte Hermlins und Tschesno-Hells vorabgedruckt hatte. Die Zeitung der *SMAD* wertet die Schriftenreihe des Verlags *Kultur und Fortschritt* als Beiträge, »das Zerrbild antisowjetischer Hetze zu beseitigen, das eine gewisse Clique westlicher Skribenten tagtäglich naiven Lesern vorsetzt, obwohl diese ›transatlantischen‹ Propagandisten von der Sowjetunion bislang nicht einen Schornstein, geschweige denn das Land gesehen haben«.[17] Die Autoren seien ernsthaft prüfende Chronisten, deren Alltagsschilderungen besonders beeindruckten.

Im folgenden sollen diese Broschüren daraufhin befragt werden, welche Spuren historischer Wahrnehmungsweisen und zeitgenössischer Argumentationsmuster zum deutsch-sowjetischen Verhältnis zu finden sind. Bedacht werden soll dabei auch, welches die Gründe für die Kurzlebigkeit dieser Texte im zeitgenössischen Diskurs waren.

Die Schilderungen des Ehepaars Kellermann, er 68 Jahre alt, von der SMAD hoch geehrt und in der Sowjetunion in großen Auflagen übersetzt und bekannt, sie wesentlich jünger, »weder Bolschewistin noch Kommunistin«, lesen sich harmlos und recht apologetisch. Moskau erscheint Kellermann, der die Sowjetunion vor 1933 mehrfach bereist hatte, als »Weltstadt«

---

16 Reiseberichte zum 31. Jahrestag der Oktoberrevolution, in: Tägliche Rundschau 55 (1166), 06.03.1949, S. 3
17 *Ltz. (d. i. Gustav Leuteritz)*, Deutsche schildern die Sowjetunion. Eine Schriftenreihe des Verlages Kultur und Fortschritt, in: Tägliche Rundschau 275 (1080) 24.11.1948, Beilage S. II.

und die Metro als »die schönste der Welt«. Ellen Kellermann hebt die Selbstverständlichkeit der Berufstätigkeit der sowjetischen Frauen hervor.

Interessanter in Argumentation und Reflexionen ist schon der Text von Eduard Claudius, damals 36 Jahre alt, proletarischer Herkunft, Kommunist und Spanienkämpfer. Er registriert das Nebeneinander von Altem und Neuem, die ärmlichen Holzhütten in den Vororten Moskaus enttäuschen seine hohen Erwartungen. Seine Befragung von Russen über ihr Verhältnis zu den Deutschen (ein Text-Element, was in den allen Berichten vorkommt) ergibt unter anderem die Reaktion einer alten Moskauer Arbeiterin, die ihre Familie im Krieg verloren hat: »Auf die Frage, ob sie die Deutschen haßt, bricht sie in Tränen aus. Darf ich schweigen darauf? Manchmal darf man die Menschen kaum anritzen, so randvoll sind sie mit Leid.«[18] Er preist soziale Errungenschaften und den »neuen Menschen«. Eine geradezu sensationelle Passage findet sich in der — bei allen Delegationsmitgliedern zu findenden — Schilderung der Demonstration zum 1. Mai auf dem Roten Platz. Nach der Feststellung, Stalin winkt vertraulich, so wie ihm immer wieder gewinkt und gerufen wurde, fragt der Autor sich und seine Leser: »Was ist ein Mensch wert, der ein Volk führt? In welchem Verhältnis stehen Volk und er miteinander? Rätsel dieser Zeit. Analogien mit unserer jüngst vergangenen Zeit zu ziehen, ist Blasphemie. Die Hitler zujubelten, wollten mit ihm die Welt erobern und hier... hier wird keine Welt erobert, keine fremden Völker unterdrückt, hier wird das Land, die eigene Zukunft, das Leben jedes Einzelnen erbaut. Das ist der ganze Unterschied. Ein großer Unterschied? Wo kann man da Maßstäbe anlegen?«[19] Der Fragegestus und das (ungewollte) Registrieren totalitärer struktureller Gemeinsamkeiten (Führer-Kult) waren wohl Grund genug, diesen Text schnell in der Versenkung verschwinden zu lassen. Schon der Anschein eines Vergleichs von Stalin mit Hitler war etwas derart Provozierendes für das zeitgenössische kommunistisch-antifaschistische Denken, daß die offizielle Ablehnung dieses Textes vermutet werden kann.

Die Schwierigkeiten einer propagandistischen Darstellungsweise macht am deutlichsten der Text von Michael Tschesno-Hell, 1902 geboren. Kommunist seit 1922, seine Verbundenheit mit der Sowjetunion durch das seinem Namen zugefügte russische Attribut *tschesno* (ehrlich bzw. redlich) zum Ausdruck bringend, wurde er im Exil und in der SBZ/DDR als eine Art

---

18 E. *Claudius*, Notizen nebenbei, Berlin 1948, S. 54.
19 Ebd., S. 67.

»graue Eminenz« in »Sachen Sowjetunion« angesehen und hatte beste Beziehungen zur SMAD. Seit 1947 war er an einflußreicher Stelle im Verlag *Kultur und Fortschritt* tätig, später am Thälmann-Film-Szenarium beteiligt. Obwohl er sich erklärtermaßen vor allen Schlagworten in Acht nehmen will, verfällt er genau ins Gegenteil, der Verbreitung von Klischees. So wenn er als Grundlage des öffentlichen Lebens in der Sowjetunion »scharfe Kritik und Selbstkritik«[20] charakterisiert und als das Beeindruckendste die neuen »Sowjetmenschen« herausstellt. Solche Begriffe wie Diktatur und Totalitarismus, roter Imperialismus u. ä., die er nur als Schlagworte nennt, ohne sich ernsthaft mit ihnen auseinanderzusetzen, würden gar nichts aussagen über die Sowjetunion.

Im Rahmen der Serie »Deutsche sehen die Sowjetunion« sind die Texte von Anna Seghers und Stephan Hermlin am interessantesten, sowohl in Hinblick auf ihre Darstellungsweise, als auch auf ihre literarische Form und Sprache. Auch bei ihnen beiden tauchen die gemeinsamen Erlebnisse der Reise auf; so die Teilnahme an Parade und Demonstration am 1. Mai auf dem Roten Platz. Während A. Seghers die Internationalität des Tages betont, beschreibt Hermlin die Silhouette Stalins vor dem Mausoleum noch von seinem Hotelzimmer aus. »Er grüßt hinab in die Menge, bis auch der letzte vorüber ist.«[21] Geschildert werden Begegnungen mit sowjetischen Menschen, die als Ergebnisse der Kulturrevolution »begriffen« werden. Eine Leningrader Kellnerin, die in ihrer Freizeit unter anderem Kellermann und Seghers liest und sogar selbst ein Buch verfaßt hat, demonstriert die Erfolge der Bildungs- und Kulturpolitik. Hermlin hält fest: »Wir denken wohl alle darüber nach, was bei uns eine Kellnerin liest.«[22] Und beide sind beeindruckt von der Begegnung mit dem sowjetischen »aktiven« Leser. Auch im Zusammentreffen mit einer sowjetischen Familie wird über das Kulturniveau und die Rolle der Literatur dabei reflektiert. Im Gespräch über die Folgen des Krieges für sowjetische Familien werden Trauer und das sich aus den Kriegsereignissen ergebende »Problematische« in den Beziehungen zu den Deutschen thematisiert. Aber diese Russen, so Hermlin, wissen zwischen Faschi-

---

20 *M. Tschesno-Hell*, Rußland antwortet. Ein Reisebericht. SMA, Tägliche Rundschau 1949 (Berlin), S. 75.
21 *St. Hermlin*, Russische Eindrücke, Berlin 1948, S. 74.
22 Ebd., S. 14.

sten und Deutschen zu differenzieren, und nur gegenüber den deutschen Faschisten gäbe es den Haß.

Bei A. Seghers werden mehrere Frauen porträtiert, die an den Folgen des Krieges schwer zu tragen haben, denn in fast jeder sowjetischen Familie sind Tote oder Kranke zu beklagen. Wie werden berufliches Engagement und familiäre Anforderungen bewältigt? Durch die damalige russische Begleiterin von Hermlin und Seghers, die Literaturwissenschaftlerin Tamara Motyljowa, sind uns einige Details überliefert, die Ambivalenzen und Problematik dieser Reiseeindrücke auf der deutschen Seite verdeutlichen. So war der Wunsch der Gäste, sowjetische Familien in ihren Wohnungen zu besuchen, damals absolut unüblich. Zum einen aus sicherheitspolitischen Gründen und zum anderen, weil Einblicke in die mangelhaften sowjetischen Wohnverhältnisse möglichst vermieden werden sollten. So konnte dieser Wunsch nur gegen erhebliche Widerstände der sowjetischen Instanzen realisiert werden. Arrangiert wurde der Besuch bei der Familie einer verdienten Textilarbeiterin mit vielen Orden. Ehemann, Töchter und Enkel sind anwesend. Und die sehr gesprächige Frau erzählt von sich im Stil einer Bilderbuchkarriere: ihren Weg von der Landarbeiterin und Analphabetin zur Technikums-Absolventin. Bei Hermlin ist eine der wenigen Äußerungen des Mannes festgehalten: »Die Frau hat es immer mit dem Lernen, die hat den helleren Kopf.«[23] Seghers schreibt nicht darüber, offensichtlich hat sie Vorbehalte wegen der Vorbildhaftigkeit dieser Frau, im Sinne von »gestellt« und vielleicht eher untypisch. T. Motyljowa erinnert sich 1985 an diese Szene: »Anna (d. i. Seghers) sagte, verwickeln sie doch den Mann ins Gespräch, er gefällt mir viel besser.«[24]

Dafür beschreibt Seghers eine junge Textilarbeiterin, die von ihrem Besuch bei polnischen Kolleginnen erzählt, die nicht begreifen wollen, warum sie sich so für ihre Fabrik engagiere. »Man sieht daran, daß das Problem, die Mentalität der Menschen eines fortgeschrittenen Gesellschaftssytems auf die eines rückschrittlichen zu übertragen, ohne die Zwischenstufen zu berücksichtigen, nicht nur ein Problem für Schriftsteller ist.«[25] Und A. Seghers schließt eine Überlegung an, die ein Grundproblem politischer Überzeu-

---

23 Ebd., S. 63.
24 Unveröffentlichtes Interview mit *Tamara Motyljowa*, Moskau 1985. Geführt von Simone Barck. Tonbandabschrift S. 52f.
25 *A. Seghers*, Sowjetmenschen, S. 80ff. Hier zit. n.: *dies*. Kunstwerk, Bd. 4, Berlin 1979, S. 58.

gungsarbeit, auch in bezug auf das deutsch-sowjetische Verhältnis, berührt: »Man sieht daran, wie der Mensch fassungslos vor Verordnungen wie vor Büchern steht, in denen man ihm nur das Endergebnis bietet und annimmt, er sei schon allein davon überwältigt, anstatt ihm den Weg, der zu dem Ergebnis führt, genau zu erklären.« Die Fragen, ob und wie sowjetische Verhältnisse auf deutsche Nachkriegszustände übertragbar bzw. zu übertragen waren, zielten auf das zentrale Problem bei der »Klärung des deutsch-sowjetischen Verhältnisses«.

Die Problematisierung dieses Sachverhalts erfolgt in den Reisebüchern von Seghers und Hermlin auch auf einem für sie sehr wichtigen Feld, der Erörterung der Stellung des Intellektuellen und Künstlers in der sowjetischen Gesellschaft und der Diskussion um den Sozialistischen Realismus. Letztere fand vor allem auf der Leningrader Zusammenkunft mit sowjetischen Autoren statt, wo es auf die Frage der deutschen Gäste, ob der Sozialistische Realismus auch in einem Land gelten könne, in dem noch nicht die sozialistische Revolution gesiegt habe, mit Fadejew und anderen zu einer lebhaften Aussprache gekommen war. In deren Verlauf hatte dieser die Verschiedenartigkeit der Stile im sozialistischen Realismus betont und sich gegen dessen Auffassung als Dogma ausgesprochen.[26] Anna Seghers verarbeitete den Diskussionsstand in zwei Texten, die aus dem Rahmen der sonst gegebenen Lebensbeschreibungen herausfallen: »Ismen« und »Der wichtigste Ismus«. Sie definiert einen zeitgemäßen Realismus als den wichtigsten »Ismus« und erläutert dies an Beispielen aus der Malerei der Vergangenheit. Sie verstärkt die Aussagen Fadejews noch: »Sozialistischer Realismus« sei kein Meßinstrument, keine Schablone und nicht eng und dinglich zu nehmen. »Zum Realismus gehören auch Träume, auch Märchen, auch Phantasien.«[27] Dem »Sozialistischen Realismus« werden — so Seghers — aus Irrtum und Unwissenheit oder aus Polemik und Böswilligkeit Enge und Starrheit zugeschrieben. In der sowjetischen bildenden Kunst registriert sie noch viel Kitsch und Nachholbedarf im Technisch-Handwerklichen sowie in den Traditionsbezügen.

---

26 Eine Mitschrift dieses Gesprächs erschien in der »Täglichen Rundschau« vom 06.05.1948, sie wurde in russisch nicht publiziert.
27 *A. Seghers*, Der wichtigste ›Ismus‹, in: Über Kunstwerk und Wirklichkeit. Die Tendenz in der reinen Kunst, Bd. 1, Berlin 1970, S. 217.

Der vorsichtige Umgang mit dem Sozialistischen Realismus bei Seghers und Hermlin ist symptomatisch für diese zu Ende gehende Phase, schon wenig später wird dieses Konzept auch in der SBZ zum Dogma erhoben, um dann militant gegen Dekadenz, Formalismus etc. als »Kampfkonzept« auf- und ausgebaut zu werden. Die Diskussion über »Formalismus in der deutschen Malerei« in der *Täglichen Rundschau*, ausgelöst durch den Leiter der Abteilung Kultur der SMAD, Alexander Dymschitz, bringt zwar in ihrem Verlauf von November 1948 bis Februar 1949 noch verteidigende Stellungnahmen zu den angegriffenen Malern Hofer und Picasso und den Wunsch nach differenzierteren Kunstanalysen zum Abdruck, zeigt aber im Schlußwort von Dymschitz schon die dogmatisierende Richtung an, in der sich diese Methoden-Diskussion bis zum Formalismus-Beschluß von 1951 zuspitzen sollte.[28]

Wie schwierig es war, sich in wenigen Wochen ein einigermaßen reales Bild von den sowjetischen Verhältnissen zu verschaffen, macht ein aufschlußreiches Detail deutlich. Auf dem Leningrader Schriftstellertreffen war der seit 1946 verfemte Autor Michail Sostschenko anwesend. Hermlin berichtet: »Ich sprach mit dem ›verfolgten‹ Sostschenko, der bedeutende Humorist, dessen Bücher (selbst die letzten, allgemein abgelehnten) nie verboten waren, war bei bester Gesundheit und Laune und sprach von seinem Stück, das bald herauskommen soll.«[29] Daß es sich hierbei um eine stalinistische Maskerade handelte, Sostschenko extra herbeizitiert worden war, um anschließend wieder aus dem literarischen Leben ausgeschlossen zu werden, war von den gutwilligen deutschen Autoren nicht zu durchschauen. Solche stalinistischen Inszenierungen hatten eine unrühmliche Tradition und dienten zur Verschleierung von Verfolgungen und Repressionen; so war z.B. Zenzl Mühsam, die Witwe des von den Nazis ermordeten Antifaschisten und Anarchisten Ernst Mühsam, während des Moskauer Besuches von Feuchtwanger Ende 1936/Anfang 1937 extra aus dem Gefängnis geholt und später wieder inhaftiert worden.

Worin bestand nun der »Fall Sostschenko«, der auch außerhalb der Sowjetunion Aufsehen erregt hatte? Er war als Autor der Leningrader Zeitschriften *Swesda* und *Leningrad* wegen seiner satirischen Texte von Shda-

---

28 *G. Erbe*, Die verfemte Moderne. Die Auseinandersetzung mit dem ›Modernismus‹ in Kulturpolitik, Literaturwissenschaft und Literatur der DDR, Opladen 1993, S. 55ff.
29 *Hermlin*, Eindrücke, S. 55.

now 1946 als »Abschaum der Literatur« und »Produzent von Schmähschriften und Hohlkopf«, der in seinen Texten die »sowjetische Lebensweise, die sowjetischen Zustände, die Sowjetmenschen« verhöhne,[30] angeprangert worden. Hinter dieser Polemik stand das gestörte Verhältnis zum Genre der Satire in der sowjetischen Kulturpolitik, das auch schon Majakowski zerstört hatte. Vor kurzem ist ein erschütternder Brief Sostschenkos an Shdanow vom 10. Oktober 1946, also nach seinem Ausschluß aus dem sowjetischen Schriftstellerverband bekannt geworden, der ein bezeichnendes Licht auf die erzwungenen Unterwerfungs-Rituale wirft. Nachdem Sostschenko die bisherige positive Rezeption seines umfänglichen satirischen Werks geschildert hat, bemüht er sich, seine »Fehler« zu erkennen, weist zugleich auf die Gesetze des satirischen Genres hin, zu denen der Hang zur Übertreibung und zur Groteske gehören. Er habe bis zum »Beschluß« nicht verstanden, was von der Literatur gefordert werde. Jetzt werde er sein Werk überdenken. Er bittet Shdanow persönlich und das ZK der KPdSU, ihn seine neuen Arbeiten vollenden zu lassen.

»Ich begreife die ganze Kraft der Katastrophe. Ich habe keine Möglichkeit, meinen Namen zu rehabilitieren. Aber nicht dafür werde ich arbeiten. Dabei kann und werde ich nicht im Lager der Reaktion sein. Ich bitte Sie, mir die Möglichkeit zu geben, für das sowjetische Volk zu arbeiten. Ich bleibe ein sowjetischer Schriftsteller, soviel Sie mich auch schmähen mögen.«[31]

Mit dem »Problem der geistigen Freiheit der sowjetischen Intellektuellen« hatte sich ein weiterer Delegations-Teilnehmer, der junge Philosoph und Publizist Wolfgang Harich, bereits in seinen Reiseberichten, in der *Weltbühne* Ende Mai/Anfang Juni 1948 veröffentlicht, beschäftigt. Unter dem brisanten Titel »Gleichschaltung?« ging er den »totalitären Verleumdungen« der Sowjetunion nach. Sein Ausgangspunkt sind die Nachrichten über »Maßregelungen« sowjetischer Schriftsteller, Wissenschaftler und Musiker (M. Sostschenko, A. Achmatowa, Eugen Varga, Muradeli), die bei deutschen Intellektuellen Mißverständnisse und peinliche Assoziationen erzeugt hätten. Angesichts der westlichen Häme und Panikmache einerseits und dem betretenen

---

30 A. *Shdanow*, Referat über die Zeitschriften ›Swesda‹ und ›Leningrad‹, in: ders., Über Kunst und Wissenschaft, Berlin 1951, S. 14f.
31 Brief Sostschenko an A. A. Shdanow, 10.10.1946, in: Literturnyj front, Istorija polititscheskoj zensury 1932-1946, Sbornik dokumentow, Sost. *D. L. Babitschenko*, Moskwa 1994, S. 253.

Schweigen in der progressiven Publizistik andererseits, tue es not, »das heikle Thema endlich einmal mit letzter Schärfe und Offenheit«[32] durchzudiskutieren.

Auf der Grundlage seiner eigenen frischen sowjetischen Erfahrungen argumentierend, thematisiert Harich vor allem drei Komplexe, die den Unterschied von Nationalsozialismus und dem sowjetischen System deutlich machen sollen. Die »Maßregelungen« seien Ausdruck des in der Sowjetunion geförderten und praktizierten Prinzips von öffentlicher Kritik und Selbstkritik, bekanntermaßen habe man im Dritten Reich Kritik durch »Kunstbetrachtung« ersetzt. Vor niemandem, auch nicht vor hohen Parteifunktionären (wie im Falle des ZK-Sekretärs G. Alexandrow) mache die Kritik halt. Während man im Nationalsozialismus die »Tatsächlichkeit des Lebens durch pompöse Monumente«[33] zu verdecken suche, würden die sowjetischen Schriftsteller auf die Darstellung der Realität orientiert.

Beeindruckt zeigt sich Harich von den Erfolgen sowjetischer Bildungs- und Kulturpolitik, der »Lesewut«, »Theaterbesessenheit«, der »Lust am Diskutieren«[34], wobei auch er besonders die »neuartige, sozialistische Wechselbeziehung zwischen Autor und Publikum«[35] hervorhebt. Abschließend informiert er über den »Fall« Sostschenko, der ihm in Leningrad für seine Leser im Westen mit auf den Weg gegeben habe, wie befremdet und empört er darüber sei, »daß man unser demokratisches System der öffentlichen Kritik entstellt und verzerrt zu einer schmutzigen Propaganda gegen unser Land ausnutzt«.[36] Harichs Text, der gegen eine unterschwellig verbreitete Gleichsetzung von Braun gleich Rot gerichtet war, ist einer der wenigen publizistischen Belege für solch eine, tatsächliche Meinungen und Denkfiguren aufnehmende, Argumentationsweise. Adressaten waren Intelligenzkreise, für die Arbeit in der *Gesellschaft* wurde diese Argumentationsweise wohl als weniger geeignet angesehen. Indiz dafür ist, daß Harichs Text nicht in der Reihe »Deutsche sehen die Sowjetunion«, in die sie eigentlich gehörte, erschienen ist.

---

32 *W. Harich*, Gleichschaltung?, in: Weltbühne, Nr. 21, 25.05.1948, S. 583.
33 Ebd., S. 585.
34 *W. Harich*, Gleichschaltung?, in: Weltbühne, Nr. 22, 01.06.1948, S. 617.
35 *Ders.*, Gleichschaltung?, in: Weltbühne, Nr. 23, 08.06.1948, S. 666.
36 Ebd., S. 667.

3. »Über ›die Russen‹ und über uns«

»Über ›die Russen‹ und über uns« war der ungewohnt populäre Titel eines Beitrags des neubestallten Chefredakteurs Rudolf Herrnstadt im Zentral-Organ der SED *Neues Deutschland* am 19. November 1948, der im Herbst 1948 eine einmalige ideologische Kampagne zu diesem Thema in der Öffentlichkeit der SBZ einleitete. Sie ist in mehreren Broschüren und in der zeitgenössischen Publizistik dokumentiert. Vor der 1. Parteikonferenz der SED bilanziert Herrnstadt in Hinblick auf das deutsch-sowjetische Verhältnis die Jahre 1945-48 und schätzt den Zustand als bedenklich schlecht ein. Die Einstellung zur Sowjetunion sei selbst in der Arbeiterklasse unzulänglich, weil unkühn und uneinheitlich und nicht frei vom Einfluß des Gegners. »Die Folge davon ist bis heute, daß der Komplex Sowjetunion bei uns nicht als das in Erscheinung tritt, was er nämlich ist als eine unerschöpfliche Kraftquelle der Arbeiterbewegung auf allen Ebenen ihres Kampfes, sondern daß er umgekehrt von Teilen der Partei als ›Belastung‹ empfunden wird.«[37] Als Gründe für diesen Zustand werden von ihm außer dem Wirken antisowjetischer Propaganda vor allem die mangelnde Erkenntnis, daß es ohne ein richtiges Verhältnis (»rückhaltloses Bekenntnis«, hieraus wurde wenig später und bis zum Ende der DDR gebräuchlich die klischeehafte Formel von der »unverbrüchlichen Freundschaft«) zur Sowjetunion keine gesicherte Zukunft des deutschen Volkes gebe, genannt. Zurückweisung antisowjetischer Argumente müsse einhergehen mit einer offensiven Gewinnung eines selbständigen Standpunktes zur Sowjetunion. Die Lektüre des »Kratkij Kurs« (gemeint ist die »Geschichte der KPdSU (B). Kurzer Lehrgang«, Berlin 1946)[38] sei hierbei von zentraler Bedeutung. »Der Arbeiter, der das erkannt hat, hält in der Linken die ›Geschichte der KPdSU‹ und in der Rechten — das Gesetz des Handelns.«

Die eigentlichen Ursachen des problematischen Verhältnisses zur Sowjetunion kamen in dem Artikel nur in Andeutungen vor: zur Frage von »Übergriffen« und »einzelnen unpopulären Maßnahmen« der *SMAD* führte Herrnstadt aus, die Masse des deutschen Volkes habe nichts zu seiner Selbstbefreiung in Deutschland getan, die Befreiung erfolgte durch die Sowjetar-

---

37 R. Herrnstadt, Über ›die Russen‹ und über uns, in: Neues Deutschland, 19.11.1948.
38 Laut Beschluß des Parteivorstandes der SED vom 20.09.1948 wurden 15.000 Zirkel gebildet, in denen die 400.000 Parteimitglieder den »Kratkij kurs« studieren sollten.

mee: »Sie kam in klobigen Stiefeln, an denen der Dreck der Historie klebte, entschlossen, entzündet, gewarnt, geweitet, in Teilen auch verroht, denn der Krieg verroht...«.[39] In einer anderen Version seines Beitrages wird Herrnstadt noch deutlicher: »Übergriffe erfolgten in diesen Tagen — unabänderlicherweise, denn noch nie hat es ein Millionen Heer gegeben und nie wird es eins geben, in dem nicht nach Entbehrungen und Siegen einzelne das Gesicht verlieren. Unerbittlich ahndete das sowjetische Kommando die Übergriffe und unterband sie binnen kurzem.«[40] Für die Verbreitung von Herrnstadts Positionen, die zu diesem Zeitpunkt die der SED-Führung waren, war auch der Nachdruck in der *Täglichen Rundschau* nur wenige Tage später wichtig, der von der Redaktion als »ein bemerkenswerter und grundsätzlicher Beitrag zur Klärung des Verhältnisses zwischen der Sowjetunion und dem deutschen Volke« annonciert wurde. Der Verfasser setze sich nicht nur mit den antisowjetischen Argumenten und verlogenen Schlagworten der Reaktion auseinander, »sondern weist auch positiv die Wege zu einer selbständigen Einschätzung der Rolle der UdSSR und der Nutzbarmachung ihrer großen Erfahrungen im Kampfe für die Demokratie durch das deutsche Volk.«[41]

In den zwei großen Berliner Diskussionsveranstaltungen kamen durch Publikumsanfragen weitere Punkte ins Gespräch: Fragen zum Ausmaß und zu den Gegenständen der Reparationen, zu Problemen der persönlichen Freiheit in der Sowjetunion, zur Behandlung und Rückkehr der Kriegsgefangenen, zur Situation in den »Spez.-Lagern«. Daß diese Fragen einem breiten Bevölkerungsinteresse entsprachen, ist auch den Aufzeichnungen eines Presse-Offiziers der SMAD zu entnehmen, der ca. 650 Fragen von Aussprache-Abenden in Mecklenburg Ende 1947/Anfang 1948 überliefert hat. Er dokumentiert auch Fragen nach den von der SMAD Inhaftierten, unter denen sich nachweislich Unschuldige befänden und die nachdrücklich artikulierten Forderungen, die Verhaftungsgründe jeweils zu überprüfen.[42] Hinter solchen Fragen standen reale Erlebnisse und Erfahrungen der Bevölkerung, die nicht nur als »Russen-Psychose« abzutun waren, wofür Herrnstadt vor allem das

---

39 Ebd.
40 R. *Herrnstadt*, Der Weg in die DDR, Berlin 1950, S. 7.
41 Redaktioneller Vorspann zu R. Herrnstadt: Über ›die Russen‹ und über uns, in: Tägliche Rundschau, Nr. 273 (1078), 21.11.1948, Beilage Seite I.
42 L. M. *Malinowski*, Aus den Erfahrungen eines Referenten der SMAD 1947/1948. Mit einigen Protokollen im Anhang, in: Beiträge zur Geschichte der Arbeiterbewegung 3, 1980, S. 394-401.

Ergebnis der Propaganda des amerikanischen Imperialismus, der mit Verleumdungen und Hetze arbeite, verantwortlich machte. Hier zeigen sich Elemente des Kalten Krieges, der das Verhältnis der Alliierten zueinander zunehmend zu bestimmen begann.

Daß diese heiklen Punkte im deutsch-sowjetischen Verhältnis überhaupt vorkamen, unterschied diese Diskussionen Ende 1948/1949 grundlegend von allen späteren DSF-Diskussions-Kampagnen, bei denen diese nur noch Tabus waren. Es bleibt ungewiß, ob wirklich die veröffentlichten Zeugnisse von diesen Diskussionen ein realistisches Bild geben.[43] Jedenfalls sorgte die öffentliche Thematisierung von psychologischen Vorbehalten und antisowjetischen Ressentiments für großen Zulauf, wobei für die zweite Berliner Veranstaltung vor allem von Jugendlichen und Frauen als Publikum berichtet wird. An diesem Januar-Abend 1949 war in dem Beitrag eines SMAD-Offiziers ein entscheidender wunder Punkt berührt worden, nämlich die unterschiedliche Haltung der deutschen Bevölkerung gegenüber den Besatzungsmächten. Hauptmann Tregubow, der betonte als Privatperson zu sprechen, führte aus: »Viele Deutsche vergessen heute, daß die Russen ihnen die Freiheit brachten, aber die weggenommene Uhr, die vergessen sie nicht. Ich glaube, daß sehr viele Berliner ihre Uhren und ihre Armbänder den Amerikanern gegeben hätten, damit sie ihnen nicht mehr ihre Häuser zerbombten.«[44] Auf die Hintergründe der antisowjetischen Hetze eingehend, betonte er, daß es ihren Inspiratoren im Westen um weit wichtigere Dinge gehe, als um weggenommene Uhren und Fahrräder, nämlich um die ihnen abgenommenen Rittergüter und Fabriken in der SBZ.

Zur mentalen Problematik äußerte sich Albert Norden, zu diesem Zeitpunkt Chefredakteur von *Deutschlands Stimme*, noch deutlicher. Nicht die Russen hätten ihr Verhältnis uns gegenüber neu zu bestimmen, sondern die

---

43 Bei *A. Hartmann u. W. Eggeling*, Die Gesellschaft für deutsch-sowjetische Freundschaft. Zum Aufbau einer Institution in der SBZ/DDR zwischen deutschen Politzwängen und sowjetischer Steuerung, Berlin 1993, heißt es dazu: »Immer wieder kreisen die Fragen um das schwierige Verhältnis zwischen Besatzungsmacht und Bevölkerung und um persönlich schlechte Erfahrungen. Allerdings ist festzuhalten, daß offenbar nicht alle Redebeiträge abgedruckt sind, das Wiedergegebene möglicherweise auch zensiert ist; denn die Dokumentation des zweiten Abends beschränkt sich fast ausschließlich auf offiziöse Stellungnahmen, mit einer Diskussion hat der gedruckte Text nichts mehr zu tun.« S. 46.
44 Russen und Deutsche im Gespräch, in: Tägliche Rundschau 7 (1118), 09.01.1949, S. 3.

Deutschen müßten ihr Verhältnis zu den Russen neu gestalten.»Wir haben uns endlich darüber klar zu werden, daß dieser wahrhaft blödsinnige Dünkel, den noch ein Teil unserer Landsleute hat, als ob wir auf einer höheren Stufe der Zivilisation ständen als die Russen, gründlich verschwinden muß.«[45]

Der Zusammenhang der hier angesprochenen Probleme mit der täglichen Arbeit der *Gesellschaft* ist offenkundig. Umso mehr erstaunt es, daß im Beitrag von Herrnstadt weitgehend abstrakt argumentiert wird und jeglicher Hinweis auf die *Gesellschaft* und ihre Tätigkeit sowie auf die konkrete Arbeit der SMAD und ihrer Kulturoffiziere fehlt. Gab es hier konzeptuelle Unterschiede und Differenzen hinsichtlich der praktischen Arbeit? Mit welchen konkreten Arbeitsproblemen sich die *Gesellschaft* konfrontiert sah, ist Jürgen Kuczynskis »Halbjahresbilanzen« zu entnehmen, die durchaus kritisch und problematisierend gehalten waren. So referierte er im Februar 1948 »Über einige Schwächen in unserer Darstellung der Kultur der Sowjetunion«. Da sei erstens die Tendenz und Praxis, russische und sowjetische Verhältnisse »zu verdeutschen«, anstatt auf die Besonderheiten der russischen Kultur, die über 150 Jahre einen anderen Weg gegangen sei, einzugehen. Eine zweite Schwäche bestände in der »mechanischen Übertragung der Formen von Kulturübermittlung von einer Gesellschaft auf die andere«,[46] so sei z.B. die Übernahme der sowjetischen Sitte, lange politische Reden ungekürzt in den Tageszeitungen abzudrucken, eine unpassende Maßnahme. Es käme darauf an, für die Vermittlung fremden Kulturgutes spezifische Wege zu gehen.

Im Oktober 1948, unmittelbar vor der Kampagne »Die Russen und wir«, die ja — wie bereits gezeigt — nicht von der »Gesellschaft« ausging, sondern von der SED, dann allerdings von ihr getragen wurde, fällt seine Einschätzung der Arbeit als »defensiv« auf. Schädlich sei die »hilflose, schablonenhafte Verherrlichung der Sowjetunion.«. So sei es zwar richtig, auf der einen Seite die Besonderheiten der deutschen Situation darzustellen und vor »mechanischer Übertragung sowjetischer Erfahrungen und Einrichtungen« zu warnen, jedoch sei es falsch, nicht darauf hinzuweisen, daß die »Grundtendenzen der Entwicklung in Deutschland die gleichen sein müssen, wie in

---

45 *M. Tschesno-Hell*, Über ›die Russen‹ und über uns. Diskussion über ein brennendes Thema, Berlin 1949, S. 56.
46 *J. Kuczynski*, Über einige Schwächen in unserer Darstellung der Kultur der Sowjetunion, in: Die neue Gesellschaft 2, 1948, S. 19.

der Sowjetunion«.[47] Falsch sei es auch, die Rolle der SMAD und ihre historische Bedeutung für die deutsche Entwicklung nicht zu thematisieren. Wenn man den unzähligen üblen Verleumdungen der sowjetischen Besatzungsmacht wirkungsvoll begegnen wolle, müsse man öffentlich zu den »üblen und bedauerlichen Vorkommnissen, die unmittelbar im Gefolge der Kriegshandlungen auftraten« Stellung nehmen.[48] Die Überlegungen Kuczynskis zu diesen wichtigen Dimensionen deutsch-sowjetischer Beziehungen offenbarten ein sensibilisiertes Problembewußtsein, das bereits wenig später nicht mehr gefragt war.

1950 wurde Kuczynksi zusammen mit dem Generalsekretär Hans Mark 1950 »plötzlich und ziemlich brutal« abgesetzt.[49] Dieser Vorgang, dessen skandalöse Beweggründe den Betroffenen gegenüber verschleiert wurden, ist aus neuesten sowjetischen Quellen eindeutig als antisemitische Maßnahme zu werten. So heißt es in einem zeitgenössischen sowjetischen Dokument: »Die zentrale Leitung der DSF erfordert eine Verstärkung. In ihrer derzeitigen Zusammensetzung hat sie bei den Massen keine besondere Popularität und Autorität. Das betrifft vor allem den jetzigen Präsidenten der DSF Kuczynski. Der Vorsitzende einer solchen Gesellschaft muß seiner Nationalität nach unbedingt Deutscher sein, was Kuczynski nicht ist. Außerdem trägt er die Last vergangener politischer Fehler und zweifelhafter Verbindungen (mit früheren Trotzkisten usw.).«[50] Kuczynskis spätere Erklärungsversuche sind eher beschwichtigend, denn der ganzen Wahrhheit entsprechend. Seine Feststellung, daß sich die »unter Stalin zeitweise (entwickelnden) antisemitischen Haltungen« »niemals ... von unserer Parteiführung ... auch nur in der allerkleinsten Andeutung übernommen wurden«, ist inzwischen durch neue Quellen widerlegt worden.[51]

Die Art und Weise des vorgenommenen »Kaderwechsels« sagt natürlich viel aus über die Abhängigkeit der SED von der SMAD, immerhin war ja die

---

47 *Ders.*, Rede auf der Halbjahrestagung des Vorstandes der Gesellschaft, in: Die neue Gesellschaft 11/12, 1948, S. 6.
48 Ebd., S. 79.
49 *J. Kuczynski*, Dialog mit meinem Urenkel, Berlin 1983, S. 51.
50 Rechenschaftsbericht des Akademiemitglieds L. N. Iwanow vom 23.05.1950, CGAOR (Centralnyj Gosudarstvenny Archiv Oktjabrskoj Revoljucii, zu deutsch: Zentrales Staatsarchiv der Oktoberrevolution) 5283/16/152. Zit. n. *Hartmann u. Eggeling*, Gesellschaft, S. 21.
51 *W. Kießling*, Partner im ›Narrenparadies‹, Der Freundeskreis um Noel Field und Paul Merker, Berlin 1994.

DSF, wenngleich sie in ihrer Anfangsphase von der SMAD finanziert wurde, keine sowjetische Organisation. Festzuhalten bleibt zur Kampagne »Über ›die Russen‹ und über uns«, daß sie in Anliegen und Durchführung insgesamt durch »Ambivalenz zwischen Befreiungswirkung und Befriedungsabsicht« bestimmt war.[52] Sie war der erste und zugleich letzte Versuch eines öffentlichen Dialogs zu dem »von unserer deutschen Seite aus im ganzen unglücklichen« Verhältnis zwischen Deutschen und Russen.[53]

Wie in der Arbeit der *DSF* der Wandel von Information und Aufklärung zu Bekenntnis und Mobilisierung erfolgte, kann auch an ihrer Zeitschrift *Die neue Gesellschaft* verfolgt werden, deren Analyse noch genau so aussteht[54] wie die Auswertung der umfangreichen propagandistischen Broschüren-Literatur. Zum Gegenstand *DSF* bietet gegenwärtig die Darstellung von Annelie Hartmann und Wolfgang Eggeling den besten Überblick, da sie neben detaillierter Auswertung bisheriger Forschungsliteratur aus Ost und West neue sowjetische Quellen, vor allem zur *WOKS*, auswerten konnten. Auch zur Untersuchung der Rolle der sowjetischen Kulturoffiziere konnten beide neue Ergebnisse vorlegen.[55] Trotz einiger Sammelbände zur Arbeit der Kulturoffiziere, gibt es bis heute allerdings keine Gesamtdarstellung dieser »bunten Vögel« in der SMAD, bis heute existiert keine verläßliche Namensliste. Daß dies mit ihrem weiteren, zum Teil recht tragischen Schicksal nach Rückkehr in die UdSSR zusammenhängt, hat jüngst Irene Tschörtner mit Hilfe von

---

52 *Hartmann u. Eggeling*, Gesellschaft, S. 47.
53 Über ›die Russen‹ und über uns. Diskussion über ein brennendes Thema, Berlin o. J. (1948), Sonderheft »Die Neue Gesellschaft«, S. 13.
54 Nach erster grober Durchsicht kann man die These aufstellen, daß die Zeitschrift bis Mitte 1948 um breite Information bemüht ist und noch betont deutsch-sowjetische Unterschiede thematisiert. Ab 1949 setzen sich deutlich apologetische Tendenzen durch. Die Zeitschrift wird zunehmend stalinisiert. Beispiele: Stalin-Sonderheft Dezember 1949 mit Beiträgen von Harald Hauser, Alexander Abusch, Ernst Niekisch; Heft 5/1950: Jürgen Kyczynski, Stalin als Historiker; Frank Meylan, Shdanow, hervorragender sowjetischer Staatsmann; 10/1950: Frida Rubiner, Die Werke Stalins. In Heft 11/1952 wird als »Beilage« zum 73. Geburtstag das bunte Stalin-Gemälde von Karpow offeriert.
55 *A. Hartmann u. W. Eggeling*, Zeitverschiebungen. Sowjetisches Modell und Kulturpolitik im Nachkriegsdeutschland, in: Text und Kritik, Nr. 108, 1990; *A. Hartmann*, Erneuerung der deutschen Kultur? Zur sowjetischen Kultur- und Literaturpolitik in der SBZ und frühen DDR, in: Lutz Winckler/Klaus R. Scherpe (Hg.), Frühe DDR-Literatur, Hamburg 1988, S. 33-61.

Zeitzeugenbefragungen überzeugend dargelegt.[56] Letzte Klarheit über mögliche Unterschiede in der von den SMAD-Kulturoffizieren vertretenen Kulturpolitik und der von UdSSR und SED offiziell propagierten Linie wird es erst geben, wenn die Akten der SMAD in vollem Umfang der Forschung zur Verfügung gestellt werden. Dann wird auch eine umstrittene These, die in Hinblick auf die Kulturoffiziere von »einem linken Flügel in der SMAD« spricht,[57] genauer zu prüfen sein.

4. Ost und West

Mit den historischen Wahrnehmungsweisen des deutsch-sowjetischen Verhältnisses war eine weitere Denkfigur und ein Argumentationskomplex im geistigen Leben 1945-1948/49 in allen Zonen verbunden: »Ost« und »West«.

Dieses Begriffspaar war nicht nur als populäre Denkfigur und publizistisches Thema präsent, sondern zugleich auch praktischer Teil alliierter Besatzungspolitik, die seit der Währungsreform mehr und mehr auseinanderdriftete. Ost und West hatte auch in dem Topos von den »zwei Welten« seit 1917 in der gegenseitigen Wahrnehmung Amerikas und der Sowjetunion sowie der Wahrnehmung und propagandistischen Argumentation innerhalb der kommunistischen Bewegung seine Geschichte. So existierte in den dreißiger Jahren in der Sowjetunion eine Zeitschrift dieses Titels *Zwei Welten*, und auch in der international verbreiteten *Arbeiter-Illustrierten-Zeitung* gab es regelmäßige Berichterstattung unter diesem Motto. In der *Täglichen Rundschau* wurde dann diese Tradition wieder aufgenommen.

Auf dem Kongreß der *Gesellschaft* im Juni 1949, als sie sich in die *DSF* verwandelte, hatte Jürgen Kuczynski in seinem Referat die Denkfigur bereits eindeutig abgewiesen: es gehe nicht um Ost oder West, sondern um Fortschritt oder Rückschritt, nicht um geographische Mystifizierungen, sondern das soziale System sei das Entscheidende.

---

56 *I. Tschörtner*, Die Seelen der Deutschen erobern. Über die Kulturoffiziere der SMAD, in: Zeitschrift für sozialwissenschaftlichen Diskurs, Nr. 1/1994, S. 99-112.
57 *N. Timofejewa*, Die deutsche Intelligenz und die geistig-kulturelle Umgestaltung in der SBZ, in: Beiträge zur Geschichte der Arbeiterbewegung 2, 1995, S. 24.

Zur Orientierung in dieser Diskussion war wohl auch ein Buch des erfahrenen kommunistischen »Berufsrevolutionärs« Alfred Kurella gedacht, das im November 1948 im Berliner *Volk und Welt Verlag* erschienen war: »Ost und ~~oder~~ West. Unsinn, Sinn und tiefere Bedeutung eines Schlagworts«. Kurella scheint sich an einem geographisch privilegiertem Ort zu befinden, als er gerade dieses Thema essayistisch erörtert, schreibt er doch »aus dem Kaukasus, aus nächster Nähe der alten konventionellen Grenze zwischen Europa und Asien, West und Ost«.[58] Er ist bemüht, seinen Anspruch, »eine Diskussion, die die öffentliche Meinung gegenwärtig besonders lebhaft beschäftigt, aus der Verquickung mit kurzlebigen politischen Tagesinteressen herauszuheben und in den weiteren Rahmen einer welt- und kulturgeschichtlichen Perspektive zu stellen«,[59] mit einem weit ausholenden kulturhistorischen Abriß zum Problem Ost und West einzulösen. Er argumentiert gegen die Ausgrenzung Rußlands aus Europa mit einem Abriß der russischen Geschichte und der Darlegung des russischen Beitrags zur Weltkultur, setzt sich mit westlichen Bemühungen, den Bolschewismus als nur für den Osten geltend, als »asiatisch«, hinzustellen, auseinander. Die Menschheitsperspektive liege in dem Zusammengehen von Ost und West, Sowjetrußland sei das »neue Europa« und die UdSSR ist »selber zur Brücke zwischen Ost und West geworden, indem sie dem Problem ›Ost und West‹, wo es ihr innerhalb der eigenen Grenzen und im Bereich ihrer politischen Wirksamkeit entgegentrat, eine neue fortschrittliche Lösung gegeben hat«.[60] Dabei stehe der »Dekadenz der westlichen Kunst« und Kultur die »sozialistische Kulturrenaissance im sowjetischen Osten« antagonistisch gegenüber.[61] Kein geringerer als Hans Mayer bescheinigte Kurella in der *Täglichen Rundschau* Anfang Dezember 1948, mit »unanfechtbarer Wissenschaftlichkeit« nachgewiesen zu haben, daß »eine wirkliche Mission für die Völker und Nationalitäten in der ganzen Welt« in der »Wiedervereinigung der Menschheit und auf dem Boden

---

58 *A. Kurella,* Ost und ~~oder~~ West. Unsinn, Sinn und tiefere Bedeutung eines Schlagworts, Berlin 1948, S. 9. Zum Entstehungsort gibt Kurella an: Dorf Pskhu Juli bis November 1947. Wie er nicht müde wird zu betonen, befindet sich Kurella hier an einem »selbstgewähltem Aufenthaltsort«. Die wahren Gründe seiner späten Übersiedelung in die DDR (ab 1949 lebt er in Moskau) können in einer »besonderen Mission« vermutet werden, über die erst KGB-Akten Aufklärung bringen werden.
59 Ebd., S. 11.
60 Ebd., S. 185.
61 Ebd., S. 219f.

des Sozialismus« bestehe.[62] Auch in der *Weltbühne* wurden Kurellas klärende und sachliche Ausführungen gewürdigt: »So wird am Ende das von Eilfertigen immer wieder in die Debatte geworfene Schlagwort ›Ost oder West‹ in seinem Unsinn entlarvt und durch das sinnvolle ›Ost und West‹ ersetzt, Formel für eine Welt, die ihr Gleichgewicht wiedergefunden haben wird, wenn erst einmal in allen Köpfen der Gedanke von dem notwendigen Aufeinanderangewiesensein zweier noch auseinanderklaffender Welthälften sich durchgesetzt haben wird.«[63]

Kurellas Ost- und West-Konzept, für das er der Sowjetunion die Brücken-Funktion zuwies, unterschied sich diametral vom Konzept jener Zeitschrift mit eben diesem Titel *Ost und West* (Untertitel: Beiträge zu kulturellen und politischen Fragen der Zeit), die von September 1947 bis Dezember 1949 im SBZ-Sektor von Berlin von Alfred Kantorowicz herausgegeben wurde. Ihr Ende, schon im April 1948 war ihre Existenz stark gefährdet und nur durch Fürsprache der SMAD bei der SED gerettet worden,[64] besiegelte die Währungsreform, die das Fehlen der bisherigen Abonnenten außerhalb der SBZ nach sich zog. Ihr Scheitern machte öffentlich auf das Ende der Denkfigur »Ost und West«, auch in dem von Kurella gemeinten konträren Gehalt, aufmerksam. Das von Kantorowicz noch im amerikanischen Exil entwickelte Zeitschriften-Konzept (ursprünglicher Titel: »Die Brücke«), zunächst für alle Besatzungszonen gedacht[65], intendierte, Deutschland solle zur friedlichen Brücke zwischen Ost und West, zwischen den Weltmächten werden, wobei nicht an eine Verschleierung der Probleme gedacht sei. Die klare und von immerhin 70.000 Abnehmern akzeptierte Positionsbestimmung hatte im ersten Heft im Juli 1947 gelautet:

»Deutschland ist, bedingt durch die Umstände des Krieges und der gegenwärtigen Besetzung durch vier Besatzungsmächte, zu einem magnetischen Feld sich überschneidender,

---

62 H. *Mayer*, Unsinn, Sinn und Bedeutung eines Scheinproblems. A. Kurellas neues Buch »Ost und West«, in: Tägliche Rundschau 283 (1088), 03.12.1948, Beilage, S. II.
63 R. *Drews*, Bemerkungen zu zwei wesentlichen Büchern, in: Weltbühne 18, 1949, S. 628.
64 Dies berichtet Kantorowicz in seinen kritisch zu lesenden Memoiren. *Kantorowicz*, Deutsches Tagebuch, hg. v. Andreas W. Mytze, 1. Teil, Berlin 1978, S. 452.
65 Nachdem der Antrag von den Amerikanern trotz anfänglicher Befürwortung nicht genehmigt wurde, wohl vor allem wegen einer zeitgleich in der amerikanischen Presse laufenden Verleumdungskampagne gegen Kantorowicz als »Sowjetagent«, verzichtete er auf weitere Antragstellungen. A. *Kantorowicz*, Abschied, in: Ost und West 12, 1949, S. 77ff.

divergierender, kultureller und politischer Einflußsphären geworden. ... Deutschland ist gegenwärtig und wird noch für lange Zeit sein ein Objekt der Weltpolitik eher denn ein Subjekt.«

Ohne anmaßend sein zu wollen, käme es in dieser Situation auf ein »geistiges Brückenschlagen« an.[66] Unabhängig und dem Prinzip der Gedankenfreiheit verpflichtet, solle eine »freimütige Diskussion von Grundfragen unserer Zeit« ermutigt werden. Der den Verhältnissen angemessene deutsche Standpunkt könne nur lauten: »Deutschland in seiner gegenwärtigen Situation kann weder die amerikanische Lebensform noch die Entwicklung des Sozialismus in der Sowjetunion schematisch adoptieren.«[67]

Die Zeitschrift führte in einer Mischung von Belletristik, Journalismus, Philosophie und politischem Schrifttum exilierte Autoren und solche der inneren Emigration wie des innerdeutschen Widerstandes mit amerikanischen, russischen, englischen, französischen Schriftstellern und Intellektuellen zusammen. Gegen deutsche Nabelschau gerichtet, war sie europäisch und international geprägt und nahm »unter den kulturpolitischen Blättern mit Sowjetlizenz eine Sonderstellung ein«. Sie war wesentlich vom Herausgeber geprägt, hatte Anthologiecharakter und wollte durch Literaturvermittlung wirken. »Nicht die orthodox kommunistische, sondern die linksbürgerlich-sozialistische Richtung dominierte.«[68] In seinem traurigen Kommentar zum Ende seiner Zeitschrift betont Kantorowicz nachdrücklich den Dank für die Hilfe und Unterstützung der Zeitschrift durch die SMAD. Sie habe auch durch materielle Hilfe zum Gelingen beigetragen, sie habe weder zensiert noch Eingriffe in die Redaktionsarbeit vorgenommen; zu danken sei für die »für unsere sowjetischen Freunde anscheinend ganz selbstverständliche, für

---

66 Einführung, in: Ost und West 1, 1947, S. 4.
67 Ebd. S. 7. Der Worlaut der Lizenzanträge wich in *einem* Wort voneinander ab: Hieß es im Antrag an die Amerikaner, das deutsche Volk könne weder den amerikanischen noch den sowjetischen ›way of live‹ schematisch übernehmen, sondern müsse seinen eigenen Weg finden, lautete die Passage im sowjetischen Antrag, Deutschland könne weder die amerikanische Lebensform schematisch übernehmen, noch »die Entwicklung des Sozialismus in der Sowjetunion übergangslos adoptieren«. Zit. n. *B. Baerns,* Ost und West. Eine Zeitschrift zwischen den Fronten. Zur politischen Funktion einer Zeitschrift in der Besatzungszeit 1945-1949, Münster 1968, S. 164, 167.
68 *J. Wehner,* Kulturpolitik und Volksfront. Ein Beitrag zur Geschichte der SBZ 1945-1949, Teil 1, Kapitel 1, 4, 10 und S. 405, 415; *D. Schiller,* Überlegungen zum Platz der Zeitschrift ›Ost und West‹, in: E. Scherstjanoj (Hg.), ›Provisorium für längstens ein Jahr‹. Die Gründung der DDR, Berlin 1993, S. 183-188.

uns deutsche aber unter die Ausnahmen zu rechnende, nicht nur in Worten, sondern in Taten bezeigte Achtung vor der intellektuellen und schöpferischen Leistung«.[69]

Daß die Zeitschrift bei der SED-Führung als zu eigenständig galt und wenig beliebt war, macht ein Kommentar im Februar 1950 im *Sonntag* deutlich. Stefan Heymann, SED-ZK-Sekretär tadelte den Herausgeber wegen seines wehmütigen »Abgesangs«. Er habe nicht begriffen, was sich seit 1947 in der Welt und in Deutschland verändert habe. Es sei die Frage aufzuwerfen, »ob der Titel ›Ost und West‹ überhaupt jemals richtig war. Denn der Trennungsstrich geht ja nicht zwischen Ost und West, sondern zwischen Fortschritt und Reaktion, zwischen der Front der Friedenskämpfer und den Kriegsinteressenten.«[70] Die so versuchte beckmesserische Abwertung des Bemühens der Zeitschrift um geistige Brückenschläge zwischen Ost und West trug schon den dogmatischen ideologisch vordergründigen Partei-Stempel, mit dem geistig-kulturelle Vorgänge in der frühen DDR tagespolitisch instrumentalisiert und markiert wurden. Das Scheitern der Zeitschrift »Ost und West« fiel zusammen mit dem Ende dieser Denkfigur in der Öffentlichkeit, in der es mehr und mehr im Zeichen des Kalten Krieges um ein Gegeneinander von Ost und West und umgekehrt ging. Aus der Brückenschlags-Idee und einem angestrebten Miteinander wurde nun Konfrontation und ein Gegeneinander.

---

69 *Kantorowicz*, Abschied, in: Ost und West 12, 1949, S. 91.
70 *St. Heymann*, Ein schlechter Abgesang, in: Sonntag 6, 1950, S. 8.

Siegfried Lokatis

Sowjetisierung und Literaturpolitik
Von der Förderung zur Verstümmelung sowjetischer Literatur in der frühen DDR

Idealtypisch lassen sich zwei Formen kommunistischen Buchhandels voneinander unterscheiden. Der eigentliche Parteibuchhandel diente einerseits der Propaganda und von außen unabhängigen Theoriebildung, andererseits der Finanzierung des Parteiapparates. Sein Vorbild war der Buchhandel der deutschen Sozialdemokratie. Davon abzugrenzen ist das nach der Oktoberrevolution mit erheblichen Startschwierigkeiten entstandene zentralistische Literatursystem der Sowjetunion,[1] das nach planwirtschaftlichen Gesichtspunkten ein riesiges Land mit Büchern des ›gesellschaftlichen Bedarfs‹ versorgte.

Das System der Produktion und Verbreitung von Literatur in der DDR war dem der Sowjetunion verwandt. Gemeinsam war die unauflösliche Verzahnung ökonomischer und kulturpolitischer Aspekte, die alptraumhafte Verschmelzung von Planwirtschaft und stalinistischem Zensursystem, die Ausschaltung von Markt und Öffentlichkeit.

1. Der Literaturapparat der DDR und das sowjetische Vorbild

Eine zentrale Literaturbehörde überwachte als »diskursive Polizei«[2] die Sprachregelungen und definierte die Spielräume der literarischen und wissenschaftlichen Öffentlichkeit. Die Behörde organisierte aber auch als oberste Planbehörde eine koordinierte Verlagsproduktion, den Außenhandel und den Buchabsatz. Sie verfügte über ein elaboriertes literaturpolitisches Instrumen-

---

1 K. *Schlögel*, Jenseits des Großen Oktober. Das Laboratorium der Moderne. Petersburg 1909-1921, Berlin 1988, S. 228 ff.
2 W. *Engler*, Die ungewollte Moderne. Ost-West-Passagen, Frankfurt am Main 1995, S. 174.

tarium, das es erlaubte, einzelne Titel und ganze literarische Strömungen zu drosseln, zu forcieren und zu kanalisieren. Allerdings brauchte es langer Erfahrung, um die ökonomischen Hebel literaturpolitischer Steuerung, also die Lizenzierung, Profilierung und Anleitung der Verlage, Kaderpolitik, Themenplanung, Papierzuteilung, Preispolitik, Devisenlenkung und Vertriebsorganisation wirksam aufeinander und auf die eigentliche Zensur abzustimmen. In der DDR wurden erst mit dem Bitterfelder Weg (1959) die ›Warenumlaufzeiten‹ im Sortimentbuchhandel nach kulturpolitischen Kriterien gestaffelt und bei der Themenplanung ›qualitative Kennziffern‹ eingeführt. Die Strenge der Zensur wechselte aber bis zuletzt mit jeder Kursschwankung und zerstörte dann die langfristig angelegte Literaturplanung.

Das Verlagswesen war als arbeitsteiliges System konzipiert, in dem sich volkseigene Großverlage auf bestimmte Literatursparten konzentrierten. In der Praxis konterkarierten die starke Rolle des Parteieigentums im Buchhandel und Verlagswesen, der Einfluß von Massenorganisationen, Akademien, Bezirkssekretären, Kulturorganisationen und Schriftstellerverbänden sowie in der Spätzeit der Zwang, auf das westliche Ausland Rücksicht zu nehmen, in der DDR wie in der Sowjetunion eine wirksame Zentralisierung der Literaturpolitik, führten zur Ausbildung von Teilöffentlichkeiten und zu einem chaotischen Spiel der Kräfte, in dem sich Verlegern und Autoren überraschende Handlungsspielräume eröffnen konnten. Unter der geglätteten Oberfläche offizieller Selbstdarstellung herrschten Improvisation und Beziehungsgeflechte.

Wie in anderen Wirtschaftsbereichen gab es undurchsichtige Verteilungskämpfe um knappe Ressourcen, die Zuteilung von Papier und Druckereikapazitäten, und auf der anderen Seite lange Käuferschlangen. Die künstliche Verknappung von Angebotssegmenten, die Verzögerung der Druckgenehmigung, das heimliche Drücken von Auflagenhöhen und Bindequoten, das mysteriöse Versickern von Teilauflagen potenzierten aber nur den Leseeifer oder wenigstens den Hortungstrieb. Bücher wurden zur Bückware. Die DDR wie die Sowjetunion verstanden sich als »Leseland« und »Literaturgesellschaft«, in der so ausgiebig über Schriftsteller und Bücher diskutiert wurde, daß Literatur zum Zentrum öffentlicher Meinungsbildung wurde. Indizierte Bücher zirkulierten in einzelnen Exemplaren, und von der Zensur gestrichene Passagen wurden auswendig gelernt. Solche Phänomene wurden im Westen aufmerksamer verfolgt als der staatliche Ausbau der offiziellen Lesekultur, des Bezugrahmens der literarischen Ersatzöffentlichkeit.

Der Literaturkonsum wurde in der DDR wie in der Sowjetunion durch eine ganze Reihe typischer zentraler Maßnahmen gefördert. Es war unmöglich, der staatlichen Literaturpropaganda zu entkommen. In den fünfziger Jahren warb der Zugfunk der Reichsbahn für Neuerscheinungen des Aufbauverlages, der Lottospieler erhielt für seine gesammelten Tippscheine die gefürchtete Gotsche-Kassette, und bei der Jugendweihe gab es »Weltall-Erde-Mensch« mit dem Vorwort von Walter Ulbricht. Politische Festtage boten Gelegenheit zu den allseits beliebten Bücherbasaren, auf denen die hochangesehenen Autoren ihre Werke signierten und im Stil der Narodniki den Weg zum Volk suchten. Nach dem Vorbild der Sowjetunion wurde in der DDR der »Volksbuchhandel« als Vertriebsnetz einer zentralen Auslieferung ausgebaut, das sich über Agenturverträge zu den (in der DDR 40.000) Literaturobleuten in die Betriebe und auf die Maschinen- und Traktorstationen der Genossenschaften ausbreitete. Bücher waren, woran sich westliche Touristen gerne erinnern, unvergleichlich billig, unter anderem weil die Durchschnittsauflagenhöhen infolge der künstlich reduzierten Zahl der Titel weit höher als im Westen lagen.

Trotz solcher Ähnlichkeiten war der Literaturapparat der DDR keineswegs die Kopie eines sowjetischen Musters. Obwohl es den Amerikanern während ihrer kurzen Anwesenheit im Zentrum des deutschen Buchhandels in Leipzig im Frühsommer 1945 gelang, einige der wichtigsten Verleger, Großbuchhändler und Funktionäre des Börsenvereins mit nach Wiesbaden und Frankfurt zu nehmen, um in ihrer Zone eine eigene Buchhandelsorganisation aufzuziehen,[3] blieb die Leipziger Tradition stark genug, um alle Aufbaupläne der kommunistischen Emigranten und sowjetischen Kulturoffiziere durcheinanderzuwirbeln.

Deren Absichten lassen sich, solange die Archive geschlossen sind, indirekt an den frühesten Verlagsgründungen ablesen. Der zentrale Verlag der KPD »Neuer Weg«, aus dem später der Dietz-Verlag entstand, versorgte die

---

3 *H. Sarkowski*, Nach dem Bombenkrieg, in: ›Neuanfang 1945‹, Sonderdruck aus dem Börsenblatt für den Deutschen Buchhandel, Frankfurt am Main 1995, S. 8ff.; *Th. Bille*, Buchstadt ohne Filetstücke?, in: ebd., S. 36.

Partei mit Klassikern, Kalendern und Kampfbroschüren.[4] Der Aufbau-Verlag des Kulturbundes wurde unter Bechers Einfluß zum Sammelpunkt der Emigrationsliteratur und begann im Einklang mit sowjetischen Mustern das »klassische Erbe« zu verwalten.[5] Zum Zweck der antifaschistischen Umerziehung erhielt die vom Verlag Volk und Wissen besorgte Schulbuchproduktion oberste Priorität.[6]

Die Leiter dieser Verlage kamen aus der sowjetischen Emigration. Fritz Schälike vom Dietz-Verlag und Erich Wendt vom Aufbau-Verlag hatten ihre Erfahrungen zunächst im kommunistischen Parteibuchhandel der Weimarer Republik, danach aber im sowjetischen Verlagssystem beim Emigrantenverlag VEGAAR (Verlagsgenossenschaft ausländischer Arbeiter in der UdSSR)[7] gesammelt. Dieser Verlag war, bevor er 1938 seinerseits zum Opfer einer »Säuberung« und in seiner Funktion durch den »Verlag für fremdsprachige Literatur« abgelöst wurde, unter Exilautoren für langwierige stalinistische Begutachtungsrituale berüchtigt.[8] Aber auch Autoren wie der Kulturbund-Gründer und spätere Kulturminister Johannes Becher und der Vorsitzende der SBZ-Zensurstelle »Kultureller Beirat« Erich Weinert verfügten über einschlägige Erfahrungen.[9] Mit dem Sieg des »Ostexils« über das »Westexil«[10] wurde an sowjetische Zustände angeknüpft, während kommunistische Traditionsverlage der Weimarer Zeit wie Herzfeldes Malik-Verlag[11] oder gar der Konzern des verfemten Münzenberg[12] aus dem Blickfeld verschwanden.

---

4 *S. Lokatis*, Dietz. Probleme der Ideologiewirtschaft im zentralen Parteiverlag der SED, in: L. Niethammer u. B. Weisbrod (Hg.), Die Aufgabe der Freiheit, Festschrift für Hans Mommsen, Berlin 1995.
5 *C. Wurm*, Jeden Tag ein Buch. 50 Jahre Aufbau-Verlag, Berlin 1995.
6 *S. Lokatis*, Vom Plan zur improvisierten Kontrolle. Der Aufbau eines zentral gesteuerten Verlagswesens in der SBZ, in: Börsenblatt für den deutschen Buchhandel, 10.03.1995, S. 16-20.
7 Zur VEGAAR: *S. Barck u.a.* (Hg.), Lexikon sozialistischer Literatur, Stuttgart 1994, S. 487f.
8 *D. Pike*, Deutsche Schriftsteller im sowjetischen Exil, Frankfurt am Main 1981, S. 315-318.
9 *R. Müller* (Hg.), Die Säuberung. Moskau 1936: Stenogramm einer geschlossenen Parteiversammlung, Hamburg 1991.
10 *H. Mayer*, Der Turm von Babel, Frankfurt am Main 1991, S. 199.
11 *S. Schulz*, Malik-Verlag, in: Barck, Lexikon, S. 311ff.; *U. Faure*, Im Knotenpunkt des Weltverkehrs. Herzfelde, Heartfield, Grosz und der Malik-Verlag 1916-1947, Berlin 1992.
12 *R. May*, Willi Münzenberg, in: Barck, Lexikon.

In der Nachkriegszeit lizensierte die SMA eine Reihe weiterer Verlage, die dem sowjetischen Modell entsprachen, die wie der Tribüne-Verlag des FDGB, der Bauernverlag und der FDJ-Verlag »Neues Leben« Organisationen gehörten oder wie der Behördenliteratur produzierende Zentralverlag und der Akademie-Verlag staatlichen Stellen und Institutionen zugeordnet waren. Es entsprach auch sowjetischen Vorbildern, daß in den Ländern regionale Verlage entstanden wie der Sachsen-Verlag, der Thüringische Volksverlag, der Mitteldeutsche Verlag und der Hinstorff-Verlag in Rostock, und daß der Kinderbuchsektor großzügig gefördert wurde. Unmittelbaren Einfluß übte die SMAD mit ihrem riesigen Militär-Verlag aus, für den sämtliche Leipziger Druckereien arbeiteten. Soweit entsprach die Konstruktion des Verlagswesens der SBZ sowjetischen Mustern. Was das Konzept sprengte, war die Wiederzulassung von Privatverlagen, um Leipzig wieder zu gesamtdeutscher Ausstrahlung zu verhelfen. Dieser Schritt wurde gegen den anfänglichen Widerstand der Besatzungsmacht von deutschen Kulturfunktionären betrieben. Um die Literaturproduktion der privaten Firmen zu kontrollieren, eine für die Sowjets ganz ungewohnte Aufgabe, wurde 1946 ein »Kultureller Beirat« gegründet.[13] Die Wiederzulassung von Privatverlagen wurde geradezu davon abhängig gemacht, daß gegen das Eindringen »reaktionärer und faschistischer Tendenzen« absolut zuverlässige Garantien geschaffen» würden.[14] Der Kulturelle Beirat hatte zunächst die »Funktion einer von der SMA Karlshorst geschalteten Befürwortungsstelle«.[15] Anfang 1947 gab die SMA die Vorzensur für nichtpolitische Bücher auf, weil das »deutsche Gremium, in dem große Gelehrte und andere namhafte Männer aus dem Geistesleben vertreten« seien, großes Vertrauen verdiene.[16] Der Beirat war kaum handlungsfähig, die Teilnahme sporadisch. Die Arbeit wurde zunehmend an »Fachkommissionen« delegiert, während das Plenum zu einer »rein

---

13 Th. Bille, Der Börsenverein der Deutschen Buchhändler zu Leipzig 1945-1949. Aspekte der Verlagspolitik in der sowjetischen Besatzungszone, in: M. Lehmstedt u. L. Poethe (Hg.), Leipziger Jahrbuch zur Buchgeschichte 2, 1992, S.165-208; J. Mortier, Ein Buchmarkt mit neuen Strukturen. Zur Verlagspolitik und Buchplanung in der SBZ 1945-1949, in: K. R. Scherpe/L.Winckler (Hg.): Frühe DDR-Literatur, Hamburg 1988; D. Pike, The Politics of Culture in Soviet-Occupied Germany 1945-1949, Stanford 1992.
14 Stiftung Archiv der Parteien und Massenorganisationen im Bundesarchiv (SAPMO-BArch), NL 182/927, Bericht Girnus zu Händen von Ulbricht, 20.02.1946.
15 H. Becker, Planmäßige Buchproduktion, in: Börsenblatt, 25.04.1947.
16 Börsenblatt, 25.01.1947, Verlegertagung am 19.12.1946.

formal bestätigenden Institution« herabsank. Das ganze Verfahren war zeitraubend und spannte die Nerven von Verlegern und Autoren auf die Folter. Manuskripte mußten teilweise sieben Instanzen durchlaufen. Dem Kulturellen Beirat war ein Sekretariat beigegeben, das allmählich die Entscheidungen an sich zog, um das Verfahren zu beschleunigen. Dieses Sekretariat war die eigentliche Keimzelle der späteren DDR-Literaturbehörde, des 1951 gegründeten »Amtes für Literatur und Verlagswesen«[17], und in den Grundzügen bereits ähnlich strukturiert.

Nach einem anfänglichen »Sowjetisierungsschub« kamen also Faktoren wie die Existenz eines traditionsreichen deutschen Buchhandels und die gesamtdeutsche Ausstrahlung Leipzigs zur Geltung. Allgemein gesprochen blieben die deutsche Spaltung und das Programm der antifaschistischen Umerziehung einer ganzen Bevölkerung Rahmenbedingungen, die die Übernahme des sowjetischen Modells ausschlossen. Es gab in der Sowjetunion weder ein dem deutschen vergleichbares Urheberrecht, noch den festen Ladenpreis — die Preise wuchsen mit der Entfernung von Moskau. Verschiedene Einzelheiten, die auf den ersten Blick als Elemente sowjetischer Planwirtschaft erscheinen, erweisen sich ferner, wie beispielsweise die Papierkontingentierung, als Ableger der nationalsozialistischen Kriegswirtschaft.[18] Das Verlagssystem der SBZ entwickelte angesichts solcher zum Teil verborgener Unterschiede Eigendynamik; die Fülle der auch für die sowjetischen Ratgeber ungewohnten Probleme führte dazu, daß Kettenreaktionen improvisierter Maßnahmen an die Stelle systematischer Entwürfe traten, zumal die Zahl der literaturpolitisch aktiven Stellen in Parteigremien, Massenorganisationen, Redaktionen, regionalen und zentralen deutschen und sowjetischen Behörden rasch anwuchs.

Buchhandel war für die SED eine Hauptquelle der Parteifinanzierung. Die »Abteilung Finanzen und Parteibetriebe« des ZK kontrollierte nicht nur zwanzig der größten Verlage, Druckereien und Papierfabriken, sondern auch die zentrale Auslieferung LKG und den Volksbuchhandel. Erst Anfang 1963 wurde der Parteibuchhandel dem Staat unterstellt. Bis dahin existierte im Li-

---

17 S. *Lokatis*, Verlagspolitik zwischen Plan und Zensur. Das Amt für Literatur und Verlagswesen oder die schwere Geburt des Literaturapparates der DDR, in: J. Kocka (Hg.): Historische DDR-Forschung, Berlin 1993.
18 S. *Lokatis*, Hanseatische Verlagsanstalt. Politisches Buch-Marketing im ›Dritten Reich‹. Archiv für Geschichte des Buchwesens, Frankfurt am Main 1992 (Buchhändler-Vereinigung).

teraturbetrieb der DDR eine regelrechte Doppelherrschaft von Parteibuchhandel und staatlicher Literaturbehörde. Die staatliche Literaturbehörde war deshalb in den fünfziger Jahren die mit Abstand instabilste Institution der DDR. 1951 entstand aus dem »Kulturellen Beirat« das »Amt für Literatur und Verlagswesen«, das 1956 in das »Ministerium für Kultur« überführt wurde. Zwischen 1956 und 1958 hieß die literaturpolitische Schaltzentrale »Hauptverwaltung Verlagswesen«, 1958 wurde sie zur »Abteilung Literatur und Buchwesen« und im Januar 1963 zur »Hauptverwaltung Verlage und Buchhandel«, immer im Ministerium für Kultur.

Mit der Namensänderung war jedesmal eine Änderung im Zuschnitt der Kompetenzen und in der Arbeitsweise verbunden. Letztlich handelte es sich um einen gegen die ökonomischen Interessen der SED besonders schwierigen und deshalb langwierigen, aber schließlich bemerkenswert erfolgreichen Zentralisierungsprozeß. Die untergeordnete Behörde besaß einen relativ großen Handlungsspielraum wegen der Kompetenzzersplitterung im übergeordneten ZK, wo die Abteilungen Wissenschaft, Kultur, Propaganda, Finanzen und der Dietz-Verlag um den maßgeblichen Einfluß auf die Literaturpolitik rangen. Das Erfolgsgeheimnis der staatlichen Literaturbehörde, um sich in diesem Getümmel durchzusetzen, lag darin, daß es ihr in kritischen Situationen wiederholt gelang, das sowjetische Vorbild anzuführen, um eigenen Vorstellungen Nachdruck zu verleihen. Als es 1954 beispielsweise dem »Amt für Literatur« darum ging, sich die volkseigenen Betriebe einzuverleiben, wurde eine Delegation nach Moskau in Bewegung gesetzt, um das sowjetische Verlagswesen zu studieren, dessen Zentralisierung in diesem Punkt weiter fortgeschritten war.[19]

Eine solche Strategie war allerdings immer zweischneidig. Die Delegation kam zwar zum erwarteten Ergebnis, fand es aber ebenfalls vorbildlich, daß in der Sowjetunion die Literaturbehörde dem Kulturministerium unterstand — der Delegation gehörten auch entschiedene Gegner des »Amtes für Literatur« an. Dieses wurde deshalb zwar 1956 wie erhofft um die »Vereinigung volkseigener Betriebe« erweitert, verlor aber seinen Status als selbständiges Staatssekretariat und wurde Bechers Ministerium für Kultur unterstellt. Als sich diese Entwicklung abzeichnete, unterbreitete das »Amt für Literatur« dem ZK die Übersetzung eines Iswestija-Artikels, der »große Mängel im

---

19 SAPMO/BArch IV 2/9.04/674, Abschlußbericht der zum Studium des sowjetischen Verlagswesens nach Moskau entsandten Verlegerdelegation, 15.08.1954.

Buchverlagswesen« der Sowjetunion feststellte,[20] aber dieser seltsame Versuch, das große Vorbild zu demontieren, kam zu spät. Kaum war das Amt für Literatur dem Becher-Ministerium unterstellt, verlangte dieses im Sommer 1956 von den Zensoren, die Zensur abzuschaffen und kürzte entsprechend die Planstellen. Diese Zumutung konnte die Literaturbehörde erfolgreich mit dem Hinweis torpedieren, man gehe damit selbst über die sowjetische Praxis nach dem XX. Parteitag hinaus.[21]

Ein Gegenvorschlag des Amtes, der darauf hinauslief, die Vorzensur durch die Nachzensur von »Signalexemplaren« zu ersetzen, wurde allerdings vom Kulturfunktionär Abusch abgeschmettert: »Es ist möglich, daß man in der Sowjetunion schon soweit ist, aber bei uns ist das noch nicht der Fall.«[22]

Erst im April 1957 setzte mit einer ersten »Internationalen Verlegertagung« ein regelmäßiger Erfahrungsaustausch mit den Literaturfunktionären, Verlegern und Buchhändlern der sozialistischen Nachbarländer und der Sowjetunion ein. Man kann zur Zeit nur vermuten, inwieweit diese Treffen eher rituellen Charakter oder tatsächlich eine Angleichung der Literaturapparate und Zensursysteme zur Folge hatten. 1957 war die Literaturbehörde der DDR vor allem an einer wirksameren Vertriebsorganisation interessiert. Sie suchte gezielt nach Begründungen für die angestrebte Übernahme der parteieigenen Großbuchhandlung LKG, obwohl es dazu »im Augenblick noch keine Übereinstimmung in der Ansicht der Genossen« im ZK gab.[23]

---

20 Ebd.; Amt für Literatur an ZK der SED, Abt. Wissenschaft und Propaganda (Lucie Pflug), 28.03.1956. Der Iswestija-Artikel »Dringliche Fragen des Verlagswesens« datierte vom 08.02.1956.
21 Bundes-Archiv Potsdam, R-1 (im folgenden nur R-1), 1091, Vorschlag. Betr. Übertragung der vollen Verantwortung für den Inhalt der Manuskripte auf die Verlage, 01.08.1956.
22 SAPMO-BArch, IV 2/2026/3, Protokoll der Sitzung der Kulturkommission am 21.04.1958.
23 SAPMO/BArch IV./ 09.04/ 671, Hagemann an Böhm (HV Verlagswesen), 03.01.1957 »Es steht schon jetzt das Problem, die Rechtsform des LKG zu ändern und den organisationseigenen Betrieb zu verstaatlichen. Nur in dieser Rechtsform wird der LKG zu einem Instrument staatlicher Lenkung der Buchvertriebs- und Auflagenpolitik werden ... Auf der Internationalen Verlegertagung aller sozialistischen Länder in Leipzig im April 1957 werden diesem Problem mehrere Referate gewidmet sein. Nach der Auswertung der Erfahrungen anderer Länder muß das Problem des Großhandels erneut diskutiert und zur Entscheidung gebracht werden. Zu den vorstehenden Darlegungen gibt es im Augenblick noch keine Übereinstimmung in der Ansicht der Genossen. Von den Verlagen und vom LKG sind bis jetzt nur ablehnende oder abwartende Einstellungen zu verzeichnen.«

Die staatliche Literaturbehörde war vermutlich nur eine von vielen Stellen, die immer dann das sowjetische Vorbild bemühten, wenn es ihren aktuellen Interessen diente. Demnach wäre ›Sowjetisierung‹ ein Prozeß, der zwar im Unterschied zur ›Amerikanisierung‹ von zentralen Stellen betrieben wurde, aber keineswegs zielgerichtet ablief. Die Selektion geeigneter ›Sowjetisierungsschübe‹ erfolgte weitgehend nach opportunistischen Gesichtspunkten. Demnach war es möglich, daß sich von verschiedenen Stellen betriebene ›Sowjetisierungseffekte‹ wechselseitig aufhoben, aber auch, daß sich ›Sowjetisierungserscheinungen‹ von den Interessen, die sie ursprünglich befördert hatten, emanzipierten, verselbständigten und akkumulierten. ›Sowjetisierung‹ wurde nicht nur von außen aufgedrängt, vielmehr war es praktisch und erhöhte die Durchsetzungschancen, wenn es gelang, das eigene Anliegen mit sowjetischen Vorbildern zu legitimieren.

2. Literaturimport

Man könnte die Geschichte von ›Sowjetisierung‹ in der DDR anhand der Rekonstruktion der Entwicklung des Literaturimports aus der Sowjetunion nachzeichnen. Die Verbreitung von Wissen über die Sowjetunion und der Kenntnis ihrer Technik, Wirtschaft, Wissenschaft wurden genauso systematisch und energisch betrieben, wie die mentale Überwindung der Distanz zur fremden Macht. Die Lektüre der großen russischen Romane des 19. Jahrhunderts und der sowjetischen Literatur über Revolution und »Vaterländischen Krieg« sollten die Bevölkerung, wie die Machthaber hofften, mit der fremden Kultur und Perspektive vertraut machen und zur Identifikation mit der gerechten Sache einladen.

Der Verlag der Gesellschaft für Deutsch-Sowjetische Freundschaft (DSF) »Kultur und Fortschritt« resümierte schon 1960: »Die sowjetische Literatur hat den Prozeß der demokratischen Erneuerung Deutschlands in einem Maße beeinflußt, wie nie zuvor in der Menschheitsgeschichte eine Literatur die Umerziehung eines anderen Volkes.«[24] Tatsächlich hatte allein der auf sowjetische Autoren spezialisierte DSF-Verlag bis dahin 43 Millionen Bücher,

---

24 Aus der Arbeit des Verlags Kultur und Fortschritt, Börsenblatt, 30.04.1960, S. 278.

mehr als doppelt so viel wie der Aufbau-Verlag, produziert. Bücher wie Fadejews »Junge Garde«, Gladkows »Zement« oder Ostrowskijs »Wie der Stahl gehärtet wurde« prägten den Lektürekanon junger DDR-Bürger.

Die Verbreitung sowjetischer Literatur hatte eine Vorgeschichte in der Weimarer Republik. Bis 1933 erschienen etwa 300 Werke von 100 sowjetischen Autoren.[25] In der Nachkriegszeit nahm der sowjetische Militärverlag (SWA)[26] eine Schlüsselstellung ein, der wie der Verlag der Zeitung »Tägliche Rundschau« Tjulpanows »Verwaltung Information« unterstand und ursprünglich der Abwicklung von Reparationsleistungen diente. Er verlegte zwischen 1945 und 1949 rund 280 Titel, die fast alle von sowjetischen Autoren stammten.[27] Hier erschienen bunt gemischt die Werke von Gorki, Ehrenburg, Fedin, Majakowski und Puschkin, Kinderbücher und Sammlungen von SMA-Befehlen, sowie die unentbehrlichen »Regeln zur Transkription von russischen Eigen- und Familiennamen, erdkundlichen Namen, Titeln u.a. im deutschen Schrifttum«.[28] Es gab Titel über die sowjetische Verfassung, den Staatsaufbau, die Landwirtschaft, die Industrie, die Justiz, das Hochschulwesen, die medizinische Bildung, die Literatur, die Volksbildung, die Musik und die Geschichte. Die Bücher kommentierten das Schicksal der »Kriegsgefangenen in der Sowjetunion«[29], begründeten, warum es in der Sowjetunion keine Arbeitslosigkeit geben könne[30] und priesen die dortigen »politischen Freiheiten«[31]. Sie schrieben in einer »Diplomatischen Chronik des Zweiten Weltkriegs« 1946 die sowjetische Deutung des Hitler-Stalin-Paktes fest, edierten zu diesem Zweck 1948 aus dem Archiv des deutschen Außenministeriums »Dokumente und Materialien aus der Vorgeschichte des Zweiten Weltkriegs« und klagten frühzeitig westliche Historiker als »Geschichts-

---

25 *U. Faure*, Knotenpunkt, S. 239ff.
26 *Sowjetskaja Wojennaja Administratija*; *Bille*, Börsenverein, S.169ff.; *F. Matke*, Starthilfe für neue Literatur. Altes und Neues vom SWA-Verlag, in: Börsenblatt für den Deutschen Buchhandel (Leipzig), 1989, Heft 40-42.
27 *Bille*, Börsenverein S.171.
28 Zu dieser und den folgenden Angaben die Bibliographie: Deutsche Staatsbibliothek (Hg.), Literatur aus dem SWA-Verlag 1945-1949, Berlin 1985. Laut Matke ist sie bei der Angabe der Verlagsorte nicht ganz zuverlässig.
29 Kriegsgefangene in der Sowjetunion (ohne Verfasser, dafür mit Abbildungen), 1949.
30 *B. L. Markus*, Warum es in der Sowjetunion keine Arbeitslosigkeit geben kann, 1948.
31 *S. M. Lesnik*, Die politischen Freiheiten der Sowjetunion, 1946.

fälscher«[32] an. Ein besonderes Problem bildete die Produktion der kommunistischen Klassiker und des »kurzen Lehrgangs« der KPdSU-Geschichte, weil es wiederholt zu Reibungen des sowjetischen Militärverlages mit dem zentralen Parteiverlag der SED Dietz kam, der dieselben Titel für sich beanspruchte. Die Russen verboten dann Konkurrenzproduktionen der Bruderpartei durch die Militärzensur.[33]

Die Verlagsproduktion des SWA-Verlages wurde in der SBZ von der *Meshdunarodnaja Kniga* (Das Internationale Buch) vertrieben. Dem »miserablen«[34] Absatz wurde gelegentlich gewaltsam nachgeholfen.[35] Das Zögern der Kunden wurde auf die Deutschenfeindlichkeit russischer Kriegsromane und die vielen schwierigen Namen zurückgeführt,[36] gelegentlich auch als Ausdruck von Antisemitismus gewertet.[37]

Ende der vierziger Jahre, als der SWA-Verlag von der Bühne verschwand, war eine ganze Reihe von Unternehmen am Import sowjetischer Literatur beteiligt. Der Aufbau-Verlag sicherte sich marktgängige Klassiker wie die Werke Gorkis und Puschkins, Volk und Welt war auf ausländische Belletristik der Gegenwart spezialisiert, Tribüne brachte »Neuererliteratur« aus der Arbeitswelt, Dietz parteigeschichtliche Werke, und der FDJ-Verlag »Neues Leben« verlegte sowjetische Jugendliteratur. Der zum »repräsentativen Verlag für sowjetische Gegenwartsliteratur« bestimmte DSF-Verlag »Kultur und Fortschritt«[38] hatte angesichts dieser Konkurrenz Schwierigkeiten, ein ausreichendes Arbeitsgebiet zu sichern, wich zwischenzeitlich auf das allerdings

---

32 Geschichtsfälscher. Der tatsächliche Verlauf der Vorbereitung und Entwicklung der Hitleraggression und des 2. Weltkrieges (Informationsbüro des Ministerrates der UdSSR 1948).
33 *Lokatis*, Dietz.
34 SAPMO-BArch, IV 2/906/300, Bericht Irene Gysis über die Lage bei Kultur und Fortschritt (Frühjahr 1949). Bei Auflagen von 25.000 Stück erwiesen sich damals 15-18.000 Exemplare als unverkäuflich.
35 »Im allgemeinen wurde geklagt über die Geschäftsmethoden der Kniga, die zum Teil mit Hilfe der örtlichen SMA einzelne Buchhandlungen und auch Betriebe zwingt, größere Mengen abzunehmen, die Titel enthalten, die in keiner Weise den augenblicklichen Bedürfnissen und Nachfragen entsprechen.« SAPMO-BArch, IV 2/904-670, Bericht über die Sitzung der Instrukteure der Verwaltung der Parteibetriebe für die Volksbuchhandlungen (o.D. 1949).
36 R-1, 1885, Abt. Verlagswesen und Buchhandel, Zusammenstellung von Berichten über Leihbüchereien, 11.12.1952.
37 R-1, 1884, LKG-Lagerbestände von 33 Verlagen, 10.08.1956.
38 R-1, 1891, Hausmitteilung des ALV (Außenabteilung an Abt. Begutachtung), 09.01.1954.

ebenfalls bereits besetzte Gebiet der wissenschaftlichen Literatur aus und konnte erst Anfang 1956 ein Monopol für moderne Belletristik durchsetzen, das aber bald wieder abbröckelte.[39]

Die Konfusion entstand, weil die zentralen Stellen der sowjetischen Literatur Priorität und die entsprechenden Papiermengen zubilligten. Für »aktuelle sowjetische Literatur« stand immer »Sonderpapier« zur Verfügung.[40] Das »Amt für Literatur und Verlagswesen«, das im Herbst 1951 die Arbeit aufnahm, hatte neben der »Hebung der Qualität durch Begutachtung«, also der Zensur und der Papierkontingentierung, laut Gründungsverordnung die Förderung des Literaturimports aus der Sowjetunion als Hauptaufgabe.[41] Konkret verlangte das ZK vom Amt eine »monatliche Standkontrolle der sowjet. Übersetzungen« und die »Verbilligung der sowjetischen Literatur durch Mittel des Kulturfonds«.[42]

Die Auslandsabteilung des »Amtes für Literatur« hatte, wie das ZK rügte, mit ihren zwanzig Planstellen ein »starkes Ausdehnungsbedürfnis«. Beim »Hauptreferat Sowjetunion« liefen allerdings auch jährlich etwa 6.000 Titel ein. Die angestrebte »Arbeit mit dem einzelnen Buch«, die allein eine wirksame Kontrolle ermöglicht hätte, galt angesichts dieser Titelzahl als Illusion: »Die Karteien wachsen ebenfalls in schnellem Tempo an, und die vorhandenen Arbeitskräfte befassen sich in der Hauptsache mit administrativen Arbeiten, einer Ablage und Registrierung. Zur politischen Anleitung bleibt ganz einfach keine Zeit übrig.«[43] Von allen Abteilungen des Amtes hatte »die Auslandsabteilung den meisten Schriftverkehr«, weil »die aus dem Ausland eintreffenden Bücher von der Auslandsabteilung direkt an die Verlage vermittelt werden« mußten, und »außerdem noch der gesamte Auslandsschriftverkehr der Verlage« durch die Abteilung ging.[44]

Gerügt wurde auch, daß der Arbeitsschwerpunkt auf der Vermittlung von belletristischer Literatur lag und nicht, »— wie es politisch notwendig wäre — auf der Vermittlung von wissenschaftlicher Literatur aus der Sowjetunion

---

39 R-1, 1275, Verlag Volk und Welt an das ZK der SED, 22.09.1958.
40 R-1, 1896, HL Belletristik an HR Planung, Stellungnahme zum Produktionsplan 1953 des Verlages Kultur und Fortschritt.
41 *Lokatis*, Verlagspolitik, S. 307.
42 R-1, 1918, ZK Abt. Propaganda, Sektor Verlage, 26.11.1951.
43 R-1, 1108, Abteilung Propaganda des ZK, Sektor Verlagswesen-Buchhandel, 29.03.1954, Bericht von der Überprüfung der Auslandsabteilung.
44 R-1, 1118, Reorganisation der Auslandsabteilung, 31.10.1953.

und den Volksdemokratien«. Die Planstelle für Sowjetwissenschaft war Anfang der fünfziger Jahre unbesetzt und wurde vom Fachbuchreferat nebenbei betreut.[45]

Die Herausgabe »wichtiger Werke der Sowjetwissenschaft, die wie das tägliche Brot gebraucht« würden, verzögerte sich auch aus politischen Gründen. »Nach dem Erscheinen der Arbeit des Genossen Stalin« über die »Ökonomischen Probleme des Sozialismus in der UdSSR« wurden die Verlage »Die Wirtschaft« und »Tribüne« beispielsweise aufgefordert, dem Amt »eine Liste solcher sowjetischer Werke zuzusenden, die ganz oder teilweise oder in einzelnen Formulierungen oder Termini im Widerspruch zu der Arbeit Stalins« stünden. Das ZK vertrat dabei die »Generallinie, daß kein Werk, das nicht auf der Höhe der Arbeit Stalins« stände, herauskommen dürfe. Über ein Dutzend »brennend erwarteter« Werke wurde für Jahre auf Eis gelegt.[46] Als sie umgearbeitet waren, durfte Stalin nicht mehr zitiert werden.

Während in den Gesellschaftswissenschaften der Anteil russischer Titel schon vorher bei 20% lag, gelang es dem Amt zwischen 1951 und 1953, den sowjetischen Anteil in den Naturwissenschaften von 3% auf 20% und bei technischer Fachliteratur von 1,5% auf 12,4% anzuheben. Damit war eine Wachstumsgrenze erreicht, weil Übersetzer fehlten.[47] Hier lag Anfang der fünfziger Jahre der hauptsächliche Engpaß. Nicht einmal bei Dietz gab es 1949 einen Russisch-Übersetzer, das ZK mußte von Fall zu Fall aushelfen.[48] Auf der anderen Seite betrieb der Verlag Kultur und Fortschritt einen ungeheuren Verschleiß, der die Übersetzungskosten in die Höhe trieb: »Die von irgendeiner Seite der Verlagsleitung mehr oder weniger zufällig empfohlenen Bücher wurden erst einmal ... übersetzt, und nach der angefertigten deutschen ›Roh‹überarbeitung wurde dann beurteilt, ob das Werk zur Veröffentlichung geeignet ist oder nicht.«[49] In späteren Jahren entwickelte »Kultur und Fortschritt« hingegen den Ehrgeiz, es durch enge Zusammenarbeit von Übersetzern und sowjetischen Autoren dahin zu bringen, daß die Bücher in Moskau und Berlin gleichzeitig herauskamen.

---

45 R-1, 1918, Abteilung Propaganda des ZK, Sektor Verlage, 28.11.1952.
46 R-1, 1949, Aktennotiz der Abteilung Begutachtung des ALV vom 29.01.1953 (Telefonat mit dem Genossen Schneidewindt, ZK).
47 R-1, 1892, ALV, Bericht über die Literatur-Produktion 1952, 21.02.1953.
48 SAPMO-BArch, IV 2/9.13/4, Dietz (Schälike) an W. Pieck, 11.01.1949.
49 Ebd., IV 2/906/300, Bericht Irene Gysis über die Lage bei Kultur und Fortschritt (Frühjahr 1949).

Anfang der fünfziger Jahre hatte der Import von wissenschaftlicher Literatur Priorität, weil die Große Sowjetenzyklopädie vorbereitet wurde. Zu diesem Zweck legte das Amt für Literatur eine Übersetzer-Kartei an, die 190 Namen enthielt.[50] Die Enzyklopädie wurde

»1951 bis 1959 artikelweise übersetzt, in durchschnittlich 7.000 Exemplaren zur schnellen Unterrichtung der deutschen Öffentlichkeit auf den Markt gebracht. An der Aktion, die ein zentrales Sekretariat im Verlag Kultur und Fortschritt koordinierte, beteiligten sich 22 Verlage ... Der Absatz war denkbar schlecht ... Nach dem XX. Parteitag der KPdSU mußte die Mehrzahl der Bestände und viele halbfertige Produkte makuliert werden. Ein Brief der Moskauer Redaktion wies die deutschen Genossen auf das Unzeitgemäße vieler Artikel hin und äußerte generelles Unverständnis, daß eine fremde Enzyklopädie einfach übersetzt werde. Dennoch bestanden Kurt Hager und das Büro Ulbricht mehrere Jahre auf der Fortsetzung der Publikationen.«[51]

Ein qualitativer Sprung in der Organisation des Literaturimportes aus der UdSSR erfolgte ab 1957. Im August 1956 hatte sich die sowjetische Handelsvertretung in der DDR über eine »wesentliche Verringerung der Bestellungen für sowjetische Druckerzeugnisse« beschwert. Die Erfüllung des aktuellen Lieferplanes würde dadurch erschwert und die beabsichtigte Erweiterung der sowjetischen Lieferungen bedroht.[52] Die bald darauf folgenden schwerwiegenden Eingriffe in das Literatursystem sind aber auf ein ganzes Bündel weiterer Probleme zurückzuführen. Gleichzeitig war der Umsatz des Dietz-Verlages seit 1953 drastisch zurückgegangen. Die Krise bei Dietz wurde zusätzlich verschärft, weil nach dem XX. Parteitag der KPdSU Millionen von Stalin-Bänden eingestampft werden mußten.[53] Ein drittes Problem war Devisenknappheit. Ferner war der Anteil »sozialistischer Gegenwartsliteratur« an der Buchproduktion dramatisch zurückgegangen.

Ausgelöst durch die Verhaftung Walter Jankas vom Aufbau-Verlag setzte 1957 mit dem 30. und 32. Plenum des ZK als Gegenbewegung eine »ideologische Offensive« ein, die in der »Kulturkonferenz« ihren ersten Höhepunkt hatte und schließlich in den »Bitterfelder Weg« mündete. Eine Kommission untersuchte die Krise der »literaturverbreitenden Institutionen« und bereitete den grundlegenden Umbau der buchhändlerischen Infrastruktur vor, deren

---

50 R-1, 1871, Bericht des ALV über die Erfüllung der Aufgaben des Arbeitsplanes, 4. Quartal 1951.
51 *C. Wurm*, 150 Jahre Rütten & Loening, Berlin 1994, S. 191.
52 R-1, 1285 Handelsvertretung der UdSSR in der DDR an den stellvertretenden Minister für Kultur (Hagemann, HV Verlagswesen), 26.08.1956.
53 *Lokatis*, Dietz.

»sozialistische Rekonstruktion« mit preispolitischen Förderungsmaßnahmen, Subventionen und dem Ausbau des Volksbuchhandels. Die Maßnahmen sollten in erster Linie dem Absatz der Produktion des Dietz-Verlages dienen, wurden aber auf die »sozialistische Gegenwartsliteratur« der anderen Parteiverlage und nicht zuletzt auf sowjetische Literatur ausgedehnt. Dafür sorgte vor allem der Leiter der neuen Kulturkommission beim Politbüro Alfred Kurella, der seit seiner verspäteten Rückkehr aus dem Kaukasus als Spezialist für sowjetische Kultur galt und einen entschiedenen Kampf gegen ›Amerikanisierung‹ und ›Dekadenz‹ führte.[54]

1957 importierte die DDR auf dem Gebiet der Belletristik 40 Prozent aller Buchtitel. Auf einen Titel aus der UdSSR und den Volksdemokratien kamen zwei aus der Bundesrepublik und dem kapitalistischem Ausland. Dabei zählten Heinrich und Thomas Mann bereits als DDR-Literatur und das »klassische Erbe« war nicht mitgerechnet. Gemessen an der Zahl der Exemplare kamen auf ein Buch aus den sozialistischen Bruderländern sogar drei aus dem Westen. Westliche Literatur hatte eine höhere Durchschnittsauflage und verkaufte sich besser.[55]

Im Dezember 1957 reagierte die Literaturbehörde auf diese Schieflage mit einer Auskämmaktion, die alle Verlage erfaßte. Die bereits bestätigten Pläne für 1958 wurden infolge der Kulturkonferenz wie aus Devisenmangel wesentlich abgeändert, die Zahl der westlichen Titel zusammengestrichen. Hemingway, Moravia und Sartre kamen 1958 in der DDR nicht mehr heraus. Der Verlag »Volk und Welt« tauschte Faulkner und Shaw gegen Fadejew und Scholochow. Gegenüber 1958 stieg die Zahl der Titel aus den sozialistischen Ländern 1959 von 80 auf 159, während gleichzeitig die Zahl der westdeutschen Titel weiter von 69 auf 32 sank.[56] Insgesamt schrumpfte der Anteil westlicher Literatur am Buchimport zwischen 1957 und 1959 von 56% auf

---

54 *S. Barck*, Das Dekadenz-Verdikt. Zur Konjunktur eines kulturpolitischen ›Kampfkonzepts‹ Ende der fünfziger bis Mitte der sechziger Jahre, in: Kocka (Hg.), DDR-Forschung.

55 R-1, 1101, Zur Vorbereitung der Themenplanung 1957:

1957	Titel	Auflagen
SU u. Volksdemokratien	13,3%	10,8%
Westdeutschland, KA*	26,5%	30,1%
Kulturelles Erbe	25,2%	28,1%
DDR-Titel	35%	31%

*Kapitalistisches Ausland

56 R-1, 1224, Thematische Planung 1959, Planteil Schöne Literatur.

30%,[57] wobei zu berücksichtigen ist, daß laufende Verträge eingehalten werden mußten. Damit entstand das Problem, wie der Zustrom sowjetischer Literatur abgesetzt werden sollte.

Zu diesem Zweck wurden eine neue Versandabteilung beim LKG eingerichtet. Unter dem Motto »Bücher für alle — Russisch und Deutsch« wurden Ausstellungen veranstaltet, sowjetische Literatur sollte verstärkt an die Lehrpläne der Schulen und Universitäten gebunden und von den zuständigen Stellen empfohlen werden.[58] Nach weiteren sowjetischen Beschwerden wurden dem Volksbuchhandel für 1960 4,4 Millionen Mark »zweckgebundener Umlaufmittel« zum Ankauf fremdsprachiger Literatur zur Verfügung gestellt und neue »Internationale Buchhandlungen« in den Bezirken Magdeburg, Erfurt, Gera, Suhl und Karl-Marx-Stadt gegründet, »die im gesamten Bezirk mit schriftlicher Werbung und Außendienst arbeiten« sollten und »monatlicher Plankontrolle« unterstanden. Die Akzeptanz der Ware im Sortimentbuchhandel wurde durch großzügige Bemessung der geplanten »Umschlagzeiten« erhöht. Gleichzeitig sollten die Bestände der öffentlichen, wissenschaftlichen und Betriebs- Bibliotheken um das »originalsprachige Buch, insbesondere das sowjetische« ergänzt werden. Schon seit Anfang der fünfziger Jahre wurden regelmäßig »Wochen des sowjetischen Buches« veranstaltet. »Ein besonderer Höhepunkt in der buchhändlerischen Arbeit beim Vertrieb der originalsprachigen sowjetischen Literatur« sollte »der 15. Jahrestag der Befreiung vom Faschismus durch die Rote Armee am 8. Mai 1960 werden.«[59]

Zum wichtigsten Absatzhebel für sowjetische Romane entwickelte sich jedoch die vom Verlag »Kultur und Fortschritt« betreute Buchgemeinschaft »Buch des Monats«, die ihre Mitglieder im Bereich der DSF warb. Der Zuspruch war so stark, daß 1960 ein Aufnahmestop nötig wurde, weil das Papier nur für 50.000 Abonnenten reichte.[60] Hauptgrund für die Beliebtheit des Programms war der gute Ruf, dessen sich sowjetische Autoren inzwischen

---

57 Ebd., Protokoll über die Tagung der Arbeitsgemeinschaft Ausländische Gegenwartsliteratur am 17.07.1958.
58 R-1, 1285, Abteilung Buchhandel an Minister Hagemann, 23.11.1956.
59 Ebd., Abt. Finanzabteilung und Parteibetriebe des ZK der SED an das Ministerium für Kultur, Staatssekretär Wendt, 22.12.1959.
60 R-1, 1318, Kultur und Fortschritt an Ministerium für Kultur, 24.06.1959.

im informierten Teil der DDR-Bevölkerung als antistalinistische Vorkämpfer erfreuten.[61]

3. Zensurprobleme

Der wechselnde Grad der Souveränität der DDR gegenüber der Sowjetunion, das Ausmaß der ihr von der UdSSR zugestandenen oder eroberten Freiräume und die Bereitschaft der SED, solche Spielräume wahrzunehmen, spiegelten sich in der Handhabung der Zensur, in der Form ihrer Institutionalisierung und ihren Inhalten.

Es machte einen großen Unterschied aus, ob die SMAD wie 1946 alle Manuskripte selbst überprüfte, oder ob sie sich nur, wie das bis 1951 der Fall war, die Kontrolle der politischen Literatur vorbehielt und ansonsten die Zensuraufgaben deutschen Stellen überließ. Deren Arbeit wurde aufmerksam beobachtet. Eine sowjetische Denkschrift von 1949 kritisierte Fehler des »Kulturellen Beirats« und versah den Literaturapparat auf dem Weg in die staatliche Souveränität noch einmal mit ›guten Ratschlägen‹,[62] die in späteren Jahren auf den unterschiedlichsten Dienstwegen der Partei- und Staatsapparate durch Verbotslisten[63] ergänzt wurden. Bis 1956 ließen sich sowjetische Stellen von jedem in der DDR erschienenen Buch Belegexemplare zu-

---

61 »Erfreulich ist die in letzter Zeit immer stärker auftretende Nachfrage nach Sowjetliteratur. Der Verlag Kultur und Fortschritt hat hier mit seiner Reihe ›Buch des Monats‹ eine besonders verdienstvolle Arbeit geleistet. In dieser Reihe sind 1958 allerdings auch Werke wie Wera Panova ›Verhängnisvolle Wege‹ und Nilin ›Ohne Erbarmen‹ erschienen, die bei unseren Werktätigen zu Recht auf Ablehnung stießen.« (R-1 1224, Protokoll über die Tagung der Arbeitsgemeinschaft Ausländische Gegenwartsliteratur am 17.07.1958).
62 R-1, 1888, Umlauf des ALV vom 25.01.1952 mit einer SMA-Analyse von 1949 ›Über die Tätigkeit der Verlage‹.
63 R-1, 1889, Umlauf der Abteilung Begutachtung, 24.02.1953 ›Liste der Agenten‹ (Namen von »Agenten« aus den sowjetischen Prozessen 1936/37 und den Prozessen gegen Rajk, Kostoff und Slansky). »Werke solcher Agenten müssen aus unserer Literatur ausgemerzt werden ... Bei der Begutachtung muß darauf geachtet werden, daß alle Textstellen in einem Manuskript, in denen diese Agenten genannt werden, gestrichen werden. (Ausgenommen sind natürlich solche Textstellen, in denen diese Agenten entlarvt und gebrandmarkt werden.) ... Schriften solcher Agenten können nicht als Quellen unserer Literatur dienen.«

stellen und hielten dadurch eine Kontrolloption aufrecht, auf die die Botschaft erst 1956 verzichtete.[64] Es ist interessant genug, daß gleichzeitig in der Literaturbehörde der DDR ernsthafte Überlegungen angestellt wurden, die Zensurtätigkeit ganz aufzugeben.[65]

Von solchen Formen institutionalisierter Einflußnahme in den frühen Jahren sind spontane Eingriffe sowjetischer Stellen, diskrete Hinweise wie offene Proteste, zu unterscheiden, die wegen ihres außerrechtlichen Charakters über den konkreten Anlaß hinaus die realen Machtverhältnisse demonstrierten. Entsprechend bestand ein vitales Interesse der SED, solchen Eingriffen durch vorauseilenden Gehorsam vorzubeugen, um den Schein der Souveränität nicht unnötig ankratzen zu lassen. Walter Ulbricht legte von sich aus Wert darauf, in Fällen, die, wie die »kurzen Lebensbeschreibungen« Lenins und Stalins, in irgendeiner Weise sowjetische Belange berühren konnten, »in Moskau« die Unbedenklichkeit bescheinigt zu bekommen, was aber keine unbedingt zuverlässige Absicherung vor Eingriffen der Militärzensur darstellte.[66] Das Manuskript des dritten Bandes der Stalinausgabe von 1950 ließ man sicherheitshalber direkt in Moskau redigieren. Dann wurde es von Semjonow Ulbricht übergeben, der das Manuskript an den Dietz-Verlag weiterreichte.[67] Auf den unterschiedlichsten Ebenen, in Verlagen und wissenschaftlichen Instituten, wurde es gängige Praxis, sich mit Gutachten sowjetischer Kooperationspartner abzusichern. Ende der fünfziger Jahre konnte eine kritische sowjetische Rezension ausreichen, um ein Buch einstampfen zu lassen, das mehrere ZK-Mitglieder und das IML vorher positiv begutachtet hatten.[68] 1967 wurden in Manuskripten »Stellen geändert, in denen das Prinzip der

---

64 R-1, 1891, Rundschreiben des Amtes für Literatur an alle Verlage vom 10.02.1956. »Bisher war es üblich, daß unsere Verlage der Botschaft der UdSSR in Berlin und anderen sowjetischen Institutionen Exemplare ihrer Neuerscheinungen an Büchern und Zeitschriften übersandten. Die Botschaft der UdSSR hat uns mitgeteilt, daß ein solcher Versand von Belegexemplaren nicht mehr notwendig ist.«
65 S. Barck, M. Langermann, S. Lokatis, Zensursystem und literarische Öffentlichkeit in der DDR, Berlin 1996.
66 SAPMO-BArch, 4182/920 (NL W. Ulbricht), S. 21ff., 25.08.1945, Verlag »Neuer Weg«.
67 Ebd., 4182/920 (NL W.Ulbricht), S. 224f.
68 Ebd., IV 2/9.02/26, S.225, Dietz an Abt.Agitation und Propaganda, 01.11.1959. Es handelte sich um eine Rezension des »Gen. Dawidowitsch« zu Habedanks »Geschichte des Hamburger Aufstandes« in der sowjetischen Zeitschrift »Neue und neueste Geschichte«.

Zurückhaltung gegenüber komplizierten inneren politischen Aktualitäten in der Sowjetunion verletzt werden könnte«.[69]

Das »Amt für Literatur und Verlagswesen« gab sich redliche Mühe, auch ohne unmittelbare sowjetische Anleitung und Kontrolle die Aufrechterhaltung der bekannten Tabus und Sprachregelungen zu beobachten. In einem sonst »ausgezeichneten Buch« über den Partisanenkrieg in der Sowjetunion fanden sich 1955 beispielsweise »gleichwohl ... einige Mängel wie z.B. Aussagen von überzeugten Kommunisten, daß sie die Sowjetunion, bevor sie sie kennenlernten als ein Land betrachtet hätten, in dem mit Genickschuß gearbeitet wird. Solche und ähnliche Stellen wurden behoben.« Eine Sammlung von Gorki-Aufsätzen konnte nicht genehmigt werden, »weil die Übersetzung terminologisch völlig unzulänglich war. Der Übersetzer hatte nicht den geringsten Begriff von landläufigen Bezeichnungen, wie: Sowjets, Kollektivwirtschaft, Wettbewerb usw. und hatte nach eigener Phantasie solche feststehenden Begriffe ›eingedeutscht‹«.[70] 1958 wurde der fertig gesetzte 2. Band des Romans »Herz und Asche« von Boris Djacenko wegen seiner »antisowjetischen Konzeption untersagt«,[71] u.a. weil dort von russischen Vergewaltigungen die Rede war, und, kurz nach dem Sputnik-Erfolg, die russische Rekrutierung von Raketenforschern aus Peenemünde thematisiert wurde. Kurz vorher war ein westdeutsches Buch über die »Bremen« eingezogen worden, das vom Durchbruch des Schiffes nach Murmansk zur Zeit des Hitler-Stalin-Paktes berichtete.[72]

Das ZK zog selbständig »Schlußfolgerungen« aus dem XX. Parteitag der KPdSU und machte sich daran, »die berüchtigte Zitatenkrankheit auszumerzen«, wovon vor allem Stalinzitate betroffen waren. Ferner sollten die Zensoren beachten, daß die eingereichten Übersetzungen russischer Manuskripte inzwischen längst überholt seien.[73] Nach dem Ende der Tauwetterphase, als das Pendel 1957 wieder umschlug, wurde deutlich, daß alle Bemühungen der DDR-Zensoren, sich mit der sowjetischen Kulturpolitik im Gleichklang zu

---

69 R-1, 2167, Verlagsgutachten des Mitteldeutschen Verlages zu Peter Gosse, Antennendiagramme, 24.05.1967.
70 R-1, 1911, Lektorat Belletristik, 16.02.1956.
71 SAPMO-BArch /9.0IV24/684, Information der Abt. Wissenschschaft an das Sekretariat des ZK, 08.02.1958.
72 Ebd., J IV 2/3 A-588, Abt. Wissenschaft, Arbeitsprotokoll Nr.42 vom 15.11.1957.
73 R-1, 2055, Protokoll der Arbeitsbesprechung der Abteilung Wissenschaft am 14.03.1956.

bewegen, dazu verurteilt waren, der Entwicklung hoffnungslos hinterherzuhinken.

Die Situation war ausgesprochen paradox. Während seit 1957 in der DDR wieder der eisige Wind der »ideologischen Offensive« wehte, und es dem staatlichen Literaturapparat mit einiger Mühe gelungen war, die DDR gegenüber »dekadenten« literarischen Erscheinungen aus dem Westen abzuschotten, entstand im Rücken eine für die Führungsgruppe um Ulbricht ungleich größere Gefahr, ein ideologischer Sprengsatz mit Zeitzündereffekt. Noch Jahre nachdem sich die offizielle sowjetische Politik infolge des Ungarn-Aufstandes 1956 wieder verhärtet hatte, erschienen die in der Tauwetter-Phase konzipierten und begonnenen Bücher kritischer sowjetischer Schriftsteller, die das Programm der Entstalinierung beim Wort genommen hatten.[74] Der Literaturapparat der DDR sah sich Ende der fünfziger Jahre zum ersten Mal in der ungewohnten Lage, seine Instrumente gegen das sozialistische Mutterland ausrichten zu müssen.[75]

Nach dem XX. Parteitag hatte der Verlag »Kultur und Fortschritt« gerade erst sein Verlagsprogramm umgestellt und manches Buch war »vom kräftigen Wind des Jahres 1955/56 wider Konfliktlosigkeit und Schönfärberei hinweggeweht oder arg zerzaust« worden.[76] Nachdem im Frühjahr 1958 der Leiter der Kulturkommission Alfred Kurella (»Kulturella«) persönlich die Herausgabe der Erzählungen Isaak Babels verhindert hatte und auch die

---

74 SAPMO-BArch DY 32 (*DSF*), A 1131, Ergebnisprotokoll der 1.Tagung des Verlagsbeirates von Kultur und Fortschritt am 03.04.1959: »Genossin Dr. Richter wies darauf hin, daß nach dem XX. Parteitag eine ganze Reihe von sowjetischen Autoren zu einer neuen Qualität gelangt sind. Das wird gekennzeichnet durch ihr Bemühen, Schwierigkeiten und Mängel nicht zu verschweigen, und durch den Mut zur Wahrheit. Diese Entwicklung hat außerordentliche Bedeutung und mit der Schönfärberei ein für alle Mal Schluß gemacht. Für uns kommt es jetzt allerdings darauf an, solche bedeutungsvollen Werken wie Nikolajewa, Granin und andere mit unseren Problemen zu koordinieren. Man darf nicht übersehen, daß Bücher, die beispielsweis 1955 geschrieben wurden, 1958 in der SU erschienen, 1959 übersetzt wurden und 1960 bei uns herauskommen. Manches Werk ist somit bei Erscheinen durch die unerhört schnelle Entwicklung schon überholt.«

75 »Auch bei der Hereinnahme von Sowjetliteratur muß die Auswahl sehr sorgfältig sein, da manche Werke bei uns eine andere Wirkung hervorrufen können, als in der Sowjetunion.« (R-1, 1224, Protokoll über die Tagung der Arbeitsgemeinschaft Ausländische Gegenwartsliteratur am 17.07.1958).

76 10 Jahre Verlag Kultur und Fortschritt, Börsenblatt für den deutschen Buchhandel, 19.10.1957.

Autoren Nilin und Panova den Unwillen der ›Werktätigen‹ erweckt hatten,[77] war im Verlag »Kultur und Fortschritt« der gesamte Planungsprozeß ins Stocken geraten.[78] Um sicher zu gehen, »den Forderungen der Kulturkonferenz nach sozialistischer Gegenwartsliteratur« zu entsprechen, war Verlagsleiter Mißlitz den Empfehlungen seiner Moskauer Kollegen gefolgt, und hatte den vom Vorsitzenden des Leningrader Schriftstellerverbandes Daniil Granin verfaßten Roman »Nach der Hochzeit« als »Buch des Monats« ausgewählt, ein Buch über die »Neulandgewinnung«, das noch gar nicht erschienen war. Als das Manuskript im Herbst 1958 vorlag, wurde es vom Zentralvorstand der DSF, der Eigentümerin des Verlages, zusammen mit vier anderen, teilweise bereits gesetzten und angekündigten Titeln[79] abgesetzt, um bei den »deutschen Lesern keine falschen Vorstellungen« über die Sowjetunion zu verbreiten.[80]

Granin hatte, wie ein Gutachter bemängelte, »ein ungeschminktes Bild der rückständigsten sowjetischen Kolchosen« mit hungernden Kühen und Bauern gezeichnet, die »an der Wahrung des Kolchoseigentums gar nicht mehr interessiert« waren:

»In der MTS arbeitet jeder, wann er Lust hat, wertvolles Gerät verkommt. Auch bei der Darstellung der Industrie wird ein Bild der Stagnation gegeben ... Die Modernisierung war vor allem für Berichte wichtig, und schon das Auswechseln einer Schraubenmutter wurde als »Modernisierung« gemeldet. Der Onkel Maljutins, Loginow, war unschuldig verhaftet gewesen, da er mit Genossen offen über Dinge sprach, über die damals nicht gesprochen werden durfte (Kritik an Hochbauten, Rückständigkeit auf verschiedenen Gebieten dem Westen gegenüber usw.) Um aus ihm Geständnisse herauszubringen, von denen der Untersuchungsrichter selbst wußte, daß sie nicht stimmen, wurde er physisch und psychisch unter Druck gesetzt. So gibt es noch eine ganze Reihe anderer Dinge, die sicher der Wahrheit entsprechen, aber teils könnte es unangebracht sein, bei uns schon abgeklungene

---

77 Ebd.
78 SAPMO-BArch DY 32 (DSF), A 128, Sekretariatsvorlage der Verlagsleitung, 26.06.1958: »Der vorgelegte thematische Plan des Verlages ist der 7. Entwurf. Der Vorlage im Sekretariat gingen lange Diskussionen und Auseinandersetzungen im Lektoratsgremium des Verlages und in der Parteiorganisation voraus.«
79 Ebd., Verlagsleitung an DSF, Thematischer Plan des Verlages Kultur und Fortschritt 1959: »Laut Sekretariatsbeschluß vom 21.10.1958 wurden 4 Titel abgesetzt, von denen beispielsweise Rudenko, Gestohlenes Glück, gesetzt war und 11.000 Vorbestellungen vorlagen ...« Die anderen Titel stammten von Schamjakin (Gewitter über Krinitzky) und Nilin (Der Kriminalassistent, Die Jagd nach dem Gespenst).
80 Ebd., Auszug aus dem Protokoll der 19. Sitzung des Sekretariats des Zentralvorstandes am 21.10.1958.

Diskussionen neu aufzurühren; teils dürfte sich — bedingt durch Verallgemeinerungen — eine Verschiebung der richtigen Proportionen ergeben ...«

Der Roman behindere die anstehende Kollektivierung der Landwirtschaft. Leider sei der Autor in der DDR zu bekannt, um ihn »ohne triftige Begründung unübersetzt« zu lassen.[81]

Nach heftigen Diskussionen im Verlagsbeirat[82] und nachdem sich der Autor zu Änderungen bereit erklärt hatte, wurde vorgeschlagen, den Band um ein Jahr zu verschieben und für 1961 in den Themenplan aufzunehmen, »nicht als BUCH DES MONATS, sondern als ›Guter Roman‹ in einer mittleren Auflage«.[83] Bald darauf beschäftigte sich der halbe Zentralvorstand der DSF mit dem Werk, da sich in der Landwirtschaftsabteilung des ZK keine russisch sprechenden Genossen fanden, auf die sich die Entscheidung abwälzen ließ.[84] Die endgültige Ablehnung des Manuskriptes fiel mit der Entlassung des verantwortlichen Verlagschefs »Freund Mißlitz« zusammen, der sich zudem des Vergehens schuldig gemacht hatte, die Lizenzen und Übersetzungen der verbotenen Titel an westdeutsche Verlage zu verkaufen. Die »Deutsche Volksbücherei« in Stuttgart führte beispielsweise inzwischen Nilins »Ohne Erbarmen« unter dem Titel »Genosse Wenka«.[85] Erst ein halbes Jahr vorher hatte Mißlitz den Quartals-Wettbewerb der Parteiverlage und die

---

81 Ebd., Verlagsleitung an DSF, Thematischer Plan des Verlages Kultur und Fortschritt 1959.
82 Ebd., A 1131, Ergebnisprotokoll der 1. Tagung des Verlagsbeirates am 03.04.1959, Diskussion um Granin, Nach der Hochzeit: »Genosse Kossuth schilderte den Inhalt von Granin, Nach der Hochzeit, und äußerte seine Bedenken. Granin schildert die Verhältnisse auf dem Lande in der Sowjetunion zu düster, so daß man bei uns zu falschen Schlußfolgerungen kommen könnte. Genosse Friedländer sprach sich für das Werk aus und schlug eine kleine Auflage vor. Genosse H. Otto machte den Vorschlag, ein Vorwort zu schreiben und war ebenfalls für eine kleine Auflage. Genosse Teuscher sprach sich entschieden gegen dieses Werk aus. Er gab zu bedenken, welche Diskussionen insbesondere auf dem Lande dadurch entstehen könnten. Das Buch würde mehr Schaden als Nutzen bringen ... Genossin Remané sagte, wenn dieses Buch eine schädliche erzieherische Wirkung hat, so sollten wir es lieber nicht bringen. Sie erachtet es für falsch ein Kunstwerk mit einem Vorwort zu bringen, auch Kürzungen seien nicht angebracht.«
83 Ebd., A 128, Begründung des thematischen Planes 1960.
84 Ebd., A 1113, Körbel an Beyling, 30.11.1959.
85 Ebd., 30.12.1959, betr. Aussprache mit dem bisherigen Leiter des Verlages Kultur und Fortschritt.

»Wanderfahne des Ministeriums für Kultur« für den besten Verlag der DDR gewonnen.[86]

Mitte 1960 beschwerte sich die Betriebsgewerkschaftsleitung des Verlages, daß sich seit zwei Jahren die Fälle häuften, in denen Titel aus den Plänen gestrichen würden. Zwar sei gegen politisch notwendige Streichungen nichts einzuwenden, es würden aber immer wieder Titel gestrichen, »die schon teilweise oder gänzlich übersetzt, redigiert oder gar gedruckt« seien: »In solchen Fällen, und solche Fälle waren seit 1958 die Regel, gehen dem Verlag, dem Zentralvorstand und dem Staat Summen verloren, gegen die alle in mühseliger Wettbewerbsarbeit erzielten Einsparungen lächerlich erscheinen.« Die Kritik entzündete sich an der Streichung des Romans »Schlacht unterwegs« von Galina Nikolajewa, der schon seit mehreren Jahren bekannt sei, »sehr oft diskutiert und begutachtet wurde (zuletzt im April 1960) und dennoch erst im Juni gestrichen wurde«.[87]

Dieser Roman war 1957 als Vorabdruck in einer sowjetischen Zeitschrift erschienen. Im Winter 1958 wartete »Kultur und Fortschritt« auf eine neue Fassung: »Der Roman steht schon seit 1956 in unserem Perspektivplan, ohne daß wir bis heute sagen können, ob wir ihn herausbringen können.«[88] »Schlacht unterwegs« fand im Verlagsbeirat vehemente Befürworter wie die einflußreiche Slawistin Mirowa-Florin, die die Werke Granins und der Nikolajewa wegen ihrer »absoluten Ehrlichkeit« zu den »wichtigsten und bedeutendsten der heutigen Epoche« zählte. Hingegen lehnte sie »intelligenzfeindliche Bücher«, die »die Beschlüsse des XX. Parteitages nicht begriffen« hätten »als zu primitiv kategorisch ab«.[89] Aber selbst, daß Nikolajewas Buch »zu den vier, in die engere Wahl für den Leninpreis gezogenen Werken der schönen Literatur«[90] gehörte, reichte nicht, um den Titel für 1960 im Themenplan unterzubringen. Er wurde durch »Die Bauern von Karvenbruch« von Benno Voelker ersetzt, dessen ideologische Eignung durch den FDGB-Literaturpreis erwiesen war.[91] Im folgenden Jahr erhob Erich Wendt vom Kulturministerium

---

86 Ebd., Verlagsleitung (Mißlitz) an Beyling 30.07.1959.
87 Ebd., A 1131, BGL an Verlagsleitung 11.06.1960.
88 Ebd., A 1113, Kultur und Fortschritt an Ministerium für Kultur, 16.12.1958.
89 Ebd., A 1131, Mitteilung der Verlagsleitung, 08.04.1959 (Besuch der Genossin Mirowa Florin am 06.04.1959).
90 Ebd., A 128, Begründung des thematischen Planes 1960.
91 Ebd., A 1131, Jahresbericht 1960, S. 26.

»gegen das Erscheinen von ›Schlacht unterwegs‹ als ›Buch des Monats‹ Einspruch ... Er schlug vor, in Rücksprache mit der Autorin einige Kapitel zu streichen und einige Stellen in der Übersetzung abzuschwächen. Bei dem Besuch in Moskau verhandelt der Verlag mit der Autorin mit dem Ziel, eine gekürzte Ausgabe des Buches bei uns herauszubringen. (Zwei Kapitel streichen, insbesondere das Berija-Kapitel). Man sollte sich dabei auf die Bühnenfassung berufen. Außerdem sollte man das Buch mit einem Nachwort versehen. Als Verfasser wurde Prof. Kurella vorgeschlagen.«[92]

Auch der Verlagsbeirat und die DSF hielten es »nun für möglich, überhaupt erst mit dem VI. Kapitel zu beginnen. Sollte sich das als zu schwierig erweisen, müßte man u.E. zumindest das I., III. und V. Kapitel herausnehmen; dadurch würde der Gesamtablauf der Handlung nicht beeinträchtigt werden«. Zudem sei eine sorgfältige redaktionelle Bearbeitung notwendig.[93]

Solche Eingriffe in sowjetische Manuskripte erfolgten, verglichen mit der gegenüber DDR-Autoren geübten Praxis, keineswegs leichten Herzens. Die Verlagsleiter ließen sich, was ganz unüblich war, alle telefonischen Anweisungen »von oben« schriftlich bestätigen, um die Verantwortung für die Verbotsmaßnahmen notfalls abwälzen zu können. Der DSF-Vorstand agierte seinerseits äußerst vorsichtig, um bloß »keine Fehler« zu machen und versuchte die Verantwortung von vornherein auf möglichst viele Schultern zu verteilen.[94]

Im Falle Nikolajewa schien es der Verlagsleitung zweckmäßig, eine Reise in die Sowjetunion zu unternehmen, um die Streichung aus dem Themenplan zu erläutern. Die Autorin, von der man »Zustimmung zu gewissen Kürzungen«[95] erhoffte, war aber nicht zu sprechen. Ihr Verlag versprach zu vermitteln, meinte jedoch die »Streichung des 5. Kapitels würde in ihren politischen

---

92 Ebd., Protokoll der Tagung des Verlagsbeirates, 08.04.1960.
93 Ebd., DSF (Körbel) an Verlag, 21.04.1960.
94 Ebd., A 1113, Willerding (DSF-Vorstand) an Mißlitz, 26.02.1958: »Ich bestätige Dir noch einmal unsere telefonische Besprechung vom 21.2.58, in der ich Dir mitteilte, daß wir es im Augenblick nicht für richtig halten, den ›Babel-Sammelband‹ herauszubringen. Ich bitte Dich, die entsprechenden Maßnahmen zu veranlassen. Mit Genossen Kurella habe ich ebenfalls persönlich über diese Frage gesprochen. Meines Erachtens empfiehlt es sich, vielleicht in 1 oder 2 Jahren die Frage der Herausgabe eines ›Babel-Auswahlbandes‹ erneut zu überprüfen. Gleichzeitig übersende ich Dir mit vielem Dank das mir übergebene Manuskript-Exemplar zurück. Da ich eine große Zahl von Genossen und Freunden um ihre Meinung gebeten hatte, ist es ein bischen zerfleddert.«
95 Ebd., A 1131, Sekretariatsvorlage (Reise leitender Mitarbeiter des Verlages in die SU), 16.05.1960.

Auswirkungen die Sache aber nur noch verschlimmern« und riet statt dessen zu einem erläuternden Vorwort.[96]

Als der Roman Anfang 1962 erschien, hing das mit einer vorübergehenden Änderung der politischen Großwetterlage zusammen. Die Ankündigung von »Schlacht unterwegs« erfolgte im Buchhändler-Börsenblatt unter der Überschrift »Zur Auswertung des XXII. Parteitages der KPdSU«.[97] Sie war mit dem Hinweis versehen, daß für Autoren der DDR, wo die Leninschen Normen des Parteilebens immer beachtet worden seien, kein Grund bestünde, sich wie die Nikolajewa mit dem Thema »Personenkult« zu befassen. Trotz solcher Warnungen wurde Ende 1962 beobachtet, daß sich DDR-Autoren wie Hermlin, Kunert und die Ehepaare Kirsch und Wolf »im Zusammenhang mit Veröffentlichungen einiger sowjetischer Bücher ... gegen dogmatische Erscheinungen« zu wenden begannen.[98] Diese Schriftsteller stützten sich zunehmend auf die Autorität sowjetischer Vorbilder, um die staatliche Literaturpolitik und die Gängelung durch die Zensurbürokratie anzugreifen. Für 1963 kündigte der Literatur-Themenplan das Erscheinen weiterer ideologischen Sprengmaterials wie die sechs Jahre lang zurückgestellten Erzählungen Babels an. Wladimir Fomenkos »Schwerer Abschied« würde die Leiden zwangsumgesiedelter Kosaken behandeln und Alexander Tschakowski die »Überwindung bürokratischer Widerstände beim Bau eines Tunnels« thematisieren.[99]

Die Realisierung dieses Plans wurde unsanft gestoppt. Anfang 1963 begann mit dem VI. Parteitag der SED eine neue Phase restriktiver Kulturpolitik, die Ende 1965 auf dem »Kahlschlagplenum« des ZK ihren Höhepunkt fand.[100] Bald gab es auch keinen Verlag mehr, der auf den Import sowjetischer Literatur spezialisiert war. »Kultur und Fortschritt« wurde zum

---

96 Ebd., Bericht über die Reise der Kollegen Noack und Kossuth nach Moskau und Leningrad in der Zeit v. 10.6.-24.6.1960.
97 *L. Kossuth* (Kultur und Fortschritt), Zur Auswertung des XXII. Parteitages der KPdSU. Die Überwindung des Personenkults und die Literatur. Börsenblatt für den Deutschen Buchhandel 02.01.1962, S. 7.
98 LA Merseburg, IV/7/501/222, Mitgliederversammlung der BPO des Mitteldeutschen Verlages zum VI. Parteitag am 25.02.1963.
99 R-1, 1239, HA Literatur und Buchwesen, Sektor Schöne Literatur, Verlagsthemenplanung 1963.
100 *E. Scherstjanoi*, Von der Sowjetunion lernen ..., in: G. Agde (Hg.), Kahlschlag. Das 11. Plenum des ZK der SED 1965, Berlin 1991, S. 39ff.

01.01.1964 im Zuge von »Profilierungsmaßnahmen« als eigenständiges Unternehmen aufgelöst und Teil des Verlages »Volk und Welt«.[101]

4. Schluß

Von Anfang an war die SED-Führung gezwungen, den Informationsfluß aus der Sowjetunion zu organisieren und zu verbreiten. Sie tat das mit nie ermüdendem Elan. Gleichzeitig war sie aber infolge der legitimierenden Kraft des sowjetischen Vorbildes darauf angewiesen, ihr Interpretationsmonopol über das Bild der Sowjetunion aufrechtzuerhalten, darüber, was als sowjetisch und vorbildhaft gelten durfte. Denn nicht erst seit Gorbatschow gab es für die SED-Spitze subversive Formen von ›Sowjetisierung‹. Die Lösung des Zielkonflikts schien in der Kanalisierung, Manipulation und Fälschung von Informationen, wie man sie brauchte, zu liegen, in der unsentimentalen Anwendung des Zensurmechanismus auch gegenüber den sowjetischen ›Freunden‹. Man kann zur Zeit nur vermuten, daß diese scheinbare Insubordination in der Regel mit diskreter Billigung oder gar auf Empfehlung sowjetischer Stellen erfolgte, ein seltsamer Fall von verordneter Souveränität. Jedenfalls war eine Kontrolle zwischengeschaltet, die sicherstellen sollte, daß ›Sowjetisierung‹ entsprechend ideologischen Leitbildern und organisatorischen Mustern erfolgte, die der SED-Führung nützten. Vorbild von ›Sowjetisierung‹ war nicht »die Sowjetunion«, sondern Projektionen von ihr, die mit den »Säuberungen« das Arkanum stalinistischer Machtausübung aussparten. Dieses Herrschaftswissen der alten »Moskau-Fraktion« wurde mit allen Mitteln der Verdrängung und einer Zensur gehütet, die die aus der Beobachtung der Tabuzonen resultierenden Fiktionen immer wieder von neuem zu einem glaubwürdigen Mosaik zusammenzusetzen versuchte.

---

101 1968 wurde auch der schwerfällige neue Name »Volk und Welt/ Kultur und Fortschritt« zugunsten von »Volk und Welt« aufgegeben, SAPMO-BArch DY 32 (DSF), A 938.

Daniel Haufler

Amerika, hast Du es besser?
Zur deutschen Buchkultur nach 1945

> Amerika, du hast es besser
> Als unser Kontinent, das alte,
> Hast keine verfallenen Schlösser
> Und keine Basalte.
> Dich stört nicht im Innern
> Zu lebendiger Zeit
> Unnützes Erinnern
> Und vergeblicher Streit.
> Johann W. Goethe, 1827[1]

Der Topos ist hinlänglich bekannt: Die Deutschen sind auf Amerika fixiert. Sie schauen nur noch Filme mit den Ur-Amerikanern Schwarzenegger, Stallone oder Van Damme, und lesen, wenn sie überhaupt noch lesen, Mickey Maus, Jerry Cotton oder Stories im Internet. Die europäisch-abendländische Kultur verfällt, sie muß sich der amerikanischen Massenkultur beugen, die wirtschaftlich mächtig auf den ›alten Kontinent‹ drängt. Im allgemeinen Bewußtsein schreitet diese ›Amerikanisierung‹ seit langem voran und ist stets Gegenstand eines kontroversen Diskurses gewesen. Schon Carl Schmitt witterte hinter der amerikanischen Politik in den 1920er Jahren den ›liberalkapitalistischen Imperialismus‹.[2] In der NS-Zeit versuchte das Regime, amerikanische Jazzmusik, Filme und Literatur zu verbannen, und scheiterte damit bis zum Kriegsausbruch.[3] Und auch nach dem Zusammenbruch des Nationalso-

---

1 *J. W. Goethe*, in: Goethe, Gedichte, hg. u. komm. v. Erich Trunz, München 1994, S. 333. Obwohl es passend scheint, muß man zugeben, daß Goethe nicht über Kulturhistorisches schrieb, sondern über einen damals aktuellen Geologenstreit; *M. Semper*, Die geologischen Schriften Goethes, Leipzig 1914, S. 174.
2 *C. Schmitt*, Großraum gegen Universalismus, in: ders., Positionen und Begriffe im Kampf mit Weimar — Genf — Versailles 1923-1939, Hamburg 1940 (Reprint Berlin 1988), S. 295-302.
3 *H. D. Schäfer*, Das gespaltene Bewußtsein. Deutsche Kultur und Lebenswirklichkeit 1933-1945, München 1981, S. 114-162.

zialismus kritisierten progressive wie konservative Intellektuelle den starken Einfluß der USA und ihrer Massenkultur auf Deutschland.[4]

Ein Blick auf die Buch-Bestellerlisten, die natürlich auch aus Amerika übernommen wurden, bestätigt: Titel amerikanischer Autoren dominieren seit den sechziger Jahren immer öfter den Buchmarkt. Ob seinerzeit Arthur Hailey und Harrold Robbins oder Stephen King und John Grisham heute, besonders die großen Unterhaltungsautoren aus den USA haben in Deutschland Millionen Leser erreicht.[5] Zudem offenbaren die Übersetzungsstatistiken einen gewaltigen Zuwachs amerikanischer Literatur: Kamen 1959 nur 23 Prozent der übersetzten Titel aus Amerika, so waren es 1970 bereits 40 Prozent und 1994 über 50 Prozent.[6]

Bestseller und Übersetzungszahlen als Indikatoren weisen eindeutig den amerikanischen Einfluß auf die deutsche Buch- und Verlagskultur nach.[7] Aber inwieweit kann von einer »Amerikanisierung« gesprochen werden? Hat die amerikanische Literatur das Verhältnis der Deutschen zu Krieg und Faschismus oder zur amerikanischen Kultur und Lebensweise verändert — oder diente sie bloß der Unterhaltung mit Geschichten aus einer fernen, exotischen Welt? Untersuchungen dazu existieren nicht. Bekannt hingegen ist, wie verschieden deutsche Schriftsteller die amerikanische Literatur rezipiert haben. So haben Alfred Andersch, Walter Jens oder Ernst Schnabel regelmäßig von William Faulkner und Ernest Hemingway, den Lichtgestalten der US-Literatur, geschwärmt. Helmut Heißenbüttel schrieb 1963: »Und hier, im außeramerikanischen Bewußtsein von Amerika, wird Hemingway der Einzige: der

---

4 *C. v. Schrenck-Notzing*, Die amerikanische Besatzung in Deutschland und ihre Folgen, Stuttgart 1966.
5 Der Beitrag konzentriert sich auf die Belletristik (das gilt auch für die Statistiken). Für Sachbücher und besonders die Wissenschaftsliteratur, die seit den vierziger Jahren international oft auf englisch erscheint, gelten andere Bedingungen. Außerdem: »Amerika« wird in diesem Beitrag synonym mit »USA« gebraucht.
6 Buch und Buchhandel in Zahlen, Ausgaben 1960, 1971, 1994, hg. v. Börsenverein des Deutschen Buchhandels, Frankfurt am Main. 1994 waren 44,2% aller Belletristik-Titel Übersetzungen, ca. 70% aus dem englischsprachigen Raum. Ebd., S. 59. Der US-Anteil für 1994 wurde vom Börsenverein geschätzt, da er statistisch nicht mehr gesondert erfaßt wird.
7 Bestseller machten 2% des Jahresumsatzes im Buchhandel aus; *R. Schnell*, Die Literatur der Bundesrepublik Deutschland. Autoren, Geschichte, Literaturbetrieb, Stuttgart 1986, S. 24.

sprichwörtliche Amerikaner, der gleichzeitig der sprichwörtliche Erzähler des 20. Jahrhunderts ist.«[8]

Aber trotz dieser Hochachtung sahen die deutschen Schriftsteller ihre Vorbilder aus Übersee nicht unkritisch.[9] Elisabeth Langgässer lobte zwar in einem Zeitungsartikel die amerikanischen Autoren Saroyan, Wolfe und Hemingway, um sie dann jedoch als »diese herrlich unreflektierten Burschen« abzukanzeln.[10] Einflußreiche Feuilletonisten wie Günter Blöcker und Dichter wie Hans Egon Holthusen lehnten den »oberflächlichen« Amerikaner Hemingway ohnehin scharf ab. Tatsächlich gehörte die erste Stunde der Nachkriegsliteratur eher den Autoren der damals neu entdeckten »Inneren Emigration«, die sowohl junge Autoren als auch ausländische Schriftsteller und Emigranten an Popularität übertrafen.[11] Leser wie Dichter hatten sich in Deutschland entweder »vor den Forderungen der Geschichte an einen Ort zurückgezogen, wo keine Entscheidung mehr zählte, ... wo sich ›heute‹ auf ›Geläute‹ reimte«[12] — oder sie wollten zuerst das soziale und materielle Elend überwinden, bevor sie sich politisch und mental neu orientierten.[13] Die großen Erfolge von Hemingways und Saroyans Romanen oder Thornton Wilders Bühnenstücken blieben bis in die sechziger Jahre die Ausnahme. Die amerikanische Literatur hat zwar unbestritten ihre Spuren in der deutschen Kultur hinterlassen, aber ihr intellektueller Einfluß ist schwer nachweisbar und empirisch nicht präzise zu messen. Der Begriff »Amerikanisierung« jedenfalls konnotiert zu viele und zu direkte Einflüsse, wird meist zu pauschal

---

8 Deutsche Rundschau 89, 1963, S. 51, zitiert nach *K. Labbers*, Zur Rezeption der amerikanischen Kurzgeschichte in Deutschland nach 1945, in: Nordamerikanische Literatur im deutschen Sprachraum. Beiträge zu ihrer Rezeption, hg. v. H. Frenz u. H. J. Lang, München 1973, S. 47-64, bes. S. 49.

9 Der Einfluß auf die deutsche Literatur ist umstritten; *Labbers*, Rezeption, S. 59; *R. Haas*, Über die Rezeption amerikanischer Romane in der Bundesrepublik Deutschland, in: Frenz u. Lang (Hg.), Literatur, S. 20-46, bes. S. 45.

10 Zitiert nach *Labbers*, Rezeption, S. 62.

11 *H. Vormweg*, Deutsche Literatur 1945-1960. Keine Stunde Null, in: M. Durzak (Hg.), Die deutsche Literatur der Gegenwart, Stuttgart 1971, S. 15.; *A. Bernhard u. D. Müller*, Amerikanische Literaturpolitik und Literatur, in: G. Hay (Hg.), Zur literarischen Situation, 1945-1949, Kronberg 1977, S. 147-168, bes. S. 166.

12 *P. Rühmkorf*, Das lyrische Nachkriegsbild der Deutschen, in: ders., Die Jahre, die Ihr kennt. Anfälle und Erinnerungen, Reinbek 1972, S. 88-110, bes. S. 89.

13 *A. u. M. Mitscherlich*, Die Unfähigkeit zu trauern, München 1967, bes. S. 57ff.

als Synonym für Modernisierung und Vermassung oder auch »Durchdringung mit fremden Werten« und Konsumismus gebraucht.[14]

Wie allerdings läßt sich präzise feststellen, ob die USA Ideologien, Verhaltensmuster oder institutionelle Strukturen in der deutschen Buchkultur geprägt hat? Derzeit wahrscheinlich gar nicht. Weder das bislang ausgewertete Quellenmaterial noch die Forschung bietet dazu viele Anhaltspunkte, ja die Frage selbst wurde nicht behandelt. Dabei gibt es einige Bereiche, die auf eine »Amerikanisierung« hin betrachtet werden können. Dieser Beitrag nähert sich dem Thema für die Zeit von 1945 bis zum Ende der Sechziger Jahre.[15] Drei Annäherungen stehen dabei im Zentrum der Betrachtungen: Erstens die Reeducation-Politik, da sie Büchern und Bibliotheken besonderen Wert zumaß; zweitens das Massenmedium Taschenbuch, da es formal aus den USA übernommen wurde; drittens die Heftromane, da sie auf amerikanische Vorbilder und Genres wie den Western zurückgehen.

1. Amerikaner amerikanisieren — die Reeducation-Politik

Der deutsche Buchhandel erlebte im Jahre 1945 tatsächlich eine »Stunde Null«. Nach der zwölfjährigen NS-Diktatur übernahmen die Alliierten die Regierungsmacht in Deutschland und verboten am 12. Mai 1945 »das Drukken, Erzeugen, Veröffentlichen, Vertreiben, Verkaufen und gewerbliche Verleihen von Zeitungen, Magazinen, Zeitschriften, Büchern, Broschüren, Plakaten, Musikalien und sonstigen gedruckten oder mechanisch vervielfältigten Veröffentlichungen«.[16] Die Alliierten kontrollierten den Buchmarkt so streng

---

14 R. *Dahrendorf*, Die angewandte Aufklärung, Gesellschaft und Soziologie in Amerika, München 1963, bes. S. 220-225.
15 Vgl. zur spärlichen zeithistorischen Erforschung des Buchhandels die Gutenberg-Jahrbücher, das Archiv für die Geschichte des Buchhandels (AGB) und R. *Wittmann*, Die Geschichte des deutschen Buchhandels. Ein Überblick, München 1991, bes. S. 8f., 359-397, 426f. Wichtige Anregungen verdankt der Beitrag den Studien von Gehring und Bungenstab zur Reeducation, von Umlauff und Rectanus zum Buchhandel sowie von Davids und Wernsing/Wucherpfennig zur Heftliteratur.
16 Auszug aus *Law No. 191*, ausgegeben am 24.11.1944, ergänzt am 12. Mai 1945, zitiert nach E. Umlauff: Der Wiederaufbau des Buchhandels. Beiträge zur Geschichte des Büchermarktes in Westdeutschland nach 1945, in: AGB 17/1978, Sp. 1490. In den US-

wie kaum einen anderen Bereich, weil sie glaubten, daß Bücher den Deutschen besonders wichtig seien. Als Prämisse ihrer Politik formulierten sie: »Book Control Policy is based on the fact that German Readers are traditionally more influenced by books than by other print media.«[17] Dies war eine umstrittene Einschätzung, die allerdings sowohl von deutschen Verlegern wie Gottfried Bermann Fischer geteilt wurde[18] — als auch durch eine Umfrage der *Information Control Division* (ICD) in Deutschland Anfang 1946 auf kuriose Weise eine Bestätigung erfuhr, die feststellte, daß ehemalige Nazis besonders viel lasen — und zwar Belletristik wie politische Bücher. Auch deshalb also hofften die Alliierten, mit Büchern könnte man diese Menschen umerziehen.[19]

Um einen Verlag neu zu gründen oder einen alten weiterzuführen, mußten die Verleger bei der zuständigen Kontrollmacht eine Lizenz beantragen. Aber nur wer eine demokratische Gesinnung und ausreichende berufsspezifische Kenntnisse nachweisen konnte, durfte mit einer Lizenz rechnen. Die amerikanische Militärregierung mußte bei ihrer Arbeit zwischen 1945 und 1949 ein entscheidendes Problem lösen: Wie *verordnet* man den Deutschen Demokratie und freie Meinungsäußerung? Diesen Widerspruch der Reeducation-Politik spiegeln zahlreiche Anordnungen der Besatzungspolitiker. So heißt es in einem *Manual* etwa: »Germans chosen for policy, editorial and important executive positions *must* ... have a political attitude characterized by devotion to democratic ideals« — und weiter unten dann — »Democratic ideals include: freedom of thought«.[20] Obwohl die Amerikaner das Problem sahen, mit ihrer Politik eine »Demokratur« zu fördern, wollten sie Deutschland institutionell demokratisieren und kulturell umziehen: Es sollte eine Demokratie entstehen, die nicht nur von den Institutionen getragen würde, sondern von jedem einzelnen. Schließlich sei nur mit einer derart grundlegenden Reform des deutschen (Staats-)Wesens der Frieden in Europa zu garantieren. Dabei

---

Sektoren kontrollierte die *ICD* des *OMGUS* (Office of Military Government) die Lizenzvergabe.

17 SHAEF/PWD, Manual for the Control of German Information Services (12 May 1945), S. 192; Wittmann, Geschichte, S. 359.
18 G. Bermann Fischer, Die Rolle des Buches im Nachkriegsdeutschland, in: ders., Lebendige Gegenwart, Reden und Aufsätze, Zürich, 1977, S. 29-37.
19 Detailliert dazu: B. Gruschka, Der gelenkte Buchmarkt, in: AGB 44/1995, S. 1-186, bes. 54f.
20 SHAEF/PWD, Manual 6, Item 19.

spielte für die Militärregierung auch die Kultur eine wesentliche Rolle, weil sie während der NS-Zeit eine aggressive Atmosphäre erzeugt habe. Eine soziologische Untersuchung aus dem Jahr 1946 schloß mit der Feststellung: »It can be said that no matter what rearrangements of an economic, political or geographical nature are made in an effort to eliminate the German menace to peace, no settlement will be permanent nor effective unless basic changes occur in the German culture.«[21]

Literaturpolitik

Die Literaturpolitik als Teil der Umerziehung umfaßte eine »korrektive« und eine »konstruktive« Phase. In der ersten »korrektiven Phase« verbot die Militärregierung nationalsozialistische, rassistische und militaristische Schriften und ließ sie aus den Bibliotheken entfernen.[22] Die Auswahl folgte einer 1.000 Titel umfassenden »Illustrative List« der West-Alliierten, die jedoch nie veröffentlicht wurde. Diese Maßnahme erinnerte nicht ganz zu Unrecht an die Methoden der nationalsozialistischen Reichskultur-Kammer und erzeugte daher bei einigen Deutschen Widerwillen. Ebenfalls nicht ganz ohne Unmut nahmen die Buchhändler und Verleger die Maßnahmen der zweiten »konstruktiven Phase« hin, in der amerikanische »books that mirror democratic life« in Deutschland propagiert wurden.[23] Dazu hatte die *ICD* 1945 ein sogenanntes Übersetzungsprogramm beschlossen: Eine Jury und die *Civil Affairs Division* (*CAD*) in Washington wählten vorbildliche Bücher aus und erwarben das Copyright für Deutschland. Dort stellte sie die *Book Translation Unit* des *ICD* in einem Bulletin mit dem Titel »Bücher aus Amerika« vor;[24] die

---

21 OMGUS, A Report on Our Problem in Germany, 1946, S. 4f., zitiert nach H. Gehring: Amerikanische Literaturpolitik 1945-1953. Ein Aspekt des Re-education-Programms, Stuttgart 1976, S. 17.
22 Das Verbot basierte auf dem *Law No. 191*. Ob Clausewitz und Bismarck zu den militaristischen Schriften gehören oder Nietzsche und Hegel als Wegbereiter des Faschismus ausgesondert werden müßten, blieb ungeklärt. *Gehring*, Literaturpolitik, S. 35ff.
23 Vgl. OMGUS, Functional Reports Information, Nr. 42, 20 Dec. 1948, S. 14. Anweisungen, Maßnahmen und Behördenstrukturen umfassend dargestellt bei *Gehring*, Literaturpolitik, S. 22-34, und aktualisiert bei *Gruschka*, Buchmarkt, S. 39ff.
24 Das Heft erschien zunächst monatlich, später seltener — und zwar über das amtliche Ende des Übersetzungsprogramm (1953) hinaus bis 1960. *Umlauff*, Wiederaufbau Sp. 122.

deutschen Verleger kauften die Lizenzen und mußten einen Übersetzer finden. Die Übersetzungen wurden danach von der *Book Translation Unit* *(BTU)* und manchmal von den Autoren noch einmal auf unerwünschte Tendenzen überprüft, ehe sie endlich erscheinen durften.[25] Bücher aus diesem Programm erhielten so gut wie sicher ausreichend Papier zugeteilt, wurden zügig gedruckt, gebunden und ausgeliefert.

Inhaltlich hatte die *CAD* mit dem War Department für das Übersetzungsprogramm einen Kriterienkatalog festgelegt, den man in vier Punkten zusammenfassen kann. Die übersetzte Literatur sollte: 1. demokratische und antimilitaristische Vorstellungen entwickeln, 2. ein unverzerrtes Bild des Lebens in den USA und anderer Demokratien vermitteln, 3. amerikanische Leistungen in Kultur und Wissenschaften kundtun, 4. einen eigenen literarischen Wert »intrinsic merit and value« besitzen. Die Reihenfolge spiegelt die Prioritäten, nach denen von 1945 bis 1949 knapp 400 Titel für die Umerziehung ausgewählt wurden. Um Werte wie Demokratie und Antimilitarismus zu vermitteln, schienen den Amerikanern anfangs besonders Schriften von Thomas Jefferson geeignet oder auch eine Doppelbiographie von Jefferson und Alexander Hamilton. 1946 wurde Herbert Agars bekannter Essay »A Time for Greatness« übersetzt, in dem er aufrief, die Welt nach amerikanischen Wertvorstellungen zu reformieren.

Die literarischen Titel des Übersetzungsprogramms, die ein »unverzerrtes Bild« des Lebens in den USA malen sollten oder nachweislich »intrinsic merits« besaßen, machten knapp ein Viertel des Programms aus. Unter den ausgewählten Schriftstellern waren Thomas Wolfe, William Faulkner, John Steinbeck, Ernest Hemingway, Thornton Wilder und natürlich Klassiker wie Walt Whitman, Hermann Melville, Mark Twain und Edgar Allen Poe. Doch selbst von den herausragenden Vertretern der amerikanischen Literatur durfte damals nicht alles übersetzt werden. So zensierte die *CAD* einzelne Gedichte einer Sammlung des Klassikers Carl Sandburg, weil sie Rassenhaß und Kriminalität in den USA anprangerten.[26]

---

25 *Adam u. Müller*, Literaturpolitik, S. 150f.
26 Ebd., S. 157f. Andere Titel wurden nicht übersetzt, weil sie »moralisch verwerflich« gewesen sein sollen (wie Hemingways *Men without Woman*). William Faulkner, Erskine Caldwell wurden vom *War Department* wegen ihrer »negativen Haltung zur amerikanischen Zivilisation« gerügt. Vgl. *Gehring*, Literaturpolitik, S. 46-58.

Ende 1947 orientierte sich die amerikanische Militärregierung um. Nun galt es nicht mehr nur den Nazismus nachhaltig auszutreiben, sondern auch den Kommunismus zurückzudrängen. Ohne ihr Übersetzungsprogramm formell zu ändern, scheinen die Amerikaner ihren Kriterien »demokratisch« und »antimilitaristisch« noch »antikommunistisch« hinzugefügt zu haben. So nahm die *CAD* nun den Roman »Darkness at Noon« (Sonnenfinsternis) des ungarisch-englischen Schriftstellers Arthur Koestler in das Übersetzungsprogramm auf und sorgte dafür, daß George Orwells »Animal Farm« in der amerikanischen Zone erschien. Schließlich rechneten Koestler und Orwell mit dem Stalinismus rücksichtslos ab. Der Antikommunismus der US-Behörden richtete sich in den folgenden Jahren zunehmend gegen amerikanische Autoren. So durften die Werke Howard Fasts und Louis Adamics nicht mehr übersetzt werden, weil sie der Kommunistischen Partei der USA angehört oder nahegestanden haben sollen — ein Vorgeschmack auf den McCarthyismus.

Gegen diese bevormundende Kulturpolitik protestierten in Deutschland verschiedene Publizisten. Schon 1948 beklagte Eugen Kogon, daß die Alliierten die deutschen Leser wie eine »Dauerklasse von zurückgebliebenen Volksschülern« traktierten.[27] Und zwei Jahre zuvor hatte das Börsenblatt gewarnt: »Selbstverständlich, diese Bücher müssen sein. Aber man hüte sich davor, das Volk zu überfüttern. Wir sind heute alles, was nach Schulung riecht (oder auch Umschulung) von Herzen leid.«[28] Stattdessen sollte endlich wieder schöne Literatur erscheinen, die nicht unbedingt erziehen will, sondern auch einmal »unbeschwert, unterhaltend, heiter ist«. Dennoch nahmen die deutschen Leser die gesamte amerikanische Literatur begierig auf, nachdem sie ihnen zwölf Jahre vorenthalten worden war — wenn es ihnen gelang, an die Bücher heranzukommen. »Bei der geringen Auflage eines Einzeltitels (5.000, höchstens 10.000) entfallen auf den einzelnen Buchhändler nur wenige Exemplare, die er zum Teil an seine Kunden verkauft, zum anderen Teil aber als wertbeständige Ware auf seinem Lager hält, um sie auf dem schwarzen Markt als Tauschobjekt zu verwenden ... für ein wissenschaftliches Buch oder das Werk eines bekannten Autors aus der Emigration [werden] hunder-

---

27 Zitiert nach *J. Hermand*, Kultur im Wiederaufbau. Die Bundesrepublik Deutschland 1945-1965, München 1986, S. 91.
28 Börsenblatt für den Deutschen Buchhandel 2, 1946, 6, S. 55.

te von Mark bezahlt.«[29] Ein Teil der Produktion verschwand daher und wurde vermutlich für die Zeit nach der erwarteten Währungsreform gehortet.

Das Übersetzungsprogramm der Amerikaner hatte seine wirkungsvollste Zeit von Kriegsende bis zur Gründung der Bundesrepublik. Ab 1949 verlor es seine Bedeutung fast völlig, da alle Verlage ihre Übersetzungsrechte wieder uneingeschränkt selbst auswählen und kaufen konnte.[30] Der Erfolg des Programms ist aber äußerst fraglich. Denn es war nicht bloß sehr mühsam für die Leser, die Bücher zu kaufen. Sondern: Viele der angebotenen und von Verlegern gekauften Titel wurden nie übersetzt! Laut Bernd Gruschkas neuer Studie über die amerikanische Buchlenkung haben die Verlage bis zum 1. April 1948 nur 28 Titel mit einer Gesamtauflage von 679.500 Exemplaren in Deutschland publiziert, obwohl sie 329 Verträge geschlossen hatten.[31] Das *Börsenblatt für den Deutschen Buchhandel* meldet 1949 immerhin, daß von 390 angekauften amerikanischen Titeln 112 veröffentlicht wurden.[32] Beide Ergebnisse belegen jedoch eindeutig: Quantitativ war das Übersetzungsprogramm ein Fehlschlag. Diesen mäßigen Erfolg erklärt General Lucius D. Clay im Börsenblatt mit dem Geldmangel der Verlage.[33] Eine Einschätzung, die schon in einem *Inter-Office Memorandum* des *ICD* im April 1947 vertreten wurde,[34] und auch Ernst Umlauff schildert in seiner umfassenden Studie die Produktionsbedingungen bis 1949 als ein großes Hindernis der Verlage.[35] So lag das alte Buchhandelszentrum Leipzig, wo mehr als 75 Prozent der Bücher vor dem Krieg produziert worden waren, in der sowjetisch besetzten Zone. Im Westen dagegen waren 40 Prozent der ohnehin geringen Druck- und 60 Prozent der Bindekapazitäten zerstört. Dazu kam für die Buchverlage noch die Erschwernis, daß sie nur 40 Prozent des Papiers zugeteilt erhielten, während 60 Prozent an die Zeitungen und Zeitschriften gingen.

---

29 *Bermann Fischer*, Rolle, S. 33.
30 Offiziell eingestellt wurde das Programm aber erst am 1. März 1953.
31 *Gruschka*, Buchmarkt, S. 85; nur zum Vergleich: Bermann Fischer verkaufte die 25 Bände seiner Pocketbuch-Reihe »Neue Welt« je 50.000 mal an Kriegsgefangene, das sind 1.250.000 Bücher. *C. Vinz*, Manuskript, in: S.Fischer, Verlag, Von der Gründung bis zur Rückkehr aus dem Exil, Marbach 1985, 619f.
32 Darunter 32 belletristische Titel, 22 geschichtliche und biographische, 14 Kinderbücher, vgl. Börsenblatt 5, 1949, 14, S. 91a.
33 Börsenblatt 5, 1949, 35, S. 137.
34 Vgl. dazu *Gruschka*, Buchmarkt, S. 84; Fischer, Rolle, S. 32f.
35 Vgl. *Umlauff*, Wiederaufbau, Sp. 407, 412ff.

Auf diese Weise läßt sich der Flop des Übersetzungsprogramms erklären. Wichtig sind aber noch weitere Aspekte: Zum einen besaßen viele Verlage Rechte an amerikanischen Werken aus der Weimarer Republik und warteten darauf, diese unabhängig auszuwerten. Zum anderen lehnten wohl nicht wenige Verleger, die »Zensurmethoden« ab und wollten sich nicht das Programm von den Amerikanern vorschreiben lassen, nachdem sie gerade zwölf Jahre Diktatur, zum Teil im Exil, überstanden hatten. Außerdem war der Absatz der politisch und kulturell wertvollen Americana bisweilen schleppend: Der Verleger von Herbert Agars Essay machte sogar Bankrott. Schließlich publizierten viele Verleger literarische und politische Zeitschriften, mit denen sie das Bedürfnis der Leser nach Neu-Orientierung schneller und flexibler befriedigen konnten. Zeitschriften wie »Penguin« (Hg. Erich Kästner), die »Weltbühne« oder »Das Goldene Tor« (Hg. Alfred Döblin) boten neue Literatur und philosophische Essays; die »Frankfurter Hefte«, der »Merkur« oder »Die Gegenwart« entwickelten sich zu Diskussionsforen über die NS-Vergangenheit und die Formen des kommenden demokratischen Staatswesens. Amerikanische, französische oder englische Ideen wurden zwar diskutiert, aber im wesentlichen schöpften die deutschen Publizisten aus der eigenen Geistesgeschichte und suchten den Anschluß an die Kultur der Weimarer Republik.

Amerikahäuser

Ein wichtiger Bestandteil der Umerziehungspolitik waren auch die »Amerikahäuser«, offiziell »United States Information Centers« (*USIC*). Die *CAD* (und später die *Allied High Commission for Germany, HICOG*) richtete von Sommer 1945 bis Ende 1947 in den großen Städten aller drei Westzonen (!) 27 Amerikahäuser ein, die meist nicht mehr boten als amerikanische Bücher und Leseräume.[36] »Carefully selected and well balanced« machten die Biblio-

---

36 Das erste Amerikahaus wurde in Bad Homburg schon am 04.07.1945 eröffnet und im September nach Frankfurt am Main verlegt, weil USICs in großen Städten mehr bewirken konnten; den Amerikahäusern angeschlossen waren in kleinen Städten 135 »American Reading Rooms«. Vgl. *K. E. Bungenstab*, Entstehung, Bedeutung- und Funktionswandel der Amerika-Häuser, in: Jahrbuch für Amerikastudien 16, 1971, S. 189-203.

theken die amerikanische Gegenwartsliteratur zugänglich und erwarben zahlreiche Bücher über Politik, Psychologie, Wirtschaft, Erziehung und Kunst, »emphasizing in particular information of the sorts denied the Germans by the Nazi-Propaganda Ministery through its control of publications«.[37] Denn die Militärregierung ging davon aus, daß daran nun ein großes Interesse bestehen müßte.

Die meisten Bücher gelangten durch private Spenden aus den USA in die Amerikahäuser nach Deutschland, und schon 1948 hatten amerikanische Vereine wie die Rockefeller Foundation mehrere Millionen Titel gespendet. Die Menge der Bücher war so stark angewachsen, daß sie nicht mehr einzeln kontrolliert, sondern einfach kistenweise über den Atlantik geschickt wurden.[38] Daher boten die Amerika-Bibliotheken zeitweise eine fast unzensierte Buchauswahl, um sich über die USA zu informieren. Das überzeugte die deutschen Leser, da ihnen hier erstmals tatsächlich ein »unverzerrtes Bild« der USA mit all ihren Krisen und Schwächen geboten wurde. Anders gesagt: Erst diese Politik des »assist and advise«, wie sie vor allem die HICOG versuchte, war ein überzeugender Gegenentwurf zur NS-Diktatur.[39] Leider gab es in den Amerikahäusern so gut wie keine amerikanischen Bücher, die ins Deutsche übersetzt waren. Dieses Manko schränkte die Wirkung der Bibliotheken erheblich ein.[40]

McCarthy: Das Ende der Literaturpolitik

Seit dem Herbst 1947 bestimmte der Kalte Krieg gegen die Sowjetunion das Zeitgeschehen und Harry S. Truman verkündete 1950 seine »Campaign of Truth«: der Kommunismus sollte in der Außenpolitik, aber auch intellektuell zurückgedrängt werden. Dabei wurden die Amerikahäuser in Deutschland »zu einer Waffe, die die Militärregierung, und später die amerikanische Hohe

---

37 OMGUS/ICD, History of the Information Control Division, 8 May 1945 bis 30 June 1946, S.46, zitiert nach *Gehring*, Literaturpolitik, S. 31.
38 OMGUS, Functional Reports Education, No. 1-34, August 1945 bis April 1948, bes. No. 34 (April 1948), S. 7-12.
39 *Bungenstab*, Amerikahäuser, S. 193.
40 *W. P. Harris*, My Job in Germany. 1950-1955, in: Michael Ermarth (Hg.), Shaping German Society, Providence 1993, S. 186.

Kommission, im Kampf gegen die kommunistische Ideologie einsetzte«.[41] Also wurden sie ab Herbst 1950 wieder »Information Centers« genannt und Senator Joseph McCarthy schickte im April 1953 zwei Mitarbeiter aus, um dort »kommunistische« Schriften zu suchen. Daß es davon (dank der unkontrollierten Spenden) in den Amerikahäusern wimmelte, hatte kurz zuvor der prominente Ex-Kommunist Louis F. Brudenz vor dem Untersuchungsausschuß für un-amerikanische Umtriebe behauptet.[42] McCarthys Mitarbeiter entdeckten 30.000 Bücher von gut 250 Autoren, die sie für kommunistisch hielten. Gegen dieses Ergebnis protestierten zahlreiche Mitarbeiter der Bibliotheken, und die *New York Times* bezeichnete McCarthys Aktion am 8. Mai 1963 schlicht als »absurdeste Verschwendung von Steuermitteln aller Zeiten«. Auch das *State Department* bezweifelte McCarthys Zahlen und entdeckte bei einer eigenen Untersuchung im Juni 1953 nur 39 »kommunistische« Autoren, von denen 2.000 Bände in Amerikahäusern standen.[43] Selbst diese Bücher wurden nicht alle entfernt, nachdem liberale Kräfte wieder die amerikanische Kulturpolitik bestimmten. Dennoch haben diese Kalte Kriegs-Aktionen das Ansehen der amerikanischen Kulturpolitik bei den Deutschen nachhaltig beschädigt.[44]

Zuvor noch hatte sich die *HICOG* einigen Erfolg in eigenen Meinungsumfragen bescheinigt: So bejahten 1948 immerhin gut 20 Prozent die Frage »Can Germans learn from Americans in the cultural field?« — und drei Jahre später antworteten auf die Frage zur Arbeit der Amerikahäuser »Do you have the impression that they boast there about American culture and don't realize that Germany has an older and superior culture?« schon 72 Prozent »Not at all«.[45] Anfang der fünfziger Jahre bestätigten weitere *HICOG*-Untersuchungen diese Ergebnisse und stellten fest, daß besonders die Leser amerikanischer Literatur und Sachbücher die USA und ihre Politik günstiger beurteilten als die Nichtleser. Leider gibt es allerdings keine Aussagen über die Repräsentativität dieser Umfragen, zumal andere Befragungen zuvor ergaben, daß 55 Prozent der Deutschen nach dem Krieg gar nicht lasen und die

---

41 *Bungenstab*, Amerika-Häuser, S. 197.
42 Gemeint waren u.a. Autoren wie die »hardcore communists« Howard Fast, Dashiell Hammett, John Reed und Langston Hughes.
43 Umfassend dazu: *Gehring*, Literaturpolitik, S. 94-105.
44 *K.-E. Bungenstab*, Umerziehung zur Demokratie? Re-education-Politik im Bildungswesen der US-Zone, Düsseldorf 1970, S. 167f.
45 Vgl. *Gehring*, Literaturpolitik, S. 107f.

Leser hauptsächlich Liebesgeschichten, »mysteries« und Krimis bevorzugten, während sie politische Aufklärung ablehnten.[46]

Exkurs: Börsenverein für den Deutschen Buchhandel

Um einen gravierenden Unterschied zwischen dem Buchmarkt in den USA und Deutschland wenigstens kurz darzustellen, soll kurz auf die Standesorganisation des Buchhandels hingewiesen werden: den Börsenverein für den Deutschen Buchhandel. Er wurde 1825 in Leipzig gegründet und hat wesentliche gesetzliche Regelungen für den Buchhandel durchgesetzt — so 1888 erstmals die Preisbindung für Verlagserzeugnisse. 1945 ließ die *ICD* eine Zweigstelle des Börsenvereins in Wiesbaden einrichten, die beim Wiederaufbau der buchhändlerischen Infrastruktur helfen sollte — obwohl den Amerikanern eine derartige Standesorganisation, die sowohl die Verlage wie die Zwischenhändler und Buchhändler vertritt, fremd war. Dies läßt sich nur dadurch erklären, daß mit der Kontrolle des Verlagswesens bei der *ICD* vor allem Remigranten betraut wurden, die als Antiquare, Bibliothekare oder Buchhändler vor 1933 in den Strukturen des deutschen Buchhandels gearbeitet hatten.[47]

Auf der offiziellen Gründungstagung des Börsenvereins im Mai 1948 erklärten die Buchhändler und Verleger ihre Ziele: »Die Aufgabe steht klar vor uns. Wir müssen den Buchhandel in seiner reichen und vielgestaltigen Form nach dem Stand vor 1932 wieder aufbauen. Dazu gehört der feste Ladenpreis, das buchhändlerische Vereinsrecht ... die Ausbildung des buchhändlerischen Nachwuchses ... .«[48] Der Börsenverein hatte letztlich mit seinen Forderungen Erfolg: Er regelte schon kurz darauf wieder den Berufszugang, die Verkehrsordnung des Handels und sicherte wie um die Jahrhundertwende das Privileg der Preisbindung.[49] Durch die Preisbindung wurde — im Gegensatz zu den USA — das dichte Netz von Buchhandlungen bewahrt: Kleinere Buchhandlungen können nicht durch Handelsketten unterboten werden. Die

---

46 Vgl. *Gruschka*, Buchmarkt, S. 53.
47 Vgl. *H. Sarkowski*, Nach dem Bombenkrieg, in: Börsenblatt 163, 1995, 15, S. 10-14.
48 Zitiert nach *Umlauff*, Wiederaufbau, S. 153.
49 1958 wurde die Preisbindung sogar Gesetz, später erstritt der Börsenverein noch den halben Mehrwertsteuersatz für Bücher.

Preisbindung ist — wie der Börsenverein überhaupt — ein marktregulierendes Instrument, das amerikanischen Vorstellungen des freien Marktes zuwider lief, aber letztlich als für den Wiederaufbau des Buchhandels unverzichtbar vom *ICD* akzeptiert wurde.[50]

2. Das Taschenbuch — Massenmedium der Demokratisierung?

Der Aufschwung des deutschen Buchhandels begann im Dezember 1946 mit einer Erfindung Heinrich-Maria Ledig-Rowohlts: Da für Zeitungen mehr Papier zugeteilt wurde, druckte er seine Bücher als Zeitungen.[51] *Rowohlts Rotations Romane* (rororo) wurden in einer Auflage von 100.000 Exemplaren gedruckt und im Buchhandel wie an Kiosken für 50 Pfennig verkauft. Ernest Hemingway und Kurt Tucholsky, Josef Conrad und Thyde Monnier waren die Autoren der ersten vier Rotations-Romane; ihnen folgten Theodor Plivier und André Gide, Ignazio Silone und Erich Kästner, Anna Seghers und William Faulkner. Nach diesem Projekt entwickelte Rowohlt die erste Taschenbuchreihe in Deutschland, deren Vorbild die Pocketbooks aus den USA waren. »Die Amerikaner hatten uns junge Verleger, gewissermaßen als Kulturaustausch, [1949] nach Amerika verfrachtet, damit wir Erfahrungen sammelten für unsere neue Demokratie. Da sah ich ... die Taschenbücher und sagte zu meinem Vater: ›Wir müssen die rororo umstellen, müssen Taschenbücher machen.‹«[52] Ein Taschenbuch-Programm plante zu dieser Zeit auch Gottfried Bermann Fischer, der bereits Ende der zwanziger Jahre die preis-

---

50 *H. Schwenger*, Buchmarkt und literarische Öffentlichkeit, in: L. Fischer (Hg.), Literatur in der Bundesrepublik bis 1967, S. 99-124, bes. 101.
51 Die Idee, Bücher in Rotationsverfahren und Zeitungsformat herzustellen, war entstanden, als eine Doppelnummer der von Ledig-Rowohlt herausgegebenen literarischen Zeitung *story. Erzähler des Auslands* geplant wurde, denn dabei hatte sich gezeigt, daß selbst umfangreiche Texte wie Romane, als Zeitung realisiert werden konnten. Der Rowohlt-Verlag profitierte bei diesen Projekten von dem größeren Papierkontingent (60:40), das den Zeitungen zustand. Vgl. *E. Ziegler*, Ro-Ro-Ro und seine Leser. Zur Entstehungsgeschichte von Rowohlts Rotations Romanen, in: Von Göschen bis Rowohlt, Festschrift für Heinz Sarkowski zum 65. Geburtstag, hg. v. Monika Estermann/ Michael Knoche, Wiesbaden 1990, S. 282-306, bes. 286.
52 *Heinrich-Maria Ledig Rowohlt*, Prince Henry, Göttingen 1992, S. 72; *Umlauff*, Wiederaufbau, S. 514f.

werte Volksausgabe zeitgenössischer Autoren im deutschen Buchhandel eingeführt hatte und im US-Exil »pocketbooks« für Kriegsgefangene drucken ließ.[53]

Seine Taschenbuchserie startete Bermann noch mit Nachdrucken bereits erschienener Werke, aber der Begriff »Fischer Bücherei« deutet es bereits an: Er wollte das Taschenbuch auf neuartige Weise als eigenständiges Medium etablieren. So ließ er bald große, ausschließlich für das Taschenbuch konzipierte Projekte folgen. Die »Bücher des Wissens«, die 1954 neu herauskamen, boten erstmals wesentliche Texte der europäischen Geistesgeschichte — von Aristoteles bis Albert Einstein — in einer kommentierten Taschenbuchausgabe. Nur drei Jahre später wurden dann die ersten Bände einer wissenschaftlichen Taschenbuch-Enzyklopädie vorgelegt, die Bermann Fischer angeregt hatte. Das »Fischer Lexikon« berief sich auf die französischen Enzyklopädisten als geistige Ahnen.[54] Gleichzeitig brachte auch der Rowohlt-Verlag eine Taschenbuch-Enzyklopädie heraus.

Das Taschenbuch wurde hochkulturfähig, zumal sich nun weitere ambitionierte Verlage entschlossen, Taschenbuchreihen zu konzipieren, die literarische, wissenschaftliche und politische Texte in Originalausgaben präsentierten.[55] So begründete Siegfried Unseld im Jahre 1963 die Taschenbuchreihe *edition suhrkamp*.[56] Der Verlag kündigte sein Projekt als ein Unternehmen an, das der »neuen deutschen Literatur als Plattform dienen« und Werke des Verlages einer »neuen, vor allem jungen Leserschicht zuführen« sollte.[57] Die ersten zwanzig Titel der neuen Reihe brachten zwar Bewährtes von Bertolt Brechts *Leben des Galilei* bis Hermann Hesses *Späte Prosa*, aber in den folgenden Programmen nahm der Anteil der Originalausgaben kontinuierlich

---

53 G. *Bermann Fischer*, Bedroht-Bewahrt, Der Weg eines Verlegers, Frankfurt am Main, S. 55-62, u. 200f. An dieser Stelle kann nicht diskutiert werden, ob das Taschenbuch auf die Aldinen des venezianischen Verlegers Manutius im 16. Jahrhundert, die Musenalmanache oder Reclams oder Tauchnitz Taschenbücher des 19. Jahrhunderts usw. zurückgeht. Das Vorbild von RoRoRo, Fischer Bücherei u.a. waren »pocketbooks« wie die von *Penguin* aus dem Jahr 1935.
54 S. Fischer, Verlag, Von der Gründung bis zur Rückkehr aus dem Exil, S. 722-728.
55 Es werden nur die Reihen betrachtet, die von Publikumsverlagen erarbeitet wurden und keine wissenschaftlichen Taschenbuchserien.
56 S. *Unseld*, Der Marienbader Korb. Über die Buchgestaltung im Suhrkamp Verlag. Willy Fleckhaus zu Ehren, Hamburg 1976, S. 26f.
57 Geschichte des Suhrkamp-Verlages. 1950-1990, Frankfurt am Main 1990, S. 55f.

zu.[58] Dadurch sollte es möglich sein, aktuelle Entwicklungen relativ schnell zu reflektieren und Diskussionen anzuregen. In der Tat hatte die Reihe Erfolg. Sie fand ein Publikum, das neuen Themen gegenüber aufgeschlossen war und in der literarischen Taschenbuchreihe ein Medium sah, das in Form, Inhalt und Preis (3 DM) auf sie zugeschnitten schien: Studenten, junge Akademiker und nicht selten Schüler, aber auch Gewerkschaftsfunktionäre und progressive Anwälte.[59] Nicht umsonst wurde in England aufgrund der erfolgreichen *edition* der Ausdruck »Suhrkamp-Kultur« geprägt.

Daß das »billige Buch« in Deutschland sich zu einem kulturell beachteten Medium wandelte, hatte zwei Jahre vor der *edition suhrkamp*, die Gründung des Deutschen Taschenbuch-Verlages (dtv) bereits gezeigt, der sich bald zu einem der anspruchsvollsten Taschenbuch-Verlage entwickelte — mit Autoren wie Alain Robbe-Grillet, Jean Genet und Ezra Pound sowie Ingeborg Bachmann, Hans Magnus Enzensberger und Reinhard Lettau.[60] Der Erfolg von Fischer, Rowohlt, dtv sowie der *Quarthefte* Klaus Wagenbachs und der *edition suhrkamp* veranlaßte zahlreiche Verlage in den folgenden Jahren, eigene Taschenbuchreihen auf den Markt zu bringen. Das Taschenbuch hatte sich in Deutschland durchgesetzt und mit ebenso weltoffenen wie engagierten Programmen neue Leser gewonnen — sowohl im intellektuellen und akademischen Milieu, als in den sozial benachteiligten Gesellschaftsschichten und auf dem Land.[61]

Die deutschen Verleger hatten zwar die Form des amerikanischen »pocketbooks« übernommen, sie aber relativ schnell neu gefüllt.[62] Die Konzepte der fünfziger Jahre haben noch häufig auf bedeutende Autoren und Ideen aus der

---

58 1963 waren 29 Prozent der Titel deutsche Erstausgaben, 1964 waren es schon 60 und 1965 bereits 69 Prozent, 1966 schließlich lag der Anteil der Originalausgaben bei 83 Prozent. *G. Busch u. S. Unseld*, Mitteilungen an die Leser, Frankfurt am Main 1966, unpaginiert.
59 Rectanus, Literary Series, S. 150, Interview mit Günter Busch.
60 Obwohl die Teilhaber, alles Verlage, ursprünglich vor allem ihre Nebenrechte verwerten wollten. Vgl. 20 Jahre Deutscher Taschenbuch Verlag 1961-1981. Ein Dokumentation, München 1981.
61 *L. Fischer*, Literarische Kultur im sozialen Gefüge, in: ders: Literatur in der Bundesrepublik Deutschland bis 1967, München 1986, S. 155 u. 692, Anm. 68. Einschränkend wird festgestellt, daß eigentlich junge Leser aus gebildeten Schichten, das Taschenbuch entdeckten und außerdem gleichzeitig mit dem Aufstieg des Taschenbuches der Verfall der Leihbüchereien, die eine vergleichbare Klientel ansprachen, einherging.
62 Tatsächlich haben amerikanische Verlage die ambitionierten S. Fischer- und Rowohlt-Projekte zum Vorbild für ihre Taschenbuchprogramme genommen.

Zeit vor 1933 zurückgegriffen. Das ist keine Überraschung, denn die deutschen Verlage wie Ullstein, S.Fischer oder Julius Springer waren damals weltweit so renommiert wie ihre Autoren Hermann Hesse, Thomas Mann, oder Erich Maria Remarque. Verleger wie Kurt Enoch, der spätere Direktor der Penguin-Books in den USA, oder Kurt Wolff, der mit Pantheon Books nach 1945 in Amerika große Erfolge feierte, hatten in der Weimarer Republik mit zukunftsweisenden Produktions- und Vertriebskonzepten gearbeitet.

Eine Amerikanisierung läßt sich daher so einfach nicht konstatieren, zumal man feststellen muß: Der amerikanische Buchmarkt selbst hat sich nach 1945 gravierend gewandelt — oder pointiert formuliert: amerikanisiert.[63] Das Massenmedium Taschenbuch revolutionierte die Buchkultur — in den USA genauso wie in Europa: Die Buchproduktion wurde industrialisiert und die Verlage expandierten. In einem gewaltigen Verdrängungswettbewerb kauften sich Unternehmen wie Time Warner oder Bertelsmann allmählich ihre Verlags- und Medienimperien zusammen, und die mittelständischen Traditionsverlage verloren ihre Unabhängigkeit.[64] Je nach Blickwinkel hat man diese Entwicklung als Modernisierung, Kulturverfall oder Amerikanisierung beschrieben. Da die amerikanische Buchkultur keine statische Erscheinung war und ist, läßt sich allerdings eine Amerikanisierung — auf welchen Bezugspunkt auch? — nirgends eindeutig festschreiben.

Dennoch kann man sagen: Die Verleger der Nachkriegszeit haben, ganz im Sinne des Reeducation-Programms, das Buch als Medium der Demokratisierung eingesetzt.[65] Mehr Wissen über die Welt, über andere Staaten und Völker, aber auch über die eigene Geschichte, sollte helfen, eine neuerliche Diktatur zu verhindern. In diesem Bemühen kam dem Taschenbuch, dem »guten Buch für jedermann«, eine besonders wichtige Rolle zu. Daß das Konzept aufging, läßt sich schon wegen der hohen Verkaufszahlen vermu-

---

63 Beispielsweise nahm die Zahl der Buchhandlungen drastisch ab. *J. Tebbel*, A History of Book Publishing in the United States, B. 4: The Great Change, 1940-1980, New York 1981, bes. S. 347-355, 366-379.
64 *M. W. Rectanus*, German Literature in the United States. Licensing Translations in the International Market Place, Wiesbaden 1990, bes. S. 79-88.
65 *Bermann Fischer*, Bedroht-Bewahrt, S. 322ff.; *G. Häntzschel*, Die deutsche Literatur der Gegenwart. Programm der Taschenbuchverlage und Buchgemeinschaften, S. 374f. (Rowohlts *Richtlinien und Grundgedanken zur Veröffentlichung von Taschenbüchern*); *E. Ziegler*, Ro-Ro-Ro und seine Leser, S. 288f. u. 294f.

ten.⁶⁶ Der Literaturkritiker und Essayist Heinrich Vormweg glaubte sogar, daß »die Angst vor Vermassung und Qualitätseinbuße ... unbegründet« gewesen war.⁶⁷ Die Kritiker der »kulturindustriellen Vermassung« allerdings hielten dem entgegen, daß das ganze Projekt der Demokratisierung durch Bücher verfehlt gewesen sei. Hans Magnus Enzensberger urteilte 1962: »Daß die großen Werke seit eh und je den wenigen gehören, daran trägt der Ladenpreis die kleinste Schuld ... Schon die bloße Vorstellung, jeder läse Dante oder Kafka wirkt verschroben. Es dahin zu bringen, ist das Taschenbuch außerstande.«⁶⁸

3. Groschenhefte — Massenliteratur auf niedrigem Niveau

Mehr noch als die vielfältige Taschenbuchkultur beziehen die Heftromane ihre Vorbilder aus den USA. Deshalb seien wenigstens in Kürze deren Auflagen, Themen und Inhalte erwähnt.⁶⁹ Schon unmittelbar nach dem Ende der alliierten Lizenzpflicht wurden auch die *Groschenhefte* wieder mit großem Erfolg verlegt. 1953 erschienen bereits 162 Reihen, durchschnittlich mit einer Auflage von 30.000 bis 50.000 Exemplaren, 1955/56 wurden über 60 Millionen Hefte veröffentlicht, und 1971 erreichten Heftromane eine Gesamtauflage von mehr als 340 Millionen Exemplaren. Ging es Anfang der fünfziger Jahre meist noch um Heimat, Liebe und Schicksal, so bestimmten schon um 1960 Western, Krimis und Landsergeschichten das Bild — wenngleich es noch viele Berg- und Taldoktor-Abenteuer gab.⁷⁰

Western, aber auch Krimis spielten naturgemäß in amerikanischen Milieus — wobei die meisten Autoren, ähnlich wie Karl May, Deutsche mit geringer

---

66 *Bermann Fischer*, Bedroht-Bewahrt, S. 329ff.
67 *H. Vormweg*, Die Reihe Hanser, Manuskript einer Sendung im Deutschlandfunk v. 19. August 1972, unpaginiert.
68 *H. M. Enzensberger*, Bildung als Kosumgut. Analyse der Taschenbuchproduktion, in: Einzelheiten I, Frankfurt am Main 1962, S. 134-166, bes. 165f.
69 Unter dem Blickwinkel Amerikanisierung gibt es m.E. keine Forschung; allerdings existieren zahlreiche volkskundliche Studien, auf die sich die Darstellung im folgenden stützt.
70 Ausführlich: *A. V. Wernsing u. W. Wucherpfennig*, Die Groschenhefte. Individualität als Ware, Wiesbaden 1976, bes. S. 6ff.

Landeskenntnis der USA waren: Erfolgreiche Serienautoren schrieben etwa von den »Big Mauntens Cannons« oder einem »Cheriff«.[71] Die Geschichten der Krimis mußten vor allem aus einem Grund in Amerika spielen, wie der Cheflektor der »Jerry Cotton«-Hefte 1966 zugab: »Kriminalromane aus Deutschland sind meistens langweilig. Die unmittelbaren Nachbarländer sind durch den überströmenden Touristenverkehr als höchst bieder entlarvt. Uns bleibt nur Amerika ... dessen reale Verhältnisse von den meisten europäischen Lesern noch nicht überprüft werden können. Amerikanische Verbrechen sind noch glaubhaft.«[72] Deshalb enthalten die Krimi-Hefte auch nicht mehr an authentischen Informationen als nötig: Waffen, Straßennamen und Whiskeysorten müssen stimmen, der Rest ist frei erfunden. Gleiches gilt für die Western, die zudem den Vorteil haben, vor gut hundert Jahren in der Pionierzeit der USA zu spielen, über die es ohnehin mehr Mythen als Fakten gibt. Hier reicht es gelegentlich Wyatt Earp, Billy the Kid oder Bufallo Bill zu treffen, damit die Leser sich im richtigen Westen wähnen. Es dominieren die Exotismen, die Wunder der Liebe und des sozialen Aufstiegs; Realität wird nicht gewünscht — weder von den Lesern noch von den Verlagen. Um das zu garantieren, sollten die Autoren auch aus Deutschland kommen, wie der Moewig Verlag 1974 schrieb: »Für Heftromane wird der deutsche Western (!) vorgezogen, weil der die Wünsche und die Mentalität der deutschen Leser besser trifft.«[73] Zudem arbeiten die Redakteure eng mit den Autoren zusammen und machen bisweilen strenge Vorgaben zu Handlung, Helden und Historie.

Der französische Soziologe Edgar Morin meint, daß es bei den Groschenheften weniger um Authenzität geht. Er erklärt die universelle Resonanz mit dem »mythologischen Reichtum des Westerns«.[74] Er befriedige eine metaphysische Sehnsucht nach Werten, ja man könnte sagen: eine religiöse Sehnsucht nach Sinn. Schließlich sind die Helden der Western — wie der Krimis, Landser-, Arzt- und Liebesgeschichten — meist geradlinige Menschen mit festen Vorstellungen von Moral und Wahrheit, Treue und Mut, Freundschaft und

---

71 Weitere Beispiele bei *J.-U. Davids*, Das Wildwest-Romanheft in der Bundesrepublik Deutschland. Urspünge und Strukturen, Tübingen 1975², S. 220.
72 Zitiert nach *K. Kunkel*, Ein artiger James Bond, in: J. Vogt, Der Kriminalroman. Zu Theorie und Geschichte einer Gattung. 2 Bde., München 1971, Bd. 2, S. 564.
73 Zitiert nach *Davids*, Wildwest, S. 215.
74 *E. Morin*, Der Geist der Zeit. Versuch über die Massenkultur, Köln 1965, S. 145; *Davids*, Wildwest, S. 246f.

Schönheit. Vorrangige Ziele der Helden sind Ordnung und Sauberkeit. Denn: Wo es schmutzig ist, lauern die Verbrecher und die Herzensbrecher. Die Persönlichkeitsmerkmale dieser Figuren entsprechen denen eines »autoritären Charakters«[75], der selbstbeherrscht und puritanisch geprägt die gegebenen Verhältnisse meist bejaht. Die Heftromane verbreiten einerseits ein kleinbürgerliches Bildungsideal und Arbeitsethos, während sie andererseits ein scharfes *in-group versus out-group*-Verhalten propagieren.[76]

Mit Blick auf die Amerikanisierung läßt sich sagen: Die Groschenliteratur vermittelt kein reales Vorbild, sondern einen Mythos Amerikas — sie bietet einen zeitlosen Fluchtraum, in dem traditionelle Verhaltensmuster dominieren. Die Wertvorstellungen und Persönlichkeitsmerkmale der Helden stehen in einer europäischen Geistes- und Bildungstradition, die zudem eher konservativ und fremdenfeindlich gewendet wurde. Da also deutsche Autoren in Deutschland für deutsche Leser schreiben und publizieren, benutzen sie eine fixe Vorstellung von Amerika für ihre Geschichten. Die Amerikanisierung ist fiktiv — die Fiktion amerikanisiert.

4. Resümee

Das Übersetzungsprogramm der amerikanischen Militärregierung war quantitativ ein Flop. Obwohl schon die Zahl der ausgewählten Titel nicht außerordentlich groß war, wurden wenigstens drei Viertel davon bis 1949 nicht übersetzt. Das läßt sich einerseits durch die schwierigen Produktionsbedingungen in Deutschland nach dem Krieg erklären, aber es offenbart andererseits, wie unwillig die deutschen Verleger auf die Zwangsmaßnahmen der Militärregierung reagierten. Im Gegensatz dazu arbeiteten die Amerikahäuser äußerst erfolgreich, solange die Bücher unzensiert dort ankamen und die Bibliotheken daher ungewollt ein unverzerrtes Bild der USA vermittelten.

---

75 Diese verbreitete Forschungsmeinung ausführlich bei *P. Wesollek*, Jerry Cotton oder ›die verschwiegene Welt‹. Untersuchung zur Trivialliteratur am Beispiel einer Heftserie, Bonn 1976, S. 310ff.

76 *Wernsing u. Wucherpfennig*, Groschenhefte, S. 123ff.; *L. Kofler*, Zur Geschichte der bürgerlichen Gesellschaft: Versuch einer verstehenden Deutung der Neuzeit, Neuwied 1971, S. 287ff., 303ff.

Amerika selbst blieb bis Ende der sechziger Jahre für die meisten Deutschen ein fernes Land. Dennoch haben amerikanische Einflüsse sich vor allem in der Populärkultur und der Konsumgesellschaft, von Rock 'n' Roll bis Coca Cola und *Vom Winde verweht* bis zur Tupper-Partie, offenkundig durchgesetzt. Diese »Amerikanisierung« hat die Hochkultur nicht erreicht. In der Literatur nach 1945 dominierten Themen und Literaturkonzeptionen aus der Weimarer Republik: Die konservativen Vertreter der sogenannten »Inneren Emigration« bestimmten den Literaturbetrieb, während amerikanische Vorbilder eine eher untergeordnete Rolle gespielt haben. Zuerst und vor allem anderen mußten die deutschen Autoren wieder ein Verhältnis zu Deutschland entwickeln, dessen Bürger zwölf Jahre Diktatur, Terror und Völkermord zugelassen hatten. Konnte man nach Auschwitz überhaupt noch dichten? Das war die entscheidende Frage. In den fünfziger Jahren dominierte dabei eher die Flucht vor der Realität als die Auseinandersetzung mit der düsteren Geschichte und der trüben Gegenwart. Zeitkritische und moderne Literatur setzte sich erst Ende der fünfziger Jahre durch, als die Gruppe 47 an Einfluß gewann und die erfolgreichen Bücher von Günter Grass (»Blechtrommel«) und Heinrich Böll (»Billard um halb Zehn«) einer zeitgenössischen *bundesrepublikanischen* Literatur publizistisch den Weg bahnten.[77]

Die Buchkultur hat sich weniger geradlinig entwickelt. Die Alt-Unternehmer, die nach dem Krieg Erfolg hatten, verfolgten selten ein konservatives Konzept. Vielmehr publizierten gerade die bedeutenden liberalen Verleger der Vorkriegszeit Ernst Rowohlt, Gottfried Bermann Fischer, Peter Suhrkamp oder Reinhard Piper nach 1945 weltoffene Programme. Daß sie sich auf dem Buchmarkt behaupteten, hatte jedoch auch ökonomische Gründe: Die Traditionsverlage besaßen die Rechte an den großen und auflagenstarken Autoren der Vorkriegszeit, die nun nach jahrelangen Verboten außerordentlich gefragt waren.[78] Mit ihrer *Backlist* waren viele Verlage bis in die sechziger Jahre außergewöhnlich erfolgreich. Eine Liste der 100 erfolgreichsten Bücher bis 1958 führte nur 13 Nachkriegstitel auf, darunter auf Platz 49 als populärsten Roman »Vater ist unser bestes Stück« von Hans Nicklisch. Die

---

77 G. A. Craig, Über die Deutschen, München 1982, S. 240-259, bes. 243ff.
78 Es gab natürlich wichtige neue Verlage, etwa von Willi Weismann oder Ingeborg Stahlberg, die sich nicht lange hielten, sowie Erfolgsunternehmen wie das von Kurt Desch und Erwin Barth von Wehrenalps Sachbuchverlag ECON.

große Zeit der amerikanischen Literatur begann erst Mitte der sechziger Jahre. In den Groschenheften hingegen dominierten schon von Anfang an amerikanische Genres und Themen, ohne allerdings über stereotype Darstellungen hinauszukommen. Amerika ist bestenfalls ein Zerrbild. Zudem wurde für das deutsche Publikum in den meisten Heftreihen ein spezifisch deutsches Konzept umgesetzt, das in der Tradition der europäischen Geistes- und Schreibtraditionen gefangen bleibt. Jerry Cotton sollte ja letztlich keinen New Yorker begeistern, sondern einen Bottroper.

Ende der sechziger Jahre veränderte sich das Verhältnis der Deutschen zu den USA auf zwiespältige Weise. Während amerikanische Autoren immer häufiger übersetzt wurden und die Top-Ten der Bestsellerlisten stürmten, wuchsen gerade unter Intellektuellen die Vorbehalte gegenüber den USA, vor allem gegenüber der US-Außenpolitik, die ihren Ausdruck im brutalen Vietnam-Krieg fand. In dieser Auseinandersetzung zeigt sich allerdings eine neue Qualität: Die deutschen Kritiker lehnten nicht Amerika an sich ab, sondern nur die politische Führung des Landes und den von ihr propagierten Kapitalismus. Zwar begann ein »anti-amerikanischer« Impuls, gerade in den linken Verlagsprogrammen den intellektuellen Diskurs zu bestimmen — die großen Reihen edition suhrkamp, rowohlt aktuell und Wagenbachs Rotbücher spiegeln diese Tendenz. Doch auch hier liegen die Dinge nicht so einfach. So hat Ralf Dahrendorf 1968 darauf hingewiesen, daß Europa von Amerika nicht einfach fremde Formen und Werte übernahm, sondern als »abgewandelte Form jene Aufklärung zurück[erhielt], die es vor zwei Jahrhunderten über den Atlantik geschickt hat«.[79] Die anti-autoritäre und amerikakritische Generation in Deutschland formte ihre Haltung also in der Tradition der Aufklärung via Amerika. Ein origineller Gedanke, aber nicht ganz neu. Schließlich hatte schon fast zwei Jahrzehnte zuvor Hendrick de Man formuliert: »Die amerikanische Zivilisation ist im Grunde nichts anderes als die modern-europäische in chemisch reiner Form.«[80] Für die deutsche (Buch)-Kultur heißt das: sie hat sich — sowohl über die USA vermittelt als auch direkt — auf Weimar und die deutsch-europäische Kultur der Aufklärung bezogen. Die deutsche Buchkultur war Ende der sechziger Jahre auf vielfältige Weise mit der amerikanischen Kultur verwoben.

---

79 R. *Dahrendorf*, Aufklärung, S. 204.
80 Zitiert nach E. *Franzen*, Europa blickt auf Amerika, in: Der Monat 8, 1952, 50, S. 147.

Autorinnen und Autoren

Badstübner-Peters, Evemarie, geb. 1935, Dr. sc. phil., wissenschaftliche Mitarbeiterin am Institut für Europäische Ethnologie, Humboldt-Universität zu Berlin. 1993-1995 sind von ihr Aufsätze und Studien zur Sozial-, Alltags- und Kulturgeschichte von SBZ und DDR erschienen.

Barck, Simone, geb. 1944, Dr. sc., wissenschaftliche Mitarbeiterin am Zentrum für Zeithistorische Forschung Potsdam. 1994 ist erschienen *Lexikon sozialistischer Literatur. Ihre Geschichte in Deutschland bis 1945* (hg. zusammen mit S. Schlenstedt u.a.).

Bauerkämper, Arnd, geb. 1958, Dr., wissenschaftlicher Mitarbeiter am Zentrum für Zeithistorische Forschung Potsdam. 1995 ist erschienen *Der 8. Mai 1945 als historische Zäsur. Strukturen, Erfahrungen, Deutungen* (hg. zusammen mit Chr. Kleßmann u. H. Misselwitz).

Budde, Gunilla-Friederike, geb. 1960, Dr., wissenschaftliche Mitarbeiterin an der Arbeitsstelle für Vergleichende Gesellschaftsgeschichte, Freie Universität Berlin. 1994 ist erschienen *Auf dem Weg ins Bürgerleben. Kindheit und Erziehung in deutschen und englischen Bürgerfamilien, 1840-1914*.

Danyel, Jürgen, geb. 1959, Dr., wissenschaftlicher Mitarbeiter am Zentrum für Zeithistorische Forschung Potsdam. 1995 ist erschienen *Die geteilte Vergangenheit. Zum Umgang mit Nationalsozialismus und Widerstand in beiden deutschen Staaten* (Hg.).

Erker, Paul, geb. 1959, Dr., wissenschaftlicher Assistent, Institut für Wirtschaftsgeschichte, Freie Universität Berlin. 1996 ist erschienen *Growth and Competition. A Contemporary History of the Continental AG*.

Ermarth, Michael, geb. 1944, Professor of Modern European History, Dartmouth College Hanover, N. H., USA. 1996 ist erschienen *German Unification as Self-Inflicted Americanization: Critical Views on the Course of Contemporary Developments*.

Haufler, Daniel, M.A., Germanist und Journalist u.a. für DIE ZEIT.

Jarausch, Konrad H., geb. 1941, Ph. D., Lurcy Professor of European Civilization, University of North Carolina at Chapel Hill, Department of History. 1995 ist erschienen *Die unverhoffte Einheit 1989-1990*.

Kaiser, Monika, geb. 1950, Dr. sc. phil., wissenschaftliche Mitarbeiterin am Zentrum für Zeithistorische Forschung Potsdam. Demnächst erscheint *Machtwechsel von Ulbricht zu Honecker. Machtkämpfe im SED-Politbüro 1962-1972*.

Lemke, Michael, geb. 1944, Dr. phil. habil., Priv.-Doz., wissenschaftlicher Mitarbeiter am Zentrum für Zeithistorische Forschung Potsdam. 1995 ist erschienen *Die Berlinkrise 1958-1963. Interessen und Handlungsspielräume im Ost-West-Konflikt*.

Lokatis, Siegfried, geb. 1956, Dr., wissenschaftlicher Mitarbeiter am Zentrum für Zeithistorische Forschung Potsdam. 1996 ist erschienen *Zensursystem und literarische Öffentlichkeit in der DDR* (zusammen mit S. Barck u. M. Langermann).

Maase, Kaspar, geb. 1946, Dr. phil., Priv.-Doz. für Kulturwissenschaft an der Universität Bremen, Vertretung des Lehrstuhls für Empirische Kulturwissenschaft, Ludwig-Uhland-Institut der Universität Tübingen. 1992 ist erschienen *BRAVO Amerika. Erkundungen zur Jugendkultur der Bundesrepublik in den fünfziger Jahren*.

Merl, Stephan, geb. 1947, Dr., Professor, Universität Bielefeld, Fakultät für Geschichtswissenschaft und Philosophie. 1990 ist erschienen *Bauern unter Stalin. Die Formierung des sowjetischen Kolchossystems*.

Poiger, Uta G., Ph. D., Professorin, University of Washington, Seattle, Department of History. 1995 ist erschienen *Taming the Wild West. American Popular Culture and the Cold War Battles Over German Identities*, Diss. Brown University.

Rupieper, Hermann-Joseph, geb. 1942, Dr., Professor für Zeitgeschichte, Martin-Luther-Universität Halle-Wittenberg. 1993 ist erschienen *Die Wurzeln der westdeutschen Nachkriegsdemokratie*.

Schröter, Harm G., geb. 1948, Dr., Priv.-Doz., Vertretung des Lehrstuhls für Sozial- und Wirtschaftsgeschichte, Institut für Sozial- und Wirtschaftsgeschichte, Universität zu Köln. 1993 ist erschienen *Aufstieg der Kleinen. Multinationale Unternehmen aus fünf kleinen Staaten vor 1914*.

Siegrist, Hannes, geb. 1947, Dr., Professor für vergleichende Kulturgeschichte/europäische Moderne an der Universität Leipzig. Leiter der Arbeitsstelle für Vergleichende Gesellschaftsgeschichte, Freie Universität Berlin. 1996 ist erschienen *Advokat, Bürger und Staat. Sozialgeschichte der Rechtsanwälte in Deutschland, Italien und der Schweiz (18.-20. Jahrhundert)*.